日本情报中的
近代中国报刊史料汇编

第三册

秦绍德　主　编
许金生　副主编

复旦大学出版社

(秘)1928年11月印刷

外国的报纸(上卷)

（亚洲、非洲、大洋洲之部）

外务省情报部编纂

定期调查报告　　（秘）1928 年 11 月印刷　　外国的报纸（上卷）　　（亚洲、非洲、大洋洲之部）

凡　例

1. 本调查录根据驻外各公馆的调查报告编纂而成。
2. 调查时间以 1927 年末为标准,不过,由于驻外公馆报告的速度不一,因而并不一定相同。
   还有,其后至付梓为止发现的变化,则尽量继续作了增删或订正。
3. 本调查录至去年为止,是将有关中国（附大连、香港）的报纸及通讯的调查汇编为一册,但从今年开始,根据地理位置分为上、下两卷,即亚洲、非洲、大洋洲各国的报纸与欧美各国的报纸两部分。
   因此,本册不仅有中国,还收入了其他亚洲国家,以及欧美各国的大部分属地、土耳其、埃及、泰国等①。
4. 由我国人发行的报纸、杂志,与外国人经营的相比,需要从另外的角度观察,因而作为附录,收录在卷末。

---

① 在此仅仅翻译了中国各地的报纸、通讯。

外国的报纸（上卷）
目　录

一、奉天省 …… 828
　奉天 …… 828
　安东 …… 829
　牛庄 …… 830
　辽阳 …… 830
　新民府 …… 830
　铁岭 …… 830
　掏鹿 …… 830
　通化 …… 830
　郑家屯 …… 830
　洮南 …… 830
　通辽 …… 830
　四平街 …… 830

二、吉林省 …… 831
　吉林 …… 831
　长春 …… 831
　哈尔滨 …… 831
　间岛 …… 834
　局子街 …… 834
　头道沟 …… 835
　百草沟 …… 835
　珲春 …… 835
　农安 …… 835

三、黑龙江省 …… 835
　齐齐哈尔 …… 835
　满洲里 …… 835
　黑河 …… 835

四、河北省 …… 836
　北平 …… 836
　天津 …… 845

五、山东省 …… 850
　济南 …… 850
　青岛 …… 851
　芝罘 …… 852

六、河南省 …… 852
　开封 …… 852
　郑州 …… 852

七、江苏省 …… 852
　上海 …… 852
　南京 …… 865
　苏州 …… 866
　无锡 …… 866

八、浙江省 …… 867
　杭州 …… 867

九、安徽省 …… 867
　安庆 …… 867
　芜湖 …… 868

十、江西省 …… 868
　南昌 …… 868
　九江 …… 869

十一、湖北省 …… 869	营口 …… 890
汉口 …… 869	辽阳 …… 891
沙市 …… 872	抚顺 …… 891
宜昌 …… 872	本溪湖 …… 891
	安东 …… 892
十二、湖南省 …… 872	四平街 …… 892
长沙 …… 872	公主岭 …… 892
	二、吉林省 …… 893
十三、四川省 …… 873	吉林 …… 893
成都 …… 873	长春 …… 893
重庆 …… 874	哈尔滨 …… 894
	间岛 …… 895
十四、福建省 …… 874	局子街 …… 895
福州 …… 874	头道沟 …… 895
厦门 …… 877	百草沟 …… 895
	珲春 …… 895
十五、广东省 …… 878	**三、黑龙江省** …… 896
广东 …… 878	齐齐哈尔 …… 896
汕头 …… 882	满洲里 …… 896
	四、河北省 …… 896
十六、云南省 …… 884	北平 …… 896
云南 …… 884	天津 …… 897
	五、山东省 …… 898
十七、绥远省 …… 884	济南 …… 898
绥远 …… 884	青岛 …… 898
	芝罘 …… 899
十八、热河省 …… 885	**六、江苏省** …… 899
赤峰 …… 885	上海 …… 899
附 大连 …… 885	**七、福建省** …… 900
香港 …… 885	福州 …… 900
	八、广东省 …… 900
附录 日本人经营的报纸、杂志 …… 888	广东 …… 900
一、奉天省 …… 888	**九、湖北省** …… 900
奉天 …… 888	汉口 …… 900
铁岭 …… 889	附 大连 …… 900
开原 …… 890	香港 …… 901

一、奉 天 省

奉天

奉天的中文报纸主要有《盛京时报》《东三省公报》《东三省民报》《奉天商报》等。

(1)《盛京时报》：由日本人经营，是东三省最早的中文报纸。总是持正确言论，报道事实真相，在日中官民间博得了极高的信誉，因此，销路逐年增加，达到了其他报纸断然无法追赶的程度。1927年6月，该报的言论不慎触及当时奉天官方的忌讳，东三省的中国人一时被禁止购阅，此外还受到禁止邮寄等压迫。1928年2月解禁以后，似乎依然保持优势地位。

(2)《东三省日报》：十余年来，是奉天中文报界的权威，有官方机关报之观。所论比较稳健，其信誉和影响力均次于《盛京时报》。

(3)《东三省民报》：过去多有排日报道，但近来逐渐变得稳健。

(4)《奉天商报》：受到奉天总商会支持，多有排日报道，关于日本对中国东北地区的政策及其他各设施的翻译内容居多。

名　称	主义系统	持有人	主笔及记者	备　考
盛京时报	不偏不倚	社长　佐藤笃介① 庆应义塾出身。自从1899年作为《时事新报》上海特派员来到中国以来三十年，上海报界的元老。1926年5月就任本报社长 副社长　染谷保藏　东亚同文书院出身	主笔　菊池贞二　东亚同文书院出身 主编　大石智郎　东亚同文书院出身	1906年10月创刊②，日报，八页，发行量两万五千份。标榜不偏不倚，在中国人中拥有根深蒂固的信誉和地盘
东三省公报	无党派关系	社长　王希哲　奉天人，北京大学出身。为人温厚，奉天报界的元老	主笔　同前 编辑　王石隐 主要记者　冯福林、陈蕉影、王惠忱	1912年2月创刊③，日报，八页，发行量约八千五百份，由《东三省日报》④改名而来。奉天官方的机关报，所论稳健，但没有特色
东三省民报	民治主义，张学良的机关报	社长　罗廷栋　广西人，为人稳健 副社长　邓鹏秋	主笔　任复哉　浙江人，原《盛京时报》主笔 主要记者　陈丕显、王仲芳、宋悦三	1922年10月创刊⑤，日报，八页，发行量约七千五百份，对日态度稳健。1928年8月下旬，引入已经关停的北京《晨报》相关者，据说推荐陈源泉（留德出身）为社长、张梦九（留日出身）为主编
奉天商报	提倡实业，打倒帝国主义，排日	持有人　奉天总商会 社长　丁广文　沈阳县人，奉天总商会会长，外交后援会执行委员长 副社长　刘仲三　奉天总商会副会长，外交后援会执行委员。梁景芳　奉天总商会副会长	经理　王文　秋田矿山专门学校出身，奉天总商会总务部长，外交后援会执行委员 副经理　邵伸　留日出身，奉天总商会会员 主要记者　盛桂珊、刘韶九、苏止元	1927年10月10日创刊，日报，八页，发行量两千份。愤慨于我方临江领事分馆设置事件，作为外交后援会的机关报诞生，多有日本对中国东北地区政策及其他排日报道。资本金及经常费由总商会的公款支出

---

① 应为"佐原笃介"。

② 一说1906年9月1日创刊，一说1906年10月18日创刊。

③ 据《辽宁省志·报业志》记载：1905年12月奉天学务处创办《东三省公报》，主办人是谢荫昌；1912年2月创办的《东三省公报》，由奉天省议会主办。

④ 据《辽宁省志·报业志》记载，1907年2月奉天商务会创办《东三省日报》，1911年8月停刊。

⑤ 1927年报告为"1921年"；一说1908年创刊，从赵锄非的个人经历看，此报创办应晚于1908年，待查。

定期调查报告　　（秘）1928年11月印刷　　外国的报纸（上卷）　　（亚洲、非洲、大洋洲之部）

(续表)

名　　称	主义系统	持有人	主笔及记者	备　　考
醒时报	排日	社长　张兆麟	编辑　张维祺、张幼岐、张蕴华	1909年2月创刊①，日报，八页，发行量约六千份。是奉天唯一的白话报纸，在下层民间拥有读者，在奉天回教民间有根深蒂固的影响力。最近，在奉票及日中交涉案件中，取代《东三省民报》大挥毒笔
东北日报	无党派关系	社长　丁袖东　熊岳城人	同前 经理　车万里	1926年7月创刊，日报，六页，发行量一千余份，只是转载各报纸通讯
新亚日报	排日	社长　陈掖卿　海城县人	主笔兼主编　陈瘦鹃　社长之胞弟 经理　陈东　社长之妻 记者　王一叶	1926年12月创刊，日报，小型，八页，发行量约一千份
奉天市报	奉天市公所的机关报	市政公所主任　盛桂珊	记者　张耀　江苏人	1923年10月创刊，日报，四页，发行量约三千五百份，简单登载市政公所的告示及时事问题
奉天公报	省政府的官报	财政厅、政务厅合编		日报，发行量约一千六百份，于东北大学工厂印刷
东北无线电信新闻（Radio News）（英文、中文）		无线电台		1928年9月10日创刊，日报，小型，八页，内容仍很贫乏，但将来需要相当关注
东北通讯		吉井幸勇　日本电报通信支局职员		1928年8月4日创办

安东

名　　称	主义系统	持有人	主笔及记者	备　　考
东边时报	中国方面的机关报	社长　江卓廷	路鹤珊	1923年12月创刊②，日报，六页，发行量约五百份，别刊《小安东》约六百份。本报由前东边道尹王顺存创刊，是中国方面唯一的言论机关，业绩良好
亚东时报	日中经济合作	社长　中野初太郎	森井国雄	1926年10月创刊，日刊，发行量约八百份

有《醒时报》《满洲报》《东三省公报》《盛京时报》《泰东日报》《大公报》《新亚日报》等的支局。

---

① 一说为1908年创刊。
② 有记载称：《东边时报》（日文）1908年9月在安东创刊。

牛庄

名　　称	主义系统	持有人	主笔及记者	备　　考
营商日报	振兴地方经济,营口总商会的机关报	营口总商会	陈锡箴	1907 年创刊①,日报,六页,发行量约一千份

辽阳

名　　称	主义系统	持有人	主笔及记者	备　　考
社会日刊	启发民智	陈涌涛		1928 年 10 月 19 日创刊,日报,小型,四页

还有《泰东日报》《盛京时报》《东三省公报》《满洲报》《关东报》《醒时报》《东北日报》《新亚日报》等的通讯员。

新民府

有《满洲报》《关东报》《泰东日报》《盛京时报》《民报》《东三省公报》《通问报》《益世报》等的通讯员。

铁岭

当地除日文、中文的《铁岭每日》(参照"日本人经营的报纸、杂志"之项)外,无中文报纸发行。《东三省公报》《盛京时报》《东三省民报》被普遍阅读。

掏鹿

当地无报纸、通讯等直接发行,主要购阅《盛京新报》②《东三省公报》《东三省民报》《泰东日报》等。

通化

驻有《盛京时报》《满洲报》《大北新报》《醒时报》《顺天时报》《通问报》《东三省民报》《东北日报》《泰东日报》《东亚日报》等的通讯员。

郑家屯

驻有《盛京时报》《东三省公报》《东三省民报》《泰东日报》《满洲报》等的通讯员。

洮南

驻有《盛京时报》《东三省民报》《东三省公报》《泰东日报》《奉天商报》与上海《申报》《满洲报》等的通讯员。

通辽

驻有《东三省公报》《东方时报》《盛京时报》《泰东日报》《满洲报》《东三省时报》《东三省商报》等的通讯员。

四平街

有《泰东日报》《关东报》《盛京时报》《满洲报》的通讯员。

---

① 1919 年报告为"1909 年",1922 年报告为"1907 年 10 月 1 日";一说 1908 年创刊。
② 疑为《盛京时报》。

二、吉 林 省

吉林

名 称	主义系统	持有人	主笔及记者	备 考
东省日报	日中亲善,无党派关系	三桥政明 东京外语学校出身,《大连新闻》及长春《北满日报》吉林支局长	刘云峰	1922年7月创刊,日报,六页,发行量约一千七百份。致力于矫正中国方面对于日本错误的感情,但社运不振,接受满铁的援助
新共和报	吉林商务会的机关报	社长 江大峰 工务会理事,比较亲日	主笔 同前 记者 叶开甲	1917年创刊,日报,六页,发行量约六百份,接受商工会的补助。以实业方面的报道为主,普通报道无值得一看之处
吉长日报	省政府的机关报	顾植 省长公署第三科科长、三江会馆馆长	魏邵卿 省长公署第三科第三课课长	1909年创刊,日报,六页,发行量约七百份,以官界消息迅速为特长
通俗白话报	无党派关系	社长 初鹤皋	主笔 同前 记者 沈仁甫	1919年1月创刊,每周发行三次,发行量约八百份,接受教育厅的补助
吉林公报	吉林省官报	省长公署政务厅第一科	薛凌锡①	1916年1月创刊,日报,发行量约八百五十份

驻有《盛京时报》《满洲报》《东三省民报》《东三省公报》《哈尔滨公报》《泰东日报》《益世报》《申报》等的通讯员。

长春

名 称	主义系统	持有人	主笔及记者	备 考
大东报	启发民智,增进文化,改善社会风教,与吉林省议会有关	霍占一 明治大学出身,东三省保安总司令部秘书	刘少清 原泰东日报社主笔	1915年5月创刊,日报,六页,发行量约四百份。当地排日先锋,总是在各种纪念日等时间煽动学生,致力于排外宣传。过去经营不振,但1928年10月左右起接受长春商务会、吉长铁路局及原东省特别区行政长官公署的补助,得以扩张

还驻有《东三省公报》《满洲日报》《北京交通日报》《吉长日报》《盛京时报》《关东报》《泰东日报》《东北新报》《东三省民报》《新亚日报》《泰晤士报》《奉天商报》等的通讯员。

哈尔滨

(1) 中文报纸:本年当地的中文报纸有《国际协报》《哈尔滨公报》《东三省商报》及其他报纸,合计七种报纸。除了上述三报外均不足以引起关注。不过,仅《国际协报》登载社论,稍稍具有生机。还有,本年度停刊的报纸为《东陆商报》《大成时报》《华北新报》三种报纸。

(2) 俄文报纸:现在有 *Молва*、*Новости жизни*、*Заря*、*Русское слово*、*Рупор*、*Гун-Бао* 六种报纸。上述报纸中,*Молва* 及 *Новости жизни* 两报是纯粹的共产党及职业同盟的机关报,*Заря*、*Русское слово* 及 *Рупор* 三报是纯粹的白系报纸,*Гун-Бао* 是中国官方的机关报。*Молва* 因强制购阅而发行量多,但 *Заря* 及 *Рупор* 被更广泛地普遍购阅,知识阶层中的一部分人喜欢阅读 *Новости жизни*。

---

① 1927年报告中为"薛陵熙"。

当地的俄文报纸从沙皇时代起就有极大权威,但中国方面收回中东铁路沿线的行政权及市政后,红色报纸自不用说,连白系报纸都遭到不当打压。如1927年11月,为了支持中国方面的机关报 *Гун-Бао*,一般俄文报纸的发售时间被限定,版面遭限制,中国官方取缔俄文报纸的做法可见一斑。在此状况下,俄文报纸总是窥探中国方面官方的鼻息,对于时事问题只对不会引起争议的内容尝试评论。

俄文报纸的对日态度,普遍均无显著排日色彩。红色报纸对于日本的外交政策等,总是揣度中央政府的意向尝试评论;白系报纸对于日本有接近苏联倾向的举动,每每加以恶评,对于反苏的行动,总是夸大吹嘘。

(3)英文报纸:与前一年相同,有 *Harbin Daily News* 及 *Harbin Observer* 两报。前者属于美国系统,后者属于英国系统,报道均贫乏,读者少,但被利用得较多,因而不能轻视。

(1) 中文报纸、通讯及杂志

名　　称	主义系统	持有人	主笔及记者	备　　考
国际协报	说明国民外交的紧要性,与官方关系密切	张复生	同前	1919年1月10日创刊①,日报,八页,发行量一千五百份
东三省商报	商业启发,与当地商业机关有联络,但与官方的关系处于比较自由的立场	叶元宰　广东《觉报》主笔,特别区路警处咨议	同前	1921年12月创刊,日报,八页,发行量一千三百份
滨江时报	标榜社会启发	范聘卿②　中东铁路督办公所咨议、滨江警察厅咨议	赵逸民	1920年4月创刊③,日报,八页,发行量五百份
午报	启发民智,有排外倾向	赵郁卿	同前	1920年5月创刊④,日报,小型,四页,发行量三千份
大北新报⑤	日中亲善,"满蒙"开发,奉天《盛京时报》的"北满"版	代表者　山本久治	王丕承	1922年10月创刊,日刊,小型,四页,发行量两千五百份
松北晚报	振兴工商	王目空	同前	1927年11月创刊,日刊(晚报),四页,发行量五百份,接受市政局补助,由1926年发行的《松北报》改名而来
哈尔滨公报	特别区行政长官公署的机关报,与俄文报纸 *Гун-Бао* 为姐妹关系	关鸿翼　特别区行政长官公署秘书	主编　孙子敬	1926年12月创刊,日报,八页,发行量两千份,发行市报(四页)作为附属读物
华东通讯	接受中国官方补助,与之有密切关系	主任　陈公韬	编辑　陈纪杨	1923年5月创刊,发行量三百份
无线通讯	无主义、主张	刘瀚		将中国陆军接收的各地无线电讯发布给希望获得者,发行量约五十份
东北月报	发扬文艺	王辅涪	王瀛洲	1924年10月创刊,月刊,发行量一千两百份

---

① 1925年报告为"1918年8月",一说该报1918年7月1日在吉林省长春市创刊,1919年10月迁到哈尔滨。
② 1925年报告为"范介卿",应为范聘卿,与范介卿为兄弟。
③ 1925年报告为"1921年",一说1921年3月创刊。
④ 1925年报告为"1921年6月"。
⑤ 1925年报告为《大北日报》。

(2) 俄文报纸

名　称	主义系统	持有人	主笔及记者	备　考
Новости жизни①	讴歌共产主义、劳动政治。苏联籍	"贝察琪"公司(切鲁尼夫斯基与拉利奥林的合资公司)	主笔　切鲁尼夫斯基　本职为医师,老社会民主党员 记者　莫西科夫　德国旧男爵,负责政治方面。贝利亚茨斯基沙皇时代就职于海参崴国立银行,今年春天由 Молва 转来	1909 年创刊②,日报,四页,发行量约三千五百份。本报为 1914 年 Новая жизнь 的后身。1927 年年末,本报持有人"贝察琪"公司被远东银行收购,成为纯粹的共产党机关报。在知识阶层和犹太人中读者居多。曾经登载排日、排满铁报道,最近稍稍缓和
Молва	讴歌共产主义、劳农③政治。苏联籍	艾努·佩·内琪林　实际持有人是劳动职业同盟	主笔　同前 记者　杜拉乌丁、莱弗考夫斯基、拉乌洛夫、考莫凯斯、特尼松	1924 年 8 月创刊,日报,六页,发行量约七千份,主要购阅者为中东铁路职员。创刊当时,内容极其贫乏,一般俄国人几乎不关注,发行量也很少。但 1926 年 12 月成为劳农机关报,接纳 Эхо 报的记者,同时,将内容、外观全部 Эхо 化,而且完全继承了 Эхо 的所谓强制购阅者,发行量急速增加。然而,1928 年 11 月 1 日东省特别区第一警察分署按照警察厅管理处的命令,认为该报关于欧洲大众罢工的评论和报道妨碍当地治安,责令其无限期停止发行
Русское слово	极端的反过激派,以复兴沙俄为理想	社长　亚·伊·克罗波夫　第一革命④时对社会主义产生共鸣,但后转向立宪民主党,高尔察克时期曾在《鄂木斯克报》工作,对于财政问题有见识	主笔　同前 主持人　艾拉奇克 记者　格鲁齐亚科夫　担任社论、政治方面	1920 年 6 月创刊,日报,四页,发行量两千份。以市内及铁路沿线的白系俄罗斯人为读者,此外还向西欧邮寄。曾为白系思想界的权威,但中东铁路赤化后,遭遇财政危机,失去优秀记者。今年 2 月更换社长,近来的编辑策略仅限于反过激派宣传和攻击苏维埃,因而不受欢迎
Заря	民主主义,标榜严正中立,近来完全白系化	社长　艾姆·莱姆毕齐　革命前俄罗斯最有影响力的 Русское слово 报的记者。经营、编辑报纸的经验丰富,足智多谋,在此点上出类拔萃。1926 年起在上海发行 Шанхайская заря	同前 首席记者　希普科夫、沙普洛夫	1920 年创刊,日报,四页,发行量约七千份,在各阶级中拥有读者。包含公司职员、职工在内,有约百人。接近中国官方、中东铁路要人,报道迅速,编辑方法巧妙,但缺点是出于销售政策,时而登载虚假报道
Рупор	民主主义,反过激派,白系	社长　卡夫曼　本职为医师,与报业大有关系	同前 记者　佩特洛夫、内斯梅洛夫	1921 年创刊,日刊(晚报),四页,发行量六千份。本报为当地唯一晚报,在各阶级中拥有读者,有关妇女报道居多。此外,在 Заря 报过去标榜中立时,登载反苏维埃报道,因而被苏维埃方面极端敌视

---

① 亦译《新生活报》,1917 年报告译为《新生涯》,1920 年译为《时事新报》。
② 1927 年报告为"1907 年"。
③ "劳农"在当时日本的一些场合是用来指代"苏联"的,本年度各地报告中多处出现"劳农政权""劳农政治",均指苏联苏维埃政权等,以下不再注释说明。
④ 应该指俄国 1905 年革命。

(续表)

名　称	主义系统	持有人	主笔及记者	备　考
Гун-Бао	中国方面机关报《公报》的俄文版		主笔　梅利克·瓦卢堂扬茨　中国印花税局监察官 主编　贝斯　从 Pynop 报转来。莱平、比比诺夫、布拉特诺夫斯基、凯撒洛夫	1926年12月创刊，日报，四页，发行量约三千份，购阅者为中国及外国官衙、大商店等。报道在赞美中国当局的设施、拥护中国人利益方面极其直截了当，但报道正确，因而发行量逐步增加。此外，主笔及记者均为白系无国籍或中国籍俄罗斯人，禁止苏联籍人入社工作

(3) 英文报纸

名　称	主义系统	持有人	主笔及记者	备　考
Harbin Daily News	不偏不倚，美国籍	亨利·维希　1915年曾于圣彼得堡经营当地唯一的 Russian Daily News	同前	1919年①创刊，日报，四页，发行量约五百份，对日感情良好
Harbin Observer	标榜严正中立，但与中国官方有特殊关系。英国籍	毕·维奇·福利特　原驻尼古拉耶夫斯克副领事	同前	1925年创刊，晚报，四页（周日、周三、周五、周六四次发行），发行量约四百份。本报为 Harbin Herald 的后身，对日感情不差

间岛

名　称	主义系统	持有人	主笔及记者	备　考
民声报（中文、朝鲜文）	民族主义	持有人　方泳芝 社长　苏植	中文版主笔　安世俊 朝鲜文版主笔　尹和洙	1928年2月创刊，日报，发行量约两千份。满载排日报道，需要关注。经营方面不理想，同年9月1日朝鲜文版独立发行，与此同时更换社长，前社长安世俊作为国民政府机关记者赴南京。此外，据说开始有排斥尹和洙的声音
间岛日报（朝鲜文）	宣传朝鲜人的产业、文化	鲜于日　经营报纸的经验丰富，擅长日语，且思想稳健，非常努力	同前	1924年创刊，日报，发行量约一千四百份。1924年12月从《间岛新报》②（日文）分离出来，是当地唯一的朝鲜文报纸，经营逐渐变得扎实
间岛通讯（朝鲜文）		史廷铉　擅长日语，有左倾色彩	同前	周刊，油印，发行量约二百五十份

还驻有《元山每日新闻》《朝鲜新闻》《东亚日报》《朝鲜日报》的通讯员。

局子街

有《间岛日报》《朝鲜日报》的通讯员。

---

① 1927年报告为"1918年"。
② 1926年报告，该报1918年创刊；1927年报告，该报1921年7月创刊。

头道沟

有《朝鲜日报》《间岛日报》及《民声报》的通讯员。

百草沟

有《间岛日报》的通讯员。

珲春

有《东亚日报》《间岛日报》的通讯员。

农安

有《盛京时报》《东三省公报》《东三省民报》《泰东日报》及《关东报》等的代理销售商,工作之余撰写通讯。

三、黑 龙 江 省

齐齐哈尔

名 称	主义系统	持有人	主笔及记者	备 考
黑龙江报	省政府的机关报	社长 魏毓兰	同前	1913年2月创刊①,一周发行四次,发行量约七百份。对日态度一般,接受省长公署及其他官署方面的补助
黑龙江公报	省政府的官报	省长公署	省长公署第一科	1914年3月创刊②,日报,小型,十四页,发行量约一千份
通俗教育报	启发民智,普及教育。省教育会的机关报	省教育厅	赵善卿	1915年5月创刊③,日报,小型,四页,发行量约七百份,对日态度普通

有《盛京时报》《泰东日报》东方通信社的通讯员。

满洲里

名 称	主义系统	持有人	主笔及记者	备 考
Живое слово(俄文)	自称不偏不倚,但维护苏维埃方面的利益。苏联籍	维阿明·撒贝尤鲁金	佩克·斯米卢诺夫	1923年创刊,日报,发行量约六百份,1927年5月以来停刊

黑河

名 称	主义系统	持有人	主笔及记者	备 考
黑河日报	启发民智,黑河道尹公署的机关报	杨润如	聂典勋	1920年创刊,日报,六页,发行量约三百份

---

① 1927年报告为"1912年2月"。一说1916年2月创刊。
② 一说1913年5月创刊。
③ 一说1914年12月8日创刊。

四、河 北 省

北平

甲、中文报纸、通讯及杂志

一、概况

(一)报纸

1927年春夏之际,南方国民革命的势头如燎原之火蔓延到北方,奉系在中国北方的霸主地位一度遭到威胁。但由于南方国民党内部的内讧不断,随着其各地势力的分裂,北方也逐渐进入了安定状态。更由于大元帅府的成立,北方的政局暂时安定下来。然而针对于奉军不利的战况消息及其他报道,政府的监管依然极其严厉,所幸再没出现去年那种悲惨的笔祸事件。只是由于借所谓"防止赤化"之名对进步性言论机关加以打压,不仅使得观望时局推移而计划东山再起的国民党系报纸逐渐销声匿迹,还令普通报界处于战战兢兢的状态,仰当局官方之鼻息,唯恐触及其禁忌。

在上述背景下,基础日益坚固、切实发挥报纸功能的依然是《顺天时报》《晨报》(1928年6月停刊)、《益世报》《世界日报》《北京日报》和《交通日报》等。至于其他种种小报,没有任何值得论及的价值,其中徒有其名但已停刊的报纸不在少数。上述重要报纸中,《顺天时报》无论是在发行量还是在内容上,都明显地崭露头角。尤其是如上文所述,随着南北战争的一进一退,其他报纸在当局官方严厉审查之下,对奉军不利的战况报道都完全被删除。此种状况下,只有该报正确、迅速登载战报,读者因此愈发增加。除此之外,《晨报》依靠正确的报道和公正的社论,特别是有关国际事件的丰富报道而闻名;《益世报》虽偶有稍显不准确的嫌疑,但凭借与时局相关的丰富报道而闻名;《北京日报》则依托正确的报道和外交问题相关的迅速消息而闻名;《交通日报》立足于有关交通方面迅速、正确的报道而闻名。只有《世界日报》最近显出日渐式微之态。

还有,作为最近北京中文报界中的事业,值得注意的是奉系机关报《黄报》的异军突起,以及红卍字会的机关报《红卍字日报》①以坚实的步调日益发展。晚报中有影响力的有《北京晚报》《世界晚报》及《大同晚报》等。这些报纸虽然刊载了相当丰富的政治报道,但在其他方面只不过报道所谓社会消息。

然而,进入1928年北伐完成后,一方面有《民国日报》《中山日报》《新晨报》创刊,《京报》复活。另一方面,《晨报》受官方打压不得已而停刊,《顺天时报》9月中旬在北平市党部的猛烈打压下也遭到相当大的打击。

(二)中文通讯

在通讯界,国闻通讯的影响力日益兴盛,有独步通讯界之态。一直以来相当有名望的中美通讯遭到奉系"防止赤化"政策余波的影响而停刊。除此之外没有值得特别记载的。

(三)公报及杂志

关于公报类和机关杂志,除了杂志《新国家》稍微值得注目之外,没有值得特别记载的。

二、报纸

名 称	主义系统	持有人	主笔及记者	备 考
顺天时报	日中亲善	渡边哲信	主笔 金崎贤 主编 佐佐木忠	1901年创刊,日刊,八页,发行量二万一千份,社址在兴华门内化石桥。北京最具有代表性的中文报纸,被视为日本方面的机关报,为一般民众所重视。发行量在北京中文报纸中位列第一,信誉曾极为牢固。1928年9月,在北平市党部的猛烈打压下,受到巨大影响。

---

① 同年调查表中报名为《卍字日报》,此处疑有误。

定期调查报告　　（秘）1928年11月印刷　　外国的报纸（上卷）　　（亚洲、非洲、大洋洲之部）

(续表)

名　称	主义系统	持有人	主笔及记者	备　考
晨报	研究系	陈博生　早稻田大学出身，擅长日语，通晓日本国情。游学俄国、欧洲。论人品和学识都是北京报界第一人	林仲易	1912年12月创刊①，日刊，八页，附录半页，发行量七八千份。社址在宣武门外大街一百八十一号。几乎不带有研究系的色彩，社论公正，报道比较准确，在中流以上阶层中有信誉。北京一流的日刊报纸，且对日态度公平。新人的投稿很多，在思想界中有影响力。1928年6月6日，因无法承受官方的打压而停刊
益世报	由天主教投资，亦与基督教青年会有关，被称为美国的机关报	杜竹轩　山东人	张公恕、朱冶荪　北京大学出身	1916年11月创刊，日刊，八页，发行量一千份，社址在南新华街。凭借署名为"旨微"的社论而畅销。至去年夏天为止，与《顺天时报》《晨报》并称为北京三大报纸之一，发行量也曾有七八千份。但由于刊载了韩麟春的电报，遭查封数月，发行量锐减，目前陷入了财政困难的境地。报道往往有欠缺真实性的嫌疑，读者主要是中流阶级，稍稍带有排日色彩
世界日报	国民军系	成平②　北京大学出身	左啸虹。张恨水著名小说家	1925年4月创刊③，日刊，八页，发行量二千份，社址在石驸马大街。《世界晚报》的姐妹报。成平作为国民军全盛时期的报纸监管员，曾经凭借势力为所欲为，目前由于与国民军有关，似乎比较接近南方。报道几乎没有什么特别之处，但比较准确，加上张恨水的小说和科学附录，在学界和政界都拥有读者。略微带有一点排日色彩
北京日报		朱淇　前清科举出身，作为汉学者而闻名		1907年创刊④，日刊，八页，发行量二三百份，社址在镇江胡同。北京最早的报纸，到1917年为止发行量接近一万份，占有相当重要的地位。但其后逐渐不振，现在只是勉强维持经营，报面没有活力
北平日报（旧称交通日报）	交通系统	柳氏均	苏远公	日刊，八页，发行量九百份，社址在米市胡同。多少与交通系有关，依靠各铁路局的广告收入维持经营。报道以交通相关的内容为主，较为准确。1928年7月11日改名为《北平日报》
民意报（旧称黄报）	奉系政府系	薛大可	蔡达五、周书　北京法政大学出身	日刊，四页，发行量一千二百份，社址在宣武门外大街。薛大可由于参与策划袁世凯的帝政运动，在上海发行《亚细亚》，大肆进行宣传而为人所知。现与奉天、山东结下密切的关系，将本报作为纯粹的奉系政府机关报发行，与张宗昌的关系尤为密切。1928年6月初，报社转至原顺直特务委员会委员萧瑜手中，6月28日改名为《民意报》
卍字日报	鼓吹佛教	芮国安		发行量五百份，社址在舍饭寺。专以鼓吹佛教为重点，由卍字会同道院进行投资。由于卍字会相关人员中有不少重要人物，财政较发行量而言非常充裕

① 1926年报告为"1916年"。
② 即成舍我。
③ 1925年2月10日创刊。
④ 《北京报》于1904年8月创刊，1905年8月更名为《北京日报》。

(续表)

名　　称	主义系统	持有人	主笔及记者	备　　考
军事日报	第三、四方面军团部机关报	周子权		专载军事消息,分发给各军队,为非卖品
铁道时报		李海涛		日刊,四页,社址在椿树上三条胡同,发行量三百份。不带有党派色彩,通过与各铁路局的关系,以其广告费维持经营
日知报		王洸南　北京大学出身	李田文	1919年创刊①,日刊,四页,发行量二百份,社址在宣武门外西草厂。与党派无关。王湘南②为上海《新申报》经理王博谦之弟
北京报		任振亚	徐伯勋	1919年创刊,日刊,发行量五百份,社址在大安澜营
商业日报		尹小隐	张醉丐　北京师范大学出身	日刊,四页,发行量四千份。以经济报道为重点,因此在实业界拥有众多读者。创刊时日尚浅,但财政上已经独立
公报		戴徵		社址在魏梁胡同,发行量三百份
远东日报		关伯公		社址在喜雀胡同,发行量二百份
磊报		黄侃父	冯冰心	社址在棉花下七条,发行量一千份。晚报型报纸,报面虽然狭小,但由于将重点置于社会新闻,受到部分人士欢迎
警察日报	警察机关报	刘叔安		社址在崇文门外小土山。警察厅的机关报,专门登载警察界消息和警察方面广告的特殊报纸
明星报		马愉忱		社址在取灯胡同,发行量一百份
新中日报		陈玉衡		社址在西长安街,发行量二百份
穆声日报		丁振芝		社址在牛街,发行量二百份
平报		孙德臣③	陆绣岩	1921年创刊,发行量三千份,晚报型小型报纸
小小日报④		宋志泉	宋信生	社址在永光寺街,发行量四千份,晚报型小型报纸,主要刊载小说和笑话,在中流以下阶层中拥有读者。
实事白话报		戴兰生	何卓然	1918年9月创刊⑤,日刊,社址在魏染胡同,发行量一万份。晚报型的小型白话报,内容以新会小说为重,政治报道等只是转载自前一天的大型报纸。在中流以下阶层中拥有诸多读者
群强报		陆瘦郎	戴正一、王丹忱	1912年创刊,社址在樱桃斜街,发行量一万二千份,是小型报纸的巨擘。广泛刊载戏剧界的消息,因此在戏剧界和中流以下阶层拥有众多读者
实业日报		董善亭	汪荫甫	社址在后京畿道,发行量二百份

① 1926年报告是"1913年10月"。一说1913年9月创刊。
② 与该报"持有人"栏名字有异,疑为"王洸南"。
③ 1926年报告为"孙德成"。
④ 1927年报告称为《小小报》,持有人栏为宋志泉,主笔及记者栏为宋信生。
⑤ 一说1918年8月创刊。

定期调查报告　　（秘）1928年11月印刷　　外国的报纸（上卷）　　（亚洲、非洲、大洋洲之部）

(续表)

名　称	主义系统	持有人	主笔及记者	备　考
北京白话报		任振亚	徐剑胆　警官出身，小说家	1919年创刊，日刊，社址在大安澜营，发行量一千二百份。晚报型报纸，读者多为中流以下阶层
北京晚报		刘仰乾　北京大学出身	谭镜予　北京大学出身。蒋震泉、李乃时	社址在绒线胡同，发行量二千份。北京晚报界的鼻祖，曾一度发展得非常迅速，然而随着各类晚报不断出现，已不复往日盛况。但仍与《世界晚报》同为一流晚报。与银行界接近，收入的大部分都来源于其广告费用
世界晚报	国民军系	成平　北京大学出身	吴范寰　北京大学出身	社址在石驸马大街，发行量二千份。《世界日报》的姐妹报，报道较为准确，因此作为北京的一流晚报在上流阶层有读者。报面上看不出国民军系的色彩
大同晚报		罗介邱　北京大学出身		社址在棉花胡同，发行量一千份。本报由龚德柏（一高出身）创刊。由于在国民军全盛时期公开叫嚣反共产，肆意痛骂国民军，被监禁三回、查封七回，但仍不屈服。常常以辛辣的笔法发表狱中记，内容得到各方喝彩，发行量曾一度达到四万份，一天的纯收益突破三万元。但随着奉系进入北京，龚逃往南方，社运失去昔日的盛况。还有，龚在竭力叫嚷反共产的同时，又明里暗中以巧妙的笔法努力援护日本，南下后曾在唐生智手下任宣传部长，随后又投奔蒋介石。现居上海，与国民政府气脉相通
京报		邵汤修慧		日刊报纸，由前年招致笔祸、被奉系枪杀的邵振青之妻邵汤修慧于1928年6月12日复刊
民国日报	国民党机关报	王玉寿		1928年6月9日创刊，同年7月1日起，作为国民党直隶省党务指导委员会的机关报发行
中山日报	国民党系			1928年6月26日创刊，由隶属国民党左派的党员主持
新晨报	山西军方面的机关报	李庆芳　日本陆军士官学校出身，平津卫戍总司令部交通处长		1928年8月5日创刊

此外，还有《舆论报》《大义报》《卍字昌新闻》《北京时报》《大交通报》《又新日报》《每日详论》《道德日报》《民国晚报》《正言晚报》《五点钟晚报》《新晚报》《华侨日报》《交通业报》《心声晚报》《万字报》等报纸。

三、通讯社

名　称	主义系统	持有人	主笔及记者	备　考
国闻通讯社北京支社		胡政之　法政大学出身	金诚夫　北京大学出身，北京支社长。许萱伯　北京大学出身。谭钟凤　奉天沈阳外国语学校出身	1922年创立，社址在钓饵胡同，发行量一百份。总社位于上海，在各重要城市配备通讯员，信誉良好。虽然营业状况不佳，但作为中国唯一的通讯社而闻名。社长胡霖精通日、英、德、法等数国语言，博学多才，被称为中国报界的巨头，不仅仅在南北报界，在其他各个方面都有潜在的影响力。而且此人除了国闻通讯之外，还主持天津的《大公报》和《国闻周报》，都取得了非常好的成绩（参照外文通讯的部分）

(续表)

名　　称	主义系统	持有人	主笔及记者	备　　考
新鲁通讯	张宗昌的机关通讯	石威伯　山东督办署科长	李敦甫　法政大学出身	1926年创立，社址在丞相胡同，发行量一百份。经费以及其他费用都依靠张宗昌的补助。通过张宗昌的关系，同北京政府建立了非常密切的联系
复旦通讯	奉系	华觉民　北京民国大学出身	林敬廷　福建师范学校出身	社址在文昌胡同，发行量一百份。带有奉系的色彩。报道较为准确，更以重要人物的谈话报道为特长，受到欢迎。在北京，作为仅次于国闻通讯的通讯社而闻名
民治通讯社	军团部系	刘子任　北京大学出身		社址在西单牌楼二条胡同，发行量五十份。与第三、四方面军团部接近，在信誉方面仅次于国闻、复旦通讯
每日通讯	奉系	赵慰如　早稻田大学出身		发行量四十份，业绩不值得一提，依靠赵欣伯的少量补助勉强维持经营
多闻通讯		程朵文		依靠来自京汉铁路局的少量补助维持经营
统一通讯		王董午		发行量二十份
群群通讯	奉系政府系	宋云同	杨朴庵	发行量四十份。通过与直隶当局的关系，企图与北京政府当局接近，但其影响无足轻重。从赵欣伯处得到少量补助
民生通讯		卓博公　总商会顾问，农工部佥事	卓兰畹　卓博公之侄	发行量三十份，经济方面的消息较多，只能说其收支相抵
华日通讯	奉系	何侃　留日出身	舒之鎏	发行量五十份，总社位于东京，但其影响无足轻重。依靠赵欣伯的补助经营

其他还有亚洲通讯社、华民通讯社、寰宇通讯社、仁民通讯社、大中通讯社、宇内新闻社、国是通讯社、正真通讯社、公道通讯社、日日新闻社、宪治通讯社、时事新闻社、北京中国通讯社、万国新闻社、唯心通讯社、四方通讯社、普及通讯社、华北新闻社、不党通讯社、公民通讯社、五洲新闻社、昌言通讯社、谠言通讯社、快闻通讯社、世界新闻编译社、民意通讯社、开明通讯社、京城通讯社、五洲通讯社、正言通讯社、民铎通讯社、中央通讯社、醒民通讯社、太平洋通讯社、世界通讯社、维民通讯社、中国通讯社、民警通讯社、民舆通讯社、华侨联合社、民众新闻社、有闻通讯社、求是通讯社、四方通讯社、政治新闻社、北方通讯社、大公通讯社、亚陆通讯社、五族新闻社、国华通讯社、神州通讯社、交通新闻社、进化新闻社等。

四、公报及杂志

名　　称	主义系统	持有人	主笔及记者	备　　考
政府公报	北京政府的公布机关	国务院印铸局		日刊，刊载法令、公文等
交通公报	交通部机关报	交通部		日刊，刊载与交通相关的法令、公文和报告书等
商标公报	商标局机关报	农商部商标局		半月刊，刊载与商标相关的法令、公文及注册商标等
警察公报	京师警察厅机关报	京师警察厅		日刊，刊载与警察相关的法规、公文和布告等
财政月刊	财政部机关报	财政部		月刊，但目前为不定期发行
经济半月刊(旧中外经济周刊)	经济讨论处的机关报	经济讨论处		刊载与经济、金融、商工业相关的报道
银行月刊	银行公会机关报	银行公会		月刊，刊载银行、金融及其他财政、经济、商工业方面的一般报道、评论
新国家杂志	反共产主义	靳荣禄　美国芝加哥大学硕士	朱华、刘庄	积极标榜反共产主义

乙、外文报纸、通讯及杂志
一、概况
（一）报纸

North China Standard 和 *Peking Leader* 是北京英文报界的双璧，长期处于互相对抗的状态。与前者越来越泼辣的编辑风格相反，后者不仅越来越趋缓，而且在劳农文书查扣事件中①，与劳农的关系暴露出来，人气因此下滑。加上其评论一向无起色，现在形成了 *Standard* 独步北京报界的局面。此外，奉系的机关报 *Far Eastern Times* 和以语言学习为本位的 *Peking Express*，作为报纸并没有任何值得一看之处。而北京唯一的法文报纸 *Journal de Pékin* 也只不过是维持着苟延残喘的状态罢了。

（二）通讯

国闻通讯作为外交方面的通讯变得越来越活跃，中美通讯最终停刊。除此之外没有值得特别记载的。

（三）杂志

除了1927年11月新的月刊杂志 *China Outlook* 发刊之外，没有值得特别记载的。

二、报纸

名　称	主义系统	持有人	主笔及记者	备　考
Peking Leader［北京导报］(英文)	以往是进步党的机关报，中国籍，但1925年起归Grover Clark等人所有，加入美国籍。虽然打着Constructive, Independent, and Liberal的旗号，但仍带有亲美色彩。对一般问题，所论较为稳健公正，大体上是进步性的，对新思潮特别表示同情。被认为在相当程度上代表了在华美国传教士方面的意见	理事长 Grover Clark（美国人）（中国名柯乐文）	同前	1917年12月创刊②，日刊，十二页，发行量约八百份。1917年12月作为梁启超的机关报创刊。刁敏谦（广东人，英国剑桥大学L.L.D.）任主笔时，由于其兄刁作谦任外交部秘书，外交方面消息灵通。1919年1月③，刁辞任主笔，接着，美国人Rach④、美国人Josef W. Hall、美国留学出身的余天休、美国人Grover Clark、原上海《申报》及 *Peking Dairy News* 记者黄国钧、英国人Chrifford L. Fox等依次担任过主笔。1922年11月以来，美国人Grover Clark再度任主笔，总理为梁秋水，依旧为进步党的机关报。曾频繁刊登总统府英国顾问B. L. Simpson (Putman Weale)撰写的排日评论来稿，但最近数年来已不复如此，特别是Grover Clark任主笔以来，评论比较稳健，但依然带有亲美的色彩。1924年末，英美资本将该报盘下，国籍也变成了美国。1925年根据美国特拉华州法注册为社团法人。并由上述发起人团体（网罗上述以Grover Clark为首的洛克菲勒财团相关者和燕京大学相关者）组成最初的理事会。Grover Clark当选为理事长，日本方面以冈部三郎任理事之一。目前由Grover Clark掌握编辑和经营的全权。1926年2月起扩大报面，由八页版变成十二页版。由于1927年4月搜查苏俄大使馆时，从扣押的文书里发现了G. Clark从苏俄方面得到财政补助的证据，受到英国人方面剧烈排斥。从此以后，报面愈加不振，丧失活力，读者逐渐流失到《华北正报》方面

---

① 指1927年4月张作霖派军队查抄苏联驻北京大使馆事件。
② 一说1920年创刊。
③ 1922年报告为"11月"。
④ 1922年报告为"Buch"。

(续表)

名 称	主义系统	持有人	主笔及记者	备 考
Far Eastern Times[东方时报](英文)	奉系	吴晋 1926年4月接任前社长张煊，就任名义上的社长	主笔 Dr. Samuel Chang（张敏之）	1923年2月创刊，当时为英汉双语（英文六页，中文六页）的报纸。发行量达到七八百份。由总统府的英国顾问B. L. Simpson任社长，Sheldon Riage（英国人）任主笔，从张作霖、安福系、劳农代表、总统府等各方面募集资金。中文版的经营主要由Simpson的秘书史俊民负责。曾一时活跃于北京外文报界。汉英两版报纸的共同特征是费用提高了，但发行量没有得到相应增加。Simpson与中国股东意见不合，于1925年辞职，张煊继任。其后，由于愈发致力于对奉系的宣传而被国民军盯上，总社于1925年11月搬至天津，曾一时停刊，但同年又在当地复活。1926年4月，随着国民军从北京撤退，再次转移至北京。吴晋任社长，张敏之（亚细亚通讯主持人）负责经营。目前几乎没有活力
North China Standard[华北正报]（英文）		渡边哲信 兼任《顺天时报》社长	编辑主任 G. Gorman（加拿大籍爱尔兰人）记者 松村利男、孙瑞芹	1919年12月创刊，发行量约八百份，早报，十二页，有时发行十四页，每当有事件发生时还发行号外。1919年12月1日创刊时由鹫泽与四二担任社长，原Japan Times及Kobe Herald等报的记者I. S. Willes担任News Editor，国际通信社编辑佐藤显理担任主笔。1920年3月佐藤显理辞职，由布施知足继任。1922年3月Willes被解任。此后德国人F. Newell①与鹫泽与四二负责编辑。1924年3月，鹫泽社长辞职，F. Newell独立负责编辑。1926年3月，Newell解约回国，到1926年7月为止，由孙瑞芹和澳洲人Taylor担任编辑。同年8月以来，由渡边哲信主理社务，并从东京聘来G. Gorman，致力于编辑诸业务的创新改良，成绩斐然。目前在北京的英文报纸中位列第一
Journal de Pékin（法文）	没有一定的主义与主张	M. A. Nachbaur（French Jew）	同前	1911年7月创刊，早报，八页，北京唯一的法文报纸。最初与俄国公使馆有关，俄国政变以来受法国公使馆的保护，1918年5月成为法国公使馆的机关报，据说通过中法实业银行得到补助，但随着该银行的破产，补助中断。过去，过激派俄国人Iwanoff任副主笔时，不时刊载过激主义的报道。目前该报已同此人断绝关系，由孙文的秘书、中国人韦玉担任主笔。韦精通法文，经常以Wang Ti之署名为该报起草社论。目前韦赴汉口，已与本报无关，由Nachbaur亲自起草社论。现在与法国公使馆的关系似乎也已变淡
Peking Express[北京快报]（英文）	以学生为本位	社长 宋采亮	Pao Ching-yen（"Hero Pao"）北京大学出身	1921年创刊，晚报，四页。纯粹是学习英语用的小型报纸，对于一般民众来说并无任何影响力

---

① 1927年报告为"F. Newel"，下同。

三、通讯及杂志

名　　称	主义系统	持有人	主笔及记者	备　　考
Reuters News Agency［路透社电报］（英、中文）		支局长　P.D.Evans	Mr. Oliver	将北京的报道通过电讯发给伦敦、上海、天津的 Reuter 通讯社，同时将来自世界各地的 Reuter 电讯分发给北京和天津的各外文及中文报社。与英国政府的关系紧密，信誉最高
United Press［合众通讯］（英、中文）	American Owned (independent)	Demaree Bess		1922 年创立，由 Pay Marshall 在北京设立，其后相继由 Raudalle Gonld 和 William Kulins 经营，目前转至 Demaree Bess 手中。在日本与电通、在北京与中美通讯有联系，主要发行英、中文通讯。由于中美通讯停刊，中止发行中文通讯，完全经营英文通讯。电讯量少，内容亦单薄，各报社评价不高
Asiatic News Agency［亚细亚通讯］（英、中文）	可视为德国系统	Dr. Samuel Chang（张敏之）	同前	1915 年创刊，是中国最早的英文通讯。1915 年发生所谓"二十一条"问题时，在袁世凯秘书顾维钧的援助下，由原 *Peking Gazette* 的记者张敏之创刊。从中国各地的中文报纸中，将适合外文报纸的报道翻译出来，并将其作为本社的特别通讯分发给北京、天津等地各外文报纸。还与交通部签约，每天亦向上述各外文报纸提供德国发出的无线电讯，有时还发布苏联通讯社的电讯。总体而言并不值得信任。最近张敏之与 *Eastern Times* 建立了联系
Tass News Agency［苏联通讯］（英文）	劳农政府的机关通讯	虽详情不明，但总社位于苏联大使馆内，发行英文通讯，其汉译的主要内容刊登在合众社的中文原稿中	Mussin	1920 年 8 月创刊。1920 年远东共和国政府将尤林作为代表派遣至北京，先于此前，为了向海外宣传俄国情况，Dalta 通讯社在北京开设支局，任命 Hodoroff 为支局长。1922 年 11 月，远东共和国合并入劳农俄国，同时废除 Dalta News Agency 这一名称（最初有 Dalta News Agency 和 Rosta News Agency，前者是远东共和国政府的机关通讯，后者是劳农俄国的机关通讯），仅以 Rosta News Agency 的名称继续存在。1922 年末，Hodoroff 受命转任至莫斯科外交部通商部，原本位于东交民巷 Calty Building 内的该社，转移至北京劳农俄国大使馆内，由同一大使馆下属情报部长 U.J. Lebedeff 对其加以领导。1925 年 7 月，劳农俄国将本国所有的新闻通讯机关合并，改称苏联通讯社，又停用 Rosta 通讯之名，改称 Tass 通讯。目前由齐切林的秘书 Mussin 在北京负责 Tass 通讯的工作，Slepack 也在此工作。除了地方通讯之外，每天将莫斯科、赤塔、哈尔滨、海参崴等地来的电讯分发给北京、天津的各外文及中文报纸作宣传，是劳农政府在远东的新闻政策总司令部。但大部分只是发往公使馆的电报，作为新闻电讯而言，迅速及时的电讯并不多，因此被刊载于报纸者稀少，一般不受重视

(续表)

名 称	主义系统	持有人	主笔及记者	备 考
国闻通讯 (Kuo Wen News Agency) (英、中文)		胡政之(胡霖) 留日出身,中国报界的权威	编辑主任 孙瑞芹	1924年10月开始发行英文通讯,将中国报纸的报道翻译成英文分发给外文报纸(参照中文"通讯社"栏)
Agence Radio Télégraphique Francasie (英、法文)		Albert Nachbaur	同前	1925年创刊,利用法国无线电就世界各地的新闻发布简单的通讯。似乎有窃取日本的无线电广播为己用进行通讯的痕迹。其通讯虽不显眼,但不时刊载煽动性内容,有排日倾向
Politique de Pékin [北京政闻报] (法文)	中国政府的机关杂志	M. S. Monastier	M. S. Monastier	1914年创刊,周刊,约三十页,发行量约一百份。主笔Monastier在北京居住已有二十年,所论稳健。完全是外交部的机关杂志
The China Outlook(英文)	进步主义	Maxwell S. Stewart	T. Arthur Bisson	本杂志于1927年12月发刊,月刊,为政治、社会评论杂志
China Economic Monthly(英文)	以发展中国经济为目的	经济讨论处	William Henry Donald	每周由经济讨论处(Chinese Government Bureau of Economic Information)发行,是研究中国经济状况的好资料。主任Donald每月从关税中获得一千元

四、外国通讯员

英国

姓 名	所属社名
P. D. Evans	Reuters Agency
F. Oliver	Reuters Agency
David Fraser	*The Times*
H. J. Timperley	*Manchester Guardian*, *Sydney Sun and Melbourne Herald*
Rodney Gilbert	*N. C. Daily News*
John Goette	*Daily Express*
H. St. Claire Smallwood	*Daily Telegraph*
Mrs. Beddow	*Daily News and Westminister Gazette*
L. Impey	*Morning Post Daily Mail*

美国

姓 名	所属社名
Glenn Babb	Associated Press
J. P. Howe	Associated Press
J. L. Butts	*Chicago Daily News*
Hallet Abend	*New York Times*
Charles Dailey	*Chicago Tribune*

姓　　名	所属社名
D. C. Bess	*United Press*
John Goette	*International News*
Carl Janish	*Philadelphia Public Ledger*
Mrs. D. C. Bess	*Christian Science Monitor*

德国

姓　　名	所属社名
E. von Zalzmann	*Kolnische Zeitung*

俄国

姓　　名	所属社名
Hussin①	Tass News Agency

天津

概况

（一）中文报纸

本年度当地中文报界的情况与前一年没有大的差异。《大公报》发展势头渐盛，形成了左右北方言论界的状况，经营状况也非常理想。《益世报》被其力压一头，《汉文泰晤士报》《庸报》《华北新闻》次之。晚报也逐渐兴盛，但都以下层阶级为本位，不足为虑。今年停刊的报纸有《津声报》《大中报》（以上为普通报纸）、《天津画报》《天津中报》《天津新闻》《公理晶报》等，发刊的是《华北新闻》这一小报。当地的官方对于报纸的管控依然严苛，我方的《天津日报》《天津日日新闻》触犯了官方的禁忌，被禁止通过中国邮局邮寄，而反对派的中文报纸则被禁止在租界之外的中国街销售。因此，除了《大公报》《益世报》以外，各报都极少刊登社论，唯恐招致笔祸。

（二）外文报纸

外文报纸中，历史悠久的法文报纸 *L'Echo de Tientsin* 停刊，北京的 *Journal de Pekin* 的天津版 *Le Tientsinois* 和由白系俄国人创立的 *Nash Put*（英文周刊）发刊。除此之外没有变化。

（三）通讯

通讯社方面，天津新闻通讯、新闻编辑通讯、中央通讯等四社不得已而停刊，除了我方的《东方通信》和电通，以及《国闻通讯》之外几乎没有影响力。

一、报纸

名　称	主义系统	持有人或社长	主笔及主要记者	备　考
直隶公报	省政府的命令及其他公文的发布机关	直隶省长公署		1896年创刊②，日刊，发行量约二千份。由《官报》③改名而来，外观为杂志型。社址在天津河北狮子林北洋印刷局

---

① 本年度报告北京"Tass News Agency"一栏为"Mussin"。此处疑有误。

② 一说1902年12月25日创刊。

③ 即《北洋官报》。

(续表)

名　称	主义系统	持有人或社长	主笔及主要记者	备　考
天津日日新闻① Tientsin Daily News	亲日主义,被一般民众视为日本方面的机关报。日本国籍	方若　在中国商人中有名望(名义上的持有人为西村博)	郭养田	1901年8月创刊②,日刊,八页,发行量约一千份。最初称为《国闻报》,在天津的中文报纸中历史最为悠久。但内容和外观均保守,加上最近有不少新颖的报纸出现,因此在竞争上稍处劣势。社址在日租界旭街
大公报 L'Impartial	稳健的新思想主义。讴歌孙文主义,但和奉系的关系良好	胡霖　留日出身,精通日语。上海国闻通讯社社长,安福派的猛将,现在也和安福、奉天各派保持着相当的联系	张炽章　留日出身	1902年创刊,日刊,十页,发行量一万份。曾是安福派的机关报,随着安福派的没落而停刊。1920年再刊,1925年末再次停刊。1926年9月变更组织,由现任社长胡霖经营以来,面貌焕然一新,内容、编辑有了新意。与《益世报》抗衡,成为北方著名的中文报纸。社址在日租界旭街。
天津益世报 Social Welfare, Tientsin	亲美排日。一向作为直系的机关报,但目前似乎与奉系接近	杨增益	严智威	1915年创刊,日刊,十六页,发行量一万份。由法国天主教司铎等合资创立,后来与其断绝关系,曾一度得到美国方面的支持,但最近似乎获得奉系补助。与北京《益世报》为同一系统,但财务方面不存在任何关系,近来两者关系逐渐疏远,仅仅交换社论或通讯。社址在意租界大马路
汉文泰晤士报③ Chinese Peking & Tientsin Times	英国方面的机关报,拥护黎元洪。排日。英国籍	熊少豪　广东人,曾任黎元洪秘书,李景林时期的直系交涉员。胡稼秋　负责实际的经营	周良翰	1917年创刊,日刊,十二页,发行量三千份。最初作为京津 Times 中文版,曾经与英文 Times 属于同一经营者,1921年分离出来独立经营。1923年黎派与直系纷争之际,攻击直系,因此被逐出中国街,转移到了现处。总是持有排外态度。社址在法租界巴黎路
华北新闻 Chinese North China Daily News	国民党的机关报,劳动问题等各种新思想、风潮之先驱,论调有时过激。排日排外色彩浓厚	周拂尘　经营华北通讯社和广告社,执天津报界、公界之牛耳	周痹生	1921年创刊,日刊,十二页,发行量一千五百份。1925年国奉战争之际,由于反对李景林,位于中国街的社址被查封,转移至现处,继续致力于反奉宣传。社址在法租界四号路
华北晚报	同上	同上	同上	1927年4月创刊,日刊,小型四页报纸,发行量一千份

---

① 又名《日日新闻》。
② 应为1900年出版。
③ 亦名《京津泰晤士报》。

(续表)

名　称	主义系统	持有人或社长	主笔及主要记者	备　考
庸报 Yung Pao	标榜不偏不倚,但似乎与吴佩孚派的直系有关。具有亲日性	董显光　留美出身,对日本感情良好	邰光典	1926年6月创刊①,日刊,十页,发行量二千份。采用美国式的编辑和刊载方法,大放异彩
天津黄报	直鲁联军的机关报(鲁系)	薛大可　日本早稻田大学出身,与张宗昌关系良好	薛祚鸿(薛大可之弟)	1926年6月创刊,日刊,四页,发行量八百份,社址在日本租界松岛街。北京《黄报》的分支,社运不振
和平日报 Peaceful Conductor	直隶督办公署的机关报	刘寿年　直隶督办公署参谋处科长	同前	1926年创刊,日刊,八页,发行量五百份,社址在日本租界浪花街
东方时报	奉系的机关报	吴晓佑	王少隐	1923年2月在北京创刊②,1926年与英文版分开发行,日刊,发行量一千份。最初在北京作为英汉双语报纸发行,由英国人Simpson经营。后被奉系盘下,1925年国奉战争之际,迁入天津日租界,接着转移到现处,与英文版分离,单独发行。社址在东浮桥洋货街
大中华商报 Commercial Advocate	天津绅商的机关报,以前与前直隶省长杨以德有关	萧润波(天津绅商)	韩笑臣	1920年9月创刊,日刊,十二页,发行量一千份。以刊登市场状况和行情表为特色,在工商业者中得到广泛购阅。近来社运不振。社址在日租界荣街。
启明报 Venus	无一定的主义主张	叶笑吾	谭锡田	1920年创刊,日刊,八页,发行量三百份
时闻报	与党派无关	李时芬	王硕甫	1904年创刊③,日刊,十二页,发行量六百份。以介绍外国情况为特色。近来经营不振
天津时报		刘霁岚　中日制药公司经理	黄山客	1924年创刊,日刊,八页,发行量三百份,与《白话评报》属于同一经营者
京津快报		王祐之	同前	1926年8月创刊,日刊,四页,发行量三百份
民声日报	带有国民党系色彩,与美国方面接近	杨哲民	同前	1926年1月创刊,日刊,八页,发行量五百份
民心日报	警察厅长个人的机关报	郑恩铭		1926年8月创刊,日刊,四页,发行量四百份

除上述报纸之外,还有《民治晚报》《救世新报》及《晨报》《午报》《晚报》《消闲报》《旭日报》《评报》《实闻报》《国光报》《国强报》《震报》《平民教育白话报》《新天津报》《大同晚报》《亚明报》《大北晚报》《北洋画报》《现世报》等小型报纸。

---

① 一说1926年8月创刊。
② 一说1923年8—9月间创刊。
③ 一说1909年创刊。

二、中文通讯及杂志

名　称	主义系统	持有人	主笔及记者	备　考
捷闻通讯		王仲英	王仲英	1924年创立,发行量五十份,社址在南市慈善医院
益智通讯		涂培藩	涂培藩	1924年创立,发行量五十份,社址在法租界马家楼老天祥里
王墨林通讯		王墨林	王墨林	1924年创立,发行量二十份,社址在运署前孙家胡同
北洋通讯		姚静轩	姚静轩	1925年创立,发行量十五份,社址在北马善堂联合会
公言通讯		刘霁岚	刘霁岚	1925年创立,发行量二十份,社址在法租界马家楼
寰球通讯	实业厅机关通讯	张天培	张天培	1926年创立,发行量二十份,社址在河北地纬路西口六号
亚东通讯	教育会机关通讯	牛裴然	牛裴然	1926年创立,发行量二十份,社址在河东韦驮庙三号
民意通讯		王醒年	王醒年	1926年创立,发行量二十五份,社址在南市慈善医院
新民通讯		王则民	王则民	1926年创立,发行量三十份
光华通讯		王汉光	王汉光	1926年创立,发行量二十份,社址在城内府署西剑通
国闻通讯	与《大公报》为同一经营者	胡霖	张炽章	作为通讯社的总社位于上海,在天津不发行通讯,从北京直接发往各报社,发行量五十份,办事处与《大公报》相同
日本电报通信(日文、中文)		山内令三郎	山内令三郎	1922年6月作为支局创立,日文通讯的处理约为五十份,中文通讯直接从北京支局邮寄给购阅者,发行量为十份。社址在日租界松岛街
东方通信(中文)		岩本一吉	岩本一吉	1919年开设支局,通讯从北京支局直接邮寄给购阅者,发行量为十三份,社址在日租界旭街
国闻周报		胡霖　国闻通讯及《大公报》社长	张炽章	1924年在上海创刊,周刊,60多页,发行量四千份。1925年胡霖经营《大公报》后迁至天津。以政治评论为主,刊登社会问题和其他论文来稿等,天津唯一的中文杂志,得到全国性知识阶层的广泛购阅。社址在日租界旭街

此外,在文艺方面还有《古城周刊》,商业方面有《实业镜》《妇女月刊》等。

三、外文报纸及通讯

名　称	主义系统	持有人	主笔及记者	备　考
Peking & Tientsin Times［京津日报］① （英文）	维护英国权益而为之宣传的机关报。英国籍	Tientsin Press Co., Ltd.（天津印字馆）	主笔　H. G. W. Woodhead 记者　W. U. Pennell、E. A. Kennard	1894年创刊,日刊②,十八页,发行量一千五百份。北方最有影响力的英文报纸。其言论代表在华英国人主张而受到重视,在当地日侨中也拥有很高的信誉。最近对日态度良好。社址在英租界中街一八一号
China Illustrated Review［中华星期画报］（英文）		同上	同上	周刊,每周六发行。虽然称为画报,但极少刊登绘画,以时事报道为主,另有照片版附录。社址同上
North China Daily Mail［华北日报］（英文）	英国国籍	T. Y. Fisher	John Cowen 伦敦 Times 通讯员	1914年创刊③,晚报,八页,发行量五百份。社址在法租界中街。对日态度良好
North China Sunday Times［华北星期报］（英文）	以上报纸的周日版	同上	同上	1918年创刊,周刊,六页,发行量三百份,社址同上
North China Star［华北明星报］（英文）	美国方面的机关报	持有人　North China Star Co., Inc 社长兼主编 Charles J. Fox	主笔　Clifford L. Fox 记者　A. B. Hayman	1918年创刊,日刊,十二页,周日有附录,发行量三千三百份。编辑风格发挥美国报纸的特色,带有煽动性倾向。由于定价低廉,在英、美人以外的各国人中,特别是中国有识之士中间拥有众多购阅者。最近对日态度也改善。社址在法租界六号路
Nash Put(Our Way)（英文周刊）	白党系机关报			1927年1月创刊,周刊,小型,八页,发行量二百份,社址在英租界河岸
Le Tientsinois	当地法国侨民唯一的日刊报纸	N. A. Nachbaur	N. A. Nachbaur	Journal de Pékin 的天津版
Tientsiner［天津老儿］（英文周刊）	当地英国侨民的趣味杂志	英国有志者		1925年创刊,周刊杂志,二十四页,每份售价20仙。社址在英租界中街一百七十三号
Reuters News	英国系	路透社通讯员	J. E. Henry	主要转发在北京发行的电讯,在天津当地印刷者很少

（注）天津的英文报纸刊登的英文通讯来源有 Reuters, Kuo Wen（国闻）、French Wireless（法国军方供给）、Chung Mei（中美）、Asiatic News（亚细亚通讯）及 Nippon Dempo（日本电报）等。

四、外国通讯员

姓　名	所属社名	备　考
J. E. Henry	路透通讯社	与 P. T. Times 有联系
John Cowen	伦敦 Times 社	Daily Mail 主笔,对日本有所了解,对日态度良好

---

① 即《京津泰晤士报》。
② 一说1902年改为日刊。
③ 一说1915年1月创刊。

五、山 东 省

济南

名　称	主义系统	持有人	主笔及记者	备　考
山东法报	宣扬法制	持有人兼社长　张星五　新闻联合会会长、律师会会长	李鲁芳	1919年5月创刊①，日刊，发行量约三百份。有排日态度
山东商务日报	总商会的机关报	持有人兼社长　吴鲁藩	张伯衡	1916年9月创刊，日刊，发行量约四百份
平民日报	进步党系。与前山东省长孙发绪关系密切	王贡忱	王伯洲	1922年4月创刊,日刊,发行量约五百份
济美报②	经济报纸	社长　鲁岐山	张寒鹏	1916年1月创刊③,日刊,发行量约三百份
简报	经济报纸	社长　李仲铭	李江秋	1904年1月创刊④,日刊,发行量约七百份
大东日报	进步党系	持有人　张公制、刘少彭	社长　周绥生	1912年6月创刊⑤,日刊,发行量约三百份
大民主报	宣传基督教	社长　周郎山	董郁青	1919年11月创刊⑥,日刊,发行量约七百份,与美国接近
世界真理日报	省政府的机关报	持有人　山东督办公署　社长　毛希蒙	沈仲华	1925年10月创刊,日刊,发行量约一千份,每月从省政府获得一千元补助
鲁声报	省政府的机关报	持有人　山东督办公署　社长　刘唐臣	刘汉臣	1925年11月创刊,日刊,发行量约一百份,每月从省政府获得七百元的补助
济南日报	日本籍	平冈小太郎	杨洪九	1916年8月创刊,日刊,发行量约三千份
新鲁日报	省政府的机关报	持有人　山东督办公署　社长　管孟仁	孙东吴	1926年8月创刊,日刊,发行量约一千一百份
新鲁通讯	省政府的机关通讯	管孟仁		1926年1月创刊,日刊,在北京有支社
公民通讯		黄铭九		1927年10月创刊,日刊
山东公报	政府公报	省长公署		1912年创刊,日刊
山东实业公报		省长公署内山东实业公报处		1914年8月创刊,月刊
山东教育公报		山东教育厅		1921年7月创刊⑦,旬刊
市政公报		山东省会市政厅		1923年8月创刊,月刊
新鲁月刊	宣传防止赤化	陈莲痕		1926年2月创刊
山东统计月刊	刊载各机关的调查统计等	山东省长公署统计处		1926年7月创刊,月刊

除上述之外,还有北京的《晨报》《益世报》,上海的《申报》《新闻报》《商报》等报的通讯员。

---

① 一说1918年创刊。
② 1927年报告为《齐美报》。
③ 一说1916年4月创刊。
④ 1917年报告为"1906年2月"。一说1903年创刊。
⑤ 一说1912年8月创刊。
⑥ 一说1919年10月创刊。
⑦ 一说1914年9月创刊。

青岛

(一) 中文报纸、通讯及杂志

名　　称	主义系统	持有人	主笔及记者	备　　考
大青岛报	日本籍	小谷节夫	陈介夫	1915年6月创刊①，日刊，发行量二千五百份
中国青岛报	中国总商会的机关报	伊筱农　胶澳商埠局咨议	王青人	1921年11月创刊，日刊，发行量约五百份。我国"山东出兵"②以来，舞弄排日文笔，曾一度被勒令停止发行
胶澳日报		王效古	姜丽川	1923年12月创刊，日刊，发行量约五百八十份
平民日报		陈无我	陈无我	1928年1月创刊，日刊，发行量约四百份，带有排日色彩
平民白话报		张乐古	张乐古	1927年10月创刊，日刊，发行量约七百份，带有排日色彩
青岛时报		尹朴斋	张伯泉	1925年2月创刊，日刊，发行量四百五十份
中华商报		马起栋	李玉山	1926年7月创刊，日刊，发行量约二百八十份
新桃源报		尚湘南	李子才	1926年11月创刊，日刊，发行量约二百份
青岛慈航日报	多少带有共产主义倾向	张笑尘	李仙葩	1928年8月创刊，日刊，发行量约四百份
胶澳通讯		陈无我	陈无我	1924年12月创刊，日刊，发行量约三十份
青岛新闻通讯		张皓隐	张皓隐	1925年6月创刊，日刊，发行量约三十份
胶澳公报	胶澳商埠局官报	胶澳商埠局	秘书处机要股	1923年1月创刊，每月发行八次，发行量约三百份
铁路公报		胶济铁路管理局	文书科	1925年2月创刊，每月发行三次，发行量约三百份。刊载胶济铁路相关事项

(二) 英文报纸

名　　称	主义系统	持有人	主笔及记者	备　　考
Tsingtao Times		代表者　C.F.Stockwell（英国人）	C. F. Stockwell	1922年6月创刊，日刊，发行量约二百份，比较有亲日倾向
China Sphere	反军阀	W. M. Cornwell　美国人，青岛大学教授，精通中文	记者　J. Gary。L. D. Kearny　美国人，原日本邮船一等驾驶士	1927年8月创刊，日刊，发行量约四百六十份，在中国青年学生中拥有众多读者

---

① 一说1914年创刊，一说1915年1月创刊。
② 指1927年、1928年日本政府两次派兵入侵山东。

芝罘

名　　称	主义系统	持有人	主笔及记者	备　考
芝罘日报	服务社会,抑强扶弱	王宗儒　执记者团之牛耳,其主张在各界占有重要地位。获得七等嘉禾章	颜竹轩	1908年创刊①,日刊,八页,发行量四百五十份。该报为当地最老的报纸,三大报纸之一。最初是日中合办,但不久就由桑名贞治郎独立经营。由于排日,1922年转给现持有人王宗儒。王担任日本领事馆文案工作,和日本人关系很深,致力于日中提携
钟声报	启发民智	社长　丁训初	丁训初	1913年创刊②,日刊,十二页,发行量约七百份。对日态度良好,报道稍有可阅之处。作为晚报,发行《明星晚报》(二页)(约六百份)
芝罘商报	提倡实业,发展贸易	社长　李循芳	荣师堂	1915年5月创刊③,日刊,八页,附录为半折四页,发行量四百份。对日态度良好
烟台大东报	发扬民治	社长　吴余三	林竹冈	1917年6月创刊,日刊,八页,发行量约一百份
爱国报	提倡法治	社长　褚宗周　律师	王梦渔	1919年创刊,日刊,八页,附录《爱国特刊》为半折四页,发行量约一千份。对日态度良好。从第一次奉直战争开始表现出活力,销量首屈一指,为三大报纸之一
大民报	国民党系	社长　张宗濂　国民党员	张宗濂	1922年6月创刊,日刊,八页,发行量二百份。1928年4月1日停刊
Chefoo Daily News[烟台日报](英文)	英国籍	James McMullan & Co., Ltd(英商仁德洋行)	D. R. F. McMullan仁德洋行代表社员,兼任路透社通讯员	1917年创刊,日刊,半折,十页,发行量约三百份。山东省最老的英文报纸,但报道并无可阅之处
晨星(中文、杂志)	宣传基督教,中国籍	袁润甫　芝罘奇山教会干事	袁润甫	1910年创刊,月刊,发行量约一千二百五十份,由芝罘奇山教会发行

六、河　南　省

开封
有《河南民报》(省政府机关报)及《新中华日报》(商业报纸)两报。

郑州
有《革命军人朝报》(冯玉祥总司令部机关报)一报。

七、江　苏　省

上海
甲、中文报纸、通讯
(1) 中文报界的现状概观:上海中文报纸在1927年度,因政变影响及经济关系,经营陷入困难停刊的为《新申报》《商报》《神州日报》《中国晚报》及《中南晚报》五种。同年末,现存中文报纸(有关小报在后项记述)有既有

---

① 1924年报告为"1907年"。一说1907年创刊。
② 一说1912年12月创刊。
③ 一说1916年创刊。

的《申报》《新闻报》《时报》《时事新报》《民国日报》《中华日报》，加上新刊的《江南晚报》《神州新报》《新申日报》，一共有九种。其中《申报》和《新闻报》历史最老，内容丰富，不仅为当地中文报界之翘楚，而且为中国代表性中文报纸，两报均远至海外也拥有众多订阅者，过去一年的发展则特别引人注目。至于其他各报，虽然规模有大小，但作为中国报纸而言，也属于优秀之列，尤其是作为国民党机关报的《民国日报》，历史悠久，民国政府转移至南京以来，其所论普遍引起关注。

至数年前为止，此地的中文报纸偏离报纸作为公平报道机关这一根本宗旨，总体来说仅仅被视为某一政党的宣传机关而已，即使经营者方面也认为，若没有与什么政党方面结成特殊关系，接受补助，报纸就无法经营下去。然而，此地报纸最近逐渐转向独立经营，作为实业报纸正在转至合理发展道路上，这些报纸在编辑方面尚有不脱旧套之嫌，但各报均想方设法接受新事物。在此值得注意的是，国民政府当政以来实施党化政策，有关言论及报道几乎没有自由。这些中文报纸，其主要报纸多数在公共租界内发行，并且在外国领事馆注册，受其庇护，因此，中国官方对这些报社无法直接施压。这些大报，不仅在此地租界内，而且在国民政府管辖各地拥有订阅者，如果被禁止向各地发送，经济上的损失完全是无法忍受的，自然不得不迎合政府。例如，1927年3月国民革命军占领上海后不久，为了对报纸加以审查，国民政府特别派出数名检查人员。对此，申报社自发提供租界内同社楼上一部分房间给这些检查人员作临时宿舍，接受检查，此为显著实例。其后上述检查人员就照样住下，迄今为止未撤走，让除国民党机关报之外的其他主要各报社提交发行前完成活字排版的各部分清样，一日三次送交接受严格检查。凡是对国民政府不利的新闻报道，均禁止刊登。以上情况，由于本来就是报社方面以自愿形式所致，租界当局好像也不予过问。因此，以往这些中文报纸在外国领事馆注册，似乎是因为能在其国旗庇护下对抗中国官方的非法压迫，但现在此种做法明显抹杀了其效果。如前所述，国民政府对于当地中文报纸的言论压迫几乎收到实效。因而，新闻报道往往与事实真相相去甚远，也有让读者感到困惑的内容，此可谓革命过渡期不得已之现象。

(2) 中文报纸对日本之态度：1925年所谓的五卅事件以后，随着普通中国人的感情好转，各报对日态度明显变得公平，这样一直持续至1927年3月。同月中旬各国陆战队在上海登陆，接着因"南京事件""汉口事件"等频发，逐渐有不稳的征兆。及至5月末日本政府声明"第一次山东出兵"，突然恶化，其驻兵期间则达到高潮。随着撤兵，临近年末渐次归于平静。以往在日本总领事馆注册的《中南晚报》同年3月停刊，与此同时，对于作为其事实上后身的《江南晚报》，总领事馆予以发行许可。

(3) 广告刊登问题：五卅事件后，学生团体在反英气势驱使下提出强烈要求，1926年1月以来各报因此停止刊登英美烟草公司广告。除了二三家报纸之外，至1927年末这种情况仍在继续。各社忍受以往从该公司获取多额广告费（以《申报》二千三百弗为最高，最低三百三十弗）的损失，但最近据说广告提供者方面与主要报社方面正在就恢复刊登进行谈判。另一方面，1919年抵制日货时的"遗产"——不刊登日本方面广告的问题，现在跟往年一样，仍处于不了了之的状态。《江南晚报》是与日本人经营相关的唯一中文报纸，甚至像这样一份报纸，排日团体对于报童、投递员等的压迫都很大，因而不时出现取消刊登的情况，日本轮船始发抵达的预报，亦跟以往一样完全无报登载。

(4) 上海日报公会：1906年上海主要中文报纸以维持、增进共同利益这一目的而创立。

会员　《新闻报》《申报》《时报》《时事新报》《民国日报》。

经费　入会费五十弗，每月会费二十弗。

事务　以提供官方公务电报给各报为日常工作，还根据需要临时召开会议，讨论要务。

现状　五卅事件以后没有召开过一次会议。提供官方电文是其日常工作，南京政府成立后，由于各社各自依据上海、南京间直通电话等方法迅速获得，不需要麻烦公会。现在该会的工作仅仅是有时提供通电，其存在完全成了有名无实之物。因此，会费也不按规定收了。《新闻报》记者兼任公会秘书长，因此，现在的情况是所需经费由同社维持。

(5) 中文小报：在此称为中文小报的是，一周发行二三次、普通报纸半页大之小报。现在发行的约达三十几种，原《神州日报》的《晶报》是此种报纸中历史最老的。以此报为主，其中主要的小报有，国闻通讯社的《琼报》及《国闻画报》、申报社的《三星》、时事新闻社的《福尔摩斯》(Holmes)等，均与偏重于政治内容而枯燥无味的普通中文报纸相反，挑选以梨园界、烟花巷新闻为主的有关社会诸相材料，使用讽刺或滑稽的笔调，还插入精美的照相版剪辑，使版面轻快等，由此具备普通中文报纸无法企及的内容和外观，大受各阶级欢迎，其影响力也不可轻视。这样，本地主要各报社及通讯社平时都直接或间接地经营乃至帮助小报，在与其他报社之间产生什么问题时,作为辩驳反击之机关,用作拥护本社的力量。

(6)中文通讯界之现状概观:上海中文通讯界,其历史极新,首次看到中文通讯社设立,虽说仅为七年前,但上海当地发生的事情自不待言,还提供来自全国各地的通讯,不仅在政治方面,也涉及一般社会方面的材料。只因各社缺乏财力,仅国闻、大中及中央三社针对重要报道,向特约阅读者提供电讯,其他皆为邮递通讯,面对该国富于急剧变动的政情,根本不是外国通讯社的对手。上述1927年的中文通讯界也与中文报纸一样,受政变影响,新陈代谢激烈,以往存在的与各政党有关的通讯社被一扫而光。现在通讯社总计十七家,几乎全部与国民党的某方面有关系。以上各社中最为活跃的为上述国闻、大中及中央三社,尤其是大中社从1927年下半期起发展显著,其他通讯社中比较好的是国民、新民及中华电讯各社。

一、报纸

名　　称	主义系统	持有人	主笔或记者	备　　考
申报 Shun Pao	标榜中立派,而带有进步党色彩。一向接近直系,最近对国民党有善意,亦与已故张謇一派的江苏实业派、江苏教育会有较深关系。似乎好鼓吹教育主义、和平主义。在法国领事馆注册	社长　史量才　江苏省松江人,张謇的手下,无值得一提的学历,但作为报纸经营者,是合适的人才,有所谓才子气质,在报界和实业界具有影响力	总主笔　陈景韩　江苏人,留日出身。为人干练,文笔锐利	1872年创刊,日刊,二十页。发行量声称十二万多份,社址在汉口路。作为中国最老的报纸,基础巩固,信誉笃厚。1912年现社长史家修经营此报,一度在德国领事馆注册,1916年则以冈田有之名义在日本领事馆注册。其后因排日风潮,受到周围压力,取消在我方的注册,在法国领事馆注册。一向对我方有善意,即使在排日风潮甚为激烈之际,也保持冷静态度。论调亦公正稳健。在官场、实业界其他上层社会中订阅者较多。其报道内容、外观均未必逊色于日本内地主要报纸。早就与《新闻报》激烈竞争,在通讯网完备和报道准确这一点上比《新闻报》更有信誉
新闻报 Sin Wan Pao	标榜不偏不党的实业派,但接近直系,曾致力于为曹锟政府辩护。依据美国法律在巴尔的摩注册,美国系统	社长　Ferguson　总理　汪伯奇　前社长汪汉溪之子,上海圣约翰大学出身。经营慎益钱庄,据说有资金一百万元	总主笔　李伯虞　陕西人,留日出身。原为《时报》《神州日报》记者,为人严谨　记者　严独鹤、朱义农、吴树人	1893年创刊,日刊,二十页至二十八页。发行量声称十五万份,在上海中文报纸中居首位。股东中中国实业界有力人士居多。在新闻电讯丰富这点上不亚于《申报》。还有,其经济栏的特色是在经营上总是注入新气息。革命军视其为资本家的机关报,一度受到打压,但对国民党采取不即不离之态度。在实业界一般读者不少。基础巩固,经营状态优良。曾一直是上海中文报纸中排日倾向最为显著的报纸,但国民革命军占领上海后回避有关对外问题的评论,有欲成为纯粹的实业报纸的倾向,对我方的态度也变得稳健起来。社址在汉口路
时报 Eastern Times	标榜中立,无特别的主义、主张	社主兼总理　黄伯惠　江苏人,游历过英、美,通英语。上海有地产,号称财产百万	总主笔　金剑花　原安福派国会议员顾问　陈景韩　兼《申报》总主笔,得到黄社主的深厚信任	1904年创刊,日刊,八页。康有为出资,最初由狄楚青(康有为之门人)负责经营。1907年以宗方小太郎之名义在日本总领事馆注册,1919年排日运动激烈之际,仿效《申报》在法国总领事馆注册。论调极为稳健。1925年正月狄楚青以八万弗盘让给现社长黄伯惠,经营相当困难。对日态度谈不上特别差

(续表)

名　称	主义系统	持有人	主笔或记者	备　考
时事新报 China Times	实业报纸，无值得特别提及之政治色彩。时而发表过激的时事评论。在法国领事馆注册	经理　潘公弼　江苏人，留日出身，原本报主笔	总主笔　赵叔雍　原驻北京记者，在评论界有定评之人物。 顾问　汪英宾　《申报》股东	1908年创刊①，日刊，十二页至十六页，发行量一万多份。当初将《舆论报》与《时事报》合并时，称《舆论时报》，后来改称为现名。革命后归共和党员及进步党员陈敬第和孟森经营。1914年被德国人收购，在德国领事馆注册。1916年转为前社长黄群（进步党员）经营，与德国断绝关系，以日本人波多博之名义在日本领事馆注册，同年秋起成为梁启超一派的机关报。在发生排日风潮之际，取消在我方的注册，又在法国领事馆注册。1923年以来担任经理的林炎天一度接受吴佩孚援助，努力发展社务，但随着吴倒台，经营陷入困难。1927年4月被《申报》副经理张竹平收购以后，巩固基础，挽回颓势。最近在各报中表现出最为活跃的编辑方式。此外，作为副刊发行《青光》，致力于鼓吹新思想，在学生中读者居多。对口态度不佳。社址在山东路一六二号
民国日报 Republicans Daily News	国民党机关报，论调激进。1927年春以来替代《新闻报》，成为当地代表性排日报	经理　叶楚伧　江苏人，旧文学造诣深，政治上所论偏于极端。先前任主笔时，与原经理邵仲辉有思想上的冲突，一度退社，其后不久复任。后来租界工部局对邵严厉施压，邵不得已逃至广东，后作为国民政府代表赴俄，叶因此接替邵就任经理。目前兼国民政府秘书长及其他要职	总主笔　陈德征　与天津《大公报》总理胡霖关系特别，与蒋介石亦有深交。现为上海市党部宣传部长，作为国民党机关国民通讯社代理人及各种民众运动委员而积极活动，思想上被视为左倾分子。为人直率，文笔锐利，在此界有信誉威望。实际上担当经理这一实务工作	1916年创刊，日刊，十二页至十六页，发行量一万两千份。曾因以过激言论攻击北京政府而被交通部禁止邮送，1921年初才获解禁。在西南诸省及当地学生界拥有众多读者。发行副刊《觉悟》，致力于鼓吹新思想，总是痛骂资本主义、帝国主义。1926年秋陈德征一取代叶楚伧担任编辑，就露骨地鼓吹共产主义，刊登有关劳工运动的报道，因此遭租界当局起诉，其出逃至广东，租界当局勒令该报停刊一周。因各种压迫越发增加，在公共租界难以继续经营下去，终于将营业所从山东路迁往法租界爱多亚路。1927年1月根据孙传芳对法租界当局的要求，发行再次被停止。同年3月革命军进入上海以来，终于回到山东路，势力大增。接受国民政府每月一万元左右的补助
江南晚报	发扬民意，排斥共产，日中提携。与国民党西山会议派有关系。在日本领事馆注册	社长　山田纯三郎	主笔　同前 代理主笔　居励令　西山会议派巨头居正之胞弟。留法出身，三十三岁，湖北人	1927年3月创刊②，日刊，四页。发行量约五千五百份，社址位于海宁路一〇号。本报为属于国民党西山派的吴苍、蒋裕泉等主宰的同派机关报《中南晚报》之后身，现社长山田纯三郎依靠日本有力人士的援助盘下后更名发行。1927年4月蒋介石果断对共产派发动政变，西山派以往的主张得到贯彻，本报声价陡然提高，发行量增加，但要与主流报纸为伍，经营尚有困难

---

① 原名《时事报》，1907年12月5日创刊，一说12月9日创刊。1909年与《舆论日报》合并为《舆论时报》，1911年5月18日改为本名。

② 应为1927年2月16日创刊。

(续表)

名　　称	主义系统	持有人	主笔或记者	备　　考
中华日报 The Chung Hwa Times	无固定主义	社长　邵伯谦　原《民国日报》经理邵力子之兄	总主笔　束凤鸣兼任经理	1926年4月创刊,日刊,六页。发行量二百份,社址在山东路一六一号。靠广告收入勉强维持经营
神州日报 The National Herald	无固定主义	经理　石君怀　原《新申报》营业部部员	总主笔　陈热	1927年12月创刊,日刊,八页。发行量三百份。据说本报是石君怀以吸引英美烟草公司登载广告为目的,出于纯粹营利的动机而发行。而且,本报的外文名称是袭用过去停刊的《神州日报》之名,而两社之间无任何关系
新申日报 Shanghai Daily News	无固定主义	经理　程杰	总主笔　周侠侯	1927年6月创刊,日刊,六页。发行量四百份,社址位于山东路望平街二六一号
晶报 The Crystal	启发大众,与《新闻报》有特殊关系	社长　余洵　留日出身,原《神州日报》社长,相当理解日本。为人干练	总主笔　包天笑　留日出身,原时报馆总主笔	一周发行两次,小型(报纸半页大)四页①。发行量三万八千份以上,社址在山东路。本报原作为《神州日报》的副刊发行,1926年末因经营困难,《神州日报》停刊,其后单独继续发行

二、通讯

名　　称	主义系统	持有人	主笔或记者	备　　考
国闻通讯 Kuo Wen News Agency	中立派	社长　胡霖　留日出身,通晓政界情形,为人亦干练,属安福系人物。作为记者也去过巴黎和会,对中国政治具有眼光。现在天津经营《大公报》,不在上海 上海支局主任　李子宽　浙江人	主笔　张振远	1921年创办,社址位于山东路。大部分为邮递通讯,而对于重要报道,则对特约者提供电讯。不仅有中文通讯,而且还将其英译后提供给英文报纸。总社在天津,在北京、上海、天津设有支社,还在各地派驻通讯员。经费充裕,设备齐全。该社除通讯以外,还与中国及各国的报纸、杂志签有特约,代理广告。1925年又发行杂志《国闻周报》。对日本相当有善意
大中通讯	冯玉祥派	社长　成舍我　安徽人② 副社长　潘竞民　安徽人	正副社长兼任	1926年秋创办,社址在西藏中路平乐里。1927年夏被冯玉祥派收购,成为其机关通讯社。靠丰富的资金援助,影响力骤然上升,现在最为活跃。在上海设总社(记者七名),在南京、汉口、开封、太原设支社。对日态度不良
中央通讯	国民党调和派			1927年末创办
公平通讯	当初与卢永祥及何丰林多少有关系,但现今为国民党柏文蔚一派的机关通讯	社长　李晓南　安徽人,国民党员		1922年12月创办,社址位于爱多亚路

---

① 1919年3月3日创刊。
② 此处有误,应为湖南人。

定期调查报告　　（秘)1928年11月印刷　　外国的报纸(上卷)　　（亚洲、非洲、大洋洲之部）

(续表)

名　称	主义系统	持有人	主笔或记者	备　考
世界通讯	与国民党西山会议派有关系	社长　陈无我	同前	1921年创刊,专门翻译外国报纸作为通讯发布
中国新闻通讯	与国民党孙科派接近	社长　沈卓吾		1923年创刊,附属于中国晚报馆,该报停刊后仅继续发行此通讯,近来经营不振。社址在南京路
东南通讯	与国民党右派有关系	社长　陈冰伯　安徽人	同前	1923年创刊,内容贫乏,社址位于山东路七号
国民通讯	属于上海特别市党部的国民党机关通讯	社长　陈德征（前述)	汤德民	1925年五卅事件后依靠工人、学生等支持而创刊,1927年夏起国民党上海特别市党部接管。社址山东路民国日报馆内
上海通讯	与国民党有关系	社长　童仁甫　江苏镇江人	周斌	1925年夏创刊,社址位于宁波路
大华通讯	标榜超然派	社长　童里璋　浙江人	同前	1926年3月创刊,受到法租界内中国各路商会、联合会的支持
新民通讯	上海学生联合会的机关通讯	社长　程行之	同前	1927年秋创刊
戊辰通讯	浙江省政府的机关通讯	社长　冯都良	同前	1927年8月创刊
沪南通讯	得到上海城内各绅商的援助	社长　秦槐新	同前	1927年4月创刊
华侨通讯	拥护在外华侨的利益			1927年春创刊,专门发布有关华侨的通讯
全民通讯	与国民党有关系			1927年创刊
中华电讯	与国民党李石曾、郑毓秀、王正廷等有关系			1927年创刊

三、杂志

1. 关于政治、外交的杂志

名　称	主义系统	持有人	主笔或记者	备　考
东方杂志	政治、外交、经济,没有党派关系	商务印书馆		1906年创刊①,半月刊,四六倍版②,一百一十页,发行量八千份。中国最有权威之时事杂志
太平洋	政治、外交	商务印书馆		1912年创刊,一年发行十册
国闻周报	政治、经济	胡霖		1924年8月创刊,周刊,发行量约三千份。上海唯一的政治评论杂志

此外有《政铎》《大亚杂志》《武铎》等。

---

① 应为1904年3月11日创刊。
② 日语表示纸张尺寸的专用名词,约188×254毫米。

2. 有关国家主义、社会主义及劳动问题的杂志

名　　称	主义系统	持有人	主笔或记者	备　　考
醒狮	国家主义、反共产主义	醒狮社		1924年10月创刊,周刊
独立青年	反共产、反军阀主义	独立青年杂志社		1926年1月创刊,月刊。1925年创刊的杂志《孤军》改名而成
民气旬报	国家主义、反军阀主义	民气旬报社		1925年7月创刊,旬刊
正气日报	国家主义、反帝国主义	正气日报社		1925年7月创刊,日刊
独立报	同上	独立报社		1926年2月创刊,周刊
新大场	同上			1925年创刊,旬刊
明旦	同上	上海复旦大学内民治研究社		1925年2月①创刊,周刊
雷声	国家主义	雷声社		1925年5月创刊,周刊
大江季刊	国家主义、反帝国主义	泰东图书局		1925年创刊,季刊。大江会(国家主义)同人编辑之刊物
来复报	国家产业主义	中华商业协会		1925年创刊,周刊
工商学联合会日报	国家产业主义、排外主义	上海工商学联合会		1925年6月创刊,日刊。排外思想激烈
中国青年	共产主义	中国共产主义青年团		1923年10月创刊,周刊
中国学生	国家主义	中华民国学生联合会总会		1925年8月创刊,周刊
上海学生	国家主义	上海学生联合会		1925年9月创刊,周刊
民众	反帝国主义、民族解放主义	上海大学　毛尹若		1925年9月创刊,半月刊
民锋	同上	同上		1925年3月创刊,半月刊
国民	国家主义	国民社		1923年2月创刊,周刊
政治家	共产主义	上海国立政治大学学生自治会		1926年2月创刊,半月刊
火曜	同上	上海书店		1925年3月创刊,旬刊
新晋	同上	上海大学内社新晋社		1926年2月创刊,半月刊
同济学生	同上	上海同济大学		1926年4月创刊,不定期刊,非卖品
平民之友	反资本主义,共产系	平民书局		1924年8月创刊,周刊
血潮日刊	反帝国主义、排外主义,共产系	上海学生联合会		1925年6月②创刊,日刊

---

① 1927年报告为"1925年12月"。
② 1925年6月4日创刊。

(续表)

名 称	主义系统	持有人	主笔或记者	备 考
热血日报	同上	热血日报社		1925年6月创刊①,日刊
上海工人	反资本主义,共产系	上海总工会		1925年6月创刊,周刊
上海总工会日刊	同上	上海总工会		1925年6月创刊②,日刊
劳工周刊	同上	湖南劳工会		1925年10月创刊,不定期刊,非卖品
劳工青年	同上	劳工青年会		1925年5月创刊,旬刊。上海的共产主义系统劳动团体的机关杂志
劳动青年	同上	劳动青年会		1925年6月,周刊
五九	排日、排外主义,共产主义	国民对日外交大会	名誉编辑　徐谦 编辑主任　周霁光	1924年10月创刊,月刊
湘锋	国家主义,共产系	上海大学内湘社		1921年12月创刊,月刊,湖南省出身学生机关杂志
自由人	无政府主义	上海大学内自由人社		1924年10月创刊,月刊,北京无政府主义者上海同人机关杂志
不平鸣	同上	上海大学内湖南出版社		不定期刊,无政府主义者世界语宣传机关刊物
公理日报	同上	上海学术团体对外联合会		1925年6月创刊③,日刊。与世界语协会有关系
安徽黎明	无政府主义	安徽黎明社		1924年3月创刊,周刊。称作安徽省人的机关刊物,但倾向于营利主义
工余	同上	工余社		1922年创刊,不定期刊,非卖品(目前停刊中)
新建设	孙文主义	新建设杂志社		1923年11月创刊④,月刊,上海国民党机关杂志
建设	同上	建设社		1926年3月创刊,周刊,上海国民党机关刊物
实践	同上	三民出版社		1925年11月创刊,旬刊
革命青年	同上	上海商科大学内革命青年周报社		1925年10月创刊,周刊
中山主义	同上	上海大学内中山主义研究会		1925年12月创刊,周刊
革命导报	同上	孙文主义学会		1925年12月创刊,周刊。邵元冲、孙科等执笔,以研究孙文学说为目的,反共产主义倾向较多

① 1925年6月4日创刊。
② 1925年6月11日创刊。
③ 1925年6月3日创刊。
④ 1923年11月20日创刊。

(续表)

名　称	主义系统	持有人	主笔或记者	备　考
青天白日	同上	上海大学内孙文主义学会分会		1925年12月创刊,周刊
国民导报	同上	上海商科大学内国民导报社		1925年8月创刊,周刊
独立评论	同上	独立评论社		1925年11月创刊,半月刊。支持学生及工人
太平导报	国家主义,国民党,反共产系统	太平导报社	赵厚生　得到孙传芳信任	1926年1月创刊,周刊
爱国青年	同上	上海宁波第四中学内爱国青年社		1925年5月创刊,半月刊
国民月刊	同上	国民月刊社		1923年11月创刊,月刊,非卖品
中国国民党周刊	同上	国民党出版委员会		1926年1月创刊,周刊,国民党上海支部机关杂志
党务月刊	同上	同上		1925年10月创刊,月刊,非卖品。系国民党上海执行部出版,宣传及党务报告
中国国民	同上	国民党上海特别市党部		1925年11月创刊,三日刊,上海特别市党部机关杂志
觉悟	同上	上海民国日报社		日刊,作为《民国日报》副刊发行
新星	国家社会主义	中国新社会公民党		1925年1月创刊,月刊,非卖品
劳动周报	工联主义	上海劳动周报社		1925年11月创刊,周刊,工团联合会机关杂志(与总工会倾轧而目前停刊中)
劳工杂志	劳动问题,反共产系	江季公		1926年2月创刊,月刊

3. 有关经济的杂志

名　称	主义系统	持有人	主笔或记者	备　考
农业丛刊	农业研究	商务印书馆		不定期刊
农学杂志	同上	同上		一年八册
农业	同上	同上		一年八册,南京东南大学的机关杂志,此界翘楚
兴业杂志	工业研究	均益兴业公司		一年四册
工程	同上	会刊办事处		一年四册
中国工业杂志	同上	贸易印刷公司		1925年创刊,月刊
上海总商会月报	商业及时论	上海总商会		1921年创刊,月刊,上海总商会机关杂志
银行周报	商业及金融	银行周报社		周刊,上海金融界的权威。作为附录每月添附经济统计表
钱业月报	同上	钱业月报发行所		1920年创刊,月刊,上海钱业公会的机关杂志

(续表)

名　　称	主义系统	持有人	主笔或记者	备　考
上海银行公会报	商业、金融	上海银行公会		年刊,非卖品
中外经济周刊	经济各方面	经济讨论分处		1923年创刊,周刊,经济讨论处的机关杂志
工商新闻	同上	工商新闻社		1923年创刊,周刊
立世经济周报	同上	梁书局		1925年创刊,周刊
劝用月刊	国货提倡	唤群书报社		1926年创刊,周刊,非卖品
道路月刊	路政	道路月刊社		月刊
道路杂志	同上	中华全国道路建设协会		1920年创刊,月刊

乙、外文报纸、通讯及杂志

1927年末,作为上海的外文报纸,英文报纸晨刊有 *North China Daily News*、*Shanghai Times*、*China Press*、*China Courier* 四种,晚刊有 *Shanghai Mercury*、*Evening News* 二种。此外,有法文晨刊一种,俄文日刊二种。除了英文报纸以外,读者范围受限,因此并无什么影响。

上述报纸中 *North China Daily News* 可夸耀为东方第一大英文报。内容、外观均充实,其社论在 Impartial, Not Neutral 这一编辑标语下稳健保守,作为代表在华英国官民舆论的媒体,内外均加以关注。该报的内地通讯最为丰富,不容其他报纸追随。仅次于该报而有影响力的为 *Shanghai Times*,编辑增加了美式风格,1925年以来夺得 *China Press* 占据的上海第二大报的地位。

1927年间上海外文报界中值得关注的事件:属于法国天主教会拥有、有十几年历史的法文日刊 *L'Echo de Chine* 停刊,半年以上未看到法文报。12月 Havas 通讯员创刊了内容、外观上更胜一筹的 *Journal de Shanghai*,另有俄文日刊 *Utro* 创刊,而去年以来 *China Weekly Review* 的 J. B. Powell 想在上海创办美国人持有的日报,以失败告终等。

作为外文通讯社,有路透社,上海各国报纸几乎没有不刊登其通讯的。还有国民(南京政府御用)、国闻两通讯及美国的 United Press,外文报上刊登得也不少。

一、报纸

名　　称	主义系统	持有人	主笔或记者	备　考
North China Daily News[字林西报](英文)	拥护英国政策及英国人利益,英国籍	董事兼社长 H. E. Morris 董事 Gordon Morris 秘书兼常务董事 R. W. Davis	主笔 O. M. Green 兼任伦敦 *London Times* 及 *Manchester Guardian* 通讯员 副主笔 R. Wood	1854年创刊,东方最老的报纸。晨刊,十六至十八页,发行量约六千五百份。为英国总领事馆及驻华英国高等法院的公布机关,工部局公报(参照其他栏目)也插入本报发送。另发行周刊 *North China Herald*(《字林星期周刊》),发行量三千份。对日本的态度比较公正。社址位于外滩十七号 North China Building 内
Shanghai Mercury[文汇报](英文)	拥护英国政策,英国籍	董事会会长 A. D. Bell 董事 C. M. Bain、H. M. Cumine、A. Malcohm	主笔 G. J. Lloyd	1880年创刊,晚刊,发行量约八百份。另外发行周刊 *Celestial Empire*(华洋通闻),为仅次于《字林西报》的老报。以往也有日本股东。因为数年来经营困难,1927年10月被盘给了锦明洋行 Cumine & Co., Ltd.为主的上海 News and Advertizing Co.,以前的干部全部辞任。对日本态度良好。社址位于江西路四十号A

(续表)

名　称	主义系统	持有人	主笔或记者	备　考
Shanghai Times[泰晤士报](英文)	拥护英国政策,英国籍	社长　A. E. Nottingham①	主笔　G. Burdon Sayer 副主笔　R. Sweetland 兼 Philadelphia Public Ledger 通讯员	1889年创刊,晨刊,十六页,发行量四千份。归现任社长经营以来,对报面加以改善,年年增加销售份数。现今在英文报纸中仅次于 North China Daily News,占第二位。1921年末创刊的周日号(Shanghai Sunday Times)增添照相版四页,达四十页以上,行销四千份。对日本有好感。社址位于爱多亚路三十二号
China Press[大陆报](英文)	拥护美国利益,美国籍	社长　S. Fessenden 执行董事　Arthur Sopher	主笔　C. J. Laval	1910年创刊②,晨刊,十六至十八页,周日版四十页(附加四页照相版),发行量约四千份。由美国法人发行,但事实是英国人控制。经营由法国的保护民犹太人 Arthur Sopher 和 Theodore Sopher 兄弟掌控,其姊为已故 Edward Ezra(犹太裔英国人)之妻。现在 Ezra 的继承财团持有九成股份。Millard 及 Powell 担任主笔时进行排日,专门汲汲于讨中国欢心,但最近对日感情大为改善。社址在九江路一四号
Evening News[大晚报](英文)	不刊登社论,中国籍	执行董事　沈能傲 Y. D. Shen	主笔　A. L. Meyer	晚刊,八页,发行量约八百份。该报为1922年11月合并 China Press 的晚刊 Evening Star 及 Shanghai Gazette 两晚报改名而成。此后作为国民党机关报,由陈友仁发表孙文方面的主张,但因经营不尽如人意,1925年间移至奉系之手,后来又转给上述 Y.D. Shen。该社的实际工作由许建屏负责。1928年5月美国人 Carl Crow 准备在上海创办代表性的美国报纸,便成立公司将其盘下
China Courier[公论日报](英文)	支持伍朝枢一派,美国籍	美国 Delaware 州法人 China Publishing Company	主笔　Yuro Ton	1926年6月创刊,日刊,八页,发行量二千份。英中混血儿、原英国律师 Kentwell 于在华英国法院明确说,是为 To Fight British Snobbery 而创刊的。创刊当初为四页,称作 Shanghai Courier,而后扩大至八页,改为现名。最初主张排英,但1927年秋前后接受伍朝枢一派补助以来大致变得稳健
Shanghai Morning Post[上海晨报](英文)	中国人舆论之代表	持有人　谢福生 Francis Zu,原 China Courier 主笔	主笔　同前	1927年12月1日创刊,发行量六百份。社址在香港路四号。该报由谢个人经营,几乎还不具备报纸形态
Journal de Shanghai(法文)	拥护法国利益	持有人　Jean Fontenoy	主笔　同前	1927年12月10日创刊,晨刊。发行量约四百份,社址位于公馆马路二一一二三号。因过去发行了三十年的 L'Echo de China 停刊,为之惋惜,完全以 Havas 通讯社为主创刊了此报

---

① 往年的报告为"E. A. Nottingham"。
② 1911年8月24日创刊。

(续表)

名　称	主义系统	持有人	主笔或记者	备　考
Шанхайская заря [上海柴拉早报]① (俄文)	社会革命党,共和主义	持有人　Lembich	主笔　同上 记者　米海夫、谢德尼考夫	1925年11月创刊②,发行量约一千份。社址位于霞飞路六五二号。本报为哈尔滨 Заря 的分身,持有人 Lembich 居住在哈尔滨,有亲日倾向
Россия [上海俄国报]③(俄文)	帝政派	Kolesnikoff	主笔　同前 记者　Moiseyev	1924年创刊④,发行量约六百份。社址位于狄思威路八五号。原陆军大佐考斯尼可夫创刊,也有传闻说最近受到谢苗诺夫的支持。亲日倾向浓厚
Утро [早晨]报 (俄文)	帝政派	琪利金	主笔　同前 记者　安特西金、安德莱金	1927年12月20日创刊,发行量一千份。琪利金曾在哈巴罗夫斯克创刊白俄系报 Копейка。据说通过法国律师 Duparc 而受到法租界公董局的支持。对外态度不详
Прохар(俄文)	帝政派	古里高里艾夫	同前	1926年7月创刊,一周发行一次或两次,是所谓曝光报纸

二、通讯及杂志

名　称	主义系统	持有人	主笔或记者	备　考
Reuters News (英文)	英国系统	Reuters Ltd.	远东总经理 W. Turner	社址位于爱多亚路四号
United Press (英文通讯)	美国系统			该通讯仅 China Press, Evening News 及 Shanghai Times 刊登。以向美国发送有关中国的报道为本职工作
Far Eastern Finance and Commerce [金融商业报](英文)	政治性评论少,英国人经营	Far Eastern Publications, Ltd.	F. L. Pratt	1920年创刊,周刊,八页,发行量五百份。社址位于九江路六号
China Weekly Review [密勒氏评论报](英文)	排日,讨好中国学生,美国系统	发行人兼编辑 J. B. Powell		1917年5月创刊,周刊,发行量约四千份。以远东尤其是中国政治、经济、社会问题研究为主。最初称 Millard Review,后改名为 Weekly Review of the Far East,1923年改为现名。报道内容极为贫乏,多从其他报纸、杂志上转载,但在中国人中阅读者相当多。主要向美国发送,据说约二千份为免费发放
Far Eastern Capital & Trade [商务周报](英文)	不刊登政治评论,英国人持有	David Arakie	同前	1925年创刊,周刊,发行量五百份。社址位于仁记路二十五号

---

① 又名《霞报》。
② 一说1925年10月25日创刊。
③ 又名《罗亚俄文沪报》。
④ 一说1925年发刊。

(续表)

名　称	主义系统	持有人	主笔或记者	备　考
Far Eastern Review [远东时报](英文)	以东亚财政、工业、矿业报道为主,拥护美国利益。美国人持有	发行人　George B. Rea	主笔　同前 Associate Editor、George E. Sokolsky	月刊,发行量一千五百份。为东方英文杂志之巨擘,也刊登政治评论。以往对我方舞弄种种毒笔,但和平会议后其态度一变,不如说是对日本表示善意,以至于严正批评美国对东方及日本的政策,总是致力于介绍我方在朝鲜、台湾、"满洲"之政绩。社址位于仁记路十六号
Lloyd's Weekly [劳合周报](英文)	政治评论少,英国人持有	G. T. Lloyd	主笔　同前	周刊,发行量五百份。主要刊登有关上海当地的社会新闻。社址位于江西路四一号
Shipping and Engineering(英文)	有关东亚船舶与工程的报道,英国人持有		主　笔　C. W. Hampson	1909年创刊,周刊,发行量六百份。在船舶业者中间拥有相当影响力。社址位于外滩十七号
Henderson's Magazine(英文)	普通趣味杂志,英国人持有	Arthur E. Nobbins		1921年创刊,月刊,发行量三千份。据说在中国的英文杂志中销量最多。1928年4月创刊者盘给现持有人。社址位于北京路四七号
China Journal of Science and Art[中国科学美术杂志](英文)	研究中国美术,以及考古、狩猎方面的杂志。英国人持有		主笔　Arthur de Sowerby、John C. Gerguson	1924年创刊,月刊。没有政治性色彩,而编辑及投稿人多为相当知名的人士。社址位于博物院路八号①
British Chamber of Commerce Journal(英文)	英国系统	全中国英国人商业会议所		月刊,既是上海英国人商业会议所的机关刊物,亦为Associated Chamber of Commerce in China and Hongkong机关刊物。除了工商业报道以外,还巧妙摘录有关中国的新条约、重要公文书等,适合作为记录保存
Chinese Recorder (英文)	美国长老教会派机关杂志,美国人持有		Rev. F. Rawlinson②	月刊,发行量二千份。社址位于圆明园路二三号
Israels Messenger [犹太月报](英文)	上海犹太复国主义协会机关刊物,拥护远东犹太人及犹太教之利益	上海犹太复国主义协会	N. E. B. Ezra	1904年创刊,月刊,发行量六百份。1910年2月停刊,但1918年复刊。感激我方对巴勒斯坦问题的态度,不刊登政治评论
The China Digest (英文)	拥护英国政策,英国人持有		Carrold Lunt	周刊,发行量二百份。社址位于南京路十二号。有关我方"山东出兵",曾批驳中国方面的侵犯领土主权说,说明日本除保护侨民以外别无他意
The Orient Magazine			Verne Doyson	月刊,社址位于博物院路二十号。是驻远东美国陆、海军的Service Magazine

---

① 1927年报告为"博物院路六号"。
② 1927年报告为"Rowlinson"。

三、外国通讯员

姓　　名	所属报纸名	备　　考
O. M. Green	*London Times*	*North China Daily News*
J. B. Powell	*Manchester Guardian*，*Chicago Tribune*，*Manila Daily Bulletin*	*China Weekly Review* 主笔
A. P. Finch	*London Daily Mail*	*Shanghai Times* 记者
R. Sweetland	*Philadelphia Public Ledger*	同上　副主笔
E. A. Nottingham	Australian Press Association	同上　持有人
J. W. Frazer	*Morning Post*	
G. E. Sokolsky	*Daily Express*	*Far Eastern Review* 主笔
H. P. Mill	United Press	*Shanghai Times* 记者

南京

名　　称	主义系统	持有人	主笔或记者	备　　考
国民革命军日报	军事委员会机关报		王新令　北京大学出身	日刊，四页，发行量一万份
南京民国日报	国民党机关报		达剑峰　金陵汇文书院出身	日刊，八页，发行量约二千多份
南京市民日报	南京市党部机关报		侯石年　北京大学政治科出身	日刊，二页，发行量三千份
立言报		吴新民	同前	1917年10月创刊①，日刊，二页，发行量四百份
新中华报		于纬文	同前	1913年创刊②，日刊，二页，发行量三百份
三民导报			胡大刚　东南大学农科出身	日刊③，六页，发行量六千份
中山报			不详	日刊④，四页
民生报				日刊⑤，二页，发行量一千份
南京新闻通讯		王荫卿	同前	日刊，发行量数十份
南洋新闻通讯		施绍文	同前	同上
建业通讯		吴仲仁	同前	同上
模范通讯		于迪周	同前	同上
时事通讯		陈耀	同前	同上
神州通讯		吕必纲	同前	同上
世界通讯		高伯翱	同前	同上

---

① 一说1916年创刊。
② 一说1912年创刊。
③ 一说1928年创刊，1929年调查报告说是1927年5月12日创刊。
④ 应为1927年4月创刊。
⑤ 应为1927年10月21日创刊。

(续表)

名　　称	主义系统	持有人	主笔或记者	备　　考
长江通讯		徐海岚	同前	同上
中亚通讯		邓芟轩	同前	同上
震宇通讯		符一亚	同前	同上
学衡	发表学术研究及思想	东南大学	同前	不定期刊
金陵光(英、中文)	同上	金陵大学		同上

有上海《申报》及《时事新报》的支社,以及东京《报知新闻》《时事新报》《大阪朝日新闻》《大阪每日新闻》的通讯员。

苏州

名　　称	主义系统	持有人	主笔或记者	备　　考
苏州日报	倡导自治	石雨声	洪野航	1912年1月创刊,日刊,四页,发行量四百份。针对南京的外交、内政等刊登相当尖锐的社论。特别是在对日问题上如此
吴县市乡公报	倡导自治	颜心介	郭随庵	1916年1月创刊,日刊,四页,发行量七百份。接近官方,报道稳健
吴语报	倡导文艺	马飞黄	胡绣龙	1916年9月创刊,日刊,发行量一千四百份
中报	倡导文艺	梅晴初	梅郎	1923年6月创刊①,日刊,发行量一千份
苏州明报	提倡自治	张叔良	高少帆	1924年3月创刊②,日刊,四页,发行量三千八百份。与东方通信及其他上海大报有联系。通讯迅敏,此点远超其他报纸
大苏报		王薇伯　王荫泰之胞弟,日本大学出身	庞独笑　原《市民公报》主笔	1928年8月创刊,日刊,八页。据说接受李宗仁及冯玉祥部第二集团军总参议姚以介等若干补助。对日态度或许不容乐观
苏州新报		汪志新	汪知心	1928年1月创刊,发行量约一百份

无锡

名　　称	主义系统	持有人	主笔或记者	备　　考
锡报	倡导自治	蒋哲卿	李伯森	1917年11月创刊③,日刊,发行量一千四百份
新无锡报	同上	杨少云	张遂初	1913年11月创刊④,日刊,发行量一千六百份
无锡新报		浦容潜	宋叔琴	1922年9月⑤创刊,发行量约九百六十份

① 一说1921年创刊。
② 一说1925年秋,张叔良接办《明报》后改本名。
③ 1912年10月1日创刊,前身是《锡金日报》。
④ 一说9月11日创刊。
⑤ 1927年报告为"1923年9月",应为1922年9月1日创刊。

定期调查报告　　（秘）1928年11月印刷　　外国的报纸（上卷）　　（亚洲、非洲、大洋洲之部）

八、浙 江 省

杭州

名　称	主义系统	持有人	主笔或记者	备　考
浙江商报	杭州总商会机关报	邱不易	朱松庐	1921年10月创刊,日刊,十页,发行量二千六百份。对日态度普通
浙民日报	发扬民治精神,促进地方自治	胡芷香	朱章宝	1923年12月创刊①,日刊,八页,发行量一千三百份。浙东同乡会经营
杭州民国日报	省党部机关报	沈尔乔　律师	章正范	1927年3月10日创刊②,日刊,十页,发行量二千五百份
杭州国民新闻	黄埔同学会机关报	戴世勋　黄埔军官学校第一期毕业生	项士元	1927年3月12日创刊,日刊,八页,发行量一千三百份。该报设立之际接受蒋介石一千弗补助
杭州市报		王苏香(女)(原革命军军医)	刘中	1927年7月1日创刊③,日刊,八页,发行量一千七百份
三五日报	发扬党义,振兴商业	张馨谷	冯元芝	1927年7月6日创刊④,日刊,八页,发行量八百份
浙江省政府公报	公布法令、规则	浙江省政府	陈宜慈	1927年5月11日创刊,日刊,发行量一千九百份。《浙江公报》之后身

尚有上海《申报》《新闻报》《中央日报》的通讯员。

九、安 徽 省

安庆

名　称	主义系统	持有人	主笔或记者	备　考
民岩报	发扬民治、民权,维持风教。民党系	社长　吴霭航　前清举人,与柏文蔚有关系	同前	1909年创刊⑤,日刊,八页,发行量约二千份。社址位于安庆前门大街。对日感情不佳
新皖铎	营利本位	社长　张振铎　柏文蔚的原秘书	同前	1922年2月创刊,日刊,八页,发行量约一千份。社址位于安庆四牌楼大街。对日感情一般
商报	标榜工商业的改良发展。与安庆商会有关系,有安庆商人资助	社长　苏绍泉	同前	1923年7月创刊⑥,日刊,六页,发行量约一千份。对日感情稳健
政治报	政治革新,拥护民生	社长　蒋永我	同前	1925年3月创刊,日刊,四页,发行量约八百份

---

① 一说1922年10月10日创刊。
② 应为3月12日创刊。
③ 一说1928年1月创刊。
④ 一说1928年创刊。
⑤ 1912年6月1日创刊。
⑥ 一说1919年创刊,1923年4月备案。

(续表)

名　　称	主义系统	持有人	主笔或记者	备　　考
社刊	振兴实业	社长　胡祝如	同前	1925年创刊,日刊,四页,发行量约八百份
全皖新闻①	营利本位	社长　翁醉亭	同前	1925年4月创刊,日刊,四页,发行量约五百份
醒民通讯		社长　魏小峰		1921年创刊,向京、津等其他地方不定期发送书面通讯
国民通讯		社长　王治平		1920年7月创刊,向京、津及上海等十多处不定期发送书面通讯
自由通讯		社长　赵嘉谟		向京、津及上海等各地不定期发送书面通讯
正谊通讯				1925年4月创刊,向京、津方面发送书面通讯

芜湖

名　　称	主义系统	持有人	主笔或记者	备　　考
皖江日报	启发民智,不偏不党	社长　谭明卿　秀才出身	同前	1917年1月创刊②,日刊,八页,发行量约一千五百份。最近有亲日倾向,稳健、平凡
工商日报	开发工商业,发展自治及教育	社长　张九皋		1909年11月创刊③,日刊,八页,发行量约二千份。对日态度最近良好,还刊登日本方面的广告

十、江　西　省

南昌

名　　称	主义系统	持有人	主笔或记者	备　　考
商业日报	鼓吹商业,无党派关系	万醒尘	萧清臣	1927年9月创刊,日刊,四页,发行量约一千五百份,社址在南昌百洲三十八号。是仅次于《工商报》的商业报纸,股份制,资本金三千元
工商报	同上	李耀廷	夏甘霖	1920年1月创刊,日刊,八页,发行量二千份左右,资本五千元,社址在南昌百花洲三十七号。营利本位,虽无政党色彩,但对省政府示好,有时会附上副刊宣传三民主义,报道比较丰富
江西晚报	营利本位	杨绳武④	杨治农	1927年9月创刊⑤,晚报,小型,四页,发行量约七百份,社址位于南昌黄家巷
民国日报	三民主义,省政府的机关报	刘侃元	李寋	1926年11月创刊,日刊,六页,发行量约二千五百份,社址位于南昌毛家园,每月从省政府获取补助二百元

---

① 1927年报告为《全皖新报》。
② 应为1910年12月2日创刊。
③ 应为1915年10月20日创刊。
④ 一说"杨绳祖"。
⑤ 一说1926年9月创刊。

九江

名　　称	主义系统	持有人	主笔或记者	备　考
浔阳日报	三民主义，国民党的机关报	许奇伯① 安徽省人，日本大学政治科出身，国民党员	同前	1926年11月创刊②，日刊，四页，发行量四百份左右，社址位于九江延丈山七十四号。社长和记者均属于国民党一派，党部每月预支一百元补助。财政困难，内容贫乏
九江日报	拥护朱培德，省政府的机关报，宣传三民主义	张定球 九江县人，原广东台山县公安局长，原九江县知事兼清党委员，现九江公安局长 协理 李汉华	陈觉民	1927年9月创刊，日刊，四页，发行量一千份左右，社址位于九江都天巷八十一号。为《江声日报》的后身③，资本三千元，省政府每月预支三百元补助

十一、湖　北　省

汉口

概况

（1）中文报纸：本年度当地的报界，可以说是从鼎盛期跌落到了最为衰败的时期。即随着国民革命军进军长江，革命军积极推行联共政策、农工保护政策，对言论的打压和干涉变得愈加露骨，各报纸均完全被用于宣传政策，以极端过激的言论讴歌国民革命。因此，一方面先前被吴佩孚查封的左派各报纷纷再刊，大小报纸涌现；另一方面以营利为中心的商业报纸则由此逐渐陷入经营困难。7月份国民党与共产党分裂，接着到唐生智下台，上述众多左派报纸也不得不纷纷停刊，目前仅余有十家报纸。本年度内停刊的报纸中，《通报》《民治日报》《午报》《警报》《民德报》《政法日报》《快报》《鹤报》《群治日报》《国民新报》《人权报》等十一家均属于直系，因国民军势力的发展而停刊。《大陆报》《汪声报》④《中报》《鄂报》《黄报》《华中日报》《时事新报》《汉江日报》《觉报》《正心报》《武汉晚报》《大江新报》等十二家作为以营利为中心的报纸，因商业不景气，广告费锐减而不得已自然停刊。《正义报》作为研究系的机关报，《三楚日报》作为吴佩孚系的机关报，两者均被查封。《大汉报》《时报》《时事白话报》这三家作为国民党右派的机关报，在革命军进军武汉以后极其活跃，但到了共产党掌控武汉政权之时，因为是右派，《时报》和《时事白话报》的经营者均以反革命为由遭到逮捕，在3月关停。《大汉报》也在11月不得已而停刊。《楚光日报》因共产党的缘故曾十分活跃，但随着国共分裂，西征军入汉而关停。《晨报》在国民军来汉的同时复刊，但因经营困难，数月之后便停刊了。

《中央日报》作为中央党部直接支持的机关报，轰轰烈烈创刊，曾一度成为武汉报界的权威，但至8月国共分裂，接着中央党部转移至南京，旋即停刊。《人民日报》作为纯共产党机关报于1月创刊，但清党运动后主动停刊。《武汉民报》作为唐生智的机关报在6月创刊，曾一度与《国民日报》一同作为汉口的两大报纸赢得过声誉，但在唐生智逃亡之后便关停。

目前残存的报纸中仅《汉口民国日报》一家崭露头角，其他报纸均规模弱小，经营幼稚有余，甚至有不具备印刷机的报社。

另外，过去有日报公会这一报纸联合组织，后来分裂成武汉报界联合会和武汉报界同志会两个团体，相互对峙。今年3月，当地各报社、通讯社、通讯员等，标榜改善技术、提高舆论权威、巩固革命势力等，组织了武汉新闻记者联合会，宛希俨、邹碧痕、陈启修等担任主席，一时声势浩大。但西征军来汉以后，也自然进入了有名无实的状态。

（2）中文通讯社：当地的中文通讯社，约至1926年上半年为止，数量达到了数十家之多，其后逐渐减少。有价值的通讯社是国闻通讯社、一德通讯社、扬子通讯社、郑州编译社等数家。接着国民军来到武汉以后，为了宣传主义而开始经营自己的通讯机关，其他通讯社因此陷入经营困难，大多自行关门歇业。另外，中央党部宣传部经营的人民通讯社和血光通讯社，曾有相当大的影响力，但因被视为共产党，不得已而停业。目前仅有国闻

---

① 一说是"许秋伯"。
② 一说1928年创刊。存疑。
③ 《江声日报》创办于1919年，1922年由南昌迁到九江。
④ 根据1927年的报告，应为《江声》。

通讯社和一德通讯社这两家崭露头角。

在报界建立两个团体的同时,通讯社和通讯员等也组织了国际新闻协会和武汉通讯改进社这两个团体。前者由路透社、英文《楚报》通讯员吉福四郎、国闻通讯社、一德通讯社、扬子通讯社、新闻编译社、上海《新闻报》通讯员喻可公、上海《申报》通讯员聂某、《天津益世报》通讯员喻耕屑、《华中日报》卢定生、《大汉报》祝韵湘和上海《时报》通讯员邹碧痕组织而成,广受瞩目。后者是由《通报》的熊辑五提倡建立的研究性团体。国际新闻协会,除去外国人会员外,一二通讯社谢楚珩和觉世通讯社程稚候等的加入,使其一时相当具有影响力,但前述两社不久便与报社一同组织了武汉新闻记者联合会。

各通讯社提供通讯的方法如下:

一、通稿。每天早上在汉口董家巷茶馆,通讯社和报社会合,互相交换原稿和报纸,通讯社对其中被采用的稿件以月末结算的方式提供给报社。

二、专稿。通讯社的特约稿件,每天夜里由通讯将原稿送至报社。专稿费比通稿高,一般一家的专稿费估计为每月四十弗左右,月末结算。

甲、中文报纸及通讯

一、报纸

名　　称	主义系统	持有人	主笔或记者	备　　考
汉口民国日报	三民主义,国民党省市党部的机关报	社长　祝润湘　前大汉报社社长 出资人　李翊东	主编　龚国煌　日本早稻田大学出身,前北京《国光新闻》编辑以及前汉口民报社社长	1928年1月4日创刊,日刊,小型报纸,二十页,发行量八千份,社址位于汉口韶生路忠信二里第四号。该报的前身《民国日报》在国民政府的联共时期极其活跃,是当时汉口报界的最高权威。国共分裂后,社长变为张孔庚,接着西征军来汉,湖北党务整理委员会以民众的力量接收了该报,委员李翊东任社长继续发行,但因辱骂程潜,结果处境与被查封无异。其后程潜移驻湖南,到了1928年1月4日,才得以现在的名字发刊,目前仍执当地报界之牛耳。最近接近西山派广西系统,稍有欲脱离蒋介石的倾向
武汉革命军日报	三民主义,军事委员会的机关报	王俊　留日出身,原湖南警察厅长,汉口既济水电公司经理以及军事委员会秘书处长代理	主编　陈迪光　原北京《民声日报》编辑,天津Times社论负责人,以及长沙《民国日报》编辑主任	日刊,八页,以及副刊一份,发行量五千份。最初附属于总司令部,位于武昌,然而西征军进入汉口后,干部因唐生智而害怕,逃离报社。南京军事委员会因此派遣九名委员,组织武汉革命军日报委员会,继续发行该报。军事消息特别迅敏
新民报	三民主义,国民党的机关报	唐爱陆　浙江人,前清秀才,汉口的上海银行经理	主编　李慎安　毕业于两湖师范学校	1926年10月创刊①,日刊,十二页,发行量四千份,社址位于汉口后花楼永兴里五号。虽说是国民党机关报,但一次也未从党部领取过补助。唐因与蒋介石是同乡,总是拥护蒋
国民日报	营利本位	汪庸夫　原汉口《中庸报》社长	主编　同前	日刊,小型,十二页,发行量约二千份,无自备印刷机
公论日报	营利本位	王民仆	编辑　胡砚农　另外还有两名	1918年4月创刊②,日刊,八页,发行量七八百份,无自备印刷机
工商白话报	营利本位	邓博文	主编　同前	1924年8月创刊③,日刊,小型,四页,发行量约三千份,无自备印刷机

---

① 应为1926年9月15日创刊。

② 一说1919年2月6日创刊。

③ 一说1918年创刊。

(续表)

名　称	主义系统	持有人	主笔或记者	备　考
汉口商报	民主主义	邹碧痕	主编　同前	1920年8月创刊①，日刊，八页，发行量一千五百份
汉口中西报	营利本位	王华轩	主编　王丽生　留美学生	1907年10月创刊②，日刊，八页，发行量六千份
汉口新闻报	营利本位	凤竹荪	主编　同前	1915年1月创刊③，日刊，十六页，发行量三千份
社会日报	增进社会的幸福	童筱村	主编　童仲赓	日刊，小型，四页，发行量三千份，以处世伦理方面的内容为特色

二、通讯社

名　称	主义系统	持有人	主笔或记者	备　考
国闻通讯社	营利本位	喻耕屑　天津总社的社长	编辑　喻德祥	社址在汉口宏春里
一德通讯社	无党派关系	叶春霆　前清贡士，师范毕业生，原北京中央法政大学和武昌商科大学教授	编辑　常继丞、胡英华	社址在汉口日本租界槐荫里
汉口中央通讯社	国民党系，从南京中央党部领取补助	李小帆	钟嘉桐	社址在汉口涵润里
汉口国民电报通讯社	三民主义，国民党系	罗敦伟　国民党员	编辑　曾继述　武昌高等师范学校出身	社址在汉口云绣里，每月从国民政府领取二千元补助
鄂湘通讯社	无党派关系	万克哉	编辑　王良材	社址在汉口济生一马路
昌明通讯社	三民主义，国民党系	张伯纯　武昌高等师范学校出身	编辑　吴鑫　武昌高等师范学校出身	社址在汉口义成东里
长江通讯社	三民主义，国民党系	莫敬德	编辑　刘典汉	社址在汉口五常里

三、通讯员

姓　名	所属社名
聂醉仁	上海《申报》、上海《时事新报》《北京《晨报》》
喻可公	上海《新闻报》
邹碧痕	上海《时报》
喻耕屑	《天津益世报》、上海及天津的国闻通讯社

乙、英文报纸

名　称	主义系统	持有人	主笔或记者	备　考
Central China Post[楚报]（英文）	英国籍	Harry J. Archibald（苏格兰人）	主笔　同前 副主笔　Archibald Grant（英国人） 记者　李德（朝鲜人）	1912年创刊，日刊，八页，对日态度良好
Hankow Herald[自由西报]（英文）		Brunno Schwarty（美国人）	主笔　同前 副主笔　林芳伯	1923年创刊，日刊，八页，对日态度不佳

---

① 一说1916年10月创刊。
② 应为1906年创刊。
③ 应为1914年5月28日创刊。

沙市

名　称	主义系统	持有人	主笔或记者	备　考
长江商务报	振兴商业，提倡实业，与党派无关系	经理　侯仲涛　前经理侯伯章之弟	同前	1921年7月创刊，日刊，四页，发行量三千份，对日态度公平

宜昌

名　称	主义系统	持有人	主笔或记者	备　考
宜昌益世报	无系统	张清夫	同前	1924年1月创刊，日刊，小型，四页，发行量二百份
宜昌国民日报	第二十军的机关报	第二十军	张遗珠	1927年12月创刊，日刊，小型，四页，发行量五百份

1927年12月新设湘鄂通讯社（与第二军相关）和革新通讯社（与第四十三军相关）两家通讯社。

十二、湖　南　省

长沙

概况

至1927年5月21日发生军队与共产党冲突事件①为止，是共产党得势的时期。当地历史最为悠久、以其稳健的主义主张而普遍得到各阶级支持的《大公报》，以及作为商民方面言论机关的《商民日报》都相继停刊。上述事件以后，随着共产党的失势和唐生智势力的相应扩大，国民党的机关报《长沙民国日报》被勒令停刊，共产党系的《湖南民报》改组为唐生智的机关报，因此到1927年年末，有同年4月在衡山创刊的唐系《南岳日报》和《湖南民报》两家报纸。然而随着1928年1月武汉军入湘，《南岳日报》停刊，《湖南民报》被程潜接收，成为其机关报。接着到了3月，湘鄂临时政务委员会将原来的《湖南民报》和停刊中的《南岳日报》合并，发行《湖南国民日报》作为机关报，独占湖南言论界。9月1日由当地绅士和旧式教育家等发起，以提倡民权、监督政府为主张创刊了《全民日报》。至此，目前是《湖南国民日报》和《全民日报》两家报纸互相对峙。

报纸

名　称	主义系统	持有人	主笔或记者	备　考
湖南国民日报	国民党系，省政府机关报	总理　刘召圃　建设厅长 经理　吴晦华　前市党部秘书	主笔　米世珍 总编　黄庭荫　国民党员 编辑　许源道、张坦然	1928年3月5日创刊，日刊，十六页，发行量约六千份，社址在长沙坡子街。湘鄂临时政务委员会将最初为唐生智系统、后来为程潜接收的《湖南民报》与当时停刊中的属于唐生智系统的《南岳日报》合并，改为现名，作为其机关报发行。经费来源于盐税收入和挪用的部分国民党党费
全民日报	主张提倡民权、监督政府，不偏不党	总经理　贝允昕　原《大公报》经理	主笔　李蔚云　原《大公报》主笔，李抱一的兄弟 总编　龙兼公　原《大公报》主笔 编辑　孟庆煊	1928年9月1日创刊，日刊，发行量约二千余份，社址位于长沙储备仓湘乡沟让堂内。今年3月以来，《湖南国民日报》作为省政府的机关报，独占省言论界。为了与其对抗，当地绅士和旧式教育家们在前述主张之下，为拥护普通市民的利益，致力于唤起公正的舆论，发行了该报。还有，该报实质上是去年春天因共产党而停刊了的《大公报》改组后的产物而已，社员也没有大的变化

---

① 指"马日事变"。

十三、四川省

成都

概况

当地报纸目前合计有十二种,好像差不多全部接受地方军阀的支持而经营。进入 1927 年之后,原来的《革命日刊》停刊,有《民声日报》《民力日报》《九五日报》《商民公报》和《大同日报》五种报纸新刊。这些报纸均热衷于鼓吹革命,恢复国权,蔑视外国人的倾向显著,特别是排日、排英论调浓厚,登载的内容,不过是将从军阀方面和重庆外国人那里得到的情报作为材料使用而已。

报纸

名　称	主义系统	持有人	主笔或记者	备　考
国民公报	不偏不党	社长　李澄波	同前	1912 年创刊①,日刊,十页,发行量二千六百份。在商、政、学各界有信誉,对日态度暧昧,报道论调比较稳健,是成都报纸中最具信用的
民视日报	邓锡侯系统的机关报	社长　丁祖荫	同前	1918 年创刊②,日刊,四页,发行量二千三百份。在学界、军界中有影响力,对日态度近来转好
四川日报	刘文辉机关报	社长　叶诚一	同前	1924 年 7 月创刊③,日刊,八页,发行量一千二百份,对日态度不佳
新四川日报	鼓吹革命,宣传排外。刘文辉的机关报	社长　周雁翔	同前	1925 年创刊④,日刊,八页,发行量一千三百份。在军界、学界中有影响力,对日态度不佳
成都快报	邓锡侯系统机关报	社长　杨治襄	同前	1925 年创刊⑤,日刊,四页,发行量一千七百份。对日态度不坏,论调稳健
新川报	鼓吹革命,宣传排外。刘文辉的机关报	社长　张清平	张拾遗	1926 年创刊⑥,日刊,八页,发行量一千份,对日态度不佳
四川民报	鼓吹革命,提倡收回国权。王缵绪师长的机关报	社长　王国源	同前	1925 年创刊⑦,日刊,四页,发行量一千二百份,对日态度不佳
民声日报	田颂尧的机关报	社长　袁凤樵⑧	同前	1927 年创刊⑨,日刊,四页,发行量一千五百份。论调比较稳健,对日态度不佳
民力日报	田颂尧的机关报	社长　孙倬章	同前	1927 年创刊⑩,日刊,八页,发行量一千份。努力鼓吹革命,收回国权,对日态度不佳
九五日报	宣传排外	社长　蒲永叔	同前	1927 年创刊⑪,日刊,八页,发行量一千份。论调过激,对日态度不佳

---

① 1912 年 4 月 22 日创刊。
② 一说 1921 年 10 月 10 日创刊。
③ 一说 1924 年 3 月 16 日创刊。
④ 1925 年 10 月 10 日创刊。
⑤ 1925 年 7 月 10 日创刊。
⑥ 1926 年 4 月 5 日创刊。
⑦ 1927 年报告为 1926 年 5 月创刊。
⑧ 一说为"袁蓁樵"。
⑨ 1927 年 3 月创刊。
⑩ 1927 年 5 月 1 日创刊。
⑪ 1927 年 3 月 5 日创刊。

(续表)

名　　称	主义系统	持有人	主笔或记者	备　　考
商民公报①	成都商民协会机关报	社长　张继周	刘嘉惠	1927年创刊,日刊,四页,发行量一千五百份。论调过激,宣传排外,对日态度不佳
大同日报	提倡收回国权	社长　舒叔达	同前	1927年创刊②,日刊,四页,发行量五百份

重庆

名　　称	主义系统	持有人	主笔或记者	备　　考
商务日报	重庆商务总会的机关报	社长　温少鹤	李时辅	1915年创刊③,日刊,发行量五千余份。与政党政派无关系,以振兴实业作为主要目标,居当地报界之首
新蜀报		罗仪三	李开先	日刊④,发行量三千五百份。倚仗有重庆外交后援会反帝国主义和学生团的后援,总是舞弄毒笔
四川新闻报	李师长、陈师长等的机关报	彭翰青	张伯谦	日刊⑤,发行量一千份
大中华日报	王芳舟的机关报	何北衡	刘航琛	日刊⑥,发行量三千份,报道比较正确
团务日报⑦	开发民智	李特生	李炜章	1925年创刊⑧,日刊,发行量二千份,论旨稳健

通讯社有川康新闻编译社、长江通讯社、扬子江通讯社、粉江通讯社、巴江通讯社和新时代通讯社,但均不成气候。

十四、福　建　省

福州

概况

(一) 报纸:当地原本有二十种中国报纸,但都很弱小。督办、省长、海军及其他当地官方每月向报业公会支付一千五百元至两千元补助,各报从中分得相应补助,勉强维持招牌。因此,报纸的经营也被政局所左右,1926年末当地一度被革命军占领,以周荫人为首的旧军阀销声匿迹,这些报纸立刻陷入困境。以曾与我方《闽报》对抗的美国系统报纸《公道报》为首,《民生日报》《商报》《商务时报》《公民报》《正言报》《福建日报》《公论报》《三山时报》《超然报》《福建商务时报》十一种报纸在1927年相继停刊。另一方面,以省党部机关报《福建民国日报》为首,《晚报》《三八女报》《工人日刊》《市声报》《南声日报》《南强报》《航报》《民铎日报》《侨商时报》《民声报》《民治报》《新民报》等大小报纸在革命的新氛围中如雨后春笋般竞相创刊。然而,伴随着报纸经营而产生的困难依旧存在,随着印刷工会的成立,改善职工待遇的要求使得各报社的经营更加困难。上述报纸中,除了与省党部或海军等有特殊关系的《民国日报》《工人日刊》《市声报》《南声日报》《新民报》五种外全部停刊。

(二) 通讯社:原有福州通讯社及其他两三家中国通讯社,革命军进城后全部消失。新成立了省党部宣传部的机关通讯福建通讯社,以及三民、三山、榕声、民醒、益群、闽潮、大同、努力、三八女等各通讯社及三五半周刊社

---

① 一说为《商民日报》。
② 1927年2月创刊。
③ 一说1914年4月25日创刊。
④ 1921年2月1日创刊。
⑤ 1927年10月创刊。
⑥ 1922年创刊。
⑦ 一说为《团悟日报》。
⑧ 一说1926年3月创刊。

等。但这些通讯社都没有资金实力,仅仅发布当地的书面通讯。另外,从"南京事件"发生起到8月左右,当地外侨每月各自拿出五元至十五元凑在一起,接收路透社从上海发送的有关时局的电报,并由英国商人布兰德(当时的荷兰名誉领事兼挪威名誉副理事代理)印刷,作为英文通讯发布给会员。

(三) 报纸团体:原有报界合众会、报界同志会及报界协进会三个团体,由得不到当地官方扶持而实力弱小的报纸联合组织而成。旧军阀没落后失去经费维持,自然解体。不过,省党部筹备委员、1927年1月创刊《福建民国日报》的潘谷公重新网罗各家报纸,发起建立报界联合会,但在4月此人就因肃清共产党运动而逃亡,报界联合会因此流产。随后省党部主任李大超发起组建报界公会,成立大会好不容易筹办就绪,进入10月却随着谭曙乡下台,李也逃亡,此计划受挫。此后省党部委员李文滨打算做成此事,但目前尚未实现。

一、报纸

名　称	主义系统	持有人	主笔或记者	备　考
闽报	中日共存共荣	持有人　善邻协会 社长　镰田正藏 前台湾总督府事务官	主笔　山田仪四郎　东亚同文书院毕业 记者　林希谦　早稻田大学政治科毕业。郭振华　早稻田大学政治科毕业	1901年12月创刊①,日报,八页,发行量约三千份。最初由前岛真(已故)在台湾总督府的援助下,收购当时福州唯一的报纸——福建国民党领袖黄乃裳经营的《福报》改名而成。1915年,台湾日日新闻社长赤石定藏接手,1917年起由财团法人善邻协会经营,直至今日。创刊以来受到排日等影响,屡屡陷入经营困难,但在一贯的主义下,一直保持着优越的地位
福建民国日报	三民主义,省党部机关报	总经理　陈建东　法学士 社长　翁侃　日本女子大学出身	主笔　王新命 记者　赵凯	1927年1月创刊②,日报,八页,发行量约一千两百份(其中一半向党部及各工会等免费发放)。由国民政府派遣的福建省党部筹备委员马式材、李培桐、潘谷公等民党左倾分子创刊。同年3月马等人被以福建人为中心的福州总工会驱逐,报纸暂时停刊,其后重新作为省党部机关报发刊。今年春天以来呈现出非常大的活力,与《闽报》对抗。尤其是"山东出兵事件""济南事件"后,大力宣传排日。因国民政府的省党部指导委员任免问题,1928年6月21日以社长为首发布"无法容忍新军阀、新官僚、新土豪劣绅压迫"的宣言,于同日停刊。现在,本报预计在新指导委员就任后,进行内部改造后继续发行
求是日报	以营利为本,接近省党部及海军方面,排日急先锋	梁道钧、陈公珪(共有)	同前	1913年创刊,日报,八页,发行量约七八百份。报道内容比较丰富,《民国日报》发刊前是实力次于《闽报》的报纸
市声日报	三民主义,海军系统	社长　林鹏南	主笔　薛友苏	1927年7月创刊,日报,八页,发行量约六百份。海军省政府成立时创刊,每月接受海军一千元的补助,电讯及一般报道比较准确、迅速
工人日刊	拥护劳动者,总工会机关报	社长　林友海	主笔　同前	1927年4月创刊,日报,四页,发行量约四百份。言论偏于过激,有排日色彩

---

① 通常认为是1898年1月创刊(《中国近代报刊名录》《中国新闻事业编年史》《福州新闻志·报业志》),但1924年报告称1897年12月创刊,细节较详。待考。

② 一说为1927年2月创刊。

(续表)

名　称	主义系统	持有人	主笔或记者	备　考
南声日报	拥护海军，海军系统	社长　张绮青	主笔　陈天尺	1927年1月创刊，日报，四页，发行量约五百份。海军正式参加革命军、设置政治部时屡屡宣传排日，但最近趋于平静
实业日刊	提倡国货，拥护商界。市党部系	社长　林翼卿	主笔　李文滨	1924年5月创刊，日报，四页，发行量约三百份。每月接受市党部的一百元补助
华同日报	曾为安福系，现在无关系	持有人　施涵宇（别名景琛）	主笔　同前	1916年11月创刊，日报，四页，发行量约四百份
新民	卢兴邦之机关报	社长　张志德	主笔　邱特生	1927年12月创刊，日报，四页，发行量约四百份。新编军独立第一师师长卢兴邦为宣传自己而创刊，张社长原是卢的参谋长
正报	排日	社长　林平　原茶税局长	主笔　马仲藩	1922年12月创刊，日报，四页，发行量约两百份。排日色彩浓厚
政治日报		社长　陈奋侯	主笔　同前	1920年1月创刊①，日报，四页，发行量约三百份。目前停刊中，对日感情不差

二、通讯社及通讯员

通讯社	通讯员或主任	备　考
福建通讯社	福建省党部宣传部	1927年以后创办
三民通讯社	李文滨	同前
三山通讯社	郑颐年	同前
榕声通讯社	梁孝桐	同前
民醒通讯社	陈昭安	同前
益群通讯社	陈深	同前
闽潮通讯社	王希农	同前
大同通讯社	李子章	同前
努力通讯社	邓磊夫	同前
三八女通讯社	扬迈仙	同前
三五半周刊社	刘友濂	同前
	陈朝阳	向上海《申报》发通讯
	姚尘庐	向上海《时报》发通讯
	朱华笑	向上海《新闻报》发通讯

---

① 一说1917年9月创刊。

三、外文报纸及外文通讯

名　　称	主义系统	持有人	主笔或记者	备　　考
Express		发行人　J. M. Rozario　原葡萄牙副领事	主笔　同前	约四十年前创刊,发行量约一百三十份。以当地外侨为对象,刊登船舶进出、物品、文艺活动等的广告报纸。最近洋务工会往往利用其对外国人进行宣传
路透通讯社		S. H. 布兰德（英国商人）		书面通讯

厦门

概况

当地的人口,厦门及公共租界鼓浪屿合计十五至二十万,但普通百姓文化水平低下,利用报纸仍不充分,因此报纸的经营十分困难,大多作为政治机关报或其他各党派的机关报,接受经费的补助。所以其内容难免贫乏、低级。现在,在当地发刊的中文报纸有《全闽新日报》《江声日报》《思明日报》《民国日报》《民钟日报》及《厦门商报》六种。其中,除全闽新日报社及民钟日报社之外,其他创立时间均短,发行量也非常少,经营亦十分困难。只有《民钟日报》讽刺国民党的暴行,其他报纸均欲迎合现代思潮,国民党的色彩浓厚。

以上各报纸大多是八页、四六版①,自然没有刊登外国电讯的,即使是中国电讯,也多为来自上海的电讯,数量亦不多。各报从日本各报,以及上海、广东方面的报纸转载国内外的报道。

报纸

名　　称	主义系统	持有人	主笔或记者	备　　考
全闽新日报	使中日民族融和,介绍日本文明。日本国籍	名誉社长　林景仁	谢龙阔（台湾人）明治大学出身	1907年8月创刊②,日报,发行量约一千两百份。每年接受台湾善邻协会一万余圆的补助,本报的电讯栏非常受重视与欢迎
江声日报	标榜三民主义,奖励产业,改善教育。国民党机关报	总理　叶挺秀	陈一民	1918年11月创刊,日报,发行量五百五十份。排外色彩一向浓厚,屡屡刊登排日报道,关于我方"出兵山东"刊登激烈的排日报道。国民党闽南地方领导人许卓然给予本报补助金,并掌握本报的实权
思明日报	启发民智,振兴产业,鼓吹新文化。属于中国基督教徒派,有拥护国民党的倾向	总理　徐吉人	林庭栋	1920年9月创刊③,日报,发行量约七百份。排外色彩一向浓厚,"上海事件"以后更加特意刊登排日报道,但最近试图与资本家黄奕住取得联络,论调有所缓和
厦门商报	中国杂货商公会之机关报	总理　陈世勋	傅贵中	1921年10月创刊④,日报,发行量约四百份
民钟日报	鼓吹爱国观念,培育民主思想,振兴工业。不偏不党	总理　李硕果	梁冰弦	1918年创刊⑤,发行量约一千三百份。在当地最有影响力。因其在公共租界内,所以对中国官方的评论十分尖锐,在对日问题方面相对较公平。在南洋方面销路很好

---

① 日语表示新闻纸尺寸的专用名词,约为270×410毫米。
② 8月21日创刊。
③ 一说7月21日创刊。
④ 10月10日创刊。
⑤ 一说1916年10月1日创刊。

(续表)

名称	主义系统	持有人	主笔或记者	备考
民国日报	国民党机关报，排日色彩浓厚	总理 林幸福	秋厘争	1927年7月创刊①，发行量约九百份。本报继承自《厦门日报》，原福建民军之机关报，但去年6月被厦门市党部认为有宣传共产党的嫌疑而被没收，改为现名。此外，本报是强烈的排日报纸，屡屡痛骂我方的"满蒙"政策，煽动台湾革命，在"山东出兵"时大肆攻击

除此之外，还有上海《新闻报》的支局以及鹭江通讯社。

十五、广 东 省

广东

概况

广东的中文报纸曾经有三十余种，但近年数量逐渐减少，目前仅有日报十二种。国民政府成立以来，对言论的压迫极其严厉，在发行前检查报纸，倘若发现对政府不利的内容就不允许刊登。因此，各报纸的内容与论调都大同小异，迎合政府的主义、主张，着重为其宣传。

最近爆发工人运动以来，当地报纸因以下各职工工会的活动经营陷入困难，尤其是今年12月发生"共产党事变"②后，因排字职工中有大量共产分子，将他们驱除之后各报发行能力都显著下降，例如国民党政府的机关报、当地第一流的《广州民国日报》及《国民新闻》，其发行量不及事变前的一半。上述事件当然是一时的现象，但政府压制言论，加上排字职工多次罢工导致的工资暴涨，使得资本弱小的报社陷入经营困难，是不争的事实。

广东与报纸相关的团体如下所示。

（一）报界公会

报社经营者方面所组织的公会，前清时代称粤省报界公会，进入民国时代后改称广东报界公会。

各报社记者每日准点在公会集合，互相交换新闻、接受官方检查。

诸如报社的劳资问题等也主要在该会处理，当地有影响的报纸几乎都加入了公会。

（二）广东全省印务总工会

1926年1月印刷工会、景源字社及汉文排字工社等三工会合并成立的各报社排字工人工会，最近发起要求涨工资的所谓工人运动，屡次举行罢工，阻碍报纸的发展，"共产党事变"后被解散。

（三）广东新闻记者联合会

1926年9月依靠政府的后援而创立，在报界公会中设有办事处，设执行委员九名、监察委员五名。

（四）派报工会

1921年创立，所谓派报人即报纸代销商所组织的团体，一向与报社扩大销路直接相关，拥有左右其盛衰的影响力，"共产党事变"后被解散。

甲、中文报纸、通讯及杂志

一、报纸

名称	主义系统	持有人	主笔或记者	备考
广州民国日报	国民党及国民政府之机关报	邓彦华 广州市公安局长	主笔 李润中 第十五师宣传科主任记者 冯澄甫、张白山、陈振中、陈友琴、周杰人	1923年5月创刊③，日报十页，发行量五千份。原名《群报》，由陈炯明经营，孙文在当地建立政府后，改称《民国日报》，曾由左派的陈孚木、甘乃光及陈树人任社长。其内容随政局变迁，迎合政府之主义、主张，努力宣传其主义。与《国民新闻》同为当地报界的一流报纸。据传每月接受军方及政府约两千元的补助

---

① 一说1926年创刊，不久停刊。1927年6月接收原《民钟报》机器设备复刊。
② 即1927年12月中国共产党领导的广州起义。
③ 应为6月创刊。

定期调查报告　　（秘）1928年11月印刷　　外国的报纸（上卷）　　（亚洲、非洲、大洋洲之部）

(续表)

名　称	主义系统	持有人	主笔或记者	备　考
国民新闻	国民党机关报	谢瀛洲　法官出身	主笔　罗天马 记者　廖云翔、容文喜、任护花、张骥甫、梁秉公	1925年创刊①，日报八页，发行量五千份。本报由粤省商团之机关报《粤商公报》改名而来。每逢政局变迁就更换社长，清党前甘乃光任社长，护党时陈孚木任社长，是左倾派之机关报，第八路军归广东后黄绍雄派的谢瀛洲任社长。所需经费由省党部、省政府即时支付
七十二行商报	无党派关系	罗啸璈	主笔　陈宝尊 记者　邝赞泉、陈海波、刘楚善、苏少存、李叔平、沈演公	1906年7月创刊②，日报八页，发行量七千份。当初商人黄诏平获得当地七十二名一流商人的出资创办而得此名。一向以无党派而著称，无论政潮如何推移，论调稳健，以经济报道为主，但内容贫乏，在香港、澳门及海外也有销路。"共产党事变"后为清除共产分子换掉了所有职工。资本金八万元
国华报	国民党系	王泽民　广东人，香港医校出身	主笔　黄天山 记者　招安甫、谢维润、张森如、张子宜、黄■博、许可因	1913年1月创刊③，日报八页，发行量九千份，1921年改名为《国华报》，由王泽民、康有为及王宠惠等出资经营。原本为反动派，最近接近国民党系。在当地报纸中几乎只有本报刊登排日报道
新国华报	国民党系	梁闰三	主笔　卢博朗 记者　张伦叙、李启荼、余梦云、胡蝶魂、邓元勋	1920年创刊④，日报八页，发行量九千份。最初由葡萄牙商人李抗希经营，近年陷入经营困难，以一万元盘给大罗天新剧团，原来的记者原封不动留任
广州共和报	市商会之机关报	宋季辑	主笔　潘抱真 记者　刘晓东、陆文英、梁展鹏、黄乐贤、黄旋卿	1912年2月创刊⑤，日报八页，发行量四千份。受下层社会欢迎
越华报	无党派关系	陈柱廷	主笔　谭德馨 记者　容春勉、许修五	1927年2月创刊⑥，日报八页，发行量六千份，资本金五千元。由国华报社长王泽民出资创设
新声报				1921年6月创刊⑦，原名《现象报》，李济琛支付资本两千元。今年11月张发奎兵变后由第四军政治部经营，是黄琪翔的机关报。12月11日当地共产党暴动后停刊
司法日刊	司法机关报	目前由高等法院负责		日报，发行量一千份，资本金五千元。一向由广东高等审判厅、检察厅及地方审判厅、检察厅四厅每周轮流经营，主要刊登注册及法庭的民事、刑事案件的经过，以及民间产业所有权的变更及其登记事项。尚未加入报界公会
市政日报	市政府机关报	市政		1927年创刊，发行量七百份。目的在于登载店铺搬迁的广告，店铺搬迁在本报上刊登后才生效

---

① 1925年8月7日创刊。
② 应为9月15日创刊。
③ 应为1915年创刊。
④ 应为1921年3月创刊。
⑤ 应为1912年7月创刊。
⑥ 应为1926年7月27日创刊。
⑦ 应为1927年初创刊。

此外,当地还有《公评报》《天游报》《小公评报》《星报》及《白金报》等。

二、通讯及杂志

名　称	主义系统	持有人	主笔或记者	备　考
时事通讯社	国民党系	崔啸平	崔焕然及其他六名	1915年创设,资本金一千元。由崔创设,最初为广州总商会及商团军之机关通讯,后被孙科收购,每月给予三百元补助。现每月从大小各机关接受相当多的补助,在香港、佛山方面有销路
知行通讯社	国民党右派	麦平一、刁炳辉	梅耿光及其他两名	1926年创设,资本金六百元。由麦、刁两人出资,接受国民党的稳健派、右派要人的补助,在香港、澳门方面有销路
持平通讯社	公安局之机关通讯	冼炯魂	黄侠及其他四名	1925年创设,资本四百元。每月接受粤路公司及广三铁路的补助
中兴通讯社	无党派关系	骆侠挺	骆文伟、骆耀东	1912年创设,资本五百元。由骆出资创设,接受市商会及总商会的补助,通讯稳健,向香港各报社提供新闻
执中通讯社	无党派关系	黄石堂	潘紫贵	1920年创设,资本四百元。由黄出资创设,接受总商会及商界联合会的一些补助,向香港各报社提供新闻
展民通讯社	无党派关系	杨实公	谭杰民、冯河	1917年创立,资本三百元。每月接受商民协会的补助
中华通讯社	国民党左派	陈孚木		1926年12月创设,每月接受省政府一千元的补助,由《民国日报》及《国民新闻》两家报社的记者担任其编辑
亚洲通讯社	无党派	梁展鹏	陆文英	1927年创立,销路不广
中国通讯社	无党派	欧阳百川　报界联合会监察委员	谢汝诚　报界联合会执行委员	1927年创立,资本五百元,销路不广
民众通讯社	无党派	陈文嚇		1927年创立,由陈文嚇个人经营
华侨通讯社	国民党右派	何侠　国民党员,军人出身	苏杰、苏达观	1926年创设,资本金六百元。何侠依靠华侨联合会出资创设,每月接受该会的补助
中原通讯社	国民党右派,第四军之机关通讯	麦秀琪　原市党部书记	刘汉甫、廖卓庵、梁炳文	1927年创设,资本一千元,由李济琛出资,在香港、澳门方面有销路
东亚通讯社	国民党左派	刘鲁际　国民党员,华侨联义社员兼《国民新闻》编辑主任	冯澄甫　报界联合会执行委员。叶盈枝、刘德铭	1927年创设,资本六百元,由陈孚木出资,华侨联义社及中华海员联合会之机关通讯
南方通讯社	无党派	孔仲南	廖式如、郭劫佘、陈汉英、孔隶民	1920年创设,资本金五百元,《南方报》的后身
觉悟通讯社	国民党右派,市政厅之机关通讯	陈剑如　原孙科秘书	周浩华、吴永康、张子泳、梁雨川、叶菊生	1922年创设,资本六百元,由陈剑如、张持两人出资创设,现为孙科的机关通讯
知行通讯社①	国民党右派	麦平一	刁炳辉、其他三名	1926年由麦平一、刁炳辉两人共同出资创设,接受国民党右派要人的补助,在香港、澳门方面有销路,资本六百元

---

① 同年度报告中已经出现,疑似重复。

(续表)

名　　称	主义系统	持有人	主笔或记者	备　考
广东行政周报		省政府秘书处		
广州市市政府公报旬刊		广州市市政厅总务科		
农工周刊		广东农工厅		
航空月刊		总司令部航空处		
黄埔商埠周刊		黄埔开埠委员会宣传部		
广东机器工会半周刊		广东机器工会		
前进半周刊		广东兵工厂、党代表办公厅		
广东兵工厂月刊		广东兵工厂宣传科		
黄埔商埠月刊		黄埔商埠委员会宣传部		
农事双月刊		岭南农科大学		
佛山精武会月刊		佛山精武会		
中国海员半月刊		中国海员工业联合总会执行委员会宣传部		
前进周刊		总司令部海军处政治部		
黄埔潮周刊		黄埔同学会军事政治学校		
革命华侨		华侨协进会		
第七军特别党部半月刊		第七军特别党部		
革命花半月刊		第四独立师政治部		
卫生局月刊		广州市卫生局		
国民周刊		国民党省党部		
军声周刊		第四军部		
少年先锋		省党部妇女部		
中山大学政治训育部月刊		中山大学		
广东商民周刊		广东商民协会		
奋进周刊		中央工人运动宣传委员会		
广东青年月刊		省党部青年部		
左向周刊		岭南大学同学会左倾派甘乃光等		

(续表)

名　称	主义系统	持有人	主笔或记者	备　考
青年会月刊		岭南大学青年会		
华侨月刊		岭南大学		
广东工人		广东总工会宣传部		
犁头周刊		广东省农民协会		

乙、外文报纸及通讯

名　称	主义系统	持有人	主笔或记者	备　考
Canton Gazette ［广州日报］ （英文）	国民党机关报	出资者　陈友仁 经营者　李才	李才	1919年创刊,伍廷芳出资创刊的 Canton Daily News 于1923年被陈友仁收购,由李才经营,是广东唯一的英文报纸,目前处于停刊中

通讯员有美国联合通讯社的 W.F.Cary。

汕头

概况

作为社会的"木铎",当地的报纸没有保持言论权威的力量,在经营上一直不得不为官方、党部的意志所左右。另一方面,受香港、广东、上海等大报的影响,仅仅以报道当地的事件为主,从其内容及环境来看,很难期待其今后的进一步发展。

还有,从1926年至1927年清党期间,共产、国民两党的暗斗最为激烈,共产党员李春涛、方达史、梁工甫等活跃时期,尤其是方担任市党部工人部长时,任意操纵全市印刷界的排字工作,此外还干涉各报纸的刊发、投递,因此一时间报纸看上去都成了共产党乃至左派的御用报纸。1927年4月15日蒋介石命令潮梅警备司令何辑五发动兵变,其结果自然也影响到报界,此前的左倾言论全都销声匿迹,现在只剩下国民党右派。

顺便将清党时各报的情况记载如下:

	清党前的报纸	清党当时的情况
1	岭东民国日报①	责令省党部方乃斌加以改组
2	岭东日日新闻②	被查封
3	大岭东日报	市党部及警备司令部责令张凌云加以改组
4	民声日报	无影响
5	大声报	被查封
6	天声报	无影响
7	民报	被查封
8	潮商公报	因恐遭查封而自行停刊至今
9	新国民报	因在共产党鼎盛时期宣传反共产而被该派停刊至今
10	新潮报	清党后将《潮商公报》改名为《新潮报》,但因缺乏资金,发刊后不久便停刊至今

---

① 国民革命军第二次东征胜利后,在周恩来主持下,由李春涛等人于1926年1月20日创办出版《岭东民国日报》。1927年2月被方乃斌等人接管改组。

② 为抗争被国民党右派篡夺的《岭东民国日报》而创刊,1927年春节前出版。三个月后被封禁。

定期调查报告　　（秘）1928年11月印刷　　外国的报纸（上卷）　　（亚洲、非洲、大洋洲之部）

报纸

名　称	主义系统	持有人	主笔或记者	备　考
真言日报	孔教会系	洪献臣　原洪民学校校长，诚教神社社长	主笔　同前 记者　洪春修、洪作舟	1924年9月创刊①，日报（周一停刊）十二页，发行量六百份，社址在德理街十八号
岭东民国日报	右派，李济琛系机关报	陈达材　第十一师陈济棠的秘书，现为第八路政治部主任	总编　同前 记者　蔡开和及其他三名	1926年1月20日创刊，日报（周一停刊）十二页，发行量两千五百份，社址在中马路。国民党及国民政府之机关报，执当地言论界之牛耳，内容、外观均远胜其他报纸。每月接受省党部宣传费三千元的补助
大岭东日报	三民主义，工会及农会的机关报，国民党稳健派	吴子寿　号壮新，前清秀才，1909年与同志林仔肩等创刊《图画新报》，第一次革命后历任演说会长、国民党支部长及其临时理事长、副部长等，旧同盟会员，今年61岁	总编　张凌云（广东省农会潮梅办事处主任） 记者　李昆生及其他二名	1918年11月创刊②，日报（周一停刊）十二页，发行量一千五百份，社址在顺昌街第十二号，每月接受官方二百元补助
潮梅新报	蒋介石系	江冷　原潮梅警备司令部政治宣传科长	总编　江冷 记者　陈汝超及其他四名	1927年4月创刊③，日报（周一停刊）十二页，发行量一千五百份，社址在外马路。原潮梅警备司令何辑五创刊的《潮梅日报》，在何离开汕头后改为此名，接受公安局及各税收机关的补助
民声日报	以营利为本位，靠南洋华侨的资金创办，呈商人方面御用报纸之观，对国民党采取若即若离的态度，报道公平	谢伊唐④　今年二十九岁	总编　同前 记者　杨世泽及其他两名	1920年创刊，日报（周一停刊）十二页，发行量一千五百份，社址在永安街二十七号。1922年因汕头风灾方面的报道而长时间停刊，1924年2月复刊
天声报	中立派，以营利为本位	詹天眼　原《潮声日报》主笔	总编　同前 记者　詹天石及其他两名	1923年创刊，晚报（周一停刊）四页，社址在公园前第二十二号。《潮声日报》的后身，经营状况不佳
汕头晚报	中立派	陈干生　商业职员工会干事、前总商会《反日特刊》之主编	总编　同前	1927年11月创刊⑤，晚报（周一停刊）八页，社址在万安横街六号，以商业报道为主
汕头早报	市政厅御用报纸，国民党稳健派	萧克夫　汕头市政厅萧冠英之弟	总编　萧杰人	1928年1月创刊，日报（周一停刊）八页，社址在海关前七号，发行量一千份

---

① 一说1923年创刊。
② 一说1923年创刊。
③ 一说1928年创刊。
④ 一说"谢伊曾"。
⑤ 一说1926年创刊。

十六、云 南 省

云南

名　称	主义系统	持有人	主笔或记者	备　考
义声报	发扬民治	李巨裁	同前	1916年12月创刊①，日报，发行量约九百份
均报	启发民智	段全昌	同前	1919年9月创刊②，日报，发行量约六百份
复旦报	排外主义	邓绍先	同前	1922年3月创刊③，日报，发行量约五百份
云南社会新报		龙子敏	同前	1922年2月创刊④，日报，发行量约三百份
西南日报		沈圣安	同前	1926年11月创刊⑤，日报，发行量约五百份
云南新报		邓绍乡	同前	1927年11月创刊⑥，日报，发行量约两百份
云南商报	发展商业	李唐侯	龚筱臣	1927年12月创刊，周报，发行量约四百份
滇南通讯		洗硕夫	同前	1924年7月创刊
新民通讯		杨镜涵	同前	1927年11月创刊
云南公报	省政府官报	云南省政府		1912年8月创刊，日报，发行量约六百份
市政月刊	市政报告	云南市政公所	马廷璋	1923年10月创刊，月报，发行量约五百份
昆明市声	市政研究	云南市政公所	蒋小秋	1926年3月创刊，旬报，发行量约一千份
实业公报	奖励、指导实业	云南实业厅		1920年11月创刊，月报，发行量约三百份
禄劝学生会刊	学术研究	东陆大学	杨正邦、尹锡增、梅宗黄	1924年10月创刊，月报，发行量约三百份
滇事旬刊	政治、经济研究	周俪琮	同前	1926年7月创刊，旬报，发行量约三百份

十七、绥 远 省

绥远

名　称	主义系统	持有人	主笔及记者	备　考
绥远日报	启发社会，提倡教育、实业，都统署的机关报	熊谷士	惠慕侠	1926年11月25日创刊，日报，发行量八百份，每月接受都统署一百五十元的补助

---

① 1927年报告为4月创刊，一说1月10日创刊。
② 一说1920年5月24日创刊。
③ 一说12月创刊。
④ 一说1923年9月11日创刊。
⑤ 一说1922年1月创刊。
⑥ 一说1927年9月26日创刊。

十八、热 河 省

赤峰

没有与报纸、杂志的发行及通讯相关者。

附

大连

一、中文报纸

名　　称	主义系统	持有人	主笔及记者	备　　考
泰东日报		阿部真言	平山武靖	1908年10月创刊①，发行量约一万五千份
满洲报		西片朝三	久留宗一	1922年7月创刊②，发行量约五万五千份
关东报		永田善三郎	刘召乡	1919年11月创刊，发行量约四千份

二、英文报纸

名　　称	主义系统	持有人	主笔及记者	备　　考
Manchuria Daily News		滨村善吉	柳泽柳太郎	1912年8月创刊，发行量约一千三百份

香港

概况

（一）香港的英文报纸有(1)*South China Morning Post*，(2)*Daily Press*，(3)*Hongkong Telegraph*，(4)*China Mail*，(5)*Sunday Herald* 五种（另有今年创刊的周刊 *Hongkong Observer*），均为股份制，属于英国籍。其中(3)与(1)、(5)与(4)虽定位不同，但经营者相同。上述报纸中有影响力的是(1)(2)(3)三家，其言论大致中肯，内容相当丰富、精确、迅速，尤其是：(1)在当地英文报纸中发行量最大，作为民间报纸，其言论独立、自由、且公正、稳健，报道亦涉及各方面，很丰富。在华南各地，其价值仅次于 *North China Daily News*，在众多读者中有信誉。(1)与(5)是十八页版，其他是十二页版，来自中国各地及英国本土的新闻最多，其他为转载。此外，今年创刊的 *Hongkong Observer* 是二十八页的周刊，具备杂志样式，鼓吹英帝国主义，报中充斥着人种、民族的异同论，以及对政厅要人的讥讽，不过是所谓的"黄色报纸"而已，发行量勉强有三四百份，仍未有任何信誉。还有，(2)与(4)各自发行周刊，此外每年还发行目录。上述周刊是从日报所刊登的重要报道中摘要编辑而成，在英国本土、英属领地等海外都有众多订阅者。

以上的英文报纸对日态度都良好，往往刊登有关我国政治、经济、外交、社会风俗的报道，这些报道基本上转载自我国的英文报纸、上海 *North China Daily News* 等，但其着眼于东方，相比评论更注重于报道事实，并且乐于刊登本馆提供的材料，有些内容足以启发英、中两国的读者。此外，其社论所表现出的对我国的评价是善意的，并且大体上是谨慎婉转的。

（二）中文报纸有(1)《华侨日报》、(2)《循环日报》、(3)《华字日报》、(4)《大光报》、(5)《香江晚报》、(6)《工商日报》、(7)《南中报》、(8)《香港晨报》、(9)《新中国报》及(10)《华强报》等十种，与去年度相比增加了(9)和(10)。上述报纸中(1)(2)(3)(4)(6)(9)等六种均为十六页版，其余为八页版，这些中文报纸中(1)(2)(3)(4)

---

① 一说1908年11月创刊。
② 一说1921年1月创刊。

四种报纸报道丰富且相对较迅速,着重于国家新闻、广东新闻,均在上海常设有特派员,还与各地报社签署了供给通讯的特约,通过这些方法努力迅速报道华北、华东及华中地区的政治情况,在"对岸"各地都有相当多的读者。(9)于今年1月发刊,是李济琛的机关报,接受其补助金,报道相当丰富,发行量有渐增的趋势。这些中文报纸对我国的关注最近显著提高,关于我国的报道不断增加,令人出乎意料。特别是设立新闻学社以来,学习日语者渐增。这些报纸对我国的态度普遍较稳健,《华字日报》《华侨日报》《循环日报》等报皆尝试与侨居当地的日本人接触,与《工商日报》一同屡屡刊登关于我国政治、经济的评论,这些评论相当有参考价值。

(三)作为通讯社,英国方面有路透社支社,发行每日画刊 Daily Bulletin(四页版),作为速报媒介受到各方欢迎,但据传最近贸易公司的订阅量减少,出现亏损。中国方面有隶属于新闻学社的南中国通讯社,以及负责香港各中文报联合通讯的报界公社,我国方面有《大阪每日新闻》和《大阪朝日新闻》的特派员。联合通信社曾一度派有特派员,但现在已离开,由《香港日报》代理。

一、中文报纸

名　　称	主义系统	持有人	主笔或记者	备　　考
华侨日报	继承《香港华商总会报》而来,与英文报纸 South China Morning Post 有关系(德国系统)	股份制 社长　李玉堂	胡惠明	1925年创刊①,早报,发行量七千份
循环日报	对广东政府有好感,表面上标榜中立	股份制 经理　温荔坡	何雅选	1873年(五十余年前)创刊②,早报,发行量九千份,目前在当地拥有读者最多
华字日报	反共产,接受政厅的好意支持,但表面上标榜超然主义	股份制 社长　陈止澜	劳纬孟	六十余年前创刊③,早报,发行量五千份
大光报	与旧国民党有关联,基督教徒的机关报	股份制 社长　王国璇	黄冷观	1913年3月创刊④,早报,发行量六千份
香江晚报	对蒋介石有好感	经理　陆慧生	同前	1921年11月创刊,晚报,发行量平日三千份、周日五千份
工商日报	政厅之机关报	股份制 社长　洪兴锦	黎工佽	1925年9月创刊⑤,早报,发行量五千份
南中报	《华侨日报》系统	经理　胡惠民	胡伯达	1926年末创刊,晚报,发行量平日四千份、周日六千份
香港晨报	中立,不属于任何党派,无影响力		陈国英	1926年创刊,早报,发行量一千份以下
新中国报	广东李济琛之机关报,接受补助金	经理　李家英	谢章玉	1928年1月创刊,早报,发行量一千五百份
华强报	中立	经理　赖端甫	同前	1927年12月创刊,晚报,发行量一千份

① 1925年6月5日创刊。
② 应为1874年创刊。
③ 1875年创刊。
④ 此处又恢复1926年报告的说法。
⑤ 一说7月8日创刊。

二、外文报纸

名　称	主义系统	持有人	主笔或记者	备　考
South China Morning Post［南华早报］（英文）	稳健公正，对日感情特别良好	股份制 总经理　B. Wylie	H. Ching	1906 年创刊①，早报，发行量三千份
Hongkong Daily Press［孖剌报］（英文）	政厅机关报，主要拥护英帝国的利益，对日态度良好	股份制 总经理　O. T. Breakspear	同前	1857 年创刊，早报，发行量两千五百份
Hongkong Telegraph［士蔑报］（英文）	理解日本	与 South China Morning Post 属于同一经营者	Alfred Hicko	1891 年创刊②，晚报，发行量两千三百份
China Mail［德臣报］（英文）	着重于地方问题及经济问题	股份制 经理　G. W. C. Burnett	同前	1804 年创刊③，晚报，发行量一千六百份
Sunday Herald	着重于地方问题	股份制 与 China Mail 属于同系统	G. W. C. Burnett	1924 年 2 月创刊，周日早报，发行量一千份
Hongkong Weekly Press		由 Daily Press 社经营 O. T. Breakspear	同前	1857 年创刊，周报，每周五发行，发行量约两千份
Overland China Mail		由 China Mail 社经营 G. W. C. Burnett	同前	1845 年创刊，周报，每周四发行，发行量约三千份
Hongkong Observer	地区性黄色报纸，无信用	社长　Leshie Haynes 个人经营	同前	1928 年 1 月 21 日创刊，周报，每周四发行，发行量四百份以下
Daily Bulletin	Publisity Bureau for South China 的消息发布机关，主要刊登路透社电报	路透社支社	William Jackson	1919 年创刊，日报，发行量两百份

三、通讯员

姓　名	所属名	备　考
J. P. Braga	路透社	亲日，只负责从当地向路透社发电讯
黄天石	南中国通讯社、报界公社	此通讯社由新闻学舍经营，亲日，香港各中文报社联合的通讯机关，由施路、马元、刘文藻等三名记者负责业务

---

① 应为 1903 年 11 月 7 日创刊。
② 应为 1881 年 6 月 15 日创刊。
③ 应为 1845 年 2 月 20 日创刊。

附录　日本人经营的报纸、杂志

一、奉　天　省

奉天

(1) 报纸、通讯及杂志

名　称	主义系统	持有人	主笔或记者	备　考
奉天新闻(日文)	不偏不党	持有人兼社长　佐藤善雄　东亚同文书院出身	主笔　小松利兵卫　早稻田大学法科出身	1917年9月创刊①，日刊，四页，发行量约四千份。对中国问题以正确的言论一贯始终，一直致力于指导舆论。主要在知识阶层有读者
奉天日日新闻(日文)	满铁机关报	吉野直治　大连满洲日报社经营代表者	田原丰	1908年12月创刊②，日刊，四页，发行量三千五百份。当初称为《南满日报》，1912年改称《奉天日日新闻》，1918年更名为《大陆日日新闻》，1924年1月转至辽东新报社经营，1926年再改为《奉天日日新闻》。1927年10月《满洲日日新闻》与《辽东新报》两社合并，创立满洲日报社，归该社经营
奉天每日新闻(日文)	没有党派关系	持有人　松宫千雄　社长事务处理　桥本松道	片山民部	1907年7月创刊③，早、晚刊，八页，发行量约五千份。1920年7月收购内外通信，同月改称《奉天每日新闻》④
满洲通信(日文)		持有人兼社长　武内忠次郎　京都同志社大学出身，原《满洲新报》主笔	同前	1914年8月创刊，一日发行二次，发行量约三百二十份
奉天电报通信(日文)	不偏不党，帝国通讯社系	渡边义一	记者　鸟巢清太郎	1922年6月创刊，日刊，发行量一百五十份。1927年3月起除了帝通电报外，还登载地方上的新闻
满洲商业通信	经济方面的通讯。京城日本商业通讯的姐妹通讯	持有人　市川肇　社长代理　山本滋雄　支局长　平井议一		1921年10月创刊，日刊，发行量约一百六十份
联合通信(日文)		执行理事　岩永裕　支局长　原好一		1926年5月创刊，向我国报道中国东北的时事
东方通信(日文)		支社长　荒基	中川义次	1926年5月创刊，一日发行二次，发行量约一百五十份
日本电报通信(日文)		支局长　吉川义章	早川专一	1925年3月创刊，日刊，发行量六十份
东亚兴信所周报(日文)		持有人兼社长　尾崎济	滨田茂治	1921年12月创刊，周刊，四页，发行量二百三十份。报道"满蒙"经济情况，作为附录添附中国法令译文

---

① 1924年报告为"1920年9月"。

② 一说1909年6月创刊。

③ 1924年报告为"1907年5月"，一说《内外通信》是1907年7月创刊。

④ 一说1918年改名。

定期调查报告　　(秘)1928年11月印刷　　外国的报纸(上卷)　　(亚洲、非洲、大洋洲之部)

(续表)

名　　称	主义系统	持有人	主笔或记者	备　　考
奉天经济旬报（日文）		奉天商业会议所	发行人　野添孝生	原为《奉天商业会议所月报》，1926年12月改称为《奉天经济旬报》。旬刊，二十至三十页，发行量二千五百份
奉天商工新报（日文）		清野富藏	神山哲三	1924年4月创刊，半月刊，一份四页，发行量一千五百份。原为刊登一般经济事项的《满蒙绵丝商况周报》，后改为此名
奉天兴信所内报（日文）		持有人兼所长　佐藤善雄　东亚同文书院出身	佐佐木孝三郎　东京外国语学校蒙古语科出身	1917年9月创立。一周一次至二次，发行量约二百份。主要为信用调查等，刊登官方登记事项及奉天站始发抵达货物统计等

(2) 通讯员

姓　　名	所属社名	
特派员　长冈克晓	大阪每日新闻	
同上　冈山源六	大阪朝日新闻	鹿儿岛县师范学校毕业
同上　久住悌三	同上	
支社长　小林五十藏	远东タイムス	
支社长　进藤与吉	大连新闻	
支社长　太原要	满洲日报	东京外国语学校毕业
斋藤善之助	抚顺新报	
北原兼治	京城日报	
稻叶薰	朝鲜新闻	

铁岭
(1) 报纸及通讯

名　　称	主义系统	持有人	主笔或记者	备　　考
铁岭时报(日文)	时事报道	西尾信	主笔　同前 记者　本多正	1911年3月创刊[1]，发行量约四百五十份。该报是作为领事馆、民会[2]及满铁地方事务所的公布机关而产生的报纸
铁岭每日（日、中文）	时事报道	迫田采之助	主笔　罗率真 记者　迫田采之助	1917年11月创刊，日刊，四页，发行量约二百份。原经中国官方批准，作为中国报纸创刊。1928年5月因触及中国方面忌讳被勒令停刊，由此才得到日本方面的许可而续刊
商业通信		发行人　平手议一		1927年7月创刊，发行量约二十份。主要通过电话获得消息，发布经济方面的通讯

---

[1]　一说1911年8月创刊。

[2]　当地日侨组织。

(2) 通讯员

姓　　名	所属社名
本多正	奉天新闻、いばらぎ新闻、商业通讯
末广荣二	满洲日报、奉天每日
西尾信	大阪朝日新闻
赤堀真一郎	大阪每日新闻
松崎义造	奉天每日

开原
(1) 报纸及通讯

名　称	主义系统	持有人	主笔或记者	备　考
开原新报（日文）		石川五郎	山田民五郎	1919年2月11日创刊，日刊，四页，发行量约一百八十份
开原实业新报（日文）		篠原仙十郎	同前	1923年1月1日创刊，日刊，四页，油印
商业通信（日文）		平手议一	多久岛岁一	1924年创刊，通报一般经济状况及行情

(2) 通讯员

姓　　名	所属社名
佐竹令信	满洲日报
田下改正	大连新闻
曲文元	关东报
川濑庄之助	奉天日日

营口
(1) 报纸

名　称	主义系统	持有人	主笔或记者	备　考
满洲新报（日文）	开发满蒙，发扬日本国民性	小川义和	同前	1907年12月创刊①，日刊，四页，发行量一千五百份

(2) 通讯员

姓　　名	所属社名	备　考
小川义和	大阪每日新闻社	满洲新报社长
东登一郎	满洲日报社	同社营口支局主任
吉住鹤八	大连新闻社	同社营口支局长
田中次雄	奉天每日新闻社	同社营口支局主任
堀井政次郎	奉天新闻社	同社营口支局主任
淡路政太郎	大阪朝日新闻社、辽东タイムス社	

---

① 1927年报告为"1908年2月"，一说1908年3月创刊。

辽阳

(1) 报纸

名　　称	主义系统	持有人	主笔或记者	备　　考
辽鞍每日新闻（日文）	报道政治、经济及一般消息	社长　渡边德重兼《大阪朝日新闻》及东方通信社通讯员	主笔　同前 记者　野尻弥一	1908年12月创刊①，日刊，四页，发行量八百份。为《辽阳新报》②的后身

(2) 通讯员

姓　　名	所属社名
猿渡源藏	满洲日报社
加藤政人	满洲日报社、极东通报社
内野长作	满洲日报社
杉本心一	大连新闻社
井上万次郎	同上
野村数一	同上
岛村户市	奉天每日新闻社
渡边直八	同上
佐佐野忠八	奉天日日新闻社
末宗安吉	同上
青山员雄	奉天新闻社
权藤喜彦	辽鞍每日新闻社
渡边德重	大阪朝日新闻社、东方通信社

抚顺

名　　称	主义系统	持有人	主笔或记者	备　　考
抚顺新报（日文）	无	窪田利平	同前	1921年4月创刊，发行量一千二百份

本溪湖

名　　称	主义系统	持有人	主笔或记者	备　　考
安奉每日新闻（日文）	无	社长　伊藤唯熊	发行人兼编辑 后藤森三郎	1913年4月创刊，日刊，发行量约五百份。1926年9月伊藤继承《安奉新闻》，改为现名

---

① 一说1908年3月创刊。
② 旧名为《辽阳每日新闻》。

安东

(1) 报纸

名　称	主义系统	持有人	主笔或记者	备　考
安东新报	政治、经济与一般社会新闻	社长　川俣笃	西江靖	1906年10月创刊,日刊,发行量约一千八百五十份

(2) 通讯员

姓　名	所属社名	备　考
吉永成一	《奉天每日新闻》安东支局,兼《大阪每日新闻》通讯员,兼亚东时报社员	当地发放份数概数如下:《奉天每日新闻》一三〇份,《大阪每日新闻》约一二〇〇份
小原静一	《奉天日日新闻》安东支局	六份
草场强太郎	《满洲日报》安东支局(1927年11月1日《辽东新报》《满洲日日新闻》合并改称)	四九五份
堀山宗逸	《抚顺新报》安东支局、《朝鲜时报》安东支局	《抚顺新报》二五份、《朝鲜时报》三〇份
川村猪佐夫	《京城日报》安东支局	二〇五份
杉山宗作	《鸭江日报》安东支局	二〇〇份
绵贯秀藏	《奉天新闻》安东支局	二七份
今村实	《朝鲜新闻》安东支局	九五份
山崎知机	《大连新闻》安东支局	五〇份

四平街

名　称	主义系统	持有人	主笔或记者	备　考
四洮新闻(日文)	时事报道	发行人　樱井教辅	同前	1920年10月创刊,日刊,四页,发行量约四百份

尚驻有通讯员樱井教辅(《满洲日报》)、清水久雄(《大连新闻》《长春实业新闻》《奉天新闻》)及猪俣善六(《奉天每日新闻》)。

公主岭

名　称	主义系统	持有人	主笔或记者	备　考
公主岭商报(日文)		持有人　三村高次郎	同前	1920年4月创刊,日刊,发行量约一百份

驻有通讯员三村高次郎(《北满日报》)、大口靖太(《大连新闻》)、池永修三(《满洲日报》)、曾根章悟(《奉天日日新闻》)、藤桥弥祐(《奉天新闻》及《长春实业新闻》)、宫泽重弥(《奉天每日新闻》)。

二、吉林省

吉林
(1) 报纸

名　　称	主义系统	持有人	主笔或记者	备　　考
松江新闻	日中亲善	三桥政明	同前	1923年9月创刊,日刊,四页,发行量一千七百份
吉林时报		儿玉多一	同前	1911年2月创刊①,周刊,四折②,四页,发行量四百份

(2) 通讯员

姓　　名	所属社名	备　　考
儿玉多一	东京大阪时事新报社、东方通信社	吉林时报社长、长春兴信所支社长
三桥政明	北满日报社、大阪朝日社、大连新闻社	东省日报及松江新闻社长
稻村峰一	长春实业新闻社	
辻川佐助	满洲日报社	

长春
(1) 报纸、杂志

名　　称	主义系统	持有人	主笔或记者	备　　考
北满日报③（日文）	时事报道	社长　箱田琢磨	泉廉治	1912年1月创刊,日刊,四页,发行量约二千份
长春实业新闻（日文）	时事报道	发行人(持有人)十河荣忠	老木近信	1920年12月创刊,日刊,四页,发行量约一千八百份
长春商店协会报（日文）		发行人　田边赖三	同前	1927年10月创刊,发行量约一百份
内外经济通信（日文）	商况、行情通讯	发行人　竹内藤一	安彦六三郎	1925年4月创刊,日刊,发行量约三十份
长春商业会议所调查汇报(日文)		发行人　大垣鹤藏	同前	1921年1月创刊,每月发行二次,发行量四百份
长春兴信所内报（日文）		持有人　清水末一	同前	1921年5月创刊,周刊,发行量约一百份

---

① 一说1912年创刊。
② 日文表示纸张尺寸的词语,相当于四开。
③ 一说初名《长春日报》,1909年1月创刊,1917年改为本名。

(2) 通讯员

姓　　名	所属社名	备　　考
柏原孝久	《大阪每日新闻》	长春实业新报社长
得丸助太郎	《大阪朝日新闻》	
高桥胜藏	《大连新闻》支局	
稻垣兵治	东京及大阪《时事新报》社、《哈尔滨日日新闻》支局	
上野由人	《奉天日日新闻》支局	
末松正实	《福冈日日新闻》支局	
原田种寿	《福冈日日新闻》支局	
松本与四郎	《松江新闻》支局、《奉天每日新闻》支局	
加藤金保	《哈尔滨周报》通讯、《远东周报》通讯	
老木近信	《法律时报》支局	
清水末一	舆论时代社支局	
勘崎仙英	东方通信	
远藤正	日本商业通信社	
北条峰雄	北满通信社	
藤田藤加	《满洲日日新闻》	
竹内藤一	《奉天新闻》支局	
秋山丰三郎	日本兴信所通信	

哈尔滨
(1) 报纸

名　　称	主义系统	持有人	主笔或记者	备　　考
哈尔滨日日新闻（日文）	不偏不党	近藤义晴	同前	1921年1月创刊,日刊(晨刊,周日、节日翌日停刊),发行量一千份。1926年10月起由"满铁"经营
露西亚通信（日文）	报道劳农俄国的政治、经济状况	佐藤四郎	同前	1926年创设,每周发行两次,发行量三百份。中文约一百份
哈尔滨通信（日文）	鼓吹皇室中心主义、亚洲人团结	大川周三	同前	1923年10月创设,日刊(晨刊,周日、节日翌日休刊),发行量约五百份
东方通信（日文）		支社长　三田雅客		1921年创设,日刊。发行量日文八十份,中文及俄文各三十份
帝国通信（日文）		支社长　细谷清		1925年9月创设,日刊,发行量七十份
露亚时报（日文）	报道经济情况		主笔　森御荫	1919年9月创刊,月刊,发行量七百份

(2) 通讯员

姓　　名	所属社名	备　考
加贺美康夫	日本新闻联合社	支局主任
中山贞雄	大阪朝日新闻社	特派员
玉置房一	大阪每日新闻社	同上
桑原一郎	时事新报社	同上
八木沼丈夫	满洲日报社	支社长
小此木釚三	长春实业新闻社	支局长
近藤义晴	报知新闻社	通讯员
细谷清	京城日报社	通讯员
岛崎员雄	大连新闻社	同上
本桥寿一	日本电报通信社	特派员

间岛

(1) 报纸

名　称	主义系统	持有人	主笔或记者	备　考
间岛新报(日文)	地方开发	饭冢政之	同前	1921年创刊,日刊,发行量约八百份

(2) 通讯员

姓　　名	所属社名	备　考
饭冢政之	《大阪每日新闻》《满洲日报》	间岛新报社发行编辑人、《满洲日报》支局长
下条幸太郎	《北鲜日报》	
栗原礼二	《民国新闻》《京城日报》《大阪朝日新闻》《东京朝日新闻》《平南每日新闻》	《京城日报》支局长
是永秀好	《京城日日新闻》《北鲜日日新闻》	日本侨民会议员

局子街

有日文《间岛新报》通讯员。

头道沟

有京城日日新闻社及间岛新报社通讯员。

百草沟

有《间岛新报》《京城日报》及《大阪朝日新闻》通讯员。

珲春

有《北鲜日日新闻》《朝鲜新闻》《间岛新报》《北鲜日报》通讯员。

三、黑龙江省

齐齐哈尔
通讯员

姓　　名	所属社名
重林晚成	东方通信

满洲里
通讯员

姓　　名	所属社名
小出尚	《满洲日报》
志水语	东方通信、联合通信、《哈尔滨日日新闻》

四、河北省

北平
(1) 报纸、通讯及杂志

名　称	主义系统	持有人	主笔或记者	备　考
北京新闻（日文）		森川照太	里见甫	1923年8月创刊,日刊,发行量约四百份。报面比较有活力
新支那（日文）		安藤万吉	藤井藤太郎	1913年9月创刊,日刊,发行量约四百份。至几年前为止,作为北京唯一的日文报纸相当有活力,而近来萎靡不振
新闻联合社北京支局		支局长　樱井重义	佐佐木健儿	
东方通信社北京支社（日、中、英文）		支社长　谷口源吾	铃木幸次郎	1926年5月创设,发行量合计一百二十份
日本电报通信社北京支局		支局长　神子岛梧郎	大西秀治	1923年5月创设,发行量五十份
共同通信①（日文）		社主　野满四郎 社长　小口五郎	风间阜	1916年1月创设,发行量三十份。主要向中国各地日文报邮寄通讯,还接受委托调查
北京周报（日文）		主持人　里见甫		1922年创刊,周刊,发行量五百份
支那问题（日文）		长谷川贤		1921年9月创刊,月刊,发行量约二百份

---

① 即共同通信社支社发布的通讯稿。

(2) 通讯员

姓　　名	所属社名
上田荣一	报知新闻社
风间阜	中外商业新报社
布施胜治、足利辑、田知花信量	大阪每日新闻社
中村桃太郎、小秋元隆一	大阪朝日新闻社
大矢信彦、前田盛藏	满洲日报社
里见甫	京津日日新闻社
末次政太郎	福冈日日新闻社
濑沼三郎	国民新闻社
金田一良三	天津日报社
广畑茂	天津经济新报社
风间阜	盛京时报社
中野吉三郎	九洲日报社

天津

(1) 报纸、通讯及杂志

名　称	主义系统	持有人	主笔或记者	备　考
天津日报(日文)	国家主义，属于《大阪每日新闻》系统	社长　西村博　西村等三人合资经营	同前	1910年创刊，日刊，发行量一千一百份。社址位于租界寿街。由当地总领事馆及居留民团所指定刊登公告
京津日日新闻(日文)	经营上处于与前者竞争之地位，相对于前者的保守，该报有激进倾向	社长　森川照夫	同前	1918年创刊，日刊，发行量一千二百份。社址位于租界旭街
天津经济新报(日文)	报道经济情况	小宫山繁	同前	1910年创刊，周刊，发行量二百五十份。社址位于租界旭街

(2) 通讯员

姓　　名	所属社名
西村博、西村聪	《大阪每日新闻》
森川照太	《时事新报》
小仓知正	《大阪朝日新闻》
岩本一吉	日本联合通信、东方通信
山内令三郎	日本电报通信
上田良有	《满洲日日新闻》
津田清之助	《顺天时报》、国际通信

五、山 东 省

济南

(1) 报纸

名　称	主义系统	持有人	主笔或记者	备　考
山东新报(日文)		持有人　吉木周治 社长　小川雄三	主编　小川权三	1926年10月创刊①,以前的《山东新闻》②和《胶济时事新报》③合并而成

(2) 通讯员

姓　名	所属社名
秋吉满策	东方通信、《大阪每日新闻》、《青岛新报》
伴野韶光	日本电报通信
户塚易	《大阪朝日新闻》
下田博	《长崎日日新闻》

青岛

名　称	主义系统	持有人	主笔或记者	备　考
青岛新报(日文)		小谷节夫　政友会议员	马场让	1915年1月创刊④,日刊,发行量约五千份
山东新报青岛附录		主持人　长谷川清	主编　鸟越圆治郎	1926年10月创刊,日刊,发行量七百份
山东通信(日文)		冈伊太郎	同前	1927年5月创刊,日刊,发行量约二百五十份
日本电报通信(日文)		支局长　增田长	同前	1922年11月创刊,日刊,发行量约四十份
山东兴信所报(日文)		吉村荣三	同前	1921年9月创刊,日刊,发行量约一百四十份。调查一般经济状况及个人信用
青岛实业兴信所内报(日文)		渡边文治	小川岩男	1921年6月创刊,周刊,发行量一百份
青岛公报(日文)		三好真文		1923年2月创刊,每月发行三次,发行量一百份。刊登日、中官公署及民团⑤等的命令、规定

有日本电报通信、联合通信、济南《山东新报》《济南日报》⑥《满洲日报》及《大连新闻》的支社(局),以及东京、大阪《朝日新闻》《东京日日新闻》《大阪每日新闻》《时事新闻》《中外商业新报》等的通讯员。

---

① 一说1917年创刊。
② 1916年6月创刊。
③ 1926年报告为创办于1918年10月的日刊;一说为1916年7月创刊。
④ 1924年报告为"1915年1月15日",一说1914年创刊。
⑤ 当地日本侨民组织。
⑥ 即《济南日报(青岛版)》。

芝罘

姓　　　名	所属社名
高见义男	《大阪每日新闻》、东方通信

六、江　苏　省

上海

(1) 报纸、通讯及杂志

名　　称	主义系统	持有人	主笔或记者	备　　考
上海日报(日文)	拥护日本人的利益	社长　井手三郎	岛田数雄	1903年创刊,日刊,十页,发行量三千份。上海最老的日文报纸,基础巩固,相当有信誉。1899年创刊的周刊《上海周报》为本报之前身。社址位于白保罗路
上海日日新闻(日文)	同上	社主兼社长　宫地贯道	同前	1914年创刊,日刊,十页,发行量约二千份。社址位于乍浦路
上海每日新闻(日文)	介绍上海及中国一般经济、政治情况	社长　山田纯三郎	主持人　深町作次郎	1918年11月创刊,日刊,八页,发行量约三千份。1924年11月由《上海经济日报》更名而来。在经营、编辑方面精耕细作,其经济栏广受欢迎,尤其是最近有关中国政情的报道亦丰富。不仅在上海,而且在长江一带销路多。社址位于汤恩路
上海(日文)	拥护日本人,介绍中国情况	社长　西本省三	同前	1913年创刊,周刊,发行量约一千份。创刊当初佐原笃介为社长,后来西本任社长。以小报发行外文、中文报纸的日刊翻译通讯。社址位于海宁路
联合通信(日文)		支社长　波多博		1926年5月创刊,社址位于闵行路
东方通信(日文)		支社长　龙岗登兼《长崎日日新闻》通讯员		1926年5月创刊,发行有关日本及中国的日、中、英文时事通讯
电报通信(日文)	以经济通讯为主,代理报纸广告	支局长　儿玉璋一		1920年11月创刊。除了将日本内地有关经济通讯提供给日本方面的主要公司及部分中国公司之外,也发布普通消息方面的通讯。社址位于四马路
上海时论(日文)	论述中国时事问题	社长　堀清	同前	1926年创刊,月刊,社址位于吴淞路。《上海と日本人》之后身,内容比较充实

(2) 通讯员

姓　　名	所属社名	备　　考
松本武雄	《时事新报》	特派员
辻卫	《东京朝日新闻》《大阪朝日新闻》	同上
村田敏郎	《大阪每日新闻》《东京日日新闻》	同上
静冈登	《长崎日日新闻》	通讯员

七、福　建　省

福州

(1) 报纸

名　称	主义系统	持有人	主笔或记者	备　考
福州时报（日文）		镰田正威　闽报社长	山田仪四郎　《闽报》主笔	1924 年创刊，一周发行两次，发行量约二百份

(2) 通讯员

姓　名	所属社名
山田仪四郎	东方通信社、大阪朝日新闻社
镰田正威	台湾日日新闻社

八、广　东　省

广东

(1) 报纸

名　称	主义系统	持有人	主笔或记者	备　考
广东新闻（日文）		平井真澄	同前	1927 年 2 月创刊，日刊（小型），发行量约一百份

(2) 通讯员

姓　名	所属社名
平井真澄	《大阪朝日新闻》
岩崎小鹿	日本电报通信

九、湖　北　省

汉口

名　称	主义系统	持有人	主笔或记者	备　考
汉口日日新闻（日文）	侨民之进步、发展	宇都宫五郎	主笔　同上 记者　内田佐和吉	1918 年 1 月创刊，日刊，四页，发行量五百二十份

附　大连

名　称	主义系统	持有人	主笔或记者	备　考
满洲日报（日文）	时事报道	满洲日报社	米野丰实	1927 年 11 月 1 日将《辽东新报》和《满洲日日新闻》[①]合并更名而成，发行量约八万八千份

---

① 1907 年 11 月创刊。

定期调查报告　　(秘)1928年11月印刷　　外国的报纸(上卷)　　(亚洲、非洲、大洋洲之部)

(续表)

名　称	主义系统	持有人	主笔或记者	备　考
大连新闻(日文)	时事报道	大连新闻社	山口可名	1920年3月创刊,发行量约四万六千份
满洲商业新报①(日文)		山口忠三	长谷川良之助	1917年12月创刊,发行量约一千份
联合通信(日文)	时事通讯	日本新闻联合社	川岛信太郎	1923年10月创刊,发行量二百五十份
电报通信(日文)	时事通讯	日本电报通信社	稻叶武	1920年8月创刊,发行量五十九份
日满通信(日文)	时事通讯	津上善七	田中直记	1921年4月创刊,发行量约三百份
帝国通信(日文)	时事通讯	帝国通信社	岩井具房	1924年3月创刊,发行量六十五份

香港

(1) 报纸

名　称	主义系统	持有人	主笔或记者	备　考
香港日报(日文)		井手元一	同上	1909年9月创刊,晨刊,发行量约四百份

(2) 通讯员

姓　名	所属社名
德富雪夫	《大阪每日新闻》
本乡贺一	《大阪朝日新闻》

---

① 初名《大连经济日报》,1923年易名。

(秘)1929年版

外国的报纸(上卷)
——亚洲部分

外务省情报部编纂

凡　例

1. 本调查录根据驻外各公馆的调查报告编纂而成。
2. 调查时间大致以1929年春为标准。不过,其后至付梓为止发现的变化,则尽量继续作了增删或订正。
3. 本调查录以往亦收录有关于中国的通讯社调查。不过,此调查全部统一归录于《在华中外通讯社的组织及其活动》调查录中[①]。

外务省情报部
1929年7月

---

① 《在华中外通讯社的组织及其活动》已经另行翻译,收录在本书"杂录"中。

外国的报纸（上卷）
目　次

一、辽宁省 …………………………… 908
　奉天（沈阳）………………………… 908
　安东 ………………………………… 910
　牛庄 ………………………………… 911
　辽阳 ………………………………… 912
　铁岭 ………………………………… 912
　开原 ………………………………… 913
　四平街 ……………………………… 913
　公主岭 ……………………………… 913
　抚顺 ………………………………… 913
　本溪湖 ……………………………… 913
　新民府 ……………………………… 913
　掏鹿 ………………………………… 913
　通化 ………………………………… 914
　郑家屯 ……………………………… 914
　洮南 ………………………………… 914
　通辽 ………………………………… 914
　海龙 ………………………………… 914
　帽儿山 ……………………………… 914

二、吉林省 …………………………… 914
　吉林 ………………………………… 914
　长春 ………………………………… 915
　哈尔滨 ……………………………… 916
　间岛 ………………………………… 920
　局子街 ……………………………… 920
　头道沟 ……………………………… 920
　百草沟 ……………………………… 920
　珲春 ………………………………… 920
　农安 ………………………………… 921

三、黑龙江省 ………………………… 921
　齐齐哈尔 …………………………… 921
　黑河 ………………………………… 921
　满洲里 ……………………………… 921

四、河北省 …………………………… 921
　北平 ………………………………… 921
　天津 ………………………………… 928

五、山东省 …………………………… 934
　济南 ………………………………… 934
　青岛 ………………………………… 935
　芝罘 ………………………………… 937

六、河南省 …………………………… 937
　开封 ………………………………… 937
　郑州 ………………………………… 937

七、江苏省 …………………………… 937
　上海 ………………………………… 937
　南京 ………………………………… 945
　苏州 ………………………………… 947

八、浙江省 …………………………… 947
　杭州 ………………………………… 947

九、安徽省 …………………………… 948
　安庆 ………………………………… 948
　芜湖 ………………………………… 948

十、江西省	949	十五、广东省	960
南昌	949	广东	960
九江	949	汕头	963
赣州	950		
		十六、云南省	964
十一、湖北省	950	云南	964
汉口	950		
沙市	952	十七、察哈尔省	965
宜昌	952	张家口	965
十二、湖南省	953	十八、绥远省	965
长沙	953	绥远	965
十三、四川省	954	十九、热河省	966
成都	954	赤峰	966
重庆	956		
		关东州	966
十四、福建省	957	大连	966
福州	957	香港	967
厦门	959		

一、辽 宁 省

奉天（沈阳）

概况

奉天的中文报纸，主要有日本人经营的《盛京时报》、中国人经营的《东三省公报》、同为中国人经营的《东三省民报》、同为中国人经营的《奉天商报》等，日文报纸有《奉天新闻》《奉天每日新闻》及《奉天日日新闻》三种报纸。

《盛京时报》：日本人经营，是东三省最早的中文报纸。总是持正确言论，报道事实真相，在日中官民间，其信誉和影响力地位之高，令其他报纸难以企及，因此销路逐年增加。1927年，该报的评论不巧触及了中国官方的忌讳，从同年6月至本年4月①的约一年间，中国官方进行非法打压，禁止中国人购阅，还禁止其邮寄，经营上似乎一时受到打击，但多年确立的信誉和地盘丝毫未受动摇，直至今日。

《东三省公报》：奉天中文报界的权威，经营已有十余年，是奉天官方的机关报，但所论比较稳健，其信用和影响力次于《盛京时报》。

《东三省民报》：过去多有排日报道，但近来逐渐变得稳健。最近，作为张学良的机关报，有其色彩浓厚的内容。

《奉天商报》：依靠奉天总商会的支持加以经营，多有排日报道，专门登载有关日本对中国东北政策及其他各设施的翻译性报道。

《奉天新闻》：以不偏不倚为宗旨，其论调总是以稳健为主，特别是关于中国情况及一般经济等的报道公正、丰富，拥有大量读者。

《奉天日日新闻》：经营系统数次变更，在当地日文报纸中具有最悠久的历史，拥有相当数量的读者。前些年郭奉战争之际，有援郭排张的倾向，总之也有欠缺稳当之处，但其后的报道大体变得稳健。近来作为《满洲日报》的分身正在发展。

《奉天每日新闻》：是当地日文报纸中唯一使用转轮机印刷的，但仅仅平易地报道地方时事。1925年8月以后，发行早报、晚报各四页，拥有大量读者。

一、中文报纸及杂志

（1）报纸

名 称	主义系统	持有人	主笔及记者	备 考
盛京时报	不偏不倚	社长 佐原笃介 庆应义塾出身，1899年作为《时事新报》上海特派员来到中国已三十年，上海报界的元老。1926年5月就任本报社长 副社长 染谷保藏 东亚同文书院出身	主笔 菊池贞二 东亚同文书院出身 主编 大石智郎 东亚同文书院出身	1906年10月创刊②，日报，八页，发行量两万五千份。标榜不偏不倚，在中国人之间拥有根深蒂固的信誉和地盘（参照"概况"）
东三省公报	奉天官方的机关报	社长 王希哲 奉天人，北京大学出身。为人温厚，奉天报界的元老	主笔 同前 编辑 王石隐 主要记者 冯福林、陈蕉影、王惠忱	1912年2月创刊③，日报，八页，发行量约八千五百份。由《东三省日报》④改名而来，是奉天官方的机关报，所论稳健，但没有特色（参照"概况"）

---

① 1928年报告为"1928年2月"。
② 一说1906年9月1日创刊，一说1906年10月18日创刊。
③ 据《辽宁省志·报业志》记载：1905年12月奉天学务处创办《东三省公报》，主办人是谢荫昌；1912年2月创刊的《东三省公报》，由奉天省议会主办。
④ 据《辽宁省志·报业志》记载：1907年2月奉天商务会创办的《东三省日报》，1911年8月停刊。

(续表)

名　称	主义系统	持有人	主笔及记者	备　考
东三省民报	张学良的机关报	社长　罗廷栋　广西人，为人稳健 副社长　邓鹏秋	主笔　任复哉　浙江人，原《盛京时报》主笔 主要记者　陈丕显、王仲芳、宋悦三	1922年10月创刊①，日报，八页，发行量七千五百份，对日态度稳健。据说1928年8月下旬接纳了已经关停的《北京晨报》方面的人（参照"概况"）
奉天商报	提倡实业、打倒帝国主义、排日	持有人　奉天总商会 社长　丁广文　沈阳县人，奉天总商会会长，外交后援会执行委员长 副社长　刘仲三　奉天总商会副会长，外交后援会执行委员 梁景芳　奉天总商会副会长	经理　王文　秋田矿山专门学校出身，奉天总商会总务部长，外交后援会执行委员 副经理　邵仲　留日出身，奉天总商会会员 主要记者　盛桂珊、刘韶九、苏止元	1927年10月10日创刊②，日报，八页，发行量两千份。出于对我方"临江领事分馆设置事件"的愤慨，作为外交后援会的机关报而诞生，有关日本对中国东北政策及其他排日报道居多。资本金及日常费用由总商会的公款支出（参照"概况"）
醒时报	排日	社长　张兆麟	编辑　张维祺、张幼岐、张蕴华	1909年2月创刊③，日报，八页，发行量约六千份。是奉天唯一的白话报纸，在下层民众间拥有读者，在奉天回教民中有根深蒂固的影响力。最近，对于奉票及日中交涉案件等，取代《东三省民报》大挥毒笔
新亚日报	排日	社长　陈掖卿　海城县人	主笔兼主编　陈瘦鹃　社长之胞弟 经理　陈东　社长的妻子 记者　王一叶	1926年12月创刊④，日报，小型，八页，发行量约一千份
辽宁新报		社长　马某　东北电政监督公署科长	编辑主任　王某	1929年4月20日创刊，日报，四页，排日情绪浓厚
新社会	主旨为依据儒、释、道三教改良风俗，改善人心及改造社会	社长　郑崧生	总编辑　同前	1929年1月5日创刊，日报，四页，发行量四百份

(2) 市报及公报

名　称	主义系统	持有人	主笔及记者	备　考
奉天市报	奉天市政公所的机关报	市政公所主任　盛桂珊	记者　张耀　江苏人	1923年10月创刊⑤，日报，四页，发行量约三千五百份，简单记载市政公所的告示及时事问题
奉天省政府公报（旧奉天公报）	省政府的官报	秘书处、财政厅		1929年2月4日创刊，由过去的《奉天公报》改名而来，但内容毫无变化。顺带提一下，过去的《奉天公报》是日报，发行量约一千六百份，于东北大学工厂印刷

---

① 1927年报告为"1921年"；一说1908年创刊，从前社长赵锄非的个人经历看，此报创刊应晚于1908年，待查。
② 一说1920年创刊。
③ 一说1908年创刊。
④ 一说1926年11月创刊。
⑤ 一说1923年12月创刊。

二、日文报纸及杂志

(1) 报纸

名　　称	主义系统	持有人	主笔及记者	备　　考
奉天新闻（日文）	不偏不倚	持有人兼社长　佐藤善雄　东亚同文书院出身	主笔　小松利兵卫　早稻田大学法科出身	1917年9月创刊①，晚报，四页，发行量约四千份。对于中国问题，始终一贯持正确言论，致力于舆论指导。读者主要为知识阶级
奉天日日新闻（日文）	满铁机关报	满洲日报社经营代表　庵谷忱	田原丰	1908年12月创刊②，日报，四页，发行量三千五百份。当初名为《南满日报》，1912年改称《奉天日日新闻》，1918年改名为《大陆日日新闻》，1924年1月移交辽东新报社经营，1926年再次更名为《奉天日日新闻》。1927年10月满洲日日新闻与辽东新报两社合并，创设满洲日报社，本报属于该社经营
奉天每日新闻（日文）	无党派关系	松宫千雄　社长事务经办　高味万之助	主笔　片山民部	1907年7月创刊③，早、晚报，八页，发行量约五千份。1920年7月收购内外通信社，同月④改名为《奉天每日新闻》

(2) 杂志

名　　称	主义系统	持有人	主笔及记者	备　　考
东亚兴信所周报（日文）		持有人兼所长　尾崎济	汤畑正一	1921年12月创刊，周刊，四页，发行量两百三十份，报道"满蒙"的经济情况，附有中国法令的译文作为附录
奉天经济旬报（日文）		奉天商工会议所	发行人　野添孝生　奉天商工会议所书记长	过去发行的《奉天商工会议所月报》于1926年12月改名为《奉天经济旬报》。旬刊，二十到三十页，发行量两千五百份
奉天商工新报（日文）		清野富藏	神山哲三	1924年4月创刊，半月刊，一份四页，发行量一千五百份，登载一般经济事项。由《满蒙绵丝商况周报》改名而来
奉天兴信所内报（日文）		持有人兼所长　佐藤善雄　东亚同文书院出身	佐佐木孝三郎　东京外国语学校蒙古语科出身	1917年9月创办，一周发行一次或两次，发行量约两百份。主要为信用调查工作，刊登官方登记事项及奉天站始发抵达货物统计等

安东

概况

安东现有五种报纸。1928年1月日文报纸《安东时事新报》创刊；接着三种中文报纸，即《安东商报》于6月、《安东警察公报》于10月、《新安东日报》于11月创刊。另一方面，日本人经营的中文报纸《东亚时报》于6月、中国人经营的中文报纸《东边时报》⑤于9月均停刊。现在包括过去的《安东新报》，一共有五种报纸。

一、《安东新报》毫无任何政治性主义，是报道一般时事的报纸。其创办于1906年10月，当时为资本金一万圆的股份有限公司，社长由原军政署翻译官小滨为五郎就任，1908年，小滨将其变更为自己个人经营。1912年与《安东每夕新闻》合并，1913年10月转让于南部重远，南部1916年3月死亡后，小滨再次接手本社，经营至

---

① 1924年报告为"1920年9月"。
② 一说1909年6月创刊。
③ 1924年报告为1907年5月创刊，一说《内外通信》是1907年7月创刊。
④ 一说1918年改名。
⑤ 有记载称，《东边时报》（日文）1908年9月在安东创刊。1928年报告记载创刊时间为1923年12月。

1919年12月死亡。小滨死亡后,当时的主笔川俣笃就任社长,自此直至今日。读者几乎限于安东及新义州,并且由于《安东时事新报》的出现,销路愈发减少,发行量在一千六百份上下。

二、《安东时事新报》创刊于1928年1月。说到本报出现的动机,是由于安东的实力人物中野初太郎认为,有必要在居住于当地的日本人间发行具有高尚且扎实风格的报纸,最终自行投入资财创刊了本报。因而毫无政治色彩,只不过是报道一般时事,但论调稳健,内容清新,很受读者欢迎。本报与《安东新报》相同,读者的范围几乎亦限于安东、新义州,发行量在一千四百份上下。

三、《安东警察公报》是安东警察厅的机关报,警察行政工作方面的报道居多,但时事、杂讯、文艺栏的诸内容和一般中文报纸形式相同。本报的经营者为官方,所以购阅者多,发行量约三千份,在当地中文报纸中最有影响力。

四、《安东商报》是以广告为本位的中文小报,发行量约一千份,其读者商家居多。

五、《新安东日报》于1928年11月由张永兴依靠奉天国民党员的资金创刊。高唱三民主义,鼓吹打倒帝国主义,致力于宣传国民政府的政策,屡屡登载排日报道。发行量在一千一百份上下。

此外,在安东发行的报纸中,不仅仅是中文报纸转载其他地方发行的报纸的报道,日文报纸也以京城或奉天为中继邮递日本电报通信社和帝国通信社的电讯,各杂讯也多转载日本内地的报纸报道,因此居住于当地的日本人大多阅读其他地方发行的有影响力的报纸。顺带提一下,从日本内地、"满洲"、朝鲜各地购阅的报纸主要有《大阪每日新闻》《大阪朝日新闻》各一千两三百份,名列榜首,还有《满洲日报》《大连新闻》《鸭江日报》(新义州)、《京城日报》等。

一、中文报纸

名　　称	主义系统	持有人	主笔及记者	备　　考
安东商报		袁子义	同前	1928年6月创刊,日报,发行量一千份(参照"概况")
新安东日报	国民党系统	张永兴	同前	1928年11月创刊,日报,发行量一千一百份(参照"概况")
安东警察公报		安东警察厅	警察厅各干部分担执笔	1928年10月创刊,日报,发行量三千份(参照"概况")

二、日文报纸

名　　称	主义系统	持有人	主笔及记者	备　　考
安东新报(日文)		川俣笃	西江靖	1906年10月创刊,日报,发行量约一千六百份(参照"概况")
安东时事新报(日文)		中野初太郎	吉永成一	1928年1月创刊,日报,发行量约一千四百份(参照"概况")

牛庄

概况

当地的报纸只有《营商日报》(中文)及《满洲新报》(日文)两种。前者是当地中国总商会的机关报,很少论及时事问题,主要是经济报道;后者拥有相当悠久的历史,但伴随着大连、奉天等地报纸打入当地和当地日侨衰退带来的经营困难,发展缓慢,依然没有摆脱地方报纸的领域。因此两者的影响力都很小。

一、中文报纸

名　　称	主义系统	持有人	主笔及记者	备　　考
营商日报	营口总商会机关报	营口总商会	陈锡箴	1907年10月创刊[①],日报,六页,发行量约一千份。1926年称需要整顿工厂、革新内容而暂时休刊,1927年2月起复刊

---

① 1919年报告为"1909年",1922年报告为"1907年10月1日";一说1908年创刊。

二、日文报纸

名　称	主义系统	持有人	主笔及记者	备　考
满洲新报（日文）	开发满蒙，发扬日本国民性	社长　小川义和	主笔　同前	1907年12月创刊①，日报，四页，发行量一千五百份。参照"概况"

辽阳

概况

在辽阳刊行的报纸，有相当于普通报纸半页大的日文报纸《辽鞍每日新闻》和同样为半页大的中文报纸《社会日刊》两种，均可称作广告性报纸，因而在舆论界毫无权威。

一、中文报纸

名　称	主义系统	持有人	主笔及记者	备　考
社会日刊	启发民智，无党派关系	社长　陈涌涛	主笔　同前 记者　刘化南	1928年10月19日创刊，日报，小型，四页，发行量五百份。论调及对日态度稳健

二、日文报纸

名　称	主义系统	持有人	主笔及记者	备　考
辽鞍每日新闻②（日本）	报道政治、经济及一般情况	社长　渡边德重　兼任《大阪朝日新闻》及东方通信的通讯员	主笔　同前 记者　野尻弥一	1908年12月创刊③，日报，四页，发行量八百份。《辽阳新报》的后身

铁岭

铁岭没有中文报纸发行，仅有《东三省公报》《盛京时报》《东三省民报》等在当地被购阅。日文报纸有《铁岭时报》及《铁岭每日》两种，但在一般日本人中，除了《大阪朝日新闻》及《大阪每日新闻》以外，很多人购阅奉天、大连等地的报纸。

名　称	主义系统	持有人	主笔及记者	备　考
铁岭时报（日本）	时事报道	西尾信	主笔　同前 记者　本多正	1911年2月创刊④，日报，四页，发行量约四百五十份。本报作为领事馆、民会⑤及满铁地方事务所登载公告的机关报而诞生
铁岭每日（日本）	时事报道	迫田采之助	主笔　罗率真 记者　迫田采之助	1917年11月创刊，日报，四页，发行量约两百份。原经中国官方批准，作为中国报纸以日文和中文发行。1928年5月因触及中国方面忌讳被勒令停刊，由此才得到日本方面的许可而续刊

---

① 1925年、1927年报告为"1908年2月"。一说1908年3月创刊。
② 旧名《辽阳每日新闻》。
③ 一说1908年3月创刊。
④ 一说1911年8月创刊，一说1910年创刊。
⑤ 当地日侨组织。

开原

开原没有中文报纸发行，有下列两种日文报纸。

名　称	主义系统	持有人	主笔及记者	备　考
开原新报（日本）	时事报道	石川五郎	山田民五郎	1919年2月11日创刊，日报，四页，发行量约两百五十份
开原实业新报（日本）	经济时事报道	篠田仙十郎	同前	1923年1月1日创刊，日报，两页，油印

四平街

名　称	主义系统	持有人	主笔及记者	备　考
四洮新闻（日本）	时事报道	发行人　樱井教辅	同前	1920年10月创刊，日报，四页，发行量约四百份

四平街没有中文报纸发行。

公主岭

名　称	主义系统	持有人	主笔及记者	备　考
公主岭商报（日本）		持有人　三村高次郎	同前	1920年4月创刊，日报，发行量约一百份。向地方商人报道交易所商况的报纸

抚顺

名　称	主义系统	持有人	主笔及记者	备　考
抚顺新报（日文）		窪田利平	同前	1921年4月创刊，发行量约一千两百份。内容大体稳健

本溪湖

名　称	主义系统	持有人	主笔及记者	备　考
安奉每日新闻（日文）		社长　伊藤唯熊	发行人兼编辑　后藤森三郎	1913年4月创刊，日报，发行量约五百份。伊藤于1926年9月接手《安奉新闻》，改为现名

新民府

新民府没有报纸、杂志之类发行，仅仅有人在代理销售报纸之余，为《满洲报》《关东报》《泰东日报》《盛京时报》《民报》《东三省公报》《通问报》《益世报》等提供通讯。

掏鹿

当地无报纸、通讯等直接发行，主要购阅《盛京新报》[①]及《民报》《商报》等。

---

① 原文如此，应为《盛京时报》。

通化

仅驻有《盛京时报》《满洲报》《大北新报》《醒时报》《顺天时报》《通问报》《东三省民报》《东北日报》《泰东日报》《东亚日报》等的通讯员,没有报纸、杂志之类发行。

郑家屯

驻有《盛京时报》《东三省公报》《东三省民报》《泰东日报》《满洲报》等的通讯员,只从事代理销售。

洮南

仅驻有《盛京时报》《东三省民报》《东三省公报》《泰东日报》《满洲报》等的通讯员。

通辽

仅驻有《东三省公报》《盛京时报》《泰东日报》《满洲报》等的通讯员。

海龙

海龙无报纸、杂志之类发行。

帽儿山

帽儿山无报纸、杂志之类发行。

二、吉 林 省

吉林

概况

吉林发行的报纸与前一年度相同,有中文报纸五种、日文报纸两种,合计七种,但报界依然萎靡停滞,看不到任何进展的迹象。只有《吉长日报》是吉林省政府的机关报,所以受到官方庇护,成为当地一流的报纸,发行量较前一年度增加了约五百份,影响力逐渐增加。日本人经营的《东省日报》从1927年末以来得到满铁的补助,锐意努力扩张影响力,但尚不及《吉长日报》。

一、中文报纸

名 称	主义系统	持有人	主笔及记者	备 考
东省日报	日中亲善,无党派关系	三桥政明 东京外语学校出身,《大连新闻》及长春《北满日报》吉林支局长,东京、大阪《朝日新闻》通讯员	刘云峰 北平协和医学校毕业	1922年7月创刊,日报,六页,发行量约一千七百份。致力于纠正中国方面对于日本的错误感情,但社运不振,于是接受满铁援助
新共和报	吉林商务会及总工会的机关报	社长 江大峰 工务会理事,比较亲日		1917年创刊,日报,六页,发行量约七百份。接受商、工两会及各县商会的补助。以实业方面的报道为主,普通报道无值得一看之处
吉长日报	省政府的机关报	顾植 省长公署参议兼第三科科长,三江会馆馆长	魏声龢 省长公署第三科第三课长兼吉林交涉署秘书	1909年创刊,日报,六页,发行量约两千两百份。以官界消息迅速见长。接受省长公署、地方审判厅及其他方面的补助。参照"概况"
通俗白话报	无党派关系	社长 初鹤皋	主笔 同前 记者 沈仁甫	1919年1月创刊,每周发行三次,发行量约三百份,接受教育厅及县教育局的补助

(续表)

名　称	主义系统	持有人	主笔及记者	备　考
吉林省政府公报	吉林省官报	秘书处	宋文郁　省长公署第一科长	1916年1月创刊,日报,发行量约一千两百份。1929年2月4日由过去的《吉林公报》改名而来。内容毫无变化,同日发行第一号
吉林新报	吉林教育会系国民党机关报	社长　王亚曾	编辑　叶撰一	1929年2月1日创刊,日报,六页,发行量约五百份。本报由程科甲(省议会副议长)、韩石青(省教育会会长)、谢广霖(省农会会长)及刘乃峰(县教育会局长)发起创立。创刊以来,积极登载王社长的排日及打倒军阀的报道、评论,特别是露骨地宣传国民党,触及张作相的忌讳。吉林县知事根据张作相的命令,使得县立图书馆拒绝印刷本报,所以最终不得不于3月27日停刊
东北实业日报	振兴实业,张学良机关报	总经理　潘贵廷 社长　孙辅臣 副社长　齐佐忱		1929年7月1日创刊,日报,八页,发行量约一千份。本报是张学良投入资金五万圆设立,旨在培植自身势力,奖励东三省实业及驱逐外国人经营的中文报纸。在奉天印刷后送往本地,最近于长春设置了分社,选任长春公民医院院长金裕民为分社长

二、日文报纸

名　称	主义系统	持有人	主笔及记者	备　考
松江新闻(日文)	日中亲善	三桥政明	同前 记者　田岛为寿	1923年9月创刊,日报,四页,发行量一千四百份。与《东省日报》系统相同
吉林时报(日文)	以中国方面的时事报道为主	儿玉多一	同前	1911年2月创刊①,周刊,四折②,四页,发行量四百份

长春

一、中文报纸

名　称	主义系统	持有人	主笔及记者	备　考
大东报	进步主义,吉林省议会及张学良的御用报纸	哈尔滨教育会委员及吉林省议会议员	张云贲	1915年5月创刊,日报,六页,发行量约一百五十份。当地排日先锋,总是在各种纪念日等时间煽动学生,致力于排外宣传。一向经营不振,所以约从1928年10月起接受长春商务会、吉长铁路局及原东省特别区行政长官公署的补助,致力于发展,但依然不振。在青年学生中有市场

---

① 一说1912年创刊。
② 日文表示纸张尺寸的词语,相当于四开。

二、日文报纸及杂志

（1）报纸

名　　称	主义系统	持有人	主笔及记者	备　　考
北满日报①（日文）	时事报道	社长　箱田琢磨	泉廉治	1909年1月创刊，日报，四页，发行量约两千份。社长个人经营，社运不振，版面平凡
长春实业新闻（日文）	时事报道	发行人（持有人）十河荣忠	老木近信	1920年4月创刊，日报，四页，发行量约一千五百份。报道比较清新

（2）杂志

名　　称	主义系统	持有人	主笔及记者	备　　考
长春商业会议所调查汇报（日文）		发行人　大垣鹤藏	内海重夫	1921年1月创刊，每月发行两次，发行量约四百五十份
长春兴信所内报（日本）		持有人　清水末一	同前	1921年5月创刊，周刊，发行量约一百份

哈尔滨

概况

1. 报纸。1928年年末，哈尔滨的报纸数量为中文报纸十种、俄文报纸七种、英文报纸两种、日文报纸两种，与前一年年末相比，增加了中文报纸两种（《晨光报》《华北新报》）及俄文报纸一种（Харбинская коммерческая почта）。

（1）中文报纸总体上有报道延迟、内容陈腐之嫌，只有《国际协报》依然活跃，相当值得阅读。《哈尔滨公报》是中国官方的机关报，因此宣传上有过头的倾向，但其报道大体是准确的。本年间《松花晚报》因经营困难停刊，而《晨光报》及《华北新报》的复活，则可以看作最近中国方面影响力在发展的佐证之一。

（2）俄文报纸中，Гун-Бао 是中国方面的机关报，受到中国官方露骨的庇护，本年初攻击白系俄文报纸 Заря，企图蚕食其地盘，但结果以失败告终。其他俄文报纸因中国官方支持其机关报 Гун-Бао 而受到露骨的打压，所以对于中国方面在有关"满蒙"行政及铁路问题等方面实施的专横措施，没有像以往那样作强硬的评论，而是持极其消极的态度。因此，一般俄国人虽然期待着俄文报纸作为公正的言论机关而出现，但结果未能实现，这也是迫不得已的。不仅如此，劳农②机关报 Молва 因10月触及中国官方的忌讳，而被勒令停止发行，1929年1月更遭遇笔祸，最终被责令查封。此外，赤系 Новости жизни 因宣传共产主义一事，于12月1日被停止发行。为此，苏联方面为了发行用来代替 Молва 的机关报而暗中活动，但未能获得中国官方的许可而告吹，事实上 Новости жизни 仍然是在代其发行。俄文报纸中，除了接受官方及其他方面补助或在资金上多少有余裕的报纸外，其余均在经营上感到巨大的困难，例如白系 Русское слово 表面上维持独立经营，背后和 Рупор 一样，从1929年1月起接受 Заря 的资金援助。

（3）英文报纸一直有美国系统的 Harbin Daily News 及英国系统的 Harbin Observer 两报，但与中文、俄文及日文报纸相比，内容贫乏，读者少，毫无权威。但其关于"满蒙"的报道常常被其他地方的外文报纸转载，所以受到关注。Harbin Observer 被中国方面收买，而且社长福利特与苏联方面接近，与 Ангаста 及 Теамр и искусство 等有关系，因此名声不好。

（4）日文报纸中，《哈尔滨日日新闻》在版面上没有什么显著特征，主要登载"东方通信"及"帝国通信"的电讯。此外，与中文、俄文报纸不同，该报在时事问题上立于自由的立场，肆无忌惮地加以评论，因而俄国、中国方面关注不少。

2. 杂志。当地发行的杂志，有中文五种、俄文五种、犹太文一种及日文一种，合计十二种。中文杂志均为中国官方或中东铁路的机关杂志。俄文杂志有经济方面的两种及文艺方面的三种，前者当中，中东铁路经济局的

---

① 一说初名《长春日报》，1909年1月创刊，1917年改名《北满日报》。

② "劳农"指苏联，本年度各地报告中多处出现"劳农政权""劳农政治"，均指苏联苏维埃政权等，以下不再另行说明。

机关杂志 Вестник Маньчжурский 是"满蒙"同类杂志中的权威,随时发表认真踏实的研究调查。

一、中文报纸及杂志

（1）报纸

名　　称	主义系统	持有人	主笔及记者	备　　考
国际协报	说明国民外交的紧要性,与官方关系密切	张复生　哈尔滨特别市参事会参事	主编　同前	1919年1月10日创刊①,日报(早报),八页,发行量一千五百份。中文报纸中最有内容的报纸,在读者中的信誉呈独步当地之观。最近专注于普及宣传国民党及三民主义,对日态度不良,中国官方提供补助。参照"概况"
东三省商报	商业启发,与当地商业机关有联络,但与官方的关系处于比较自由的立场	社长　叶元宰　原广东《觉报》主笔,特别区路警处咨议	主笔　同前 主编　黄天行	1921年12月创刊,日报,八页,发行量一千两百份
滨江时报	标榜启发社会	范聘卿　中东铁路督办公所咨议,滨江警察厅咨议	范介卿	1920年4月创刊②,日报,八页。此外发行两页的《消闲录》作为附录。发行量一千份
滨江午报③	启发民智	社长　赵郁卿	同前	1920年5月创刊④,日报,小型,四页,发行《滨江画报》(半纸型⑤)一张作为副刊。发行量三千两百份
大北新报⑥	日中亲善,"满蒙"开发,奉天《盛京时报》的"北满"版	社长　山本久治	主编　王丕承	1922年10月创刊,日刊,小型,四页,发行量三千份
哈尔滨公报	特别区行政长官公署的机关报,与俄文报纸 Гун-Бао 是姐妹关系	关鸿翼　特别区行政长官公署秘书	主编　吴士元 营业主任　关子诚	1926年12月10日创刊,日报(早报),八页,发行量两千份。发行《哈尔滨市报》(四页)作为附录。参照"概况"
晨光报	青年舆论的机关报	于芳洲	主编　张树屏	1928年12月1日复刊,日报(早报),八页,全年不休息,附录两页。发行量一千三百份
市报	特别区市政管理局及哈尔滨市会的机关报	由市会及市政管理局经营 以上代表者　王奎昌	刘光烈	1927年5月1日创刊⑦,日报(早报),四页,发行量两千份
滨江辰报	启发民智	社长　赵逸民　原《滨江时报》主笔	同前	1928年9月10日创刊⑧,日报(早报),小型,四页,发行量五百份
华北新报	改良风俗,启发民智	杨妙峰	同前	1926年6月10日创刊⑨,日报,四页,发行量三百份。创刊后两度停刊,1929年2月复刊

---

① 1925年报告为"1918年8月";一说该报于1918年7月1日在吉林省长春市创刊,1919年10月迁到哈尔滨。
② 1925年报告为"1921年"。一说为1921年3月创刊。
③ 1928年报告中为《午报》。
④ 1925年报告为"1921年6月"。
⑤ 日文表示纸张尺寸的名词,约为250mm×170mm。
⑥ 1925年报告为《大北日报》。
⑦ 一说1927年4月1日创刊。
⑧ 一说1928年7月16日创刊。
⑨ 一说1925年5月12日创刊。

(2) 杂志

有《市政月刊》(哈尔滨市政管理局)、《路警汇刊》(东省特别区路警处)、《警察周刊》(东省特别区警察管理处)、《教育月刊》(东省特别区教育厅)、《经济月刊》(中东铁路经济局)。

二、俄文报纸及杂志

(1) 报纸

名　　称	主义系统	持有人	主笔及记者	备　　考
Новости жизни①	讴歌共产主义、劳农政治。苏联籍	艾斯·艾路·切鲁尼夫斯基 但事实上是在远东银行的后援下由职业同盟评议会经营	主笔兼编辑主任 切鲁尼夫斯基 本职为医师,老社会民主党员	1909年创刊②,日报,四页,发行量约一万零七百份。本报为1914年 Новая жизнь 的后身。1927年年末被远东银行收购,成为纯共产党机关报。在知识阶层和犹太人中读者居多。曾经登载排日、排"满铁"报道,最近稍稍缓和。与当地苏联总领事馆有密切关系,根据其指示登载评论。1928年12月9日登载马赛尔·加香在法国议会上的演讲,由于宣传共产主义,被责令停刊一周。Молва 在停刊后急速发展。参照"概况"
Молва	讴歌共产主义、劳农政治。苏联籍	艾努·佩·内琪林 实际持有人是劳农职业同盟③	主笔　同前 记者　朵拉乌丁、莱弗考夫斯基、拉乌洛夫、考莫凯斯、特尼松	1924年8月创刊,日报,六页,发行量约八千份,主要购阅者为中东铁路职员。创刊当时,内容极其贫乏,但1926年12月成为劳农机关报,接纳 Эхо 报的记者,同时,将内容、外观全部 Эхо 化,且全部继承了 Эхо 的所谓强制购阅者,发行量急速增加。然而,1928年11月1日中国官方认为该报关于欧洲大众罢工的评论和报道妨碍当地治安,责令其无限期停止发行。1929年1月6日,又因对身体不适的英国国王陛下的不敬事件,被中国方面勒令停止发行,事实上停刊了
Русское слово	以复兴沙俄帝政为理想的极右派、反共产主义。无国籍	社长　亚·伊·克罗波夫　第一革命④时对社会主义产生共鸣,但后转向立宪民主党,高尔察克时期曾在《鄂木斯克报》工作,对于财政问题有见解	主笔兼编辑主任 同前	1920年6月创刊,日报,四页,发行量两千份。以市内及铁路沿线的白系俄罗斯人为读者,此外还向西欧邮寄。曾为白系思想界的权威,但中东铁路赤化后,遭遇财政危机,失去优秀记者。今年2月更换社长,近来的编辑策略仅限于反过激宣传和攻击苏维埃,因而不受欢迎。1929年1月起接受 Заря 社长莱姆毕齐的财政援助
Заря	反共产主义,白系,无国籍	社长　艾姆·莱姆毕齐　革命前俄罗斯最有影响力的 Русское слово 报的记者。经营、编辑报纸的经验丰富,足智多谋,在此点上出类拔萃。1926年起在上海发行 Шанхайская заря	主笔　同前 编辑主任　希普科夫	1920年创刊,日报,四页,发行量约八千份,在各阶级中拥有读者。包含社员、职工在内,有约百人。接近中国官方、中东铁路要人等,报道迅速,编辑方法巧妙,但缺点是出于销售政策,时而登载虚假报道

① 亦译《新生活报》,1917年报告译为《新生涯》,1920年译为《时事新报》。
② 1927年报告为"1907年"。
③ 1928年报告为"劳动职业同盟",与此处有异。
④ 应该指俄国1905年革命。

(续表)

名　　称	主义系统	持有人	主笔及记者	备　　考
Харбинская коммерческая почта	共产主义	艾努·艾姆·萨特夫斯基 原 Заря 广告募集人	主笔　海顿·福利特 编辑主任　艾努·艾姆·萨特夫斯基	1925年创刊,周刊,四页,发行量约四百份。原来为英文、俄文双语的经济报纸,但内容贫乏,因此长期停刊。1929年1月在 Молва 被查封的同时将其复活,今后理应取而代之
Рупор	民主主义,反共产主义,白系。无国籍	社长　卡夫曼　本职为医师,与报业大有关系	主笔　同前 记者　佩特洛夫、内斯梅洛夫	1921年9月创刊,日刊(晚报),四页,发行量六千份。本报为当地唯一晚报,在各阶级中拥有读者,有关妇女报道居多。此外,在 Заря 报过去标榜中立时,登载反苏维埃报道,因而被苏维埃方面极端敌视。Заря 社长莱姆毕齐出资
Гун-Бао	中国方面的机关报,中文报纸《哈尔滨公报》的俄文版	关鸿翼　参照《哈尔滨公报》一项	编辑主任　伊万诺夫　曾经随梅库罗夫在天津编辑 Наш путь 报	1926年12月创刊,日报,四页,发行量约三千份,购阅者为中国及外国官衙、大商店等。报道在讴歌中国当局的设施、拥护中国人利益方面极其直截了当,但报道正确,因而发行量逐步增加。此外,主笔及记者均为白系无国籍或中国籍俄罗斯人,禁止苏联籍人入社工作。参照"概况"

(2) 杂志

Экономический вестник(日本人森御荫)、Вестник Маньчжурский(中东铁路经济局)、Рубеж(艾姆·艾斯·莱姆毕齐,艾弗·艾努·卡夫曼)、Смета о ней(名义上为辛普森,实际上是 Новости жизни)、Театр и искусство(中东铁路戏剧部)、Сибирь-Палестина(哈尔滨锡安团)。

三、英文报纸

名　　称	主义系统	持有人	主笔及记者	备　　考
Harbin Daily News	不偏不倚,美国籍	亨利·维希　1915年曾于圣彼得堡经营当地唯一的 Russian Daily News	同前	1919年创刊①,日报,四页,发行量约五百份。对日感情良好
Harbin Observer [哈尔滨观察家](英文)	标榜严正中立,但与中国官方有特殊关系,近来与苏联方面也有关系,英国籍	毕·维奇·福利特　原驻尼古拉耶夫斯克副领事	同前	1925年创刊②,晚报,四页(周日、周三、周五、周六发行四次),发行量约三百份。本报为 Harbin Herald 的后身,对日感情不差。参照"概况"

四、日文报纸及杂志

(1) 报纸

名　　称	主义系统	持有人	主笔及记者	备　　考
哈尔滨日日新闻(日文)	不偏不倚	佐藤四郎	同前	1922年1月创刊③,日报,早报,四页(周日、节日的翌日停刊),发行量一千份。1921年12月,当地的《北满洲新闻》《西伯利新闻》《哈尔滨新闻》三种日文报纸合并而成,1926年10月起由满铁经营
哈尔滨通信(日文)	皇室中心主义,鼓吹亚洲人团结	大川周三	同前	1918年创设,日报,早报,四页(周日、节日的翌日停刊),发行量五百份。初为小型,1925年改为现在的大型

---

① 1927年报告为"1918年"。
② 据《黑龙江省志·报业志》记载:英国人哈同·弗利特1924年创办《哈尔滨先驱报》,1925年更名为《哈尔滨观察家》。
③ 一说1922年11月创刊。

(2) 杂志
《露亚时报》(森御荫)。

间岛
一、中文、朝鲜文报纸

名　称	主义系统	持有人	主笔及记者	备　考
民声报(中文、朝鲜文)	民族主义	持有人　方泳芝 社长　孙佐民	中文栏主笔　孙佐民 朝鲜文栏主笔　尹和洙	1928年2月创刊,日报,发行量朝鲜文版一千份、中文版八九百份。满载排日报道,需加以关注。经营上并不理想,同年9月1日朝鲜文独立发行,与此同时社长更迭,前社长安世俊作为国民政府机关报记者赴南京。社内多少有共产主义色彩,编辑主任周东郊、职工负责人霍哲文两人被逮捕后,中文版的论调变得温和。而朝鲜文版主笔尹在1929年3月举行独立运动纪念活动时登载过激的报道,被日本领事馆处以禁止在当地居住的处分。还有,听说从1929年2月上旬起,正在为成为国民党中央党部的机关报而积极活动
间岛日报(朝鲜文)	宣传朝鲜人的产业、文化	鲜于日　经营报纸的经验丰富,擅长日语,且思想稳健,非常努力	同前	1924年创刊,日报,发行量七八百份。1924年12月从《间岛新报》①(日文)中分离,是当地唯一的朝鲜文报纸,经营基础逐渐稳固。由于《民声报》朝鲜文版的创刊而受到打击。得到日本官方的补助

二、日文报纸

名　称	主义系统	持有人	主笔及记者	备　考
间岛新报(日文)	产业开发,文化宣传	合资公司组织 社长　饭塚政之	野川孟	1921年创刊,日报,发行量约五百份。起初接受日本官方的补助,发行日文、朝鲜文两种版本。1924年补助停止,因此将朝鲜文版剥离,减少版面。1926年起补助恢复,1928年1月起从四六版②改为准大版③

局子街
局子街没有报纸、杂志等发行,仅驻有《间岛日报》(朝鲜文)、《间岛新报》(日文)及《民声报》(朝鲜文、中文)的通讯员。

头道沟
驻有《朝鲜日报》《间岛日报》《民声报》及日文报纸的通讯员,但没有报纸、杂志发行。

百草沟
只设有《间岛日报》(朝鲜文)、《间岛新报》(日文)及《民声报》(中文、朝鲜文)的支局。

珲春
驻有《大阪每日新闻》《北鲜日报》《北鲜日日新闻》《间岛新报》(以上为日文)、《朝鲜日报》《间岛日报》(以上

---

① 1926年报告中为"1918年"创刊,1927年报告中,该报创刊于1921年7月。
② 日语表示新闻纸尺寸的专用名词,约为270×410毫米。
③ "大版"为日语表示新闻纸尺寸的专用名词,约为285×400毫米。

为朝鲜文)及《民声报》(中文)的通讯员。

农安

仅仅有人在代理销售《盛京时报》《东三省公报》《东三省民报》《泰东日报》及《关东报》等之余,从事通讯工作。

三、黑龙江省

齐齐哈尔

概况

齐齐哈尔发行的报纸均为中文报纸,是中国方面官方的御用报纸。几乎看不到这些报纸对舆论产生的影响,能够牵动当地舆论的不如说是哈尔滨、上海、天津的各报。

还有,当地报纸发行量都很少,经营上有困难的报社仅仅依靠来自官方的补助勉强维持。

名 称	主义系统	持有人	主笔及记者	备 考
黑龙江报	省政府的机关报	社长 魏毓兰 省长公署科员	编辑主任 魏懋俊	1913年2月创刊①,一周发行六次,四页,发行量约七百份。对日态度一般,接受省长公署及其他官署补助。1929年1月《万国宾民报》创刊后,当局断绝了援助,停刊
黑龙江公报	省政府的官报	省长公署	省长公署第一科	1914年3月创刊②,日报,小型,十四页,发行量约一千份。读者大部分为官方人士
民报	省政府的御用报纸	万国宾 省政府委员,万福麟之子	编辑主任 陶颢 毕业于北京大学	1929年1月18日创刊,日报,四页,发行量一千八百份。有省政府及其他方面的补助。好论日中关系,论旨稳健
万国宾民报	省教育会的机关报			1929年1月创刊

黑河

名 称	主义系统	持有人	主笔及记者	备 考
黑河日报	启发民智,黑河道尹公署的机关报	杨润如 瑷珲县公署科员	聂典勋 毕业于南京高等师范	1920年9月创刊,日报,六页,发行量约三百份。经营不振

满洲里

满洲里没有报纸、杂志发行。

四、河 北 省

北平

概况

目前北平发行的中文报纸大大小小共计二十七种,其中最活跃的是《新晨报》,其次为《华北日报》《京报》等,正逐渐发展,而一直以来活跃在该界的《顺天时报》从去年6月遭受灾难以来变得萎靡不振。

就1928年度北平报界的趋势来看,1928年6月,张作霖退出北京后,北京就成为国民党的天下,直隶省北京被改名为河北省北平,各种事物也随之面目一新。由此,报界也产生了不少变化。

1. 现存二十七种中文报纸中,一直以来名实都得以存续的有《顺天时报》《益世报》《世界日报》《卍字日日新闻》《铁道时报》及《世界晚报》六报。除此之外的其他报纸都是进入1928年以来才创刊或进行内部改

---

① 1927年报告为"1912年2月"。一说1916年2月创刊。
② 一说1913年5月创刊。

革的。

2. 一直到数年前为止,当地的中文报纸都接受来自某个方面的财政支持,这一现象非常普遍,但最近多少有了改善的趋势。中国记者中,意识到报纸的经营如不保持财政上的独立,则其未来难以期待这一点的人似乎在逐渐增加。然而,即使现在从军阀要人或政府方面得到财政支援的报纸不仅依然不少,而且在某种意义上甚至可以说,这种现象变得更为露骨。作为一个显著例子,复旦社从1928年夏以来,每月从国民政府方面得到数百弗的补助,并且还有优惠,免费获得来自南京方面的电讯。

3. 现存的中文报纸中,除了《顺天时报》《卍字日日新闻》和《铁道时报》等数报之外,其他报纸基本上都得到了来自党部、军方、官方及政府相关方面等的支持,而且似乎都不得不甘受党部颐指气使。诸如《益世报》的干部职位几乎全部被党员所占据,《新晨报》则成为了第三集团军的机关报,便是这种例子。

4. 官方对于报社和通讯社报道的审查变得严格,另一方面,对这方面提供方便则变得露骨起来。官方对于不符合三民主义和其他国民政府方面宣传的报道进行严厉审查,另一方面,政府及军方要人最近频繁与报纸、通讯记者接触。例如河北省政府主席商震,每周会见中国记者一次,似乎也接受了外国通讯员的会见申请。以"国民"及"中央"通讯为首,与中央的宣传相关的电讯费一概得到免除。

5. 1928年度,当地报界最引人注目的事件有打压《顺天时报》事件。济南事件①以来,排日气势渐盛,同年9月北平市党部露骨地对邮务工会、报夫工会、铁路工会等下达指示,肆意压迫该报的店铺和报童,阻止普通中国人购阅此报,还公然对邮政当局施压,使之停止邮寄该报,如此等等,对该报进行了极具组织性的迫害。其后,反日会成立,该会直接负责排挤该报。因此,以上非法的迫害措施依然没有缓和,《顺天时报》的读者目前仍在渐渐流失。但是,商震就任河北省政府主席以来,中国方面的态度似乎稍有缓和的征兆。

6. 不容忽视的事实是,趁着《顺天时报》受难的间隙,其他中文报纸趁机为自身的发展谋划。《新晨报》将以往的两台印刷机增加到四台,显示了立志成为北方首屈一指报纸的势头,其发行量如今达到了将近一万份。其他各中文报纸也围绕着内政、外交、社会、文艺和其他各方面的报道费尽心思进行创新。南京自不待言,各报还尽可能在其他地方设专属特派员,而且各主要报纸都刊载人物、事件等的照片,很多报社还拥有专属摄影组。无此条件的报社,则接收日本电报通信社分发的带照片的通讯,并且免费获得来自南京的电讯,因此能报道该地政府要人所发的长文通电等全文,内政方面的报道变得尤为丰富。《新晨报》现已夺走了《顺天时报》曾经的地位,在各个栏目上都凌驾于其上。

甲、中文报纸及杂志

(一)报纸

名　称	主义系统	持有人	主笔及记者	备　考
顺天时报	日中亲善	渡边哲信	主笔　金崎贤 主编　佐佐木忠	1901年创刊,日刊,八页,社址在兴华门内化石桥。由于报道准确,一向获有压倒性信誉。此外,作为日本方面的机关报得到普遍重视,发行量曾一时达到二万份以上。1928年9月以来,由于北平市党部和反日团体的压迫和排挤,遭受到巨大影响。参照"概说"
新晨报	阎锡山系,第三集团军的机关报。虽然属于晋系,但多少带有研究系的色彩,对日态度并非那么差	李庆芳　山西大学和日本法政大学出身,平津卫戍总司令部交通处长	张慎之　原众议院秘书	1928年8月5日创刊,日刊,十二页,发行量八千乃至九千份。该报是过去发行的研究系机关报《晨报》②,山西方面盘下使其成为纯机关报,改为现名。在天津和南京设有支局,在政界和学界中拥有读者。无论发行量还是影响力都称得上北平中文报纸中的一流报纸。社址在宣武门外大街。参照"概说"

---

① 指1928年4月日军入侵山东后制造的"济南惨案"。
② 1926年报告记载其创刊时间为"1916年",1928年报告记为"1912年12月"。

(续表)

名　称	主义系统	持有人	主笔及记者	备　考
益世报	第一集团军机关报,虽为蒋介石系,但多少带有基督教的色彩。令人感到最近稍稍左倾	杜竹轩	朱鉴堂　北京法政大学出身	1915年11月创刊①,日刊,十二页,发行量七千份。最初由比利时人创刊,基督教青年会出资。还有,据说当时曾在美国公使馆注册,但再刊后就与其断绝了关系。1927年6月4日起的四个月期间,曾被张作霖勒令停刊,1928年6月北平转至国民党之手后得以续刊。闻名于外国广告商之间,读者多为商界和各地的旧教教会之人。报道缺乏准确性,评论也多为荒唐无稽之谈,好载排日报道。参照"概说"
华北日报	国民党机关报,南京中央党部直接系统	委员制度 李石曾、沈尹默、叶楚伧	安怀音	1929年1月1日创刊,日刊,十二页,发行量七百份。南京中央党部宣传部在华北唯一的宣传机关报,每月从南京得到八千元的补助,在北平的中文报纸中财政最为宽裕,据说张学良也对其进行援助。董事沈尹默和肃瑜同为河北省政府委员,当局强制性地让当地各机关购阅此报。内容以普及党义为主
全民日报	阎锡山系,警备司令张荫梧的机关报	王子鱼　东京高等工业学校出身,原天津《益世报》编辑		1928年创刊,日刊,八页,发行量六千份
新中华报	李石曾的个人机关报	委员制度	赵之成　早稻田大学出身,每日通讯社社长	1928年11月24日创刊,日刊,八页,发行量四千份。为半营业半机关报,亦与《华北日报》的沈尹默有关,但正为经费困难所迫
世界日报	李石曾系	成舍我　北京大学出身,北大大学秘书长及世界晚报社长	吴范寰　北京大学出身,北平大学主席秘书	1925年4月8日创刊②,日刊,八页,发行量五千份。本报由冯玉祥系的前财政部长贺德霖出资创刊,在国民党全盛时期频繁活动,张作霖时期萎靡不振。但随着1928年国民党的势力深入北京,再次出现盛况。在天津和南京设有支局,雇用了数名女记者,开创了北平报界之先例。据说目前从冯玉祥及其他方面得到补助,在学生中得到广泛阅读。发行《世界晚报》和《周刊画报》
京报	何成濬系	邵汤修慧　前社长邵飘萍的遗孀,毕业于浙江女子师范学校	黄濬　原国务院秘书长	1918年10月5日创刊,日刊,八页,发行量三千份。因前社长邵飘萍1926年被奉系枪杀而暂时停刊。其遗孀得到冯玉祥、阎锡山、白崇禧、商震等的援助,于1928年6月12日复刊。据说最近与冯玉祥断绝关系,与何成濬有了联系。在政界方面得到广泛阅读
铁道时报	交通系,没有党派色彩	李海济③　毕业于交通大学	李耕古　毕业于日本大学	1916年5月创刊,日刊,四页,发行量一千份。民国成立时,由于交通部内留日出身者所创立的铁道协会在此后解散了,上述相关人员为了纪念该协会,于1916年5月创立了周刊,以此为始。1920年10月改为日刊,直至今日。铁路相关的报道居多,经费来自各路局和广告费

---

① 1928年报告为"1916年"。
② 1925年2月10日创刊。
③ 1928年报告为"李海涛"。

(续表)

名　　称	主义系统	持有人	主笔及记者	备　　考
简报	国民党系	宋抱一　安徽法政大学出身		1928年创刊,日刊,四页,发行量一千份。拥护国民党的色彩浓厚
北京日报	无色彩	朱季箴　留日出身		1911年7月创刊①,日刊,八页,发行量五百份。是中国人经营的最老的中文报纸。袁世凯时代得到了半官报式的待遇,但最近已沦落为二流以下。在天津、奉天和洛阳有支局,地方上读者众多,在北平的商界和满族人中拥有读者
民治日报	方振武的机关报	委员制		1928年创刊,日刊,六页,发行量一千份。最初为四页,但随着方振武地位的提升,补助金得到增加,最近扩大为六页。报道多为第四军团及第六路军总指挥的消息
民国日报	张继系,西山派机关报	黄伯曜　前众议院议员	胡春水	1928年6月10日②创刊,日刊,八页,发行量二千份。创刊后不久就被张继盘下,白崇禧在北平时曾援助该报。由于总是频繁攻击北平市党部和各县党部左派,1929年3月12日孙文逝世四周年纪念日,被市党部唆使的群众所攻击,停刊数日,经营困难
卍字日日新闻	红卍字会机关报	芮国安	万辟	1923年创刊,日刊,八页,发行量二千份。以江朝宗、钱能训(均为前国务总理)等人为中心,以提倡道教与佛教、宣传红卍字会事业为主旨
北平朝报	冯玉祥系,第二集团军的机关报	方梦超	主笔　张恨水著名小说家 主编　贺子远	1928年7月创刊,日刊,八页,发行量二千份。处于北平市长何其巩的监督之下
商报	北平总商会机关报	尹小隐　北平法政学校出身	张醉丐	1928年创刊,日刊,八页,发行量一千份。内容以白话小说为主
民言报	阎锡山系	林超然　前民国宪法起草委员,卫戍总司令部科长	林仲易　原《晨报》总编	1928年7月创刊,日刊,八页,发行量三千份。与第三集团军有关,提倡农工教育
北平日报	阎锡山系	吴晓芝　毕业于安徽法政大学	蔡天梅	1921年6月创刊,日刊,加上附录一共八页,发行量一千份。最初作为梁士诒、叶恭绰及郑鸿年等人组织的交通学会的机关报《交通日报》而发行。1923年因遭到奉天方面的笔祸而停刊,1925年续刊,1928年7月改为现名。实际上由第三集团军总务交际处长梁汝舟主持
平报	国民党系	陆烬轩		1921年创刊,日刊,小型,四页,发行量三千份。党派色彩虽不浓厚,但提倡三民主义,与国民党接近
实报	稍有冯玉祥系之感	管翼贤　毕业于日本法政大学,原《天津泰晤士报》主笔	张闻村　第二集团军秘书长	1928年10月创刊,日刊,小型,四页,发行量九千份。记者在政治和社会两方面的报道都得心应手,因此为各阶级所爱读

---

① 1928年报告为"1907年";一说《北京报》于1904年8月创刊,1905年8月更名《北京日报》。
② 1928年报告为"9日";民国时期以《民国日报》命名的报纸有多份。据史料记载:有一份《民国日报》1925年3月5日在北京创刊。

(续表)

名　称	主义系统	持有人	主笔及记者	备　考
社会晚报	阎锡山系	林超然	林仲易	小型,四页,发行量二千份,与《民言报》属于同一系统的报纸
小小日报		持有人　宋信生 社长　李一民		1925年1月创刊,社址在永光寺街,日刊,小型,四页,发行量六千份。主要刊载小说和笑话,在中流以下阶层拥有读者
实事白话报		戴天士		1918年10月创刊①,日刊,小型,四页,社址在魏染胡同,发行量九千份。以中流以下阶层读者居多
群强报		戴兰生		1912年创刊,社址在樱桃斜街,日刊,小型,四页,发行量一万份,为小报之巨擘。广泛刊载戏剧界的消息,因此在戏剧爱好者和中流以下阶层拥有众多读者
北平晚报	与奉系及蒋介石有关	刘煜　北京大学出身		1921年10月创刊,社址在绒线胡同,日刊,小型,四页,发行量四千份。为北京晚报界之鼻祖。与银行界接近,金融消息比较迅速,态度稳健
世界晚报	李石曾系	成舍我　北京大学出身	吴范寰　北京大学出身	小型,四页,发行量四千份。与《世界日报》属于同一系统

(二) 公报及杂志

名　称	主义系统	持有人	主笔及记者	备　考
北平特别市市报	市政公报	北平市政府秘书处		日刊,二十页左右,菊判②。法规、命令、公牍及统计
市政公报	官报	同上		月刊,菊判。法规、电文、任命、委任、命令、公牍、会议录、文件等
北平反日周刊	反日宣传	北平反日会		菊判
革命新声	与右派接近	沧海君		旬刊,四六判③。政治、经济、思想、社会问题等
现代青年	河北省党部党务训练所宣传委员会的机关杂志	河北省党务训练所		半月刊,四六判。时事评论,鼓吹三民主义和革命
三民		鲁金城		月刊,菊判。三民学校发行,政治、社会思想教育问题,解说三民主义

---

① 1928年报告为"9月"。一说1918年8月创刊。
② 日语表示纸张尺寸的专用名词,约152×218毫米。
③ 日语表示纸张尺寸的专用名词,约127×188毫米。

除上述之外,还有《村治月刊》(王鸿一)、《河北民国日报副刊》(河北民国日报社)、《认识周报》(汤象龙)、《华严》(黄庐隐)、《戏剧与文艺》(熊佛西)、《鸽笛》(松村太郎)、《文字同盟》(桥川时雄)与《投考指南》《北平北海图书馆月刊》《回教》等。

乙、外文报纸及杂志

概况

North China Standard 和 *Peking Leader* 是北平英文报界的双璧,一直处于互相抗衡的状态。与前者越来越泼辣的编辑风格相反,后者不仅越来越趋缓,而且在劳农文书查扣事件①中,与劳农的关系暴露出来,人气因此下滑。加上其评论一向无起色,*Standard* 如今遥遥凌驾于 *Peking Leader* 之上,在当地已经发展到了难以继续增加发行量的程度,最受普遍重视。*Journal de Pékin* 是当地唯一的法文报纸,但仅仅维持着苟延残喘的状态。还有,*Far Eastern Times*(社长 B. L. Simpson,后为吴晋,主笔 Shelden Ridge)于 1928 年停刊。*The Peking Express*(英文,学生用小型晚报)经营者宋采亮在广东由于李济琛之故被怀疑为共产党而被处以死刑,结果该报自然随之停刊。

(一)报纸

名　称	主义系统	持有人	主笔及记者	备　考
Peking Leader[北京导报](英文)	国民政府机关报。以往是进步党的机关报,中国籍。但 1925 年起为 Grover Clark 等人持有,取得美国国籍,打着 Constructive Independent and Liberal 的旗号,带有亲美色彩。1929 年 7 月被南京政府盘下		主笔　Grover Clark(美国人,中文名柯乐文) 记者 E. W. Hunter	1917 年 12 月创刊②,日刊,十二页,发行量约八百份。1917 年 12 月作为梁启超的机关报创刊。刁敏谦(广东人,英国剑桥大学 L. L. D.)任主笔时,由于其兄刁作谦任外交部秘书,外交方面消息灵通。1919 年 1 月③,刁辞任主笔,接着,美国人 Rach④、美国人 Josef W. Hall、美国留学出身的余天休、美国人 Grover Clark、原上海《申报》及 *Peking Dairy News* 记者黄国钧、英国人 Chrifford L. Fox 等依次担任过主笔。1922 年 11 月以来,美国人 Grover Clark 再度任主笔。1929 年 7 月,南京政府盘下该报后,主要由 Hunter 担任编辑。曾频繁刊登总统府英国顾问 B. L. Simpson(Putman Weale)撰写的排日评论来稿,但最近数年来已不复如此,特别是 G. Clark 任主笔以来,评论比较稳健,但如今又再度表现出了排日倾向。该报现为美国籍(1925 年根据美国特拉华州法注册为社团法人,并由发起人团体网罗上述以 Grover Clark 为首的洛克菲勒财团关系者和燕京大学关系者组成最初的理事会。最初由 Grover Clark 任理事长,日本方面以冈部三郎任理事之一)。1927 年 4 月,搜查苏俄大使馆时,从扣押的文书里发现了 G. Clark 从苏俄方面得到财政补助的证据,因此受到英国人方面的剧烈排斥,自此报面愈加不振,丧失活力,读者逐渐流失到《华北正报》方面,今后的销量尚不明确

---

① 指 1927 年 4 月张作霖派军队查抄苏联驻北京大使馆事件。
② 一说 1920 年创刊。
③ 1922 年报告中为"11 月"。
④ 1922 年报告中为"Buch"。

(续表)

名　　称	主义系统	持有人	主笔及记者	备　　考
North China Standard [华北正报](英文)		渡边哲信　兼任《顺天时报》社长	编辑主任　G. Gorman（加拿大籍爱尔兰人） 记者　松村利男、孙瑞芹	1919 年 12 月创刊,发行量约八百份,早报,十二页,有时刊行十四页,每当有事件发生时还发行号外。1919 年 12 月 1 日创刊时由鹫泽与四二担任社长,原 *Japan Times* 及 *Kobe Herald* 的记者 I. S. Willes 担任 News Editor,国际通信社编辑佐藤显理担任主笔。1920 年 3 月佐藤显理辞职,由布施知足继任。1922 年 3 月 Willes 被解任,由德国人 F. Newell 和鹫泽与四二负责编辑。1924 年 3 月,鹫泽社长辞职,F. Newell 独立负责编辑社务。1926 年 3 月,Newell 解约回国,到 1926 年 7 月为止,由孙瑞芹和澳洲人 Taylor 担任编辑。同年 8 月以来,由渡边哲信主理社务,并从东京聘来 G. Gorman,致力于编辑诸业务的创新改良,成绩斐然。目前凌驾于 *Peking Leader* 之上,在北京的英文报纸中居首
Journal de Pékin（法文）	没有一定的主义主张	M. A. Nachbaur (French Jew)	同前	1911 年 7 月创刊,早报,八页,发行量少于二百份,北京唯一的法文报纸。最初与俄国公使馆有关,俄国政变以来受法国公使馆的保护,1918 年 5 月成为法国公使馆的机关报,据说通过中法实业银行得到补助,但随着该银行的破产,补助中断。过去,过激派俄国人 Iwanoff 任副主笔时,不时刊载过激主义的报道,但目前该报已同此人断绝关系。此后由孙文的秘书、中国人韦玉担任主笔。韦精通法文,经常以 Wang Ti 之署名为该报起草社论。目前韦赴汉口,已与本报无关,由 Nachbaur 亲自起草社论。该报与法国公使馆的关系似乎也已变淡。1928 年,国际联盟劳动事务局的 Albert Thomas 来华之际,Nachbaur 奉命随行中国内地,随后被任命为该事务局驻北平代表

（二）杂志

名　　称	主义系统	持有人	主笔及记者	备　　考
The Week in China		Peking Leader Co-operation	G. Clark	周刊,发行量二百多份。参照 *Peking Leader* 之项
La Politique de Pékin	无政府色彩	Alphonse Monestier		周刊,发行量不足二百份。北京政府时代从外交部获得补助,现是否仍有,不明

丙、日文报纸及杂志

（一）报纸

名　　称	主义系统	持有人	主笔及记者	备　　考
北京新闻（日文）		鹫泽与四二	坂本音吉	1923 年 8 月创刊,日刊,发行量约三百份。作为《天津日日新闻》的北京版而发刊,报面比较有活力

(续表)

名　称	主义系统	持有人	主笔及记者	备　考
新支那(日文)		安藤万吉	樋口义麿	1913年9月创刊,日刊,发行量约二百份。直到数年前为止都是北京唯一的日文报纸,相当有活力,但近来不振。1929年5月中旬,将一直以来的早报改为晚报,是出于节约经费的考虑,但由于财政窘迫,经营依然困难

除上述报纸之外,1929年6月,由朝鲜人鲜于甲(石本芳文)创立的中文报纸《今天新报》发刊。

(二) 杂志

名　称	主义系统	持有人	主笔及记者	备　考
北京周报(日文)		鹫泽与四二	坂本音吉	1922年创刊,周刊,发行量五百份
支那问题(日文)		长谷川贤		1921年9月创刊,月刊,发行量约二百份
北京满铁月报(日文)		满铁北京公所		菊判,发行量四百五十份

天津

概况

天津的中文报纸,普通的大型报纸有十数种,小型的通俗报纸(即所谓小报)亦有十数种,但内容和外观齐备、报道与评论具有报纸价值的只有《大公报》《庸报》《益世报》《泰晤士报》等数种,其他各报无非将其作为得到广告费或补助金的手段而发行,抑或专为进行政治性的宣传而发行,因此其消长也自然随着政权的推移而变迁。由于各报只是单纯的地方性报纸,因此发行量少。而《大公报》《益世报》等上述著名的报纸在天津以外的北方各省也有一些购阅者。与以上大报不同的口语体通俗小报拥有众多购阅者,因此发行量较多,经营状态也较为有利。特别是晚报,主要以小报为主,显示了对于普通报纸的需求程度。1928年6月,国民革命军北伐成功,随着过去的军阀政治向所谓的三民主义政治转变,即使是表面上的,也开始高喊言论自由,认识到舆论的价值。还有,在各种宣传上报纸报道材料变得丰富起来,各报因此都增大、扩张版面。而针对青年方面的新思潮主义,各报则乐于刊载思潮性或研究性的报道,定期附上特种的专门附录等,有些报纸的发展进步十分巨大。《大公报》《庸报》等多半是出于其需要安装了轮转机,便是这方面的好例子。各种小册子被大量印刷和分发,用于党部和各工会宣传,其中基础扎实、稍具组织性的变成永久持续性刊物,由此出现了诸如《反日周刊》《邮星》之类的刊物。中国的通讯社只提供局限于当地的市井报道,并没有显示出任何发展的迹象,这是由于北平一向存在着不少有力的通讯社之故。

外文报纸方面,英国系的 *Peking & Tientsin Times* 依然是北方地区的霸主,美国系的 *Star* 远不及前者。有两种俄文日刊报纸在本年度创刊,但只是白系俄国人间的报纸,作为舆论机关没有任何影响力。

甲、中文报纸及杂志

(一) 中文报纸

名　称	主义系统	持有人或社长	主笔及主要记者	备　考
大公报 Ta-Kung-Pao L'Impartial (中文)	稳健的新思想主义,被视作中国知识阶级和青年思想的代表。似乎与冯玉祥方面有着密切联系。由于胡霖、张炽章曾经留学日本,因此与我方友善,对日态度公正	胡霖(字政之)　四川人,三十九岁,留日出身。中国报界之耆宿,主持本社位于上海的国闻通讯社。曾与安福系、奉系交好,现接近冯玉祥系。吴鼎昌也是出资者	张炽章(字季鸾)陕西人,三十七岁,原上海《民报》主笔,抱有部分左倾思想	1902年创刊,日刊,十六页,发行量一万二千份,社址日租界旭街。曾作为安福派的机关报而活跃,1920年曾变更过一次组织形式,但1925年再度停刊。1926年9月由现任社长胡霖复活,报面焕然一新。1928年购入轮转机后,愈见其进步,与《益世报》《庸报》一同成为北方地区有影响力的中文报纸

(续表)

名　称	主义系统	持有人或社长	主笔及主要记者	备　考
庸报 The Yung Pao （中文）	标榜不偏不倚，但此前与吴佩孚派、直系有关，目前似乎与南方派有联系。最近与上海《申报》合作	董显光　英文名Hollington K. Tong，广东人，四十四岁，留美出身。与熊希龄、张志潭等深交，前上海 Millard Review 记者，当时为排日分子，但经营本报后以中日经济协作和社会政策为主义，有亲日倾向	邰光典　北京人，三十九岁，毕业于燕京大学	1926年6月创刊①，日刊，十六页，发行量八千份，社址在法租界二十一号路。拥有轮转机，编辑方法采用美国式。最近与上海《申报》合作，因此，有关政局通讯变得敏捷，报道变得丰富起来，受到欢迎
天津益世报 Social Welfare Tientsin （中文）	传统性亲美排日，一方面刊登排日方面的煽动性报道，另一方面总是无主义地迎合当时的官方	刘俊卿　河北人，五十四岁，前电报局长	刘豁轩　河北人，二十八岁，毕业于南开大学	1916年1月创刊②，日刊，十八页，发行量一万份，社址在意租界大马路。由天主教关系者出资以股份组织而创立，据称资本金有三十一万元，拥有一台轮转机。曾经得到过美国方面的支持，与北京《益世报》属于同一系统，但不存在财政上的关系。直系掌握当地政权时是该派的机关报，亦与直鲁军系统关系良好。在所谓的民众团体方面有影响力，报道丰富
汉文泰晤士报③ Chinese Peking & Tientsin Times （中文）	河北省政府及特别市市政府（山西方面）的机关报	王朝珊　安徽人，四十二岁	梁哲材　湖北人，三十四岁	1917年创刊，日刊，十二页，发行量五千份，社址在法租界四号路。最初称为京津泰晤士报中文部，1921年与 Peking & Tientsin Times 断绝关系而独立，长期作为黎元洪派的机关报，属于反直系。但1928年晋系掌握当地政权，同年8月将其盘下，现在看上去已成为市政府和河北省政府的机关报。据称资金有十万元
天津日日新闻④	被一般民众视为亲日主义、日本方面的机关报。天津浙江商人的机关报	方若（字药雨）　浙江人，五十三岁，前清举人	刘季英　江苏人，四十二岁	1901年创刊⑤，日刊，八页，发行量四百份，社址在日租界旭街。最初称为《国闻报》，在现存的日刊报纸中历史最为悠久。但由于编辑方法陈旧，仅日本租界内的浙江派商人购阅。社长是日本人西村博，因是名义上的，被视为日本人持有的报纸。在排日的影响下，购阅者大为减少
时闻报	与政派无关，重点在于商业方面，亲日	李秋岩　天津人，五十二岁，前清秀才	李中立　天津人，三十一岁，毕业于省立中学	1905年创刊⑥，日刊，八页，发行量五百份，社址在南市建物大街。过去以介绍外国情况的报道等为特色，新近出现了其他数种有影响力的报纸，因此该报的特色也不再成为特色，而显得旧式

① 一说1926年8月创刊。
② 一说天津《益世报》1915年10月创刊，北京《益世报》1916年2月创刊。
③ 亦名《京津泰晤士报》。
④ 又名《日日新闻》。
⑤ 1900年冬以该名出版。
⑥ 1928年报告为"1904年"，一说1909年创刊。

(续表)

名　　称	主义系统	持有人或社长	主笔及主要记者	备　　考
华北新闻	国民党(并非现在的)机关报,排日排外,劳动问题等新思想风潮的先驱,被视为冯玉祥派。国民党进津以来,新出现的党的机关报夺走了该报的股份,因此稍显颓势	周拂尘　天津人,四十五岁,毕业于甲种商业。经营华北通讯社和广告社,执天津报界公会之牛耳	吴世昌　天津人,三十九岁,毕业于省立中学	1921年创刊,日刊,八页,发行量二千份,社址在法租界四号路。李景林时期,该报由于持反政府的态度,被驱逐出中国街,转移至法租界。另外还发行小型晚报《华北晚报》
大中华商报	天津绅商机关报,与总商会有关,以前同前直隶省长杨以德有关	萧润波　天津人,四十九岁,前天津商会会长	同前	1920年创刊,日刊,八页,发行量一千份,社址在南市慎益大街
天津商报	被视为与银行界有关系的南方人的机关报,似乎与市政府及党部方面有关,好载排日性报道	王镂冰　浙江人,三十六岁	王云生　河北人,三十二岁,毕业于师范	1927年创刊,日刊,八页,发行量八百份,社址在法租界二十四号路
大中时报	没有一定的主义,顺应潮流,营利本位	徐余生　山西人,四十二岁	王敬一　山东人,四十四岁	1928年11月创刊,日刊,六页,发行量六百份,社址在南斜街龙王庙
建设日报	国民党部的机关报,党的宣传机关	蒋世效　安徽人,四十六岁	同前	1928年8月创刊,日刊,八页,发行量一千份,社址在河北三马路仁寿里
民心日报(中文)	前警察厅长丁振芝的机关报,该人辞职后影响力立刻削弱	郑天权　江苏人,五十六岁,前清官僚	郑小天　郑天权之侄,二十四岁,毕业于上海中学	1926年8月创刊,日刊,八页,发行量三百份,社址在法租界三十一号路(从中国街迁出)
民声日报(中文)	过去带有国民党系色彩,但国民党军进津以来却有不振之势,由此可见似乎并不如此	郑天乙　广东人,四十岁	张修孔　河北人,三十五岁	1926年创刊,日刊,八页,发行量四百份,社址在法租界海大道
启明报Venus(中文)	主义、主张不定,被视为旧直系	苏明甫　山东人,五十岁	同前	1920年创刊,日刊,六页,发行量四百份,社址在南市广兴大街
天津时报(中文)	营利性质	刘霁岚　天津人,四十岁	王小松　天津人,三十六岁	1924年创刊,日刊,四页,发行量四百份,社址在法租界马家楼,与小报《白话评报》属于同一经营者
新天津报(中文小报)	过去为直系机关报,由于社主是回教徒,所以也被视为回教徒的机关报。虽为小报,但政治和时事文体的报道居多,旨趣与其他的普通小报不同	刘中儒　北京人,四十三岁	薛月楼　北京人,四十四岁	1924年9月创刊,日刊,小型,十二页,发行量一万份,社址在法租界马家楼。过去为六页,扩大到十四页之后,购阅者骤增,似乎经营上获利巨大
新天津晚报(中文小报)	《新天津报》的晚报	同上	同上	1928年创刊,日刊,四页,发行量二千份,社址同上

(续表)

名　　称	主义系统	持有人或社长	主笔及主要记者	备　　考
泰晤士报晚报（中文小报）	《汉文泰晤士报》的晚报，形式上是独立的小报，主义与该报一致		王梦书	1928年创刊，日刊，小型，四页，发行量和社址同《泰晤士报》
华北晚报（中文小报）	《华北新闻》的晚报	与《华北新闻》相同	同前	1927年4月创刊，日刊，小型，四页，发行量一千五百份，社址与《华北新闻》相同
白话晨报白话午报白话晚报（中文小报）	没有一定主义，购阅者多为少年学徒、劳动者等下层阶级。排日倾向显著，内容以娱乐性和社会市井报道为主	白幼卿　天津人，四十五岁　副社长　刘静臣　天津人，四十四岁	董秋圃　天津人，三十九岁	1914年创刊①，日刊，小型，四页，发行量四千份。1916年创刊②，日刊，小型，八页，发行量八千份。1912年创刊③，日刊，小型，四页，发行量五千份。社址在南市广兴大街。《晚报》是天津中文报晚报中的翘楚，《晨报》《午报》早上、中午各发行两次，是各自独立的小报。且上述两种日刊同时经营，营业利润高
消闲报（中文小报）	以烟花巷和演艺报道为主	同上	同上	1918年创刊，日刊，小型，四页，不时发行包含照相版的附录，发行量一千份
午报附刊　新报（中文小报）	政治、社会报道文体的报纸	同上	张今睿　天津人，三十岁	1928年7月创刊，日刊，小型，四页，发行量五百份
津报（中文小报）	慈善团体机关报	王墨林	孙哀鸿	1927年9月创刊，日刊，小型，四页，发行量四百份，社址在南马路
白话评报（中文小报）	没有一定的主义，营利性质	刘霁岚	王小松	1922年创刊，日刊，小型，四页，发行量一千五百份，与《天津时报》属于同一经营者
旭日报（中文小报）		周琴舫　天津人，四十七岁	张晓霖　天津人，三十七岁	1912年创刊，日刊，小型，二页（相当于其他报纸的四页），发行量五百份，社址在南市广兴大街
国强报（中文小报）		杨荣廷　天津人，五十五岁	杨少林　天津人，三十二岁	1918年创刊，小型，日刊，发行量二百份，社址在南市平安大街
震报	曾为前直隶盐运使张廷愕个人的机关报，最近接近国民党系	孙鹤鸣　河北人，三十四岁	同前	1926年创刊，小型，日刊，发行量五百份，社址在特别第二区至诚里
正报（中文小报）	《华北新闻》的小报	同《华北新闻》相同	同前	1928年3月创刊，日刊，小型，四页，社址与《华北新闻》相同
现世报（中文小报）		史鹤雏　天津人，二十五岁	董爱茹　河北人，三十一岁	1927年7月创刊，日刊，小型，六页，发行量一千份，社址在南市广兴大街

---

① 一说1912年创刊。
② 1924年报告为"1916年9月"。
③ 一说1912年创刊。

(续表)

名　称	主义系统	持有人或社长	主笔及主要记者	备　考
新中国报（中文小报）		陈伯仁	同前	1928年10月创刊,日刊,小型,四页,发行量五百份,社址在南市广兴大街
天津市报（中文小报）		刘甯愚　天津人,三十六岁	朱述尧　天津人,三十五岁	1928年10月创刊,日刊,小型,四页,发行量八百份,社址在南市广兴大街
大陆报（中文小报）		萧津之　江西人,四十岁	孙袁鸿①　天津人,三十岁	1928年12月创刊,日刊,小型,四页,发行量一千份,社址在南市慎益大街
国货商报	宣传提倡国货	孙慰吾	赵伯伦	1928年11月创刊,日刊,四页,发行量五百份,社址在法租界一号路
农林导报（中文小报）	启发农林业界	邵士靖		1928年12月创刊,日刊,四页,发行量三百份,社址在法租界马家口
北洋画报（中文周刊）	北方唯一的照相版画报,据说由奉系出资	冯武越		1926年7月创刊,一周发行两次,小型,四页,整面照相版,不时刊载漫画。发行量五百份,社址在法租界二十六号路

（二）杂志

名　称	主义系统	持有人或社长	主笔及主要记者	备　考
国闻周报（中文杂志）Kuowen Weekly	编辑政治评论、社会问题以及其他论文、译文及文艺创作等	胡霖		1924年8月在上海创刊,1926年胡霖开始经营《大公报》后,在天津大公报馆印刷发行。周刊,六十余页,发行量四千份,社址与《大公报》相同。天津唯一的中文杂志,得到全国性知识阶层的广泛购阅
妇女月刊（中文杂志）	编辑进步妇女的评论、创作			1927年创刊,月刊杂志,发行量五百份,社址在河北新大路
河北周刊（中文杂志）	国民党党务机关杂志	中国国民党河北省党务指导委员会宣传部		1928年7月创刊,周刊杂志,最初有二十四页乃至三十二页,后增加到四十页乃至六十页。分类刊载时事短评、党务消息、国内政况、国际要闻、论文、通讯等各项目,在党部青年间有读者。年末随着河北省政府转移至北平,该杂志也随之迁移
反日周刊（中文杂志）	反日会报	天津特别市反日会宣传委员		1928年9月创刊,周刊杂志,三十页乃至四十页。反日会会报,非卖品,比较持续性地发行着
邮星（中文杂志）	邮局相关职员及邮递员等工会会报	天津河北邮务职工会		1928年10月创刊,三个月发行一次,三十八页乃至四十六页的杂志。邮政方面团体的会报,刊登工会成员的投稿,在青年、学生间拥有众多读者

---

① 上文《津报》的"主笔及主要记者"栏"孙衰鸿",疑为同一人,待考。

乙、英文报纸

名　　称	主义系统	持有人	主笔及记者	备　　考
Peking & Tientsin Times [京津日报]① (英文)	维护英国权益而为之宣传的机关报,北方地区最有影响力的英文报纸,其评论被视为代表华北英国人的主张。最近对日态度良好(英国籍)	Tientsin Press Co., Ltd.(英国籍公司) 中文名(天津印字馆)	主笔　H. G. W. Woodhead 记者　W. V②. Pennell、G. A. Morris (均英国人)	1894年作为周刊创刊,1904年改为日刊,早报,十八页,发行量一千五百份,社址在英租界中街一八一号。天津印字馆除了发行报纸之外还经营普通印刷业,但图书销售从本年度停止。该报如上所述,是北方地区最有影响力的外文报纸,与上海的 North China Daily News 齐名
China Illustrated Review [中华星期画报] (英文周刊)		同上	同上	周刊,每周六发行。新闻纸对开型,二十八页,发行量八百份。以时事、政治、经济报道为主,另有照相版的附录。社址同上
North China Daily Mail [华北日报] (英文晚报)	拥护英国利益,面向家庭的内容为主。对日态度极为良好	T. G. Fisher(英国人)	John Cowen(伦敦 Times 通讯员)	1914年创刊③,晚报,八页,发行量五百份。社址在法租界中街十九号
North China Sunday Times [华北星期报] (英文周刊)	上述报纸的周日版,独立发刊	同上	同上	1918年创刊,周刊,每周日发行,六页,发行量三百份,社址同上
North China Star [华北明星报] (英文)	美国方面的机关报,曾煽动排日,但近来对日态度良好	North China Star Co., Inc.(Nevada, U.S.A)(美国籍公司)	社长兼主编 Charles J. Fox. 主笔　A. R. Hopkins 记者　Carlos de Costa、A. H. Fuller	1918年创刊,日刊,十二页(周日另有附录),发行量三千五百份,社址在法租界八号路七十八号。编辑风格发挥美国报纸的特色,带有煽动性倾向。由于定价低廉,在英、美人以外的各国人及中国的有识之士中间拥有众多购阅者
Tientsiner [天津老儿] (英文周刊杂志)	当地英国侨民的趣味文艺杂志	英国有识者		1925年创刊,周刊,杂志型,二十四页,每份售价20仙,发行量三百份,社址在英租界中街一百七十三号

丙、法文报纸

名　　称	主义系统	持有人	主笔及记者	备　　考
Le Tientsinois (法文日刊)	当地法国侨民的机关报	N. A. Nachbaur(法国人)	N. A. Nachbaur	1927年创刊,日刊,八页,发行量二百份,社址在法租界。北京 Journal de Pékin 的天津版,仅在法国人中有读者

---

① 亦即《京津泰晤士报》。
② 1928年报告为"U"。
③ 一说1915年1月创刊。

丁、俄文报纸

名　称	主义系统	持有人	主笔及记者	备　考
Наиса Зара（俄文日刊）（意译：我们的拂晓）	受到白系俄国民族协会的操纵,致力于攻击赤俄	M. S. Lemvich（犹太人）	I. L. Miller（犹太人）	1928年4月创刊,日刊,小型,四页,发行量一千份。社址在英租界一号路三百零二号A
Весмицк русскою Насзиоиасбю о ■ зесмва（俄文周刊）（意译：天津俄罗斯民族协会会报）	白系俄国民族协会的机关报	会长　威尔基毕奇中将	米哈伊洛夫大佐	1928年8月创刊,周刊,每周一发行,小型,八页,发行量五百份。社址在英租界二十九号路三百五十三号

戊、日文报纸及杂志

（一）报纸

名　称	主义系统	持有人	主笔及记者	备　考
天津日报（日文）	强调国家主义、国粹主义,《大阪每日新闻》系统,总领事馆及民团①指定的刊登公告的报纸	西村博 西村及金田一良三、真藤弃生、武田守信的合资公司经营	真藤弃生	1910年创刊,早报六页,晚报四页,发行量二千份,社址在日租界寿街。天津最早的日文报纸,由《北清时报》《北支那每日新闻》合并改名而来
京津日日新闻（日文）	经营上与《天津日报》处于竞争的位置,相对前者保守的风格,该报倾向急进	森川照太	同前	1918年创刊,早报和晚报各四页,发行量二千份,社址在日租界旭街。最初在北京发行,后转移到天津
天津经济新报（日文）	报道经济状况	小宫山繁	同前	1920年创刊,小型周刊,外观为杂志型,不时发行号外,发行量二百五十份,社址在日租界明石街

（二）杂志

名　称	主义系统	持有人	主笔及记者	备　考
若人の群（日文杂志）	天津日本青年会会报	天津日本青年会	青年会主事　山川真	1922年10月创刊,月刊杂志,发行量二百份,社址在日租界芙蓉街。只限于在青年会会员间分发的杂志

五、山　东　省

济南

甲、中文报纸

名　称	主义系统	持有人	主笔及记者	备　考
平民日报	进步党系,与前山东省长孙发绪关系密切	王贡忱	王伯洲	1922年4月创刊,日刊,发行量约五百份

---

① 在华日侨组织。

(续表)

名　　称	主义系统	持有人	主笔及记者	备　考
齐美报	经济报纸	社长　鲁岐山	杨乙宸	1916年1月创刊①，日刊，发行量约二百份
简报	经济报纸	社长　李仲铭	李江秋	1904年1月创刊②，日刊，发行量约五百份
民言报			主笔　刘宗岱 编辑　王秀南	1928年12月创刊，日刊，发行量三百份。由警察总局总办韩庆祥提供援助
鲁光日报	文化发展，社会进步	经理　王杏林	记者　李怡农	1929年4月创刊③，日刊，发行量一千份。创立当时为股份制，现在由王杏林个人经营
市民日报	市党部机关报	由市党部委员组成	主笔　龚普文 记者　王子荣、抱朴	1929年5月创刊，日刊，发行量两千
红卍字日报	提倡道慈的宗教宣传机关报	经理　张星五	记者　杨乙宸、沈李如、李鲁芳	1929年5月创刊，日刊，发行量一千份
民国日报	中央党部机关报	经理　庄仲舒	记者　宋梅村	1929年6月创刊，日刊，发行量三千份
济南日报	日本籍	平冈小太郎	杨洪九	1916年8月创刊，日刊，发行量约二千五百份

乙、日文报纸

名　　称	主义系统	持有人	主笔及记者	备　考
山东新报（日文）	持有人　吉木周治	社长兼主编　小川雄三		1926年10月创刊④，由过去的《山东新闻》⑤和《胶济时事新报》⑥合并而来

青岛
甲、中文报纸及公报

（一）报纸

名　　称	主义系统	持有人	主笔及记者	备　考
大青岛报	日本籍	小谷节夫（政友会议员）	主笔　内藤一	1915年6月创刊⑦，日刊，发行量一千五百份
新民日报	中国总商会的机关报	伊筱农	姜麓川	1920年1月创刊，日刊，发行量约六百七十份。由过去发刊的《中国青岛报》改名而来

---

① 一说1916年4月创刊。
② 1917年报告中为"1906年2月"，一说为1903年创刊。
③ 一说1928年11月创刊。
④ 一说1917年创刊。
⑤ 1916年6月创刊。
⑥ 1926年报告中为创办于1918年10月的日刊，一说为1916年7月创刊。
⑦ 一说1914年创刊，一说1915年1月创刊。

(续表)

名　称	主义系统	持有人	主笔及记者	备　考
胶东新报	日本籍	浦上叔雄	鄑洗元	1922年6月创刊,日刊,发行量约二百八十份
青岛时报	国民党系	张博文	尹朴斋	1924年8月创刊,日刊,发行量约六百份
中华商报		马起栋	李士山①	1926年7月创刊,日刊,发行量约二百份
渤海日报		姜子正	同前	1928年11月创刊,日刊,发行量约一百五十份
新中国	警察厅御用报纸	吴炳辰	史鹏苑	1928年11月创刊,日刊,发行量三百份
青岛民国日报	市党部指导委员会机关报	杨兴勤　上述委员会宣传部长		1929年6月1日创刊,日刊,发行量二三百份
青岛快报		经理　张道郏　党务指导委员会指导科员	同前	1928年8月1日创刊,日刊,小型,四页,发行量约一千份
平民白话报		社长兼主笔　张乐古	编辑兼营业主任胡博泉	1927年10月创刊,日刊,发行量约四百五十份。1928年4月我军向山东出动时②,大肆刊载排日报道,因我方抗议而暂时停刊,但今年9月1日再刊,依然为排日性质

（二）公报

名　称	主义系统	持有人	主笔及记者	备　考
胶澳公报	胶澳商埠局官报	胶澳商埠局		1923年1月创刊,每月发行八次,发行量约三百份
铁路公报	胶济铁路局公报	胶济铁路管理局		1925年2月创刊,旬刊,发行量约三百份

乙、日文报纸及公报

（一）报纸

名　称	主义系统	持有人	主笔及记者	备　考
青岛新报（日文）		小谷节夫　政友会议员	难波纹市	1915年1月创刊,日刊,发行量约六千份
山东新报青岛附录（日文）		支社长　吉冈鹿造	同前	1926年10月创刊,日刊,发行量约七百份

（二）公报

名　称	主义系统	持有人	主笔及记者	备　考
山东兴信所报（日文）		吉村荣三	同前	1922年1月创刊,日刊,发行量约二百份。调查一般经济状况和个人信用

---

① 1928年报告为"李玉山"。
② 指1928年4月日军入侵山东,日方又称"第二次山东出兵"。

芝罘
甲、中文报纸及杂志
(一)报纸

名　　称	主义系统	持有人	主笔及记者	备　　考
芝罘日报	发展文化,启发民智	王宗儒　执记者团之牛耳,其主张在各界占有重要地位,拥有七等嘉禾章	王倬云	1908年创刊①,日刊,八页,发行量约五百份。该报为当地最老的报纸,三大报纸之一。最初为日中合办,但不久就由桑名贞治郎独立经营。由于排日,1922年转给现持有人王宗儒。王担任日本领事馆文案工作,和日本人关系很深,致力于日中提携
钟声报	启发民智,老国民党系	社长　丁训初　前清秀才,老国民党员	刘克庭　新国民党员	1913年创刊②,日刊,十二页,发行量约七百份。对日态度良好,报道稍有可看之处。发行《明星晚报》(二页)作为晚报(约一千二百份)。三大报纸之一,对日态度较为良好
爱国报	提倡法治	社长　褚宗周　律师	王梦渔	1919年创刊,日刊,八页,发行量约七百份。从第一次奉直战争开始表现出活力,三大报纸之一。论旨较为稳健,对日态度未表现出来
社会报	没有特别的主义纲领	社长　王绪东	同前	1928年12月创刊,日刊,发行量一百份

(二)杂志

名　　称	主义系统	持有人	主笔及记者	备　　考
晨星(中文杂志)	宣传基督教,中国籍	袁润甫　芝罘奇山教会干事	同前	1910年创刊,月刊,发行量约一千份,由芝罘奇山教会发行

乙、英文报纸

名　　称	主义系统	持有人	主笔及记者	备　　考
Chefoo Daily News(烟台英文日报)	英国籍	James McMullan & Co., Ltd.(英商仁德洋行)	D. R. F. McMullan(仁德洋行代表)	1917年创刊,日刊,半折,十页,发行量约三百份。山东省最老的英文报纸,但内容并无可阅之处

六、河　南　省

开封
有《河南民报》(省政府机关报)及《新中华日报》(商业报纸)两报。

郑州
有《革命军人朝报》(冯玉祥总司令部机关报)一报。

七、江　苏　省

上海
概况
1. 大型中文报纸
(1)上海大型中文报纸有《申报》《新闻报》《时报》《时事新报》《民国日报》《中华日报》《江南晚报》《神州新

---

① 1924年报告为"1907年",一说1907年创刊。
② 一说1912年12月创刊。

报》《新申日报》及《中央日报》十种。其中《申报》和《新闻报》历史最老,且内容丰富,不仅为当地中文报界之雄,而且为中国代表性中文报纸,其发展特别引人注目,发行量均达十五六万份,远至海外也有订阅者。《民国日报》作为国民党机关报有长久历史,民国政府转移至南京以来,其所论及报道受到普遍关注。《中央日报》1928年2月作为国民党机关报产生,有关国民党及政府报道尤为详细。其他各报,虽然规模大小不一,但作为中国报纸而言,也属于优秀之列。

(2) 中国报纸就其言论及报道而言,国民政府成立以后作为其党化政策之结果,几乎没有自由。中文报纸中主要的大多在公共租界内发行,且在外国领事馆注册,受其庇护。因此,中国官方对这些报社无法直接施压,但是,由于这些大报不仅在公共租界内,亦在国民政府管辖下的各地拥有许多订阅者,如果政府禁止向各地发送,经济上的困难完全无法忍受,这自然就不得不迎合政府方面。例如,1927年3月国民革命军占领上海后不久,为了对报纸加以审查,国民政府特别派出数名检查人员。对此,申报社自发提供租界内同社楼上一部分房间给这些检查人员作临时宿舍,接受检查,此为显著实例。检查者让除国民党机关报之外的其他主要各报社提交发行前完成活字排版的各部分清样,一日三次送交接受严格检查。凡是对国民政府不利的新闻报道,均禁止刊登(不过,1929年9月暂且撤回了事前检查制度)。以上情况,由于本来就是报社方面以自愿形式所致,租界当局好像也不予过问。因此,以往这些中文报纸在外国领事馆注册,似乎是因为能在其旗帜庇护下对抗中国官方的非法压迫,但现在此种做法明显抹杀了其效果。如前所述,国民政府对于当地中文报纸的言论压迫几乎收到实效。因而,新闻报道往往与事实真相相去甚远。

2. 中文小报

当地刊行的中文小报(普通报纸半页大),其数量达三十多种,其中主要的有《晶报》《上海滩》《金龙》《福报》《却尔斯登(Charlestone)》《无线电报》《小日报》《真报》《老百姓》《吼报》《大晶画报》《三星》《琼报》及《福尔摩斯》(Holmes)等,均与偏重于政治内容而枯燥无味的普通中文报纸相反,挑选以梨园界、烟花巷新闻为主的有关社会诸相材料,使用讽刺或滑稽的笔调,还插入精美的照相版剪辑,使报面轻快等,由此具备普通中文报纸无法企及的内容和外观,大受各阶级欢迎,其影响力不可轻视。这样,本地主要各报社及通讯社平时都直接或间接地经营乃至帮助小报,在与其他报社之间产生什么问题时,作为辩驳反击之机关,用作拥护自社的力量。

3. 中文报纸的对日态度

中文报纸的对日态度一向均非良好,每当什么特殊事件发生就有舞弄排日毒笔之事,此为众所周知之事实,尤其是因"第二次山东出兵""济南事件"爆发,其对日态度极度恶化,有关排日言论、宣传报道、虚构之报道实在令有识之士摈斥。

甲、中文报纸及杂志

(1) 报纸

名　　称	主义系统	持有人	主笔或记者	备　考
申报 Shun Pao	标榜中立派,而带有进步党色彩。一向接近直系,最近对国民党有善意,亦与已故张謇一派的江苏实业派、江苏教育会有较深关系。似乎喜好鼓吹教育主义、和平主义。在法国领事馆注册	社长　张竹平① 总理　史量才 江苏省松江人,已故张謇的手下,无值得一提的学历,但作为报纸经营者,是合适的人才,有所谓才子气质,在报界和实业界具有影响力	总主笔　陈景韩 江苏人,留日出身,为人干练,文笔锐利	1872年创刊,日刊,二十页,发行量声称十二万多份,社址在汉口路。作为中国最老的报纸,基础巩固,信誉笃厚。1912年现社长史量才经营此报,一度在德国领事馆注册,1916年则以冈田有民之名义在日本领事馆注册。其后因排日风潮,受到周围压力,取消我方的注册,在法国领事馆注册。一向对我方有善意,即使在排日风潮甚为激烈之际,也保持冷静态度,论调亦公正稳健。在官场、实业界其他上层社会中订阅者较多。其报道内容、外观均未必逊色于日本内地主要报纸。早就与《新闻报》激烈竞争,在通讯网完备和报道准确这一点上比《新闻报》更有信誉

---

① 此处与备考有矛盾。张竹平为经理,从未任过社长。

(续表)

名　称	主义系统	持有人	主笔或记者	备　考
新闻报 Sin Wen Pao	标榜不偏不党的实业派,但接近直系,曾致力于为曹锟政府辩护。依据美国法律在巴尔的摩注册	总理　汪伯奇　前社长汪汉溪之子,上海圣约翰大学出身。经营慎益钱庄,据说有资金一百万元	总主笔　李伯虞　陕西人,留日出身,原为《时报》《神州日报》记者,为人严谨 记者　严独鹤、朱义农、吴树人	1893年创刊,日刊,二十页至二十八页。发行量声称十五万份,在上海中文报纸中居首位。股东中中国实业界有力人士居多。在新闻电讯丰富这点上不亚于《申报》。还有,其经济栏的特色是在经营上总是注入新气息。革命军视其为资本家的机关报,一度受到打压,但对国民党采取不即不离之态度。在实业界一般读者不少。基础巩固,经营状态优良。曾一直是上海中文报纸中排日倾向最为显著的报纸,但国民革命军占领上海后回避有关对外问题的评论,有欲成为纯粹的实业报纸的倾向。对我方的态度也变得稳健起来。顺便提一下,社长Ferguson于1929年1月将其所持的两千股份转让给《申报》总理史量才等数人而隐退。社址位于汉口路
时报 Eastern Times	标榜中立,无特别的主义、主张	社主兼总理　黄伯惠　江苏人,游历过英、美,通英语。上海有地产,号称财产百万	总主笔　金剑花　原安福派国会议员 顾问　陈景韩　兼《申报》总主笔,得到黄社主的深厚信任	1904年创刊,日刊,八页。康有为出资,最初由狄楚青(康有为之门人)负责经营。1907年以宗方小太郎之名义在日本总领事馆注册,1919年排日运动激烈之际,仿效《申报》在法国总领事馆注册。论调极为稳健。1925年正月狄楚青以八万弗盘让现社主黄伯惠,经营相当困难。对日态度谈不上特别差,但有时发表排日性评论
时事新报 China Times	实业报纸,无值得特别提及之政治色彩。时而发表过激的时事评论。在法国领事馆注册	经理　潘公弼　江苏人,留日出身,原本报主笔	总主笔　赵叔雍　原驻北京记者,在评论界有定评之人物 顾问　汪英宾　《申报》股东	1908年创刊①,日刊,十二页至十六页,发行量四万五千份。当初将《舆论报》与《时事报》合并时,称《舆论时报》,后来改称为现名。革命后归共和党员及进步党员陈敬第和孟森经营。1914年被德国人收购,在德国领事馆注册。1916年转为前社长黄群(进步党党员)经营,与德国断绝关系,以日本人波多博之名义在日本领事馆注册,同年秋起成为梁启超一派的机关报。在发生排日风潮之际,取消在我方的注册,又在法国领事馆注册。1923年以来担任经理的林炎天一度接受吴佩孚援助,努力发展社务,但随着吴倒台,经营陷入困难。1927年4月被《申报》副经理张竹平收购以后,巩固基础,挽回颓势。最近在各报中表现出最为活跃的编辑方式。此外,作为副刊发行《青光》,致力于鼓吹新思想,在学生中读者居多。对日态度不佳。社址在山东路一六二号

---

① 原名《时事报》,1907年12月5日创刊,一说12月9日创刊。1909年与《舆论日报》合并为《舆论时事报》,1911年5月18日改为本名。

(续表)

名称	主义系统	持有人	主笔或记者	备考
民国日报 Republicans Daily News	国民党机关报，论调激进。1927年春以来替代《新闻报》，成为当地代表性排日报纸	经理 叶楚伧 江苏人，旧文学造诣深，政治上所论偏于极端。过去任主笔时，与原经理邵仲辉有思想上的冲突，一度退社，其后不久复任。后来租界工部局对邵严厉施压，邵不得已逃到广东，后作为国民政府代表赴俄，叶因此接替邵就任经理。目前为国民政府执行委员	总主笔 陈德征 与天津《大公报》总理胡霖关系特别，与蒋介石亦有深交。现为上海市党部宣传部长，作为国民党机关国民通讯社代理人及各种民众运动委员而积极活动，思想上被视为左倾分子。为人直率，文笔锐利，在此界有信誉、威望。实际上担当经理这一实务工作	1916年创刊，日刊，十二页至十六页，发行量一万两千份。曾因以过激言论攻击北京政府而被交通部禁止邮送，1921年初才获解禁。在西南诸省及当地学生界拥有众多读者。发行副刊《觉悟》，致力于鼓吹新思想，总是痛骂资本主义、帝国主义。1926年秋陈德征一取代叶楚伧担任编辑，就露骨地鼓吹共产主义，刊登有关劳工运动的报道，因此遭租界当局起诉，其出逃至广东，租界当局勒令该报停刊一周。因各种压迫越发增加，在公共租界难以继续经营下去，终于将营业所从山东路迁往法租界爱多亚路。1927年1月法租界当局根据孙传芳的要求，再次勒令停止发行。同年3月革命军进入上海以来，终于回到山东路，势力大增。接受国民政府每月一万元左右的补助
江南晚报	发扬民意，排斥共产，日中提携。与国民党西山会议派有关系。在日本领事馆注册	社长 山田纯三郎	主笔 同前 代理主笔 居励令 西山会议派巨头居正之胞弟，留法出身，湖北人	1927年3月创刊①，日刊，四页，发行量约五千五百份，社址位于海宁路一〇号。本报为属于国民党西山派的吴苍、蒋裕泉等主宰的同派机关报《中南晚报》之后身，现社长山田纯三郎依靠日本有力人士的援助盘下后更名发行。1927年4月蒋介石果断对共产派发动政变，西山派以往的主张得到贯彻，本报声价陡然提高，发行量增加，但要与主要报纸为伍，经营尚有困难
中华日报 The Chung Hwa Times	无固定主义	社长 邵伯谦 原《民国日报》经理邵力子之兄	总主笔 束凤鸣 兼任经理	1926年4月创刊，日刊，六页，发行量二百份，社址在山东路一六号。靠广告收入勉强维持经营
神州报② The National Herald	无固定主义	经理 石君怀 原《新申报》营业部部员	总主笔 陈热	1927年12月创刊，日刊，八页，发行量三百份。据说本报是石君怀以吸引英美烟草公司登载广告为目的，出于纯粹营利的动机而发行。而且，本报的外文名称是袭用过去停刊的《神州日报》之名，而两社之间无任何关系
新申日报 Shanghai Daily News	无固定主义	经理 程杰	总主笔 周侠侯	1927年6月创刊，日刊，六页，发行量四百份。社址位于山东路望平街二六一号
晶报 The Crystal	启发大众，与《新闻报》有特殊关系	社长 余润 留日出身，原《神州日报》社长，相当理解日本。为人干练	总主笔 包天笑 留日出身，原时报馆总主笔	一周发行两次，小型（报纸半页大），四页。发行量三万八千份以上，社址位于山东路。本报原作为《神州日报》的副刊发行，1926年末因经营困难，《神州日报》停刊，其后单独继续发行

① 1927年2月16日创刊。
② 1928年报告为《神州日报》。

(续表)

名　称	主义系统	持有人	主笔或记者	备　考
中央日报	国民党机关报，排日色彩浓厚	代理经理　齐谔沛　杭州人，三十二岁，性格稳健	代理总主笔　彭学沛　江西人，留日、法、英出身	1928年2月2日创刊，日刊，十二页。发行量五千份，社址位于上海福州路九十五号。1927年末当时的财政部长孙科计划发行本报作为政府的机关报，但终未实现。后来淞沪卫戍司令白崇禧（广西派巨头）的秘书长潘宣之盘下原《商报》大楼，自1928年2月2日起创刊，接受中央党部少量金额的补助。高唱打倒帝国主义及军阀，致力于宣传三民主义，例如，日本第一次普选之际希望民政党获胜，如此态度非常露骨。还有，本报虽为国民党的宣传机关，但并不像《民国日报》与现政府首脑方面有特别关系，似乎可以称之为广义的纯国民党机关报

(2) 杂志

上海发行的杂志大小合在一起大概可达数百种，但若举出其中主要刊物，则如下所示：

《东方杂志》《太平洋》（以上为商务印书馆）、《国闻周报》（国闻周报社）、《现代中国》（现代中国社）、《革命导报》（革命导报社）、《世界》（世界周报社）、《再造》（再造旬刊社）、《孤军》（泰东图书局）。

乙、外文报纸、通讯及杂志

概况

1928年末，上海的外文报纸中，英文报纸晨刊有 North China Daily News、China Press、Shanghai Times 三种，晚刊有 Shanghai Mercury、Evening News 两种。此外，法文报纸有一种，俄文报纸有五种等。除了英文报，其他报纸的读者范围受到限定，因此没有什么影响力。

上述报纸中，North China Daily News 可夸耀为东方第一大英文报。内容、外观均充实，其社论在 Impartial, Not Neutral 这一编辑标语下稳健保守，作为代表在华英国官民舆论的媒体，内外均加以关注。该报的内地通讯最为丰富，远超其他报纸。仅次于该报而有影响力的为 Shanghai Times，编辑增加了美式风格，1925年以来夺得 China Press 占据的上海第二大报的地位。

还有，1928年中英文报 China Courier 及俄文报 Utro 停刊，俄文报 Эхо 及 слово 创刊。

(1) 报纸

名　称	主义系统	持有人	主笔或记者	备　考
North China Daily News ［字林西报］（英文）	拥护英国政策及英国人的利益，英国籍	董事兼社长　H. E. Morris　董事　Gordon Morris　秘书兼常务董事　R. W. Davis	主笔　O. M. Green 兼任 London Times 及 Manchester Guardian 通讯员　副主笔　R. Wood　记者　Sokolsky 兼任 Far Eastern Review 主笔、本报政治部	1854年创刊，东方最老的报纸。晨刊，十六至十八页，发行量约六千份。为英国总领事馆及驻华英国高等法院的公布机关，工部局公报（参照其他栏目）也插入本报发送。另发行周刊 North China Herald（《字林星期周刊》），发行量三千份。对日本显示同情态度。国民政府1929年5月3日以此报进行反动宣传为由，发布停止邮寄、禁止订阅之训令。社址位于外滩十七号 North China Building 内
Shanghai Mercury ［文汇报］（英文）	拥护英国政策，英国籍	董事会会长　A. D. Bell　董事　C. M. Bain、H. M. Cumine	主笔　G. J. Lloyd	1880年创刊，晚刊，发行量约八百份。另外发行周刊 Celestial Empire（《华洋通闻》），为仅次于《字林西报》的老报。以往也有日本股东。因为数年来经营困难，1927年10月被盘给以锦明洋行（Cumine & Co., Ltd.）为主的上海 News and Advertizing Co.，以前的干部全部辞任。对日本态度良好。社址位于江西路四十号A

(续表)

名　　　称	主义系统	持有人	主笔或记者	备　　考
Shanghai Times [泰晤士报] (英文)	拥护英国政策，英国籍	社长　A. E. Nottingham	主笔　G. Burdon Sayer	1889年创刊，晨刊，十六页，发行量四千份。归现任社长经营以来，对报面加以改善，年年增加销售份数。现今在英文报纸中仅次于 North China Daily News，占第二位。1921年末创刊的周日号（Shanghai Sunday Times）增添照相版四页，达四十页以上，行销四千份。对日本有好感。社址位于爱多亚路三十二号
China Press [大陆报] (英文)	拥护美国利益，美国籍	社长　S. Fessenden 执行董事　Arthur Sopher	主笔　C. J. Laval 副主笔　R. I. Hope	1910年创刊①，晨刊，十六至十八页，周日版四十页（附加四页照相版），发行量约四千份。由美国法人发行，但事实是由英国人控制。经营由法国的保护民犹太人 Arthur Sopher 和 Theodore Sopher 兄弟掌控，其姊为已故 Edward Ezra（犹太裔英国人）之妻。现在 Ezra 的继承财团持有九成股份。Millard 及 Powell 担任主笔时进行排日，专门汲汲于讨中国欢心，但最近对日感情大为改善。外文报纸中拥有中国读者最多。社址在九江路十四号
Evening News [大晚报] (英文)	不刊登社论，中国籍	社长　Carl Crow	主笔　A. L. Meyer	晚刊，八页，发行量约八百份。该报为1922年11月合并 China Press 的晚刊 Evening Star 及 Shanghai Gazette 两晚报改名而成。此后作为国民党机关报，由陈友仁发表孙文方面的主张，但因经营不尽如人意，1925年间转至奉系之手，后来又转给 Y. D. Shen。1928年5月美国人 Carl Crow 准备在上海创办代表性的美国报纸，便成立公司将其盘下
Shanghai Morning Post [上海晨报] (英文)	中国人舆论之代表	持有人　谢福生 Francis Ziu，原 China Courier 主笔	主笔　同前	1927年12月1日创刊，发行量六百份。社址在香港路四号。该报由谢个人经营，几乎还不具备报纸形态
Journal de Shanghai (法文)	拥护法国利益，法租界公董局机关报	持有人　Jean Fontenoy	主笔　同前	1927年12月10日创刊，晨刊。发行量约三百份，社址位于公馆马路二一一二三号。因惋惜过去发行了三十年的 L'Echo de Chine 停刊，完全以 Havas 通讯社为主创刊了此报。记者全部为留法归来的中国人，同情国民政府
Шанхайская заря (俄文)[上海柴拉早报]②	社会革命党共和主义	持有人　Lembich 支社长　司沃林	主笔　阿诺利朵夫 记者　阿斯托霍夫等六名	1925年11月创刊，发行量约一千五百份。社址位于霞飞路六五二号。本报为哈尔滨 Заря 的分身，持有人 Lembich 居住在哈尔滨，有亲日倾向
Эхо(俄文)	同上	同上	主笔　卡鲁辛	1927年12月20日创刊，发行量八百五十份。1928年2月将当初名为 Utro 的报纸改为现名，同年6月 Lembich 将其盘下。社址位于霞飞路五五一号

①　应为1911年8月24日创刊。
②　又名《霞报》。

(续表)

名　称	主义系统	持有人	主笔或记者	备　考
Слово(俄文)	帝政派	莱维廷	主笔　扎伊柴夫	1928年12月1日创刊,发行量一千份,社址在爱德华七世路二十九号,得到上海俄国帝政派支持
Новое время(俄文)	帝政派	马利亚、兹维兹缇奇	同前	1927年8月创刊,个人经营,因经营困难,不时停刊
Προχαρ(俄文)		古里高里艾夫	同前	1926年7月创刊,一周发行一次或两次,发行量约三百份。是所谓曝光报纸

(2) 杂志

名　称	主义系统	持有人	主笔或记者	备　考
Far Eastern Finance and Commerce[金融商业报](英文)	政治性评论少,英国人经营	Far Eastern Publications, Ltd.	F. L. Pratt	1920年创刊,周刊,八页。社址位于九江路六号
China Weekly Review[密勒氏评论报](英文)	排日,讨好中国学生,美国系统	发行人兼编辑　J. B. Powell		1917年5月创刊,周刊,发行量约三千份。以远东尤其是中国政治、经济、社会问题研究为主。最初称 Millard Review,后改名为 Weekly Review of the Far East,1923年改为现名。报道内容极为贫乏,多从其他报纸、杂志上转载,但在中国人中阅读者相当多。主要向美国发送,据说约二千份为免费发放。有中国政府做后援
Far Eastern Capital and Trade[商务周报](英文)	不刊登政治评论,英国人持有	David Arakie	同前	1925年创刊,周刊,发行量五百份。社址位于仁记路二十五号
Far Eastern Review[远东时报](英文)	以东亚财政、工业、矿业新闻为主,拥护美国利益。美国人持有	发行人　George B. Rea	主笔　同前　Associate Editor George E. Sokolsky	月刊,发行量一千五百份。为东方英文杂志之巨擘,也刊登政治评论。以往对我方舞弄种种毒笔,但和平会议后其态度一变,不如说是对日本表示善意,以至于对美国东方及日本政策进行严正批评,总是致力于介绍我方在朝鲜、台湾、"满洲"之政绩。社址位于仁记路十六号
Lloyd's Weekly[劳合周报](英文)	政治性评论少,英国人持有	G. T. Lloyd	主笔　同前	周刊,发行量五百份。主要刊登有关上海当地的社会新闻。社址位于江西路四十一号
Shipping and Engineering(英文)	有关东亚船舶与工程的报道,英国人持有		主笔　C. W. Hampson	1909年创刊,周刊,发行量六百份。在船舶业者中间拥有相当影响力。社址位于外滩十七号
Henderson's Magazine(英文)	普通趣味杂志,英国人持有	Arthur E. Nobbins		1921年创刊,月刊,发行量二千份。据说在中国英文杂志中销售量最多。1928年4月由创刊者盘给现持有人。社址位于北京路四十七号
China Journal of Science and Art[中国科学美术杂志](英文)	有关中国美术研究、考古、狩猎之杂志,英国人持有		主笔　Arthur de Sowerby, John C. Gerguson	1924年创刊,月刊。没有政治意味,而编辑及投稿人均多为相当知名的人士。社址位于博物院路八号

(续表)

名　称	主义系统	持有人	主笔或记者	备　考
British Chamber of Commerce Journal（英文）	英国系统	全中国英国人商业会议所		月刊，既是上海英国人商业会议所的机关刊物，亦为 Associated Chamber of Commerce in China and Hongkong 机关刊物。除了工商业报道以外，还巧妙摘录有关中国的新条约、重要公文书等，适合作为记录保存
Chinese Recorder（英文）	美国长老教会派机关杂志、美国人持有		Rev. F. Rawlinson	月刊，发行量二千份。社址位于圆明园路二十三号
Israels Messenger［犹太月报］（英文）	上海犹太复国主义协会机关刊物，拥护远东犹太人及犹太教之利益	上海犹太复国主义协会	N. E. B. Ezra	1904 年创刊，月刊，发行量六百份。1910 年 2 月停刊，但 1918 年复刊。感激我方在巴勒斯坦问题上的态度，不刊登政治评论
The China Digest（英文）	拥护英国政策，英国人持有	Carrold Lunt	同前	周刊，发行量九百份。社址位于南京路十二号。有关我方"山东出兵"，曾批驳中国方面的侵犯领土主权说，说明日本除保护侨民以外别无他意
The Orient Magazine			Verne Doyson	月刊，社址位于博物院路二十号。是驻远东美国陆、海军的 Service Magazine

丙、日文报纸及杂志

（1）报纸

名　称	主义系统	持有人	主笔或记者	备　考
上海日报（日文）	拥护日本人利益	社长　井手三郎	岛田数雄	1903 年创刊，日刊，十页，发行量三千份。上海最老的日文报纸，基础巩固，相当有信誉。1899 年创刊的周刊《上海周报》为本报之前身。社址位于白保罗路
上海日日新闻（日文）	同上	社主兼社长　宫地贯道	同前	1914 年创刊，日刊，十页，发行量约二千份。社址位于乍浦路
上海每日新闻（日文）	介绍上海及中国一般经济、政治情况	社长　山田纯三郎	主持人　深町作次郎	1918 年 11 月创刊，日刊，八页，发行量约三千份。1924 年 11 月由《上海经济日报》更名而来。在经营、编辑方面精耕细作，其经济栏广受欢迎，尤其是最近有关中国政情的报道亦丰富。不仅在上海，而且在长江一带销路多。社址位于汤恩路

（2）杂志

名　称	主义系统	持有人	主笔或记者	备　考
上海（日文）	拥护日本人，介绍中国情况	社长　西本省三	同前	1913 年创刊，周刊，发行量约一千份。创刊当初佐原笃介为社长，后来西本任社长。发行外文、中文报纸的日刊翻译通讯。社址位于海宁路
上海时论（日文）	评论中国时事问题	社长　堀清	同前	1926 年创刊，月刊，社址位于吴淞路。《上海と日本人》之后身，内容比较充实

南京

概况

(1) 中文报纸

就1928年当地中文报纸的趋势而言,前年4月18日,中央政府在当地建立以来,尽管期待其飞跃发展,但实际上没有看到任何显著发展。这大概是由于国民政府实施的压制言论方针。尤其是以1927年末广东发生共产党暴动事件为契机,现政府放弃"容共""联俄"政策,为了遏制反对现政府政策的热潮,或被加以利用,遏制共产党可怕的地下势力潜伏在青年及下级党员中间伺机抬头横行,现政府以防止赤化为借口对报界越发加以压制。因此,实际情况是,当地报纸要么是党部或政府的机关报,要么靠这些要人援助,否则难以指望其创刊乃至发展。处于以上状况下的当地各家中文报纸,当然成了政府或党部的机关报,其他报纸为了完整存续下去,必然与上述机关报论调一致,报道的内容也大同小异,均争先恐后迎合政府的主义、主张,把重点放在其宣传上,这都是万般无奈之事。

因为如上述情况,当地的报纸极为低级,仅《京报》《民生报》《三民导报》终于显示出报纸的价值。其中,《京报》为蒋介石派机关报,《民生报》为李石曾、褚民谊等政府及党部关系有力人士之机关报,而《三民导报》则为胡大刚营利本位的个人经营。该报作为民间报纸在当地幼稚的报界多少令人瞩目,但即使如此,也不过是在有限范围内迎合民众而已。

还有,当地中文报社报道的新闻中,外国新闻几乎都来自驻沪特派员或特约撰稿人的通报,或者是转载世界通讯社的翻译通讯;而有关当地的新闻,党政各机关发布的消息等是经中央通讯社、复旦社等之手获得,或者各记者直接采访所得。

(2) 公报及杂志类

国民政府南京奠都以来,当地周刊、月刊等刊物增加较多,尤其是五院成立以后,各部自行发刊各种公报,登载报道政府公报及有关一般政务的各重要事项。

杂志方面,除了党部及政府方面的机关杂志以外,其他杂志旧态依然,且承受与报界相同的压制,言论上无任何可阅之处,因此内容极为贫乏。

值得注意的是,当地的杂志与上海及中国其他各地发行的刊物一样,笔调一致地提出打倒帝国主义,尤其是"济南事件"后开始强调日本帝国主义的危害。

在中央党部宣传部的机关杂志中,有《中央党务月刊》《中央半月刊》及《中央画报》等,担任对内外宣传工作。有关"济南事件",《中央画报》发行"济案"专号,在无见识者中频繁挑拨起对日反感。

(1) 报纸

名称	主义系统	持有人	主笔或记者	备考
京报	蒋介石派的机关报,拥护现政府色彩浓厚	社长 陈立夫 浙江省吴兴县人,留美出身,中央执行委员,兼任其他政府要职	主笔 赖连① 以文笔著称,在中央政界也十分受欢迎 主编 石信嘉	1928年4月5日创刊,日刊,十页,发行量声称一万五千份。资本一万弗。每当国民党右派即现政府对内外诸问题发生时,其以有力的文笔,致力于拥护、后援。报道、社论亦稳健。在普通购阅者中有极大信誉,为当地报界霸主。还有,该报作为周日副刊出版画报。画报上刊登讽刺漫画,内容为有关列国的对华问题、政府及党对列国的宣传等。据说获得中央党部宣传相当补助
三民导报	营利本位,无政治色彩	胡大刚	主笔 同前 主编 陈凤岐	1927年5月12日创刊,日刊,十页,声称资本二万元。以无政治色彩为特征。因此,持有独自的论调,有极力迎合民众之倾向。1929年3月上旬,因为报道定为中央机密的湖南事件而曾被禁止发行

---

① 又作"赖琏"。

(续表)

名　称	主义系统	持有人	主笔或记者	备　考
民生报	李石曾、蔡元培、易培基及褚民谊共同经营	社长　成平	主笔　陶镕青 主编　罗介邱	1927年2月1日创刊①，日刊，小型，四页，发行量七千五百份。以报道迅速而简洁为该报之特色
国民革命军日报	军事委员会政治训练部机关报，以扫荡军阀、建设革命军人为主义	军事委员会政治训练部	主笔　方觉慧　国民政府训练总监部政治训练处副处长	日刊，九页，发行量三千份。主笔方觉慧很早就为同盟会会员，北伐完成前后起担任国民革命军总政治训练部副主任，任湖北清党委员后，1928年末就任现职
东南日报	据说为朱培德的机关报，而最近有些地方显出冯玉祥派色彩	社长　刘竞渡	主笔　陈少甫 营业部长　袁希侃	1928年11月1日创刊，日刊，八页。该报不刊登社论，至于报道等内容，与其他报纸毫无差异。合作组织，资本声称四万元
新中华报	看不到显著的主义、主张	社长　于纬文	主笔　王佛士 主编　陆斯伟	1913年6月创刊，日刊，八页，发行量四千份。个人经营，资本四千元
老百姓报	同上		主笔　李辛白	日刊，四页，发行量二千份，资本八百元
党军日报	中央军官学校机关报	中央陆军军官学校政治训练所	军官学校相关者	军官学校内部日刊报纸
国民日报	南京特别市党务指导委员会机关报	南京特别市党务指导委员会	前记委员会相关者	无值得特别提及的价值
民报	多少有左派色彩			不过为一贫弱小报

此外，有《国民晚报》《中山晨报》及《民友晚报》等，均为极其贫弱之小报。

（2）公报及杂志

名　称	持有人	名　称	持有人
国民政府公报	国民政府	大学院公报	大学院
总司令部公报	总司令部	审计公报	审计院
行政院公报	行政院	南京市政公报	南京市政府
江苏省政府公报			

除上述之外，内政、外交、交通、工商、财政及农矿各部各自发行有公报。

名　称	持有人	名　称	持有人
财政月刊	财政部	盐务月刊	盐务署
革命军旬刊	军事委员会政治训练处	空军周刊	同前航空署
党军半月刊	中央陆军军官学校政治训练部	军官团公刊三日报	陆军军官学校
革命军人半月刊	军官团政治训练部	中央画报	中央党部宣传部
南京市教育月刊	南京市教育局	现代青年旬刊	全国学生总会
革命中国旬刊		华侨之路半月刊	中央招待海外同志第十一办事处
法律评论		中央党务月刊	中央党部宣传部

除了上述之外，还有《江苏党声周刊》《训练半月刊》《革命民众周刊》《新江宁周刊》《亚洲旬刊》《敬言周刊》等杂志。

---

① 应为1927年10月21日创刊。

苏州

名　　称	主义系统	持有人	主笔或记者	备　　考
苏州日报	倡导自治	石雨声	方觉非	1912年1月创刊,日刊,四页,发行量五百八十份。面向商店、公司
吴县市乡公报	倡导自治	颜心介	郭随庵	1916年1月创刊,日刊,四页,发行量七百份。接近官方,报道稳健。面向学生、官员
苏州商报		龚静初	吴树声	1919年8月创刊,日刊,四页,发行量四百份。面向公司、商店
吴县日报	倡导文艺	马飞黄	胡绣龙	1916年1月创刊,日刊,四页,发行量三千四百份。1928年1月《吴语报》改名之报纸。面向商店、公司
中报	倡导文艺	梅晴初	洪野航	1923年6月创刊①,日刊,四页,发行量一千八百份。苏州方言报纸
苏州明报	提倡自治	张叔良	洪笑鸿	1924年3月创刊②,日刊,四页,发行量四千份。接近官方,与党部关系深,排日色彩浓厚。面向学生、官员。因不服从沪宁路东区警备指挥部报纸检查,1929年4月12日被下令禁止发行一周
大苏报		王薇伯　王荫泰之胞弟,日本大学出身	庞独笑　原《市民公报》主笔	1928年8月创刊,日刊,四页。据说创刊当时接受李宗仁及冯玉祥部第二集团军总参议姚以介等若干补助。对于政治、社会进行评论,相当无忌讳
公报		宋兆元	孙东周	1928年5月创刊,日刊,四页,发行量约二百五十份

八、浙　江　省

杭州

概况

杭州1928年度末的中文报纸合计为六种。其大部分为国民革命军入浙后创办,均规模小,资本少,其发行量总计不过一万二千份上下。半数为杭州,半数为邻县购阅。至于其刊登的内容,外国通讯全部转载自上海的中国报纸,其他内容为官方公布的相关事项。因此,除了有能力让当地青年学生附和雷同以外,还不足以唤起一般舆论。推动舆论的不如说是上海各家主要中文报纸。据说以《申报》《新闻报》为主,《时报》《时事新报》《民国日报》等的购阅数量一日约有五千份。

名　　称	主义系统	持有人	主笔或记者	备　　考
浙江商报	杭州总商会机关报	邱不易	朱松庐	1921年10月10日创刊,日刊,十二页,发行量二千份。对日态度普通
浙民日报	发扬民治精神,促进地方自治	胡芷香	沈环黄	1923年12月创刊③,日刊,八页,发行量二千份。浙东同乡会经营
杭州民国日报	省党部机关报	许绍棣　省党部宣传部长	何健中	1927年3月10日创刊④,日刊,十二页,发行量三千五百份

---

① 一说1921年创刊。
② 一说1925年秋张叔良接办《明报》后改本名。
③ 一说1922年10月10日创刊。
④ 应为3月12日创刊。

(续表)

名　称	主义系统	持有人	主笔或记者	备　考
杭州国民新闻	黄埔同学会机关报	郑炳庚	戴世勋　黄埔军官学校第一期毕业生	1927年3月12日创刊,日刊,八页,发行量一千四百份。该报设立之际接受蒋介石一千弗补助,从本年度起每月仰仗有一千弗出资
杭州市报	市政发展	程季英	沈环黄　《浙民日报》主笔	1927年7月1日创刊①,日刊,八页,发行量一千五百份
三五日报	发扬党义,振兴商业	张馨谷	冯元芝	1927年7月6日创刊②,日刊,八页,发行量一千份
浙江省政府公报	公布法令规则	浙江省政府	陈宜慈　留日出身	1927年5月11日创刊,日刊,发行量一千九百份。《浙江公报》之后身

九、安　徽　省

安庆

名　称	主义系统	持有人	主笔或记者	备　考
民岩报	发扬民治、民权,维持风教。民党系	社长　吴霭航　前清举人,与柏文蔚有关系	同前	1909年创刊③,日刊,八页,发行量约二千份。社址位于安庆前门大街。该报历史久,有非常巩固的地盘。对日感情并非良好
新皖铎	营利本位	社长　张振铎　柏文蔚的原秘书	同前	1922年2月创刊,日刊,八页,发行量约一千份。社址位于安庆四牌楼大街。无印刷机,迎合官方。对日感情普通
商报	标榜改良发展工商业。与安庆商会有关系,有安庆商人资助	社长　苏绍泉	同前	1923年7月创刊④,日刊,六页,发行量约一千份。对日感情稳健

芜湖

名　称	主义系统	持有人	主笔或记者	备　考
皖江日报	启发民智,不偏不党	社长　谭明卿　秀才出身	同前	1917年1月创刊⑤,日刊,八页,发行量约三千份。论旨始终稳健,即使不得已与排日运动步调一致的情况下,也态度温和。还有,谭社长对日有好感
工商日报	开发工商业,发展自治及教育	社长　张九皋	同前	1909年11月创刊⑥,日刊,八页,发行量约二千五百份。最近对日态度良好,也刊登日本方面的广告。1928年中的对日论调与《皖江日报》相比,更为稳健
民国日报	国民党系	社长　王汾　芜湖市党部指导委员,反日会干部		1928年11月2日创刊,日刊,八页,发行量六百份。除宣传民党、登载排日报道以外毫无特别之处

---

① 一说1928年1月创刊。
② 一说1928年创刊。
③ 一说1912年6月1日创刊。
④ 一说1919年创刊,1923年4月备案。
⑤ 应为1910年12月2日创刊。
⑥ 1915年10月20日创刊。

十、江　西　省

南昌

名　称	主义系统	持有人	主笔或记者	备　考
商业日报	鼓吹商业，无党派关系	万醒尘	萧清臣	1927年9月创刊，日刊，四页，发行量约一千五百份，社址在南昌百花洲三十八号。是仅次于《工商报》的商业报纸，股份制，资本金三千元
工商报	同上	李耀廷	夏甘霖	1920年1月创刊，日刊，八页，发行量二千份左右，资本五千元，社址在南昌百花洲三十七号。营利本位，虽无政党色彩，但对省政府示好，有时附上副刊宣传三民主义，报道比较丰富
江西晚报	营利本位	杨绳武	杨治农	1927年9月创刊①，晚报，小型，四页，发行量约六百份。内容贫乏
南昌民国日报	三民主义，省政府机关报			1926年11月创刊，日刊，八页，发行量约二千五百份，社址位于南昌毛家园。省政府每月提供补助二百元
南昌新闻日报	省政府机关报	江西新闻记者联合会（委员制）		1928年7月创刊②，日刊，八页，发行量约一千五百份。报道比较丰富，各机关提供相当数额的补助
江西中山日报		江西吏治训练所		1928年8月创刊，日刊，八页，发行量约一千二百份。登载与吏治相关的报道，另发行副刊对训政进行说明
江西通俗日报	教育厅的机关报			1928年9月创刊，日刊，小型，四页，发行量约四百份。专门登载教育界的消息，另开设白话栏记载科学谈话等

九江

名　称	主义系统	持有人	主笔或记者	备　考
浔阳日报	三民主义，国民党的机关报	许奇伯③　安徽省人，日本大学政治科出身，国民党员	同前	1926年11月创刊④，日刊，四页，发行量七百份左右，社址位于九江延丈山七十四号。社长和记者均属于国民党一派，每月接受国民党一百元左右的补助，但财政困难，内容贫乏
九江日报	省政府的机关报，宣传三民主义，排日色彩浓厚	张定球　九江县人，原广东台山县公安局长，原九江县知事兼清党委员，现九江公安局长　经理　李汉华	陈觉民	1927年9月创刊，日刊，六页，发行量一千份左右，社址位于九江都天巷八十一号。为《江声日报》的后身，1928年6月《江声日报》复刊之际，社员中的一半人独立创办该报。资本三千元，省政府每月提供三百元左右的补助金

---

① 一说1926年9月创刊。
② 一说1928年4月1日创刊。
③ 一说是"许秋伯"。
④ 一说是1928年创刊。

(续表)

名　称	主义系统	持有人	主笔或记者	备　考
江声日报		蔡逊　前清秀才,当地该界的重镇	同前	1922年11月创刊①,日刊,八页,发行量约八百份。该报在1926年秋被所谓国军政府查封,1928年6月复刊。原来属于国民党一派,故以往屡次遭到停刊,近来变得稳健起来

赣州

名　称	主义系统	持有人	主笔或记者	备　考
三民日报	无政党色彩	社长　戴斐林		1926年创刊②,日刊,四页,发行量约五百份。该报在当地官民的后援之下创办,赣州总商会每月提供四百元补助,内容贫乏
维新日报③	无政党色彩	社长　萧坚白		1926年创刊,日刊,四页,发行量约三百份。赣州总商会每月提供三百元补助,内容贫乏

十一、湖　北　省

汉口

概况

目前汉口的中文报纸合计有十二种,《中山日报》《武汉日报》《新民报》《新闻报》《中西报》《公论日报》和《商报》七种为普通报纸,其他为小报。

上述报纸中,《中山日报》和《武汉日报》两报均为政府和党部的机关报,执当地报界牛耳。《中山日报》的演变是,马宙伯的《正义报》在1926年改称《武汉民报》(唐生智系统),唐失势后由南京军事委员更名为《武汉革命军日报》,其后程潜被拘押,转为由麦焕章经营,改名为《汉口中山日报》,作为广西派机关报活跃起来。然而1929年4月上旬发生了所谓"湖南事件",结果广西派溃败,南京政府接收了该报,改名为《武汉中山日报》,使其具有相当大的影响力。因与省政府之间发生争执,1929年9月该报被省政府接收,改名为《湖北中山日报》。《武汉日报》,原为《民国日报》,在国民政府联共时期,是汉口报界的最高权威,后来被程潜查封。程潜移驻湖南之后,1928年1月改名为《汉口民国日报》续刊,不久便转入张知本和胡宗铎等人的领导之下,作为广西派的机关报,与前述《中山日报》一同活跃于该界。但1929年4月上旬,因"湖南事件"而停刊,接着转入南京中央党部之手,改名为《武汉日报》,最后作为蒋介石一派的机关报而发刊。

武汉新闻记者联合会

1927年3月成立的武汉新闻记者联合会,在共产党遭到驱逐以后有名无实。因此,武汉的新闻记者后来便召开各报社代表临时会议,商讨善后之策。1928年11月25日,以宣传革命、改良出版技术、增进舆论的权威性、拥护新闻记者的利益、谋求同行间意见的沟通为主旨,重新正式成立了该会。汉口特别市党部指导委员会代表熊伯蘅代表省市两党部,任命了以下负责人。

(一)执行委员:陈言、陈冰伯、葛仁元、周天根、喻的痴、罗敦伟、曹荫糵、李慎安、罗月侨、邹碧痕、王民仆。

(二)候补执行委员:刘存朴、周均量、谢倩茂、高叔康、黄德贵。

(三)监察委员:周开庆、张友鸾、凤竹荪、喻耕屑、王丽生。

(四)候补监察委员:林荣葵、李之思、童仲赓。

---

① 1919年创刊,1922年由南昌迁到九江。
② 一说1927年3月创刊,由《赣州商会公报》改组而成。
③ 一说为"维心日报"。

甲、中文报纸

名　称	主义系统	持有人	主笔或记者	备　考
武汉日报(旧《湖北民国日报》)	南京中央党部直辖的机关报	总经理　曾集熙　汉口特别市党部整理委员兼市政府秘书长,与汪精卫关系密切		1929年4月改组。以往的《湖北民国日报》作为广西派的机关报曾十分活跃,1929年4月上旬南京军进入汉口以后被勒令停刊,其后进入整顿状态,南京中央党部宣传将其改为现名,由中央直辖,于同年6月10日开始发行
湖北中山日报	省政府和省市两党部共同的机关报	不明	不明	1929年9月15日改组。该报曾名为《武汉民报》《革命军日报》,接着称《汉口中山日报》,是广西派的机关报,但随着1929年4月武汉派溃败,社长麦焕章、主编陈言逃亡,国民政府接收了该报,改名为《武汉中山日报》,具有相当大的影响力。因与省政府之间发生争执,9月被省政府接收,改为现名。临时停刊后,自9月15日重新开始发行
新民报	三民主义,市党部机关报	唐爱陆　浙江人,前清秀才,汉口上海银行的经理	李慎安　市党部指导委员	1926年10月创刊①,日刊,十二页,发行量一千份。社址位于汉口后花楼永兴里五号。唐因与蒋介石为同乡,总是拥护蒋。影响力仅次于前两者
公论日报	营利本位	王民仆	胡砚农	1918年4月创刊②,日刊,十页,发行量五百份。最初为安福系,目前由鄂西清乡司令刘和鼎提供补助
工商白话报	营利本位	邓博文	同前	1923年8月创刊③,日刊,小型,两页,发行量约四千份,面向下层劳动者
汉口商报	营利本位,国民党系	持有人　王春先④　社长　邹碧痕	社长兼任	1920年8月创刊⑤,日刊,十二页,发行量五百份。鄂北清乡司令李纪才提供补助,是当地的二流报纸
汉口中西报	营利本位	王华轩	王丽生　美国留学出身	1907年10月创刊⑥,日刊,十二页,发行量一千份
汉口新闻报	营利本位	持有人　张云渊　社长　凤竹荪	社长兼任	1915年1月创刊⑦,日刊,十二页,发行量一千份。最初从《汉口日报》(日本报纸)领取过补助,目前已断绝关系
社会白话日报⑧	三民主义,国民党系	持有人　童仲赓、祝润湘　社长　童筱村	童仲赓	1927年10月创刊,日刊,两页,发行量二千份。以处世、伦理方面的内容为特色,小报。受到左派的攻击,但主旨正大光明,影响大
汉口新快报	营利本位	万克哉		1928年6月1日创刊,日刊,小型,两页,发行量一千份

---

① 应为1926年9月15日创刊。
② 一说1919年2月6日创刊。
③ 一说1918年创刊。
④ 一说"王璕轩"。
⑤ 一说1916年10月创刊。
⑥ 应为1906年创刊。
⑦ 应为1914年5月28日创刊。
⑧ 1928年的报告为《社会日报》,人员相同。

(续表)

名　称	主义系统	持有人	主笔或记者	备　考
镜报	同上	罗月樵		1928年6月3日创刊①，小型，两页，每隔三日发行一次，发行量五百份
大风报	同上	不明		1928年11月创刊，小型，两页，每隔三日发行一次，发行量五百份

乙、英文报纸

名　称	主义系统	持有人	主笔或记者	备　考
Central China Post [楚报]（英文）	英国籍	Harry. J. Archibald（苏格兰人）	主笔　同前 副主笔　Archibald Grant（英国人） 记者主管　李德（朝鲜人）	1912年创刊，日刊，八页。拥有四台莱诺铸排机，六台电动印刷机，是 China Yearbook 的代理店
Hankow Herald [自由西报]（英文）	美国籍	Brunno Sehwartz（美国人）	主笔　同前 副主笔　林芳伯	1923年创刊，日刊，八页，有电动印刷机两台

丙、日文报纸

名　称	主义系统	持有人	主笔或记者	备　考
汉口日日新闻（日文）	侨民之进步、发展	宇都宫五郎	主笔　同前 记者　内田佐和吉	1918年1月创刊，日刊，四页，发行量五百五十份。因登载联合和电通上的报道，速度敏捷，最近在中国人之间读者增加

沙市

名　称	主义系统	持有人	主笔或记者	备　考
长江商务报	营利本位，无党派关系	经理　侯仲涛　前经理侯伯章之弟	同前	1921年7月创刊，日刊，四页，发行量一百二三十份。知识阶级不阅读。有时会现出反日态度

宜昌

名　称	主义系统	持有人	主笔或记者	备　考
宜昌益世报	无系统	张清夫	同前	1924年1月创刊，日刊，小型，四页，发行量二百份。财政困难，停刊过三次
彝陵日报	市党部的机关报	邓峩嵩	同前	1928年3月创刊，日刊，小型，四页，发行量三百份。似有来自市党部和清乡司令部的补助
清乡日刊		清乡司令部		仅分发给各官厅

---

① 一说6月1日创刊。

十二、湖 南 省

长沙
概况

（一）当地最具影响力的报纸是《湖南国民日报》。就该报发行的经过而言，先有唐生智的御用报纸《南岳日报》和共产党系的《湖南民报》两报，1928年1月下旬随着武汉军进入湖南，前者成为停刊命令的首个牺牲品，后者《湖南民报》的职员们也因为遭受报复全部逃亡。因此程潜接收了《湖南民报》，将其作为自己一派的机关报，标榜扫荡"佛化分子"。该报致力于宣传其罪恶，但不久与"佛化分子"、武汉军达成妥协，接着便有了恢复《南岳日报》之议，因此程潜又接管《南岳日报》作为其机关报，将其与原来的《湖南民报》合并，于3月5日新发行《湖南国民日报》。一般中国的军阀原本除了争夺地盘，确保自己的权力以外，对国民利益全无顾及，将唐生智残党驱逐走而进入湖南的新武汉军也同样如此，不乘势铲除与三千万省民利害关系最紧密的共产党，而一味专注于扫荡残敌，以至于给了逃窜潜伏至各地的共产党员重整旗鼓的绝好时机，全省各地仿佛都听任于"共匪"的残虐暴行一般，就连长沙市内也频频发生强盗杀人事件，程潜的支持率一落千丈。因此程潜为了重获自己的人气，将讨伐"共匪"作为第一要义，标榜独立教育经费、整理税制等，努力宣传，竖起反动大旗，拥护在赤化运动以后陷入"悲惨状况"的有产资本家阶级，意欲在这些阶级的基础之上确立起自己的地盘，然非但不见效，结果反而失去无产、有产两个阶级的信任。这当中还有南京派、广西派等的运作，程的立场相当痛苦，终于到了5月下旬，程在汉口遭到拘禁，失势下台。谭延闿派的鲁涤平正式接受国民政府的任命，接替程担任湖南省政府的主席。作为前任权力掌控者程潜的机关报，《湖南国民日报》遭到改组，成了鲁涤平自己的御用报纸，又重新开始致力于国民党党义、扑灭共产党、裁兵、整顿教育与财政的宣传。

（二）当时的言论界犹如被《湖南国民日报》独占。因该报是政府的机关报，所论动辄缺乏公正性，有偏重政府方面的弊端，因此当地的绅士、旧教育家恢复了《大公报》。该报在当地报界历史最为悠久，而且因其稳健的主义、主张深受普遍信赖，1927年春因共产党而被勒令停刊至今。为与政府方面对抗，他们接管并改组了该报，以提倡民权、监督政府为目的，标榜不偏不党，于9月1日改名为《全民日报》发行。然而其后该报也受到政府方面的掣肘，豹变为省政府的机关报，结果当地的报纸仅剩下《湖南国民日报》和《全民日报》两报。两报作为省当局和国民党的宣传机关报，一直注重于党义，始终为三民主义做宣传，直至年末。不过，进入1929年之后，由当地报界的有志之士发起，于1月13日发行《梅花日报》，倡导根据三民主义革命精神而建设健全的市民精神，提供正当的娱乐食粮。到了5月，因上述《全民日报》与当初的创刊目的背道而驰，旧教育家们又另外恢复发行《大公报》。此外，在5月还有《湖南中山日报》新刊。

一、报纸

名　称	主义系统	持有人	主笔或记者	备　考
湖南国民日报	省政府及省党部机关报	总理　罗介夫　省党务指导委员	主笔　方正鹄、陆爱群 总编辑　黄性一　亚陆通讯社社长，第五师师部秘书	1928年3月5日创刊，日刊，十六页，发行量约六千份，社址位于坡子街。当时的湘鄂临时政务委员会将《湖南民报》（最初为唐生智系统，后转入程潜之手）和《南岳日报》（唐生智系统）合并，以现在的名字作为其机关报发行，在当地属于一流的报纸，在普通官民之间有读者。政府和党部提供补助
全民日报	省政府及省党部机关报	总经理　贝允昕　原《大公报》经理	主笔　李蔚云　与原《大公报》主笔李抱一是兄弟 总编辑　龙兼公　原《大公报》主笔	1928年9月1日创刊，日刊，八页，发行量约二千份。社址位于储备仓湘乡沟让堂内。为了对抗省政府的机关报、独占省言论界的《湖南国民日报》，当地的绅士、旧教育家们标榜提倡民权、监督政府、不偏不党，为拥护一般市民的利益，致力于唤起公正的舆论而发行了该报，但其后每月从省党部领取一千元补助，成为其机关报

(续表)

名　称	主义系统	持有人	主笔或记者	备　考
梅花日报	提倡新社会进步，打破旧习惯观念。无政治色彩	黄定一	主笔　何荷坞、杜亦吾 总编辑　易君左	1929年1月13日创刊，日刊，四页，发行量约五百份。该报由二十四名长沙的各报社记者和通讯社社员（每人各出资五十元）共同经营
湖南中山日报	提倡农工政策，宣传三民主义和打倒帝国主义。是省党部指导委员会的机关报，有左倾色彩	社长　曾省斋　市党部指导委员	主笔　吴晦华　原市党部指导委员 编辑　70名党员交替担任	1929年5月21日创刊，日刊，四页，发行量约二千份。社址位于高升巷第十六号。该报的发行由省党部指导委员彭国钧、王凤阶、李毓尧等发起，据称发行之际从汪精卫处领取过六千元资金，被视为共产报。省党部和省政府分别提供一千元补助
大公报	提倡民权，监督政府。不偏不党	贝允昕　前清举人，律师，湖南法政学校校长	主笔　李抱一　前清秀才 编辑　龙兼公、张秋尘　均为前清秀才出身	1929年5月21日再刊，日刊，八页，发行量约二千份。社址位于仓后街湘清里第三十三号。该报1927年3月2日因共产党被勒令停刊，之后一直处于停刊状态。当地的绅士、旧教育家等将其恢复再刊，目的在于对抗政府方面。资本以募集到的一万元股金充当，没有接受政府任何补助

二、杂志

名　称	主义系统	持有人	主笔或记者	备　考
长沙市政月刊	市政筹备处的公报	市政筹备处		1928年11月30日创刊，登载与市政相关的各种规则、命令和统计等

十三、四　川　省

成都

概况

1928年度当地的报纸合计共有十九种，与1927年度相比增加了七种，也就是说进入1928年之后，以往的《四川民报》停刊，与此同时，《青白日报》《国民日报》《白日新闻》《醒民日报》《指导日刊》《联团日报》《蜀益新报》①《成都时报》《剧觉日报》这九种报纸发行，《商民公报》和《青白日报》各自改名为《商联日报》和《民众午报》，《剧觉日报》也最终停刊了。

再看上述十九种报纸的所属关系，《国民公报》《成都时报》《蜀益日报》是个人经营，《商联日报》属商务会，《联团日报》属团练局，《指导日刊》是省党务指导委员会的机关报，《成都快报》《九五日报》《民视日报》《大同日报》《白日新闻》五报为邓锡侯系，《四川日报》《新川报》《新四川日刊》三报为刘文辉系，《民声日报》《民力日报》《国民日报》《醒民日报》《民众午报》五报是田颂尧系的机关报。

当地的报纸，如上所示，1928年度的数量比前一年度增加了，但其中大部分都是由军阀支持的，这点与从前相比毫无变化。

报面的内容，除了地方上发生的事之外，仅仅是转载外来报纸的报道而已。宣传报道多为迎合地方军阀，为其辩护，甚至与事实真相相悖，内容极其不正确。不过，由于本年度能通过当地设立的军用无线电获得通讯，依靠军阀的支持，二三家通讯社得以创办，外部的消息也能比较迅速地登载了。不过对当地军阀不利的消息，则被完全删除。

---

① 下文中为《蜀益日报》。

名　　称	主义系统	持有人	主笔或记者	备　　考
国民公报	不偏不党	社长　李澄波	同前	1912年创刊①，日刊，十页，发行量二千七百份。受商、政、学各界信任，对日态度不佳，报道论调比较稳健，是成都报纸中最具信用的
民视日报	邓锡侯系机关报	社长　丁祖荫　与杨森、李其相等人关系颇深	同前	1918年创刊②，日刊，四页，发行量二千四百份。在军、学界有影响力，对日态度不佳。该报最初由刘湘支持，1924年由杨森系支持，1926年年末由邓系支持。目前邓和李其相等提供补助
四川日报	刘文辉系机关报	社长　黄镜函　北京大学出身，第二十四军顾问	同前	1924年7月创刊③，日刊，八页，发行量一千五百份。对日态度不佳，该报原为杨森的机关报，1925年起变为刘湘和刘文辉的机关报，目前接受刘文辉补助
新四川日刊	刘文辉系机关报	社长　杨子寿　第二十四军政训部宣传部长	周雁翔　第二十四军咨议	1926年创刊④，日刊，八页，发行量一千四百份。在军、学界中有影响力，对日态度不佳
成都快报	邓锡侯系机关报	社长　杨治襄　原为杨森的秘书，现任第二十八军咨议	同前	1925年创刊⑤，日刊，四页，发行量一千五百份。对日态度不佳，论调稳健
新川报	刘文辉系机关报	社长　张福安　第二十四军军饷统筹处长	陈文伯　原资阳县知事	1926年创刊⑥，日刊，八页，发行量一千份。对日态度不佳
民声日报	田颂尧系机关报	社长　袁凤樵⑦　毕业于四川高等师范学校	同前	1927年创刊⑧，日刊，四页，发行量一千五百份。论调比较稳健，对日态度不佳
民力日报	田颂尧系机关报	社长　曾子玉　早稻田大学出身，原四川财政厅长	同前	1927年创刊⑨，日刊，八页，发行量一千份。对日态度不佳，从田的部下孙震师长处领取补助
九五日报	邓锡侯系机关报	社长　康纪鸿　北京法政大学出身	同前	1927年创刊⑩，日刊，八页，发行量一千二百份。对日态度不佳
商联日报	成都总商会机关报	社长　林君弥	谢禄均	1927年创刊，日刊，八页，发行量一千四百份。《商民公报》的后身，对日态度不佳
大同日报	邓锡侯系机关报	社长　周重生　原二十八军参议官，兼二十八军特别党部筹备处主任	胡翰之　原第二十八军咨议	1927年创刊⑪，日刊，四页，发行量四百份

---

① 1912年4月22日创刊。
② 一说1921年10月10日创刊。
③ 一说1924年3月16日创刊。
④ 1925年10月10日创刊。
⑤ 1925年7月10日创刊。
⑥ 1926年4月5日创刊。
⑦ 一说为"袁蓁樵"。
⑧ 1927年3月创刊。
⑨ 1927年5月1日创刊。
⑩ 1927年3月5日创刊。
⑪ 1927年2月创刊。

(续表)

名　称	主义系统	持有人	主笔或记者	备　考
民众午报	田颂尧系机关报	社长　陈四孚　第二十九军参议	主笔　曾竹师　原第二十九军咨议	1928年1月创刊①，日刊，四页，发行量四百份。该报当初名为《青白日报》，1928年末改为现名。田的部下董玝旅长每年提供补助。对日态度不佳
蜀益日报		社长　黄丕成②　前清秀才	主笔　陶人权　黄埔军官学校出身	1928年2月创刊③，日刊，四页，发行量五百份。主要在学界有读者，对日态度不佳
国民日报	田颂尧系机关报	社长　马瑶生　第二十九军参议长	主笔　李思纯　原成都交涉员	1928年4月创刊④，日刊，八页，发行量一千份。在军、政各界有读者，对日态度不佳
白日新闻	邓锡侯系机关报	社长　陈梦云　原第二十八军参议	主笔　罗文谟　原第二十八军参议	1928年6月创刊⑤，日刊，小型，十二页，发行量一千七百份。报道丰富，论调具有煽动性，对日态度不佳。邓的部下陈书农师长提供补助
醒民日报	田颂尧系机关报	社长　罗云生	主笔　徐叔达	1928年7月创刊⑥，日刊，四页，发行量五百份。报道论调具有煽动性，对日态度不佳。田的部下曾宪栋旅长每月提供补助
指导日刊	省党务指导委员会机关报	社长　杜齐房	主笔　罗治卿	1928年10月创刊，日刊，小型，四页，发行量一千份。主要在政、学界有读者，对日态度不佳
联团日报	团练局机关报	社长　陶希颜　原双流县团练局局长	主笔　罗振之	1928年10月创刊⑦，日刊，四页，发行量一千二百份，依靠成都附近十五县团练局的出资。对日态度不佳，主要在团练界有读者
成都时报		社长　赖鼎立	主笔　同前	1928年12月创刊，日刊，四页，发行量三百份。主要在学界有读者，对日态度不佳

重庆
甲、中文报纸

名　称	主义系统	持有人	主笔或记者	备　考
商务日报	重庆商务总会机关报，与政党政派无关系	社长　李时辅	主笔　周济伦	1915年创刊⑧，日刊，发行量三千五百份。该报在财政上相当有富余，对于政潮态度超然，以振兴实业为目的，在当地报纸中最有信誉
新蜀报		社长　罗仪三	主笔　李开光	日刊⑨，发行量三千二百份。该报因有国民党和学生团等的后援，其发行量在当地位居第二。

① 《民众午报》的前身《青白日报》创刊于1928年11月7日。
② 一说为"黄丕承"。
③ 一说1928年3月创刊。
④ 4月10日创刊。
⑤ 6月15日创刊。
⑥ 一说1927年创刊。
⑦ 一说1928年8月1日创刊。
⑧ 一说1914年4月25日创刊。
⑨ 1921年2月1日创刊。

(续表)

名　称	主义系统	持有人	主笔或记者	备　考
大中华日报	江巴卫成总司令王芳舟的机关报	社长　何北衡	主笔　刘航琛、王鳌溪	日刊①，发行量一千五百份。据说报道比较正确且迅速
团悟日报	开发民智	社长　邓肖光	主笔　李炜章、田书府	1925年创刊②，日刊，发行量一千二百份。论旨稳健
重庆民报	巴县行政公署机关报	社长　刘翌叔	主笔　潘啸仙	日刊，发行量七百份
渝江日报		社长　沈乐丰	主笔　毛伯年	日刊③，发行量五百份
崇实报			主笔　李树声	法国天主教圣家书局发行的宗教报纸，创办以来已经过了二十五个年头

乙、法文报纸

名　称	主义系统	持有人	主笔或记者	备　考
La Verite		Lomonerie	Mann	该报与《崇实报》一样也是由圣家书局发行的报纸，是专门以天主教的传道为目的的机关报

十四、福　建　省

福州

概况

福州的中文报纸原本有十几至二十余种，但其中大部分在军阀倒台后失去补助费，去年起已有十余家停刊，现在继续发行的只有与党部或海军方面或财政厅等有特殊关系的报纸，除《闽报》外有九家。此外，最近有《国民钟日报》创刊，《公论报》续刊，《青白》言论社创刊，但都内容贫乏，《国民钟日报》发行两个月后即停刊。

目前，省党部对日本人经营的中文报纸《闽报》的打压最近显著公开化，有传言称党部已对各机关发出停止订阅的密令，《闽报》一度受到相当大的打击，不过，由于最近开始插入当地罕见的照片版等，订阅人数迅速回升。

甲、中文报纸

名　称	主义系统	持有人	主笔或记者	备　考
闽报	中日共存共荣	持有人　善邻协会 社长　镰田正藏　前台湾总督府事务官	主编　林宝树 记者　郭振华　早稻田大学政治科毕业	1901年12月创刊④，日刊八页，发行量约一千八百份。最初由已故前岛真在台湾总督府的援助下，收购当时福州唯一的报纸、福建国民党领袖黄乃裳经营的《福报》，并改名。1915年，台湾日日新闻社长赤石定藏接手，1917年由财团法人善邻协会经营，直至今日。创刊以来受到排日等影响，屡屡陷入经营困难，但在始终一贯的主义下，一直保持着优越的地位，最近受到省党部的打压，发行量稍有减少

---

① 1922年创刊。
② 一说1926年3月创刊。
③ 1928年3月创刊。
④ 通常认为1898年1月创刊，但1924年报告称1897年12月创刊，细节较详。待考。

(续表)

名　称	主义系统	持有人	主笔或记者	备　考
福建民国日报	三民主义，省党部机关报	委员制，常务委员方治、冯思定、林寄华（女）以上三人为省党部指导委员	刘春雷　省党部秘书	1927年1月创刊①，日刊八页（周日四页），发行量约一千五百份（其中一半向党部及各工会等免费发放）。由国民政府派遣的福建省党部筹备委员马式材、李培桐、潘谷公等民党左倾分子创刊。同年3月马等人被以福建人为中心的福州总工会驱逐，报纸暂时停刊，其后重新作为省党部机关报发刊，自此呈现出非常大的活力，与《闽报》对抗，尤其是"山东出兵"事件、"济南事件"后，大力宣传排日。因国民政府的省党部指导委员任免问题，1928年6月21日社长等人宣布"无法容忍新军阀、新官僚、新土豪劣绅的压迫"，于同日关闭报社，但在前述三人等的努力下于同年11月30日复刊
求是日报	营利本位，受反日会操纵	梁道钧、陈公珪、魏子卿（共营）	同前	1913年创刊，日刊八页，发行量约八百份。报道内容比较丰富，《民国日报》发刊前影响力仅次于《闽报》。接受财政厅每月二百元补助
市声日报	三民主义，海军系	社长　林鹏南　宁福海军警备司令部秘书	主笔　同前	1927年7月创刊，日刊八页，发行量约八百份。海军系省政府成立时创刊，接受海军总司令行营每月一千元的补助，电讯及一般报道比较准确、迅速
南声日报	拥护海军，海军系	社长　张绮青	主笔　杨湘衍	1927年1月创刊，日刊四页，发行量约五百份。海军正式加入革命军、设立政治部时屡屡宣传排日，但最近趋于平静。接受海军总司令行营每月二百元补助
新民	卢兴邦之机关报	社长　张志德　暂编第二师驻省办事处主任	主笔　孙仰青	1927年12月创刊，日刊四页，发行量约四百份。新编军独立第一师师长卢兴邦为拥护自己而创刊，张社长原是卢的参谋长。接受暂编第二师的补助
正报	排日	社长　林平　原茶税局长	主笔　同前	1922年12月创刊，日刊四页，发行量约两百份。排日色彩浓厚
民鸣日报	拥护国民党，提升戏剧艺术。旧独立厅系	总经理　陈春弗（林寿昌手下战将）副经理　王永芳	主笔　官得愚　记者　潘秋人、严鸿荃、许石泉	1929年5月创刊，日刊四页的中文报纸，发行量三百份。资本金五百元，接受艺员公会，植木工会、溪河工会每月若干补助。林寿昌一派与艺员工会联合组成的团体，内容贫乏，呈艺术报纸之观，但随着时局发展，被视为攻击现政府、发表偏激排外论调的报纸
国民钟日报		容文能	黄底刚	1928年10月10日创刊，日刊四页，发行量三百份。内容贫乏，排日色彩浓厚，接受省防司令的援助。另据传正在利用中国无线电，但经营困难，目前处于停刊中

① 一说为1927年2月创刊。

(续表)

名　称	主义系统	持有人	主笔或记者	备　考
公论报		张雨高	郑英勋	1921年4月创刊,周刊四页,发行量三百份。停刊很久,但最近复刊
青白		陈亦云	同前	1928年8月创刊,周刊一页,由三十名维持员每月集资两元。言论激烈,曾一度被勒令停刊,但现已续刊。免费发放

乙、日文报纸

名　称	主义系统	持有人	主笔或记者	备　考
福州日报(日文)		镰田正藏　闽报社长	主编　李炉已	1924年4月创刊,一周发行两回,发行量约两百四十份

厦门

概况

当地人口,厦门及公共租界鼓浪屿合计十五至二十万,普通百姓文化水平低下,对报纸的利用仍不充分,因此经营报纸困难重重,大多报纸作为政治机关报或其他各党派的机关报,接受经费的补助。这样,其内容自然普遍贫乏、低级。现在,在当地发刊的中文报纸有《全闽》《江声》《思明》《民国》《民钟》及《厦门商报》等六种。其中除《全闽新日报》及《民钟日报》之外,其他创立时间尚浅,发行量也非常少,经营亦明显困难。只有《民钟》讽刺国民党的专横,其他报纸都欲迎合当今思潮,国民党的色彩浓厚。

以上各报大多是八页,四六版①,自然是没有刊登外国电讯的,即使是中国电讯,也都是上海电讯,而且数量还不多,多从日本各报纸以及上海、广东方面的报纸转载国内外的报道。

名　称	主义系统	持有人	主笔或记者	备　考
全闽新日报	使中日民族融和,介绍日本文明。日本国籍	名誉社长　林景仁	太田直作(代理)	1907年8月创刊②,日报,发行量约一千一百份,接受台湾善邻协会每年一万余圆补助。本报从上海联合通信及台湾等处接收电讯,其电报栏非常受重视,也受欢迎
江声日报	三民主义,奖励产业。虽为国民党机关报,但与中央党部及政府并无直接关系	总理　叶挺秀	邵庆元	1918年11月创刊,日报,发行量九百份。原本排外色彩浓厚,屡屡刊登排日报道,有敌视台湾籍民之态,对于我方"出兵山东"刊登激烈的排日报道。国民党闽南总理许卓然给予本报补助,并掌握其实权。此外,今年起在独立第四师张贞的保护下,恢复了曾失去的闽南地方的销路,成为张的机关报
思明日报	启发民智,振兴产业。总商会机关报	总理　徐吉人	沈文民	1920年9月创刊③,日报,发行量约七百份。排外色彩一向浓厚,"上海事件"④以后更加刊登排日报道,但最近试图与资本家黄奕住取得联络,论调有所缓和。此外,官场中消息比其他报纸迅速一些,重视文学栏,受到青年的欢迎。对与党部有关联者,持反对立场

---

① 日语表示新闻纸尺寸的专用名词,约为270×410毫米。
② 8月21日创刊。
③ 一说7月21日创刊。
④ 指五卅惨案。

(续表)

名　称	主义系统	持有人	主笔或记者	备　考
厦门商报	中国杂货商公会之机关报	总理　傅贵中	同前	1921年10月创刊①，日报，发行量约五百份。本报标榜拥护商民，处于反对党部的立场
民钟日报	鼓吹爱国观念，培育民主思想，振兴工业，不偏不党，社会主义色彩浓厚	总理　李硕果	潘运枢	1918年创刊②，发行量约一千两百份，在当地最有影响力。因其在公共租界内，几乎不受中国官方制约，所以可以毫无忌惮地发表评论，又因记者中有朝鲜人，对于今年的排日事件舞弄辛辣之毒笔。顺便提一下，李总理是当地著名的无政府主义者，其论旨动辄有倾向于宣传共产主义之嫌疑
民国日报	县党部机关报，宣扬国民党党义	经理　郑椒麟	总编辑　魏雨峰	1927年7月创刊③，发行量约八百份。本报为《厦声日报》之后身，原福建民军之机关报，但1927年6月被厦门市党部怀疑有宣传共产党的嫌疑而被抄没，改为现名。此外，本报是猛烈的排日报纸，曾经屡屡痛骂我方的"满蒙"政策，唆使台湾革命，在"山东出兵"时大挥毒笔。1929年1月下旬起，因失去补助费陷入经营困难，曾一度休刊，同年3月上旬补助费问题得到解决后，任命新社长，于同月6日复刊如旧。但同年7月起由省指导委员会宣传部经营，暂时停刊，9月10日复刊。每月接受漳厦海军警备司令部一千元的补助

十五、广　东　省

广东

概况

广东的中文报纸一向是作为政府、政客等的机关报而存在的，因此其兴亡与政局的变迁相关联，变化令人眼花缭乱。1917年在广东成立大元帅府时报纸最多达到三十五种，其后逐渐衰退，伴随着国民党的容共政策，到1926年时已不到十种。随后有关劳资关系的新条例颁布，全国又成功统一，当地治安明显好转，省当局也逐渐重视文教方面，因此最近言论机关都大有起色。1927年《现象报》《国民新闻》复活，1928年新刊《广州时报》，1928年度末合计有十二种中文报纸发行。进入1929年，2月有《广州新闻报》及《大中报》，3月有《大中华报》新刊。国民政府对这些言论机关的态度是，无论是否为其机关报，一律欲将其作为自己的宣传机关，这种倾向很明显。至于每天的报纸及通讯社发行的通讯，都受到严格检查和限制。目前政府方面的检查员有公安局人员六名、第八路军总指挥部人员三名，合计九名。他们每天在报界公会，严格检查翌日发行的报纸清样，稍有不利于政府的报道就禁止发表；另一方面，则强制所有报纸刊登政府方面制作的各种十分丰富的宣传文。政府对言论的压制不仅如此，还非常注意报纸记者个人，拥有自己的主义、主张的记者，写的文章与政府的意图稍有不同，或被监禁，或被驱逐，也有感到危险而自行离开的，前年以来人数已达二十名以上，甚至有报社（《天游报》）因此而关闭。在此状态下，报纸都千篇一律，毫无新意，仅靠社会新闻等争取低级的读者，几乎没有优秀记者，诸如国际关系的报道等都极其幼稚，不值得一看，欲知晓政局真相或国际形势者都订阅香港的中文报纸（尽管一部分是广东禁止进口的）或外国报纸。

这些报纸中，《民国日报》（党部）及《广州日日新闻》（市政府）为政府方面的机关报，因此资金充裕，《民国日报》刊登从各地党部发来的通讯，经营颇显活力；《国华报》去年脱离王宠惠后转手至商会联合会；对抗商会联合

---

① 10月10日创刊。
② 一说1916年10月11日创刊。
③ 一说1926年创刊，不久停刊。1927年6月接收原《民钟报》机器设备复刊。

会的广东总商会正在准备创办新的报纸;《现象报》据传与李济琛有特别关系,近来排日色彩颇为浓厚;《七十二行商报》旧态依然,但标榜其历史悠久且得到商人方面拥护,在商业报道上多少有些独到之处;《公评报》的发行量是当地第一,超过一万份,原因是其社会版面中的色情内容,读者普遍层次低;广东 Gazette 是当地唯一的英文报纸,是政府的御用报纸,内容贫乏。

宣传性的通讯机关。上述报纸至少表面上仍是营利性经营的,而在当地更有各级党部的宣传性印刷品,有必要就此说明。各级党部大多定期或不定期地以日报、周报、月报等名目,刊行多种多样的印刷品。以上这些原则上只向党员发放,其内容有时也涉及时事问题,毋宁说属于杂志类,例如最近时值中日问题发生纠纷,关于我方的报道多从日文报纸、杂志翻译而来。关于时事问题,往往自行刊发宣传册,大多是以免费或低价向普通民众公开。

甲、中文报纸及杂志

(一)报纸

名　称	主义系统	持有人	主笔或记者	备　考
广州民国日报	国民党及政府之机关报	黄季陆　省及市党部委员	张白山、顾子西、陈振中、陈元勋、周杰人	1923年5月创刊①,日刊十六页,发行量一万份。原名《群报》,由陈炯明经营,孙文在当地建立政府后,改称《民国日报》,曾由左派的陈孚木、甘乃光及陈树人任社长。其报道随政局变迁,迎合政府之主义、主张,努力宣传其主义,与《国民新闻》同为当地报界的一流报纸,经费由省市两党部支付
国民新闻	拥护国民党,保存国粹	赵士觐　曾任孙文的大元帅府咨官	编辑主任　胡毅　胡汉民之胞弟	1925年创刊②,日刊十二页,发行量六千份。本报由粤省商团之机关报《粤商公报》改名而来。每逢政局变迁就更换社长,清党前甘乃光任社长,护党时陈孚木任社长,是左派之机关报,第八路军归广后黄绍雄派的谢瀛洲任社长,1927年的共产党事件以来停刊,现由赵及胡等复活,从1929年元旦起续刊
七十二行商报	无党派关系,中立	社长　罗啸璈　前清秀才,原民政厅内务部长,现沪精武体育会总干事	主笔　陈宝尊　记者联合会执行委员　记者　邝赞泉、陈海波、苏少泉	1906年7月创刊③,日刊八页,发行量六千份。最初由商人黄诏平依靠当地一流的七十二名商人出资创办而得名。一向以无党派而著称,无论政潮如何推移,其论调稳健,以经济报道为主,但内容不佳,在香港、澳门及海外也有销路。共产党事变后为清除共产分子而将职工全部替换。资本金八万元
国华报	商会联合会机关报,中立	刘荫苏　商界联合会理事,戏团大罗天的股东	主笔　容春勉　原《共和报》及《人权报》记者	1913年10月④创刊,日刊八页,发行量一万份。原《国报》于1918年⑤改称《国华报》,由王泽民、康有为及王宠惠等出资经营。原本为反动派,最近接近民党系。1928年王泽民去世,刘以两万元盘下本报,任社长,与王宠惠的关系也断绝
新国华报		李抗希　律师,葡萄牙籍	主笔　卢博郎	1920年创刊⑥,晨刊十二页,晚报八页,发行量九千份。最初由葡萄牙商人李抗希经营,后陷入经营困难,1927年以一万元盘给大罗天新剧团,但1928年又收回。虽无特别党派色彩,但对国民党有些好感

---

① 应为6月创刊。
② 1925年8月7日创刊。
③ 应为9月15日创刊。
④ 应为1915年创刊。
⑤ 1928年报告为"1921年"。
⑥ 应为1921年3月创刊。

(续表)

名　称	主义系统	持有人	主笔或记者	备　考
广州共和报	被称为市商会之机关报	宋季辑　商会联合会理事、市商会理事	主笔　潘抱真	1912年2月创刊①,日刊八页,发行量四千份。表面为合资企业,事实上为宋个人经营,中层以下读者居多
越华报	无党派关系	陈柱廷	许修五	1927年2月创刊②,日刊八页,发行量八千份。由原国华报社长王泽民出资创办。读者以中层以下为主。与《公评报》关系密切
司法日刊	官报	高等审判厅、检察厅、地方检察厅	编辑主任　覃普仓	日报,发行量一千份。资本金五千元,由广东高等审判厅、检察厅及地方审判厅、检察厅等四厅每周轮流经营,专门刊登注册及法庭的民事、刑事案件以及不动产等公告
广州日日新闻	市政厅机关报	李益涛	张菊生	1927年创刊,日刊十二页,发行量七百份。由以前的《市政报》经现广州市长林云陔增资、改名而来。市政厅的公告全部使用本报
现象报	民党系	林真甫　记者联合会之监察委员,兼编辑主任	廖云翔	1921年创刊,日刊八页,发行量六百份。当初颇受社会欢迎,但1927年被张发奎查没。张失势后复活,李济深成为出资人之一。半官方性质,动辄言论过激,对日态度不良
广州时报③	国民党机关报	罗伟疆　原省市党部常务委员,兼任编辑主任	黎伟英	1928年创刊④,日刊八页,发行量九百份。《广州晚报》之后身,由国民党员共同出资经营,也接受财政厅补助。因党派色彩太强,一般民众中读者很少
公评报	无党派关系	钟超群	陈仲尧	1924年创刊⑤,日刊十二页,发行量一万五千份。刊登烟花巷方面的内容
广州新闻报	营利本位,无政派色彩	潘抱真	梁展南	1929年2月创刊,日刊八页。本报为《共和报》之分身,以一万五千元资金创设,报道着重于文艺栏及社会新闻
大中报	中立	香港华侨日报社	主编兼主笔　陈武扬⑥	1929年2月创刊,日刊十页。由《香港华侨日报》以资金一万五千元直接经营,其电报栏特别出色,关注时局,刊登与日本有关的报道,色彩不鲜明,但稍有亲英的倾向
大中华报	振兴实业,总商会机关报	邹殿邦　广东总商会会长,广东绅商	主编　陈宝尊 主笔　林灿予	1929年3月创刊⑦,日刊八页,因去年商会联合会将《国华报》作为其机关报,当地总商会为与之对抗,以三万元创刊本报。因资金充裕且有总商会背景,预计将来会有相当的发展

---

① 应为6月创刊。
② 1926年2月27日创刊。
③ 一名《广州日报》。
④ 一说1926年11月26日创刊。
⑤ 10月30日创刊。
⑥ 一作"陈武杨",待考。
⑦ 3月2日创刊。

(二)杂志

《航空月刊》(第八路航空处)、《黄埔商埠周刊》(黄埔开埠委员会宣传部)、《广东机器工会半周刊》(广东机器工会)、《前进半周刊》(广东兵工厂党代表办公处)、《广东兵工厂月刊》(广东兵工厂宣传科)、《黄埔商埠月刊》(黄埔商埠委员会宣传部)、《农事双月刊》(岭南大学农科)、《佛山精武会月刊》(佛山精武会)、《中国海员半月刊》(中国海员联合总会执行委员会宣传部)、《黄埔潮周刊》(黄埔同学会军事政治学校)、《革命华侨》(华侨协进会)、《中山大学政治训育部月刊》(中山大学)、《广东商民月刊》(广东商民协会)、《左向周刊》(岭南大学同学会甘乃光等左派)、《青年会月刊》(岭南大学青年会)、《华侨月刊》(岭南大学)。

乙、英文报纸

名　称	主义系统	持有人	主笔或记者	备　考
Canton Gazette[广州日报](英文)	国民政府机关报	李才　北京大学毕业,美国留学出身,上海国民通讯社社长	编辑主任　陈志英	1919年创刊,日刊四页,发行量一千份。最初由广东政府外交部长伍廷芳让路透社通讯员黄宪昭经营。1924年黄被逐出广东,陈友仁继承,任命美国人Phsome为主持人,专门用于对外宣传。目前为李才所有,所需经费由当地交涉署支付。当地唯一的英文报纸,但近来状况不佳

丙、日文报纸

名　称	主义系统	持有人	主笔或记者	备　考
广东日报(日文)		平井真澄		1925年6月省港罢工以来处于停刊中,1928年复刊。美浓纸大①,四页,油印,日报

汕头

名　称	主义系统	持有人	主笔或记者	备　考
真言日报	孔教会系	顾百陶　第十八师政训部主任	总编辑兼社长代理　洪春修	1924年9月创刊②,日刊(周一休刊)十二页,发行量一千两百份。社址在德理街十八号
岭东民国日报	右派,李济琛系机关报	罗瑶	总编辑　同前	1926年1月20日创刊,日刊(周一休刊)十二页,发行量两千五百份,社址在中马路。国民党及国民政府之机关报,执当地言论界之牛耳,内容、外观均远胜其他报纸。每月接受省党部宣传费三千元的补助
大岭东日报	三民主义,工会及农会之机关报,国民党稳健派	吴子寿　号壮新,前清秀才,1909年与同志林仔肩等创刊《图画新报》,辛亥革命后历任国民党支部长、临时理事长、副部长等,旧同盟会员	总编辑　张凌云　广东省农会潮梅办事处主任,福建省民政厅视察员	1918年11月创刊③,日刊(周一休刊)十二页,发行量一千五百份,社址在顺昌街第十二号。每月接受官方三百元补助

---

① 日语表示纸张尺寸的专用名词中有"美浓判"(约273×394毫米)一词,这里应该指此。
②③ 一说1923年创刊。

(续表)

名　　称	主义系统	持有人	主笔或记者	备　考
潮梅新报	蒋介石系	江冷　原潮梅警备司令部政治宣传科长	总编辑　陈汝超 记者　李达君	1927年4月创刊①，日刊(周一休刊)十二页，发行量一千份，社址在外马路。原潮梅警备司令何辑伍创刊的《潮梅日报》，在何离开汕头后改名而成，接受公安局及各收税机关的补助
民声日报	营利本位，似乎是商人方面的御用报纸		总编辑　谢伊唐 记者　杨世泽	1920年创刊，日刊(周一休刊)十二页，发行量一千三百份，社址在永安街二十七号。1922年因汕头风灾的相关报道而长时间停刊，1924年2月复刊。本报依靠南洋华侨出资创立，对国民党采取若即若离的态度，报道公平
天声报	中立派，营利本位	詹天眼　原《潮声日报》主笔	总编辑　同前	1923年创刊，晚刊(周一休刊)四页，发行量一千份，社址在公园前第二十二号。《潮声日报》之后身，以演艺、娱乐方面的报道为主
汕头早报	市政厅御用报纸，国民党稳健派	萧克夫　原汕头市长萧冠英之弟	总编辑　李定恒	1928年1月创刊②，日刊(周一休刊)八页，社址在海关前七号，发行量八百份。本报由原市长萧冠英创刊，目的在于对抗少数人士把持的市党部对市长的攻击，揭发市党部人员的违法行为
汕报	商人方御用报纸	周颐　岭南大学毕业	总编辑　黄业初	1928年10月创刊③，日刊(周一休刊)八页，发行量两千六百份。黄与日本领事馆也有关系，扎实稳健，是十分有为的人物。此人对经营十分投入

十六、云　南　省

云南
一、报纸

名　　称	主义系统	持有人	主笔或记者	备　考
义声报	发扬民治	李巨裁	同前	1916年12月创刊④，日刊六页，发行量约九百份
均报	启发民智	段全昌	同前	1919年9月创刊⑤，日刊四页，发行量约五百份
复旦报		刘国澍	同前	1922年3月创刊⑥，日刊四页，发行量约四百份

---

① 一说1928年创刊。
② 一说1926年创刊。
③ 一说1929年10月10日创刊。
④ 1927年报告为4月创刊，一说1月10日创刊。
⑤ 一说1920年5月24日创刊。
⑥ 一说12月创刊。

(续表)

名称	主义系统	持有人	主笔或记者	备考
社会新报		龙子敏	同前	1922年2月创刊①，日刊八页，发行量约三百份
西南日报	民治训政	沈圣安	同前	1926年11月创刊②，日刊八页，发行量约五百份
云南新报		邓绍乡	同前	1927年11月创刊③，日刊四页，发行量约两百份
民众日报	发扬民治	徐嘉瑞	同前	1928年11月创刊，日刊八页，发行量三百份
大无畏报		李仁甫	同前	1928年3月创刊④，日刊四页，发行量两百份

(二) 公报及杂志

名称	主义系统	持有人	主笔或记者	备考
云南公报	省政府官报	云南省政府		1912年8月创刊，周报，发行量六百份
云南商报	振兴商业	李唐侯	龚筱臣	1927年12月创刊，周报，发行量四百份
建设公报	建设厅公报	建设厅		1920年11月创刊，月报，发行量三百份，由《实业公报》改名而成
市政月刊	市政报告	云南市政府		1923年10月创刊，月报，发行量五百份
禄劝学生会刊	学术研究	东陆大学	杨正邦、尹锡增、梅宗黄	1924年10月创刊，月报，发行量三百份
滇事旬刊	政治经济研究	周俪琮	同前	1926年7月创刊，旬报，发行量三百份

十七、察哈尔省

张家口

名称	主义系统	持有人	主笔或记者	备考
察哈尔党报	鼓吹三民主义，讴歌训政	社长 武光生	王书田	1928年7月23日创刊，日刊，发行量三千份。察哈尔省政厅提供补助
察省政报		社长 夏笑我	王钟鸣	1928年12月2日创刊，日刊，发行量约一千八百份。省政府提供补助

十八、绥远省

绥远

名称	主义系统	持有人	主笔或记者	备考
绥远党报	鼓吹三民主义，讴歌训政	社长 刘廷彦	王印	1928年7月25日创刊，日报，发行量一千二百份。该省从各机关募捐以填补经费

---

① 一说1923年9月11日创刊。
② 一说1922年1月创刊。
③ 一说1927年9月26日创刊。
④ 一说1927年9月2日创刊。

十九、热河省

赤峰

名　称	主义系统	持有人	主笔及记者	备　考
热河民报		发行人　石菩生	主笔　同前	1928年创刊，周刊，小型，四页，发行量约一百份。热河省内唯一的周刊报纸。前述石某曾发行《热北白话报》，但1926年被禁止发行，本报可以说是其后身，但在官民方面评价低

关东州

大连

一、报纸

甲、中文报纸

名　称	主义系统	持有人	主笔及记者	备　考
泰东日报		阿部真言	平山武靖	1908年11月①创刊，发行量约一万五千份
满洲报		西片朝三	久留宗一	1922年7月创刊②，发行量约五万八千份
关东报		永田善三郎	刘召乡	1919年11月创刊，发行量约五千份

乙、英文报纸

名　称	主义系统	持有人	主笔及记者	备　考
Manchuria Daily News		滨村善吉	柳泽柳太郎	1912年8月创刊，发行量约一千份

丙、日文报纸

名　称	主义系统	持有人	主笔及记者	备　考
满洲日报（日文）		满洲日报社	米野丰实	1905年10月创刊③，1927年11月1日《辽东新报》④与《满洲日日新闻》合并改名而成，发行量约八万份
大连新闻		大连新闻社	山口可名	1920年3月创刊，发行量约七万份

二、杂志

《协和》（周刊）、《辽东タイムス》（周刊）、《周刊极东》（周刊）、《法律时报》（每月两次）、《响》（月刊）、《调查时报》（半月刊）、《新天地》（月刊）、《满蒙》（月刊）、《东北文化》（周刊）、《满蒙时报》（月刊）、《满洲公论》（月刊）、Manchuria Daily News Monthly Supplement（月刊）、《大陆》（月刊）、《社会研究》（月刊）、《满洲之水产》（每月三次）。

---

① 1928年报告为"1908年10月"。
② 一说1921年1月创刊。
③ 1907年11月创刊。
④ 1928年报告为《辽东新闻》。

香港

概况

（一）中文报纸：1928年5月及7月《香港晨报》及《新中国报》停刊，现有（1）《华侨日报》、（2）《循环日报》、（3）《华字日报》、（4）《工商日报》、（5）《大同日报》、（6）《大光报》、（7）《香江晚报》、（8）《南中报》、（9）《华强报》、（10）《民声报》十种，此外还有小报、周报等，但都不值一提。上述之中（1）（2）（3）（4）四种报纸着重于国家新闻和广东新闻，在上海等地常设有特派员，其报道丰富，也较迅速。（5）（6）两报的报道也相当丰富。

中文报纸最近普遍变得内容充实，报道迅速，其对日感情也因不得不接受当地政府的严格审查，最近变得比较稳健。还积极刊登我国政治、经济方面的报道，有时会有值得参考的评论。

（二）英文报纸：周刊报纸 Hongkong Observer 于1928年7月停刊，因此1928年度末有（1）*South China Morning Post*、（2）*Hongkong Daily Press*、（3）*Hongkong Telegraph*、（4）*China Mail*、（5）*Sunday Herald* 五种，均属于英国国籍，股份制。其中（1）（2）及（3）三家报纸言论大致切实，报道相当丰富、精确、迅速。尤其（1）在当地英文报纸中发行量最大，作为民间报纸，所论独立自由，而且稳健，报道丰富，兼顾各方面，其影响力在华南各地中仅次于上海的 *North China Daily News*。（2）为香港政厅之机关报，因此其论说及报道屡有值得参考之处。本报原本有缺乏生气之嫌，但今年更换主笔后内容改善，转载东方各地的状况，尤其是关于"满洲"问题的各方面的报道，实质上增加了分量。（3）关于中国问题的评论相当有参考价值。（4）则多少有攻击政厅之嫌，总刊登一些出人意料的微妙的通报。

还有，（1）（5）中国各地的路透社、海军无线电的新闻以及英国本国传来的新闻最多。（3）（4）及（5）三家报纸在周末附加的画报中登载的美国照片最多，对我方而言也多有利用的余地。（2）及（4）均发行周报，并且每年发行目录。上述周报是从每天报纸所刊登的重要报道中摘录、编辑而成，在英国本土、其领地及其他海外地区都有相当大的销量，目录也做得很出色。

以上英文报纸对日态度都良好，刊登许多有关我国政治、经济、外交、社会及风俗方面的报道，但这些报道基本上转载自我国的英文报纸以及上海的 *North China Daily News* 等，但也重视"联合电报"，与评论相比，更以报道事实为主。另外，当地日本领事馆提供的材料则全部刊登，对于启发这些报纸的英、中两国读者相当有效。目前其社论中表现出的对日评论是极有好感的，并且通常使用谨慎、婉转的笔触。

（三）日文新闻：当地唯一的《香港日报》，在广东、汕头的日本人、中国人中有读者，在厦门、台湾、法属印度支那及其他地方也有一些订阅量。此外，本报刊登我国及上海方面的通讯及电讯，因此当地也有不少中文报纸译载本报的特讯及报道。

甲、中文报纸

名 称	主义系统	持有人	主笔或记者	备 考
华侨日报	《香港华商总会报》之后身，与英文报纸 South China Morning Post 有关联（德国系统）	股份制 社长　李玉堂	胡惠民	1925年创刊①，早报，发行量七千份
循环日报	对广东政府有好感，但表面上标榜中立	股份制 经理　温荔坡	何雅选	1873年创刊②，早报，发行量九千份，目前在当地拥有读者最多
华字日报	反共产，接受政厅的好意支持，但表面标榜超然主义	股份制 社长　陈止澜	劳纬孟	六十余年前创刊③，早报，发行量五千份
大光报	与旧国民党有关联，基督教徒之机关报	股份制 社长　王国璇	黄冷观	1913年3月创刊，早报，发行量六千份
香江晚报	对蒋介石有好感			1921年11月创刊，晚报，发行量平日、周日均不足一千份

---

① 6月5日创刊。
② 1874年创刊。
③ 1872年创刊。

(续表)

名称	主义系统	持有人	主笔或记者	备考
工商日报	政府之机关报	股份制 社长 谢兴举	黎工佽	1925年9月创刊,早报,发行量四千份。本报被以报道带有反动色彩为由,于1929年4月23日起禁止发行
南中报	《华侨日报》系	经理 胡惠民	胡伯达	1926年末创刊,晚报,发行量平日四千份,周日六千份
华强报	中立	经理 赖端甫	同前	1927年12月创刊,晚报,发行量一千份
大同日报	李济琛派之机关报	社长 郑希声	同前	1928年7月创刊,早报,发行量三千份
民声报	《大光报》之分身		邓润荣	1929年2月创刊,晚报,发行量两千份

乙、英文报纸

名称	主义系统	持有人	主笔或记者	备考
South China Morning Post[南华早报](英文)	稳健公正	股份制 总经理 B. Wylie	H. Ching	1906年创刊①,早报,发行量三千份。对日感情特别良好
Hongkong Daily Press[孖剌报](英文)	政厅的机关报,着眼于拥护英帝国的利益	股份制 总经理 D. J. Evans	同前	1857年创刊,早报,发行量两千五百份。对日态度良好
Hongkong Telegraph[士蔑报](英文)		与 South China Morning Post 属于同一公司经营	Alfred Hicks	1891年创刊②,晚报,发行量两千三百份。理解日本
China Mail[德臣报](英文)	注重地方问题及经济问题	股份制 经理 G. W. C. Burnett	同前	1904年③创刊,晚报,发行量一千六百份
Sunday Herald	注重地方问题	股份制 与 China Mail 属于同一系统	G. W. C. Burnett	1924年2月创刊,周日早报,发行量一千份
Hongkong Weekly Press		由 Daily Press 社经营 O. T. Breakspear	同前	1857年创刊,周报,每周五发行,发行量约两千份
Overland China Mail		由 China Mail 社经营 G. W. C. Burnett	同前	1845年创刊,周报,每周四发行,发行量约三千份

丙、日文报纸

名称	主义系统	持有人	主笔或记者	备考
香港日报(日文)		社长 井手元一	同前	1909年9月创刊,早报,发行量四百份

---

① 1903年11月7日创刊。
② 1881年6月15日创刊。
③ 1845年2月20日创刊。

(秘)1930年版

外国的报纸(上卷)

(中国各地)

外务省情报部

定期调查报告　　（秘）1930年版　　外国的报纸(上卷)　　（中国各地）

凡　　例

1. 本调查录根据驻外各公馆的调查报告编纂而成。
2. 调查时间大致以1930年1月为标准。不过,其后至付梓为止发现的变化,则尽量继续作了增删或订正。

1930年11月

外国的报纸(上卷)(中国各地)
目　次

东北地区 ………………………………… 973
　安东 ……………………………………… 973
　牛庄 ……………………………………… 974
　辽阳 ……………………………………… 974
　本溪湖 …………………………………… 975
　抚顺 ……………………………………… 975
　奉天(沈阳) ……………………………… 975
　新民府 …………………………………… 980
　铁岭 ……………………………………… 980
　开原 ……………………………………… 980
　掏鹿 ……………………………………… 981
　海龙 ……………………………………… 981
　通化 ……………………………………… 981
　帽儿山 …………………………………… 981
　四平街 …………………………………… 981
　郑家屯 …………………………………… 981
　通辽 ……………………………………… 981
　洮南 ……………………………………… 982
　长春 ……………………………………… 982
　农安 ……………………………………… 983
　哈尔滨 …………………………………… 983
　齐齐哈尔 ………………………………… 989
　黑河 ……………………………………… 990
　满洲里 …………………………………… 990
　吉林 ……………………………………… 990
　间岛 ……………………………………… 991
　局子街 …………………………………… 992
　头道沟 …………………………………… 992
　百草沟 …………………………………… 992
　珲春 ……………………………………… 992

华北、西北地区 ………………………… 992
　北平 ……………………………………… 992
　天津 ……………………………………… 999
　济南 ……………………………………… 1003
　青岛 ……………………………………… 1004
　芝罘 ……………………………………… 1005
　张家口 …………………………………… 1006
　绥远 ……………………………………… 1007

华东、华中地区 ………………………… 1007
　上海 ……………………………………… 1007
　南京 ……………………………………… 1014
　苏州 ……………………………………… 1018
　杭州 ……………………………………… 1019
　芜湖及安徽 ……………………………… 1020
　九江 ……………………………………… 1021
　南昌 ……………………………………… 1022
　汉口 ……………………………………… 1023
　长沙 ……………………………………… 1026
　沙市 ……………………………………… 1027
　宜昌 ……………………………………… 1028
　重庆 ……………………………………… 1028
　成都 ……………………………………… 1029

华南、西南地区 ………………………… 1031
　广东 ……………………………………… 1031
　福州 ……………………………………… 1035
　厦门 ……………………………………… 1037
　汕头 ……………………………………… 1039
　云南 ……………………………………… 1040

附 ………………………………………… 1041
　香港 ……………………………………… 1041
　大连 ……………………………………… 1043

东 北 地 区

安东

概况

1929年间，安东有中文报纸《东边商工日报》《安东市报》两报新刊。《新安东日报》有警察、官方强制一般民众购阅该报之嫌，因此被辽宁全省警务处长责令关停，1930年1月停刊。因此目前正在发行的中文报纸包括《安东公安日报》《安东商报》总计四种，日文报纸有《安东新报》《安东时事新报》两种。

上述各报纸均未脱离地方性报纸的状态，毫无出色之处。至于日文报纸，由于经费的原因，接收以京城或奉天为中继站邮寄过来"电通"及"帝通"的各种电讯，有关时事问题的各种报道也就难免迟缓。

还有，就中文报纸的对日态度而言大体稳健，只有《东边商工日报》偶尔不弄清真相而登载排日报道。

一、中文报纸

名　　称	主义系统	持有人	编辑干部	备　　考
安东商报		邢小村	同前	1928年6月创刊，日报，发行量约一千份。1929年10月前持有人袁子义将一切权利让渡于现持有人。以广告为本位的小报纸
安东市报		安东市政筹备处		1929年8月创刊①，日报，发行量一千四百份上下。以向一般民众告知安东市政状况为主旨而发刊，以市政筹备处的告示、市政委员会的议事录为主，此外也登载一般社会杂讯
东边商工日报	振兴商工业	安东总商会	经理　袁蕴珊	1929年9月创刊，日报，发行量一千八百份上下。本报的特色为根据总商会调查资料执笔的经济报道，对相关从业者有参考作用
安东公安日报		安东公安局	公安局各干部分担执笔	1928年10月创刊的《安东警察公报》于1929年2月改为现名。是安东公安局的机关报，以有关警察行政事务的报道为主，也登载一般报道、杂讯。发行量一度上升至近三千份，但1929年9月安东市民举办反俄大会之际，发生了与公安局人员的冲突事件，另一方面由于《东边商工日报》的出现，读者减少

二、日文报纸

名　　称	主义系统	持有人	编辑干部	备　　考
安东新报（日文）		川俣笃	西江靖	1906年10月创刊，日报，发行量一千两百份上下。经营者数次变更，但在安东是最早的报纸。毫无政治主张，报道一般时事
安东时事新报（日文）		中野初太郎	发行人　吉永成一	1928年1月创刊，日报，发行量一千三百份上下。1929年1月前社长中野初太郎死亡，一时陷入经营困难，经发行人吉永的努力，社运得以恢复。毫无政治色彩，仅仅是一般时事的报道机关

---

① 一说1929年9月1日创刊。

(三)杂志

名　称	主义系统	持有人	编辑干部	备　考
安东经济时报（日文）		安东商工会议所		1924年3月创刊，月刊，发行量约四百五十份
组合报（日文）		安东进口行会		1929年3月创刊，月刊，发行量约一百五十份
满洲特产安东通过日报（日文）		李赫镐		1929年7月创刊，日刊，发行量约一百三十份

牛庄

概况

牛庄的日文报纸有《满洲新报》及《满洲经济日报》两报，后者自1925年春持续休刊至今，现在只有《满洲新报》。该报于1907年12月创刊，拥有相当悠久的历史，但随着大连、奉天等地的发展，这些地方报纸的影响力直接侵入当地，读者也逐渐被蚕食，因整体经营困难而一直萎靡不振，诸如登载的内容除了当地杂讯外，所谓通讯摘录占据了其大部分，近年随着当地日侨的减少，经营十分困难。

中文报纸只有《营商日报》，是当地中国总商会的机关报，1907年10月创立。很少论及时事问题，只是以登载经济报道为主，记录其他当地杂讯。上述日文、中文两报均无政治关系，且其影响力也不大。

(一)中文报纸

名　称	主义系统	持有人	编辑干部	备　考
营商日报	总商会机关报		主笔　陈锡箴	1907年创刊①，日报（周日休刊），六页，发行量约一千份。创立当时经营困难，但1925年、1926年起趋向顺利。1926年暂时休刊，1927年2月再刊，社址位于营口西大街

(二)日文报纸

名　称	主义系统	持有人	编辑干部	备　考
满洲新报（日文）		社长　小川义和 1925年继任前社长冈部次郎之职	主笔　社长兼任 记者　小田寅夫	1907年创刊②，日报（休息日的次日休刊），四页，发行量一千五百份。参照"概况"。经营困难，社址位于营口新市街南本街

辽阳

概况

辽阳除中文小报《文化日报》外，中国方面没有刊行其他报纸、杂志，日文报纸有《辽鞍每日新闻》，内容都是当地的一般状况，在舆论界毫无权威。

名　称	主义系统	持有人	编辑干部	备　考
辽鞍每日新闻（日文）	报道一般时事	社长　渡边德重兼任《大阪朝日新闻》及联合通信社通讯员	主笔　同前 记者　野尻弥一	1908年12月创刊③，日文，日报，四页，发行量一千份。起初名为《辽阳新报》④，但1919年10月改为现名
文化日报		辽阳县教育局		1930年10月创刊，小报，中文

---

① 1919年报告为"1909年"，1922年报告为"1907年10月1日"；一说1908年创刊。
② 1925年、1927年报告为"1908年2月"；一说1908年3月创刊。
③ 一说1908年3月创刊。
④ 旧名为《辽阳每日新闻》。

本溪湖

名　称	主义系统	持有人	编辑干部	备　考
安奉每日新闻（日文）		持有人　伊藤唯熊	记者　后藤森三郎、小原良介	位于本溪湖，1913年4月创刊，日报，四页，发行量约三百五十份

抚顺

名　称	主义系统	持有人	编辑干部	备　考
抚顺新报（日文）		窪田利平	主笔　同前 记者　月野一霁、柴田宽辅	1921年4月创刊①，日报，四页，日文报纸，发行量约一千五百份。报道一般时事，并无什么主义主张
国民新报	与中国官方有关	社长　张浩支	主编　社长兼任 主笔　杨云楼	1930年4月创刊，中文日刊报纸，发行量一千份。接受张学成的补助
月刊抚顺		城岛德寿	主笔　同前	是时事杂志，并无特别之处

奉天（沈阳）

概况

奉天的中文报纸主要有日本人经营的《盛京时报》，中国人经营的《东三省公报》《东三省民报》《东北商工日报》《新民晚报》等。日文报纸有《奉天新闻》《奉天每日新闻》及《奉天日日新闻》三种。

《盛京时报》：创刊以来已有二十五年的历史，在中文报纸中，其信誉和地位是其他报纸无法追随的，因此其销路也逐年增加。前些年，该报所论触及中国官方的忌讳，约一年间受到不当打压，经营上蒙受了不小打击，但随着近年东北地区中国人社会知识的提高，其信誉反而得以上升。自此以来其声望提高，地盘也愈发巩固起来。

《东三省公报》：本报为中国方面中文报界的翘楚，经营已有十余年。是奉天官方的机关报，有影响力。所论、报道均比较稳健、准确，普遍有信誉。其影响和信誉次于《盛京时报》。

《东三省民报》：创刊当时标榜排外主义，聚集人气，但近来逐渐变得稳健。作为张学良等新人的机关报而展开活动。报道比较迅速准确，普遍受到好评。

《东北商工日报》：辽宁商工总会的机关报，由《奉天商报》改名而来。标榜奖励国货，其相关者多为国民外交协会等排外团体的干部，因此总是排外，排日报道居多，相当有影响力。

《新民晚报》：小报，一般报道不丰富，但因为鼓吹三民主义，普遍受欢迎，发行量大。还有，因为社长赵雨时是张学良的秘书，在官方相当有影响力。

《奉天新闻》：以不偏不倚为宗旨，其论调、报道均较为稳健，特别是关于中国情况及一般经济问题的报道丰富，因此拥有众多读者。作为日文报纸最有影响力。

《奉天每日新闻》：在当地日文报纸中，影响力次于《奉天新闻》，这一点尤其是本报的生命之所在。

《奉天日日新闻》：在当地日文报纸中具有最悠久的历史，拥有相当多的读者。经营者数次变更，因此经营上多有起伏，近来作为《满洲日报》的分支而经营。

一、中文报纸及杂志

（1）报纸

名　称	主义系统	持有人	编辑干部	备　考
盛京时报	不偏不倚	社长　佐原笃介　庆应义塾出身，1926年5月就任 副社长　染谷保藏　东亚同文书院出身	主笔　菊池贞二　东亚同文书院出身 主编　大石智郎　东亚同文书院出身	1906年10月创刊②，日报，八页，发行量约两万五千份。组织形式为股份有限公司（参照"概况"）

---

① 一说1921年2月创刊。
② 一说1906年9月1日创刊，一说1906年10月18日创刊。

(续表)

名　　称	主义系统	持有人	编辑干部	备　　考
东三省公报	奉天中国官方的机关报	社长　王希哲　奉天人，北京大学出身	主笔　社长兼任 编辑　王石隐	1913年2月创刊①，日报，八页，发行量约八千五百份。由原《东三省日报》②改名而来，所论、报道比较稳健（参照"概况"）
东三省民报	张学良一派新人的机关报	社长　赵雨时（号畏园）奉天人，现秘书厅秘书，兼任《新民晚报》社长	主笔　社长兼任 总编　赵水春	1922年10月创刊③，日报，八页，发行量约一万五千份。现社长就任以来，报道变得如今这样极端，多少显示出排日倾向（参照"概况"）
辽宁新报	排外主义	持有人　蒋斌　福建人，现交通委员会委员	编辑　张石攻 记者　马云飞	1929年4月创刊④，日报，六页，发行量约四千份。持有人蒋斌得到辽吉黑电政监督处的补助创刊，各方面的报道比较迅速，在官方相当有信誉，但随着上述监督处改变组织系统，补助被终止，本年5月2日停刊
东北商工日报	振兴实业，提倡排斥外货，有排日倾向	持有人　辽宁商工总会 社长　金哲忱　国民外交协会委员 副社长　卢庆绩　国民外交协会委员兼青年会干事	主编　邵丹甫 记者　刘信成	1927年10月创刊，日报，八页，发行量约八千份。本报由原《奉天商报》⑤改名而来，一度停刊，但1929年10月再刊（参照"概况"）
醒时报	鼓吹三民主义、自由思想，排日	社长　张兆麟　北平人，辽宁道德会董事	编辑　张维祺、张幼岐、张蕴华	1909年（宣统元年）2月创刊⑥，发行量五千份。本报是奉天唯一的白话报纸，以回教教徒为中心，在下层民间拥有影响力。社长张兆麟是回教教长，拥有影响力，经营回教清真私立小学校。完全被视为回教机关报
新亚日报	标榜排外、排日	社长　陶明潜　奉天人，东北大学文学院教授 副社长　陈树屏	主编　同前 理事记者　陈瘦鹃	1926年12月创刊⑦，日报，八页，发行量四千份。原为八页小报，后改为普通大小。一向以排外报道为生命，但最近倾向于文艺方面
新社会	标榜改善社会风教	社长　郑松生	主笔　社长兼任	1929年1月创刊，日报，四页，发行量四千份。目前正在安装机械，最近多少有发展扩张的势头
新民晚报	宣传反对帝国主义	社长　赵雨时　北平人⑧	主笔　王益三	1928年9月创刊，日报，八页小报，发行量七万五千份。本报是以张学良为中心的新人的机关报，赵社长兼任张学良的秘书，因此在官方相当有信誉（参照"概况"）

① 1929年报告为"1912年2月"。据《辽宁省志·报业志》记载：1905年12月奉天学务处创办《东三省公报》，主办人是谢荫昌，1912年2月创办的《东三省公报》，由奉天省议会主办。
② 据《辽宁省志·报业志》记载：1907年2月奉天商务会创办《东三省日报》，1911年8月停刊。
③ 一说1908年创刊，从前社长赵锄非的个人经历看，此报创办应晚于1908年，待查。
④ 1927年报告为"1921年"。
⑤ 1929年报告载《奉天商报》创刊于1927年10月10日。一说1920年创刊。
⑥ 一说1908年创刊。
⑦ 一说1926年11月创刊。
⑧ 上文《东三省民报》一栏为"奉天人"，待考。

(续表)

名　称	主义系统	持有人	编辑干部	备　考
东北日报	提倡实业、文化	社长　丁袖东	主笔兼编辑　阎光乾	1926年5月创刊,日报,四页,发行量三千五百份。毫无特色
东北民众报	鼓吹排外主义	社长　陈言 理事　刘西野 名誉社长　阎玉衡	编辑　陈谔谔 主笔　阎心廉	1929年10月创刊,日报,八页,发行量五千三百份。本报以启蒙东北民众为目的而发刊,在青年会、东北大学新人间有影响力。本年5月由于银贬值而陷入经营困难,也没能得到官方的补助,最终停刊,但6月16日再刊,或许是和南方方面取得了联系,得到了资金通融
新辽午报	张学成机关报	社长　张学成　张学良的亲弟弟	经理　王国光　原中学校教员,盖平县人	1929年创刊,日报,八页,创刊后不久便因经营困难而停刊,本年5月从学成处得到资本金七千元而再刊。社址位于奉天商埠地十间房复旦通讯社内

(2) 杂志

名　称	主义系统	持有人	编辑干部	备　考
辽宁青年	排外主义	持有人　辽宁基督教青年会	主笔　阎玉衡	辽宁基督教青年会的机关报,登载会员投稿及其他内容。不定期刊行,但总是登载排外报道。菊版①,六十页,发行量五千份。向会员及各机关团体等分发
教育杂志		辽宁省教育会	主笔　董袖石	1923年发刊,每次发行量一千两百份。主要登载教育振兴、教育革新论
民国医学杂志	医学研究	医学杂志社	主笔　侯毓文 编辑　侯宗濂、刘曜村	1923年6月发刊,南满医科大学中国学生、教授等所有人员登载各自研究论文的杂志。发行量一千两百五十份。向全中国各医校、医学会等分发
警察旬刊			主笔　于渔村	1924年发刊,旬刊,每次发行量五百份
电政公报		辽吉黑电政监督处	总务科	1926年发刊,登载训令、命令等。发行量三百份
财政月刊	启发财政相关官吏的智能	辽宁财政厅	编辑　日刊处	1926年6月发刊,月刊,发行量一千三百十二份。登载财政厅的命令、公文、任免、统计等
法学新报	改善施行法令,收回领事裁判权	法学研究会	主笔　赵欣伯	1927年发刊,周刊,发行量一千份。登载学理、论说、日本判例、研究资料、新定法律等
沈阳县教育月刊	三民主义	沈阳县教育局	主笔　白永亮	1928年发刊,月刊,发行量五百三十份。登载命令、三民主义教育、评论等
军事月刊	提倡军事学	边防军司令长公署	主笔　徐组诒、高荫周	1928年10月发刊,月刊,发行量五千份。登载有关军事普及方面的新知识、训令等
东北新建设	基于三民主义开发实业	陈杨作	主笔　同前	1929年1月发刊,月刊,发行量两千份。就有关建设事业,登载日俄侵略的事实
海事杂志	普及海军知识	海事编译处	主笔　刘华式	1929年2月发刊,月刊,发行量一千份。为了普及海事新知识而登载世界海军情况

---

① 日语表示纸张尺寸的专用名词,约152×218毫米。下同。

(续表)

名　称	主义系统	持有人	编辑干部	备　考
辽宁教育月刊	提倡三民主义,振兴教育	辽宁教育厅	主笔　金毓黻	1929年1月发刊,发行量一千三百份。登载排日报道
东北矿学会报	采矿冶金研究	东北大学工学院内东北矿学会	主笔　张成洲	1929年3月发刊,月刊,发行量五百份。除了研究事项外,还登载排日报道
蒙旗旬刊	振兴教育,发展文化	蒙旗处	主笔　邵俊文	1929年7月发刊,旬刊,发行量两千份
公安通讯	开发民智,宣传公安情况	公安管理处	周刊部	1929年8月发刊,每五日发行一次,发行量两百一十份。宣传警察情况
沈阳铁路月刊	宣传铁路事业	沈海铁路公司	主笔　王钰熹	1928年发刊,至今为止名为《奉海路周刊》,1929年8月改名。月刊,发行量三百五十份
民政月刊	宣传三民主义施政	辽宁省民政厅	月刊编辑处	1929年5月发刊,发行量两百份
东北政务委员会周刊	施政公开	东北政务委员会	主笔　朱贲	1929年5月发刊,发行量两千份
公安周刊	启发警察知识	辽宁全省公安管理处	周刊部	1929年8月发刊,周刊,发行量四千六百五十份。时而有排日报道
辽宁建设月刊	三民主义	辽宁建设厅	同前	1929年8月发刊,月刊,发行量四百份。时而有排日报道
实业月刊	三民主义	辽宁农矿厅	同前	1929年9月发刊,月刊,发行量一千三百份。时而有排日报道
同泽半月刊	排外主义	社长　郭庆禄	编辑部长　梁孝植	1927年发刊,半月刊,发行量两千份。满载排日报道
屯垦月刊	排外主义,宣传屯垦情况	邹作华	主任干事　李峰 编辑　赵伯牟	1929年9月发刊,月刊,发行量两千份。满载排日报道
东方公论	排日主义,启发民智	长城书局 社长　王一新	编辑　王施真 执笔者　十七名	1929年10月发刊,旬刊,发行量三百份。为会员组织,制定有会员必须投稿的规定,以当地有影响的排日分子为会员

(二)日文报纸及杂志

(1)报纸

名　称	主义系统	持有人	编辑干部	备　考
奉天新闻 (日文)	不偏不倚	社长　佐藤善雄	主笔　同前 主编　小笠原俊三 记者　富田广四	1917年8月创刊①,日报,四页,发行量约四千份(参照"概况")
奉天每日新闻 (日文)	不偏不倚	松宫干雄	主笔　三井实雄 记者　田口良平、池田行夫	1907年7月创刊②,早、晚两次发行,日报,八页,发行量约六千份(参照"概况")③

---

① 1924年报告为"1920年9月",1929年报告为"1917年9月"。
② 1924年报告为"1907年5月",一说《内外通信》是1907年7月创刊。
③ 1920年7月收购内外通信社,同月改名为《奉天每日新闻》,一说1918年改名。

(续表)

名　称	主义系统	持有人	编辑干部	备　考
奉天日日新闻（日文）	满铁机关报	社长　庵谷忱	主笔　田原丰 记者　兼本正一、石田外信	1908年12月创刊①，日报，四页，发行量约四千份。原为《辽东新报》姐妹报，1927年11月②由于《辽东》《满日》报合并，进入《满洲日报》系统（参照"概况"）

（2）杂志

名　称	主义系统	持有人	编辑干部	备　考
奉天商工新报（日文）		发行人　有川藤吉	主笔兼记者　神山哲三	1922年3月31日创刊③，每月发行两次。报道棉纱、棉布各行行情一览、商况特产行情一览、贸易品进出口一览等。未见主义、系统
奉天经济旬报（日文）		奉天商工会议所	主笔　野添孝生 记者　嘉多龙太郎	奉天商工会议所的机关报，1924年5月17日创刊，当时不得登载时事，但其后得到了登载事项变更的许可，目前登载各种社会报道，以资商工业会员参考
奉天输入组合月报（日文）		奉天输入组合	主笔　赤松纯平	1929年8月16日创刊，月刊，向一般组合成员报道"输入组合"的工作状况
满洲经济调查汇纂（日文）		奉天商工会议所	主笔　野添孝生 记者　嘉多龙太郎	1928年9月4日创刊，一年发行六次。在东北等地开展经济调查，向各商工会议所会员等报道
奉天兴信所内报（日文）		社长　佐藤善雄	主笔兼记者　佐佐木孝三郎	1926年6月25日创刊④，每周发行三次。报道有关注册、诉讼的事项及奉天站输入货物调查，作为加盟会员的研究资料
日华兴信公所日报（日文）		发行人　神谷义隆	神谷义隆、工藤敏雄	1922年3月28日创刊，每周发行三次。登载奉天总领事馆处理的不动产登记事项，奉天、安东、大连的进出口货物统计，以及有关市内金融状况、物价方面的事项，分发给加盟会员，提供参考资料
东亚兴信公所（日文）		尾崎济	主笔兼记者　汤畑正一、太田吉太郎	1922年5月31日⑤创刊，周刊，登载各种有关企业经营的事项及中华民国法令译文等
昭和兴信所内报（日文）	向会员报道一般经济资料、有关登记的民事诉讼各事项	赤塚真清	主笔　同前 记者　北原兼治	1928年4月27日创刊，周刊，向会员报道一般经济资料和有关各注册、民事诉讼的事项
奉天商工日报（日文）		内山石松	记者　同前	1926年6月发刊，美浓纸⑥对折型，发行量约一百份。向股票交易人分发，报道一般市况市价

---

① 一说1909年6月创刊。
② 1929年报告为"1927年10月"。
③ 1929年报告为"1924年4月"。
④ 1929年报告为"1917年9月"。
⑤ 1929年报告为"1921年12月"。
⑥ "美浓纸"是日本美浓所产的一种纸。日语表示纸张尺寸的专用名词中有"美浓判"（约273×394毫米）一词，这里可能是指此。

(续表)

名　称	主义系统	持有人	编辑干部	备　考
日华(日文)	日华亲善，日华俱乐部机关报	株式会社日华俱乐部 宫川隆	主笔　小笠原俊三	1929年8月13日创刊，每月发行一次。以日文、中文两种语言登载为本出版物的特色。向日、中各要人广泛分发。本报获准刊行后时日尚浅，仍未有专任记者
满洲及日本(日文)	介绍东北地区情况	斋藤善之助	主笔　同前	1918年7月创刊，当初称《满洲》，后改名为《亚细亚公论》《新满洲》，1925年10月改名为《满洲及日本》直至今日。月刊，发行量约五百份
新满洲(日文)		社长　下川喜久三	编辑　田中重策 记者　港宗泡、香山藤次郎	1926年10月以《家庭と趣味》为名、作为文艺、演艺同好者的会员组织而创刊，1928年7月改名为《新满洲》，同时开始登载时事。月刊，发行量约九百份

新民府

新民府尚未有报纸、杂志等发行，仅驻有《盛京时报》《满洲报》《关东报》(以上日本籍)以及《东三省公报》《东三省民报》等中文报纸的中国通讯员。他们只是在代理销售之余，随时发送有关当地各种情报的通讯。

1929年10月，上述各通讯员等相商，组织了新民府报纸联合会，期望报道的正确性，同时排挤加盟者以外杂小报纸的代理销售，《盛京时报》通讯员任会长。

铁岭

概况

铁岭未见中文报纸发行，日文报纸只有《铁岭时报》《铁岭每日》两报。中国人一般大量购阅《东三省公报》《新民晚报》《盛京时报》《东三省民报》及《关东报》等中文报纸，日本人之间购阅《奉天每日新闻》《满洲日报》《大连新闻》《大阪朝日新闻》及《大阪每日新闻》等各报纸。

名　称	主义系统	持有人	编辑干部	备　考
铁岭时报(日文)	时事报道	社长　西尾信	主笔　同前 记者　本多正	1911年2月创刊①，日报，发行量四百五十份。《铁岭新闻》停刊后的半年间毫无报道机关，极其不便，因此本报作为领事馆、民会②、满铁地方事务所登载公告的机关报而诞生。起初为油印发行，1919年4月起改为活版印刷，中版，四页。1927年起在开原设立支局
铁岭每日(日文)	时事报道	迫田采之助	主笔　同前 记者　小田佛雄	1917年11月创刊，日报，四页，发行量两百份上下。本报未能获得日本官方的许可，而是经中国警察批准创刊。中国人罗率真任主笔时为日文、中文两种语言，但1927年2月现持有人迫田采之助任主笔后废除了中文栏

开原

概况

开原的日文报纸有《开原新报》《开原实业新报》两报，规模均极小。中文报纸有《开原县公报》一种报纸。

---

① 一说1911年8月创刊，一说1910年创刊。
② 当地日侨组织。

(一) 日文报纸

名　　称	主义系统	持有人	编辑干部	备　　考
开原实业新报（日文）	经济时事报道	篠田仙十郎	主笔　同前	1923年1月1日创刊,日报,两页,发行量六十八份。1929年4月报社迁移至开原大街,勉强维持发行,工作人员仅主笔夫妻
开原新报（日文）	时事报道	社长　冈野勇	主笔　田中重策	1919年2月11日创刊,日报,四页,发行量两百五十份。经营困难,1928年5月左右起不得不休刊,其后由现社长盘下再刊

(二) 中文报纸

名　　称	主义系统	持有人	编辑干部	备　　考
开原县公报	县官方机关报			1930年6月盘下《开原县公民日报》改为现名,发行量约一千份

掏鹿

当地未见报纸、杂志等发行。只有在代理销售各地报纸之余发出通讯者。被购阅的主要是《盛京时报》《东三省民报》及《东三省商报》等。

海龙

当地无报纸、杂志等发行。

通化

驻有《盛京时报》、《民众报》、上海《时报》与《辽宁新报》《大公报》《新民晚报》《平民日报》《新亚日报》《京报》《益世报》《东三省公报》《东三省民报》《满洲报》《东北日报》《泰东日报》《申报》等的通讯员,仅仅代理销售,未见报纸、杂志等的发刊。

帽儿山

当地无新闻、杂志等刊行。

四平街

名　　称	主义系统	持有人	编辑干部	备　　考
四洮新闻（日文）		社长　樱井教辅 1920年入社,其后升任社长	无主笔及记者	1920年创刊,日报,小型,四页,发行量四百份。社址位于四平街仁寿街,1920年10月以《四洮时事新闻》为名创刊,1921年9月改名为《四洮新闻》。规模极小,经营至难,报道仅限于部分地区的新闻,内容贫乏

郑家屯

当地无报纸、杂志等发刊,仅驻有《盛京时报》《东三省公报》《东三省民报》《泰东日报》《满洲报》《东北日报》《辽宁新报》《新民晚报》《满洲报》《东北申报》《华北日报》及《关东报》等的通讯员,只不过是在通讯之余代理销售报纸。

通辽

当地本来无报纸、杂志等发行,1929年计划发行日刊报纸,8月末终于发刊,但经营不如意,11月下旬停刊至今,目前没有复活的希望。现仅驻有《盛京时报》《东三省公报》《东三省民报》《泰东日报》《满洲报》《东北日报》及《辽宁新报》等的通讯员,只不过是在通讯之余代理销售报纸。

洮南

驻有《盛京时报》《东三省公报》《东三省民报》《泰东日报》《满洲报》及《东北申报》等的通讯员,只是代理销售报纸。

长春

概况

长春的中文报纸只有《大东报》一报,未能摆脱所谓地方报纸的状态,并且传说与张学良之间有一些特殊关系,接受奉天当局的补助,是其御用报纸,真相不明,总之还未能建立起舆论权威。总喜欢添枝加叶报道本地新闻,登载具有煽动性的排日报道。

日文报纸有《北满日报》及《长春实业新闻》两报,均为地方小报,由于地理位置的关系,中东铁路问题以来,与俄国有关的报道居多,似乎不仅限于地方性报道。在经营上两报处于对立关系,似有相当困难。

(一) 中文报纸

名称	主义系统	持有人	编辑干部	备考
大东报	标榜三民主义,鼓吹排外思想,中国官方的机关报	社长 霍占一 毕业于日本明治大学,曾任哈尔滨教育会及吉林省议会议员	主笔 张云责 记者 李光翰 原吉林督军署副官	1915年发刊,日报,八页,发行量九百份。社址位于长春城内,1928年8月改名为《大东报》①,经营似有困难,但据说有张学良的补助。好登煽动性排日报道,当地新闻占大部分,国际及有关中国的一般消息多转载自日本报纸。在青年学生间有影响力

(二) 日文报纸

名称	主义系统	持有人	编辑干部	备考
北满日报②(日文)		社长 箱田琢磨 当地名流,历任长春在留民会③副会长、长春地方委员议长等职,威望普遍很高	主笔 泉廉治 毕业于上海同文书院,任奉天中国法政大学堂讲师,其后任昌图中国官方顾问,长春日报社主编,还于1922年在吉林发行中文报纸《东省日报》 记者 高桥胜藏 1917年入社 记者 加藤金保 1924年入社	1909年发刊,日报,四页,发行量两千份,社址位于长春中央通十九号。1920年将《长春日报》改名为《北满日报》。地方性小报,经营困难,内容平凡,有杂志味道
长春实业新闻(日文)		社长 柏原孝久 1906年作为关东都督府特派人员来到长春,1920年创办本报,现在为长春市民会长,信望高,相当有影响力	主笔 十河荣忠 1920年入社,1929年任主笔,现兼任"电通"通讯员 记者 河西忠香 1926年入社 大岩和喜雄 1926年入社	1920年创刊,日报,四页,发行量一千四百份,社址位于长春永乐町4-1。作为言论机关,其将来被寄予期望,但经营内容困难,尚未积极开展活动。报道比较清新,稍有煽动性的倾向

---

① 1928年报告为《大东新报》。
② 一说初名《长春日报》,1909年1月创刊,1917年易名《北满日报》。
③ 当地日侨组织。

农安

有《盛京时报》《满洲报》《泰东日报》《东北民众报》与大连《关东报》、《辽宁新报》等的分社或支局,不过是在代理销售之余,从事通讯工作。

哈尔滨

概况

一、报纸:现在哈尔滨的报纸数量为中文报纸十一种、俄文报纸五种、英文报纸两种、日文报纸三种、德文报纸一种,合计二十二种报纸。

(1) 中文报纸有《国际协报》《哈尔滨公报》《哈尔滨晨光报》《东三省商报》《东华日报》《大北新报》《滨江时报》《午报》及《市报》九种报纸。上述报纸中《国际协报》《哈尔滨公报》及《哈尔滨晨光报》三报可以看作一流报纸,均登载社论,内容上有相当值得阅读之处。除《大北新报》及《东华日报》之外,其他各报中无登载评论的报纸。就上述各报处理报道的情况而论,《国际协报》进取,《哈尔滨晨光报》急进,均可看作排日的急先锋,时而登载离奇的报道,但在当地仍不失为一流报纸。《哈尔滨公报》是当地中国方面的机关报,致力于拥护官方,但与前两者相比,撰写各种报道的笔调比较公平稳健,最近轮流附上一页《经济周刊》及《妇女周刊》,致力于吸收读者。《东三省商报》则时而登载令人感兴趣的报道。《东华日报》登载社长薛大可分析时局的报道,可以称为其特征。

(2) 俄文报纸有 Заря、Рупор、Русское слово、Гун-Бао 及 коммерческая почта 五种报纸。其中 Заря、Рупор、Русское слово 三种报纸完全是白系报纸。Гун-Бао 直到1929年1月是中国方面的机关报,但前特别区行政长官张焕相离开当地以来,官方的补助断绝,尔后独立经营,从其论调看,还是应该称其为白系报纸。只有 коммерческая почта 是准劳农系,但影响力极其微弱,其存在在市民中未获认同。

一向被视为赤系报纸的 Молва 及 Новости жизни① 两报,前者因1929年1月6日的一篇报道攻击英国国王,中国方面应英国总领事要求而查封;后者在同年5月27日当地劳农总领事馆袭击事件中,登载了包含非难奉天领导人和中国警察行动等内容的报道,因而于7月18日被责令无限期停刊。其后,受苏中纷争影响,没有赤系报纸创刊。1930年1月,住在当地的英国人辛普森创刊了英文、俄文两种语言的准赤系报纸 Герольд Харбина。

上述白系各报纸对日态度均良好,但在苏中纷争中为了让日本对苏联抱有同情态度,时而玩弄令人不快的文笔。

(3) 英文报纸有即存的美国系统的 Harbin Daily News 及英国系统的 Harbin Observer 两报,但与中文、俄文及日文报纸相比,内容贫乏,读者少,毫无权威。不过,其关于"满蒙"的报道常常被其他地方的外文报纸转载,所以受到注意。Harbin Observer 被中国方面收买,而且社长福利特与苏联方面接近,与 Ангаста 及 Театр и искусство 等有关系,因此声望不好。

除上述两报之外,1930年1月辛普森创刊了英文、俄文两种语言的报纸 Герольд Харбина。由于迎合了当地俄国人之间旺盛的英语研究热,发行量相当大。

(4) 过去未见德文报纸发行,1929年末 Deutsch-mandschurische Nachrichten 发刊。德国居留民少,对于上述报纸在当地发刊,巷间议论纷纷,特别是由于中东铁路事件之际,德国"东方借款信托银行"对于"达利银行"②的援助行为等,当时有人猜测本报发刊与中东铁路俄国方面是否有某种默契,最近似乎果真接受了财政方面支持。

二、杂志:现在当地发行的杂志有中文六种、俄文四种、日文两种,合计十二种。但中文杂志均为中国官方或中东铁路的机关杂志。俄文杂志中,Вестник Маньчжурии 是中东铁路经济局的机关杂志,是"满蒙"同类杂志中的权威,随时发表认真踏实的研究调查。

---

① 译为《新生活报》,1917年译为《新生涯》,1920年译为《时事新报》。1927年报告为1907年创刊,1929年报告为1909年创刊。

② 音译,原文为"ダリバンク"。

(一) 中文报纸及杂志
(1) 报纸

名　称	主义系统	持有人	编辑干部	备　考
国际协报	三民主义，南北统一	张复生　哈尔滨特别市参事会员	主编　同前 记者　王星岷、张三干、赵惜梦、王研石	1919年1月10日创刊①，日报，十二页，副刊半折大，一页，发行量约三千份。当初于长春发行，后接受南洋烟草叶元宰的援助转移至当地。1921年张复生任社长，接受奉天及当地各机关约一千元的补助直至今日。可称为东北唯一的报纸，总是有新颖之处，时而登载离奇的报道。据说与俄文报纸Заря有密切的关系，对日态度不良
哈尔滨公报	特别区行政长官公署的机关报	关鸿翼　现行政长官公署咨议、地亩管理局秘书	主编　吴士元 记者　张伯达、崔箫九 营业主任　关子诚	1926年12月10日发刊，日报，十二页，发行量两千五百份。本报最初由关氏从特别区各机关筹措资金两万元创刊，张焕相担任行政长官时，是长官公署机关报，1927年末起变为个人经营，但与官方依旧有关。与俄文报纸Гун-Бао有姐妹关系。论旨比较稳健，对日态度未到不良的程度
哈尔滨晨光报②	三民主义	营业部委员长　于芳洲	编辑部委员长　张树屏 委员　于浣非、赵惜梦	1922年7月创刊，日报，十二页，周日有附录画报一张，发行量两千份。1922年张焕相从当时接受特别区土地工作的土地局收入中支出两千元，藉此资助，加上募集一般资金，本报得以创办。1926年末由于有共产主义嫌疑而被查封，1928年12月再刊。论旨最为急进，是当地的排日报纸急先锋，总是登载煽动性排日报道
东三省商报	启发商业	社长　叶元宰	主笔　同前 主编　黄天行 记者　吴子尚、刘绍季 营业主任　刘宝源	1922年12月③创刊，日报，八页，发行量一千两百份。本报为叶社长离开《国际协报》，从南洋烟草处获得资金创刊。1923年起变为个人经营，听说每月接受各方面六七百元的补助。以经济报道为主，政治方面的报道稳健，不登载评论。叶社长很早就是国民党员，是极端的排日分子，但1924年国民党改组以来不再与之有关，不如说近来有亲日的倾向
滨江时报	启发社会	经理　范介卿④	主笔　范介卿 记者　田禾、文中、范新甫 营业主任　吕仲三	1920年4月创刊⑤，日报，十二页，附录《消闲画报》一张，发行量约四百份。本报资本金一万元，是范介卿个人经营，原中东铁路机关报《远东报》倒闭后继承其地盘创刊，不登载评论

① 1925年报告为"1918年8月"；一说该报1918年7月在吉林省长春市创刊，1919年10月迁到哈尔滨。
② 1929年报告《晨光报》前无"哈尔滨"。
③ 1929年报告为"1921年12月"。
④ 1928年、1929年报告为"范聘卿"，范聘卿、范介卿为兄弟。
⑤ 1925年报告为"1921年"，一说1921年3月创刊。

(续表)

名　称	主义系统	持有人	编辑干部	备　考
滨江午报①	启发民智	社长　赵郁卿	同前	1920年5月创刊②,日报,小型,四页,发行《滨江画报》(半纸型③)一张作为副刊,发行量三千两百份
市报	哈尔滨特别市市政局机关报	特别市市政局	编辑主任　薛大可 记者　刘炎公、李侃	1927年5月创刊④,日报,四页,发行量约一千份。最初作为《哈尔滨公报》的附属物刊行,1929年初分离独立,原本全都登载市政局布告,不登载评论,但薛大可任主笔后呈现出普通报纸之态
东华日报	号称不偏不倚,但与冯、阎方面有密切关系	薛大可(子奇)　毕业于日本早稻田大学	主笔　同前 记者　梁则范、胡某	1929年11月14日创刊,日报,十二页,发行量五百份。本报为薛个人经营,但似乎将来会接受东北四省若干补助,目前在当地是二流报纸。本年6月扩张了版面,近来还计划发行晚报。对日态度普通,在东三省商报馆内印刷。俄文报纸 *Восток* 是本报的姐妹报。本年10月被国民政府责令停刊
大北新报⑤		社长　山本久治 发行者　佐原笃介	主编　王丕承	1922年10月创刊,日报,四页,发行量约五千份。本报为奉天《盛京时报》的"北满"版
滨江晨报		社长　赵逸民　原《滨江时报》主笔	同前	1928年9月10日创刊⑥,日报,小型,四页,发行量五百份
华北新报	改良风俗	杨妙峰	同前	1926年6月10日创刊⑦,日报,四页,发行量三百份。创刊后两度休刊,1929年2月复刊

(2) 公报及杂志

名　称	主义系统	持有人	编辑干部	备　考
市政月刊	东省特别区市政管理局机关杂志	同管理局	发行部主任　王奎五	1926年2月创刊,月刊,发行量约一千两百份
警察周刊	东省特别区警察管理处机关杂志	同警察管理处	王丕承　现《大北新报》主编	1924年1月创刊,月刊,发行量约一千两百份
教育月刊	东省特别区教育厅机关杂志	同教育厅	教育厅	1929年3月创刊,月刊,发行量一千份
警察汇刊	东省特别区路警处机关杂志	同路警处	王丕承　现《大北新报》主编	1926年1月创刊,月刊,发行量约一千份

---

① 1928年报告中为《午报》。
② 1925年报告为"1921年6月"。
③ 日文表示纸张尺寸的名词,约为250×170毫米。
④ 一说1927年4月1日创刊。
⑤ 1925年报告为《大北日报》。
⑥ 一说1928年7月16日创刊。
⑦ 一说1925年5月12日创刊。

(续表)

名　称	主义系统	持有人	编辑干部	备　考
教育月刊	东省特别区教育会机关杂志	同教育会	会员投稿	1927年创刊,月刊,发行量八百份
东省铁路经济月刊	中东铁路机关杂志	东省铁路经济月刊发行部	主任　叶国光	1925年3月创刊,月刊,发行量约两千份

(二) 俄文报纸及杂志

(1) 报纸

名　称	主义系统	持有人	编辑干部	备　考
Заря	反劳农主义	艾姆·艾斯·莱姆毕齐个人经营。大战期间作为 Русское слово 的从军记者博得名声,1926年起在上海发行 Шанхайская заря,在天津发行 Nasha Zarya。1929年1月以后收购白系报纸 Русское слово 及 Рупор 约一半的股权,并在8月将事业中心转移至上海,同时迁居当地	主笔　同前 主编　克·艾斯·希普科夫 副主编　艾努·佩·科布茨奥夫 记者　米哈伊洛夫、萨特夫斯基、卢杰夫斯基、阿斯塔霍诺、谢洛夫、特鲁克夫	1920年4月15日创刊,日报,四页或六页,周日版八页或十页,发行量八千份。本报最初由莱姆毕齐、希普科夫、米哈伊洛夫共同出资创刊,1925年希普科夫、米哈伊洛夫将其权利全部转让给莱姆毕齐,变为莱姆毕齐个人经营。在当地言论界拥有特别重要的影响,一年的纯利润达到一万五千乃至两万圆。影响范围为哈尔滨、中东铁路沿线,此外向海外发送约五百份,在各阶级中拥有读者。接近中国官方、中东铁路要人等。对日感情良好
Русское слово	帝政主义	亚·伊·克罗波夫、莱姆毕齐共同拥有,资本金五千圆 社长　亚·伊·克罗波夫　医师兼律师	主笔　亚·伊·克罗波夫 记者　格鲁齐亚科夫、冯·吉贝鲁格、里亚贞柴夫、维塞罗夫斯基	1920年6月创刊,日报,六页乃至八页,发行量一千五百份。本报的起源是,霍尔瓦特将军的旧友、原国会议员武维·瓦斯特罗琴在中东铁路机关报 Харбинский вестник 被查封后,与从西伯利亚撤退的高尔察克政府的野战印刷局共同接管该报财产,发行了 Русский голос 报,当初取得了较好业绩,成为白系思想界的最大权威。不过,由于中东铁路赤化,来自该铁路的补助断绝,该报遭遇财政危机。1926年斯巴斯基取代瓦斯特罗琴成为主笔兼代表,改为现名。依靠西欧白系各团体的援助,一度再现兴盛,但又一次陷入财政困难,转于克罗波夫之手。克罗波夫于1929年1月将所有权的六成转给 Заря 报的持有人莱姆毕齐,面目稍新,直至今日。其言论带有露骨的反劳农色彩,影响范围以哈尔滨为主,向中东铁路沿线发送约三百份,向海外发送约两百份。对日感情良好,但讥讽我方亲善劳农的政策
Рупор	民主主义,白系	耶·艾斯·卡夫曼 资本金一万圆,个人经营	主笔　同前 记者　佩邓科、卡鲁帕库奇、内斯梅洛夫、佩特洛夫	1921年9月创刊,日刊(晚报),四页乃至八页,发行量五千五百份。当地唯一的晚报,在各阶级中拥有读者,特别在妇女间受到欢迎。登载露骨的反劳农言论,对日感情不坏。与 Заря 社长莱姆毕齐的出资有关

(续表)

名 称	主义系统	持有人	编辑干部	备 考
Гун-Бао	白系报纸	关鸿翼个人经营,资本金两万圆	主编 伊万诺夫 记者 泽兰、科泽洛夫、切露卡索夫、阿雷尼科夫	1926年12月创刊,日报,六页乃至十页,发行量三千五百份。1924年以来中国方面有发行俄文机关报的计划,曾经在中东铁路的梅利克·瓦卢堂扬茨知晓后,提议关鸿翼在苏联方面秘密援助下实现此事,1926年12月时,在特别区行政长官张焕相补助下创刊本报。起初以广告费的形式接受中东铁路莫大的补助,社务大为发展,但其后与苏联方面的合作暴露出来,长官公署罢免了关鸿翼与梅利克,让权世恩、萨特夫斯基和卢杰夫斯基负责经营。但上述改组令劳农方面反感,中东铁路取消了补助。报社因此聘请该报原主笔贝斯代取萨特夫斯基,但这又不能获得中国方面的谅解,事态陷入困境。其后,现在的行政长官张景惠及教育厅长张国忱再次尝试改组本报,以原社长关鸿翼为社长,伊万诺夫为主编。中国方面机关报之名在上述改组前一年已经取消,但1929年苏中纷争时,该报一味拥护中国方面的行为,发挥御用报纸的作用,全面痛批劳农方面,似乎与莱姆毕齐系统的各报一起组成了反苏共同战线。由于准确登载中国各官衙的布告类等,主要购阅者为内外诸官厅、商人等。对日感情并非不佳,但对于我方亲善苏联的倾向,一有情况便极力揶揄
Коммерческая почта	赤系报纸	艾努·艾姆·萨特夫斯基 个人经营	主笔 同前 记者 阿奇莫夫、拉博夫	1928年1月创刊①,周刊(每周一),四页或六页,发行量约三百份。本报最初预定作为纯粹的商业报纸发行,但因为资金困难,以英国籍犹太人福利特的名义接受苏联中东铁路方面的援助。致力于宣传劳农的经济情况,但经营、编辑不理想,毫无发展,大多数市民似乎连其存在都不知晓
Восток	排斥共产主义	社长 薛大可 长沙人,现为《东华日报》社长及特别区市政局发行的《市报》主笔,张作霖时期的北京亚细亚主义负责人	主编 佩特洛夫,笔名珀利希内利,前 Pynop 记者	1930年6月24日创刊,晚报。离开 Pynop 及 Заря 的报社人员为了对抗上述两报而创办的报纸,中文报纸《东华日报》是本报的姐妹报。本年10月根据国民政府的命令停刊

---

① 1929年报告为"1925年"。

(2) 杂志

名　　称	主义系统	持有人	编辑干部	备　考
Рубеж	兴趣本位	耶·艾斯·卡夫曼、希普科夫、莱姆毕齐的联合合作组织 社长 耶·艾斯·卡夫曼	主笔 耶·艾斯·卡夫曼	1927年11月创刊,周刊,发行量三千份。本杂志最初由当地俄国残疾人联合会创办。内容除了俄国作家的小说外,还有欧美发行的文艺、科学、电影杂志等的译载及其照片的转载等,影响范围以哈尔滨、中东铁路沿线为主,向远东各地分发
Театр и искусство	宣传苏维埃的无产阶级文学及艺术	毕·海顿·福利特个人经营	波鲁克夫	1927年11月创刊,不定期,发行量一千份上下。本杂志的创办源自负责中东铁路俱乐部演剧部的特鲁茨布的提议,是依靠中东铁路俱乐部的经费,以宣传苏联戏剧为目的,借英国人福利特的名义而创设的,主要转载劳农国内出版的文艺杂志、小说,登载海外杂志的一般科学性报道、照片。近来经营不振
Вестник Маньчжурии	中东铁路机关经济杂志	中东铁路经济局	主编 莱弗考夫斯基 干部 卡钦、伊里春 记者 卡鲁锁司	1920年创刊,月刊,发行量约一千份。最初名为 Маньчжурский Вестник,1925年改为现名。主要登载中东铁路经济专家与当地学者的研究调查、中东铁路在东北北部的活动,有关东北北部一般自然状况的权威论文,对于主要论文附有英译文。此外,为了宣传劳农国内的经济情况而夸张地转载。本杂志还发行 Экономический бюллетень 作为附录,登载有益的资料,介绍中东铁路的状况及东北北部的一般情况
Экономический вестник	日俄协会系	哈尔滨日本商品陈列馆	记者 馆员分担	1927年9月1日创刊,月刊,发行量三百份。目的在于向俄国人及会俄语的中国人介绍日本及东北北部的经济情况

(三) 英文报纸

名　　称	主义系统	持有人	编辑干部	备　考
Harbin Daily News	不偏不倚、保守	亨利·维希 资本金五千圆。1915年曾于列宁格勒经营当地唯一的英文报纸 *Russian Daily News*	同前	1919年创刊①,日报(周日休刊),四页,发行量两百份。没有评论栏,报道也比较缓慢,对日感情良好
Harbin Observer [哈尔滨观察家] (英文)	标榜严正中立,但与中国官方有特殊关系,最近数年来与劳农方面接近	毕·维奇·福利特 资本金一千五百圆,个人经营	同前	1925年创刊②,日报(周日休刊),菊版,四页,发行量约两百份。不登载评论,报道量少且慢,对日感情不好不坏

---

① 1927年报告为"1918年"。
② 据《黑龙江省志·报业志》记载:英国人哈同·弗利特1924年创办《哈尔滨先驱报》,1925年更名为《哈尔滨观察家》。

（四）德文报纸

名　称	主义系统	持有人	编辑干部	备　考
Deutsch-mands-churische Nach-richten	共和主义，对苏亲善	巴特尔斯及库雷共同经营，资本金约五万马克	主笔　库雷 主持人　昆思特 记者　本戴尔、万利奈尔及其他俄国人数名	1929年12月创刊，日报（周一休刊），六页乃至八页，周日附有本国送来的科学画报，发行量一千五百份。但是当地只能消化其中约两百份，残余部分发至远东各地。随着在东北地区的德国人增加，以前起就存在发行德文报纸的计划，1929年末在当地一流机械进口商昆思特的主导下本报问世。当初带有右倾色彩，使得一部分人士不满，陷入财政困难，昆思特因此将之盘给现在的库雷和巴特尔斯。两人改变了色彩，与中东铁路管理局、苏联方面取得联系，以根据需要充当苏联方面机关报为条件，每月接受广告费两百五十卢布，另外还有一部分商会的补助，但依然处于经营困难状态。最近发行俄文附录，但由于没有申请发行许可，被警察管理处命令停止发行上述附录

（五）日文报纸及杂志

（1）报纸

名　称	主义系统	持有人	编辑干部	备　考
哈尔滨日日新闻（日文）	不偏不倚	佐藤四郎	藏土延次	1921年①创刊，日报，四页，发行量约一千份。影响范围为哈尔滨、中东铁路沿线及东北南部地区。满铁系统的有限股份公司，资本金二十万圆
哈尔滨通信（日文）	中立	大河原厚仁	大森清腾	1918年创刊，日报，四页，发行量约五百份。据说形式上是大河原个人经营，实质上现在由国际运输株式会社经营
露西亚通信（日文）	报道劳农俄国的政治、经济情况	近藤义晴	同前	1927年创刊，日报，发行量两百五十份。主要为俄文报纸的翻译，东北地区、朝鲜及日本内地的官厅购阅

（2）杂志

名　称	主义系统	持有人	编辑干部	备　考
露亚时报（日文）	关于俄国、满蒙的经济报道	哈尔滨商品陈列馆（森御荫）	宝珠山弥高	1919年创刊，发行量六百份。被东北地区、朝鲜、日本内地购阅
哈尔滨商品陈列馆パンフレット（日文）	关于俄国、满蒙的政治、经济报道	同上	同上	1923年创刊，发行量三百份。以俄国、朝鲜为影响范围，每月发行两次

齐齐哈尔
概况

齐齐哈尔发行的报纸均为中文报纸，是中国官方的御用报纸，发行量也很少，几乎看不到对舆论的影响，动摇当地舆论的不如说是哈尔滨、上海及天津的各报纸。

---

① 1929年报告为"1922年1月"，一说1922年11月创刊。

从其经营上来看，各报的发行量均很少，因此经营困难，仅仅依靠相关官厅的补助而维持着。今后，人口少、百姓水平低的本省报业似乎暂时还无法期待其发展。

名　　称	主义系统	持有人	编辑干部	备　　考
黑龙江省政府公报	省政府官报	省政府	省政府秘书处	1914年3月创刊①，日报，菊版，十四五页，发行量一千份。最初名为《黑龙江公报》，1915年1月改为现名。读者大部分在官方
黑龙江民报	省政府御用报纸	万国宾　省政府委员，兼洮昂、齐克两铁路局长，万福麟之子 社长　林晔甫	编辑主任　蒋泮生 省政府秘书	1929年1月18日创刊，日报，四页，发行量一千八百份。官方读者居多，好论日中关系，但论旨稳健。接受省政府的补助，似乎取得了相当好的业绩

黑河

名　　称	主义系统	持有人	主笔及记者	备　　考
黑河日报	启发民智	杨润如　瑷珲县公所科员	主笔　聂典勋　毕业于南京高等师范	1920年9月创刊，中文报纸，日报，六页，发行量约三百份。创立当时发行量达到一千份以上，但数量逐渐减少。作为副业经营印刷业、文具业。但营业不振，购阅者仍在减少

满洲里
满洲里没有报纸、杂志发刊。

吉林
概况

1929年末当地的报纸数量一共八种，中文报纸有中国人经营的《吉长日报》《通俗白话报》《共和报》《吉林通讯》与日本人经营的《东省日报》，共五种报纸，日文报纸有日本人经营的《松江新闻》《吉林时报》两种报纸，此外还有应当视作吉林省政府官报的《吉林省政府公报》。下列报纸中，《吉林日报》②是吉林省政府的机关报，所以受到官方保护，在当地舆论界出类拔萃，发行量较前一年末增加了约两百份，达到了两千四百份，影响力在逐渐增加。另一方面，日本人经营的《东省日报》从1927年末以来得到满铁的补助，锐意努力扩张影响力，但仍苦于财政困难，远不及《吉长日报》。

（一）中文报纸

名　　称	主义系统	持有人	编辑干部	备　　考
吉长日报	省政府的机关报	社长　顾次英　省政府参议兼秘书处第二科长	魏声龢　省政府秘书处第二科第三股长，兼吉林交涉署秘书	1909年创刊，日报，六页，发行量两千四百份。以官方消息迅速为特色。接受吉林省政府及地方审判厅的补助（参照"概况"）
共和报	吉林总商会及总工会的机关报	社长　江大峰	主笔　池文恒　现吉林省立模范小学校长	1917年创刊，日报，六页，发行量五百份。原本名为《新共和报》，1929年8月改为现名。接受商、工两会及各县商会的补助。以实业方面的报道为主。经营困难，最近作为印刷所的吉林书馆倒闭，因此本年3月暂时停刊。同月13日再刊，但10月经营完全陷入困境而停刊

---

① 一说1913年5月创刊。
② 应为《吉长日报》之误。

(续表)

名　称	主义系统	持有人	编辑干部	备　考
通俗白话报	无党派关系	社长　初鹤皋	主笔　同前 记者　沈仁甫	1919年1月创刊,每周于周一、周三、周五发行三次,两页,发行量三百份。接受教育厅及县教育局的补助
吉林省政府公报	省政府官报	省政府秘书处	主笔　熊希尧　现秘书处第一科长	1916年创刊,日报,美浓纸型,二十页,发行量一千四百份。省政府成立以来,本报由原来的《吉林公报》改为现名,登载省政府的指令、训示、告示等
吉林通讯	民政厅机关通讯	省政府民政厅	主笔　徐恢　现民政厅秘书	1929年6月创刊,每周于周三、周五发行两次,六页,发行量一百二十份。本报对购阅者有限制,对于日本方面绝对拒绝其阅读。登载吉林省政治及地方情况
东省日报	日中亲善	社长　三桥政明　东京外语学校出身,《大连新闻》、长春《北满日报》支局长	主笔　刘云峰　毕业于北平协和医学校	1922年7月创刊,日报,六页,发行量五百份。针对中国方面的对日宣传,努力做出公正的说明,时而揭发、警告中国官方的不正行为。日本方面的报道比中国报纸稍稍迅速,但总体报道平凡,远逊色于《吉长日报》。社运不振,接受满铁补助

（二）日文报纸

名　称	主义系统	持有人	编辑干部	备　考
松江新闻（日文）		三桥政明	主笔　同前 记者　田岛为寿	1923年9月创刊,日报,四页,发行量六百份。创刊当时为两页,1925年2月起改为四页,目前经营困难。与《东省日报》系统相同
吉林时报（日文）		社长　儿玉多一	主笔　同前	1911年2月创刊①,周刊（周三）,四折,小版②,四页,发行量三百份

间岛

（一）中文报纸

名　称	主义系统	持有人	编辑干部	备　考
民声报	中国方面机关报	社长　方泳芝 经理　关俊彦	中文版主笔　张君实 记者　金哲、安昌甫、韩愚	1928年2月创刊,日报,中文版发行量七百三十份。本报中文、朝鲜文两版均为大型日报。1928年9月,前任社长安世俊作为国民政府机关报记者赴南京后,孙佐民就任,将朝鲜文版独立出来。经营曾陷入困难,但张君实就任后对经营方法加以改良,因此近来稍稍恢复声誉,购阅率正在增加。中国方面在延边唯一的机关报,每逢情况就满载排日报道,并且社内有一些共产主义色彩。1929年1月延吉镇守使逮捕了编辑主任周东郊、职工监督霍哲文两人押送至吉林,从此中文版的论调变得温和。此外,前主笔尹和洙于1929年3月独立运动纪念日之际登载过激报道,被日本领事馆处以禁止在当地居住的处分

---

① 一说1912年创刊。
② 日文表示纸张尺寸的名词,约为235×315毫米。

(二)朝鲜文报纸

名　称	主义系统	持有人	编辑干部	备　考
民声报	中国方面机关报	社长　方泳芝	主笔　周东郁	日报,发行量六百份。参照中文报纸《民声报》之项
间岛日报		鲜于日　朝鲜人	主持人　康元铎 主笔　金享复	1924年创刊①,日报,发行量一千两百五十份。1924年12月从《间岛新报》分离出来,经营逐渐变得扎实。但中国方面的机关报《民声报》朝鲜文版创刊以来受到打击。日本官方提供补助
间岛通讯		社长　史廷铉	主笔　同前	1925年10月创刊,周刊,油印,发行量五十份。社长史廷铉擅长日语,但可以看出左倾色彩正逐渐变浓

(三)日文报纸

名　称	主义系统	持有人	编辑干部	备　考
间岛新报(日文)		社长　饭塚政之	野川孟	1921年7月创刊,日报,发行量八百份。起初接受日本官方的补助,发行日文、朝鲜文两种文字版面,但1924年11月补助废止,因此将朝鲜文版剥离,减少版面。1926年度以后再次获得日本官方的补助,1928年1月起从四六版②改为准大版③

局子街

局子街未见报纸、杂志等发刊。《间岛日报》《民声报》驻有特派记者,此外只有《盛京时报》《民声报》《时代报》与上海《时报》《申报》等的代理销售人员。

头道沟

当地无报纸、杂志等的发刊,仅驻有《民声报》《间岛日报》《京城日报》《间岛新报》及《大阪朝日新闻》的通讯员。

百草沟

设有《间岛日报》《间岛新报》《民声报》等的支局,但均只不过有极少数读者。

珲春

当地无报纸、杂志的发刊,驻有《大阪每日新闻》《大阪朝日新闻》《北鲜日报》《北鲜日日新闻》《间岛新报》及《民声报》等的通讯员,只是在从事通讯工作的同时代理销售报纸。

华北、西北地区

北平

(说明:本报告是1930年8月调查所得。在本调查录出版过程中,北平的政局再次发生了巨大的变动,即9月下旬阎锡山撤退后,北平实际上处在张学良的控制之下,因此报界的形势也产生了重大变化。虽有很多与现

---

① 1926年报告为"1918年",1927年报告为"1921年7月"。
② 日语表示新闻纸尺寸的专用名词,约为270×410毫米。
③ "大版"为日语表示新闻纸尺寸的专用名词,约为285×400毫米。

状不符的地方,但也照原样记录如下)

(一)中文报纸及杂志

(1)报纸

概况

1. 目前在北平发刊的中文报纸大小共计约三十种,其中最活跃的是《新晨报》(阎锡山系),影响力仅次于此报的有《全民日报》《民言日报》(以上为阎锡山系)、《世界日报》《京报》(以上为冯玉祥系)及《益世报》(旧蒋介石系)五报。

2. 北平近年来政局变动频繁,1928 年 6 月,随着张作霖退出北京,一夜之间成了南方国民党的天下。今年 2 月,当时的实权统治者阎锡山又完全背离国民政府,摆脱了南京政府的统治,直至今日。因此,报界的形势也时常随着上述政情的推移而发生转变。就是说,从 1926 年以前就一直存在的报纸仅有《益世报》《世界日报》《卍字日日新闻》《京报》及其他数种报纸,而进入本年停刊的报纸有《华北日报》(国民党机关报)、《新中华》(李石曾机关报)、《铁道时报》(交通系)、《简报》(国民党系)、《民治日报》(方振武机关报)、《民国日报》(张继系)、《北平朝报》(冯玉祥系)、《商报》(北平总商会机关报)、《河北民国日报》(国民党系),达到了九种之多。与之相反,新创刊的报纸有《新民报》(晋系)、《民主日报》(汪精卫系)、《华报》(冯玉祥系)、《实权日报》(中立)、《北京晚报》(冯玉祥系)五种。

3. 1901 年以来作为我方的机关报,在北方地区享有盛名的《顺天时报》,从 1928 年 9 月起受到中国方面猛烈的不当打压,经营完全无法维系,于今年 3 月不得已而停刊。

名　称	主义系统	持有人	编辑干部	备　考
新晨报	虽然纯粹是阎锡山的机关报,但努力不露出山西方面的色彩①	社长　李庆芳　山西大学和日本法政大学毕业,现任■■卫成总司令部军法■■	主编　张慎之　前众议院秘书,曾在天津任记者	大型,十二页,每周日附有画报,发行量约九千份。作为第三集团军的机关报于 1928 年 8 月创刊,但实际上是 1918 年创刊的研究系机关报《晨报》②,被阎锡山方面盘下后改名而来,完全成为其机关报。于天津和南京设有支局,在政界和学界读者众多。创刊时日尚浅,但已成为北平中文报纸中的一流报纸。社址在宣武门外大街
华北日报③	国民党机关报			1930 年 10 月 10 日再刊④
北平晨报	张学良机关报			1930 年 12 月 16 日再刊
民国日报				1930 年 10 月 15 日再刊⑤
益世报	旧蒋介石系,作为第一集团军的机关报而创办。带有基督教色彩,好载排日性报道,稍有左倾倾向	社长　杜竹轩　创立以来一直任社长,山东人,并无特别经历	主笔　朱鉴堂　毕业于北京法政大学	大型,十二页,发行量七千份。1915 年创刊⑥,1927 年曾被张作霖勒令停刊,1928 年随着国民党的势力进入北平而得以再刊。外国人的广告居多,在商业界、旧式社会和全国各地的旧教会内拥有众多读者。报道和评论不足为信。目前并未表现出蒋介石派的色彩,不如说是作为教会机关报不断从教会方面得到资金。社址在南新华街

---

① 下续文字被贴纸覆盖。
② 1926 年报告为"1916"年创刊,1928 年报告中为"1912 年 12 月"创刊。
③ 《华北日报》《北平晨报》《民国日报》是单独印在纸片上贴上去的。
④ 1929 年 1 月创刊。
⑤ 1928 年报告中为"1928 年 6 月 9 日创刊",1929 年报告中为"1928 年 6 月 10 日创刊";民国时期以《民国日报》命名的报纸有多份,据史料记载,有一份《民国日报》1925 年 3 月 5 日在北京创刊。
⑥ 1918 年报告为"1916 年",一说 1916 年 2 月。

(续表)

名　称	主义系统	持有人	编辑干部	备　考
全民日报	阎锡山系,张荫梧的机关报	社长　王子鱼(桂宇)　东京高工毕业,曾任天津《益世报》编辑		大型,八页,发行量六千份。1928年创刊,社址在宣武门外大街路东
世界日报世界晚报	冯玉祥系	社长　成舍我　目前正作为南京司法部的秘书游历观察欧美　社长代理　吴范寰	主笔　吴范寰　毕业于北京大学,曾任中法大学学监,现为北京大学首席①秘书	大型,八页,发行量五千份,1925年创刊②。冯玉祥在北平影响大时,该报非常活跃,但在张作霖时期则萎靡不振。1928年,随着国民党势力进入北京,其境况再度好转。在天津和南京设有支局,雇了数名女性记者,开创了北平报界之先例。在时局变化之前为李石曾系,目前则再次成了纯冯玉祥系。在学生中拥有诸多读者。晚报称为《世界晚报》(小型,四页),发行《周刊画报》。据说从冯玉祥及其他方面获得补助,社址在石驸马大街
京报	冯玉祥系	社长　邵汤修慧　毕业于浙江女子师范学校,前社长邵飘萍的遗孀	主笔　黄溍　原国务院参议	大型,八页,发行量三千份,1918年创刊。自前社长邵飘萍于1926年被奉系枪杀起停刊。1928年,其遗孀邵汤修慧得到来自冯玉祥、阎锡山、白崇禧、商震等的援助复刊。但在去年与冯玉祥断绝关系,转为何成濬系,最近随着时局变化又再次变成冯玉祥系。读者政界人士居多,社址在魏梁胡同
北京日报		社长　朱季箴　留日出身		大型,八页,发行量五百份,1911年创刊③。是北平最早由中国人经营的中文报纸,但因未顺应时代潮流而逐渐衰微。在天津、奉天和洛阳设有支局,副刊《消闲录》刊载烟花巷、戏剧界等消息。地方上的读者居多,在北平则受到商业界人士和满人的欢迎。社址在镇江胡同
卍字日日新闻	红卍字会机关报	社长　芮国安	主笔　万辟　北京法政大学学生	大型,八页,发行量二千份,1923年创刊。以江朝宗、钱能训(均为前国务总理)等人为中心,以提倡道教,佛教,宣传红卍字会事业为主。社址在舍饭寺胡同
民言日报社会晚报	阎锡山系	林仲易　福建人,曾任《晨报》主编,人品温和,为人低调	主笔　林超然　福建人,毕业于北京大学,曾经营超然通讯社,前国民宪法起草委员,现任卫戍司令部科长	大型,十二页,发行量五千份。1928年创刊,阎锡山的机关报,提倡农工教育。《顺天时报》停刊后④,买下了其轮转机和其他所有机器,同时发行晚报《社会晚报》(小型,四页)。社址在北平宣外大街

---

① 1929年报告为"主席"。
② 《世界晚报》创刊于1924年4月16日,《世界日报》创刊于1925年2月10日。
③ 一说《北京报》于1904年8月创刊,1905年8月更名《北京日报》。
④ 1901年创刊,日刊。据1929年报告说,自1928年9月以来,由于北平市党部和反日团体的压迫和排挤,《顺天时报》受到巨大影响。

(续表)

名 称	主义系统	持有人	编辑干部	备 考
北平日报	阎锡山系	社长 吴晓芝 毕业于安徽法政大学	主笔 蔡天梅	大型,加上附录一共八页,发行量一千份。由梁士诒、叶恭绰及郑鸿年等人筹办,作为交通学会的机关报创刊于1921年的《交通日报》,1923年因笔祸遭到奉天方面封停。1925年再刊,改名为《北平日报》,据说实际上由原第三集团军总务交际处长梁如舟①主持。社址在兵马司胡同
新民日报	晋系机关报	社长 赵丕帘	主笔 李中扬	大型,八页,发行量一千份,今年5月创刊。由于赵社长的缘故而成为晋系的机关报,另一方面,还致力于北方党务及扩大会议等的报道。社址在王府井大街
群强报		社长 陆哀	戴正一 在戏剧界有影响力	小型,四页,发行量一万份,1912年创刊。纯粹面向下层民众的社会报纸,在戏剧爱好者和中流阶层中得到广泛阅读,因此其发行量凌驾于北平各报纸之上。社址在樱桃斜街
实事白话报		戴兰生 《群强报》主笔戴正一之子		小型,四页,发行量九千份,1918年创刊②。白话报,内容上模仿《群强报》,为下层社会所欢迎。社址在魏染胡同
实报	冯玉祥系	社长 管翼贤 毕业于日本法政大学,曾任神州通讯和《天津泰晤士报》主笔,现任时闻通讯社社长	主笔 张阆村 现名义上为第二集团军秘书长	小型,四页,发行量九千份,1928年创刊。似乎从冯玉祥及其他各方面得到小额补助。报道在政治和社会两方面都得要领,因此为各阶级所爱读,发行量也似乎得到了迅速增加。社址在宣武大街
小小日报		经营者 宋信生	社长 李一民	小型,四页,发行量六千份,1925年创刊。由宋信生独立经营,下层社会读者居多。社址在永光寺街
平报		社长 陆烺轩	主笔 陈重光	小型,四页,发行量三千份,1921年创刊。虽称不上有党派关系,但提倡三民主义,与国民党接近。社址在西南园
北平晚报	与银行界有关	社长 刘煌(号仰乾) 毕业于北京大学法科,目前为律师		小型,四页,发行量二千五百份。1921年创刊,北京晚报的鼻祖,原名《北京晚报》。直至最近政变之前,都与奉天方面和蒋介石有关,但如今已不带有政治色彩。由于现社长是旧财政厅长张竞仁女婿,巧妙地与银行界联络,从银行方面得到的广告援助等很多。言论稳健,金融方面的消息较为迅速。社址在绒线胡同

---

① 1929年报告为"梁汝舟"。
② 1928年报告为"9月",一说1918年8月创刊。

(续表)

名　称	主义系统	持有人	编辑干部	备　考
民主日报	汪精卫的机关报	社长　邓飞黄		小型，四页，发行量五千份，1930年5月创刊。致力于党部方面的宣传。社址在东城西堂子胡同
华报	冯玉祥系	社长　萧宣	主笔　李俊龙	小型，四页，发行量三千份。全力进行反蒋宣传，但由于资金匮乏，报道除宣传西北军和宣传反蒋外，重要内容少，因此似乎很难产生大的影响。社址在东斜街昌堂门
实权日报		社长　德仲华		小型，四页，发行量三千份，今年5月创刊。与《实报》等类似，为面向大众的通俗报纸
北京晚报	冯玉祥系	社长　方梦超	主笔　社长兼任	小型，四页，8月21日创刊①。由于创刊时日尚浅，似乎影响小

(2) 杂志

名　称	主义系统	持有人	编辑干部	备　考
北平特别市市政公报	官报	北平特别市政府秘书处		菊版②，周刊，刊载北平特别市政府的法规、电文、任命状、委任状、命令、公牍、会议录、文件等的官报
现代支那之记录	不带有政治色彩	燕尘社	编辑主任　坂本音吉	月刊，菊版，二百页，1924年9月创刊。摘录每天的报纸内容编辑成月刊发行，一份售价十圆。发行量虽少，但每月寄送"满铁"十份，获得一百五十圆补助，以此充当经营费用
三民	解说政治、社会思想、教育问题和三民主义	鲁金城		月刊，菊版，社址在后细瓦厂三民学校
村治月刊	为建设三民主义新中国，鼓吹村治殖产和水利改善			月刊，菊版。该社为委员制，曾经由前委员长王鸿一专门处理社务。王死后，通过委员会议来处理社务。社址在和平门外大安澜营
认识周报	政治及文艺杂志	社长　汤象龙		菊版，二十页左右的周刊，社址在西郊清华园
华严	思想、文艺评论	社长　黄庐隐	于养虞	月刊，四六型③，社址在隍庙街十四号华严书店
戏剧与文艺	中国戏曲研究及文艺评论	社长　熊佛西	主笔　同前	月刊，四六型，发行量一千五百份，社址在和平门前文化学校
文字同盟	学术研究杂志	社长　桥川时雄对华文化事业部北平研究办事员	主笔　同前	四六型，发行量一百份，社址在洋溢胡同三十八号文字同盟社
新东方	国民党少壮派机关杂志	东方问题研究会筹备会	合议制，与北平各大学的少壮派教授、学生等有关	今年1月创刊，菊版，二百页，目前发行量超过了一千份。其标语为"东方问题，是世界问题的缩影""东方革命，是世界革命的前提"。反帝国主义色彩浓厚，似乎还与朝鲜革命党有关。社址在西单北大街二百二十一号

---

① 一说1919年2月创刊。
② 日语表示纸张尺寸的专用名词，约152×218毫米。下同。
③ 日语表示书籍、杂志纸张尺寸的专用名词，约127×188毫米。下同。

(续表)

名　称	主义系统	持有人	编辑干部	备　考
革命战线	汪精卫派，即改组派的机关杂志	社长　邓飞黄		大型，约一百页，旬刊，今年5月创刊。在学生中颇有人气，发行量一千份。社址在西堂子胡同十八号
黄钟	西山派的机关杂志	孙文主义学会		大型，旬刊，发行量五百份。今年6月作为西山派机关杂志而创刊，为对抗《革命战线》而诞生，多刊载邹鲁、谢持等的评论及其他右派的言论。社址在太仆寺街罗园胡同十八号

(二) 外文报纸及杂志

(1) 报纸

概说

North China Standard① 和 Peking Leader 是北平英文报界的双璧，一直处于互相抗衡的状态。前者(主笔 G. Gorman)在今年3月突然停刊，后者于去年8月被国民政府盘下，在 Standard 停刊后作为北平唯一的英文报纸，处于悠然独步的地位，但未能就地坐大，目前的发行量还未超过一千份。今年8月，纯晋系报纸 Hsin Min Daily News 创刊，但其影响力尚不足道。Journal de Pékin 作为当地唯一的法文报纸，也只不过是维持着苟延残喘的状态罢了。再有 Far Eastern Times (社长 B. L. Simpson，后为吴晋，主笔 Shelden Ridge)于1928年停刊。The Peking Express (英语学生用小型晚报)经营者宋采亮在广东被怀疑为共产党，遭李济琛判处死刑，也自然随之停刊。

名　称	主义系统	持有人	编辑干部	备　考
The Leader	中国方面(晋系)机关报	刁作谦(前驻古巴中国公使) 该报经营主体为 Peking Leader Corporation，其前社长 Grover Clark 调任至 China Famine Relief Commission 后，将本社的经营委任给刁	主笔　孙瑞芹　1930年4月被晋系接手以来，Lenox Simpson 任主笔，尽量发挥其作为机关报的作用。此人担任天津海关税务司后，任命曾任 North China Standard 记者的孙瑞芹为主任兼主编，临时代理	1917年创刊的② Peking Leader 的后身，1929年7月末被国民政府方面盘下并改为现名。自此拥护中国政府的色彩日渐浓厚，今年4月被晋系接管以来，作为晋系的机关报为其宣传，以往的排日倾向有所减弱。今年3月 Standard 停刊以来，成为了北平唯一的英文报纸。但到8月，随着英文《新民日报》的创刊，形成了两者并立的局面。由于 Standard 的停刊，发行量曾增加了二三百份，随着英文《新民日报》的发行，其发行量似乎减少不明显，目前在八百份左右。读者以中国知识阶层和外国宗教方面的人员为主。另外还发行周刊 The Week in China
Hsin Min Daily News [新民日报](英文)	晋系机关报	社长　李冠用	主笔　刘信芳 主编　胡道维	1930年8月1日创刊，四页。晋系已有其准机关报 Leader，但由于 Leader 很难成为纯粹的晋系，因此创办了本报
Le Journal de Pékin		社长　Albert Nachbaur 出生于阿尔萨斯-洛林的法国人，虽然不懂英语，但善法语，深得北平外国人认同，在国民党中似乎也有不少知己	主笔　同前	1911年创刊，日刊，八页，发行量不足二百份。由于居住在北平的法国人甚少，懂法语者稀少，发行量少，经营困难。其得以维持发行是因为1928年以来该报被任命为国际联盟劳动事务局驻北平代表，可以想象通过这方面能得到一些补助

---

① 1929年报告说，该报于1919年12月创刊。
② 一说1920年创刊。

(2) 杂志

名　称	主义系统	持有人	编辑干部	备　考
The Week in China	中国方面的机关杂志	Peking Leader Corporation		发行量约二百份，Leader 社出版的周刊杂志，因此政治色彩也与其相同
La Politique de Pékin	无政治色彩	社长　Alphonse Monestier　法国人，已在华居住二十年，在中国人和外国人中知己多，兴趣为收集中国要人的照片	同前	配有插图的周刊，发行量不到二百份。北京政府时代从外交部获得补助，但现在国民政府外交部是否提供补助则不明确。经费似乎来自法国本国，据说目前仍与外交部有关

(三) 日文报纸及杂志

(1) 报纸

名　称	主义系统	持有人	编辑干部	备　考
北京新闻(日文)		社长　森川照太	主编　坂本音吉	1923年8月，作为《京津日日新闻》的北京版而发刊。1928年9月下旬，《京津日日新闻》社长森川照太被任命为燕尘社理事，该报从 North China Standard 社内转移到现在的社址。1930年3月，《顺天时报》停刊后，该报为通晓日语的中国人所购阅，发行量也随之增加，目前在五百份左右。社址在五老胡同燕尘社
新支那(日文)		社长　安藤万吉	斋藤鞆磨　丰冈捨松	1913年9月创刊，北平日文报纸中最老的报纸。但最近二三年来，由于安藤社长并不热心于经营，且随着《北京新闻》的发刊，有能力的记者流失，陷入了经营困难的境地。土地、建筑和设备全归社长所有，因此并没有近期停刊的迹象，近来报面反而稍有一些活力。发行量在二百份左右，社址在大甜水井

(2) 杂志

名　称	主义系统	持有人	编辑干部	备　考
支那问题(日文)		社长　长谷川贤		月刊，1921年9月由波多野乾一、小山清次等在东京创刊，其后松村清司作为社长在当地再刊。松本①社长死后，由现任社长接手，经营困难，发行量二百份。社址在豆腐巷
北京周报(日文)		社长　鹫泽与四二	主编　坂本音吉	周刊，1922年1月初由原《新支那》主笔藤原镰兄创刊，1927年转给燕尘社。在藤原经营时期，发行量曾达到过一千份，但现在不足五百份。由于目前在当地经营困难，正计划转移至大连。社址在五老胡同燕尘社
字纸篓(日文)		社长　松村太郎	主编　同前	去年9月创刊，为了保存收集而来的东方文献而设立，可称为泉寿东文书库的机关杂志，其外观和发行量还不足为道。社址在西堂子胡同中华公寓

---

① 原文如此，疑为"松村"。

天津

（一）中文报纸

名　称	主义系统	持有人	编辑干部	备　考
大公报	稳健的新思想主义，被视作中国有识阶级和青年思想的代表。似乎与冯玉祥方面产生密切关系	胡霖（政之）四十岁，四川人，原上海《共和报》主笔，中国报界元老，主持总社位于上海的国闻通讯社。资本金五万元，吴鼎昌也是其出资者	主笔　张炽章（季鸾）三十八岁，陕西人，原上海《民报》主笔，被部分人认为抱有左倾思想	1902年创刊，日刊，十六页，发行量八千份，社址在日租界旭街。曾作为安福系的机关报而活跃，1920年一度变更过组织，但1925年再度停刊。1926年9月由现任社长复刊，报面焕然一新。1928年购入轮转机后，愈见其进步，与《益世报》《庸报》一同成为北方地区有影响力的中文报纸。最近有冯玉祥方面的色彩。或许是社长和主笔都为留日出身的缘故，对日态度公正
益世报	传统上亲美排日，总是就排日问题刊载猛烈的煽动性报道。没有固定主义，总是迎合当政者	刘俊卿　五十五岁，河北人，前电报局长	刘豁轩　三十岁，毕业于南开大学	1916年创刊①，日刊，十六页，发行量二万五千份，社址在意租界大马路。由天主教关系者出资的股份制组织，据称资本金有三十万元②，拥有轮转机一台。曾得到过美国方面支持，与北平《益世报》属于同一系统，但不存在财政上的关系。直系掌握当地政权时是该派的机关报，目前在民众团体方面有影响力，报道丰富
庸报	标榜不偏不倚，但现为吴佩孚派机关报，似乎与南方派有联系	董显光　四十五岁，广东人，留美出身。原供职于上海Millard Review，撰写排日报道。但目前以中日经济协作和社会政策为主义，有亲日倾向	张琴南　四十一岁，河北人，毕业于北京大学	1926年创刊③，日刊，十八页，发行量三千份，社址在法租界二十一号路。资本金四万元，拥有轮转机，编辑方法采用美国式。最近与上海《申报》建立协作关系，政局通讯敏捷，报道丰富，声价高涨
汉文泰晤士报④	河北省政府及特别市政府（山西方面）的机关报	王朝珊　四十三岁，安徽人	郝梦珊　四十岁，山西人	1917年创刊，日刊，十四页，发行量一万份。另外发行称作《小晚报》的晚报，社址在法租界四号路，资本金十万元。很长一段时期内作为黎元洪派的机关报，反对直系。但随着1928年晋系掌握了当地政权，该报被盘下，现已成为天津市政府和河北省政府的机关报
天津民国日报	市党部机关报	鲁荡平　四十二岁，湖南人，毕业于广东大学	朱凤鸢　三十九岁，浙江人，市党部宣传主任	1929年12月改组发行，日刊，十二页，发行量一万份，社址在特别第三区三经路，天津市党部每月提供经费六千元
天津日日新闻⑤	天津浙江商人的机关报，但普遍认为是亲日主义，被看作日本方面的机关报	杨绍卿　四十七岁，河北人	陶荷亭　三十一岁，河北人	1901年创刊⑥，日刊，十二页，发行量四千份，社址在日租界旭街。最初称为《国闻报》，在现存日刊报纸中历史最悠久。由于编辑方法陈旧，一般购阅者甚少。原来的持有人是前清举人方若，1929年11月，改变报社组织。由于日本人西村博原先为名义上的社主，因此该报也被视为由日本人持有，受排日影响，购阅者逐渐减少

---

① 一说天津《益世报》1915年10月创刊，北京《益世报》1916年2月创刊。
② 1929年报告为"三十一万元"。
③ 1929年报告为"1926年6月"，一说1926年8月创刊。
④ 亦称《京津泰晤士报》。
⑤ 又名《日日新闻》。
⑥ 一说1900年冬以该名出版。

(续表)

名　称	主义系统	持有人	编辑干部	备　考
天津商报	被视为与银行界有关系的南方人的机关报。似乎与市政府及市党部方面有关	王镂冰　三十七岁,浙江人	唐际清　二十七岁,湖南人,毕业于南开大学	1927年创刊,日刊,十四页,发行量二千份,社址在法租界二十四号路。资本金一万元。主笔唐际清原为反日会常务委员,是激烈的排日分子,因而好载排日报道
时闻报	与政派无关,置重心于商业方面,亲日	李秋岩　五十三岁,河北人	王硕斧　四十岁,河北人	1905年创刊①,日刊,八页,发行量二千份,社址在南市建物大街,资本金五千元
建设日报	国民党部的机关报	蒋世效　四十七岁,安徽人	同前	1928年创刊,日刊,八页,发行量五千份,社址在河北三马路,资本和经费由建设厅所出
民报	并非各种党派的机关报,被视为民意代表,亲日	鲁嗣香　五十岁,河北人,毕业于法政学校	隋馨圃　二十四岁,山东人,毕业于山东大学	1929年2月创刊,日刊,八页,发行量四千份,社址在日租界须磨街,资本金一万元
震报	曾是前直隶盐运使张廷愕个人的机关报,最近为国民党系	孙法星　三十五岁,河北人,律师	同前	1926年创刊,日刊,小型,四页,发行量五百份,社址在特别第二区志诚里,资本金二千五百元
启明报	主义、主张不定,被视为旧直系	苏明甫　五十一岁,山东人	同前	1920年创刊,日刊,六页,发行量五百份,社址在南市广兴大街,资本金五百元
时报	无主义、系统	刘霁岚　四十一岁,河北人	王小松　三十七岁,河北人	1924年创刊,日刊,四页,发行量一千份,社址在法租界二十四号路,资本金一千元。另外同社还发行《评报》,外观、页数与《时报》相同,发行量二千份
新天津报	过去为直系机关报,因社长是回教徒,所以也被视为回教徒的机关报	刘中儒　四十四岁,北平人	薛月楼　四十五岁,北平人	1924年9月创刊,日刊,小型,十六页,发行量三千份,社址在法租界二十四号路,资本金二千元。虽是小报,但政治和时事的报道多,旨趣有别于其他普通小报
河北晚报	排日、排外,是劳动问题等新思想风潮的先驱,被视为冯玉祥派	周拂尘　四十六岁,天津人,经营华北通讯社及广告社	徐培源　三十七岁,江西人	1927年4月创刊,日刊,小型,四页,发行量五千份,社址在法租界二十四号路,资本金一万二千元
白话晨报 白话午报 白话晚报 白话新报	通俗三流报纸,排日	白幼卿　四十六岁,天津人 副社长　刘静臣　四十五岁,天津人	董秋圃　四十岁,天津人	晨报于1912年②创刊,日刊,小型,四页,发行量一万份;午报于1914年③创刊,日刊,小型,六页,发行量二万份;晚报于1916年④创刊,日刊,小型,四页,发行量一万份;新报于1928年创刊,日刊,小型,四页,发行量五千份。读者都以少年学徒、劳动者等下层阶级为主,内容则以娱乐性和社会市井报道为主。社址在南市广兴大街,资本金四千元

---

① 1928年报告为"1904年",一说1909年创刊。
② 1929年报告为"1914年"。
③ 1924年报告为"1916年9月",1929年报告为"1916年"。
④ 1929年报告为"1912年"。

(续表)

名称	主义系统	持有人	编辑干部	备考
旭日报	无固定主义	周琴舫 四十八岁,天津人	张晓林① 三十八岁,天津人	1912年创刊,日刊,小型,四页,发行量一千份,社址在南市广兴大街,资本金五百元
国强报	无固定主义	杨荣廷 五十六岁,天津人	杨少林 三十三岁,天津人	1918年创刊,日刊,小型,四页,发行量一百份,社址在南市平安大街,资本金二百元
现世报	无固定主义	史鹤雏 二十六岁,天津人	董爱和② 三十二岁,河北人	1927年7月创刊,日刊,小型,六页,发行量三千份,社址在南市广兴大街,资本金一千元
晶报	无固定主义	陈眉翁 三十岁,天津人	同前	1929年4月创刊,日刊,小型,四页,发行量六百份,资本金二百元,社址在河北昆纬路
亚东日报	无固定主义	尹益山	祁桐轩	1929年9月创刊,日刊,小型,四页,发行量一千二百份,社址在南马路荣业大街,资本金一千元
天津诚报	无固定主义	邢国珩 二十三岁,天津人	金新吾 二十八岁,北平人	1929年11月创刊,日刊,小型,四页,发行量二千份,社址在南市慎贻大街,资本金一千元
今日新闻报	无固定主义	刘富清 三十三岁,天津人,毕业于直隶第一师范	于化龙 二十五岁,天津人	1929年12月创刊,日刊,小型,四页,发行量一千份,社址在意租界东马路,资本金五百元
快报	无固定主义	赵中轩 三十岁,天津人	同前	1929年6月创刊,日刊,小型,四页,发行量一百份,社址在特别第一区十号路,资本金三百元
世界诚报	无固定主义	罗师(英国人) 副社长 伊夫地(意大利人)	经理 苏兴亚 三十八岁,浙江人 主笔 朱志钧 四十五岁,浙江人	1930年1月创刊,日刊,十二页,发行量五千份。社址在意租界六马路,资本金二万元
天风报	以文艺为主,不带有政治色彩	沙游天 三十六岁,浙江人	何香石 三十七岁,江苏人,毕业于日本法政大学	1930年2月创刊,日刊,小型,四页,发行量五千份。社址在日租界福岛街,资本金六千元
汉文天津日报晚刊	日文报纸《天津日报》的中文晚刊	社长 真藤弃生	同前	1929年12月创刊,《天津日报》的晚刊中文报纸,小型,四页,发行量二千五百份,社址在日租界福岛街。读者以中国人为主
天津工人	左翼工人的机关报			1930年6月7日创刊,日刊,社址在法租界
朝鲜之血	朝鲜独立运动者机关报			1930年6月15日创刊,中文周刊,由朝鲜大独立党筹备会的朴龙泰一派主持
天津报	共产党机关报		主笔 似为黄起凯	1930年3月10日创刊,每三日刊行一次,小型,四页,印刷所似乎在天津特别一区的无锡路北洋印刷公司

① 1929年报告为"张晓霖"。
② 1929年报告为"董爱茹"。

(二) 英文报纸

名　　称	主义系统	持有人	编辑干部	备　　考
Peking & Tientsin Times [京津日报]①	英国系报纸	Tientsin Press Co., Ltd.(天津印字馆)	主笔　W. V.② Pennell 记者　G. A. Morris	1894年作为周刊创刊，1904年改为日刊③，早报，十八页，发行量一千五百份，社址在英租界中街一八一号。天津印字馆除了发行报纸之外还经营普通印刷业。该报是北方地区最有影响力的外文报纸，和上海的 North China Daily News 齐名。其社论被视为代表北方地区英国人的主张，最近对日态度良好。前主笔 Woodhead 是北方地区言论界的元老，但于今年8月被聘至上海的 Evening Post
China Illustrated Review [中华星期画报]				周刊，每周六发行。《京津日报》的插画周刊，新闻纸半折型，二十八页，发行量八百份。以时事、政治、经济报道为主，另有照相版附录。社址在天津印字馆
North China Daily Mail [华北日报]	英国系报纸	T. G. Fisher（英国人）	J. H. Eldridge	1914年创刊④，晚报，八页，发行量五百份。以面向家庭的内容居多，对日态度极为良好。社址在法租界中街十九号
North China Sunday Times				1918年创刊，《华北日报》的周刊，每周日发行，六页，发行量三百份，社址与《华北日报》相同
North China Star [华北明星报]	美国系报纸	North China Star Co., Inc	社长兼主编 C. J. Fox 主笔　A. B. Hayman 记者　A. M. Guptill	1918年创刊，日刊，十二页，发行量三千五百份，社址在法租界八号路。编辑风格发挥了美国报纸的特色，带有煽动性倾向。曾有很多排日报道，但最近对日态度良好。由于定价低廉，在英、美人以外的各国人及中国人中也拥有众多读者
Tientsiner [天津老儿]	当地英国侨民的趣味文艺杂志			1925年创刊的周刊杂志，菊版，二十四页，发行量三百份，社址在英租界中街

(三) 俄文报纸

名　　称	主义系统	持有人	编辑干部	备　　考
Наша заря	白系报纸	M. S. Lemvich.（犹太人）	I. L. Miller（犹太人）	1928年4月创刊，日刊，六页，发行量一千份。被认为受白系俄国民族协会的操纵，致力于攻击赤俄。社址在英租界一号路

---

① 亦即《京津泰晤士报》。
② 1928年报告为"U"。
③ 一说1902年改为日刊。
④ 一说1915年1月创刊。

（四）日文报纸

名　称	主义系统	持有人	编辑干部	备　考
天津日报（日文）		由真藤弃生、金田一良三、武田守信的合名公司经营	主笔　真藤弃生 记者　佐竹秀穗	1910年创刊，早报四页，晚报四页，发行量一千五百份，社址在日租界福岛街。天津最早的日文报纸，由《北清时报》《北支那每日新闻》合并改名而来。高调宣扬国家主义、国粹主义，属于《大阪每日新闻》系统，是总领事馆和民团①登载公告的指定报纸
京津日日新闻（日文）		社长　森川照太	主笔　同前	1918年创刊，早报和晚报各四页，发行量二千份。经营上与《天津日报》处于竞争地位，与其保守性质相反，有激进色彩。总领事馆和民团登载公告的指定报纸。社址在日租界旭街，与《天津日报》同为天津两大日文报纸之一
天津经济新报（日文）	经济杂志	社长　小宫山繁	主笔　同前	1920年创刊，小型周刊，外观为杂志型，发行量二百五十份，社址在日租界明石街

（五）中文杂志

名　称	主义系统	持有人	编辑干部	备　考
国闻周报	政治杂志	胡霖　《大公报》社长		1924年8月在上海创刊，1926年胡霖开始经营《大公报》后，在天津大公报馆印刷发行。周刊，六十余页，发行量四千份，社址与《大公报》相同。天津唯一的中文杂志，编辑政治评论、社会问题、其他评论和文艺创作等。在全国得到广泛阅读
市政周刊	天津特别市政府机关杂志	天津市政府	陈宝泉　市政府参事	1928年1月创刊，周刊，发行量三千份。经费由市政府支出，社址在天津市政府内

济南
（一）中文报纸及公报
（1）报纸

名　称	主义系统	持有人	编辑干部	备　考
平民日报	进步党	王贡忱	王伯洲	1922年4月创刊，日刊，发行量六百份。该报同前山东省长孙发绪关系密切
山东民国日报	中央党部宣传部机关报	庄仲舒	鲁觉吾	1929年6月创刊②，日刊，发行量三千份，每月从中央党部获得补助
山东国民新闻	省党部机关报	巩张斧	主笔　同前	1929年11月创刊，日刊，发行量三千份，每月从省政府及省党部获得补助
山东市民日报	市党部机关报	张鸿鉴	唐生楠	1929年5月创刊，日刊，发行量一千份，每月从市党部获得补助
晨光日报	宣扬党义	任筱青	同前	1928年10月创刊，日刊，发行量三百份。创刊后曾一度关停，但于1930年1月再度开办
济南日报		社长　平冈小太郎	毕雪珍	1916年8月创刊，日刊，发行量约二千份。日本籍

---

① 当地的日侨组织。
② 一说1928年创刊。

(2) 公报

名　称	主义系统	持有人	编辑干部	备　考
山东省政府公报		省政府秘书处		1928年9月创刊,周刊,发行量六百份
山东财政公报		财政厅		1929年7月创刊,月刊,发行量六百份
山东市政公报①		市政府		1929年7月创刊,月刊,发行量五百份
山东教育行政周报		教育厅		1928年9月创刊,周刊,发行量五百份

(二) 日文报纸

名　称	主义系统	持有人	编辑干部	备　考
山东新报(日文)		吉木周治	社长兼主编　小川雄三	1926年10月创刊②,日刊,发行量二千份。本报由过去的《山东新闻》③和《胶济时事新报》④合并而来

青岛

(一) 中文报纸及公报

(1) 报纸

名　称	主义系统	持有人	编辑干部	备　考
大青岛报		小谷节夫	久慈宽一	1915年6月创刊⑤,日刊,发行量一千五百份。日本籍
胶东新报		浦上叔雄		1922年6月创刊,日刊,目前停刊中。日本籍
青岛时报	国民党系	张博文	尹朴斋	1924年8月创刊⑥,日刊,发行量约六百份。中国籍
中华报⑦		马起栋	李士贤⑧	1926年7月创刊,发行量约二百份。中国籍
正报	被视为美国系	吴炳宸(美国人)W. M. Cornwell	史鹏苑	1928年11月创刊⑨,日刊,发行量约三百份。排日色彩浓厚,中国籍
青岛民国日报	国民党机关报	杨兴勤　青岛特别市党部指导委员	萧觉先	1929年6月创刊,发行量约一千二百份
工商新报	振兴工商	鄞洗元	同前	1929年7月创刊,发行量约五百份。中国籍

---

① 疑为《济南市政公报》。
② 一说1917年创刊。
③ 1916年6月创刊。
④ 1926年报告为1918年10月创刊的日刊;一说1916年7月创刊。
⑤ 一说1914年创刊,一说1915年1月创刊。
⑥ 一说1924年9月创刊。
⑦ 1929年报告为《中华商报》。
⑧ 1928年报告为"李玉山",1929年报告为"李士山"。
⑨ 一说1926年创刊。

(续表)

名 称	主义系统	持有人	编辑干部	备 考
青岛民报	国民党机关报	社长 王景西	主笔 胡博泉 原《平民白话报》主笔	1930年2月1日创刊,日刊,发行量约五百份。原《平民白话报》①社长张乐古于1929年12月被作为反动分子逮捕的同时,报纸也被勒令禁止发行②。主笔胡博泉利用其印刷机创办了本报
青岛公报		社长 邹学藩	主笔 同前	1930年5月15日创刊,日刊,小型,四页。社长邹学藩曾是《青岛快报》的编辑主任,因该报停刊,独力创办本报,但影响仍弱。社址在青岛市易州路四十四号

(2) 公报

名 称	主义系统	持有人	编辑干部	备 考
铁路公报	胶济铁路局公报	胶济铁路管理局		1925年2月创刊,每月刊行三次,发行量约三百份

(二) 外文报纸

名 称	主义系统	持有人	编辑干部	备 考
Tsingtao Times (英文)		代表(英国人) C. F. Stockwell	同前	1922年6月创刊,日刊英文报纸,发行量约七百份
Tsingtao Times (俄文版)		同上	库里米伦茨基(俄国人)	1929年9月创刊,日刊俄文报纸,发行量约三百份

(三) 日文报纸及杂志

名 称	主义系统	持有人	编辑干部	备 考
青岛新报(日文)		小谷节夫	难波纹市	1915年1月创刊③,日刊,发行量约三千份
山东新报青岛附录(日文)		支社长 长谷川清	编辑主任 吉冈鹿造	1926年10月创刊,晚报,发行量约二千份

芝罘

概况

该地位于山东半岛的胶东一角,从海路交通上来看稍显重要,但被周围发达的大连、青岛、天津等各重要港口的影响力压制,加之陆路上与腹地的联络不完备,因此在当地创办的报纸、通讯等,其读者范围被限制于极其狭小的地域之内。当地中国民众的影响力不仅不如中国南方各地,而且民众对于报纸的知识非常幼稚,因此言论机关的影响力也很微弱,摆脱不了几乎毫无购阅价值的乡下报纸之状态。现有中文报纸五种(其中一种停刊),英文报纸一种,发行量超过一千份的仅有一两种,其他都在五六百份左右,经营似有困难。

今年9月,中国国民党支党部的机关报《胶东新闻》创刊,但由于其干部中有共产党嫌疑分子,11月被勒令

---

① 1927年10月创刊,日刊,发行量约四百五十份。
② 1929年报告载,1928年4月"第二次山东出兵"(实为日军入侵山东)时,刊载排日报道,因日方抗议而停刊。
③ 1924年报告为"1915年1月15日",一说1914年创刊。

停刊,随后改名为《胶东日报》再刊,但又再次被勒令停刊,目前还未看到复刊。支党部在言论界的活动也完全低迷。总而言之,当地的一般言论界极为平凡。

(一) 中文报纸

名 称	主义系统	持有人	编辑干部	备 考
芝罘日报	促进文化,启发民智	社长 王宗儒 目前任当地报纸记者团联欢社主席,执言论界牛耳	王倬云 山东省立师范出身	日刊,八页,发行量六百份。1909年①作为当地最初的报纸而创办,原先由日本人经营,后盘给现任社长直到今日。现任社长王宗儒亲日,总是关心两国亲善
钟声报	国民党系	社长 丁训初 前清秀才,国民党员,记者经验丰富	主笔 颜竹轩	1923年创刊②,日刊,八页,发行量七百份。评论报道稳健,无排外色彩
明星报	同上	同上	同上	晚报,二页,是钟声报社发行的晚报,发行量达一千三百份,在下层社会中也得到广泛购阅
爱国报		社长 原周 北平朝阳大学出身,律师	主笔 仲绍文	1919年创刊,日刊,八页,发行量六百份。看不到有特别的排外色彩,言论比较稳健
胶东日报	市党部机关报	社长 胡炯齐 北京大学出身	主笔 同前	1929年9月1日发刊,八页,发行量五百份。据称内部有共产分子,一创刊就遭勒令停刊,目前仍处于停刊中。完全没有社会声望

(二) 英文报纸

名 称	主义系统	持有人	编辑干部	备 考
Chefoo Daily News[烟台日报](英文)		James McMullan & Co., Ltd(英商仁德洋行)	主笔 D. R. F. McMullan 仁德洋行代表社员,兼任路透社通讯员	1917年创刊,日刊,半折,十页,发行量三百份。英国籍,是山东省内最古老的英文报纸,但购阅者范围狭小,仅局限在居住于芝罘及周边的外国人。刊载路透社通讯,报道较新。是上一代的McMullan留下的公益事业之一

张家口

名 称	主义系统	持有人	编辑干部	备 考
察省日报	察哈尔省政府机关报	社长 夏笑我	主笔 王钟鸣	1928年12月创刊,社址在察哈尔省政府内,日刊,发行量一千份。每月接受省政府二百元补助。1929年9月1日由《察省政报》改为现名
察省民国日报	国民党机关报	社长 纪亮	主笔 王书田	1928年7月创刊,社址在张家口上堡仁寿街察省日报社内,日刊,发行量一千份。每月从察哈尔省财政厅得到一百元的补助。1929年12月由《察哈尔党报》改为现名

---

① 1924年报告为"1907年",1929年报告为"1908年";一说1907年创刊。
② 1929年报告为"1913年",一说1912年12月创刊。

绥远

名　　称	主义系统	持有人	编辑干部	备　　考
绥远民国日报	国民党机关报	社长　郝秉让	主笔　曾毅然	1928年7月创刊,社址在归化县文庙街。日刊,发行量八百份。由党部每月补助三百元。1929年12月由《绥远党报》改为现名
绥远社会日报	国民党系	社长　杨令德	主笔　金肇圻	1929年12月创刊,社址在归化城大东门图书馆。日刊,发行量五百份,独立经营

华东、华中地区

上海

甲、中文报纸及杂志

概况

（一）大型中文报纸

上海的中文报纸1929年间无重大变动,大型普通报纸有《新闻报》《申报》《时事新报》《民国日报》《时报》《神州日报》《江南晚报》《中国晚报》《中华日报》《新申日报》十种。1928年国民党机关报《中央日报》发行,由于在上海还有一份国民党机关报《民国日报》,有人认为一市存在着两种机关报有缺乏统一之虞,去年2月根据中央政治会议决议,将该报转移至南京,4月实行,仅在上海设支局(分社)。而复活的《商报》继续发行三个月左右后,再次陷入经营困难而停刊。此外,有《上海晨报》《社会日报》两报创刊,不过《社会日报》仅发行十二期即停刊,《上海晨报》持续发行了三十几期,还是因经营困难处于停刊中。

《申报》和《新闻报》历史最久,内容丰富,不仅为上海报界之雄,而且为中国代表性中文报纸,其发展特别引人注目,发行量均达十五六万份,远至海外也拥有订阅者。至于其他各报,虽然规模有大小,但作为中国报纸而言,也均属于优秀之列,尤其是作为国民党机关报而具有长期历史的《民国日报》,自国民政府迁移南京以来,言论及报道广受大众注目。

从各报的竞争状况来看,以往仅次于《申报》位居第二的《新闻报》,在1928年、1929年竞争中稳稳突破《申报》之堡垒升至首位,值得注目。《时事新报》《民国日报》等则显示出新的发展,正逼近《申报》《新闻报》之堡垒,也是应该关注的。总体而言,由于首都南迁,有信誉的上海中文报纸发行量增加之倾向是显而易见的事实。

至几年前为止,当地中文报纸与报纸本来属于公平报道机关的宗旨有距离,基本上被视为仅仅是一政党的宣传机关,经营者方面也与某政党建立有特殊关系,若没有其补助,可以认为无法经营报纸。不过,最近出现逐渐脱离其谬误而转向独立经营的趋势。上述趋势可以视为证明这些中文报纸在经历了过去变态的经营方法之后,正在逐渐转移到合理的发展道路上。只是这些报纸在编辑方面依然有不脱俗套之嫌,但不可忽视的是,各报都在煞费苦心引入新意。然而,作为国民政府的党化政策和对反对派的镇压政策之结果,各报的言论及报道几乎没有自由可言,除了国民党机关报之外,各报纸在发行前向官方送交完成排字工作的各部分清样,接受严厉检查,不利于政府的报道全部被禁止刊登,或被禁止向各地发送。在此现状下,国民政府对各中文报纸的言论压迫几乎完全达成其效果。因此,新闻报道往往与事实真相相去甚远,使读者困惑、遗憾之至。

（二）中文小报

小型中文报纸以1929年春为最高峰,达到五十几种,此后经过逐渐整顿,基础薄弱的身影消失,比较坚实的留了下来,现在的确在定期发行的变成二十几种,而其中被视为基础巩固的仅限于《昌报》《福尔摩斯》(Holmes)、《海报》《金刚钻》《小日报》《琼报》《上海报》《大晶报》《雷声》等,其他大部分处于气息奄奄、仅维持发行的程度。上述二十几种小报中,仅《上海报》一种成为浙江省政府系机关报,从张静江、蒋介石等那里接受一些补助。除此之外,全部无政治系统,仅是以营利为目的。而且,这些小报几乎没有日刊,大部分为每三日发行,其中销路好的发行量达三千份。与普通中文报纸偏重于政治相关事项、枯燥无味相反,小报以梨园界、烟花巷的新闻为主,挑选有关社会诸相之素材,使用讽刺或滑稽的笔调,还插入精美的照相版剪辑,使报面轻快等,由此具备普通中文报纸无法企及的内容和外观,大受各阶级欢迎,其影响力也不可轻视。这样,本地各主要报社及通讯社平时都直接或间接地经营乃至帮助小报,在与其他报社之间产生什么问题时,作为辩驳反击之机关,用作拥护本社的力量。

(三)中文报纸的对日态度

中文报纸的对日态度一向都不好,一遇到什么特殊事件发生就舞弄排日毒笔,此为众所周知之事实,有关言论、宣传报道、虚构之报道实在令有识之士反感。

一、报纸

名 称	主义系统	持有人	编辑干部	备 考
申报	标榜中立派,而最近对国民党有善意。以往有接近直系及安福派的历史。同已故张謇一派的江苏实业派、江苏教育会现今尚有关系。在法国领事馆注册	社长兼总理 史量才(家修) 江苏省松江人,已故张謇的手下。杭州蚕业学校毕业,无值得一提之学历,但经营报纸手腕出色,所谓才士气质之人物。除了任该社总理之外,此人还是五洲大药房、中南银行等大股东,在实业界也具有势力 副总理 汪英宾 美国波士顿大学新闻科毕业①,专门掌管该报营业部,精明能干 副总理 张竹平 圣约翰大学出身,兼《时事新报》社长	总主笔 陈景韩(冷血) 江苏省金山县人,留日出身。被史量才招聘入本社,头脑明晰,为人干练,文笔锐利 副主笔 戈公振 1928年以报社费用被派往欧美。结束欧美漫游,去年10月回国,与以往一样任副主笔。上海人,在报界闻名,著有《新闻学》	1872年创刊,日刊,二十页,此外有时增刊附六页。发行量声称十二万多份。作为中国最老的报纸,基础巩固,信誉笃厚。1912年现社长史量才代替原社长席子佩经营时,一度在德国领事馆注册,1916年以冈田有民之名义在日本领事馆注册。其后因排日风潮,受到周围压力,取消在我方的注册,在法国领事馆注册。一向对我方有善意,虽在排日风潮甚为激烈之际,也保持冷静态度,论调亦公正稳健。在官场、实业界及其他有识上层社会中订阅者较多。无论是报道内容还是外观,都未必逊色于日本主要报纸。如同我国《大阪每日新闻》与《大阪朝日新闻》那样,该报与《新闻报》为代表性报纸,相互持续激烈竞争,但在通讯网完备和报道准确这一点上比《新闻报》更有信誉,但在进行经营新尝试方面,未显示出领先一步的倾向。有关干部以下雇员的待遇,不断出现问题,近来社内缺乏统一,经营方法总之是走向了消极主义。社址位于汉口路二十四号
新闻报	以不偏不党的实业新闻主义而经营,但随着国民政府基础巩固,该报的主张与以前相比变化显著。近来也是出于经营方面的考虑,发挥着国民党和国民政府机关报的作用。该报原来依据美国法律在美国注册,但1928年末大股东美国人Fergusson将其所持所有股票转让给中国人,由此1929年1月注销在美国注册,而在国民政府机关注册	社长兼总理 汪伯奇 原社长汪汉溪之子,三十九岁,安徽人,上海圣约翰大学出身。约十年前入该社,几年前继承亡父事业坐上总理之位。去年1月原社长Fergusson将其所有股份二千股转让而隐退以来,任社长兼总理。此人还经营慎益钱庄,称有资产一百万元 副总理 汪仲韦 汪伯奇之胞弟,与兄伯奇持有的本报股份差不多相同,掌管经营部,专门负责经营	总主笔 李伯虞 陕西人,留日出身,曾为《时报》《神州日报》记者。十几年前进入本社,此后任主笔至今日,为人严谨 副主笔 严独鹤 文艺部长 朱义农 经济部长 张肃山 本部编辑 潘竞民 教育部长 吴树人	1893年创刊,日刊,二十页至二十八页,发行量声称十五万份,在上海中文报纸中位居首位。股份制,美国系统报纸,据说现在持股比例是美国人四成、中国人六成。中国方面的股份,现总理汪伯奇持有其大半,事实上掌握该社的实权。其他股东中实业界有力人士较多。本报的特色是电讯丰富迅速,经营上总是吸纳新意,经济栏也值得一看。曾为排日急先锋,因报道、评论不严谨,其身为大报的价值遭到怀疑,但国民革命军占领上海以来,其地位被国民党机关报所夺,对有关对外问题的评论加以回避,出现欲作为纯实业报纸的倾向,对我方的态度似乎也变得稳健。国民革命军进军长江时,该报被视为资本家机关报,一时受到打压。此后,该报的论调及编辑风格显著变得大众化,抛弃以往那种明确拥护资本家的主义,采用明智的顺应时代主义,因而对国民党采取不即不离的态度。在普通实业界读者不少,声称资本金一百万元(但注册金额为二十万两),基础最为巩固,经营业绩优良。社址位于汉口路十九号

---

① 1924年毕业于美国哥伦比亚大学新闻学院,获硕士学位。

(续表)

名　称	主义系统	持有人	编辑干部	备　考
时报	标榜中立，不认可特别的主义、主张	社主兼总理　黄伯惠　江苏人，游历英美，英语娴熟。在上海拥有地产，号称财产百万，将报纸经营作为一种兴趣爱好	总主笔　蔡行素　无学历，在该报工作十余年，深得现社长信任，从去年起取代前主笔金剑花任主笔，也担任编辑 顾问　陈景韩　兼《申报》总主笔，深得黄社主信任	1904年创刊，日刊，八页。康有为出资，最初由狄楚青（康有为之门人）负责经营。1907年以宗方小太郎之名义在日本总领事馆注册，1919年排日运动激烈之际，仿效《申报》在法国总领事馆注册。现社主黄伯惠1925年正月从狄楚青那里以八万弗盘下，据说经营相当困难。对日态度虽说不上特别不好，但受风潮左右，时而发表排日性评论。与其他报纸比较，可视为特征的是一周两次将称为《图画时报》的照片画报作为副刊发行。社址在A六号
时事新报	以往作为研究系唯一的机关报而闻名。1927年4月被《申报》经营者收购，面目一新，更有实业报纸风格。无值得特别提及之政治色彩，但好载有关时局问题的评论，有时走极端。在法国领事馆注册	社长　张竹平　《申报》副总理，兼该报社长，是在报纸经营上有新知的经营者 经理　潘公弼　江苏省嘉定县人，留日出身，多年担任本报主笔，1927年1月接替张竹平任经理，掌控该社所有社务 副经理　熊少豪　原为北平《汉文泰晤士报》总经理，受张竹平之邀，1929年11月任本报副总经理	总主笔　赵叔雍　浙江人，作为该报记者驻北平多年，1928年2月接替潘公弼任总主笔。是在评论界有定评之人物 总主笔代理　程行中　上海法政大学毕业，长期负责该报社论，因原总主笔赵叔雍病弱，1929年起任总主笔代理 社论记者　陈布雷（畏垒）　浙江省政府教育厅长，该报特邀人物，在学生中间声望深厚，其评论为该报之异彩	1908年创刊，日刊，十六页，发行量四万五千份。当初由《舆论报》和《时事报》合并时，称为《舆论时事》，后来改为现名。革命后归共和党员及进步党员陈敬第和孟森经营。1914年被德国人收购，在德国领事馆注册。1916年转给前社长黄群（进步党党员）经营，与德国断绝关系，以日本人波多博之名义在日本领事馆注册，同年秋起成为梁启超一派的机关报。在发生排日风潮之际，取消在我方的注册，又在法国领事馆注册。1923年以来担任经理的林炎天一度接受吴佩孚援助，努力发展社务，但随着吴倒台，经营陷入困难。1926年①4月被《申报》副经理张竹平收购以后，巩固基础，挽回颓势。最近在各报中表现出最为活跃的编辑方式，与《民国日报》为伍，正在逐渐逼近《新闻报》《申报》的堡垒。此外，作为副刊发行的《青光》，致力于鼓吹新思想，在学生中读者居多。对日态度不佳。社址在山东路一六二号
民国日报	为国民党机关报，总是拥护国民政府及中央党部的政策，致力于鼓吹三民主义。论调激进。1926年②春以来取代《新闻报》，成为当地代表性排日报	本报直属中央党部，委员制，现在委员为如下五名：叶楚伧、陈德征、管际安、吴子琴、严慎像 委员长　叶楚伧　任中央党部宣传部长，在南京，不从事该报的实务，但重要问题全部依靠叶的指挥。江苏人，旧文学造诣深，在国民党中为右派人物，而政治上所论偏于极端	总主笔　陈德征　浙江人，与天津《大公报》总理胡霖关系特别，与蒋介石亦有深交。现为上海市党部宣传部长，作为国民党机关国民通讯社代理人及各种民众运动委员也积极活动，思想上被视为左倾分子。为人直率，文笔锐利，在内外通讯员及报界有信望。 经理叶楚伧公务繁忙，主要在南京，所以该社的实务由陈代理。作为主笔负责社论。现为上海特别市党部执行委员，兼宣传部长、上海特别市政府教育局长	1916年创刊，日刊，十二页至十六页，发行量一万二千多份。曾因以过激言论攻击北京政府而被交通部禁止邮送，1921年初才获解禁。在南方各地国民党及学生界拥有众多读者。发行副刊《觉悟》，致力于鼓吹孙文主义，总是痛骂资本主义、帝国主义。1926年秋陈德征一取代叶楚伧担任编辑，就露骨地鼓吹共产主义，刊登有关劳工运动的报道，因此遭租界当局起诉，其一时逃至广东，租界当局勒令该报停刊一周。因各种压迫越发增加，在公共租界难以继续经营下去，终于将营业所迁往法租界爱多亚路。1927年1月法租界当局根据孙传芳的要求，再次勒令停止发行。同年3月革命军进入上海，营业所回到山东路。以上述革命军势力发展为一转折点，该报在舆论界的影响力不断增大。该报的经济全部由中央党部管理，近来的经济状况良好，几乎不接受补助。还有，该报为国民政府的公布机关，市政府或法院等的公布若不在该报刊登，则视为无效。再有，该报的"党务"栏为上海市党部宣传机关。社址在山东路二〇二号

①② 1929年报告为"1927年"。

(续表)

名　称	主义系统	持有人	编辑干部	备　考
江南晚报	国民党西山会议派派系	社长（名义上）山田纯三郎	主笔　居励令　西山会议派巨头居正之胞弟，留法出身。三十三岁，湖北人，善写强劲有力的文章	1927年3月创刊①，在日本领事馆注册。日刊，四页。该报为属于国民党西山派的吴苍、蒋裕泉等主宰的同派机关报《中南晚报》之后身，发行量约五千五百份。1927年4月蒋介石对共产派发动政变，西山派以往的主张得以贯彻，本报的声价顿时提高，发行量增加。其后与桂系军阀联系，进行反蒋介石宣传，受到国民政府打压，不得已临时停刊。接着，1929年12月与汪精卫一派改组派联系，发动打倒蒋介石运动，这亦以失败告终。与该报有密切关系的西山派巨头居正被淞沪警备司令部熊式辉逮捕，该报大受打击，愈发陷入经营困难。本年6月又遭国民政府打压而无限期停刊。社址位于海宁路一〇号
中华日报	无固定主义	社长　邵伯谦　原《国民日报》经理邵力子之兄	总主笔兼经理　束凤鸣	1926年4月创刊，日刊，六页。发行量二百份。转载前日各报报道居多，作为报纸几乎不成体统，靠广告收入勉强维持经营。社址在望平街一六一号
神州新报②	无固定主义	社主　席子佩　《申报》创立者，在上海报界有名望	总主笔　余逸孙　安徽省徽州人，有在北平长期担任报纸记者的经验	1927年12月创刊，日刊，八页。发行量五百份。据说本报是石君怀以吸引英美烟草公司登载广告为目的，出于纯粹营利的动机而发行。因广告主方面犹豫不决，合同还未订立。经营困难，无任何影响力。总主笔虽挂陈热之名，而实际上多出于经理石君怀之笔。还有，该报的外文名称是袭用过去停刊的《神州日报》之名，而两者之间无任何关系。经营困难，靠经理石君怀的活动勉强继续发行。发行量约二千份
新申日报	无固定主义	社长　程梅乡　原《新申报》广告员，无文笔素养	主笔　徐养疾　年龄三十岁，大夏大学毕业生，在报界经验浅，其能力也未被认可	1927年6月创刊，日刊，六页。作为原来西山派机关报《新申报》之后身而创刊，以广告收入为目的，内容不充实。发行量三千份。社址位于山东路望平街二六一号
晶报	与《新闻报》有特殊关系	社长　余润　留日出身，原《神州日报》社长，相当理解日本，为人干练	总主笔　包天笑　留日出身，曾为时报馆总主笔	本报原作为《神州日报》副刊发行，1926年末《神州日报》因经营困难停刊后，单独继续发行。一周发行两次，小型（报纸半页大），四页。销路好，发行量达三万八千份以上，取得相当好的收益。最近接近《新闻报》，为了该报，有时出面拥护之。社址位于山东路
中国晚报	与孙科（铁道部长）多少有关系	社长　沈卓吾　留美出身，在南京工作，是孙科部下	主笔　陆丹林　广东人，三十三岁，为本报编辑之余，担任铁道部机关报《道路月刊》编辑 记者　石松太	该报为1923年创刊，在上海晚报中历史最长。但因为是晚报，未得到发展，现在也还是发行量二千五百份上下，经营颇为困难。最近内容、报道稍微调整，往往针对时事问题刊登特别报道
上海晨报	完全无政治色彩	社长　潘毅华　中央大戏院持有人	记者　赵君豪	本报为电影及百货店主等数人1929年以一万五千元的资金创刊的报刊，而因收支不平衡，目前处于停刊状态

---

① 1927年2月16日创刊。
② 1929年报告为《神州报》。

二、杂志

上海正在刊行的杂志大小达数百种，其中主要者如下：

《东方杂志》、《太平洋》（以上为商务印书馆）、《国闻周报》（国闻周报社）、《现代中国》（现代中国社）、《革命导报》（革命导报社）、《世界》（世界周报社）、《再造》（再造旬刊社）、《孤军》（泰东图书局）、《新亚细亚月刊》（《革命外交》之后身，国民党机关杂志，本年10月创刊）。

乙、外文报纸及杂志

概况

1928年末，上海外文报纸有晨刊英文报纸 North China Daily News、China Press、Shanghai Times 及晚刊英文报纸 Evening Post & Mercury 四报。此外，还有法文报纸一种、俄文报纸四种。除了英文报，其他报纸的读者范围受到限定，影响力不足为道。上述报纸中，North China Daily News 可夸为东方第一英文报，内容、外观均充实，其社论在 Impartial、Not Neutral 这一编辑标语下稳健而保守，作为代表在华英国官民舆论的媒体，内外均加以关注。该报的内地通讯最为丰富，不容其他报纸追随。仅次于该报、有影响力的为 Shanghai Times、China Press。还有，1929年俄文报纸 Эхо 和 Прохар 两报停刊，另有《莱迪尼》新刊。国民政府方面自1929年4、5月左右起特别注重对外宣传，即使对于外国人经营的报纸杂志也加以注意，在当地禁止 Daily News 邮递，而且要求在华美国公使将政治部主任 Sokolsky 驱逐出境。中国当局还以 New York Times 通讯员 Avent 及 Chicago Tribune 通讯员 Daly 向本国发送对国民政府不利的通讯等为由，要求美国政府传唤。

一、报纸

名　称	主义系统	持有人	编辑干部	备　考
North China Daily News ［字林西报］	英国系统报纸，英国籍	董事兼社长　H. E. Morris 董事　Gordon Morris 秘书兼常务董事　R. W. Davis	主笔　O. M. Green 兼任 London Times 及 Manchester Guardian 通讯员 副主笔　R. Wood 政治部记者　Sokolsky Far Eastern Review 主笔	1854年创刊①，东方最老的报纸。晨刊，十六至十八页，发行量约六千份。为英国总领事馆及驻华英国高等法院的公布机关，工部局公报（参照其他栏目）也插入本报发送。1929年11月起发行附有照相版的周日版，大型半页大，十页左右，发行量五千份。另发行周刊 North China Herald（《字林星期周刊》），发行量三千份。对日显示同情态度。国民政府1929年5月3日以该报及周刊 Herald 进行反动宣传为由，发布过禁止邮寄、订阅之训令。不知是否出于此原因，该报近来态度改变相当大。社址位于外滩一七号
Shanghai Times ［泰晤士报］	英国籍	社长　A. E. Nottingham	主笔　G. Burdon Sayer	1889年创刊②，晨刊，十六页，发行量四千份。归现任社长经营以来，对报面进行改善，年年增加销售份数。现今在英文报纸中可以说仅次于 North China Daily News，占第二位。1921年末创刊的周日号（Shanghai Sunday Times）添加四页照相版，达四十页以上，行销达六千份。对日本有好感。社址位于爱多亚路三十二号

---

① 应为1864年7月1日创刊。
② 应为1901年创刊。

(续表)

名　　称	主义系统	持有人	编辑干部	备　考
China Press [大陆报]	美国系统报纸，美国籍。据说今年11月在李石曾后援下被郑毓秀盘下	社长　S. Fessenden 董事　Arthur Sopher	主笔　C. J. Laval 副主笔　R. I. Hope	1910年创刊①，晨刊，十六至十八页，周日版四十页（增添四页照相版），发行量约四千份。为美国籍，而事实是英国人控制之，经营由法国保护民犹太人Arthur Sopher和Theodore Sopher兄弟掌控。其姊为已故Edward Ezra（犹太裔英国人）之妻，现在Ezra的继承财团持有九成股份。Millard及Powell任主笔时有排日色彩，专门汲汲于讨中国欢心，而最近上述倾向较少。在外文报纸中拥有最多中国读者。社址九江路一四号
Shanghai Evening Post & Mercury [大美晚报]	美国系统报纸	持有人　American Newspaper Co. 社长　C. V. Starr	主笔　Theodre Thackery 副主笔　H. G. W. Woodhead 去年8月从天津 Peking & Tientsin Times 招聘 营业部长　D. K. King	晚刊，八页，发行量约二千五百份。该报为1922年11月合并 China Press 的晚刊 Evening Star 与 Shanghai Gazette 两晚报改名而成。此后作为国民党机关报，经陈友仁之手常发表孙文方面的主张。因经营不尽如人意，1925年间转至奉系之手，后来又转给Y.D. Shen。1928年5月转让给American Newspaper Co. 现持有人经营（实权者Carl Crow），今年8月收购合并 Shanghai Mercury，改为现名
Shanghai Morning Post [上海晨报]	中国系统报纸	持有人　谢福生英文名 Francis Ziu，原 China Courier 主笔	主笔　同前	1927年12月1日创刊，发行量六百份，社址位于香港路四号。该报由谢个人经营
Journal de Shanghai [上海日报] （法文）	法国系统报纸	持有人　Jean Fontenoy、G. S. Moresthe	主笔　Jean Fonteney② 记者　R. Lelons	1927年12月10日创刊，晨刊，发行量约五百份。社址位于公馆马路二一一二三号。因惋惜过去发行了三十年的 L'Echo de China 停刊，完全以 Havas 通讯社为主创刊了此报。记者全部为留法归来的中国人，同情国民政府。据传有法国政府后援、监管
Шанхайская заря [上海柴拉早报]③（俄文）	共和主义	持有人　Lembich 支社长　司沃林	主笔　阿诺利朵夫 记者　西洛夫等四五名	1925年11月创刊④，发行量约一千份，社址位于霞飞路五五一号。该报为哈尔滨 Заря 之分身，持有人 Lembich 居住在哈尔滨。为亲美报纸，对日态度不坏
Слово（俄文）	帝政派	N. 莱维廷	主笔　扎伊柴夫	1928年12月1日创刊，发行量一千份。在上海俄国帝政派支持的报纸，社址在霞飞路六六九号
Новое время（俄文）	帝政派	马利亚、兹维兹缇奇	同前	1927年8月创刊，周刊，发行量四百份。个人经营，社址位于霞飞路六五一号
莱迪尼⑤（俄文）		阿咖莱佐夫	同前	俄国法西斯系机关报，周刊报，发行量约七百份。社址位于莫里哀路五九号

---

① 1911年8月24日试刊，8月29日正式出版。
② 1929年报告为"Jean Fontenoy"。
③ 又名《霞报》。
④ 一说1925年10月25日创刊。
⑤ 原文为日文"レデーニ"，未能还原为俄文，此处为音译。

二、杂志

名　称	主义系统	持有人	编辑干部	备　考
China Weekly Review [密勒氏评论报] (英文)	美国系统,排日。向中国学生献媚	发行人兼编辑　J. B. Powell		1917年5月创刊,周刊,发行量约三千份。以政治、经济、社会问题为主题。最初称为 Millard Review,后改称 Weekly Review of the Far East,1923年改为现名。报道内容极为贫乏,多从其他报纸、杂志上转载,但在中国人中阅读者相当多。主要向美国发送,据说约二千份为免费发放。传说中国政府提供月额三千弗补助
Chinese Nation	拥护国民政府政策	持有人　韦玉　广东人,曾为孙文英文秘书	主笔　同前	周刊,发行量约二千份。据说接受民国政府月额一千元补助。社址位于九江路一号
Far Eastern Review [远东时报] (英文)	以东亚财政、工业、矿业报道为主的经济杂志。美国人持有	George Bronson Rea	主笔　同前 记者　G. E. Sokolsky	月刊,发行量二千份。为东方英文杂志之巨擘,也刊登政论。以往对我方舞弄种种毒笔,但和平会议后其态度一变,不如说是对日本有善意,以至于严正批评美国对东方及日本的政策,总是致力于介绍我方在朝鲜、台湾、满洲之政绩。社址位于仁记路十六号
The China Digest	拥护英国政策,英国人持有	Carrold Lunt	同前	周刊,发行量一千份,社址位于南京路十二号。对日态度良好
China [中国半月刊]	国民政府机关杂志	H. G. Fruin	R. I. Hope	1929年8月创刊,发行量七百份,社址位于九江路六号
Finance and Commerce [金融商业报] (英文)	经济杂志,政治评论少。英国人经营	Reuters Ltd.	Hvans	1920年创刊,周刊,八页,社址位于九江路六号
Far Eastern Capital and Trade [商务周报] (英文)	经济杂志,英国人持有	David Arakie	同前	1925年创刊,周刊,发行量三百份,社址位于仁记路二十五号
Lloyd's Weekly [劳合周报] (英文)	政治评论少,英国人持有	G. T. Lloyd	主笔　同前	周刊,发行量五百份。主要刊登有关上海地区的社会新闻。社址位于江西路四一号
Shanghai and Engineering[①]	有关东亚船舶与工程的报道,英国人持有		主笔　C. W. Hampson	1909年创刊,周刊,发行量四百份。在船舶业者中间拥有相当影响力。社址位于外滩十七号
China Journal of Science and Art [中国科学美术杂志] (英文)	有关中国美术研究、考古学及狩猎之杂志,英国人持有		主笔　Arthur de Sowerby 记者　John C. Ferguson[②]	1924年创刊,月刊。无政治性内容,编辑及投稿人以相当知名的人士居多。社址位于博物院路八号

---

① 1929年报告为"Shipping and Engineering"。
② 1929年报告为"Gerguson"。

(续表)

名　称	主义系统	持有人	编辑干部	备　考
British Chamber of Commerce Journal	英国系统	全中国英国人商业会议所		月刊,既是上海英国人商业会议所的机关刊物,亦为 Associated Chamber of Commerce in China and Hongkong 机关刊物。除了工商业报道以外,还巧妙摘录有关中国的新条约、重要公文书等,适合作为记录保存。发行量一千份
Chinese Recorder	美国长老教会派机关杂志、美国人所有		Rev. F. Rawlinson	月刊,发行量一千五百份。社址位于圆明园路二三号
Israels Messenger [犹太月报]	上海犹太复国主义协会机关刊物	上海犹太复国主义协会	N. E. B. Ezra	1904年创刊,月刊,发行量四百份。1910年2月停刊,1918年复刊。感谢我方在巴勒斯坦问题上的态度。不刊登政治评论
Henderson's Magazine	普通趣味杂志,英国人持有		Begdon	1921年创刊,月刊,发行量一千份。据说在中国英文杂志中销量最多。1928年4月由创刊者转至现持有人手中。社址位于北京路四七号

丙、日文报纸及杂志

名　称	主义系统	持有人	编辑干部	备　考
上海日报(日文)		社长　波多博 从原社长井手三郎手中盘下,去年11月15日任社长	主编　赤星为光	1903年创刊,日刊,十页,发行量约三千份。为上海最老的日文报纸。基础巩固,相当有信誉。1899年创刊的《上海周报》为本报之前身。社址位于白保罗路
上海日日新闻(日文)		社主兼社长　宫地贯道	主持人　同前	1914年创刊,日刊,十页,发行量约二千份,社址位于乍浦路
上海每日新闻(日文)		社长　深町作次郎	主持人　同前	1918年11月创刊,日刊,八页,发行量约三千份。1924年11月由《上海经济日报》改名而来。在经营、编辑方面精耕细作,其经济栏广受欢迎,尤其是最近有关中国政情的报道亦丰富。不仅在上海,而且在长江一带销路多。1929年4月山田社长隐退,前社长深町作次郎再度任社长。社址位于吴淞路
上海周报(日文)		社长　三村铁之助	同前	1913年创刊,周刊,发行量约一千份。《上海》之后身,创刊当初佐原笃介为社长,后来西本任社长。西本去世后,同杂志编辑三村继承一切,去年5月起改名为《上海周报》。社址位于海宁路
上海时论(日文)	论述中国时事问题	社长　堀清	同前	1926年停刊的《上海と日本人》之后身,同年创刊,内容比较充实。社址位于海宁路

南京

概况

(1) 报纸

1929年当地中文报界可谓一气摆脱前年度的低迷状态,呈现出非常繁荣的景象。此间因军事行动多,政局动摇,以《京报》为主,《三民导报》等二三种报纸停刊,新刊有《新京日报》《文化日报》等一些日报,以及《新京晚报《南京晚报》等晚报,其数量正呈现出逐渐增加的趋势。而且,中央对报刊的态度、政策越来越成熟,在9月5日中央常务会议上通过决议,原则上应废除报纸检查制度,并将此通知各地方当局。与此同时,通过《日报登记办法》,下达命令要求以首都为主各地报纸一律登记。而且,中央宣传部长在中央党部每周一次接待当地中国报纸记者,就有关党、政、军时事问题、国际问题进行详细说明,以使中央的宣传工作日常化。至此,在论调、内容上,连以营利为本位的小报都与中央的机关报保持统一,其统制终于完全实现。

还有,处理外国新闻的机构达二十种,当地报纸中仅为《中央日报》《新京日报》等二三种,主要刊登"电通""联合"及路透社等新闻,且对日态度完全称不上良好,每当发生问题便发表相当激烈的评论。

(2) 杂志类

当地刊行的杂志,《时事月刊》及《中外评论》等可称为代表性刊物,前者1929年11月1日创刊。《时事月刊》主要刊登政界以外各界人士的评论,另外还插入照相版、插图等,又设文艺栏等,受欢迎程度高。而《中外评论》是模仿我国的《外交时报》,以外交部编管副科长宓汝卓为主持人,主要内容为该部职员等撰写的国际时事、外交问题等,1929年8月前是作为《中央日报》的副刊发行的,后来独立,具备杂志外观,旬刊,至同年末为止发行了十五期。

一、报纸

名 称	主义系统	持有人	编辑干部	备 考
中央日报	国民党机关报	叶楚伧 江苏省吴县人,中央执行委员、中央宣传部长 经理 沈君匋	主笔 严慎予 上海大同学院经济科出身,就任现职前,历任上海《民国日报》主编、国闻社南京特派员 编辑 金诚夫 江苏常州人,1924年北大法科毕业,历任北京《新社会报》编辑、上海《新申报》编辑、国闻社北京支局主编及南京支局主编,1929年4月进入中央日报社	1929年2月创刊①,日刊,十二页,发行量二万份(声称)。接受中央党部年额八千六百六十七元补助,为中央党部机关报。另外,外交部每月向记者提供二百元上下。亦拥护直属于中央党部的中央通讯社。报道特别迅速而详细,为当地报界霸主,每日刊登主笔严慎予执笔的评论,对国际问题也相当重视,还设有国外新闻栏,报道国外时事比较迅速。有关日本报道多采用"电通"或"联合"的新闻,外国新闻主要依靠路透社。对日态度不佳。作为每星期副刊发行画报,在上述画报中登载有关各国对华问题与党政机关对外宣传等的讽刺漫画等。社址位于南京珍珠桥
新京日报	何成濬、方本仁及吴醒亚等蒋介石派人物的机关报	社长 石信嘉 安徽人②,1927年北大法科毕业后任南京《京报》主编,该社解散后,1929年10月继《新京晚报》之后创刊《新京日报》	主笔 左啸虹	1929年12月创刊③,日刊,八页,发行量声称九百份。创刊时日尚浅,还未普及开来。经营者石信嘉曾任《京报》主编,由于为人、能力得到认可等原因,创刊以前就受普遍欢迎,今后会相当令人瞩目。有时刊登代表宣传蒋介石派思想的社论或评论,似乎相当重视政治经济方面的问题。关于外国新闻主要依靠"电通""联合"、路透社。仅次于《中央日报》,与当地的《民生报》《南京晚报》等同样受到普遍重视。还有,该报每周发行一次画报作为副刊,其要旨与《中央日报》的画报多少有差异,以艺术方面为主,政治上的内容为次。社址位于南京卢妃巷三四号

---

① 严格地说,这是复刊。《中央日报》作为国民党中央机关报,1927年3月22日在汉口创刊。1928年2月1日,迁到上海出版。1929年2月1日又迁到南京出版。

② 应为"湖北人"。

③ 一说1930年创刊。

(续表)

名　称	主义系统	持有人	编辑干部	备　考
民生报	国民党中央监察委员李石曾、蔡元培等的宣传机关报，国民党右派系统	社长　成舍我　湖南人，1920年北大中文系毕业，曾任北京《益世报》代理主编，同时，经营《世界日报》《世界晚报》，1927年来京经营《民生报》 经理　左啸虹	主笔　陶镕青 主编　罗介邱	1927年2月创刊①，日刊，小型，四页，发行量八千份。该报以报道简洁迅速为特征，没有社论、评论与外国新闻等，显得简便而得要领。因此普遍受欢迎。接受李石曾、蔡元培等每月五百元上下及外交部月二百元左右的补助。社址位于汉西门石桥街
南京晚报	中央监察委员、司法院长王宠惠的机关报，有国民党右派色彩	社主　张友鹤	主笔　张友鸾	1929年5月创刊②，日刊，小型，四页，发行量一千五百份。该报除了作为当地晚报占有今日之地位之外，无值得特笔之处。社址位于南京益仁巷润德里
新京晚报	何成濬、方本仁等的机关报	社主　石信嘉		1929年6月创刊，日刊，小型，四页。《新京日报》的兄弟报纸，发行量一千七百份
新社报		社长　施之濬	主笔　王国杰	1914年10月创刊，日刊，四页。为个人经营、营利本位的报纸，发行量约三百份。社址位于箍桶巷二十五号
社会报		社长　邓顺时	主笔　黎离尘	1929年5月创刊，日刊，四页，发行量七百份。合作组织
国民日报	曾为于右任的机关报，现在无关系	社主　王振楳　南京人，震旦大学教授	主笔　掌牧民	1928年4月创刊，日刊，大型，四页，发行量二千份。报道上无任何可大书特书之处，作为报纸属于二流程度。社址在大仓园荷花塘一号
首都日报		社主　谢澄宇	黄至深	1928年11月创刊，日刊，大型，六页，发行量一千份。个人经营，社址位于下江考棚
文化日报			主笔　郑锡麟	1929年10月1日创刊，发行量一千份。个人经营，社址位于洪武街三十七号
立言报		社长　吴新民	主笔　同前	1917年10月1日创刊③，日刊，四页，发行量二百份。个人经营，营利本位
新政闻报		社长　吴静生	主笔　吴善立	1928年2月创刊，日刊，大型，四页，发行量二百份。个人经营，营利本位
江苏日报	无政党色彩	社长　沙云山	主笔　同前	1920年创刊，日刊，大型，四页，发行量二百八十份。个人经营，社址位于针巷十六号
青白报	政治训练部机关报	社长　申家骏	主笔　张叙丞	1929年3月创刊，日刊，小型，四页，发行量五千份。小报，受欢迎。社址位于平江府南街三号

---

① 应为1927年10月21日创刊。
② 1929年5月16日创刊。
③ 一说1916年创刊。

(续表)

名　称	主义系统	持有人	编辑干部	备　考
新中华报	没有特别系统	社长　于振寰	主笔　于纬文	1913年6月创刊①,日刊,大型,四页,发行量二千份。个人经营,资本金四千元。社址位于钓鱼台侍其巷四号
新民报	没有所谓政治、党部性色彩,不过是个人营利性经营	持有人　陈铭德	刘正华	1929年9月创刊②,日刊,六页,发行量二千五百份。个人经营,社址位于洪武街九十六号
呼声日报		方觉慧	主笔　郭曙南	日刊,小型,四页,发行量四百份
老百姓报		吴忠仁	主笔　李辛白	日刊,四页,发行量七百份,资本金八百元
民治日报	四川军事机关的机关报	社主　黄润书	主笔　陈天一	日刊,小型,二页,1929年8月创刊,社址位于丹凤街一〇六号
亚光新闻报		社长　邓顺时	主笔　黎离尘	日刊,大型,四页,1929年5月创刊,发行量七百份。合作组织,社址位于火瓦巷黄泥岗
宁报		社主　达剑峰	主笔　同前	日刊,小型,四页,1929年6月创刊,发行量二百份。个人经营,社址在小板巷二号

二、杂志

名　称	主义系统	持有人	编辑干部	备　考
中外评论	主要就国际关系登载时论,以政府当局者与其他文人的随笔或评论等为内容。还致力于宣传孙文主义	宓汝卓　浙江慈溪人,早稻田大学商学士,外交部编管科科员兼副科长	主持人　同上	1929年3月创刊,日刊③,每册五十页上下。该杂志至1929年8月10日为止作为《中央日报》的副刊发行,此后独立定为旬刊,总社设在该市内大石桥石婆婆巷,以稳定而相当大规模的组织,独立发行十五期至今。其宗旨在于:(一)阐明孙文遗教,(二)谋求普及外交常识,(三)说明国际形势,(四)讨论建约方法,(五)研究建国方案。内容为确立以中国为中心的对外时事问题,或考评海外新闻的论文等,可以看到仿效我国《外交时报》的很多痕迹。该杂志似乎已普及中央各机关、学校乃至普通知识阶层。其论调虽然比较扎实稳健,但带有偏见的排外评论依然难免
时事月刊		陈登皞	同前	1929年11月1日创刊,以营利为本位的月刊,具备大型杂志的外观,有二百四五十页。内容分为:(一)专文,(二)调查资料,(三)国内时事,(四)国外时事,(五)文艺等。插入有关时事的照片,每个栏目插有漫画等。其论调总体而言虽然稳健,但自然会致力宣传国民党的主义,迎合大众。每月印刷量据称达到二万份

---

① 一说1913年5月10日创刊,一说1912年创刊。
② 1929年9月9日创刊。
③ 原文如此,有误。

除上述之外,还有:(一)中央宣传部出版科主导发行的《革命外交》,每周四发行。当年俄中关系发生纠纷时,该杂志是宣传用刊物,名为《中东路月刊》,附在《中央日报》后面分发,后来逐渐从对俄问题扩大到一般国际问题,本年2月独立发行。(二)《苏民周报》是以江苏省省内问题为主要内容的册子。(三)《国立中央大学半月刊》为1929年秋创刊的中央大学校友杂志,主要发表学术研究,对于国际问题似乎亦有自己的观点。另外,中央大学地学教授、学生联合刊行的杂志有,(四)《地理杂志》。(五)《统计月报》为立法院统计处刊行,到1929年底已出版第十期。其内容不仅为有关经济各个方面的统计报告,而且发表有关党、政、军各主要机关的种种统计,还就财政、政治状况发表评论、批评。另有《建国月刊》等。还有,中央党部的机关杂志《中央党务月刊》禁止发售,《中央半月刊》停刊以来,没有可称为中央党部机关杂志的刊物。

除了上述杂志类以外,以《国民政府公报》为主,亦有《财政公报》《教育公报》《交通公报》《铁道公报》等众多政府公报。

苏州
中文报纸

名　称	主义系统	持有人	编辑干部	备　考
苏州日报		石雨声	方觉非	1912年1月创刊,日刊,四页,发行量五百九十份。报道稳健,面向商店、公司
吴县日报	倡导自治	马飞黄	胡绣龙	1916年1月创刊①,日刊,四页,发行量三千九百份。1928年1月由《吴语报》改名而来。面向商店、公司,最近随着发行量增加,在政治批评等方面展开辩论,增加官方读者
吴县市乡公报	倡导自治	颜忍公	郭随庵	1916年1月创刊,日刊,四页,发行量七百八十份。报道稳健,面向学生、官吏,接近官方
苏州明报	同上	张叔良	仇昆厂	1924年3月创刊②,日刊,四页,发行量三千六百份。评论投青年学生之所好,有排日色彩。曾因不服从沪宁铁路东区警备指挥部的报纸检查而被下令禁止发行。为学生及官吏阶层阅读
中报	倡导文艺	梅晴初	洪笑鸿	1923年6月创刊③,日刊,四页,发行量一千五百份。为面向学生、官吏的报纸
大苏报	宣传佛教	王薇伯	吴树声	1928年8月创刊,日刊,四页,发行量六百三十份。对时事毫无忌讳地进行评论,排日色彩少。在官吏、佛教界方面受欢迎。经营者王薇伯为原外交总长王荫泰之胞弟,日本大学出身。创刊时接受过李宗仁及冯玉祥部第二集团军总参议姚以介等补助
大公报		宋兆元	王天魂	1928年5月创刊④,日刊,四页,发行量约二百八十份。面向一般读者
大吴语	倡导文艺	郭子良	孙少猿	1929年7月创刊,日刊,四页,发行量二百份。面向学生
新吴语	同上	时介玉	洪笑鸿	1929年6月创刊,日刊,四页,发行量一百九十份,面向学生

---

① 一说1916年10月创刊,名《吴语报》,1928年1月改本名。
② 一说1925年秋,张叔良接办《民报》后改本名。
③ 一说1921年创刊。
④ 一说1927年创刊。

(续表)

名称	主义系统	持有人	编辑干部	备考
社会日报	倡导自治	周重华	同上	1929年4月创刊①,日刊,四页,发行量六百八十份,面向普通人
苏州小日报	倡导文艺	汪知心	同前	1929年7月创刊,日刊,四页,发行量一百四十份,面向学生
大光明		姚啸秋	颜益世	1929年8月创刊,三日发行一次,发行量三百八十份,面向学生、官吏
苏州商报		方赓	王晓梅	1929年12月创刊,日刊,四页,发行量一百五十份,面向商店、公司
吴县党报	鼓吹党义,县党部机关报	凌绍祖 吴县党部常务委员	唐病梅 吴县党部宣传部长	1930年1月创刊,日刊,四页,发行量四百份
钢报		凌君畴	同前	1929年11月创刊,三日发行一次,四页,发行量三百九十份,面向学生
小晶报		高德雍	同前	1929年9月创刊,三日发行一次,四页,发行量三百份,面向学生
爱克司光		时心	同前	1929年12月创刊,三日发行一次,四页,发行量一百份,面向学生

杭州

概况

杭州的报纸在1929年有《杭州市报》《三五日报》两报因经营困难停刊,《之江日报》取而代之而复刊,其他与去年无异。即,1929年12月底有《浙江商报》《浙民日报》《杭州民国日报》《杭州国民新闻》,以及上述《之江日报》五种。这些全部为日刊中文报纸。另外有公布法令、规定的机关报《浙江省政府公报》。

上述报纸,《浙江商报》为1921年创刊,《浙民日报》1923年创刊,其他除了《之江日报》以外均为1927年创立。《之江日报》系1913年创立,1926年一度停刊,此次为复刊。

这些报纸大部分创立时日尚浅,规模资本亦小,发展不快,发行量总计不过约一万三千份上下。将此与去年度相比,约增加一千份,而这主要是《杭州民国日报》增刊。这些报纸,其一半在杭州,另一半在邻县有订阅者。

除了上述在杭州发行的各种报纸之外,上海报纸在当地的订阅有年年增加之倾向,即《新闻报》四千份、《申报》三千份,以及《时报》《时事新报》等约三千份,合计有一万份左右的上海报纸每日进入杭州,这几乎有比去年翻倍的趋势。

上海报纸进入当地,年年增加,当然归因于当地报业仍未充分发展,但亦因这些上海报纸与海外有通讯联系。其报道敏捷,内容亦充实,不仅关注中国国内,还报道国际形势。这就势必不得不依靠上海报纸,此亦应该是难以忽视的原因。

名称	主义系统	持有人	编辑干部	备考
浙江商报	开发商业,杭州总商会机关报	社长 邱不易	主笔 朱松庐	1921年10月创刊,日刊,十二页,发行量二千份。社址位于杭州市保佑坊
浙民日报	发扬民治精神,促进地方自治	社长 胡芷香	主笔 沈环黄	1923年12月10日创刊②,日刊,八页,发行量二千份。靠浙东同乡会经营,在浙东方面有影响力。社址位于杭州市保佑坊

---

① 一说1924年创刊。

② 一说1922年10月10日创刊。

(续表)

名　称	主义系统	持有人	编辑干部	备　考
杭州民国日报	三民主义，国民完成革命。省党部机关报	社长　许绍棣　现党部宣传部长	主笔　何健中　现省党部秘书	1927年3月12日创刊，日刊，十二页，发行量四千二百份。社址位于杭州市开元路
杭州国民新闻	三民主义，黄埔同学会机关报	社长　郑炳庚　黄埔军官学校第一期毕业生	主笔　戴世勋　黄埔军官学校第一期毕业生	1927年3月12日创刊，日刊，十二页，发行量一千六百份。该报设立之际接受蒋介石一千弗补助，去年1月起每月再获资一千弗。社址位于杭州市青年路
之江日报	开发国民知识	社长　项士元	主笔　王苏香（女）	1913年创刊①，1926年一度停刊，1930年复刊。日刊，八页，发行量一千二百份。社址位于杭州市迎紫路
浙江省政府公报	公布法令、规定	浙江省政府	主笔　何健中　现杭州民国日报社主笔	1927年5月11日创刊，日刊，发行量一千九百份。国民政府统治以来，将过去的《浙江公报》改组更名发行。社址位于浙江省政府公署内

芜湖及安徽②

概况

1929年间安庆及芜湖的报纸，有安庆的《民岩报》《新皖铎》《商报》《民国日报》《安徽日报》，以及芜湖的《皖江日报》《工商日报》《民国日报》八报，均为小规模中文报纸，经营困难，内容亦不脱幼稚范围，除了地方上的经济报道之外无任何特点。至于一般政局及世界报道，均转载自上海各家报纸，而且以主笔为主，记者等都似乎没有指导舆论的抱负和见识，自然总是迎合党部，受其制约。尤其像《民国日报》那样，作为党部机关报，不仅所论过激，而且看上去如同以排外特别是排日宣传为其能事。因此，地方有识阶级均不重视其报道，同时自然也就信任上海的各家主要报纸。在当地，目前这些上海报纸之销售量估计《新闻报》有一千五百份，《申报》有一千份，《时报》有七百份，均为一般官吏、商人购阅，其数量有逐渐增加之倾向。

(一) 安庆

名　称	主义系统	持有人	编辑干部	备　考
民岩报	国民党系	社长　吴霭航	同前	1909年4月创刊③，日刊，八页，发行量约二千份。有相当长历史，其订阅者基本稳固，具有其他新刊报纸无法轻易侵蚀其地盘之强势。对日感情不佳。在地方官府、公共团体及青年中有读者
新皖铎		社长　张振铎	主笔　同前　记者　孙小初	1922年2月创刊，日刊，八页，发行量一千份。创刊当时大肆刊登排日报道，煽动学生，现在其态度稳健，以营利为本位。由于迎合官方，接受其补助，因而报道、论调不精彩
商报	实业报纸	社长　苏绍泉	主笔　同前　记者　赵嘉谟、张元恺	1923年7月创刊④，日刊，六页，发行量约一千份上下。起初为总商会机关报，因财政援助未能持续，所以转为现社长个人经营。以有关工商业的经济报道为主

---

① 1913年4月1日创刊。1917年后多次停、复刊，1926年3月24日再次停刊，1929年1月5日复刊。
② 此处原文有误，应为"安庆及芜湖"。
③ 一说1912年6月1日创刊。
④ 一说1919年创刊，1923年4月备案。

(续表)

名　称	主义系统	持有人	编辑干部	备　考
民国日报	省党部机关报	安徽省党部		1928年11月创刊，日刊，八页，发行量约六千份。为省党部经营，秉承中央党部意旨，致力于宣传，同时刊登排外报道倾向，特别是近来登载夸大的排日报道
安徽日报	国民党系	社长　查光中	记者　胡诏甫、钱瘦侬、汪积强	1929年4月创刊，日刊，六页，发行量五百份。该报作为资金一万弗的有限股份公司而创立，当初在芜湖创刊，因营业不振，屡屡停刊，最终迁往安庆。由于创刊时日尚浅，读者也少，维持困难。因带有共产色彩总是被官方提防。对日感情不佳

（二）芜湖

名　称	主义系统	持有人	编辑干部	备　考
皖江日报	启发民治思想	社长　谭明卿	主笔　同前 记者　柏毓文、李鸿勋	1917年1月创刊①，日刊，八页，发行量三千份。在地方有力人士及官绅之中有信用。论旨总是稳健，民国政府成立以来，在周围状况下不得已追随主义、政策，亦与排日运动等步调一致，但其态度是温和的。报道中开设工商栏，以经济报道详细为特征。谭社长个人对日持有好感
工商日报		社长　张九皋	主笔　同前 记者　张香九	1909年11月创刊②，日刊，八页，发行量约二千五百份。创刊当时为日刊，六页，发行量只不过二三百份，从辛亥革命份数增加。由于柏文蔚倒台，加上迎合袁世凯独裁政治，招致民党系的憎恨，曾停刊数月。其后商运趋好，基础变得相当巩固。对日态度最近变得良好，刊登日本方面的广告
芜湖民国日报	市党部机关报	社长　黄运昌　芜湖市党部指导委员、反日会干部		1928年11月创刊，日刊，八页，发行量六百份。除宣传国民党、登载排日新闻以外无任何特点。从党部获得援助，但经营似有困难

九江

名　称	主义系统	持有人	编辑干部	备　考
浔阳日报	党部机关报	经理　许奇伯③ 毕业于日本大学，现为国民党员	主笔　同前	1926年11月创刊④，日刊，四页，发行量七百份左右。刚创刊就被省政府勒令停刊，1927年9月再刊，但因共产党入省，十天之后再次遭到查封，同年11月复刊。社员全部属于国民党，每月党补助百元左右，但财政困难，报道内容贫乏

---

① 一说1910年12月2日创刊，一说1910年12月21日创刊。
② 1915年10月20日创刊。
③ 一说"许秋伯"。
④ 一说1928年创刊。

(续表)

名称	主义系统	持有人	编辑干部	备考
九江日报	省政府机关报	经理 张定球 原九江县知事、九江公安局长	主笔 陈觉民 毕业于师范学校	1927年9月创刊,日刊,六页,发行量一千五百份。由关停中的《江声日报》改组而成,及至1928年6月《江声日报》复刊,社员一分为二而独立。资本金二千五百元,每月由省政府补助二百元
江声日报		经理 蔡逊 旧《江声日报》主笔	同前	1922年11月创刊①,日刊,八页,发行量一千份。最初位于南昌,后转移至九江。从1926年至1928年6月处于被查封停刊的状态,同年9月复活

南昌

名称	主义系统	持有人	编辑干部	备考
江西晚报	营利本位	经理 杨绳武	主笔 杨治农	1927年9月创刊②,晚报,小型四页,发行量约一千份。报道内容贫乏
江西中山报		江西吏治训练所		1928年8月创刊,日刊,八页,发行量约一千份。大半用于登载与吏治相关的报道,另设有半页副刊,对训政进行说明
工商报	鼓吹商业	经理 李耀廷	主笔 夏甘霖	1920年1月创刊③,日刊,八页,发行量约四千份。以前带有国民党色彩,创刊后不久就因曹锟的贿选问题遭祸,被查封一年多。其后脱离了政党色彩,与省总商会联络,成为以鼓吹商业为目的的营利性报纸。报道材料在省内各报中最为丰富而准确。另外,基于对于省政府的迎合态度,有时添加副刊,用来宣传三民主义。资本金六千五百元
商业日报		社长 万醒尘	主笔 萧清臣	1927年9月创刊,日刊,四页,发行量一千五百份。是仅次于上述《工商报》的商业报纸。股份制,资本金三千五百元。
南昌民国日报	三民主义,省党部机关报			1926年11月创刊④,日刊,八页,发行量三千份。报道内容比较丰富,但主要登载与党部相关的事项,另设有一页大小的文艺栏,致力于宣传大众化的三民主义。经费由省党部支付
南昌新闻日报	省政府机关报	江西新闻记者联合会		1928年7月创刊⑤,日刊,八页,发行量二千五百份。报道内容丰富,但以省政府宣传报道充填版面,每月有来自省政府约三百元的补助

---

① 《江声日报》创办于1919年,1922年由南昌迁到九江。
② 一说1926年9月创刊。
③ 一说1914年12月创刊。
④ 11月23日创刊。
⑤ 一说1928年4月1日创刊。

汉口

（一）中文报纸：目前汉口的中文报纸共有二十二种，但只有《中山日报》《武汉日报》《新民报》《新闻报》《商报》《中西报》《公论日报》这七种为大型报纸，其余均为小型报纸。

上述报纸中《湖北中山日报》《武汉日报》两报报道迅速，内容也很充实，据说在当地作为一流报纸最具有权威。如下记各报纸备考栏中所述，因作为当地省、市政府和党部的宣传机关的关系，各报受到极大限制，更没有什么言论自由可言，并且它们的持有人因时局变化总是发生更迭，因此没有一贯的主义。其他诸报也因当地的动向常受到时局极大的影响，官方的干涉甚烈，几乎都在为其作宣传。另一方面，鉴于时势关系，排外特别是在倾向于排日方面是如出一辙的。

但是，在这里值得注意的是，改组派从去年（1929年）夏天前后，发起了旨在支配武汉报界的活动，特别是将力量放在小报上，计划逐步扶植扩大其影响力，因此报纸的数量与去年度相比多出了十种，但由于官方的取缔和经费问题，改组派的计划目前也陷入了困难状态。

另外，武汉新闻记者联合会在去年4月广西派败走后，其执行委员等几乎全部逃跑，陷入了停顿的状态。靠汉口特别市党部整理委员会宣传部的斡旋，武汉新闻记者联合会执行委员选举大会于同年9月18日召开，结果周介天、管雪祭、孙鄂痴、陈鹤松、刘雨邨、陶俊三、凤竹荪、王丽生、喻之痴等九人当选，同年9月20日召开正式成立大会，决议武汉的报纸和通讯应一律加入登记。但以《扬子江晚报》社长刘天民为首，国闻、扬子江、一德、两湖、一怡等通讯社均反对，没有入会。其他报纸则缺乏团结的意志，不得不附随联合会。该会没有任何统一可言，目前处于有名无实状态。

（二）外文报纸：当地的外文报纸，有英文报纸 Central China Post 和 Hankow Herald 两种，非常不景气。日文报纸有《汉口日日新闻》，发行量虽不多，但鉴于中国报纸的现状，中国人一方也相当重视。

一、中文报纸

名 称	主义系统	持有人	编辑干部	备 考
湖北中山日报	湖北省政府及湖北省党部宣传机关报	湖北省政府 正社长 黄昌谷 湖北省政府委员兼教育厅长 副社长 贾伯涛 湖北省党部委员	主编 陈祖烈 副主编兼总经理 卢本权 副总经理 陈次宗 记者 沈亮、黄应中、毕成骏、蒋定一、万梅子、陈维藩、黄慎修、胡海州、吴干城、万希梅、艾毓英	1929年4月创刊①，日刊，十四页，发行量一万份。该报的前身《汉口中山日报》由李宗仁（广西派）创办，因去年4月广西派败走一度停刊，接着蒋介石任命总司令部政治训练处主任方觉慧为社长、王芸圃为主编，于4月16日起改名为《武汉中山日报》发刊。因军事行动结束，武汉行营撤除，经费也陷入困难。靠省政府主席何成濬的斡旋，总算维持下来。7月20日左右就报纸报道内容，与省政府代理主席方本仁看法上发生冲突，而方本仁打算让湖北省政府接收该报，最终酿成纷争。蒋介石姑且将该报交给了方本仁，同时令其于翌29号起停刊。后来因何成濬等的帮助，9月14日决议由省、市两党部和省政府等共同经营，从9月15日起恢复发行。完全成为省党部和省政府的宣传机关，经营状态良好。社址位于汉口济生四马路
武汉日报	中国国民党党部宣传机关报	国民党中央党部宣传部 总经理 朱冀良 1930年1月替代因与改组派有深交而被免职的曾集熙	主编 陈淦 号淡霜，广东人 记者 陈希平、章正范、唐性天、曾应稞、王镜清、曾集熙、黄纲度、刘静哉、丁维金、谢倩茂	1929年6月创刊②，日刊，十四页，发行量五千份。是湖北《民国日报》的后身。去年4月广西派一败走，即被中央党部宣传部接管，任命曾集熙为总经理，改称《武汉日报》，直属中央，今年6月发行。是中国国民党中央党部在长江流域的专用宣传机关，营业状况不差。社址位于汉口歆生路忠信里第二号

---

① 一说1929年5月创刊。
② 6月10日创刊。

(续表)

名　称	主义系统	持有人	编辑干部	备　考
新民报	与广西系和改组派有秘密联络	社长　唐爱陆	主笔　李慎安 记者　谢楚珩、黄启明、李翼军、宋裴如、李西平	1926年10月创刊①，日刊，十二页，发行量三千五百份。该报由李慎安独自一人支撑。李在武汉的广西派时期，作为汉口特别市党部委员，从事党的宣传工作，从宣传部得到三百元补助费。广西派败走（去年4月）后，市党部被改组，李因反叛而身处险境，因曾集熙的斡旋总算获得了安全。其后改组派的密使来汉，在开始收买武汉报界活动之际，由曾集熙介绍，与改组派接上关系。还有，似乎广西派胡宗铎也派了代表，进行密切的联络。是仅次于《中山日报》和《武汉日报》而具有影响力的报纸。社址位于汉口后花楼街永兴里第五号
汉口新闻报		张云渊　商界出身 社长　凤竹荪	主笔　凤竹荪 记者　王子勉、秦百里、叶冷生、曾心吾、宋琴樵	1915年1月创刊②，日刊，十二页，发行量九百份。受到国民党机关报的压迫，又无言论的自由，处于沉默的状态。社址位于汉口特三区上海银行后鼎安里第五号
汉口商报	国民党右派	王春先③ 社长　邹碧痕	主笔　邹碧痕 记者　陈钝庵、罗指南、朱根楼	1920年8月创刊④，日刊，十页，发行量四百份。创刊当时名为《武汉商报》，从总商会处领取补助，是其宣传机关，目前改名为《汉口商报》，除了仰仗来自王春光主办的武汉印书馆的补助外，还从独立第十四旅长彭启彪和独立第十六旅长邓英处各获得一百元津贴，但仍然经营困难。是当地二流报纸，社址位于汉口中山马路慎源里第二六号
汉口中西报		王华轩 社长　同上	主笔　王丽生　美国留学出身 记者　王干安、王世达、喻可功、张铭西	日刊，十二页，发行量八百份。该报自创刊以来已有二十年，是汉口报纸中历史最久的，最初其影响力非常大，遍及全国，但目前受到党报的排斥，经费支出困难，是二流报纸。社址位于汉口中山马路水塔后面老联保里第四号
公论日报		王民仆　汉口红十字会委员	主笔　胡砚农 记者　叶松云、童篠村	1918年创刊⑤，日刊，十二页，发行量四百五十份。经营困难，逐渐变得萎靡不振，目前第五师师长范石生每月提供补助，成为其宣传机关，得以维持现状。另外，汉口红十字会每月补助二百元。社址位于汉口后花楼正街方正里口
工商白话报		邓博文	主笔　同前 记者　萧亚农	1923年创刊⑥，白话体的小型报纸（三页）。因工商界和下层劳动者购阅，发行量多，据说有五千份。三流报纸，社址位于汉口小董家巷

① 一说1926年9月15日创刊。
② 应为1914年5月28日创刊。
③ 一说"王春轩"。
④ 一说1916年10月创刊。
⑤ 一说1919年2月6日创刊。
⑥ 一说1918年创刊。

(续表)

名　　称	主义系统	持有人	编辑干部	备　　考
汉口新快报	虽为国民党系，但目前与改组派有关系	万克哉	李渔樵	1928年6月创刊，当时因经费困难，数月便停刊了。1929年1月4日恢复续刊，小型报纸（二页），发行量三千份。下午四点发行时间标为第二天的报纸，社会报道比较迅敏。目前与改组派有关系，经费充足，而且持有人是武汉新闻记者联合会委员，另外自己还经营鄂湘通讯社，因此有信誉。社址位于汉口济生马路福生里第三七号
镜报	与改组派有关系	罗月樵 社长　萧蚨晨	记者　吴斌甫	1928年6月创刊。该报最初在广西派时期还能登载比较坦率的报道，在持有人罗随着广西派的失败离开当地后，由萧社长和吴编辑等人主持。1929年11月，武昌公安局长苏世安以有反动言论为由将他们关进监狱，经武汉新闻记者联合会的斡旋获释。二页的小型报纸，发行量七百份，经营比较顺利，在汉口属三流报纸。社址位于汉口新联保里第一六六号
砥报	目前与改组派有关系	曾集熙 社长　管雪斋		1929年12月创刊①，日刊，二页，发行量三百份。管社长原为直系，目前属国民党左派。管任市党录事兼中央人民俱乐部办事员。目前在武汉日报社内印刷，但经营状况说不上良好，在武汉是三流报纸。社址位于汉口大成里第一一七号
光明报	国民党左派	汉口特别市教育局 社长　蔡寄鸥		目前处于停刊状态，正在为最近续刊做准备
民众日报	国民党右派	社长　陈希平	主编　同前	1929年12月创刊②，小型，二页，发行量四百份。是民众俱乐部的宣传机关，社址位于汉口中山马路民众俱乐部内
磁报③	改组派	社长　陶俊三	记者　靳玉珊、蔡寄鸥	1929年10月创刊，小型，二页，每隔三日发行一次，发行量二百份。创刊当时因有过激言论，被市公安局查封，持有人陶曾被拘留了两三个月，因曾集熙和王怡群等人的斡旋得以释放。是三流报纸
汉口时事白话报④	国民党	社长　郭少仪	编辑　刘尧臣	1929年12月创刊⑤，日刊，小型，二页，是三流报纸。社址位于济生一马路鸿钧里第九号
正报	国民党	汉口特别市公安局 社长　黄振兴	主编　许非由 记者　张鹏、秦振	1929年12月创刊，日刊，三页，发行量三百份。武汉的黄埔军官系统和公安局黄局长合办，比普通的小型报纸略大，作为三流报纸形式完整齐备。社址位于汉口生成南里老一〇〇号

---

① 一说1929年11月创刊。
② 1930年3月8日创刊。
③ 《武汉市志·新闻志》（武汉大学出版社1991年版）记载为《碰报》。
④ 一说名《武汉时事白话报》。
⑤ 一说1929年11月1日创刊。

(续表)

名　称	主义系统	持有人	编辑干部	备　考
扬子江晚报	国民党左派	社长　刘天民		1929年6月创刊①。持有人刘天民与程潜有密切的关系,在程失势后,凭着和方本仁同乡的关系,借助方的力量创办了扬子江通讯社和《扬子江晚报》。刘通过程潜的介绍,每月从改组派获得五百元的津贴,新闻记者联合会皆知此事。目前处于自动停刊状态
汉口白话报	国民党右派	社长　周介天		1928年5月创刊。最初在广西派时期,周是市党部民众训练委员会委员兼宣传科长,因在民国日报社印刷,发行量非常大。由于《民国日报》的改组和《时事白话报》等的出版,目前影响力被大大削弱,是工商界和下层劳动者购阅的两页三流小型报纸。社址位于汉口后花楼街皮业公所左巷三号

（2）英文报纸

名　称	主义系统	持有人	编辑干部	备　考
Central China Post［楚报］（英文）	英国系报纸	社长　Archibald 苏格兰人	主笔　同前	1911年创刊②,日刊,八页,报道迅敏,社长在广西派治汉时期,从官方领取相当丰厚的报酬,呈现出其御用报纸之观,但该派没落后,新来的官方补助微薄,因此显示出反抗的态度。社址位于汉口第三特别区
Hankow Herald［自由西报］（英文）	国民党系	主持人　李芳　原湖北交涉员	主笔　B. Schwartg（?）美国人	1923年创刊,日刊,八页,今年5月22日经由外交部之手被中国方面收购。社址位于汉口法租界

（3）日文报纸

名　称	主义系统	持有人	编辑干部	备　考
汉口日日新闻（日文）		社长　宇都宫五郎	主笔　同前　记者　内田佐和吉、杉谷善藏、小野成贯	1918年1月创刊,日刊,四页,发行量六百份。主要是翻译当地的中文报纸,让日本人知晓中国方面的消息,同时登载我国"联合"和"电通"的消息,报道比较正确、迅敏。另一方面中国报纸因被官方管理,报道上多有修饰,难以令人相信,因此中国人中也有相当一部分人乐意购阅该报

长沙

概况

长沙的报纸全都是中文报纸,一种外文报纸也没有,目前已达约十种之多,但其中多数是卑俗的小型报纸,政治上、经济上都不值得一看。比较值得阅读的有《湖南国民日报》《湖南中山日报》《大公报》《全民日报》四种。另外,这些报纸要维持独立极其困难,比如去年5月再刊的《大公报》,主张提倡民权、监督政府,标榜不偏不党,但很快依赖省政府的补助,使得其旗帜也含糊起来。又如《梅花日报》《湖南自治日报》等的情况,发刊不出十日便不得已停刊。各报的现状均是靠从官方、公共团体,或者军人、政客等处得到补助,勉强继续发行。因此他们没有任何贯彻始终的主义、主张,作为一党一派的机关报,除了尽到他们宣传拥护的作用外,其存在价值微薄,该

---

① 一说1929年11月15日创刊。
② 应为1904年创刊。

界发展不值得期待。虽然最近随着无线电讯的发展,报道也变得比较迅速,但各报的内容仍然没有脱离乡下报纸的水准,国内的重要报道多是剪裁、转载上海、汉口等各地大报纸的报道,省内相关的报道也不过是原封不动地登载各通讯社提供的材料。因此各报版面基本都相同,连内容、词句都是一样。

当地报纸除了发表关于时事问题的短评以外,极少登载所谓的社论,但往往在社会报道中使用煽动性的语调,因此其宣传有不可小觑之处。还有,因当地青年学生所受教育程度的进步,各报的文艺栏投稿等显示出异常的发展。

当地发行的杂志类均不带有任何政治或思想上的色彩,主要是实业方面的专业杂志,或是由政府发行的记载公文的杂志,其内容也不足为论。另外,虽说有很多通讯社,但均以向各报社提供材料为目的,没有单独发布通讯者。

中文报纸

名 称	主义系统	持有人	编辑干部	备 考
湖南国民日报	省政府及省党部机关报,胡汉民系。对日态度不佳	总理 凌璋 目前为省党部秘书	总编 李发全 主笔 马惕冰	1928年3月发行,社址位于长沙皇殿坪三十八号,发行量约七千份,日刊,十二页。省政府和省党部每月提供七千元补助。重视党务报道,因有无线设备,军、政各界的报道比较迅速,在普通官民间读者多
湖南中山日报	省党部的机关报,带有国民党急进派色彩。对日态度不佳	总理 曾省斋 现任市党部常务委员、明德中学教师、湖南中山图书馆长	总编 陈介石 主笔 袁惠瞻	1929年5月创刊,社址位于长沙草潮门高升巷第十六号,发行量约七百份,日刊,十二页。省政府、省党部和省教育会每月提供二千二百元的补助。该报只在各级党部和学校方面有销量,在商人方面不受欢迎
大公报	标榜不偏不党的实业派,报道比较稳健。对日态度一般	总理 龙兼公 前清时代秀才出身	总编 李抱一 主笔 朱楚栋	1929年5月21日复刊(1916年2月创刊①,1927年3月因共产党停刊),社址位于长沙仓后街湘清里三十五号,发行量约一千二百份,日刊,八页。省政府和总商会每月提供三千二百元的补助。该报特别受商界的欢迎,信誉普遍很高
全民日报	省政府建设厅的机关报,属国民党政学系。对日态度一般	总理 文任武	总编 陆爱群 主笔 钟毓湘	1928年9月创刊,社址位于长沙望麓园一号,发行量约八百份,日刊,八页。建设厅和省政府每月提供二千三百元补助
湖南通俗日报	通俗报纸,无政治色彩	总理 黄士衡 教育厅长	总编 刘沅葆 主笔 易君左	1924年继承《教育日刊》改名后发行,社址位于长沙理问街,发行量约三百份,日刊,小报,四页。面向下层阶级的报纸,每月从教育厅领取五百元补助
长沙晚报	通俗报纸	总理 廖建屏	主笔 萧立雄	1929年发行,社址位于长沙府后街,发行量约三百份,日刊,小报,四页。规模小,不足为论,但在下层社会,特别是在烟花巷方面受欢迎

沙市

名 称	主义系统	持有人	编辑干部	备 考
长江商务报	无党派关系	经理 侯仲涛	同前	1921年7月创刊②,日刊,六页,发行量八百份。是知识阶级不屑一顾的通俗报纸,有时显示出反日态度,从公私各机关领取月额二百弗的补助

---

① 应为1915年9月1日创刊。
② 一说1920年创刊。

宜昌

名　　称	主义系统	持有人	编辑干部	备　　考
鄂西民国日报	军阀机关报		徐祝平	1929年12月创刊,日刊,四页,活字印刷,发行量一百份。由独立第十四旅长彭启彪和该旅政治训练所主任谢随安等人发起创办,经费由特税处各银号等分担
宜昌益世报	市党部机关	张清夫	同前	1924年创刊①,日刊,小报,四页,石版印刷,发行量一百五十份。因社长是现任市党部常务委员,因此是其宣传机关
彝陵日报	个人经营,无一定主义	冉民权		1928年创刊②,日刊,小报,四页,石版印刷,发行量一百份

重庆

（一）中文报纸

名　　称	主义系统	持有人	编辑干部	备　　考
商务日报	总商会的机关报,与政党政派无关	温少鹤	彭宅三	1913年创刊③,发行量二千份。每年由总商会支付银一万元,经营状态最佳,并且在当地报纸中历史悠久。主要登载经济消息,政治方面的主张颇为稳健
新蜀报	刘湘系机关报	袁呕武	王自与	发行量一千七百份。社长是第二十一军的参谋长,是纯粹的军方机关报
重庆民报	国防方面机关报	潘啸仙	陈道南	发行量一千五百份。社长是旅馆的主人,主要登载有关国防和巴县的报道
大中华日报	刘湘系机关报	刘航琛	谢明霄	发行量一千二百份。社长是第二十一军的财政处长。以拥护中央政府,统一中国为目标
川康日报④	刘文辉系机关报	董执舫	李雅髷	社长是早稻田大学出身,对日感情不太好
重庆晚报⑤	不偏不党	陈伯坚	雷玉庄	发行量三千份。小报,四页,是当地唯一的晚报
宜报⑥	不偏不党	刘子于	江义成	发行量二千六百份。小报,四页
民治日报⑦	巴县地方相关机关报	王育生⑧	刘公竺	发行量一千份。巴县地方的报道特别多
崇实报	天主教传道机关报		李树声	法国天主教圣家书局发行的宗教报纸,创办于二十五年前

---

① 一说1923年创刊。
② 1928年3月创刊。
③ 应为1914年4月25日创刊。
④ 1929年3月11日创刊。
⑤ 1928年10月12日创刊。
⑥ 疑为《宜报》。
⑦ 1930年2月18日创刊。
⑧ 一说为"王岳生"。

（二）法文报纸

名　　称	主义系统	持有人	编辑干部	备　　考
La Verite		Lomonerie	Mann	与《崇实报》一样是由圣家书局发行的报纸

成都

概况

成都的报纸数量目前在二十多种之上。就是说1928年年末有《国民公报》《民视日报》《成都快报》《四川日报》《新川报》《新四川日刊》《民声日报》《民力日报》《九五日报》《商联日报》《大同（晚报）日报》《民众午报》《国民日报》《白日新闻》《醒民日报》《指导日刊》《联团日报》《蜀益新报》《成都时报》这十九种，1929年又新发行了《中庸报》《新新新闻》《蜀镜画报》《四川民报》《日邮新闻》《两角新闻》《四川晨报》《平报》《报报》九种。前述《白日新闻》《九五日报》《民视日报》这三报因为登载攻击蒋介石的报道，煽动反蒋气氛，被南京政府勒令查封，但《民视日报》在事前自发停刊，过了一两个月后改称《明是日报》，由以前的经营者发行。此外，除了以上情况外，上述《民声日报》《民众午报》《指导日刊》《联团日报》《成都时报》五报于去年停刊。到去年年末，当地的报纸数量，将以前的数量（十二种）和去年发行的数量合起来，实际上有二十一种之多。不过这些报纸大部分都是军阀的机关报，而且大多数都是小报。各报内容均极其贫乏，以登载市井琐事和转载外来报纸为能事，作为报纸的价值和职能都极低。外来的消息，最近都是利用当地军阀的无线电讯，由经营通讯的二三家通讯社大量地提供，似乎能比较迅敏地登载出来，但对于无线电讯发送地，以及当地军阀们不利的消息，则完全禁止登载，因此通过当地的报纸，无从得知外界的真实消息。

（一）中文报纸

名　　称	主义系统	持有人	编辑干部	备　　考
国民公报	标榜不偏不党	社长　李澄波　四川省双流县人，前清廪生，四川大学法政学院讲师	主笔　同前 记者　李慕傅　四川省华阳县人，前清秀才，四川法政专门学校出身，前浦江县知事。杨自廉　四川省崇庆县人，北京大学出身，前名山县知事，前《成都快报》记者	1912年创刊①，日刊，十页，发行量二千八百份。社址位于成都提督东街。报道论调比较稳健，对日态度不佳。从1918年起由现任社长独自经营，在政、学、商各界享有信用
成都四川日报	刘文辉机关报	社长　李时辅　四川省遂宁县人，北京大学出身，前乐山县知事	主笔　同前 记者　张自娱　四川铜梁县人，南洋大学出身，前眉山县知事。毛藏颖　四川永川县人，南洋大学出身，前四川财政厅员	1924年创刊②，日刊，八页，发行量一千五百份。社址位于成都锦华馆，报道论调具有煽动性，对日态度不佳。原为杨森的机关报，1925年杨森败走后成为刘湘、刘文辉的机关报，目前每月由刘单独支付八百元
新川报	刘文辉机关报	社长　陈文伯　四川富顺县人，北京大学出身，前资阳县知事，前该报记者，现为刘文辉的咨议	主笔　同前 记者　张拾遗　四川成都县人，四川法政专门学校出身，前成都赤心评论社主笔。熊集生　四川忠县人，四川农业专门学校出身，前成都《国民公报》主笔	1926年2月创刊③，日刊，八页，发行量一千份。社址位于成都春熙路，报道论调具有煽动性，对日态度不佳。由刘文辉系经营，刘每月支付六百元的维持费

---

① 1912年4月22日创刊。

② 一说1924年3月16日创刊。

③ 应为1926年4月5日创刊。

(续表)

名　称	主义系统	持有人	编辑干部	备　考
新四川日刊	同上	社长　杨子寿　四川射洪县人,北京法政大学出身,现为二十四军政训部宣传科长	主笔　同前 记者　魏尔瞻　四川合江县人,南洋大学出身,现为二十四军咨议。裴梓琚　四川江津县人,朝阳大学出身,现为二十四军咨议	1926年6月创刊①,日刊,八页,发行量一千四百份。社址位于成都提督东街,报道论调具有煽动性,对日态度不佳。由刘文辉出资,刘每月支付八百元的维持费
国民日报	田颂尧的机关报	社长　马瑶生　四川简阳县人,保定军官学校出身,现任二十九军参谋长	主笔　杨西园　四川邛崃县人,前清秀才,现任四川交涉署职员	1928年4月创刊②,日刊,八页,发行量一千二百份。社址位于成都悦来商场,报道论调具有煽动性,对日态度不佳。由田颂尧出资,田每月支付维持费六百元
成都快报	邓锡侯的机关报	社长　杨治襄　四川崇庆县人,留学法国,曾任杨森的秘书、刘湘的咨议,现任二十八军咨议	主笔　同前 记者　刘辅之　四川简阳县人,成都中学出身,前四川省职工会干部	1925年创刊③,日刊,小报,八页,发行量一千五百份,社址位于成都锦华馆。报道论调具有煽动性,对日态度不佳。邓锡侯每月提供三百元的维持费
民力日报	田颂尧派机关报	社长　孙卓章　四川富顺县人,北京大学出身,现任田颂尧部下、司令孙震的秘书	主笔　同前 记者　邓平澜　四川富顺县人,黄埔军官学校出身,现为二十九军部职员。方左驹　四川富顺县人,武昌大学出身,现为二十九军部职员	1927年1月创刊④,日刊,小报,十二页,发行量一千五百份,社址位于成都华兴街。报道论调具有煽动性,对日态度不佳。由田颂尧派经营,田的部下、司令孙震每月支付维持费五百元
商联日报	成都总商会机关报	社长　陈国栋　四川郫县人,前盐运使,现任成都总商会主席委员	主笔　谢禄均　四川成都县人,四川高等师范学校出身,前总商会文案 记者　徐渐达　四川涪州县人,四川法政专门学校出身,前涪州高等小学校长	1927年8月创刊,日刊,小报,八页,发行量一千四百份,社址位于成都总府街。报道论调具有煽动性,对日态度不佳。最初名为《商民公报》,由成都商民协会经营,1928年8月⑤改为现名,由总商会经营,该会每月支付六百元
大同晚报	邓锡侯派机关报	社长　周重生　四川南充县人,保定军官学校出身,现任二十八军政治部主任、军宪兵司令部参谋	主笔　胡翰之　四川安岳县人,四川法政专门学校出身,现任二十八军咨议 记者　刘二川　四川成都县人,成都中学出身,现任二十八军咨议	1927年12月创刊⑥,日刊,小报,四页,发行量四百份,社址位于成都新集商场。报道论调具有煽动性,对日态度不佳。最初由舒星达等人出资经营,名为《大同日报》,但1928年间转至邓锡侯派经营,改为现名。社长周重生每月支付维持费三百元
醒民日报	田颂尧派机关报	社长　徐栋材　四川大邑县人,四川法政专门学校出身,前射洪县知事	主笔　同前 记者　徐叔达　四川大邑县人,武昌大学出身,前二十九军秘书。曹秀生　四川江津县人,北京大学出身,前二十九军咨议	1928年7月创刊⑦,日刊,小报,八页,发行量五百四十份,社址位于成都春熙路。报道论调具有煽动性,对日态度不佳。由田颂尧派出资经营,田的部下、司令曾宪栋每月支付维持费三百元

---

① 应为1925年10月10日创刊。
② 应为1928年4月10日创刊。
③ 1925年7月10日创刊。
④ 应为1927年5月1日创刊。
⑤ 一说1929年5月创刊。
⑥ 应为1927年2月创刊。
⑦ 一说1927年创刊。

(续表)

名　　称	主义系统	持有人	编辑干部	备　　考
民视日报	邓锡侯派及杨森的机关报	社长　丁祖荫　四川蓬溪县人,无学历,但有才学,性格比较稳健,与邓、杨及李其相等人有深交	主笔　同前 记者　青若天　四川成都县人,现为成都大学生。王育琅　四川成都县人,四川法政专门学校出身,前成都公安局科员	1918年创刊①,日刊,小报,八页,发行量一千五百份,社址位于成都锦华馆。报道论调比较稳健,1918年丁等以《民视日报》的名称出资创刊,1922年成为刘湘的机关报,1924年得到杨森支持,1926年以来又由邓锡侯支持,各自每月提供维持费。1929年5月因反对蒋介石,一度自行停刊,同年6月改为现名发行。目前邓锡侯和李其相每月分别提供维持费一百元和二百元,创办资金为三千元
庸报		社长　李守田②　四川南充县人,北京大学出身,前《武昌日报》主笔	主笔　同前 记者　解维哲　四川蓬溪县人,日本早稻田大学出身,前嘉陵主笔。高思伯　四川定远县人,黄埔军官学校出身,前南充县知事	1929年7月创刊,日刊,小报,八页,发行量一千份,社址位于成都锦华馆。报道论调具有煽动性,对日态度不佳。由李守田等人集资经营,资金五千元
日邮新闻	邓锡侯派机关报	社长　张雪岩　四川富顺县人,武昌大学出身,前上海《时报》记者	主笔　同前 记者　杨颂平　四川遂宁县人,四川法政专门学校出身,在重庆报社做过记者。黄竞生　四川西充县人,四川国学专门学校出身,前《成都快报》记者	1929年8月创刊③,日刊,小报,八页,发行量一千份,社址位于成都新集商场。报道论调具有煽动性,对日态度不佳。由二十八军第三师长陈书农出资,此人每月支付维持费六百元
新新新闻	邓锡侯派机关报	社长　马秀峰　四川成都县人,日本早稻田大学出身,现任二十八军第七师军需处长	主笔　傅茂若　四川长寿县人,四川法政专门学校出身,现任二十八军参议 记者　杨叔咸　四川璧山县人,成都大学修业,现任二十八军参议	1929年9月创刊,日刊,小报,十二页,发行量一千五百份,社址位于成都春熙路。报道论调具有煽动性,对日态度不佳。由二十八军第七师长马毓智出资,马每月支付维持费一千元
四川民报	前四川省政府代理主席向傅义的机关报	社长　向礼南　四川仁寿县人,北京大学出身,前资中县知事	主笔　李雪琴　四川綦江县人,前清秀才,前四川省议员 记者　王建奎　四川江津县人,前清秀才,在重庆报社做过记者	1929年12月创刊,日刊,小报,十二页,发行量一千五百份,社址位于成都锦华馆。报道论调具有煽动性,对日态度不佳。向社长为老国民党员,由他出资经营,每月支付维持费一千元

华南、西南地区

广东
概况
（一）报业概观：自国民政府成立实施所谓党治政策以来,政府及党部对于反对派言论的打压极其严厉,结

---

① 一说1921年10月10日创刊。
② 一说"李守白"。
③ 一说1929年7月26日创刊。

果阻碍了公正的言论机关的发展,1919年至1920年时数量达到三十家以上的日报社逐年减少,尤其是1926年至1927年频繁发生劳动争议,报社数量减至不足十家。

然而今年已有数家新办或复活,另有两三家正在计划创刊,如今日报社已有约二十家,言论机关有逐渐兴盛的迹象。

(二)有实力的报纸:广东报纸中最有实力的是政府及党部的机关报《广州民国日报》。因资金丰富且与各地有联络,该报报道、内容都很规整且最丰富,显示出大胆的经营风格;《大中华报》创刊时日尚短,因与商会方面有特殊关系,所以在商民中有许多读者;《公评报》是当地发行量最大的报纸,以烟花巷方面的报道为主,因此读者也多是那方面的;广东 Gazette 是当地唯一的英文报,只是登载政府方面的御用报道,极其低迷。

(三)报道的特长:各报纸均有以下两个特别需要注意的倾向。

其一,关于收回国权的报道很多,撤销、废除不平等条约、取消内河航行权、收回教育权、收回各项利权乃至提倡国货等的内容几乎在各家报纸被不间断地大加报道。其中大部分当然是根据当局的要求刊登的,但一般民众也欢迎这样的报道。这一事实值得注意。

其二,报道内容精彩。这方面人员是在中国人中比较有教养的,而且明快敏锐,因此报纸上很少有荒唐无稽的论调,基本条理分明者居多,而且努力在报道的排列及处理方法上创新,这毕竟是北方地区报纸所比不上的。

(四)报业方面的机关:广东报纸方面的团体如下。

(1)广东全省新闻记者联合会

委员:容春勉(《国华报》)、卢博郎(《新国华报》)、刘鲁济(《国民新闻》)、冯澄甫(《越华报》)、谭沛元(中元通讯)、梁展鹏(《新民报》)、蓝渭滨(《民国日报》)、谢英伯。

注:此外汕头、四邑、中山各有一名委员。

(2)广州市记者联合会

委员:谢维润(《大中华》)、陈声(通讯社)、谢汝诚(民声社)、梁雨川(觉悟社)、陈宝尊(《大中华》)、余梦云(《国华报》)、刘衡仲(通讯社)、陆舒农(《民国日报》)、潘抱真(《共和报》)。

(3)报界公会

报社资本家方面的机构,前清时代称粤省报界公会,进入民国时代后改称广东报界公会。各社记者在此公会交换新闻,官方也在此处检查报纸。1926年9月记者联合会成立后其影响力不如从前。

(4)广东全省印务工会

1925年5月在共产党的领导下,由报社及各印刷厂的排字工组织而成,1928年12月被当局解散。

(5)派报工会

1921年送报人等在共产党领导下组织而成,与印务工会一同被当局解散。

一、中文报纸

名　称	主义系统	持有人	编辑干部	备　考
广州民国日报	纯国民党及政府的机关报	黄季陆 兼任省党部宣传部长	主笔 傅镜冰 记者 陈元勋、孙醉青、张白山、谢汝诚、潘顾西、陈铁庵、叶梓铭、陈友琴、李星州、罗雨农、曾天籁	1923年创刊①,日报,十六页,发行量五千份。孙文没收陈炯明所创的《群报》后改名而成,此后每逢政局变动就更换社长及主笔。经营费由党部支出,报道迅速而丰富,印刷鲜明,是当地名副其实的第一流报纸
大中华报	全省商联会机关报	梁育才、游金铭均为商联会委员	主笔 陈宝尊 记者 唐朴园、谢维润、甘六持、李廷长、罗容甫、邝赞泉、罗绍鹿、李升平、陈海波、刘少平	1929年1月②创刊,日报,八页,号称发行量八千份。1928年根据当地总商会召开的全省商联会的决议,作为此会的机关报而创办,主要刊登商业报道、代表商人的种种主张、呼吁

---

① 1923年6月创刊。
② 应为1929年3月2日创刊。

(续表)

名　称	主义系统	持有人	编辑干部	备　考
公评报	无党派关系	钟超群 社长　钟兰棻	主笔　李霞飞 记者　钟祺、区慵斋、许修五、李启芬、邓太璞、邓继禹	1924年创刊①，日报，十二页，发行量一万份。好登烟花巷方面的报道，读者也以此方面的为多。现任社长钟兰棻为本报创办者，是本市的名士
七十二行商报	中立	合资企业，出资者大部分为当地及梧州商人 社长　罗啸璈　前清秀才，当地报界之元老	主笔　任匏庵 记者　张白山、邝赞泉、陈海波、苏少存、廖平子、邹南丰、李凤廷、罗子端、周孔博	1906年7月创刊②，日报，十页，发行量七千份。创刊当时正值粤汉铁路恢复商办热潮，商人方面创办本报作为其机关报，《七十二行商报》的名称源自出资者为七十二家商店。无特别政治色彩，稳健的报道与其带有特色的经济栏相辅相成，在实业界方面有许多读者。因经营方式保守，故而无法满足近来当地人喜好新奇的需求
广州共和报	无党派关系	宋季辑　茶商，商联会及市商会理事	主笔　潘抱真 记者　黄乐贤、宋仲怡、梁展鹏、刘晓东、宋锡秋	1912年2月创刊③，日报，八页，发行量四千份。名义上为合资企业，实际为宋个人所有，近年接受市商会的补助，成为其机关报。以社会报道为特色，中层以下读者居多
现象报	国民党系	陈柱廷　兼任《越华报》主笔	主笔　同上 记者　陈奭卿、李启芬、沈琼楼、何少儒	1921年7月创刊，八页，发行量三千份。作为当时的国民党系报纸，由廖球记创办。1927年一度被张发奎没收，张失势后转到当地总工会手中，李济琛也成为出资者之一，在李失势的同时由现社长经营。现在自称无党派色彩，但历来动辄发表过激言辞，排日色彩强烈
越华报	无党派关系	陈述公	主笔　同前 记者　许修五、陈爽锐、毕鸿图、李健儿	1927年创刊④，日报，八页，发行量一万份。由国华报社长王泽民从华侨那里集资创办，现在与《公评报》关系密切。言论比较公正，率先创设卫生问答栏等，读者为中层以下
国华报	商联会之机关报，标榜中立	刘荫荪　商联会理事	主笔　容春勉 记者　张子宜、余梦魂、胡天民	由1913年创刊的《国报》于1918年改名而来⑤，日报，八页，发行量三千份。由康有为、梁启超等出资，为进步党之机关报。其文笔原本反对国民党，但近来逐渐接近国民党。1928年社长王泽民死后，刘荫荪以两万元接手。一向是商联会之机关报
新国华报	国民党系	李抗希　律师，葡萄牙籍	主笔　卢博郎 记者　李大醒、罗容甫、区希若、罗达夫、张麟升	1920年创刊⑥，发行十二页的早报和当地唯一的八页晚报，发行量八千份。1927年排字工人罢工以来以一万元让渡给大罗天新剧团，但1928年又被李抗希再次买回，继续经营。虽无特别党派色彩，但似乎对国民党有好感

① 1924年10月30日创刊。
② 应为9月15日创刊。
③ 应为1912年7月创刊。
④ 1926年7月27日创刊。
⑤ 应为1915年创刊。
⑥ 1921年3月创刊。

(续表)

名　称	主义系统	持有人	编辑干部	备　考
新民报	国民党系	任大任　建设厅编辑部长	主笔　刘鲁际 记者　梁展鹏、沈毅廉、蔡声武、潘抱真、陆文英、冯澄甫、刘燕庭、陈荆鸿、苏子	1929年11月创立，日报，八页，发行量七千份。由陈铭枢出资，现每月接受省政府一千五百元补助，为政府宣传机关报
国民新闻	国民党系，保存国粹	梁玉璋　香港《华字日报》经理	主笔　陈宝尊 记者　麦秀岐、唐朴园、甘六持、罗容甫、叶小孙、区希若、陈荆鸿、陈星、邝赞泉	1925年8月创刊①，日报，八页，发行量五千份。标榜反共产主义，由胡汉民一派经营，胡等离广后成为政府的御用报纸。曾一度显示出与《民国日报》比肩的气势，但1927年因共产党事件停刊，1929年元旦再次发刊，销量不佳。最终由梁玉璋及广东记者们出资，租借建筑、器具等，自1930年元旦起继续经营，但已无昔日之观
司法日报②	官报	司法厅		1921年创刊，日报，八页，发行量一千份。由高等审判厅、高等检察厅及地方审判厅、地方检察厅四厅每周轮流负责编辑，刊登前述法庭的民事、刑事案件以及不动产等公告
市政日报	广州市政厅机关报	李益涛	主笔　李燮坤 记者　卢寸、黄志鹄、陈贯之、李昂	1927年创刊，日报，十二页，发行量七百份。原名《市政报》，后改名为《广州日日新闻》，再改为现名。市政厅的公告全部刊登在本报上
大华晚报	无党派关系	南华报务公司	主笔　杨动伯 记者　黄奚若、汤澄波	1929年5月创刊③，仅发行八页晚报，发行量两千份。借用《大中报》的机器、铅字
午报	无党派关系	张清泉	主笔　同前	1929年创刊④，八页，发行量一千份。由小罗天（剧团）的一份小报改组而成，每日下午发行。未加入报社的公会，其存在不为一般人所知
岭海报	无党派关系	卢鹃愁	主笔　邓升裕 记者　陈寄萍、黄升涣、李健儿	1929年由《天游报》改组而成⑤，日报，八页，发行量一千五百份。《天游报》多刊登烟花巷方面的报道，党部以伤风败俗为由勒令停刊。经改组后续刊，未加入公会，其存在不为一般人所知
广州时事日报	无政派关系			1930年5月8日创刊，日报，八页。原《共和日报》记者张白山等从实业家方面集资三千弗创办，因此财政基础薄弱，现在能否继续下去令人怀疑

① 8月7日创刊。
② 1929年报告为《司法日刊》。
③ 一说8月创刊。
④ 9月28日创刊。
⑤ 2月创刊。

二、英文报纸及杂志

名　称	主义系统	持有人	编辑干部	备　考
Canton Gazette[广州日报]（英文）	国民政府机关报	李才　北大毕业后赴美留学，曾为北京英文日报记者	主笔　李国康 记者　卢煊梨、黄廉	1918年创刊①，日报，四页，发行量五百份。由时任广东政府外交部长的伍廷芳作为对外宣传机关而创立，由路透社通讯员黄宪昭经营。1924年黄被逐出广东，陈友仁继承。此后每逢政变便停刊。虽为当地唯一的英文报纸，但经营状况十分低迷。1929年7月以来由李国康集资勉强继续发刊
The China Truth[中华实事周刊]（英文）	国民党机关报		英文主编　甘德云 中文主编　杨明栋	英文及中文并用的周刊杂志。以政治、经济的评论、介绍为主

三、日文报纸

名　称	主义系统	持有人	编辑干部	备　考
汉东新闻②（日文）		社长　平井真澄		1925年6月省港罢工以来处于停刊中，1928年复活，1929年7月起采用活版印刷，四切③，小型

福州
（一）中文报纸

名　称	主义系统	持有人	编辑干部	备　考
闽报		善邻协会 社长　中曾根武多	主编　薛永魁　中国人，东京帝国大学毕业 记者　李炉已　台湾籍	1901年12月创刊④，日报，八页（周日及节日的翌日停刊），发行量三千七百份。拥有福州唯一的铜版照片工厂，最近由于排日风潮的停息，以及为了获得中国各地动乱的确切报道，订阅者增加。社址位于福州南台苍前山泛船浦
福建民国日报	省党部机关报	方治　福建省党部指导委员，兼宣传部长。东京高等师范学校毕业	主编　朱作仁 记者　范春阳	1926年10月⑤创刊。1928年间休刊六个月，于11月30日复刊，日报，八页，发行量一千五百份，向各机关免费发放，排日色彩浓厚。社址位于福州城内贡院里
市声日报	海军方面机关报	社长　林逸基	主编　同前	1927年7月创刊，日报，八页（周一休刊），发行量五百份。社址位于城内城边街
求是日报	商界机关报	陈公珪	主编　梁道卿 记者　陈庆才	1913年创刊，日报，八页（周一休刊），发行量一千五百份。当地历史最悠久的报纸，购阅者人数在《民国日报》之上，以商人订阅为主，相当有信誉。反日会存在时受其操纵，刊登最露骨的排日报道。社址位于福州南台大庙山

---

① 1924年8月1日创刊。
② 1929年报告为《广东日报》，此处疑有误。
③ 日语表示纸张尺寸的专用名词，约382×542毫米。
④ 通常说1898年1月创刊，但1924年报告称1897年12月创刊，细节较详，待考。
⑤ 一说为1927年2月创刊。

(续表)

名　称	主义系统	持有人	编辑干部	备　考
南声日报	新青年派机关报	社长　林梅生		1927年1月创刊,海军系统的报纸。1929年6月与旧独立厅林寿昌一派中青年派林梅生一同分离出来,成为新青年派的机关报。日报,四页,发行量四百份,社址位于福州城内鼓楼前
新民日报	暂编第二师卢兴邦的机关报	社长　张志德　卢军驻省办事处主任	主编　陈天呼 记者　陈又梅	1927年12月创刊,日报,四页,发行量三百五十份。卢兴邦为拥护自己而创刊,社址位于福州城内宫巷
民声报	学生派机关报	社长　黄恒声①	主编　同前 记者　陈鸿衍	1929年12月创刊,隔日发行②,四页,发行量两百份。社址位于城内中军后
福州晚报		社长　高拜石	主编　同前 记者　吴烛火	1929年11月创刊,日报(下午),发行量两百份。社址位于水部门外
三民报	青年派机关报	持有人　林逢时　努力小学校长	主编　林佛蘆③	1929年11月创刊,三天发行一次,发行量两百份。社址位于城内府里努力小学
福建去毒周周报	旧闽侯县党部青年派机关报	持有人　黄振远	主编　叶莘昌	1930年1月创刊,周报,发行量两百份。社址位于城内小占楼
青白评论	青年派机关报	持有人　陈翼云	主编　同前	1929年5月创刊,三天发行一次,发行量两百份。社址位于城内石井巷
民众评论	新青年派机关报	持有人　黄振远	主编　吴烛非 记者　陈鸿衍	1929年12月创刊,三天发行一次,发行量两百份。社址位于城内尔威路
三五周刊	旧青年派林寿昌及黄辰云一派之机关报	持有人　陈受夏	主编　黄朝平 记者　陈运中	1929年2月创刊,周报,发行量两百份。社址位于城内大墙振
正报		社长　林又新	主编　同前	1922年11月创刊,日报,四页。以营利为本的报纸,屡屡休刊,实际上是不定期发行,发行量两百五十份。社址位于城内鳌峰坊
公论新报		社长兼记者　郑应勋④	主编　同前	1923年创刊,日报,四页。经常休刊,仅在有读者时发行,发行量两百份。社址位于城内节钺里
政治日报		社长兼记者　陈奋侯	主编　同前	1914年创刊⑤,日报,四页。经常休刊,仅根据读者情况有时发行,发行量两百份。社址位于城内打铁巷
福建南洋先驱日报	南洋华侨机关报	张子白　闽侯县党部指导委员,兼任记者	同前	1928年创刊,日报,四页(周一休刊),发行量约五百份。对日态度不良,本报1928年于南洋发行,因多有抵制政府的言论而被勒令停刊,今年4月于当地复刊。接受新编第一师师长张贞的援助,社址位于福州水部门外三界寺

① 一说是"王恒水"。
② 一说是周刊。
③ 似应为"林拂尘",即林逢时。
④ 1929年报告为"郑英勋"。
⑤ 一说1917年9月创刊。

(续表)

名称	主义系统	持有人	编辑干部	备考
中华公道日报	宣传基督教及三民主义	李汝统 基督教牧师	同前	1920年创刊,日报,四页(周一休刊),发行量约两百五十份。刊登排日报道,依靠美国系统教会的援助创刊,1926年因刊登抵制军阀的报道而停刊,今年3月复刊。社址位于福州东大街
新福州	国民党左派系	林福培	潘秋人	日报,四页,1929年8月创刊,发行量约五百份。今年6月从周报改为日报,对日态度不良。社址位于福州山兜尾十八番

(二)日文报纸

名称	主义系统	持有人	编辑干部	备考
福州日报(日文)		社长 中曾根武多	编辑 李炉已	1924年创刊,一周发行两回(周三、周六),两页,发行量两百份,社址位于《闽报》馆内

厦门

概况

当地人口,厦门及公共租界鼓浪屿合计十五万至二十万,普通百姓文化水平低下,对报纸的利用仍不充分,因此经营报纸困难重重,大部分报纸作为政治机关或其他各党派的机关报,接受经费的补助。这样,其内容自然普遍贫乏、低级。现在,在当地发刊的中文报纸有《全闽》《江声》《思明》《民钟》《商报》及《晨报》各报。其中除《全闽新日报》及《民钟日报》之外,其他各报创立时日尚浅,发行量也非常少,经营亦明显困难。作为报道倾向,只有《民钟》讽刺国民党的专横,其他报纸都欲迎合现代思潮,国民党的色彩浓厚。

以上各报纸大多是八页,没有刊登外国电讯的,即使是中国电讯,也完全是来自上海的电讯,数量不多。处于从日本各报纸以及上海、广东方面的报纸中转载国内外报道填满版面的状态。

名称	主义系统	持有人	编辑干部	备考
全闽新日报	日本国籍	持有人 善邻协会 名誉社长 林景仁	主持人 田中均 1929年7月上任	1907年8月①由台湾籍文人江保生创刊,日报,今年2月起也发行晚报,发行量一千四百份。名誉社长林景仁长期在海外,实际上由现主持人田中均掌管事务。本报电报栏内容比较丰富,普遍受欢迎,在厦门的发行数量在当地报纸中居首位。在台湾总督府的应允下,每年接受台湾善邻协会的补助金两万多圆
民国日报	政党部机关报		经理 连乐山 总编 欧阳阙 本埠编辑 曾根 副刊编辑 赖辉	日报,发行量一千份,但免费发放居多。本报原为福建闽南民军的机关报《厦声日报》,1927年夏被厦门市党部以有共产主义论调为由而没收,同年7月改名为《民国日报》,1929年1月因经营困难而停刊,同年3月依靠当地司令部的补助复刊,同年7月再度停刊,同年9月复刊。今年2月因经营困难及内讧再度休刊,7月在省政府的允许下,每月从屠宰税收入中拨出一千元作为补助,在漳厦海军警备司令部复刊。社址位于厦门市思明南路

---

① 8月21日创刊。

(续表)

名　称	主义系统	持有人	编辑干部	备　考
江声日报	国民党系,新编第一师长张贞之机关报	名誉社长　许卓然今年5月被暗杀 经理　叶廷秀①	主笔　林枚安	1928年创刊②,日报,发行量一千三百份。曾在闽南各地设有通讯员,经营状态也良好,但数年前因得罪张毅而失去在漳州、泉州方面的影响力,发行量也锐减。1928年随着国民党前辈许卓然入社,成为漳州第一师长张贞的机关报,受其保护,再度向各地增派通讯员,现在有关内地的报道首屈一指,发行量明显增加。排外色彩强烈,似乎敌视在当地居住的台湾籍民众
民钟日报	标榜不偏不党,社会主义色彩浓厚	李硕果	潘运枢	1918年创刊③,发行量一千三百份。办事处及印刷厂在公共租界内,所以很少受中国官方制约,往往毫不忌惮发表评论。因接受南洋华侨的资金,在南洋方面销量很大。李硕果及潘运枢均是当地有名的无政府主义者,其论调有时有倾向于宣传共产主义之嫌,但报道比较公正、丰富,有信誉。今年9月因战况电讯惹祸而被省政府勒令停刊
思明日报	与总商会有关联	林廷栋	黄寿源	1920年9月创刊④,日报,发行量七百份。重视文学,其文学栏受到青年的欢迎。本报通过记者黄德奕接受当地资本家黄奕住的资金融通,有总商会机关报之感。此外,有关官方的报道比其他报纸正确、迅速,但最近经济状况不佳,报纸版面没有活力
厦门商报	一般商人之机关报,最近成为林寿国的机关报。排日报道居多	傅贵中	同前	1921年10月创刊⑤,日报,发行量七百份。台湾文人江保生创刊,1927年陷入经营困难,一度休刊,由现经理傅贵中等复活。与《思明报》一同标榜拥护商民,与党部持反对立场。有关漳、泉两州地区官、民、军行动的报道似乎相当受欢迎,依靠在这些地方的销售,经营状况正逐渐好转。据说每月接受林的补助七百元
商学日报	总商会机关报,实业报纸	总经理　林启成现任益同人公会主席委员,领导劳动团体,领导排日运动	总编　林希谦　早稻田大学出身,在福州及厦门大学教授 本埠编辑　赵邦杰原《江声日报》及《思明报》记者	1930年3月11日创刊,日报,发行量一千两百份。由总商会长洪晓春一派有实力的商人出资一万元创刊,社址位于厦门市思明北路

---

① 1929年报告为"叶挺秀"。
② 一说1918年创刊。
③ 一说1916年10月1日创刊。
④ 一说7月21日创刊。
⑤ 10月10日创刊。

(续表)

名　　称	主义系统	持有人	编辑干部	备　　考
厦门晨报	通俗三流报纸	黄胸万	同前	1929年9月作为小报隔日发行,当时发行量达到一千余份。去年11月当地官方以妨害风俗与治安为由,勒令一般小报停止发行,本报于12月5日起作为大报发行,现发行量应该有四五百份
厦门晚报	通俗三流报纸	陈清茂	徐炳勋　原《全闽日报》主笔,曾因笔祸而入狱	1930年2月3日①在厦门的台湾人、大陆人共同出资创刊。内容贫乏,有恶德报纸的倾向。2月17日刊登被禁止的共产党事件,又捏造报道诽谤官方,被禁止发行

汕头

名　　称	主义系统	持有人	编辑干部	备　　考
真言日报	原本与孔教会一派有关系,目前无关系	顾百陶　至1929年中期为止在第十八师李务滋手下任政训部主任	总编兼代理社长　洪春修　曾经营《岭东晚报》,现任市立第四小学校长	1924年9月创刊②,日报(周一休刊),十二页,发行量一千两百份。社址位于汕头升平路
岭东民国日报	广东省实权派的御用报纸	社长　曾介木　今年6月由总编升任	吴梓芳　市党部整理委员、组织部长,现兼任市政府职员	1926年创刊,日报(周一休刊),十二页,发行量一千三百份。执当地言论界之牛耳,每月接受省党部的补助三千元。社址位于汕头中马路
潮梅新报	广东总工会汕头支会及市党部之机关报	代理社长　陈特向　曾任澄海县学生联合会会长、澄海县党部执行委员,现任广东总工会潮梅办事处主任、市党部整理委员。排日的先锋分子,因社长江冷赴广东任官职而成为代理社长	总编　同前	1928年③4月创刊的《潮梅日报》在何辑伍离开汕头后,于同年10月改为现名,日报(周一休刊),十二页,发行量一千两百份。以代表工会方面的言论为主,不受商界方面欢迎。社址位于汕头外马路
民声日报	无党派关系,与国民党若即若离	谢伊唐	总编　杨世泽	1920年创刊,日报(周一休刊),十二页,发行量一八百份。依靠南洋华侨出资创办,因此商界对其有莫大好感,报道大致公平。1922年因汕头风灾的相关报道而长时间停刊,1924年2月复刊。最近作为稳健的报纸,在潮安、庵埠等附近地区有影响力。社址位于汕头永安街二十七号
天声报	营利本位的低级报纸,重视演艺娱乐	詹天眼　东山中学出身,原《潮声日报》主笔	总编　同前	1923年8月创刊,晚报(周一休刊),四页,发行量一千两百份,社址位于汕头同平路

---

① 一说1929年创刊。
② 一说1923年创刊。
③ 1929年报告为"1927年"。

(续表)

名　称	主义系统	持有人	编辑干部	备　考
汕头日报	县党部系	王振民	总编　杨子明 记者　卢鸣祥、张金城	1929年1月创刊①,日报(周一休刊),六页,发行量七百份。经营困难,依靠南洋外埠的资助勉强维持。社址位于汕头升平路
南潮日报		蔡文广②　上海大同大学毕业,新闻通讯社的创立者	总编　同前	1929年10月创刊,日报(周一休刊),六页,由当地报纸、通讯社的各主干人物创办,发行量九百份。社址位于汕头同平路
汕报	梅县出身商人之机关报	张怀真　前清举人,旧同盟会员,曾任《大风报》主编,现任汕头梅县同乡会会长	总编　同前	1928年10月创刊③,日报(周一休刊),八页,发行量两千五百份,每月接受市政府的一百元资助。社址位于汕头万安二横街四号
华报	由旧同盟会员创办,国民党系	郭见闻　汕头警察学校毕业后进入警察界,曾长期担任汕头公安局警务科长	总编　同前 记者　吴子寿　曾任岭东民国日报社社长,旧同盟会员,孙文的友人	1913年8月创刊,同年9月被查封,去年11月12日接纳原大岭东日报社社员而复刊。日报(周一休刊),八页,发行量七百份

云南

名　称	主义系统	持有人	编辑干部	备　考
义声报		李巨裁	主笔　同前	1916年创刊,发行量九百份
均报		段全昌	同前	1919年创刊④,发行量五百份
复旦报		刘国澍	同前	1922年创刊,发行量四百份
社会新报		龙子敏	同前	1922年创刊⑤,发行量三百份
西南日报		沈圣安	同前	1926年创刊⑥,发行量五百份
云南新报		邓绍乡	同前	1927年创刊,发行量两百份
民众日报		徐嘉瑞	同前	1928年创刊,发行量三百份
大无畏报		李仁甫	同前	1928年创刊⑦,发行量两百份
民生日报		郭梦湖	李灿庚	1929年12月创刊,发行量两百份
每日电闻		云南无线电局　省政府秘书处		1929年10月创刊,刊登内外时事及秘书处发布的事项

---

① 一说1928年创刊。
② 一说"蔡文玄"。
③ 一说1929年10月10日创刊。
④ 一说1920年5月24日创刊。
⑤ 一说1923年9月11日创刊。
⑥ 一说1922年1月创刊。
⑦ 一说1927年9月2日创刊。

附

香港

概况

一、中文报纸：香港现有中文报纸《循环日报》《华字日报》《华侨日报》《工商日报》《大光报》《南中报》《南强日报》《中华日报》《大同日报》《香港时报》《超然报》《南华日报》等十二种，此外还有小型日报、周报等，但都不重要。1929年《香港晚报》被其债权人起诉，败诉后无力偿还债务，《华强报》因资金不足，而香港具有代表性的左倾报纸《民声报》也因经营困难，三家报纸都停刊。另有《香港时报》《超然报》及《南华日报》等发刊。《华侨日报》与《南中报》《南强日报》及《中华日报》一同组成 South China Newspaper Ltd.，胡惠民任总经理，在报界有影响力。《香港时报》似乎受到广西派支持，《南华日报》为汪精卫之机关报。上述之中，《华侨日报》《大同日报》《循环日报》《工商日报》《华字日报》等一流报纸除了登载以香港、广东为中心的地方性报道以外，还刊登有关中国中央政治局势的电讯、通讯等，内容相当丰富，并且色彩、系统不显著。对日评论近来愈加稳健。但是中国报纸难免受一流宣传报道机关的左右，过于谋求迎合民心，有时刊登不着边际的报道或评论。香港政厅方面对这些报纸的管制措施比较宽松，只要不煽动过激社会思想，不涉及极端的排外报道，就采取自由的方针，当然，有关政厅施政的评论则严格管制。

二、英文报纸：现有英文报纸 Hongkong Daily Press，South China Morning Post，Hongkong Telegraph，China Mail，Sunday Herald，Hongkong Weekly Press，Overland China Mail 等七种。

当地英文报纸关于中国时局的报道十分有限，尤其是关于两广时局，有时只是照搬中文报纸的内容。总之，各报纸均以当地各种新闻为主，再配上英国本土的政治、经济、外交、社会等报道，至于国际方面的通讯、电讯由于取舍不得要领，终究难以看清大局。还有，当地英文报纸的创刊目的在于满足分布在以香港为主的南方地区极少数读者的多样需求，编辑也着重于社会报道、妇女栏、体育栏等，因而难免存在过于地方性的弊端。不过，*Daily Press* 及 *Morning Post* 历史悠久，有固定的读者，在南方地区有影响力。尤其是 *Daily Press* 为香港政厅之机关报，因此往往刊登政厅方面的微妙报道。上述两家报纸就日、英、中关系不断刊登评论，所论大致稳健友好。

三、日文报纸：当地唯一的《香港日报》是准大型四页版，在广东、汕头、台湾等有少数读者。主要刊登关于侨居当地的日本人的报道，以及来自日本的通讯、电讯。

(一) 中文报纸

名　　称	主义系统	持有人	编辑干部	备　　考
循环日报	标榜中立	股份制 经理　温荔坡	何雅选	1873年创立①，早报，二十页，发行量八千份
华字日报	同上	股份制 经理　梁玉璋	劳纬孟	1874年创立②，早报，二十页，发行量六千份
大光报	基督教主义	股份制 经理　陈鸣山	邓润荣	1912年创立，早报，十六页，发行量五千份
华侨日报	德国系统	股份制 经理　岑维休	胡惠民	1923年创立③，早报，二十页，发行量一万份
工商日报	政厅机关报	社长　何东	黎工佽	1925年大罢工中④作为政厅的机关报创立，早报，十六页，发行量四千份

---

① 应为1874年创刊。
② 应为1872年创刊。
③ 1925年6月5日创刊。
④ 指1925年6月起的省港大罢工。

(续表)

名称	主义系统	持有人	编辑干部	备考
南中报	德国系统	股份制 经理 吕福元	胡惠民	1926年创立,晚报,十二页,发行量七千份
南强日报	同上	股份制 经理 吕福元	陈武杨	1927年创立,日报,十六页,发行量五千份
中华日报	同上	股份制 经理 胡惠民	莫冰子	1929年创立,日报,十二页,发行量四千份
大同日报	标榜中立	股份制 社长 郑希声	梁泳定	1928年创立,早报,十六页,发行量三千份
香港时报	受桂派支持	有限股份公司	黎工伙	1929年创立,晚报,八页,发行量两千份
超然报	标榜中立	有限股份公司 经理 陈宝慈	林泽博	今年年初创刊,早报,十二页,发行量两千份
南华日报	汪精卫机关报		陈克文	1929年年初发刊①,早报,十二页,发行量五百份

(二)英文报纸

名称	主义系统	持有人	编辑干部	备考
South China Morning Post [南华早报](英文)	稳健公正	股份制 经理 J. Scott Harston	H. Ching	1906年创立②,早报,十八页,发行量三千份
Hongkong Daily Press [孖剌报](英文)	政府机关报	股份制 经理 D. J. Evans	同前	1857年创立,早报,十六页,发行量三千份
Hongkong Telegraph [士蔑报](英文)		股份制 经理 F. P. Eranklin	Alfred Hicks	1891年创刊③,晚报,十二页,发行量两千五百份
China Mail [德臣报](英文)	着重于地方问题	股份制 经理 G. W. C. Burnett	同前	1904年创立④,晚报,十二页,发行量两千份
Sunday Herald	同上	与 China Mail 属于同一系统 G. W. C. Burnett	同前	1924年创立,周日早报,发行量一千份
Hongkong Weekly Press		由 Daily Press 社经营 D. J. Evans	同前	1857年创立,周报,发行量两千份
Overland China Mail		由 China Mail 社经营 G. W. C. Burnett	同前	1845年创刊,周报,每周四发行,发行量约三千份

---

① 一说1930年创刊。
② 应为1903年11月7日创刊。
③ 应为1881年6月15日创刊。
④ 应为1845年2月20日创刊。

（三）日文报纸

名　称	主义系统	持有人	编辑干部	备　考
香港日报（日文）		社长　井手元一	主笔　同前	1909年9月创刊，早报，四页，发行量六百份

大连

（一）中文报纸

名　称	主义系统	持有人	编辑干部	备　考
满洲报		西片朝三	主持人　久留宗一 主笔　金念曾	1922年7月创刊，早报，十页，发行量约五万份
泰东日报		阿部真言	主编　饭河道雄	1908年创刊，早报六页，晚报四页，发行量约两万份
关东报		永田善三郎	主编　市川年房	1920年9月①创刊，早报，八页，发行量约五千份

（二）英文报纸

名　称	主义系统	持有人	编辑干部	备　考
Manchuria Daily News		社长　滨村善吉	主笔　同前	1912年8月创刊，晚报，四页，发行量约一千份

（三）日文报纸

名　称	主义系统	持有人	编辑干部	备　考
满洲日报	满铁机关报	社长　高柳保太郎	主编　佐藤四郎	1905年10月创刊，早报八页，晚报四页。1927年11月1日《辽东新报》与《满洲日日新闻》合并、改名而来，发行量约八万份
大连新闻		社长　宝性确成	主笔　同前	1920年3月创刊，早报，八页，发行量约七万份
满洲商业新闻		社长　山口忠三	主编　横泽宏	1917年3月创刊，日报，早报四页

---

① 1929年报告为"1919年11月"。

(秘)1931年版

外国的报纸(上卷)

(中国各地)

外务省情报部

凡 例

1. 本调查录根据驻外各公馆的调查报告编纂而成。
2. 调查时间大致以1930年末为标准。不过,其后至付梓为止发现的变化,则尽量继续作了增删或订正。

1931年6月

外国的报纸（上卷）（中国各地）
目　次

东北地区 …… 1050	百草沟 …… 1071
安东 …… 1050	珲春 …… 1071
牛庄 …… 1050	
辽阳 …… 1051	**华北、西北等地区** …… 1071
本溪湖 …… 1052	北平 …… 1071
抚顺 …… 1052	天津 …… 1078
奉天（沈阳） …… 1052	太原 …… 1084
新民府 …… 1057	济南 …… 1084
铁岭 …… 1057	青岛 …… 1085
开原 …… 1058	芝罘 …… 1087
掏鹿 …… 1058	张家口 …… 1088
海龙 …… 1058	绥远 …… 1088
通化 …… 1058	
帽儿山 …… 1059	**华东、华中地区** …… 1088
四平街 …… 1059	上海 …… 1088
郑家屯 …… 1059	南京 …… 1097
通辽 …… 1059	苏州 …… 1100
洮南 …… 1059	杭州 …… 1101
长春 …… 1059	芜湖及安庆 …… 1101
农安 …… 1061	九江 …… 1102
哈尔滨 …… 1061	南昌 …… 1103
齐齐哈尔 …… 1067	汉口 …… 1104
黑河 …… 1068	长沙 …… 1108
满洲里 …… 1068	沙市 …… 1109
吉林 …… 1068	宜昌 …… 1109
间岛 …… 1070	重庆 …… 1110
局子街 …… 1071	成都 …… 1110
头道沟 …… 1071	郑州 …… 1112

华南、西南地区 ……… 1112	云南 ……………………… 1122
广东 …………………… 1112	
福州 …………………… 1116	附 …………………………… 1123
厦门 …………………… 1119	香港 …………………… 1123
汕头 …………………… 1121	大连 …………………… 1126

东北地区

安东

概况

现在安东的报纸,有中文报纸《东边商工日报》《安东市报》(小型)两报和日文报纸《安东新报》《安东时事新报》两报,均未脱离地方报纸之域,毫无出色之处。除此之外,1930年度的中文报纸还有《安东公安日报》及《安东商报》两报,前者由于滥用其公安局机关报之权,由巡警等人强制销售给商民,而被省政府民政厅责令停刊;后者由于在时局关键之际登载对南京方面不利的报道,被公安局禁止发行。现在,《安东市报》对日态度稳健,但《东边商工日报》则登载相当多的排日报道。日文报纸以奉天及京城为中继接收"电通"及"帝通"提供的电讯,报道比较敏捷。

(一) 中文报纸

名 称	主义系统	持有人	编辑干部	备 考
安东市报	宣传市政	安东市政筹备处	主笔 刘荣举 记者 王大鲁 探访 张书田	1929年8月创刊①,小型,日报,四页,发行量一千三百份。是市政筹备处的机关报,在向民众宣传市政的同时,为筹备处创收,几乎不登载排日报道
东边商工日报	营利本位	安东总商会	主笔 王育万 编辑 萧惺伯、吕载福 探访 张书田	1929年9月创刊,日报,八页,发行量九百份。以经济报道为主,报道比较敏捷,有排日倾向

(二) 日文报纸

名 称	主义系统	持有人	编辑干部	备 考
安东新报 (日文)		川俣笃	锦贯秀藏	1906年10月创刊,日报,发行量一千四百份。经营者数次变更,但仍为安东最早的报纸。没有任何政治、主义,报道一般时事
安东时事新报 (日文)		吉永成一	大槇义次	1928年1月创刊,日报,发行量一千三百份上下。1929年1月前社长中野初太郎死亡,一时陷入经营困难,但经发行人吉永的努力社运得以恢复。毫无政治色彩,仅仅是一般时事的报道机关

(三) 杂志

名 称	主义系统	持有人	编辑干部	备 考
安东经济时报(日文)		安东商工会议所		1924年3月创刊,月刊,发行量约四百五十份
组合报(日文)		安东输入组合		1929年3月创刊,月刊,发行量约一百五十份
满洲特产安东通过日报(日文)		李赫镐		1929年7月创刊,日刊,发行量约一百三十份

牛庄

概况

牛庄的日文报纸有《满洲新报》及《满洲经济日报》两报。《经济日报》自1925年春持续停刊至今,现在仅剩

---

① 一说1929年9月1日创刊。

《满洲新报》。该报于 1907 年 12 月创刊,因此拥有相当悠久的历史,但随着大连、奉天等地的发展,这些地方报纸的影响力自然渗透入当地,读者也逐渐被蚕食,经营因此面临困难,迟迟无法发展。至于登载的内容,除当地杂讯外,所谓通讯摘录占据了其大部分。近年随着当地日侨的衰退,经营十分困难。

作为中文报纸,只有当地中国总商会的机关报《营商日报》。该报于 1907 年 10 月创立,其登载的内容很少论及时事问题,以登载经济报道为主,也有人认为其完全是总商会员的广告报纸。上述日文、中文两报均与政治无关,并且影响力也不大。

(一) 中文报纸

名 称	主义系统	持有人	编辑干部	备 考
营商日报	总商会机关报	营口总商会	主笔 陈锡箴 营口师范学校出身	1907 年 10 月创刊①,日报(周日休刊),六页,发行量约一千份。创立当时经营困难,但 1925、1926 年起趋向顺利。1926 年声称为了整顿工厂,创新内容而暂时休刊,1927 年 2 月再刊。社址位于营口西大街

(二) 日文报纸

名 称	主义系统	持有人	编辑干部	备 考
满洲新报(日文)	开发"满蒙"	社长 小川义和 1925 年继任前社长冈部次郎之职	主笔 同前 记者 小田寅夫	1907 年创刊②,日报(周日、节日的翌日休刊),四页,发行量一千二百份。参照"概况"一栏。经营困难,社址位于营口新市街南本街

辽阳

概况

由于辽阳可以在短时内获得从奉天、大连等城市投递来的其他报纸,因此在当地经营报纸似乎不可能发展。以往屡屡有发刊小规模报纸的计划,但均持续不下去,时间长的也不过一年不到就停刊了。现在除小型中文报纸《文化日报》外,中国方面没有刊行其他报纸、杂志,作为日文报纸有《辽鞍每日新闻》,均仅仅报道当地一般消息,在舆论界毫无权威。

名 称	主义系统	持有人	编辑干部	备 考
辽鞍每日新闻(日文)	报道一般时事	社长 渡边德重 兼任《大阪朝日新闻》及"联合通信"的通讯员	主笔 同前 记者 野尻弥一、渡边源次郎	1908 年 12 月创刊③,日文,日报,四页,发行量一千份。当初名为《辽阳新报》④,1919 年 10 月改为现名
文化日报	发扬文化	辽阳县教育局	主笔 陈涌涛 记者 穆岫东	1930 年 10 月创刊,日报,小型中文报纸,发行量一千五百份。由与教育局相关者共同经营

---

① 1919 年报告为"1909 年",1922 年报告为"1907 年 10 月 1 日";一说 1908 年创刊。
② 1927 年报告为"1908 年 2 月",一说 1908 年 3 月创刊。
③ 一说 1908 年 3 月创刊。
④ 旧名《辽阳每日新闻》。

本溪湖

名　　称	主义系统	持有人	编辑干部	备　　考
安奉每日新闻（日文）		伊藤唯熊	记者　后藤森三郎、小原良介	社址位于本溪湖，1913年4月创刊，日报，四页，发行量约三百五十份

抚顺

名　　称	主义系统	持有人	编辑干部	备　　考
抚顺新报（日文）	不偏不倚	窪田利平	主笔　同前	1922年4月3日创刊①，日报，四页，日文报纸，发行量约一千份。是抚顺唯一的时事报纸，言论稳健，有地方性色彩
炭の光（日文）	抚顺煤矿机关报	抚顺煤矿部	主笔　大野义雄	1928年7月14日创刊，日文报纸，日报，四页，发行量约三千四百份。是抚顺煤矿的机关报，专门登载学术研究、煤矿施政及工作上的意见等，煤矿员工有购阅的义务

奉天（沈阳）

概况

奉天的中文报纸，有日本人经营的《盛京时报》、中国人经营的《东三省民报》《东三省公报》《新民晚报》《醒时报》《东北商工日报》等报，合计达到了十三种（其中两种停刊），日文报纸有《奉天新闻》《奉天每日新闻》《奉天日日新闻》三种。

《盛京时报》：评论、报道可靠、迅速，创刊已有二十六年的历史，在中文报纸中，其信誉和地位是其他报纸无法企及的。前些年，该报的言论触及中国官方的忌讳，持续约一年间受到不当打压。最近由于主权回收热的兴起，国民党进入东北及辽宁国民外交协会的活动而受到排斥，但其声望和地位稳固。

《东三省公报》：最近《东三省民报》在省政府的补助下抬头，自此受其压迫社运萎靡不振，但评论、报道相对稳健可靠，普遍受到信任。

《东三省民报》：作为辽宁省政府的机关报，每年接受一万元大洋的补助。另一方面，作为辽宁省党部的机关报，是奉天最有影响力的报纸，外观、内容均完备，一般得到相当的信任，但不时发表排日言论煽动舆论。

《新民晚报》：是《东三省民报》的晚报。报道不丰富但准确，因鼓吹三民主义而普遍博得好评。

《醒时报》：论旨激进，总是鼓吹排日思想，最近国民党进入东北以来，其倾向愈甚。

《东北商工日报》：是辽宁商工总会的机关报，由《奉天商报》改名而来。宣传提倡国货，而且该报相关者多与辽宁国民外交协会有关，因此多有排日、排外报道。

《奉天新闻》：不偏不倚，评论、报道可靠、稳健，在当地日文报纸中最有影响力。

《奉天每日新闻》：不偏不倚，拥有次于《奉天新闻》的影响力，但似乎在经营上有极大的困难。

《奉天日日新闻》：在当地日文报纸中拥有最悠久的历史，拥有相当数量的读者，但经营者数次变更，因此经营不理想，是《满洲日报》（大连）的姐妹报。

（一）中文报纸及杂志

（1）报纸

名　　称	主义系统	持有人	编辑干部	备　　考
盛京时报	不偏不倚	社长　佐原笃介　庆应义塾出身，1926年5月就任副社长 染谷保藏　东亚同文书院出身	主笔　菊池贞二　东亚同文书院出身 主编　大石智郎　东亚同文书院出身	1906年10月创刊②，日报，八页，发行量约两万五千份。组织形式为有限股份公司（参照"概况"一栏）

---

① 1930年报告为"1921年4月"，一说1921年2月创刊。
② 一说1906年9月1日创刊，一说1906年10月18日创刊。

(续表)

名　称	主义系统	持有人	编辑干部	备　考
东三省公报	奉天中国官方的机关报	社长　王希哲　奉天人,北京大学出身	主笔　同前 编辑　王石隐、陈蕉影	1913年2月创刊①,日报,八页,发行量约四千份。由原《东三省日报》②改名而来,言论、报道相对稳健(参照"概况"一栏)
东三省民报	张学良一派新人的机关报	社长　赵雨时　号畏园,奉天人,现秘书厅秘书,兼任《新民晚报》社长	主笔　同前 总编　赵水春	1922年10月创刊③,日报,八页,发行量约一万份。现社长就任以来,报道变得如此极端,多少显示出排日倾向(参照"概况"一栏)
沈阳市报	沈阳市机关报	市政公所	主编　张少岐	1921年创刊,日报,四页,发行量约三千两百份。除了登载省城及地方报道之外,还论及时事问题,言论、报道稳健
辽宁新报	排外主义	蒋斌　福建人,现交通委员会委员	编辑　张石攻 记者　马云飞	1929年4月创刊,日报,六页,发行量约四千份。持有人蒋斌得到辽吉黑电政监督处的补助创刊,各方面的报道相对迅速,在官方相当有信誉。但随着上述监督处的组织系统改变,补助金被停发,1930年5月2日停刊
东北商工日报	振兴实业,提倡排斥外货,有排日倾向	辽宁商工总会 社长　金哲忱　国民外交协会委员 副社长　卢庆绩　国民外交协会委员兼青年会干事	主编　刘昭九 记者　刘信成	1927年10月创刊,日报,八页,发行量约三千七百份。本报由原《奉天商报》④改名而来,一度停刊,但1929年10月再刊(参照"概况"一栏)
醒时报	鼓吹三民主义、自由思想,排日	社长　张兆麟　北平人,辽宁道德会董事	编辑　张维祺、张幼岐、张蕴华	1909年2月创刊⑤,发行量一千份。本报是奉天唯一的白话文报纸,以回教教徒为中心,在下层民间拥有影响力。社长张兆麟是回教教长,拥有影响力,经营回教清真私立小学校。被认为完全是回教机关报,最近随着国民党进入东北而致力于党的宣传,同时成为排日急先锋
新亚日报	标榜排外、排日	社长　陶明潞　奉天人,东北大学文学院教授 副社长　陈树屏	总编　王一叶 理事记者　陈瘦鹃	1926年12月创刊⑥,日报,八页,发行量七百份。原本小型、八页,后改为普通尺寸。过去将排外报道视为生命,但最近在文艺方面倾注力量
新社会	标榜改善社会风教	社长　郑崧生	主笔　同前	1929年1月创刊,日报,四页,发行量四千份。目前正在安装机械,看得出最近多少有扩张的势头

---

① 1929年报告为"1912年2月";据《辽宁省志·报业志》载:1905年12月奉天学务处创办《东三省公报》,主办人是谢荫昌;1912年2月创办的《东三省公报》由奉天省议会主办。
② 据《辽宁省志·报业志》记载:1907年2月奉天商务会创办《东三省日报》,该报1911年8月停刊。
③ 1927年报告为"1921年";一说1908年创刊,从前社长赵锄非的个人经历看,此报创办应晚于1908年,待查。
④ 1929年报告载,《奉天商报》创刊于1927年10月10日,一说为1920年创刊。
⑤ 一说1908年创刊。
⑥ 一说1926年11月创刊。

(续表)

名　称	主义系统	持有人	编辑干部	备　考
新民晚报	宣传反对帝国主义	社长① 赵雨时 北平人	主笔 王益三 主编 蒋龙昭	1928年9月创刊,日报,八页,小型报纸,发行量四万七千份。本报是以张学良为中心的新人所办的机关报,赵社长兼任张学良的秘书,因此在官方相当有信誉(参照"概况"一栏)
东北日报	提倡实业、文化	社长 丁袖东	主笔兼编辑 阎光乾 记者 张土丐	1926年5月创刊,日报,四页,发行量五百份。毫无特色
东北民众报	鼓吹排外主义	社长 陈言 理事 刘西野 名誉社长 阎玉衡 青年会总干事	编辑 陈谔谔 主笔 阎心廉	1929年10月创刊,日报,八页,发行量两千五百份。本报以启蒙东北民众为目的而发刊,在青年会、东北大学新人间有影响力。1930年5月由于银贬值而陷入经营困难,也没能得到官方的补助,最终停刊,但6月15日②再刊,或许是与南方方面取得了联系,筹措到了资金
新辽午报	张学成机关报	社长 张学成 学良的胞弟	经理 王国光 原中学校教员,盖平县人	1929年创刊,日报,八页。创刊后不久便因经营困难而停刊,1930年5月从学成处得到资本金七千元而再刊,但由于银贬值经营陷入困难,同年12月再次停刊

(2) 杂志

名　称	主义系统	持有人	编辑干部	备　考
国民外交半月刊	辽宁国民外交协会机关刊物,排外、排日主义	外交协会	编辑干部 阎玉衡	1929年6月发刊,半月刊,发行量五百份。向会员及各机关团体分发,满载排外特别是排日报道
辽宁青年	排外主义	辽宁基督教青年会	主笔 阎玉衡	辽宁基督教青年会的机关报,登载会员投稿及其他内容。是不定期刊行物,但总是登载排外报道。菊版③,六十页,发行量五千份。向会员及各机关团体等分发
教育杂志		辽宁省教育会	主笔 董袖石	1923年发刊,每次发行量一千两百份。主要登载教育振兴、教育革新论
民国医学杂志	医学研究	医学杂志社	主笔 侯毓文 编辑 侯宗濂、刘曜村	1923年6月发刊,南满医科大学华人学生、教授等全员登载研究论文。发行量一千两百五十份。向全中国各医学校、医学会等分发
警察旬刊			主笔 于渔村	1924年发刊,旬刊,每次发行量五百份
电政公报		辽吉黑电政监督处	总务科	1926年发刊,登载训令、命令等。发行量三百份
财政月刊	启发财政方面官吏的智能	辽宁财政厅	编辑 日刊处	1926年6月发刊,月刊,发行量一千三百份。登载财政厅的命令、公文、任免、统计等

---

① 上文《东三省民报》一栏为"奉天人"。
② 1930年报告为"16日"。
③ 日语表示纸张尺寸的专用名词,约152×218毫米。下同

(续表)

名　　称	主义系统	持有人	编辑干部	备　考
法学新报	改善司法，收回领事裁判权	法学研究会	主笔　赵欣伯	1927年发刊，周刊，发行量一千份。登载学理、评论、日本判例、研究资料、新定法律等
沈阳县教育月刊	三民主义	沈阳县教育局	主笔　白永亮	1928年发刊，月刊，发行量五百三十份。登载命令、三民主义教育之实施、评论等
军事月刊	提倡军事学	边防军司令长公署	主笔　徐组诒、高荫周	1928年10月发刊，月刊，发行量五千份。登载的内容为有关军事新知识的普及、训令等
东北新建设	基于三民主义的实业开发	陈杨作	主笔　同前	1929年1月发刊，月刊，发行量两千份。登载有关建设事业的报道，鼓吹排外思想
海事杂志	普及海军知识	海事编译处	主笔　刘华式	1929年2月发刊，月刊，发行量一千份。为了普及海事新知识而登载世界海军情况
辽宁教育月刊	提倡三民主义，振兴教育	辽宁教育厅	主笔　金毓黻	1929年1月发刊，发行量一千三百份，登载排日报道
东北矿学会报	采矿冶金研究	东北大学工学院内东北矿学会	主笔　张成洲	1929年3月发刊，月刊，发行量五百份。除了研究事项以外，还登载排日报道
蒙旗旬刊	振兴教育，发展文化	蒙旗处	主笔　邵俊文	1929年7月发刊，旬刊，发行量两千份
公安通讯	开启民智，宣传公安情况	公安管理处	周刊部	1929年8月发刊，每五日发行一次，发行量两百一十份。宣传警察情况
沈阳铁路月刊	宣传铁路事业	沈海铁路公司	主笔　王钰熹	1928年发刊，原名为《奉海路周刊》，1929年8月改名。月刊，发行量三百五十份
民政月刊	宣传三民主义施政	辽宁省民政厅	月刊编辑处	1929年5月发刊，发行量两百份
东北政务委员会周刊	施政公表	东北政务委员会	主笔　朱贲	1929年5月发刊，发行量两千份
公安周刊	启发警察知识	辽宁全省公安管理处	周刊部	1929年8月发刊，周刊，发行量四千六百五十份。时而有排日报道
辽宁建设月刊	三民主义	辽宁建设厅	同前	1929年8月发刊，发行量四百份。时而有排日报道
实业月刊	三民主义	辽宁农矿厅	同前	1929年9月发刊，发行量一千三百份。时而有排日报道
同泽半月刊	排外主义	社长　郭庆禄	编辑部长　梁孝植	1927年发刊，半月刊，发行量两千份。满载排日报道
屯垦月刊	排外主义，宣传屯垦情况	邹作华	主任干事　李峰　编辑　赵伯卒	1929年9月发刊，月刊，发行量两千份。满载排日报道
东方公论	排日主义，启发民智	长城书局　社长　王一新	编辑　王施真　执笔者十七名	1929年10月发刊，旬刊，发行量三百份。是会员组织，制定有会员必须投稿的规定，以当地有影响力的排日分子为会员

（二）日文报纸及杂志

（1）报纸

名　　称	主义系统	持有人	编辑干部	备　　考
奉天新闻（日文）	不偏不倚	社长　佐藤善雄	主笔　同前 主编　小笠原俊三	1917年8月创刊①，日报，四页，发行量约四千份（参照"概况"一栏）
奉天每日新闻②（日文）	不偏不倚	松宫干雄	主笔　三井实雄	1907年7月创刊③，早、晚发行两次，日报，八页，发行量约六千份（参照"概况"一栏）
奉天日日新闻（日文）	满铁机关报	社长　庵谷忱	主笔　田原丰	1908年12月创刊④，日报，四页，发行量约四千份。原为《辽东新报》姐妹报，1927年11月⑤由于《辽东》《满日》报合并，进入《满洲日报》系统（参照"概况"一栏）

（2）杂志

名　　称	主义系统	持有人	编辑干部	备　　考
奉天商工新报（日文）		发行人　有川藤吉	主笔兼记者　神山哲三	1922年3月31日创刊⑥，每月发行两次。报道棉纱、棉布各地行情一览，商况特产行情一览，贸易品进出口一览等。除此之外未见主义、系统
奉天经济旬报（日文）		奉天商工会议所	主笔　野添孝生 记者　嘉多龙太郎	奉天商工会议所的机关报，1924年5月17日创刊。当时不得登载时事，但其后得到了登载事项变更的许可，目前登载各种社会报道，以资商工业会员参考
奉天商工月报（日文）		奉天商工会议所		1917年7月创刊，与《奉天经济旬报》相同，主要登载贸易、金融、经济报道，以资工商业者参考
奉天输入组合月报（日文）		奉天输入组合	主笔　赤松纯平	1929年8月16日创刊，月刊，向一般组合成员报道"输入组合"的工作状况
满洲经济调查汇纂（日文）		奉天商工会议所	主笔　野添孝生 记者　嘉多龙太郎	1928年9月4日创刊，一年发行六次。在东北等地开展经济调查，向各商工会议所会员等报告
奉天兴信所内报（日文）		社长　佐藤善雄	主笔兼记者　佐佐木孝三郎	1926年6月25日创刊⑦，每周发行三次。报道有关注册、诉讼的事项及奉天站输入货物调查，作为加盟会员的研究资料
日华兴信公所日报（日文）		发行人　神谷义隆	神谷义隆　工藤敏雄	1922年3月28日创刊，每周发行三次。登载奉天总领事馆处理的不动产登记和奉天、安东、大连的进出口货物统计，以及有关市内金融状况、物价方面的事项，分发给加盟会员，提供参考资料

---

① 1924年报告为"1920年9月"，1929年报告为"1917年9月"。
② 1920年7月收购内外通信社，同月改名《奉天每日新闻》；一说1918年改名。
③ 1924年报告为"1907年5月"，一说"内外通信"的创刊时间是1907年7月。
④ 一说1909年6月创刊。
⑤ 1929年报告为"1927年10月"。
⑥ 1929年报告为"1924年4月"。
⑦ 1929年报告为"1917年9月"。

(续表)

名　称	主义系统	持有人	编辑干部	备　考
东亚兴信公所（日文）		尾崎济	主笔兼记者　汤畑正一、太田吉太郎	1922年5月31日创刊①，周刊，登载各种有关企业经营的事项及中华民国法令译文等
昭和兴信所内报（日文）		赤塚真清	主笔　同前 记者　北原兼治	1928年4月27日创刊，周刊，向会员报道一般经济资料和有关各注册、民事诉讼的事项
奉天商工日报（日文）		内山石松	记者　同前	1926年6月发刊，美浓纸②对折型，发行量约一百份。向股票交易人分发，报道一般况市价
日华（日文）	日华亲善，日华俱乐部机关报	株式会社日华俱乐部 宫川隆	主笔　小笠原俊三	1929年8月13日创刊，每月发行一次。以日文、中文两种语言登载为本出版物的特色。向日、中各要人广泛分发。本报获准刊行时日尚浅，仍未有专任记者
满洲及日本（日文）	介绍东北地区情况	斋藤善之助	主笔　同前	1918年7月创刊，当初称《满洲》，后改名为《亚细亚公论》《新满洲》，1925年10月改名为《满洲及日本》直至今日。月刊，发行量约五百份
新满洲（日文）		社长　下川喜久三	编辑　田中重策 记者　港宗泡、香山藤次郎	1926年10月以《家庭と趣味》为名，作为义艺演艺同好者的会员组织而创刊，1928年7月改名为《新满洲》，同时开始登载时事。月刊，发行量约五百份

新民府

新民府尚未有报纸、杂志等物发行，仅有各中文报纸的代理销售店兼任通讯员，随时就当地情况发出通讯。《盛京时报》《满洲日报》《泰东日报》(以上日本籍)以及《东三省公报》《东三省民报》《天津益世报》《新民晚报》《大公报》《东北民众报》《通问报》《醒时报》《东北日报》《新晨报》《新天津报》等报被购阅。

1929年10月，上述各通讯员等共同谋划组织了新民府报纸联合会，以期报道的正确性，同时排斥加盟者以外杂小报纸的代理销售，以《盛京时报》通讯员为会长。

铁岭

概况

铁岭未见中文报纸发行，日文报纸只有《铁岭时报》《铁岭每日》两种。普通中国人大多购阅《东三省公报》《新民晚报》《盛京时报》《东三省民报》及《关东报》等中文报纸，日本人则购阅《奉天新闻》《奉天每日新闻》《满洲日报》《大连新闻》《大阪朝日新闻》及《大阪每日新闻》等各报纸。

(一) 日文报纸

名　称	主义系统	持有人	编辑干部	备　考
铁岭时报（日文）	时事报道	社长　西尾信	主笔　同前 记者　本多正	1911年2月创刊③，日报，发行量四百六十份。《铁岭新闻》停刊后的半年间毫无报道机关，极其不便，因此本报作为领事馆、民会④、满铁地方事务所登载公告的机关报而诞生。起初为油印发行，1919年4月起改为活版印刷，中版，四页。1927年起在开原设立支局

---

① 1929年报告为"1921年12月"。
② "美浓纸"是日本美浓所产的一种纸。日语表示纸张尺寸的专用名词中有"美浓判"(约273×394毫米)一词，这里可能是指此。
③ 一说1911年8月创刊，一说1910年创刊。
④ 当地日侨组织。

(续表)

名 称	主义系统	持有人	编辑干部	备 考
铁岭每日（日文）	时事报道	社长　迫田采之助	主笔　同前 记者　小田佛雄	1917年11月创刊,日报,四页,发行量四百二十份上下。本报未能获得日本官方的许可,而是经中国警察批准创刊。中国人罗率真任主笔时为日文、中文两种语言,但1927年2月现持有人迫田采之助任主笔后废除中文栏

（二）中文杂志

名 称	主义系统	持有人	编辑干部	备 考
新国民	中华青年会机关刊物	铁岭中华青年会	指导委员主席　胡靳凡 现铁岭县教育局长 副主席　常顺如	1930年12月25日创刊,周刊,发行量一千份

开原
概况

开原的日文报纸有《开原新报》《开原实业新报》两种,规模均极小。中文报纸有《开原县公报》一种。

（一）日文报纸

名 称	主义系统	持有人	编辑干部	备 考
开原实业新报（日文）	报道经济时事	篠田仙十郎	主笔　同前	1923年1月1日创刊,日报,两页,发行量一百二十份。1929年4月报社迁至开原大街,勉强维持发行,工作人员仅主笔夫妻
开原新报（日文）	报道时事	社长　冈野勇	主笔　田中重策	1919年2月11日创刊,日报,四页,发行量两百三十份。经营困难,1928年5月左右起不得不停刊,其后由现社长盘下再刊

（二）中文报纸

名 称	主义系统	持有人	编辑干部	备 考
开原县公报	县官方机关报			1930年6月盘下《开原县公民日报》改为现名,发行量约一千份

掏鹿

当地未见报纸、杂志等物发行。只有在代理销售各地报纸的同时撰写通讯之人,主要有《盛京时报》《东三省民报》及《东三省商报》等报被购阅。

海龙

当地无报纸、杂志等物发行,只是经代理销售店之手购阅《盛京时报》《东三省民报》《东北商工日报》《东三省公报》《新民晚报》《满洲报》《东北日报》《泰东日报》《市民日报》《新亚日报》《大公报》《辽宁新报》《民众报》（以上为中文报纸）与《每日申报》《东亚日报》《满洲新报》（以上为朝鲜文报纸）等报,但其销售量均极少。

通化

驻有《盛京时报》、《民众报》、上海《时报》与《辽宁新报》《大公报》《新民晚报》《平民日报》《新亚日报》《京报》《益世报》《东三省公报》《满洲报》《东北日报》《泰东日报》《申报》等报的通讯员,仅仅代理销售,未见报纸、杂志等物发刊。

帽儿山

当地无报纸、杂志等刊行。

四平街

名　　称	主义系统	持有人	编辑干部	备　　考
四洮新闻（日文）		社长　樱井教辅　1920年入社，其后升任社长	主笔及记者　同前	1920年10月1日创刊，日报，小型，四页，发行量三百五十份，社址位于四平街仁寿街。1920年10月以《四洮时事新闻》为名创刊，1921年9月改名为《四洮新闻》。规模极小，经营至难，报道仅限于部分地区的新闻，内容贫乏

郑家屯

当地无报纸、杂志等物发刊，仅驻有《盛京时报》《东三省公报》《东三省民报》《泰东日报》《满洲报》《东北日报》《新民晚报》《大公报》及《关东报》等报的通讯员，只不过是在撰写通讯的同时进行代理销售。

通辽

当地原本无报纸、杂志等物发行，1929年计划发行日刊报纸，8月末终于发刊，但经营不如意，11月下旬停刊至今，目前没有复刊的计划。仅驻有《盛京时报》《东三省公报》《东三省民报》《泰东日报》《满洲报》《东北日报》及《辽宁新报》等报的通讯员，只不过是在撰写通讯的同时进行代理销售。

洮南

驻有《盛京时报》《东三省公报》《东三省民报》《泰东日报》《满洲报》及《东北申报》等报的通讯员，只是进行代理销售。

长春

概况

长春的中文报纸只有《大东报》一种，未能摆脱所谓地方报纸之限制，而且传说与张学良之间有什么特殊关系，接受奉天当局的补助，可能是其御用报纸，真相不明。总之还未确立起言论权威，常喜欢以夸大的色彩来报道本地新闻，登载具有煽动性的排日报道。

日文报纸有《北满日报》及《长春实业新闻》两种，均为地方小报，但由于其所处的地理位置，中东铁路问题发生后，有关俄国的报道较多，不仅限于地方报道。在经营上两报对立，因而似乎相当困难。

（一）中文报纸及杂志

（1）报纸

名　称	主义系统	持有人	编辑干部	备　　考
大东报	标榜三民主义，鼓吹排外思想，东北官方机关报	社长　霍占一毕业于日本明治大学，曾任哈尔滨教育会、吉林省议会议员及张学良的秘书，现任东北边防司令长官公署顾问	主笔　张云责记者　李光翰原吉林督军署副官	1914年3月①发刊，日报，八页，发行量一千一百份。社址位于长春城内，1928年8月改名为《大东报》②，同年8月由于社长霍占一的个人关系，接受张学良的补助，成为其机关报，但经营依然困难。对日感情十分不好，不仅排日地、煽动性地报道当地新闻，还将日本报纸的新闻特别排日化地转载，这种倾向很显著。由于是张学良的机关报，所以对于极端的排外报道，当地官方的取缔也总是有不彻底之嫌。除了从奉天接收中国方面的新闻以外，还从日本报纸大量译载国际及有关中国的一般消息。没有特色，但杜撰的内容，在青年学生间有影响力

---

① 1930年报告为"1915年"，一说1915年7月创刊。
② 原名《大东新报》。

(2) 杂志

名　称	主义系统	持有人	编辑干部	备　考
自强学校校友会杂志	学艺研究	自强中学校	主笔　杨维祯	属于长春自强中学校的机关杂志,月刊,发行量三百份
二师校友会会志	学艺研究	省立第二师范学校	主笔　王孟仁	属于吉林省立第二师范学校的机关杂志,月刊,发行量五百份
长春县立女子高等学校校友会杂志	学艺研究	县立女子高等学校	主笔　赵鸣皋	属于长春县立女子高等学校的机关杂志,月刊,发行量两百五十份

(二) 日文报纸及杂志

(1) 报纸

名　称	主义系统	持有人	编辑干部	备　考
北满日报①（日文）	不偏不倚	社长　箱田琢磨　当地名流,历任长春在留民会②会长、长春地方委员议长,现兼任《大阪朝日新闻》通讯员	主笔　泉廉治　毕业于上海同文书院,奉天中国法政大学堂讲师,于1922年7月在吉林刊行《东省日报》记者　高桥胜藏　1917年入社。木谷仁　1928年入社。加藤金保　1924年入社	1909年1月1日创刊,日报,四页,发行量一千份,社址位于长春中央通十九号。由《长春日报》改名而来,是有来历的地方性小报,但《长春实业新闻》出现以来,两报形成对立局面,影响力逐渐被蚕食,经营困难,编辑方法及报道均平凡,版面带有杂志风格
长春实业新闻（日文）	不偏不倚	社长　柏原孝久　1906年作为关东都督府特派人员来到长春,1920年创刊本报,现任长春市民会长,兼任《大阪每日新闻》的通讯员	主笔　十河荣忠　1920年入社,1929年任主笔,现在兼任"电通"通讯员记者　河西忠香　1926年入社。远藤正　1928年入社。大岩和嘉雄③　1926年入社,现在兼任"联合"通讯员	1920年4月20日,社长柏原孝久与现《盛京时报》社长染谷保藏合作创刊,日报,四页,发行量一千五百份,社址位于长春永乐町4-1。作为言论机关,其将受到期待。时至今日,由于地方性小报两报对立,经营面临困难,仍未积极采取行动。编辑方法比较清新,稍有煽动性之嫌

(2) 杂志

名　称	主义系统	持有人	编辑干部	备　考
长春商工会议所调查汇报（日文）	振兴经济	长春商工会议所	主笔　大垣鹤藏记者　内海重夫	1921年1月31日创刊,登载经济信息及调查事项,以资会员及商工业者参考,月刊,发行量四百十六份
长春经济内报（日文）	经济通讯	清水末一	主笔　同前	1927年9月28日创刊,周刊,发行量一百二十六份。登载一般经济资料与统计、注册、民事诉讼及其他长春兴信公所业务的相关事项,向会员报道
学校通信	教育启发	田代作之	主笔　福岛武雄	1930年8月1日创刊,一年发行五次,发行量四百份。是长春西广场小学校的机关杂志

---

① 一说初名《长春日报》,1909年1月创刊,1917年易名《北满日报》。
② 当地日侨组织。
③ 1930年报告为"大岩和喜雄"。

农安

原本有《盛京时报》、《满洲报》、《泰东日报》、《东北民众报》、大连《关东报》、《新民晚报》、《大东报》等报的分社或支局,不过是在代理销售的同时从事通讯工作。1930 年 9 月月刊《农安县政公报》创刊。

名　　称	主义系统	持有人	编辑干部	备　　考
农安县政公报	介绍县政,报道时事	经理　叶永安	编辑主任　张守仁	1930 年 9 月创刊,月刊,新闻纸四分之一页尺寸,约十二页,油印,发行量三百份

哈尔滨

概况

一、报纸:现在哈尔滨的报纸数量是,中文报纸十一种、俄文报纸七种、英文报纸两种、日文报纸三种,合计二十三种。

(1) 中文报纸有《国际协报》《哈尔滨公报》《晨光报》①《东三省商报》《东华日报》《滨江辰报》《华北新报》《大北新报》《滨江时报》《午报》及《市报》十一种。上述报纸中《国际协报》《哈尔滨公报》及《晨光报》三报可以看作一流报纸,均登载社论,内容上有相当值得一看之处。除《大北新报》《东三省商报》及《东华日报》之外,其他各报中无登载评论的报纸。就上述各报处理报道的情况而论,《国际协报》进取,《晨光报》急进,均可看作排日的急先锋,时而登载离奇的报道,但在当代仍不失为与《哈尔滨公报》并列的一流报纸。《哈尔滨公报》是当地中国官方的机关报,致力于拥护官方,但与前两者相比,以比较公正稳健的笔调发布诸般报道,最近附上一页面向知识阶层及大众的附录,致力于吸引读者;《东三省商报》时而登载有趣的报道;《东华日报》登载社长薛大可分析时局的报道,可以称为其特征。1930 年夏,该报与报纸公会发生论争,10 月被国民政府责令停刊,同年 12 月解禁复刊,但论调看上去稍有缓和。

(2) 俄文报纸原本就有 Заря、Рупор、Русское слово、Гун-Бао 及 коммерческая почта,加上 1930 年 1 月创刊的俄文、英文双语报纸 Герольд Харбина 及同年 6 月创刊的 Восток,共有七种。其中 Заря、Рупор、Русское слово 及 Восток 四报完全是白系报纸。Гун-Бао 直到 1929 年 1 月为止是中国方面的机关报,但前特别区行政长官张焕相离开当地以来,官方的补助断绝,此后独立经营,至最近为止仍是白系报纸。不过,最近改换俄国社员,标榜中立。Герольд Харбина 及 коммерческая почта 两报则属于劳农②方面,但前者于 1931 年 3 月被中国方面责令关闭,后者的存在未获市民的认同。

俄文报纸不论其主义是红是白,在报道正确、迅速这一点上依然是其他报纸无法比拟的。赤系报纸有劳农方面的补助,资金丰富,但其形式、内容均未脱离御用报纸的定式,没有新鲜之处,因此在读者的质及量上都远不如白系报纸。再看各报的对日态度,白系报纸均良好,赤系报纸则排日,就我方的对华政策、行动总是不断大挥毒笔。

(3) 英文报纸有原本就存在的美国系统的 Harbin Daily News 及英国系统的 Harbin Observer 两报,但与中文、俄文及日文报纸相比,内容贫乏,读者少,毫无权威。Daily News 的报道稳健,对日态度也不坏。Harbin Observer 被中国方面收买,社长福利特与苏联方面接近,与劳农机关刊物 Angasta 及 Театр и искусство 等方面有关系,因此声望不好。

除上述两报之外,1930 年 1 月辛普森创刊了劳农系统的英文、俄文双语报纸 Герольд Харбина。但如前所述,1931 年 3 月被中国官方责令关闭。

(4) 1929 年末创刊的德文报纸 Deutsch-mandschurische Nachrichten 仅存在数月就被查封。

二、杂志:现在当地发行的杂志有中文七种、俄文五种、日文两种,共十四种。但中文杂志均为中国官方或中东铁路的机关刊物。俄文杂志中,Вестник Маньчжурии 是中东铁路经济局的机关刊物,是"满蒙"同类杂志中的权威,随时发表认真踏实的研究调查。

---

① 1930 年报告为《哈尔滨晨光报》。
② 指苏联,下同。

（一）中文报纸及杂志

（1）报纸

名　称	主义系统	持有人	编辑干部	备　考
国际协报	三民主义、南北统一	社长　张复生 哈尔滨特别市参事会员	主编　同前 记者　王星岷、张三干、赵惜梦、王研石、申仲铭	1919年1月10日发刊①，日报，十二页，副刊半折大，一页，发行量约三千份至五千份。当初于长春发行，后接受南洋烟草叶元宰的援助转移至当地。1921年张复生任社长，接受奉天及当地各机关约一千元的补助直至今日。可称为东北唯一的报纸，总是有新颖之处，时而登载离奇的报道，据说与俄文报纸 Заря 有密切的关系，对日态度不良
哈尔滨公报	特别区行政长官公署的机关报	关鸿翼　现行政长官公署咨议、地亩管理局秘书	主编　杨墨轩 记者　张伯达、崔箫九 营业主任　关子诚	1926年12月10日发刊，日报，十二页，发行量两千五百份。本报最初由关氏从特别区各机关筹措资金两万元创刊，张焕相担任行政长官时，是长官公署机关报，1927年末起变为个人经营，但与官方依旧有关。与俄文报纸 Гун-Бао 为姐妹关系，论旨比较稳健，对日态度说不上不好
晨光报②	三民主义	《晨光报》发起委员　石皎然、张树屏、沈矫如、袁世安	编辑部委员长　张树屏 委员　于浣非、赵惜梦	1922年7月创刊，日报，十二页，周日有副刊画报一张，发行量两千份至三千份。1922年张焕相从当时接收特别区土地工作的土地局收入中支出两千元，藉此资助，加上募集一般资金，本报得以创办。1926年末由于有共产主义嫌疑而被查封，1928年12月复刊。论旨最为急进，是当地排日报纸的急先锋，总是登载煽动性排日报道。1931年1月前营业部委员长于芳洲辞任
东三省商报	启发商业	社长　叶元宰	主笔　同前 编辑　吴子尚、刘绍季 营业主任　刘宝源	1922年12月创刊③，日报，八页，发行量一千两百份。本报为叶社长离开《国际协报》，从南洋烟草处获得资金后创刊。1923年起变为个人经营，听说每月接受各方面六七百元的补助。以经济报道为主，政治方面的报道稳健，有时登载评论。叶社长是老国民党员，是极端的排日分子，但1924年国民党改组以来不再与之有关，不如说近来有亲日的倾向。由于社内潜伏有三名中国共产主义者，本年5月6日被公安局责令停止发刊，15日解禁
滨江时报	启发社会	经理　范聘卿	主笔　范介卿 编辑　范新甫 营业主任　吕仲三	1920年4月创刊④，日报，十二页，副刊《消闲画报》一张，发行量约四百份。本报资本金一万元，是范氏兄弟的个人经营，原中东铁路机关报《远东报》关闭后继承其地盘创刊，不登载评论
滨江午报⑤	启发民智	社长　赵郁卿	同前	1920年5月创刊⑥，日报，小型，四页，发行一张《滨江画报》（半纸型⑦）作为副刊。发行量三千两百份，是赵的个人经营
市报	哈尔滨特别市市政局机关报	特别市市政局	编辑主任　陈文 记者　刘炎公、李侃	1927年5月创刊⑧，日报，四页，发行量约一千份。最初作为《哈尔滨公报》的副刊刊行，1929年初分离独立，原本全都登载市政局布告，不登载评论，但薛大可任主笔后呈现出普通报纸之态。1930年10月，由于《东华日报》的笔祸事件，主任更换

---

① 1925年报告为"1918年8月"；一说该报1918年7月1日在吉林省长春市创刊，1919年10月迁到哈尔滨。
② 1930年报告为《哈尔滨晨光报》。
③ 1929年报告为"1921年12月"。
④ 1925年报告为"1921年"，一说1921年3月创刊。
⑤ 1928年报告中为《午报》。
⑥ 1925年报告为"1921年6月"。
⑦ 日文表示纸张尺寸的名词，约为250mm×170mm。
⑧ 一说1927年4月1日创刊。

(续表)

名　称	主义系统	持有人	编辑干部	备　考
东华日报	号称不偏不倚，但与冯、阎方面有密切的关系	薛大可（子奇）毕业于日本早稻田大学	主笔　同前 记者　梁则范、胡某	1929年11月14日创刊，日报，十二页，发行量五百份。本报为薛个人经营，但似乎将来会接受东北四省若干补助，目前在当地是二流报纸。1930年6月扩张了版面，近来还计划发行晚报。对日态度普通，在东三省商报馆内印刷。俄文报纸 Восток 是本报的姐妹报。1930年10月被国民政府责令停刊，同年12月解禁复刊
大北新报①		社长　山本久治 发行者　佐原笃介	主编　王丕承（号白眼狂）	1922年10月创刊，日报，四页，发行量约五千份。本报为奉天《盛京时报》的"北满"版
滨江辰报②		社长　张子淦	同前	1928年9月10日创刊③，日报，小型，四页，发行量一千五六百份。由于前社长赵氏死亡，1929年5月起停刊，1930年8月起复刊
华北新报	改良风俗	杨妙峰	同前	1926年6月10日创刊④，日报，小型，四页，发行量三百份。创刊后两度停刊，1929年2月复刊，但数月后又停刊

(2) 公报及杂志

名　称	主义系统	持有人	编辑干部	备　考
东省特别区行政周刊	东省特别区行政长官公署机关刊物	同公署	同公署总务科	1929年8月创刊，周刊，发行量一千份
市政月刊	东省特别区市政管理局机关刊物	同管理局	发行部主任　谷峪山	1926年2月创刊，月刊，发行量约一千两百份
警察周刊	东省特别区警察管理处机关刊物	同警察管理处	王丕承　现《大北新报》主编	1924年1月创刊，月刊，发行量约一千份上下
教育行政周报	东省特别区教育厅机关刊物	同教育厅	教育厅	1929年7月⑤创刊，月刊，发行量一千份
路警汇刊	东省特别区路警处机关刊物	同路警处	王丕承　现《大北新报》主编	1926年1月创刊，半月刊，发行量约一千份
教育月刊	东省特别区教育会机关刊物	同教育会	会员投稿	1927年创刊，月刊，发行量八百份
中东经济月刊	中东铁路机关刊物	中东经济月刊发行部	主任　雷殷	1925年3月创刊，半月刊，发行量约两千五百份。原名《东省铁路经济月刊》，1929年3月改为现名，另外还刊行副刊《中东半月刊》

---

① 1925年报告为《大北日报》。
② 1930年报告为《滨江晨报》。
③ 一说1928年7月16日创刊。
④ 一说1925年5月12日创刊。
⑤ 1930年报告为"1929年3月"。

(二) 俄文报纸及杂志

(1) 报纸

名　　称	主义系统	持有人	编辑干部	备　考
Заря	反劳农主义	艾姆·艾斯·莱姆毕齐个人经营。大战期间作为 Русское слово 的从军记者博得名声，1926 年起在上海发行 Шанхайская заря，在天津发行 Nasha Zarya。1929 年 1 月以后收购白系报纸 Русское слово 及 Рупор 约一半的股权，并在 8 月将事业中心转移至上海，同时迁居当地。最近获得了上述两报剩下的权利，完全成为了白系报界之王。此外，此人还是 Рубеж 的出资者	主笔　同前 主编　克·艾斯·希普科夫 副主编　艾努·佩·科布茨奥夫 记者　米哈伊洛夫、萨夫斯基、卢杰夫斯基、阿斯塔霍诺、谢洛夫、特鲁克夫、佩·季先科、卡鲁辛、维·伊万诺夫	1920 年 4 月 15 日创刊，日报，四页至六页，周日版八页至十页，发行量九千份。本报最初由莱姆毕齐、希普科夫、米哈伊洛夫共同出资创刊，1925 年希普科夫、米哈伊洛夫将其权利全部转让给莱姆毕齐，变为莱姆毕齐个人经营。在当地言论界拥有特别重要的影响，一年的纯利润达到一万圆。影响范围为哈尔滨、中东铁路沿线，向海外发送约两千份，在各阶级中拥有读者。接近中国官方、中东铁路要人等。对日感情良好
Русское слово	帝政主义	莱姆毕齐　资本金五千圆 社长（名义上）　亚·伊·克罗波夫　医师兼律师	主笔　亚·伊·克罗波夫 记者　冯·吉贝鲁格、里亚贞柴夫、维森洛夫斯基、季泰尼尤夫	1920 年 6 月创刊，日报，六页乃至八页，发行量一千五百份。本报的起源是，霍尔瓦特将军的旧友、原国会议员武维·瓦斯特罗琴在中东铁路机关报 Харбинский вестник 被查封后，与从西伯利亚撤退的高尔察克政府的野战印刷局共同接管该报财产，发行了 Русский голос 报，当初取得了较好业绩，成为白系思想界的最大权威。不过，由于中东铁路赤化，来自该铁路的补助断绝，该报遭遇财政危机。1926 年斯巴斯基取代瓦斯特罗琴成为主笔兼代表，改为现名。依靠西欧白系各团体的援助，一度再现兴盛，但又一次陷入财政困难，转于克罗波夫之手。克罗波夫于 1929 年 1 月将所有权的六成转给 Заря 报的持有人莱姆毕齐，最近则将剩下的权利全部盘给莱姆毕齐，使得报纸面目一新，直至今日。其言论带有露骨的反劳农色彩，影响范围以哈尔滨为主，向中东铁路沿线发送约三百份，向海外发送约两百份。对日感情良好，但抱怨我方亲善劳农的政策。1930 年 10 月 16 日起被中国官方责令停刊一周
Рупор	民主主义，白系	莱姆毕齐拥有 社长（名义上）　耶·艾斯·卡夫曼 资本金一万圆	主笔　耶·艾斯·卡夫曼 记者　佩邓科、伽卢琴、沙普洛夫、蒂库、拉托夫	1921 年 9 月创刊，日刊（晚报），四页乃至八页，发行量七千份。当地唯一的晚报，在各阶级中拥有读者，特别在妇女间受到欢迎。登载露骨的反劳农言论，对日感情不坏

(续表)

名 称	主义系统	持有人	编辑干部	备 考
Гун-Бао	中立	关鸿翼个人经营 资本金两万圆	主编　梅利克·瓦卢堂扬茨 记者　泽兰、科泽洛夫、切露卡索夫、阿雷尼科夫、罗西诺夫、乌夫托姆斯基、穆拉谢夫	1926年12月创刊,日报,六页乃至十页,发行量五千份。1924年以来中国方面有发行俄文机关报的计划,曾经在中东铁路的梅利克·瓦卢堂扬茨知晓后,提议关鸿翼在苏联方面秘密援助下实现此事,1926年12月时,在当时的特别区行政长官张焕相补助下创刊本报。起初以广告费的形式接受中东铁路莫大的补助,社业大为发展,但其后与苏联方面的合作暴露出来,长官公署罢免了关鸿翼和梅利克,让权世恩、萨特夫斯基和卢杰夫斯基负责经营。但上述改组令劳农方面反感,中东铁路取消了补助。报社因此聘请该报原主笔贝斯代替萨特夫斯基,但这又不能获得中国方面的谅解,事态陷入困境。其后现在的行政长官张景惠及教育厅长张国忱再次尝试改组本报,以原社长关鸿翼为社长,著名的文艺家孚赛奥罗德·伊万诺夫为主编。中国方面机关报之名在上述改组前一年已经取消,但1929年发生苏中纷争时,该报一味拥护中国方面的行为,发挥御用报纸的作用,全面痛批劳农方面,似乎与莱姆毕齐系统的各报一起组成了反苏共同战线。最近受到中国当局软化对劳农政策的牵制,为了筹措资金不得不标榜中立,再次起用能与劳农方面打交道的梅利克·瓦卢堂扬茨。由于确实可靠地登载中国各官衙的布告类内容,因而以内外诸官厅、商人等为主要购阅者。对日感情并非不好
Герольд Харбина	赤系	社长　伦诺克斯·辛普森(英国人) 辛普森与旺德库拉乌共同所有	主编　艾斯·格·格里亚诺夫斯基(俄文) 记者　斯科维鲁斯基、沃兹内森斯基、贝利亚克夫斯基、贝利亚尤夫斯基、齐多夫	1930年1月1日创刊,日报,六页至十页,发行量六千份。购阅者全部是中东铁路劳农籍从业人员(强制),以及与铁路方面劳农干部有联系的御用商人。虽为俄文、英文双语,但英文主要限于第一页。借广告及其他名目接受当地劳农官方大额的补助。排日报纸。1931年3月被中国官方责令关闭
Коммерческая почта	赤系报纸	艾努·艾姆·沙都夫斯基 个人经营	主笔　同前 记者　阿奇莫夫	1928年1月创刊①,日报,四页至六页,发行量约三百份。本报最初预定作为纯粹的商业报纸发行,但因为资金困难,以英国籍犹太人福利特的名义接受苏联中东铁路方面的援助。致力于宣传劳农的经济情况,但经营、编辑不理想,毫无发展,大多数市民似乎连其存在都不知晓。原本是周刊,本年3月28日起,对版面作了若干更新,变为日报,但同年5月触及中国官方忌讳,被责令禁止发行

---

① 1929年报告为"1925年"。

(续表)

名　称	主义系统	持有人	编辑干部	备　考
Восток	排斥共产主义	社长　薛大可　长沙人,现为《东华日报》社长	主编　卡卢米洛娃女士 主持人　维斯	1930年6月24日创刊,晚报,离开 Рупор 及 Заря 的报社人员为了对抗上述两报而创办的报纸,中文报纸《东华日报》是本报的姐妹报。1930年10月被国民政府责令停刊,但同年12月获解禁续刊。内容与 Рупор 相似,主要受妇女欢迎

（2）杂志

名　称	主义系统	持有人	编辑干部	备　考
Харбинское время		社长　大泽隼	主编　同前	应该是1931年8月创刊的
Рубеж	兴趣本位,白系文艺杂志	耶·艾斯·卡夫曼、希普科夫、莱姆毕齐的联合合作组织 社长　耶·艾斯·卡夫曼	主笔　耶·艾斯·卡夫曼	1927年11月创刊,周刊,发行量三千份。本杂志最初由当地俄国残疾人联合会创设。内容除了俄国作家的小说外,还有欧美(有时是我国)发行的文艺、科学、电影杂志等的译载及其照片的转载等,影响范围以哈尔滨、中东铁路沿线为主,向远东各地分发
Театр и искусство	宣传苏维埃的无产阶级文学及学术	毕·海顿·福利特(英国人)个人经营	波鲁克夫	1927年11月创刊,不定期,发行量一千份上下。本杂志的创办源自负责中东铁路俱乐部演剧部的特鲁茨布的提议,是依靠中东铁路俱乐部的经费,以宣传苏联戏剧为目的,借英国人福利特的名义而创设的,主要转载劳农国内出版的文艺杂志、小说,登载海外杂志的一般科学性报道、照片。近来社业萎靡不振
Еврейская Жизнь	犹太人文艺科学杂志	哈尔滨锡安团经营	代表　多格特卢·卡夫曼	1920年以 Сибирь – Палестина 的名称发行,1929年改为现名。发行量七百份
Вестник Маньчжурии	中东铁路机关经济杂志	中东铁路经济局	主编　莱弗考夫斯基 干部　卡钦、伊里春 记者　卡鲁锶司	1920年创刊,月刊,发行量约一千份。最初名为 Маньчжурский Вестник,1925年改为现名。主要登载中东铁路经济专家与当地学者的研究调查、中东铁路在东北北部的活动、有关东北北部一般自然状况的权威论文,对于主要论文附有英译文。此外,为了宣传劳农国内的经济情况而夸张地转载。本杂志还发行 Экономический бюллетень 作为附录,登载有益的资料,介绍中东铁路的状况及东北北部的一般情况
Экономический вестник	日俄协会系统	哈尔滨日本商品陈列馆	记者　馆员分担	1927年9月1日创刊,月刊,发行量三百份。目的在于向俄国人及会俄语的中国人介绍日本及东北地区北部的经济情况

（三）英文报纸

名　称	主义系统	持有人	编辑干部	备　考
Harbin Daily News[哈尔滨日报](英文)	不偏不倚,但倾向于美国,保守	亨利·维希　资本金五千圆。1915年曾于列宁格勒经营当地唯一的英文报纸 Russian Daily News	同前	1919年创刊[①],日报(周日休刊),四页,发行量六百份。没有评论栏,一般报道也缓慢,对日感情良好

---

① 1927年报告为"1918年"。

(续表)

名 称	主义系统	持有人	编辑干部	备 考
Harbin Observer [哈尔滨观察家] (英文)	标榜严正中立,但与中国官方有特殊关系,最近数年来与劳农方面接近,其论调更为接近英国系统	毕·维奇·福利特 资本金一千五百圆,个人经营	同前	1925年创刊①,但屡屡停刊,其后苏联方面提供了一些补助,得以复刊,直至今日。日报(周日休刊),菊版,四页,发行量三百份。不登载评论,报道量少且慢,对日感情不好不坏
Harbin Herald [哈尔滨先驱报] (英文)	赤系报纸	社长 伊·艾鲁·辛普森 已故佩特纳姆·威尔之弟	主编 旺德库拉夫	本报为俄文报纸中 Герольд Харбина 的英文栏(一页),目前停刊中

(四)日文报纸及杂志

(1)报纸

名 称	主义系统	持有人	编辑干部	备 考
哈尔滨日日新闻 (日文)	不偏不倚	佐藤四郎	藏土延次、和气传	1921年创刊②,日报,四页,发行量约一千份。以哈尔滨、中东铁路沿线及东北地区南部各地为影响范围。是满铁系统的有限股份公司,资本金二十万圆
哈尔滨通信 (日文)	中立	大河原厚仁	大森清腾	1918年创刊,日报,四页,发行量约五百份。1929年2月由前经营者大川周三转给大河原个人经营,投入固定资金约一万圆,但前经营者当时将经营权抵押给国际运输株式会社作担保,仍未脱离与该社的关系
露西亚通信 (日文)	报道有关劳农俄国的政治经济情况	近藤义晴	同前	1927年创刊,日报,发行量两百五十份。另刊行旬刊小册子。主要为俄文报纸的翻译,东北地区、朝鲜及日本内地官厅等购阅

(2)杂志

名 称	主义系统	持有人	编辑干部	备 考
露亚时报	关于俄国、"满蒙"的经济报道	哈尔滨商品陈列馆(森御荫)	宝珠山弥高	1919年创刊,发行量六百份。东北地区、朝鲜、日本内地购阅
哈尔滨商品陈列馆パンフレット	关于俄国、"满蒙"的政治、经济报道	同上	同上	1923年创刊,发行量三百份。以俄国、朝鲜为影响范围,每月发行两次

齐齐哈尔

概况

齐齐哈尔发行的报纸均为中文报纸,中国官方的御用报纸,发行量也很少,对舆论几乎没有影响,撼动当地舆论的不如说是哈尔滨、上海及天津的各报纸。

从其经营上来看,各报的发行量均很少,因此经营困难,仅仅是依靠有关系的官厅的补助得以维持。人口少、民智低的本省地区,今后报业的发展目前还似乎无法期待。

---

① 据《黑龙江省志·报业志》记载:英国人哈同·弗利特1924年创办《哈尔滨先驱报》,1925年更名为《哈尔滨观察家》。
② 1929年报告为"1922年1月",一说为1922年11月。

名　称	主义系统	持有人	编辑干部	备　考
黑龙江省政府公报	省政府官报	省政府	省政府秘书处	1914年3月创刊[①]，日报，菊版，十四五页，发行量约两千份。最初名为《黑龙江公报》，1929年[②] 1月改为现名。读者大部分为官方人员
黑龙江司法公报	高等法院官报	高等法院	高等法院公报处	1930年4月创刊，月刊，菊版，一百七十页左右，发行量一百份。登载法令、公文、法令条文的解释、判决录及其他司法文献，读者以官方人员居多
黑龙江民报	省政府的御用报纸	万国宾　省政府委员，兼洮昂、齐克两铁路局长，万福麟之子社长　林晔甫	编辑主任　蒋泮生　省政府秘书	1929年1月18日创刊，日报，六页，发行量三千份。官方读者居多，好论日中关系，但论旨稳健。接受省政府的补助，似乎取得了相当好的业绩

黑河

名　称	主义系统	持有人	主笔及记者	备　考
黑河日报	启发民智	经理　孙为格	主笔　于喜亭	1920年9月创刊，中文报纸，日报，四页，发行量两百份。创立当时发行量达到一千份以上，但数量逐渐减少。1930年2月受到苏中纷争余波的影响，读者全无，不得不停刊，主笔聂典勋回到故乡四川省。1931年1月于喜亭任主笔再刊，但购阅者少，陷入经营困难，加上主笔于喜亭对登载报道不负责任，刊载了与苏联领事馆相关的没有根据的报道，受到了该领事馆的抗议，3月19日黑河公安局责令本报3月间停刊

满洲里

满洲里没有报纸、杂志等发刊。

吉林

概况

1930年末当地报纸的数量为中文报纸四种（日本人经营的《东省日报》、中国人经营的《吉长日报》《通俗白话报》《吉林通讯》）及日文报纸两种（日本人经营的《松江新闻》《吉林时报》），此外，还有可以视作吉林省政府官报的《吉林省政府公报》等各官厅发行的公报六种。上述报纸中，《吉长日报》是吉林省政府的机关报，受到官方的支持，是中国方面唯一的日刊报纸，发行量达到了两千五百份，编辑风格相对稳健，因此逐渐得到了各方面的信誉。日本人经营的《东省日报》处于与此对立的位置，从1927年以来得到满铁的补助，锐意努力扩大影响力，但经费不足，至今未能充分活跃，其影响力远不及《吉长日报》，令人遗憾。

此外，中国人经营的中文报纸《共和报》，接受当地商工两总会及其他方面的补助，勉强维持经营。该报于1930年10月12日以来停刊，暂无复刊计划。

（一）中文报纸

名　称	主义系统	持有人	编辑干部	备　考
东省日报	日中亲善	社长　三桥政明　东京外语学校出身，《大连新闻》、长春《北满日报》支局长	主笔　刘云峰　毕业于北平协和医学校	1922年7月创刊，日报，六页，发行量六百份。针对中国方面的对日宣传，努力做出公正的说明，时而揭发、警告中国官方的不正当行为。社运不振，接受满铁补助。社址位于吉林省城商埠地

[①] 一说1913年5月创刊。

[②] 1930年报告为"1915年"，疑有误，应为"1929年"。

(续表)

名称	主义系统	持有人	编辑干部	备考
吉长日报	省政府机关报	社长 顾次英 省政府参议,兼秘书处第二科长	主笔 魏声龢 省政府秘书处第二科第三股长	1909年创刊,日报,八页,发行量两千五百份。接受省政府每月大洋五十元、地方法院三十元、其他方面二十元总计一百元的补助,以官方消息迅速为特色。依靠官方的支持,近来影响力逐渐加强。社址位于吉林省城粮米行街
通俗白话报	无党派关系	社长 初鹤皋	主笔 同前 记者 沈仁甫	1919年1月创刊,每周一、三、五发行三次,两页,发行量三百份。接受教育厅吉大洋一百元、县教育局吉大洋八十元,总计一百八十元的补助。社址位于吉林省城江沿街
吉林通讯	民政厅机关报	省政府民政厅	主笔 徐恢 民政厅秘书	1929年6月创刊,每周三、五发行两次,油印,约六页,发行量两百五十份。本报对购阅者有限制,特别是绝对拒绝日本方面阅读。登载吉林省政治及地方情况
东北实业日报	振兴实业	社长 齐佐忱		1929年7月1日创刊,日报,八页。现任社长齐佐忱同族的吉林军官教练处副处长齐化民为了扶植自身势力,奔走军界,以孙补臣(张作相的卫士长)为社长、齐佐忱为副社长而创办了本报。于奉天印刷送往当地,发行量只不过六百份。因募集资金不理想,产生了不少负债,同年10月不得不停刊。时至今日,前任副社长齐佐忱任社长,于1931年5月1日复刊,完全以实业方面的报道为主

(二) 公报

名称	主义系统	持有人	编辑干部	备考
吉林省政府公报	省政府官报	省政府秘书处	熊希尧 省政府秘书处第一科长	1916年创刊,日报,菊版,约二十页,发行量一千五百份。省政府建立以来,本报从过去的《吉林公报》改为现名,登载省政府的指令、训示、告示等
民政月刊	民政厅机关报	民政厅	吴峙 民政厅第一科长	1930年6月创刊,月刊,菊版,约六十页,发行量两百五十份。登载关于民政厅所管事务的各法规、指令、训示、告示等
农矿月刊	农矿厅机关报	农矿厅	成世杰 农矿厅第四科长	1923年2月创刊,月刊,菊版,约六十页,发行量两百份。登载关于农矿厅所管事务的各法规、指令、训示、告示及统计等
建设月刊	建设厅机关报	建设厅	李连义 建设厅第四科长	1930年9月1日创刊,月刊,菊版,约六十页,发行量一百五十份。登载关于建设厅所管事务的各法规、指令、训示、告示及统计等
教育公报	教育厅机关报	教育厅	聂树清	1919年创刊,周刊,菊版,约四十页,发行量两百五十份。登载关于教育厅所管事务的各法规、指令、训示、告示及统计等
实业公报	永吉县实业局机关报	永吉县实业局	沈玉和 永吉县实业局长	1930年6月29日创刊,周刊,四六版型①,折叠一页,发行量一百份。除登载县内有关实业界的法规、命令等内容外,还刊登时事及经济方面的评论或报道。从这一点看有报纸的色彩

---

① 日语表示新闻纸尺寸的专用名词,约为127×188毫米。

(三) 日文报纸

名　称	主义系统	持有人	编辑干部	备　考
松江新闻（日文）	时事报道	社长　三桥政明	主笔　同前	1923年9月创刊①，日报，四页，发行量六百份。创刊当时为两页，1925年2月起改为四页。与《东省日报》属于同一系统，在长春设有支局
吉林时报（日文）	时事报道	社长　儿玉多一	主笔　同前	1911年2月创刊②，周刊（周三），四折，小版③，四页，发行量三百份

间岛

概况

间岛的报纸，有中文报纸《民声报》，朝鲜文报纸《民声报》（中文报纸《民声报》的姐妹报）、《间岛日报》及《间岛通讯》，日文报纸《间岛新报》五种。其购阅范围限于龙井村、局子街、头道沟、百草沟、珲春及延边一带的小城市，发行量以《间岛日报》的一千两百五十份居首，合计不超过两千八百份，因此若无官厅及其他补助，经营会陷入困难，而且由于民众对报纸的知识浅薄，作为言论机关的影响力也很微弱。编辑、外观等自不必说，内容亦贫乏，未能摆脱乡间报纸的状态。因此，大阪、京城等都市的大、中型报纸有不少进入该地，其中主要有日文报纸《大阪朝日新闻》（约六百份）、《大阪每日新闻》（约一百二十份）、《京城日报》（约五百份）、罗南《北鲜日报》（约一百份）、京城《朝鲜新闻》（约六十份）、大连《满洲日报》（约五十份）等报，朝鲜文报纸有京城《东亚日报》（约四百份），中文报纸有奉天《新民晚报》（约两百份）、南京《中央日报》（约五十份）、天津《大公报》（约五十份）等报。

(一) 中文报纸

名　称	主义系统	持有人	编辑干部	备　考
民声报	中国方面的机关报	社长　方泳芝	主笔　张君实 编辑　牛月峰	1928年3月④创刊，日报，大型，四页，中文版发行量三百份。本报中文、朝鲜文两版均为大型日报。1928年9月，前任社长安世俊作为国民政府机关报记者赴南京后，孙佐民就任，将朝鲜文版独立出来。经营曾陷入困难，时常举行戏剧演出等活动获得资金，勉强维持经营。中国方面在延边唯一的机关报，每逢情况就满载排日报道，并且社内有一些共产主义色彩。1929年1月延吉镇守使逮捕了编辑主任周东郊、职工监督霍哲文两人并押送至吉林，从此中文版的论调顿时变得温和。此外，前主笔尹和洙于1929年3月独立运动纪念日之际登载过激报道，被日本领事馆处以禁止在当地居住的处分，中国人周东郁继任，但1930年11月辞职，此后未设置主笔

(二) 朝鲜文报纸

名　称	主义系统	持有人	编辑干部	备　考
民声报	中国方面的机关报	社长　方泳芝	编辑　金锡焕、韩东郊	1928年3月⑤创刊，日报，发行量四百份。参照中文报纸《民声报》一栏

---

① 一说1923年8月27日创刊。
② 一说1911年11月创刊，一说1912年创刊。
③ 日语表示新闻纸尺寸的专用名词，约为235×315毫米。
④ 1930年报告为"1928年2月"，一说1928年2月12日创刊。
⑤ 一说1928年2月创刊。

(续表)

名　　称	主义系统	持有人	编辑干部	备　　考
间岛日报	介绍地方情况	社长　鲜于日（朝鲜人）	主笔　康元铎 主编　金亨复	1924年创刊①，日报，四页，发行量一千两百五十份。1924年12月从《间岛新报》中分离独立出来，1928年1月改为大版②，四页，有日本官方的补助
间岛通信	介绍地方情况	社长　史廷铉	主笔　同前	1925年1月创刊③，周刊，油印，发行量五十份。社长史廷铉擅长日语，但看得出左倾色彩逐渐浓厚

(三) 日文报纸

名　　称	主义系统	持有人	编辑干部	备　　考
间岛新报		社长　饭塚政之	记者　武智贤 其他两名	1921年7月创刊，日报，发行量八百份。起初接受日本官方的补助，发行日文、朝鲜文两种版面，但1924年12月④补助废止，因此将朝鲜文版剥离，减少版面。1926年度起再次获得日本官方补助，1928年1月起从四六版改为准大版⑤

局子街

局子街未见报纸、杂志等发刊。驻有《间岛日报》《民声报》《间岛新报》《盛京时报》《吉长日报》等报的通讯员，只是代理销售这些报纸。

头道沟

当地无报纸、杂志等发刊，只驻有《民声报》《间岛日报》《京城日报》《东亚日报》《间岛新报》及《大阪朝日新闻》的通讯员。

百草沟

设置有《间岛日报》《间岛新报》《民声报》等报的支局，但均拥有极少数的读者。

珲春

当地无报纸、杂志等发刊，驻有《大阪每日新闻》《大阪朝日新闻》《北鲜日报》《北鲜日日》《间岛新报》《朝鲜日报》及《民声报》等报的通讯员，只是在发出通讯的同时代理销售报纸。

华北、西北等地区

北平

概况

目前在北平发行的中文报纸大小合计二十余种，其中最活跃的大型报纸有《北平晨报》《全民报》(以上为奉系)、《华北日报》(国民党机关报)、《京报》(冯玉祥系)、《益世报》《世界日报》六种，小型报纸有《群强报》《实事白话报》《实报》三种。

---

① 1926年报告为"1918年"，1927年报告为"1921年7月"；一说1924年12月2日创刊。
② 日语表示新闻纸尺寸的专用名词，约为285×400毫米。
③ 1930年报告为"1925年10月"。
④ 1930年报告为"1924年11月"。
⑤ "大版"为日语表示新闻纸尺寸的专用名词，约为285×400毫米。

北平近年来政局变动频繁。1928年6月,随着张作霖的退出,北平一夜之间成了南京国民党的天下。1930年3月①,阎锡山又完全背离了南京政府。到了9月,成立了所谓的北京政府,但由于张学良得到了南京方面的支持,该政府立刻就倒台了,北平实际上处在了张学良的控制之下,直至今日。因此,报界的形势也随着上述政局的变动推移而变化无常。就是说,从1926年前开始就一直存在的大型报纸仅有《益世报》《世界日报》《卍字日日新闻》《京报》四种。试就去年9月阎锡山退出北京以来的变化来看,废刊或停刊的报纸有《新晨报》《华报》《民主日报》《新民日报》《民言日报》《社会晚报》《北平日报》《英文新民日报》七种,发刊或复刊的有《北平晨报》《华北日报》《民国日报》《北平导报》《新平日报》五种。

（一）中文报纸及杂志

（1）报纸

名　称	主义系统	持有人	编辑干部	备　考
北平晨报	张学良机关报	社长　陈博生（号渊泉）　毕业于日本早稻田大学,留学欧美,原《晨报》社长	主笔　陈博生 记者　孙几伊	1930年12月16日创刊,日刊,大型,十二页,发行量四千份。此外每周还发行周刊。该报可以说是旧《晨报》的后身②,此前发生政变之际,旧《晨报》将其财产转让给山西方面,晋系的李庆芳,将其作为《新晨报》发行。但最近随着晋系的没落,该报又被转让到了依仗奉系的陈博生等人手中。报道除了一般的与政局相关的内容之外,还有来自南京、太原等地的特电,同时还关注文艺、教育方面,因此在知识阶层和学生中拥有众多读者。目前张学良每月补助六千元。社址在宣武门大街
益世报	最初作为天主教的机关报创刊,但目前与其关系薄弱,不如说已经变成了独立经营的形式。就目前的倾向而言,可以称为南京派	社长　杜竹轩　创立以来一直任社长,山东人	主笔　朱鉴堂　毕业于北京大学③	1915年创刊④,日刊,大型,十页,发行量三千份。创刊之初由杜竹轩出资一万元,是天津《益世报》的支社。与原英国人基督教会有关,因此现在仍设有基督教栏,似乎多少带有一些英国色彩。外国方面的广告多于其他报纸,读者多为全国天主教会相关人士及商业界、旧式社会人士,好载排比报道。该报曾在1927年被张作霖勒令停刊。社址在和平门外南新华街
全民报	准奉系	社长　张见庵　现河北省教育厅长	主笔　张佩轩	1928年创刊⑤,日刊,大型,八页,发行量五千份。创刊之初受市长张荫梧领导,1930年随着晋系的没落,重要人物全部被替换。现由教育厅长张见庵接手继续经营,经费每月由教育厅出资二千元,晋系商震暗中提供二千元。目前在言论方面虽然没有露骨地表现出反对南京政府的态度,但似乎在暗地里拥护着晋系。社址在宣武门外大街

---

① 1930年报告为"2月"。
② 1926年报告为"1916年"创刊,1928年报告为"1912年12月"。
③ 1930年报告为"北京法政大学"。
④ 1928年报告为"1916年",一说1916年2月创刊。
⑤ 一说1928年8月10日创刊。

(续表)

名　称	主义系统	持有人	编辑干部	备　考
世界日报	李石曾机关报	社长　成平(号舍我)南京司法部秘书,北平大学秘书。最近留学欧美,创刊以来一直担任社长,兼任《世界晚报》社长 社长代理　吴范寰 毕业于北平大学,任该大学秘书①	主笔　吴范寰	1925年创刊②,日刊,大型,十页,同时发行周刊画报,发行量四千五百份。该报由贺德霖出资四万元,依靠冯玉祥创立,但由于政变的缘故,经历了许多变迁,直至今日。雇用女性记者,开创了北平报界之先例。在知识阶层和学生中拥有诸多读者。后述《世界晚报》是该报的晚报。社址在宣武门外石驸马大街
京报	准冯玉祥系	社长　邵汤修慧 已故社长邵振青的遗孀,毕业于浙江女子师范学校	主笔　黄潘(号秋岳)　在官界多年,著名诗人,曾任上海《申报》主持人 记者　潘邵昂　上海《时事新报》经理潘公弼之弟	1918年10月由已故社长邵振青创刊,日刊,大型,八页乃至十页,发行量二千五百份。安福派时期曾一时被迫停刊。1926年,邵振青被张作霖枪杀后再次被迫停刊。1928年6月,邵夫人重新刊行该报直至今日。该报自创刊以来,先为王士珍系、直系、徐世昌系、冯玉祥系、晋系、何成濬系,其派系随时局的变迁而改变。但目前似乎与任何一个派系都没有太深的关系,读者主要为知识阶层。社址在宣武门外魏染胡同
华北日报	中央党部机关报	委员制度　李石曾、尹思齐(号述贤)、沈尹默	主笔　安怀音	1929年1月创刊③,日刊,大型,十二页,发行量三千五百份。中央党部宣传部在北方地区唯一的宣传机关报,每月获得八千元补助。1930年春发生政变之际,被晋系查封,但同年10月复活。是半官报,各官衙及党部相关人士必须购阅。大肆刊载排日性报道。今年3月8日晚,曾遭到数十名暴徒的袭击。社址在东城王府井大街
北京日报	无固定主义	社长　朱淇(继城)		1907年7月创刊④,日刊,大型,四页,发行量二百份。北平最早的由中国人经营的报纸,在前清和袁世凯时期得到了官方的优待,但由于未顺应时代潮流而逐渐衰微。社长朱淇在1928年3月将该报的经营和编辑委任给彭报晖,但并无效果,于是将其收回,直至今日。经营状态完全萎靡不振,以致将一直持有的印刷机卖掉,在其他地方印刷报纸。报社也正在搬家,迁往东西牌楼北
卍字日日新闻	红卍字会机关报	社长　芮国安	主笔　万辟(号亚伯)　北京法政大学学生	1923年创刊,日刊,大型,八页,发行量一千份。以江朝宗、钱能训等人为中心,以宣传道教、佛教、红卍字会事业为主。社址在西单牌楼舍饭寺胡同

---

① 1929年报告为"主席秘书",1930年报告为"首席秘书"。
② 1925年2月10日创刊。
③ 一说1928年创刊。
④ 1930年报告为"1911年";一说《北京报》于1904年8月创刊,1905年8月更名《北京日报》。

(续表)

名称	主义系统	持有人	编辑干部	备考
民国日报	与中央党部有关（另外，据称仍与张继、李石曾等人有关）	社长 黄伯耀 前参议院议员，精通英文，经营华侨通讯社		1928年6月创刊①，日刊，大型，八页，发行量一千份。当初作为西山派的机关报而创刊，其后被晋系的市长张荫梧查封，1930年12月复刊。社址在彰义门大街
北平导报	韩复榘机关报	社长 林鼎士	主编 同前 主笔 林耕古 毕业于法政学堂	1928年创刊，日刊，大型，八页，发行量一千份。1930年春，被西山派查封，同年10月复活。从韩复榘处持续获得补助。社址在和平门外梁家园
新平日报	北平市政府各局宣传机关报	社长 陈亮（公度）	苏景升、黄秋浦	1930年12月创刊，日刊，大型，四页，发行量一千五百份。通过北平市政府财政局长王韬所的介绍，获得市政府提供的经费，还与东北宪兵司令陈兴亚接近，间接为东北进行宣传。社址在宣武门外校场小六条胡同
商业日报	北平总商会机关报	社长 尹小隐	文实权	1916年6月创刊，日刊，大型，四页，发行量三百份。郭芝甫出资二千元，目前总商会每月提供二百元，各商会提供二百元，报社靠此维持经营。完全为总商会进行舆论宣传，与党派无关。社址在宣武门外校场口
实报	无固定主义	社长 管翼贤 毕业于日本法政大学，现任时闻通讯社社长	主笔 苏雨田 毕业于中国大学	1928年10月创刊，日刊，小型，四页，发行量一万五千份。顺应时势，从各种势力强者那里获得若干补助，近来发展得非常快。作为政治报纸而言，虽是小型报纸，但发行量达到了北平第一。报道涉及政治、社会各方面，受到了各阶级的欢迎。社址在宣武门大街
群强报	营利本位	社长 陆哀（号慎斋） 前山西巡抚陆钟琦之子	主笔 戴正一 记者 王丹忱	1912年创刊，日刊，小型，八页，发行量二万二千份。出资者为陆哀，资本金三千元。纯粹为面向普通民众的社会报纸，特别将重心放在了戏剧相关的报道上，因此在戏剧爱好者和中流阶层中拥有众多读者。虽然仅是小型社会报纸，但其发行量凌驾于北平各报纸之上。社址在正阳门外樱桃斜街
实事白话报		社长 戴兰生 《群强报》主笔戴正一之子	主笔 杨菊舫	1918年创刊②，日刊，小型，四页，发行量二万份。出资者为戴兰生，资本金四千元。模仿《群强报》的社会报纸，为下层社会所欢迎。社址在宣武门外魏染胡同
平报		社长 陆秋岩	主笔 陈重光 毕业于平民大学	1921年创刊，日刊，小型，四页，发行量二千份。出资者为李少年，资本金三千元。社址在和平门外西南园

---

① 1928年报告为"1928年6月9日"，1929年报告为"1928年6月10日"。民国时期以《民国日报》命名的报纸有多份。史料载：北京有一份《民国日报》于1925年3月5日创刊。

② 1928年报告为"1918年9月"，一说1918年8月创刊。

(续表)

名　称	主义系统	持有人	编辑干部	备　考
小小日报		社长　宋信生(心灯)毕业于郁文大学	主笔　张修孔(野僧)	1925年创刊,日刊,小型,四页,发行量一万二千份。出资者为宋信生,资本金七千元,社会报纸。但最近与各大学有联系,关注学生运动方面的报道,该方面的读者有所增加。社址在宣武门外棉花头条胡同
北平晚报	与银行界、总商会接近	社长　季乃时　南京《中央日报》特派员		1921年创刊,晚报,小型,四页,发行量一千五百份。北平的晚报鼻祖,原名《北京晚报》,张志潭出资一千五百元,任命刘煌为社长。曾经得到过陆宗舆、曹汝霖等人的援助,后来随着刘煌成为原财政次长张竞仁的女婿,该报开始与银行界接近,接着又与总商会接近。1930年末,刘煌表面上辞去了社长的职位,让其亲戚季乃时负责报社。金融界方面的报道较为准确。社址在和平门外绒线胡同
世界晚报	李石曾机关报	社长　成平	主笔　吴范寰	晚报,小型,四页,发行量一千份。该报与前述《世界日报》属于同一经营者,但先于《世界日报》一年多发刊①。当时的众议院议长吴景濂出资三千元,让其秘书成平创办了该报。社址在宣武门外石驸马大街(参照前述《世界日报》栏)
实权日报		社长　德仲华	主笔　洪维荃	1930年5月创刊②,日刊,小型,四页,发行量三千份。该报为面向大众的通俗报纸。社址在阜成门内学院胡同
北京晚报	何其巩机关报	社长　方梦超　曾任冯玉祥派机关报《朝报》社长,曾是何其巩之师,与日本人交际广泛	主笔　方明溪　方社长的亲戚	1917年创刊③,日刊,小型,四页,发行量三千份。1920年一时停刊,1924年复刊,内容方面国民党色彩浓厚,1926年再度停刊,1930年8月复活④,成为了何的机关报,一年得到三千元的补助。主要拥护南京,露骨地反对西北、东北两方面。社址在南池子飞龙桥
时言报	与戏剧界有关	社长　高尚志	主笔　林醉酾记者　张修孔	1930年创刊⑤,日刊,小型,四页,发行量二千份。由艺人杨小楼、刘砚芳出资,内容以戏剧界消息为主,而戏剧界的广告占了经费的一大部分。社址在宣武门外南柳巷
北平白话报		社长　任璞生　任岐山之弟	主笔　吴菊痴记者　徐剑胆	1919年创刊,日刊,小型,四页,发行量二千份。据说在下层社会和小学学生中读者众多。原先由任璞生之兄任昆山创办,任昆山死后璞生继续经营。据说,发行该报的主要目的是为自家卖药做宣传广告。社址在和平门外大安澜营
快报		社长　王少逸(号若水)　北平市政府收税所职员	主笔　王光祖	1930年10月创刊,日刊,小型,四页,发行量一千五百份。由数家大商店出资,经费主要通过广告费充当,提倡发展商业。社址在西珠市口

---

① 《世界日报》发刊于1925年。
② 一说1931年创刊。
③ 一说1919年2月创刊。
④ 据1930年报告,可能是1930年8月21日复刊。
⑤ 有一份《时言报》1919年3月在北京创刊。

(2) 杂志

名 称	主义系统	持有人	编辑干部	备 考
新东方杂志	国民党少壮派机关报	东方问题研究会筹备会	合议制 方济成、张恩泉及其他北平各大学少壮教授和学生参与其中	1930年1月创刊,月刊,菊版,一百二十页,发行量一千份。标榜揭露外国对中国边疆的侵略,详细登载青岛、台湾、"满洲"等各地的情况。有数名朝鲜人与该报有关。社址在西单牌楼北甘石桥
满蒙月刊	介绍"满蒙"情况	赵东伯、苏砚农、陈举等联合经营	由各学校相关者投稿	1930年4月创刊,月刊,菊版,发行量五百份。反对赤、日帝国主义国家以经济、文化侵略东三省及内外蒙古,介绍"满蒙"情况。社址在西四牌楼北前毛家湾"满蒙问题研究会"
边疆杂志	介绍边疆情况	清华大学教职员及学生	由清华大学和燕京大学相关人士投稿	月刊,菊版,四十页,发行量四百份。主要介绍内外蒙古、"满洲"、新疆、西藏等地的情况。目前以中东铁路中俄交涉为主要题材进行报道。社址在郊外清华园清华大学国际社
纸币旬刊	报道纸币、公债、证券等金融消息及全国经济界情况	高海勤、王少逸等金融界人士		旬刊,大型,发行量一千二百份。原来在天津创刊时,与平、津、汉、南京、上海等地的银行界有联系,并得到补助。1930年9月转移到北平后,也从北平各银行得到一些补助。社址在和平门外虎坊桥东脂胡同快报社
北平市市政公报	官报	市政府秘书处		周刊,菊版,刊载北平市政府的法规、电文、任命状、委任状、命令、公牍、会议录、文件等的官报。1930年10月①,改旧名《北平特别市市政公报》为《北平市市政公报》
戏剧与文艺	中国戏曲研究及文艺评论	社长 熊佛西	主笔 熊佛西	月刊,四六版,发行量一千五百份,社址在和平门前文化学校
现代支那之记录	与《北京新闻》同一系统	燕尘社	编辑主任 坂本音吉	1924年9月创刊,月刊,菊版,二百页。收录每天的报纸内容,编为月刊发行,一份售价十圆。发行量少,每月向满铁缴纳十五份,获得一百五十圆的补助,以此充当经营费用。社址在五老胡同燕尘社
村治月刊	为了建设三民主义中国,鼓吹村治殖产和水利改善	委员制度		半月刊,菊版。该社为委员制,从前完全由前委员长王鸿一处理社务,王死后,通过委员会议来运行社务。社址在西单旧刑部街

(二) 外文报纸及杂志

(1) 报纸

名 称	主义系统	持有人	编辑干部	备 考
The Leader	南京政府外交部及中央宣传机关报	刁作谦(前中国驻古巴公使) 该报经营主体为Peking Leader Corporation,其前社长Grover Clark调任至China Famine Relief Commission后,将本社的经营转给刁	主笔 李炳寿 前外交部职员	1917年创刊②的 Peking Leader 之后身,日刊,发行量一千五百份。1929年7月末被国民政府方面盘下并改为现名,自此拥护中国政府的色彩日渐浓厚。1930年4月被晋系接管以来,成为晋系的机关报,随着晋系的没落,再度归属于中央。1930年3月,Standard 停刊以来,成为北平唯一的英文报纸。8月,随着《英文新民报》的创刊,形成了两者并立的局面。因 Standard 停刊,该报发行量得到增加。其后虽有《英文新民报》发刊,但该报似乎完全没有随着晋系的没落而受影响。读者以中国的知识阶层和外国人中的宗教相关人士为主。另外,本报还发行周刊 The Week in China,从南京政府得到相当高额的补助

---

① 一说 1930 年 12 月。
② 一说 1920 年创刊。

(续表)

名　称	主义系统	持有人	编辑干部	备　考
Le Journal de Pékin		社长　Albert Nachbaur　"哈瓦斯"通讯员,出生于阿尔萨斯-洛林的法国人,虽然不懂英语,但精通法语,深得北平外国人认同,在国民党中似乎也有不少知己	主笔　Albert Nachbaur	1911年创刊,日刊,八页,发行量三百份。由于居住在北平的法国人甚少,懂法语者稀少,因此发行量少,经营理应困难。其发行得以维持,据认为是由于1928年以来,该报被任命为国际联盟劳动事务局驻北平代表,可以想象通过该方面能够得到一些补助。另外,据称该报也从法国政府得到一些补助
The Week in China	与 The Leader 相同	Peking Leader Corporation		发行量约二百份,因为是 The Leader 社出版的周刊杂志,因此政治色彩也与该社相同
Peking		G. W. Gorman		1931年7月创刊,插入照片的月刊杂志
La Politique de Pékin	不带有政治色彩	社长　Alphonse Monestier　法国人,在华居住已有二十年,在中国人和外国人中多有知己,喜爱收集中国要人的照片	Alphonse Monestier	有插图的周刊,发行量不到二百份。北京政府时期从外交部得到补助,但尚不清楚现在是否从国民政府外交部接受补助。经费似乎来自法国本国,据说现在亦与外交部有关系

(三) 日文报纸及杂志

(1) 报纸

名　称	主义系统	持有人	编辑干部	备　考
北京新闻(日文)		社长　森川照太	主编　坂本音吉	燕尘社的报纸,1923年8月,作为《京津日日新闻》的北京版而发刊。1928年9月下旬,《京津日日新闻》社长森川照太被任命为燕尘社理事,该报从 North China Standard 社内转移至现在的社址。1930年3月,《顺天时报》停刊后,该报似乎为通晓日语的中国人所购阅,发行量也随之增加,目前在五百份左右。社址在五老胡同燕尘社
新支那(日文)		社长　安藤万吉	金泽クミ(前主笔遗孀)　仅是名义上的,实际由丰冈捨松、村上知行掌握实务	1913年9月创刊,发行量二百份。北平日文报纸中最老的报纸。但最近二三年来,由于安藤社长不热心于经营,并且随着《北京新闻》的发刊,有能力的记者流失,陷入了经营困境。土地、建筑和设备全归社长所有,因此并没有近期停刊的迹象,近来报面反而稍有一些活力。社址在大甜水井

(2) 杂志

名　称	主义系统	持有人	编辑干部	备　考
支那问题(日文)	中立	社长　长谷川贤		月刊,1921年9月由波多野乾一、小山清次等在东京创刊,其后松村清司作为社长在当地再度刊行此报。松村社长死后,由现任社长接手,经营困难,发行量二百份。社址在豆腐巷

(续表)

名　称	主义系统	持有人	编辑干部	备　考
北京周报（日文）		社长　鹫泽与四二	主编　坂本音吉	周刊，1922年1月初由原《新支那》主笔藤原镰兄创刊，1927年转给燕尘社。在藤原经营时期，发行量曾达到过一千份，但现在不足五百份。由于目前在当地经营困难，正计划转移至大连。社址在五老胡同燕尘社
字纸篓（日文）		社长　松村太郎	主编　松村太郎	1929年9月创刊，为了保存收集而来的东方文献而设立，可称为泉寿东文书库的机关杂志，其外观和发行量还不足为道。社址在西堂子胡同中华公寓
文字同盟（日文）		社长　桥川时雄　对华文化事业部北京研究事务员	桥川时雄	四六版，月刊，发行数百份

天津

概况

天津的中文报纸中，普通大型报纸有十种，小型通俗报纸（即所谓小报）有十数种。但作为报纸而言，内容和外观齐备、报道及评论有价值的仅有《大公报》《庸报》《益世报》等二三种。其他各报不是将发行报纸作为获得广告费或补助金的手段，就是将报纸作为政治宣传机关来发行，因此，后者的消长当然随着政权的推移而变迁。1928年晋系掌握当地政权时，作为该派的机关报而被用于政治宣传的《泰晤士报》，在1930年9月随着天津成为奉系的地盘而销声匿迹。不仅如此，其他所有晋系的报纸、杂志突然消失得无影无踪，抑或转移到外国租界。类似于这样的事例，是足以说明中文报纸随着政权的推移而消长的佐证。1928年6月，革命军北伐成功，随着以前的军阀政治向所谓的三民主义政治转变，即使只是表面上的，言论的自由得到呼吁，舆论价值得到认可，加上出于各种宣传的目的，新闻报道的材料变得丰富，各报报面纷纷扩张。此外，为了迎合青年的新思潮主义，各报积极刊载思潮性或研究性的报道，还定期发行特殊的专门副刊等。近来，报纸的发展和进步值得重视。

当地处于晋系的势力范围内时，即1928年3月至1930年上半年的中文报纸对日态度并不好，每当发生特殊事件，便大肆舞弄排日毒笔（特别是《天津商报》《益世报》之类）。同年9月，天津成了奉系的地盘，排日报道才渐渐失去了踪影。

外文报纸中，英国系的 *Peking & Tientsin Times* 依然称霸北方地区，美国系的 *Star* 远不及前者。德文报纸仅为在津德国人购阅，俄文报纸也仅仅是白俄的报纸，两者作为舆论机关都没有任何影响力。

（一）中文报纸及杂志

（1）报纸

名　称	主义系统	持有人	编辑干部	备　考
大公报	稳健的新思想主义，被视为中国有识阶级和青年思想的代表	胡霖（政之）四十一岁，四川人，原上海《共和报》主笔，中国报界元老，主持总社位于上海的国闻通讯社。资本金五万元，吴鼎昌也是出资者	主笔　张炽章（季鸾）三十九岁，陕西人，原上海《民报》主笔，有人认为其抱有左倾思想，但事实并非如此	1902年创刊，日刊，十二页，发行量一万二千份，社址在日本租界旭街。曾作为安福系的机关报而活跃，1920年变更过组织，但1925年再度停刊。1926年9月由现任社长复活，报面焕然一新。1928年购入轮转机后，愈见其进步，与《益世报》《庸报》一同成为北方地区有影响力的中文报纸。最近有冯玉祥方面的色彩。或许是社长和主笔都为留日出身的缘故，对日态度公正

(续表)

名 称	主义系统	持有人	编辑干部	备 考
益世报	传统性亲美排日，针对排日问题，总是刊载强烈的煽动性报道。没有固定主义，总是迎合当政者	刘俊卿　五十六岁，河北人，前电报局长	刘豁轩　三十一岁，毕业于南开大学	1916年1月创刊①，日刊，十二页，发行量一万五千份，社址在意租界大马路。由天主教关系者出资的股份制组织，据称资本金有三十万元，拥有一台轮转机。曾受到美国方面的支持，与北平《益世报》属于同一系统，但不存在财政上的关系。直系掌握当地政权时是该派的机关报，目前在民众团体方面有影响力，报道丰富
庸报	标榜不偏不倚，但此前与吴佩孚派、直系有联系，目前似乎与南方派有联系	董显光　四十五岁，广东人，留美出身。原就职于上海 Millard Review，撰写排日报道，但目前以中日经济协作和社会政策为主义，有亲日倾向。与熊希龄、张志潭等关系密切	张琴南　四十二岁，河北人，毕业于北京大学	1926年6月创刊②，日刊，十二页，发行量六千份，社址在法租界二十一号路。资本金八万元，拥有轮转机，编辑方法为美国式。最近与上海《申报》建立协作关系，政局通讯敏捷，报道丰富，声价高涨
华北新闻	被视为冯玉祥派的机关报	周拂尘　四十七岁，河北人，毕业于甲种商业学校，经营华北通讯社和广告社，执天津报界公会之牛耳	徐培源　三十七岁，江西人	1921年8月创刊，日刊，八页，发行量三千份，社址在法租界四号路。由于对李景林执政时的政府持反对态度而被逐出中国街，转移至法租界。另外还发行小型晚报（《华北晚报》）。资金一万二千元
民国日报	市党部机关报	赵雨苏　三十岁，浙江人，毕业于上海光华大学	鲁荡平　三十一岁③，湖南人，毕业于广东大学，前天津市社会局长，现市党部成员	1929年12月改组发行，其间一度停刊，1931年1月1日复刊。日刊，十二页，发行量五千份，社址在天津市党部内，天津市党部每月提供经费五千元
大中时报	无固定主义	徐余生　四十二岁，山东人	王敬一　四十四岁，山东人	1928年11月创刊，日刊，八页，发行量二千份。社址在中国街广兴大街，资本金二万元
天津商报	曾被视为与银行界有关系的南方人的机关报，最近似乎与中央政府方面有关	王镂冰　三十八岁，浙江人	鲁炎庆　三十九岁，江苏人，毕业于南京大学	1927年创刊，日刊，十二页，发行量四千份，社址在法租界二十四号路。资本金六万元。前主笔唐际清曾任原反日会常务委员，积极刊载排日性报道，但最近已很少见到
人民日报	呈改组派汪精卫机关报之观	赵进斋　四十一岁，江西人，毕业于上海光华大学	王镜清　三十八岁，湖北人，毕业于湖北法政专门学校	1930年12月创刊，日刊，八页，发行量二千份，社址在日本租界橘街，资本金一万元。该报原在松岛街以《天津时事新闻》为名发行，后来改为现名。今年2月自发地临时停刊

---

① 一说天津《益世报》1915年10月创刊。
② 1929年报告、1930年报告均与本报告同，一说1926年8月创刊。
③ 1930年报告为"四十二岁"，均有误，鲁荡平应出生于1895年。

(续表)

名　　称	主义系统	持有人	编辑干部	备　　考
民报	并非各种党派的机关报,被视为民意代表,亲日	鲁嗣香　五十一岁,河北人,毕业于法政学校	沈信明　三十一岁,河北人	1929年6月①创刊,日刊,八页,发行量四千六百份,社址在日本租界须磨街,资本金一万元
天津公言日报	晋系的机关报	社长　齐化名前天津警备司令部人员	主笔　王苍奇	1931年2月创刊,日刊,普通型,八页,社址在南市慎益街十号,资本金六千元。据说其中阎锡山出资三千元,傅作义出资二千元,宋哲元出资一千元
启明报	主义、主张不定,被视为旧直系	苏明甫　五十二岁,山东人	同前	1920年6月创刊,日刊,四页,发行量五百份,社址在南市广兴大街,资本金五千元
时报	无主义系统	刘霁岚　四十二岁,河北人	王小松　三十八岁,河北人	1923年②6月创刊,日刊,小型,四页,发行量一千份,社址在法租界二十四路,资本金一万元。另外还发行《评报》(小型,日刊),外观、页数与《时报》相同,发行量二千份
新天津	过去为直系机关报,由于社长是回教徒,也被视为回教徒的机关报,但最近被石友三收买,成为其机关报	刘中儒　四十四岁,北平人	苏月楼　四十五岁,北平人	1924年9月创刊,日刊,小型十二页,发行量三万份,社址在法租界二十四号路,资本金二万元。虽是小报,但政治和时事的报道丰富,趣旨有别于其他普通小报。另外还发行《新天津晚报》,小型,四页,发行量一万五千份
华北晚报	被视为冯玉祥派的机关报	周拂尘　四十七岁,天津人,经营华北通讯社和广告社,执天津报界公会之牛耳	徐培源　三十七岁,江西人	1927年4月创刊,日刊,小型,四页,发行量五千份,社址在法租界四号路,是《华北新闻》的晚报
白话晨报白话午报白话晚报	无固定主义	白幼卿　四十七岁,河北人	董秋圃　四十一岁,河北人	《晨报》于1912年创刊③,日刊,小型,四页,发行量一万份。《午报》于1914年创刊④,日刊,小型,十页,发行量一万份。《晚报》于1911年创刊⑤,日刊,小型,四页,发行量一万份。读者都以少年学徒、劳动者等下层阶级居多,以娱乐性和社会市井报道为主。社址在南市广兴大街,资本金五万元
旭日报	无固定主义	周琴舫　四十九岁,河北人	张晓林⑥　三十九岁,河北人	1918年3月创刊⑦,日刊,小型,四页,发行量一千份,社址在南市广兴大街,资本金四千元
国强报	无固定主义	杨少林　三十四岁	张诚民　二十八岁,河北人	1918年创刊,日刊,小型,四页,发行量五千份,社址在南市平安大街,资本金四千元
现世报	无固定主义	史鹤雏　二十七岁,河北人	董爱和⑧　三十三岁,河北人	1927年7月创刊,日刊,小型,四页,发行量三千份,社址在南市广兴大街,资本金三千元

① 1930年报告为"2月"。
② 1930年报告为"1924年"。
③ 1929年报告为"1914年",一说1912年11月18日创刊。
④ 1924年报告为"1916年9月创刊",1929年报告为"1916年"。
⑤ 1929年报告为"1912年",1930年报告为"1916年"。
⑥ 1929年报告为"张晓霖"。
⑦ 1930年报告为"1912年"。
⑧ 1929年报告为"董爱茹"。

(续表)

名　　称	主义系统	持有人	编辑干部	备　　考
晶报	无固定主义	陈眉翁　三十一岁,河北人,毕业于省立中学	同前	1929年4月创刊,日刊,小型,四页,发行量六百份,资本金二千元,社址在河北昆纬路
亚东日报	无固定主义	尹益三①　三十八岁,河北人	祁桐轩　三十一岁,河北人,毕业于法汉学校	1929年9月创刊,日刊,小型,四页,发行量一千二百份,社址在南马路荣业大街,资本金二千元
东方日报	天津市党部的机关报	陈惠　二十八岁,辽宁人,前天津市党部干事	东颂声　三十岁,山东人,前市民训会委员,现天津市社会局秘书	1930年4月创刊,日刊,小型,四页,发行量六千份,社址在意大利租界东马路,资本金五千元
快报	无固定主义	赵中轩　三十一岁,河北人	同前	1929年6月创刊,日刊,小型,四页,发行量五百份,社址在特别第一区十号路,资本金三千元
中南报	无固定主义	张幼丹　三十岁,河北人	姜老兵　三十二岁,河北人	1930年12月创刊,日刊,小型,四页,发行量三千份。社址在南马路,资本金　千元
小时报	无固定主义	张品题　四十岁,河北人,天津总商会长	刘睢庵　二十八岁,河北人	1930年12月创刊,日刊,小型,四页,发行量二千份。社址在南市广兴大街,资本金一千元
天风报	主张中日亲善,以文艺为主,不带有政治色彩	沙游天　三十七岁,浙江人,毕业于浙江第四中学	何香石　三十八岁,江苏人,毕业于日本法政大学	1930年2月创刊,日刊,小型,四页,发行量八千份。社址在日本租界福岛街,资本金六千元
天津日报晚刊	日文报纸《天津日报》的中文晚刊	社长　真藤弃生	同前	1929年12月创刊,《天津日报》的晚刊中文报纸,小型,四页,发行量一千份,社址在日本租界福岛街。读者以中国人为主
合众日报	天津特别区第二区公署的机关报	蒋迬　三十一岁,江苏人,特别区第二区公署秘书	邬山女　二十八岁,河北人	1930年12月创刊,日刊,小型,四页,发行量二千份。社址在特别第二区兴隆街,资本金五百元
民风报	无固定主义	张士栋　二十六岁,河北人	张国才　二十八岁,河北人	1930年12月创刊,日刊,小型,四页,发行量一千份。社址在广兴大街,资本金五百元
民声报	无固定主义	王墨林　四十七岁,河北人	杨又华　二十五岁,河北人,毕业于省立中学校	1930年12月创刊,日刊,小型,四页,发行量三千份。社址在南市平安大街,资本金五百元

(2) 公报及杂志

名　　称	主义系统	持有人	编辑干部	备　　考
国闻周报	政治杂志	胡霖　《大公报》社长	同前	1924年8月在上海创刊,及至1926年胡霖经营《大公报》,在天津大公报馆印刷发行。周刊,六十余页,发行量四千份,社址与《大公报》相同。天津唯一的中文杂志,编辑政治评论、社会问题、其他评论和文艺创作等,在全国得到广泛阅读

---

① 1930年报告为"尹益山"。

(续表)

名　称	主义系统	持有人	编辑干部	备　考
河北省政府公报	省政府机关杂志	省政府秘书处	同前	1928年5月创刊,日刊,具有杂志的外观
市政周刊	天津特别市政府机关杂志	天津市政府秘书处	同前	1928年1月创刊,周刊,发行量二千份。市政府每月提供经费五百元,社址在天津市政府内

(二) 英文报纸及杂志

名　称	主义系统	持有人	编辑干部	备　考
Peking & Tientsin Times［京津日报］①(英文)	英国系报纸	Tientsin Press Co., Ltd.(天津印字馆)(英国籍)	W. V.②Pennell 记者　G. A. Morris(都是英国人)	1894年作为周刊创刊,1904年改为日刊③,早报,十六页,发行量一千五百份,社址在英租界中街一八一号。天津印字馆除了发行报纸之外还经营普通印刷业。该报是北方地区最有影响力的外文报纸,与上海的 North China Daily News 齐名。其社论被视为代表北方地区英国人的主张,最近对日态度良好。前主笔 Woodhead 是北方地区言论界的元老,但于去年8月被聘至上海的 Evening Post
China Illustrated Review［中华星期画报］(英文)	同上	同上	同上	周刊,每周六发行。《京津日报》的插画周刊,新闻纸对开型,二十八页,发行量八百份。以时事、政治、经济报道为主,另有照相版附录。社址在天津印字馆
North China Daily Mail［华北日报］(英文)	英国系报纸	T. G. Fisher(英国人)	J. H. Eldridge	1914年创刊④,晚报,八页,发行量八百份。面向家庭的报道居多,对日态度极为良好。社址在法租界中街十九号
North China Sunday Times［华北星期日泰晤士报］(英文)	同上	同上	同上	1918年创刊,《华北日报》的周刊,每周日发行,六页,发行量四百份,社址与《华北日报》相同
North China Star［华北明星报］(英文)	美国系报纸	North China Star Co., Inc(美国籍)	主笔　C. J. Fox 记者　A. B. Hayman	1918年8月创刊,日刊,十六页,发行量三千五百份,社址在法租界八号路。编辑风格发挥了美国报纸的特色,带有煽动性倾向。曾有很多排日报道,但最近对日态度良好。由于定价低廉,在英、美人以外的外国人和中国人中拥有众多读者
Tientsinner［天津老儿］(英文)	当地英国侨民的趣味文艺杂志			1925年创刊的周刊杂志,菊版,二十四页,发行量三百份,社址在英租界中街

(三) 俄文报纸

名　称	主义系统	持有人	编辑干部	备　考
Наша заря	赤系报纸	M. S. Lemvich(犹太人)	I. L. Miller(犹太人)	1928年4月创刊,日刊,六页,发行量一千份。表面伪装成白系报纸,却是纯粹的赤系报纸。据说由劳农政府每月补助三千弗。社址在英租界一号路

---

① 亦作《京津泰晤士报》。
② 1928年报告为"U"。
③ 一说1902年改为日刊。
④ 一说1915年1月创刊。

(续表)

名　称	主义系统	持有人	编辑干部	备　考
Вестник Русского Национального общества	白系俄国民族协会机关报	威尔基毕奇大将民族协会会长	同前	1928年8月创刊,不定期刊行,小型,六页,发行量一百五十份。社址在英租界二十九号路
утро	犹太人的机关报	L. M. Bihobsky		1931年2月15日创刊,日刊。该报以犹太人的社会生活、文化生活方面的一般报道为主,此外还报道学界、经济等其他普通时事问题。中东铁路及苏维埃商业代表所等提供资金,社址在大沽路

(四) 德文报纸

名　称	主义系统	持有人	编辑干部	备　考
Deutsch Chinesische Nachrichten	宣传帝政主义的机关报	Bartels	Krey	1930年10月创刊,日刊,十二页,发行量七百五十份,社址在特别一区无锡路十九号北洋印刷所

(五) 日文报纸及杂志

(1) 报纸

名　称	主义系统	持有人	编辑干部	备　考
天津日报（日文）	国家主义,《大阪每日新闻》系统	由真藤弃生、金田一良三、武田守信的合名公司经营	主笔　真藤弃生	1910年1月创刊,早报四页,晚报四页,发行量八百份,社址在日本租界福岛街。天津最早的日文报纸,由《北清时报》《北支那每日新闻》合并改名而来。高调宣扬国家主义、国粹主义,属于《大阪每日新闻》系统,是总领事馆和民团[①]登载公告的指定报纸
京津日日新闻（日文）		社长　森川照太	主笔同前	1918年6月创刊,早报和晚报各四页,发行量一千六百份。经营上与《天津日报》处于竞争地位,与其保守性质相反,有激进色彩。总领事馆和民团登载公告的指定报纸,社址在日本租界旭街。最初在北京发行,后迁至天津
天津经济新报（日文）	报道经济情况	社长　小宫山繁	主笔同前	1920年创刊,小型,周刊,外观为杂志型,发行量三百五十份,社址在日本租界明石街

(2) 杂志

名　称	主义系统	持有人	编辑干部	备　考
若人の群（日文）	天津日本青年会会报	天津日本青年会	山川真　青年会主事	1922年10月创刊,每年发行四次,发行量三百份,社址在日本租界芙蓉街。仅限于在青年会会员之间分发的杂志
天津商业会议所时报（日文）	天津日本商业会议所机关杂志	商业会议所	小林阳之助	1916年8月创刊,每月发行两次,八页,发行量四百五十份。社址在日本租界福岛街

---

① 当地的日侨组织。

太原

名　　称	主义系统	持有人	编辑干部	备　　考
晋阳日报		私人合办		1906年创刊,日刊,六页,发行量一千四五百份。该报创立以来已有二十五年的历史,是山西报社的鼻祖
山西日报		董事会		1919年创刊①,日刊,发行量约二千份。由山西督办公署创立,直到1928年都是政府的机关报,因此基础比较牢固。读者中有不少海外团体或个人
并州新报		私人合办		1927年创刊②,日刊,发行量约一千五百份。印刷和外观都并不值得一看
山西民国日报	省党部机关报	省党部宣传部		1930年创刊③,日刊,发行量约二千五百份。创刊数月后遭到阎锡山打压,不得已一时停刊。但该报在经济上受到省党部宣传部的援助,并且由中央社提供直接消息,因此在外观、印刷、消息上都有压倒其他报纸的气势。购阅者中知识阶层最多
山西政报	省政府机关报	省政府		1928年创刊,隔日发行,专门刊载政治报道、法令、官厅通告等,分发给省内各公共机关,不向普通人销售

济南

(一)中文报纸及公报

(1)报纸

名　　称	主义系统	持有人	编辑干部	备　　考
平民日报	进步党	王贡忱	王伯洲	1925年4月创刊④,日刊,发行量一千份。该报与前山东省长孙发绪关系密切
山东民国日报	中央党部宣传部机关报	张鸿渐	王逸民	1929年6月创刊⑤,日刊,发行量三千份,每月从中央党部得到二千元的补助。发行副刊《新出路》
新社会日报	宣扬三民主义	何冰如　原《济南日报》记者	孙叔哲	1930年8月创刊⑥,日刊,发行量四百份,与省党部有关
通俗日报	保守党	罗亚民	孙叔哲	1930年7月创刊,日刊,发行量五百份。罗社长是排日分子,但在游历日本后,其态度看上去变得缓和
济南晚报	刘珍年的机关报	郭仲泉	孙叔哲	1929年5月创刊⑦,日刊,发行量一千份。刘珍年每月补助七十圆至一百圆
晨光日报	宣扬党义	任筱青	孙叔哲	1928年7月⑧创刊,日刊,发行量一千份。创刊后曾一度关停,但于1930年1月再度开办
济南日报		社长　平冈小太郎	理事　立石登 主笔　毕雪珍	1916年8月创刊,日刊,发行量二千七百份。日本籍

---

① 一说1918年6月创刊。
② 有一份《并州新报》1917年8月创刊于太原。
③ 1930年报告为"1929年6月",一说1928年创刊。
④ 1930年报告为"1922年",一说1928年创刊。
⑤⑥ 一说1931年创刊。
⑦ 1930年报告为"10月",一说1930年创刊。
⑧ 1930年报告为"1928年10月",一说1928年11月创刊。

以上各中文报纸中,除了日本籍报纸之外,省政府都发给一百元津贴作为年末慰劳金,各报关于军事、政治等时局问题的报道都要听从省政府及省党部的指示。

(2) 公报

名　称	主义系统	持有人	编辑干部	备　考
山东省政府公报		省政府秘书处		1928年9月创刊,周刊,发行量六百份
民政公报		民政厅		1929年5月创刊,月刊,发行量五百份
山东财政公报		财政厅		1929年7月创刊,月刊,发行量三百份
济南市政月刊		市政府		1929年10月创刊,月刊,发行量三百份。今年1月随着市政府的关闭而停刊
建设月刊		建设厅		1929年10月创刊,月刊,发行量三百份
公安月刊		公安局秘书科		1930年1月创刊,月刊,发行量二百份
教育月刊		教育厅		1928年9月创刊,月刊,发行量四百五十份
民众半周刊		民众教育馆		1928年6月创刊,周刊,发行量四千份

(二) 日文报纸

名　称	主义系统	持有人	编辑干部	备　考
山东新报（日文）		社长　小川雄三	主编　梅原喜满次	1926年10月创刊①,日刊,发行量一千四百份。本报由过去的《山东新闻》②和《胶济时事新报》③合并而成

青岛

(一) 中文报纸及公报

名　称	主义系统	持有人	编辑干部	备　考
大青岛报		小谷节夫	久慈宽一	1915年6月创刊④,日刊,发行量一千五百份。日本籍
青岛时报	国民党系	张博文	尹朴斋	1924年8月创刊⑤,日刊,发行量约六百份。中国籍
中华报⑥		马起栋	韩致达	1926年7月创刊,日刊,发行量约二百份。中国籍
正报	被视为美国系	社长　吴炳宸 持有人　W. M. Cornwell（美国人）	郑宾贤	1928年11月创刊⑦,日刊,发行量约三百份。排日色彩浓厚,中国籍

---

① 一说1917年创刊。
② 1916年6月创刊。
③ 1926年报告为1918年10月创刊,日刊;一说1916年7月创刊。
④ 一说1914年创刊,一说1915年1月创刊。
⑤ 一说1924年9月创刊。
⑥ 1929年报告为《中华商报》。
⑦ 一说1926年创刊。

(续表)

名　　称	主义系统	持有人	编辑干部	备　　考
青岛民国日报	国民党机关报	方治　青岛特别市党部指导委员	王应生	1929年6月创刊,日刊,发行量约一千三百份
平民白话报		张乐古	张晓古	1927年10月创刊,日刊,发行量七百份。极端的排日报纸,创刊以来已停刊两次,于1930年10月复刊
工商新报	振兴工商	酆洗元	同前	1929年7月创刊,日刊,发行量约五百份。中国籍
青岛民报	国民党机关报	王景西　青岛特别市党部指导委员会干事	王景西	1930年2月1日创刊,日刊,发行量约六百份。中国籍
青岛公报		邹学藩	同前	1930年5月15日创刊,日刊,小型,四页。邹社长曾是《青岛快报》的编辑主任,由于该报停刊,独立创办本报。影响仍很小。社址在青岛市易州路四十四号,发行量约五百份
小青岛报	国民党机关报	市党部指导委员会	黄明明	1930年11月创刊,一周发行两次,发行量约八百份
铁路公报	胶济铁路局公报	胶济铁路管理局		1925年2月创刊,每月发行三次,发行量约三百份

（二）外文报纸

名　　称	主义系统	持有人	编辑干部	备　　考
Tsingtao Times[青岛时报]（英文）		代表　C.F.Stockwell（英国人）	同前	1922年6月创刊,日刊英文报纸,发行量约七百份
Tsingtao Times[青岛时报]（俄文版）		同上	库里米伦茨基（俄国人）	1929年9月创刊,日刊俄文报纸,发行量约三百份

（三）日文报纸及杂志

名　　称	主义系统	持有人	编辑干部	备　　考
青岛新报（日文）		小谷节夫	难波纹市	1915年1月创刊①,日刊,发行量约二千八百份
山东新报青岛附录（日文）		支社长　长谷川清	编辑主任　吉冈鹿造	1926年10月创刊,晚报,发行量约一千五百份
青岛公报（日文）		三好真文	同前	1923年4月创刊,每月发行三次,发行量三百份。刊载中日官公署及民团等的命令、规定等
青都美（日文）		吉村荣三	同前	1929年6月创刊,月刊,发行量约八百份,面向普通家庭的杂志

---

① 1924年报告为"1915年1月15日",一说1914年创刊。

芝罘
概况

该地位于山东半岛的胶东一角,从海路交通上来看,区位虽稍显重要,但周围有大连、青岛、天津等发达的重要港口,在其影响力压制下,已经失去了往日的势力,加之陆路、铁路交通不便,腹地狭窄,因此在当地创刊的报纸、通讯的购阅范围极其狭小,而且当地的实权人物表面上宣传国民军,但以实权推行不亚于旧军阀的专制统治,严厉打压言论;另一方面,不仅民众的力量不如南方中国各地那样轰轰烈烈,而且民众关于报纸的认识也非常幼稚,因此言论机关在普通民众中的影响力微弱,当地报纸摆脱不了乡间报纸的状态,几乎没有购阅价值。现有中文报纸四种、英文报纸一种,发行量都不超过一千份。

1929年①发刊的国民党市党部机关报《胶东新闻》,在创刊后不久就由于其干部中有共产党嫌疑者而被命令停刊,1931年2月,该报终于不得已而停刊,市党部也由此失去了在言论界的活动力。至于其他,言论界大体上没有异状,没有舞弄排外笔锋的报纸,情况极为平凡普通。

(一)中文报纸

名　称	主义系统	持有人	编辑干部	备　考
芝罘日报	促进文化,启发民智	社长　王宗儒　目前任当地新闻记者团联欢社主席,执言论界之牛耳	王倬云　山东省立师范出身	日刊,八页,发行量六百份。1909年创刊②,是当地最早的报纸。最初由日本人经营,后来盘给现任社长,直到今日。现任社长王宗儒亲日,一直留心于两国亲善。社址在大马路
钟声报	老国民党系	社长　丁训初　前清秀才,老国民党员,记者经验丰富	主笔　颜竹轩　县立师范讲习所出身	1923年创刊③,日刊,八页,发行量八百份。评论、报道稳健,不带排外色彩。社址在广仁堂街
明星报	同上	同上	主笔　胡锡文	晚报,两页,钟声报社发行的晚报,发行量六百份,在下层社会亦有购阅
爱国报		社长　褚宗周　北平朝阳大学出身,律师	主笔　仲绍文	1919年创刊,日刊,八页,发行量九百份。看不到明显的排外色彩,评论比较稳健。社址在同乐街

(二)英文报纸及杂志

名　称	主义系统	持有人	编辑干部	备　考
Chefoo Daily News[烟台日报](英文)		James McMullan & Co., Ltd(英商仁德洋行)	主笔　D. R. F. McMullan　仁德洋行代表社员,兼任路透社通讯员	1917年创刊,日刊,半折,八页,发行量四百份。英国籍,是山东省内最早的英文报纸。购阅者范围狭小,仅局限于居住于芝罘及其周边的外国人。刊载路透社通讯,报道较为新鲜。是上一代McMullan留下的公益事业之一。社址在大马路
[晨星](英文)Morning Star	宣传基督教	社长　袁润甫	主笔　袁润甫	1911年创刊,两个月发行一次,每册五十至七十页,发行量一千四百份。原由英国人发行,现为中国籍

---

① 1930年报告为"1930年"。
② 1924年报告为"1907年",一说1907年创刊。
③ 1929年报告为"1913年",一说1912年12月创刊。

张家口

名　　称	主义系统	持有人	编辑干部	备　　考
新民日报	省政府的机关报,奖励实业、垦牧,发扬三民主义,此外还刊省政府的公文,致力于融合蒙、汉感情	社长　荆得文现省政府秘书长	夏笑我	1930年12月1日,承袭旧《察省日报》之后创刊,社址在张家口上堡榆树院。日刊,发行量一千五百份。省政府每月补助三百元
延庆民报	提倡实业,培养常识的低级报纸	社长　于铎生	同前	1930年5月创刊,社址在延庆县城内。日刊,发行量五百份
宣化新报	讲授三民主义,主张启发民智	社长　赵仰樵	同前	1930年7月创刊,社址在宣化县城内。日刊,发行量五百份
绥远日报	省政府的机关报,提倡发展实业、矿产,刊载省政府公文	社长　金肇圻	惠慕侠	1930年8月,承袭《绥远民国日报》之后创刊,社址在绥远城内。日刊,发行量一千份。省政府每月补助山西票一千元(约合三百元)

绥远

名　　称	主义系统	持有人	编辑干部	备　　考
绥远民国日报	国民党机关报	社长　郝秉让	主笔　曾毅然	1928年7月创刊,社址在归化县文庙街。日刊,发行量八百份。党部每月补助三百元。1929年12月由《绥远党报》改为现名
绥远社会日报	国民党系	社长　杨全德	主笔　金肇圻	1929年12月创刊,社址在归化城大东门图书馆。日刊,发行量五百份,独立经营

华东、华中地区

上海

一、中文报纸及杂志

概况

(一)大型中文报纸

现在上海发行的中文报纸为《新闻报》《申报》《时事新报》《民国日报》《时报》五种。作为1930年间民国方面的报界变化,值得特别一提的是因银元贬值引起的汇率上升,因修改进口关税引起新闻纸及印刷油墨等价格暴涨,结果对报纸经营带来很大影响。由此,以往发行一千份上下、三流程度的《中华日报》《神州日报》《新申日报》《中国晚报》等均收支不平衡,同年11月左右停刊。

当地中文报纸中《申报》和《新闻报》历史最悠久,内容丰富,不仅为上海报界之翘楚,而且为中国代表性中文报纸,发行量均达十万份上下,远至海外拥有订阅者。

而且,其他三种中国报纸也都属于优秀之列,尤其是作为国民党机关报,具有很长历史的《民国日报》,自国民政府定都南京以来,其所论及报道被普遍关注。但是,该社总是鼓吹国民党万能和排外思想的社长陈德征,由于被指控涉嫌在往年抵制日货事件中受贿,1930年秋被关押,报纸因此声望顿时下降,报面亦失去活力。而《时事新报》最为进步,报道精彩,尤其是其评论基本上逻辑清晰。

再看各报发行量,南京迁都以来显示出急速增长率的《新闻报》《申报》(以往位居第二位的《新闻报》通过前年以来的努力稳稳地超过了《申报》,仅次于其后的排列顺序是《时报》《时事新报》《民国日报》)1930年度稍稍走下坡路,似乎都比1929年前后减少约一万份。这应该是营业政策上不顾及纸张等价格暴涨而徒然增加发行量,损失增大,由此自然放松了开拓读者(事实上上述两报从今年2月起提价一成,而一个月的订阅费仅相当于纸张费用的三分之二)。因此,令人感到上述结果使得这些报纸重视报面广告,弱化了报道、通讯。反观国民政府的新闻政策,去年秋天西北问题军事解决后,由于表面上失去了审查的理由,先撤销了新闻检查法,但本年2月伴随胡汉民监禁事件的发生好像又开始了检查。

(二) 中文小报

上海发行的中文小报、即"蚊报"达三十种,其中主要的仅限于《晶报》《福尔摩斯》《金刚钻》等二三种,其他仅处于维持发行的程度。因为普通中文报纸偏重于政治问题,结果有枯燥无味之嫌,为弥补此缺点,这些小报以梨园界、烟花巷的新闻为主,针对政局及社会各态,使用讽刺或滑稽的笔调,还插入精美的照相版剪辑,使报面轻快,以此深受各阶级,尤其是下层阶级欢迎,其影响力是不容小觑的。

(1) 报纸

名　称	主义系统	持有人	编辑干部	备　考
申报	标榜中立派,而带有进步党色彩,最近对国民党有善意。以往有接近直系及安福派的历史。同已故张謇一派的江苏实业派现今尚有关系。在法国领事馆注册,但最近好像也在上海特别市政府及市党部登记	社长兼总理　史量才(家修)　江苏省松江人,已故张謇的手下。杭州蚕业学校毕业,无值得一提的学历,但经营报纸手腕出色,所谓才士气质之人物。除了任该社总理之外,此人还是五洲大药房、中南银行等大股东,在实业界也具有势力 副总理　汪英宾　美国波斯顿大学新闻科毕业,专门掌管该报营业部,精明能干 副总理　张竹平　圣约翰大学出身,兼《时事新报》社长	总主笔　陈景韩(冷血)　江苏省金山县人,留日出身。被史量才招聘入本社,头脑明晰,为人干练,文笔锐利 副主笔　戈公振　1928年以报社费用被派往欧美,结束欧美漫游,1929年10月回国,与以往一样任副主笔。上海人,在报界闻名,著有《新闻学》 设计部长　黄炎培　擅长外语,有才干	1872年创刊,日刊,二十页,此外有时附增刊六页。发行量声称十六万份(实际上估计九万份)。作为中国最老的报纸,基础巩固,信誉笃厚。1912年现社长史量才代替原社长席子佩经营时,一度在德国领事馆注册,1916年以冈田有民之名义在日本领事馆注册。其后因排日风潮,受到周围压力,取消在我方的注册,在法国领事馆注册。一向对我方有善意,虽在排日风潮甚为激烈之际,也保持冷静态度,论调亦公正稳健。在官场、实业界及其他有识上层社会中订阅者较多。无论是报道内容还是外观,都未必逊色于日本主要报纸。如同我国《大阪每日新闻》与《大阪朝日新闻》那样,该报与《新闻报》这种代表性报纸,相互持续激烈竞争,在通讯网完备和报道准确这一点上比《新闻报》更有信誉,但在进行经营新尝试方面,未显示出领先一步的倾向。有关干部以下雇员的待遇,不断出现问题,近来社内缺乏统一,经营方法总之是走向了消极主义。社址位于汉口路二十四号
新闻报	以不偏不党的实业新闻主义而经营,但随着国民政府基础巩固,该报的主张与以前相比变化显著。或许认识到在国民政府对言论的极端压制下采取中立态度,在经营上反而是不可能的,必须采取所谓顺应时势策略,遵奉三民主义,拥护政府政策。该报原先依据美国法律在美国注册,1928年末大股东美国人Fergusson将其所持股份完全转让给中国人而隐退,由此在1929年1月的股东大会上取消在美国注册,以资本金一百二十万元正式在国民政府实业部注册	社长兼总理　汪伯奇　原社长汪汉溪之子,三十九岁①,安徽人,上海圣约翰大学出身。约十年前入该社,几年前继承亡父事业坐上总理之位。正在致力于维持遗业。此人另外还经营慎益钱庄,称有资产百万元。1929年1月原社长Fergusson将其所有股份二千股转让而隐退以来,兼任社长兼总理 副总理　汪仲韦　汪伯奇之胞弟,与兄伯奇持有的本报股份差不多相同,掌管经营部,专门负责经营	总主笔　李伯虞　陕西人,留日出身,曾任《时报》及《神州日报》记者。十几年前进入本社,后任主笔至今,为人严谨 副主笔　严独鹤 文艺部长　朱义农 经济部长　张肃山 本埠栏编辑　倪澜生 社会部长　吴子屏	1893年创刊,日刊,二十页至二十八页,发行量声称十六万份(实际上估计十二万份),在上海中文报纸中位居首位。股份制,美国系统报纸,据现在持股比例是美国人四成、中国人六成。中国方面的股份,现总理汪伯奇持有其大半,事实上掌握该社的实权。其他股东中实业界有力人士较多。本报的特色是报道丰富迅速,经营上总是吸纳新意,经济栏也值得一看。曾为排日急先锋,因报道、评论不严谨,其身为大报的价值遭到怀疑,但国民革命军占领上海以来,其地位被国民党机关报所夺,对有关对外问题的评论加以回避,出现欲作为纯实业报纸的倾向,对我方的态度似乎也变得稳健。国民革命军进军长江时,该报被视为资本家机关报,一时受到打压。此后,该报的论调及编辑风格显著变得大众化,采用顺应时代的主义,对国民党采取不即不离的态度。在普通实业界读者不少,基础最为巩固,经营业绩优良。社址位于汉口路十九号

---

① 原文如此,与1930年年龄相同。

(续表)

名　称	主义系统	持有人	编辑干部	备　考
时报	标榜中立，不认可特别的主义、主张，社会报道比政治报道更丰富	社主兼总理　黄伯惠　江苏人，游历英美，英语娴熟。在上海拥有地产，号称财产百万，将报纸经营作为一种兴趣爱好	总主笔　蔡行素　无学历，在该报工作十余年，深得现社长信任，取代前主笔金剑花，1929年任主笔，也担任编辑 副主笔　吴灵园 顾问　陈景韩　兼《申报》总主笔，深得黄社主信任	1904年创刊，日刊，八页，发行量估计三万份。康有为出资，最初由狄楚青（康有为之门人）负责经营。1907年以宗方小太郎之名义在日本总领事馆注册，1919年排日运动激烈之际，仿效《申报》在法国总领事馆注册。现社主黄伯惠1925年正月从狄楚青那里以八万弗盘下，据说经营相当困难。对日态度虽说不上特别不好，但受风潮左右，时而发表排日性评论。与其他报纸比较，可视为特征的是一周两次将称为《时报新光》的照片画报作为副刊发行，发行量据称与《时报》不相上下。社址在福州路九九号
时事新报	以往作为研究系唯一的机关报而闻名。1927年4月被《申报》经营者收购，当时蒋介石也有出资。前些时日据闻在1930年间按月偿还了。同年11月讥讽王正廷北京之行，受到蒋介石指责。该报展开辩论，予以反驳。好论时局问题，论旨大多逻辑清晰，报道亦有精彩之处。对日态度不佳，在法国领事馆注册	社长　张竹平　《申报》副总经理，兼该报社长，是在报纸经营上有新知的经营者 经理　潘公弼　江苏省嘉定县人，留日出身，多年担任本报主笔，1927年1月接替张竹平任经理，掌控该社所有社务 副经理　熊少豪　原为北平《汉文泰晤士报》总经理，受张竹平之邀任本报副总经理	总主笔　赵叔雍　浙江人，作为该报记者驻北平多年，1928年2月接替潘公弼任总主笔。是在评论界有定评之人物。前主笔代理程沧波欧洲留学归国，被以目前经营状态不佳为由拒绝入社。另外，作为本报特邀人物担任社论的陈布雷（畏垒）就任教育部次长	1908年创刊，日刊，十六页，发行量约三万份。当初由《舆论报》和《时事报》合并时，称为《舆论时报》，后来改为现名。革命后归共和党员及进步党员陈敬第和孟森经营。1914年被德国人收购，在德国领事馆注册。1916年转给前社长黄群（进步党党员）经营，与德国断绝关系，以日本人波多博之名在日本领事馆注册，同年秋成为梁启超一派的机关报。在发生排日风潮之际，取消在我方的注册，又在法国领事馆注册。1923年以来担任经理的林炎天一度接受吴佩孚援助，努力发展社务，但随着吴倒台，经营陷入困难。1927年4月被《申报》副经理张竹平收购以后，巩固基础，挽回颓势。最近在各报中表现出最为活跃的编辑方式，总是致力于鼓吹新思想。读者层大致为知识阶级，而据说去年以来因连续亏损，经营陷入困难。社址位于山东路一六二号
民国日报	为国民党机关报，总是拥护国民政府及中央党部的政策，致力于鼓吹三民主义。论调激进。1927年春以来取代《新闻报》成为当地代表性排日报。作为上海特别市党部机关每期设"党务"一栏，进行党的宣传，是众所周知之事实	本报直属中央党部，委员制，现在委员五名如下：叶楚伧、钱沧硕、管际安、吴子琴、严慎豫 委员长兼经理　叶楚伧　江苏省政府主席，不负责该报实务，但有关重要问题，全部仰赖其指挥。江苏人，旧文学造诣深，在国民党中不如称为右派人物，而政治上所论偏于极端。以前任主笔时，与前经理邵力子思想上有冲突。1925年一度退社，同年12月复职。其后工部局对邵打压严厉，邵不得已逃往广东，还作为国民政府代表前往俄国，叶因此接替其就任经理	编辑委员　钱沧硕　曾为《时事新报》记者，1930年秋因前主笔陈德征涉嫌抵制日货运动中受贿被关押后，任本报编辑委员 营业委员　管际安	1916年创刊，日刊，十二页至十六页，发行量一万五千份。曾因以过激言论攻击北京政府而被交通部禁止邮送，1921年初才获解禁。在南方各地国民党及学生界拥有众多读者。发行副刊《觉悟》，致力于鼓吹孙文主义，总是痛骂资本主义、帝国主义。1926年秋陈德征一取代叶楚伧担任编辑，就露骨地鼓吹共产主义，刊登有关劳工运动的报道，因此遭租界当局起诉，其一时逃至广东，租界当局勒令该报停刊一周。因各种压迫越发增加，在公共租界难以继续经营下去，终于将营业所迁往法租界爱多亚路。1927年1月法租界当局根据孙传芳的要求，再次勒令其停止发行。同年3月革命军进入上海，营业所回到山东路。以上述革命军势力发展为一转折点，该报在舆论界的影响力不断增大。该报的经济全部由中央党部管理，经费不足时提供补助。还是市政府及法院等的公布机关。社址在山东路二〇二号

(续表)

名称	主义系统	持有人	编辑干部	备考
晶报	启发大众,与《新闻报》有特殊关系	社长 余洵 留日出身,相当理解日本,为人干练	总主笔 包天笑 留日出身,曾为时报馆总主笔	本报原作为《神州日报》副刊发行,1926年末《神州日报》停刊后单独继续发行。一周发行两次,小型(报纸半页大),四页。销路好,发行达四万份以上,取得相当好的收益。最近接近《新闻报》,为了该报,有时出面拥护之。社址在福州路望平街
福尔摩斯		吴微雨		1929年6月创刊①,每三日发行,发行量声称八千份。社址位于西藏路九江路角
金刚钻		姚稚乡		1928年11月创刊②,发行量五千份。社址位于宁波路渭水坊
大报		步林屋		1929年5月创刊③,发行量三千份。社址位于西藏南路育仁里
罗宾汉		章心如		1928年11月创刊④,发行量三千份。社址位于甘肃路七二号
群集日报⑤	共产主义			日刊,小型,四页,为中国共产党中央党部机关报,1931年3月创刊。随着李立三下台,由李指导下的《红旗日报》改革、更名而成

(2) 杂志

当地发行的大型报纸仅淘汰至五种,比较发达。与此相反,杂志界现在仍以小杂志居多,且极为无序,没有名实皆备者,本地作为现代中国出版界的中心,令人甚感寂寥。在上海,现在每月有四五种杂志创刊,但其中大多不出二三个月就停刊,能够持续发行者似乎十分少见。现在杂志数量可达五十种以上,不过,基础比较巩固、具备杂志外观的只不过为《东方杂志》《新生命》《新月》《社会月刊》等几种。

名称	主义系统	持有人	编辑干部	备考
东方杂志	对国际时事及思想加以评论	商务印书馆	编辑 钱智修	1903年创刊⑥,每月发行两次,菊版,约一百二十页,发行量声称四万份。为上海历史最久的杂志,是商务印书馆发行的十大杂志中的最佳刊物。编辑登载有关国际问题,社会问题的报道及创作等,不过有关国内政治问题的内容少。在全国得到广为阅读。发行所为河南路
新生命	接近国民政府,特别是与蒋介石有联系	新生命月刊杂志社	编辑主任 周佛海	1930年1月创刊⑦,月刊。刊登有关法律及政治、经济方面的报道。是上海的主要杂志之一,在全国有读者。杂志往往有中央党部要人执笔,作为杂志的外观亦完备。发行量声称二万份,社址位于霞飞路霞飞坊一九号

---

① 1926年7月3日创刊。
② 1923年10月18日创刊。
③ 一说1924年11月27日创刊。
④ 1926年12月8日创刊。
⑤ 疑为《群众日报》之误。
⑥ 1904年3月11日创刊。
⑦ 一说1928年11月创刊。

(续表)

名 称	主义系统	持有人	编辑干部	备 考
社会杂志	依据三民主义的现代思潮论述	社会杂志社	鲁荡平	1931年1月创刊,月刊,菊版,一百三十页,社址位于北四川路永安里
生活周刊	随笔	生活周刊社	编辑 邹韬奋	1917年10月创刊①,周刊,约二十页的小册子,发行量据说达七万份。社址位于华龙路口
建国月刊	纯三民主义的研究及普及	邵元冲 建国月刊社		1927年创刊②,月刊,菊版,一百二十页,社址位于派克路登贤里
合作月刊	提倡合作	中国合作学社		1929年创刊③,月刊,二十页小册子,社址位于博物院路三一号
新月	反国民党系杂志	新月书店	编辑 罗隆基	1929年9月创刊④,原为纯文艺杂志,逐渐刊登政论。销量增加很快,每月固定读者从七百一路增至七千,而发行量声称从一千增加到一万五千份。胡适、徐志摩、梁实秋、潘光旦等提供原稿,被视为反动杂志。社址位于四马路
中华教育界	纯教育杂志	中华书局	编辑 孙承光	1913年创刊⑤,菊版,一百三十页。在有关教育的月刊中,与商务印书馆的《教育杂志》同为主要刊物。社址位于棋盘街
现代学生	青年杂志	大东书局		1930年10月创刊,创刊时日尚浅,正借助广告之力发展。据说在上海以外的地方每月固定读者一万人以上。社址位于四马路
社会月刊	社会问题	上海市政府社会局	潘公展	1929年1月创刊,为上海市政府社会局的月报。以该局调查的农民、劳工问题为材料编辑而成,内容相当充实。由商务印书馆出版
世界杂志	国外时事及思潮的批判	世界书局	编辑 杨哲明	1931年1月创刊,菊版,一百二十页,社址位于四马路
学艺杂志	科学杂志	中华学艺社		月刊⑥,菊版,一百二十页,由商务印书馆发行。社址位于北四川路三五号
民铎杂志	学术研究及发展	学术研究会		每年发行五册,由商务印书馆发行,发行所为贝勒路同益里
学术	学术研究	学术杂志社		1927年创刊,由中华书局发行。社址位于河南路棋盘街
时时周报				1930年创刊,周刊,二十页的小册子。社址位于圣母院路庆顺里
学校评论	教育杂志	卿云书局	主持人 谢尔曼	1931年3月创刊,一百二十页。社址位于四马路一一七号

① 1925年10月11日创刊。
② 1927年4月创刊。
③ 1929年3月创刊。
④ 1928年3月10日创刊。
⑤ 1912年1月25日创刊。
⑥ 一说1912年11月10日创刊。

名　称	主义系统	持有人	编辑干部	备　考
教育杂志		上海教育杂志社	编辑　周豫同	1908年创刊①，月刊，菊版，一百三十页，由商务印书馆出版。作为教育杂志有长久历史
商业杂志		商业杂志社		1927年创刊②，月刊，八十页。社址位于四川路九江路角
银行周报		上海银行公会	编辑　戴蔼庐	1926年创刊③，社址位于香港路四号
日本	有关日本的调查及研究	华通书局		1930年7月创刊，月刊，随着近来日语研究及对我国情况调查热的兴起而创刊。逸尘、刘百闵、马宗荣、忻介六等投稿。发行量一千份左右，据说也向我国寄送三百份上下。社址位于四马路
日本研究	对日本的研究及批判	日本研究日刊社	编辑　陈乐素	1930年1月创刊，月刊，张本洪、王志华、吴任译等执笔。社址位于地丰路

二、外文报纸及杂志

概况

1930年末的外文报纸，英文报纸晨刊有 *North China Daily News*、*China Press*、*Shanghai Times* 三种，晚刊有 *Shanghai Evening Post*（1930年8月收购合并晚刊 *Shanghai Mercury* 改名）。此外，还有法文报纸一种、俄文报纸五种。除了英文报以外，其他报纸由于读者范围有限，都没有影响力。上述报纸中 *North China Daily News* 可夸耀为东方第一的英文报，内容、外观均充实，尤其是其社论在 Impartial, Not Neutral 这一编辑标语下发表稳健保守性评论。作为代表在华英国官民舆论的媒体，内外均加以关注。仅次于该报而有影响的报刊是 *Shanghai Times*、*China Press*。*China Press* 1930年11月被中国人收购，该报在中国方面拥有众多读者。

（1）报纸

名　称	主义系统	持有人	编辑干部	备　考
North China Daily News〔字林西报〕（英文）	拥护英国政策及英国人的利益，英国籍	董事兼社长　H. E. Morris 董事　Gordon Morris 秘书兼常务董事　R. W. Davis	主笔　O. Howard 前主笔 Green 1930年3月辞任回国，作为后任入社。曾担任印度 *Times* 通讯员而发挥才能 副主笔　R. Wood 记者 Sokolsky *Far Eastern Review* 主笔	1854年创刊④，东方最老的报纸。晨刊，十六至十八页，发行量约六千份。为英国总领事馆及驻华英国高等法院的公布机关，工部局公报也插入本报发送。1929年11月起发行插有照相版的周日版，大型半页大，十页内外，发行量五千份。另发行周刊 *North China Herald*（《字林星期刊》），发行量三千份。国民政府1929年5月3日以该报及周刊 *Herald* 进行反动宣传为由，发布过禁止邮寄、订阅之训令。未知是否此原因，该报近来态度发生相当改变。社址位于外滩一七号
China Press〔大陆报〕（英文）	奉系，美国籍	持有人　顾维钧 董事中有张学良的英国顾问 W. H. Donald	主笔　董显光（Hollington K. Tong） 营业部长　张竹平 日本记者　池田安藏	1910年创刊⑤，晨刊，十六至十八页，周日版四十页（附四页照相版），发行量约四千份。由法国保护民犹太人 Arthur Sopher 和 Theodore Sopher 兄弟掌控，1930年11月转让给顾维钧夫人为主出资的 China Publishing Company。传说与奉天方面有联系，但张学良好像未出资。在外文报纸中拥有最多中国读者。还有，与以前一样，本报在美国特拉华州作为美国报纸注册。社址在九江路一四号

---

① 1909年2月15日创刊。
② 一说1917年4月10日创刊，一说1926年1月创刊。
③ 1917年5月29日创刊。
④ 1864年7月1日创刊。
⑤ 1911年8月24日试刊，8月29日正式出版。

(续表)

名称	主义系统	持有人	编辑干部	备考
Shanghai Times [泰晤士报] (英文)	拥护英国政策,英国籍	社长 A. G①. Nottingham	主笔 G. Burdon Sayer	1889年创刊②,晨刊,十六页,发行量四千份。归现任社长经营以来,对报面进行改善,年年增加销量。现今在英文报纸中可以说仅次于 North China Daily News,占第二位。从1921年末起创刊的周日号(Shanghai Sunday Times)附有照相版四页,往往达四十页以上,发行量达六千份。对日本有好感。社址位于爱多亚路三一号③
Shanghai Evening Post & Mercury [大美晚报] (英文)	以舆论机关的进步为理想,以公正为宗旨,美国系统	American News Paper Co. 社长 C. T. Starr	主笔 Theodore Thuckary④ 副主编 H. G. W. Woodhead 1930年10月入社 营业部长 O. K. King	晚刊,八页,发行量约三千五百份。该报为1922年11月合并 China Press 的晚刊 Evening Star 及 Shanghai Gazette 两晚报后改名而成,此后作为国民党机关报,经陈友仁之手常发表孙文方面的主张。因经营困难,1925年转至奉系之手,其后再转手给 Y. D. Shen。1928年5月转至现持有人经营。1930年8月收购合并 Shanghai Mercury,改成现名。目前经营尚处于困难之中,据说每月亏损几千弗。社址位于北京路四十五号
Journal de Shanghai [上海日报] (法文)	法国系统报纸	G. S. Moresthe	主笔 Jean Fontenoy 记者 R. Lanrens	1927年12月创刊,日刊,发行量五百份。因惋惜过去发行了三十年的 L'Echo de China 停刊,由 Havas 通讯社等创刊。据传有法国领事馆方面做后援。社址位于公馆马路二一一二三号
Шанхайская заря [上海柴拉早报] (俄文)	社会民主党系	M. Lembich	主笔 L. 阿诺利朵夫 据说原为俄国立宪民主党党员	1925年11月创刊⑤,日刊,发行量约一千份。该报为哈尔滨 Заря 之分身,持有人 M. Lembich 兼任两社长,而经济上各自独立。创立当初受到华俄道胜银行的支持,及至苏联政府的势力进入中东铁路,在其支持下致力于宣传苏联国情,发现四周状况不利后,不久便标榜中立,以经济报纸自视。有亲美倾向,靠犹太人支持。社址位于霞飞路五五一号
Вечерняя заря [柴拉晚报] (俄文)	同上	同上	主笔 佩特卢夫	该报为 Шанхайская заря 的晚报,但经营政策上是作为另一种晚报发行的。发行量约四百份
Слово (俄文)	帝政派	N. T. 莱维廷	主笔 P. 扎伊柴夫	1928年12月创刊,日刊,发行量一千六百份。受到原俄国驻上海总事事、现上海难民委员会长古罗赛及同会有力人士的支持。受普通俄国人欢迎,现在订阅者凌驾 Шанхайская заря 之上。社址位于霞飞路六六九号
Время (俄文)	帝政派	有限股份公司 代表 V. 司沃林	主笔 亚隆	1929年9月创刊,日刊,发行量五百份。支持在北京的白系远东流亡俄国人协会。股份代表司沃林原为 Шанхайская заря 主编,因在有关支持白系意见上有分歧而退社,创办本报。由约三十名股东出资创办的原周刊(每周一发行),去年秋起成为日刊。社址位于霞飞路六五一号

① 1930年报告为"E"。
② 1901年创刊。
③ 1930年报告为"三十二号"。
④ 1930年报告为"Thackery"。
⑤ 一说1925年10月25日创刊。

(2) 杂志

名称	主义系统	持有人	编辑干部	备考
China Weekly Review[密勒氏评论报](英文)	美国系统，向中国学生献媚。以排日杂志著称	发行人兼编辑 J. B. Powell	主笔 同前	1917年5月创刊，周刊，发行量约三千份。以远东尤其是中国政治、经济、社会问题为主。最初称为 Millard Review，后改称 Weekly Review of the Far East，1923年改为现名。报道内容多从其他报刊、杂志上转载，除了在中国人中有相当多读者之外，据说向美国免费发放约二千份。传说中国政府每月补助三千弗。社址位于爱文义路三八号
China Digest[中国评报](英文)	对日本有好感	Carrold Lunt（兼Heast's① International Service 等通讯员）	主笔 同前	周刊，1931年创刊，发行量一千五百份。根据中国实际情况，毫无顾忌发表对华意见。社址位于外滩二四号正金大楼内
Far Eastern Review[远东时报](英文)	刊登东亚财政、工业、矿业报道，主要拥护美国利益	发行人 George Bronson Rea	主笔 同前 副主笔 George E. Sokolsky	月刊，发行量二千份。为东方英文杂志之巨擘，也刊登полити论。以往对我方舞弄种种毒笔，但和平会议后其态度一变，不如说是对日本有善意，以至于严正批评美国对东方及日本的政策，总是致力于介绍我方在朝鲜、台湾、"满洲"之政绩。社址位于仁记路十六号
China Critic[中国评论周报](英文)	被视为中国政府乃至党部的半机关刊物	刘大钧	主笔 同前	周刊，登载有关法权及关税问题的评论及报道。社址位于北京路五〇号
Chinese Nation[民族](英文)	有国民党部半机关刊物之称	持有人 韦玉	Keng, Dr Lim Boon	周刊，发行量约二千份。据说接受国民政府月额一千元补助。社址位于九江路一号
Chinese Economic Journal[经济月刊](英文)	介绍国民政府实业部的通商情况	国民政府实业部	Zau, S. U.（赵晋卿）	为国民政府工商部工商访问局（Bureau of Industrial and Commercial Information）月刊，社址位于汉口路海关大楼内实业部工商访问局
Chinese Economic Bulletin[工商经济周刊](英文)	同上	同上	同上	周刊，社址与《经济月刊》相同
Capital and Trade[商务周报](英文)	不刊登政治评论，英国人持有	David H. Arakie	同前	1925年创刊，周刊，发行量三百份。社址位于仁记路二五号
Finance and Commerce[金融商业报](英文)	政治评论少，英国人经营	Reuters Ltd.	K. Begdon	1920年创刊，周刊，社址位于爱文义路四号
China Journal of Science and Art[中国科学美术杂志](英文)	有关中国美术研究、考古学及狩猎之杂志，英国人持有		主笔 Arthur de Sowerby 记者 John C. Ferguson	1924年创刊，月刊。无政治性内容，编辑及投稿人多为相当知名的人士，发行量五百份。社址位于博物院路八号
British Chamber of Commerce Journal(英文)	英国系统	全中国英国人商业会议所		月刊，既是上海英国人商业会议所的机关刊物，亦为 Associated Chamber of Commerce in China and Hongkong 机关刊物。除了工商业报道以外，还巧妙摘录有关中国的新条约、重要公文书等，适合作为记录保存。发行量一千份

---

① 原文拼写疑有错，应为"Hearst's"。

(续表)

名 称	主义系统	持有人	编辑干部	备 考
Chinese Recorder（英文）	美国长老教会派机关杂志，美国人持有		Rev. F. Rawlinson	月刊，发行量一千五百份。社址位于圆明园路二三号
Israels Messenger［犹太月报］（英文）	为上海犹太复国主义协会机关刊物，拥护远东犹太人及犹太教利益	上海犹太复国主义协会	N. E. B. Ezra	1904年创刊，月刊，发行量四百份。1910年2月停刊，1918年复刊。感谢我方对巴勒斯坦问题的态度，不刊登政治评论
Independent Weekly［英华独立周报］（英文）		韦荣生	同前	周刊，1930年7月创刊，社址位于江湾路北衙李家渡一八号
Brücke［衡桥］（德文）	德国系统周刊	Schriftleiter	同前	1926年创刊，号称东方唯一的德文周刊杂志。社址位于环龙路二四八号
Голос（俄文）	社会革命，营利	N. P. 马里诺夫斯基 反赤远东农协上海代表	同前	1930年9月创刊，发行量三百份。社址位于霞飞路七五号

三、日文报纸及杂志

上海的日文报纸为《上海日报》《上海日日新闻》及《上海每日新闻》三报，就近年来影响力的消长而论，一度萎靡不振的《上海日日新闻》最近通过投票及其他扩张手段，大力挽回影响，在发行量及广告刊登率上甚至倾向于超越一向处于领先地位的《上海每日新闻》。《上海日报》1928年、1929年左右起发行量渐减，一时下降到《上海每日新闻》的半数左右，靠新社长波多博的努力，正在逐渐恢复声望，据说该报拥有相当多的中国读者。目前阶段，上述三报均苦心经营，以达到收支平衡，以日侨为对象的竞争已经走到尽头，今后的进一步发展似乎无法期待。

（1）报纸

名 称	主义系统	持有人	编辑干部	备 考
上海日报（日文）	拥护日本人利益	社长 波多博 从原社长井手三郎手中盘下，1929年11月15日起任社长	主编 赤星为光	1903年创刊，日刊，十页。为上海最老的日文报纸。基础巩固，相当有信誉。1899年创刊的《上海周报》为本报之前身。社址位于白保罗路三号
上海日日新闻（日文）	同上	社主兼社长 宫地贯道	同前	1914年创刊，日刊，十页，社址位于乍浦路一二一号
上海每日新闻（日文）	上海及中国一般经济政治情况介绍	社长 深町作次郎	主持人 同前	1918年11月创刊，日刊，八页。1924年11月由《上海经济日报》改名而来。在经营、编辑方面精耕细作，其经济栏广受欢迎，尤其是最近有关中国政情的报道亦丰富。不仅在上海，而且在长江一带销路多。1929年4月山田社长隐退，前社长深町作次郎再度任社长。社址位于吴淞路汤恩路角七七号

（2）杂志

名 称	主义系统	持有人	编辑干部	备 考
上海周报（日文）	拥护日本人，介绍中国情况	社长 三村铁之助	同前	1913年创刊，周刊，发行量约一千份。创刊当初佐原笃介为社长，后来西本任社长。小型报纸，同时发行外文报纸、中文报纸的日刊翻译通讯。该杂志原名《上海》，西本省三主办。此人去世后为该杂志的编辑三村继承一切，去年5月起改名为《上海周报》而发行。社址位于海宁路

(续表)

名　称	主义系统	持有人	编辑干部	备　考
上海时论（日文）	评论中国时事问题	社长　堀清	同前	月刊，1926年停刊的《上海と日本人》之后身，同年创刊。内容比较充实。社址位于海宁路一四号
经济月报（日文）	研究中国通商贸易	上海日本商工会议所		1927年1月创刊，月刊，发行量七百份。主要发放给会员，还寄赠官方及相关团体
满铁支那月报（日文）	中国社会经济调查研究	南满铁道会社上海事务所		月刊，1929年11月创刊，发行量六百份。主要发放给我国及在华满铁相关机关等

南京

概况

南京的报纸、杂志等经过前年度的丛生时期，稍微有了一些稳定感，经营方面也逐渐稳固，其数量虽然没有增加，但在报道、外观等上有不少进步，尤其是像《新京日报》《中央日报》及《民生报》等，与上海等大城市的一流报纸相比，总算可以达到毫不逊色的地位。但是，由于处于以国民政府和党部为主的军、警各方面严格检查和干涉之下，报纸无法充分发挥其应有的功能。

不管怎么说，以往仅属于乡间报纸之列、其未来也甚为可忧的当地报纸，近年正取得显著进步，此为有目共睹的。据说现在以《新京日报》为主的重要报纸神经绷得极紧，在挑选记者等方面也相当注意。

当地的报纸，大型报纸方面《新京日报》《中央日报》两报属一流，《建业日报》及《新中华报》等次之。小报方面，《民生报》以下有《南京日报》《青白报》等。

还有，杂志类与前年度相比，似乎其数量有增加，行销也相当良好，尤其像《时事月报》，有五万元资本，每月发行量达一万份以上，作为杂志正在充分发挥其作用。还有，《妇女共鸣》系该市妇女救济会发行的小型册子，扩大女权自不待言，还伴随着时事变化发表排外言论，在当地青年女学生等中间赢得好评。此外，《新声月刊》《文艺月刊》等都好像盈利不少。

（一）中文报纸及杂志

（1）报纸

名　称	主义系统	持有人	编辑干部	备　考
中央日报	国民党机关报	中央党部 社长　赖琏	总编　赖琏 编辑　金诚夫 江苏常州人，1924年北大法科毕业，先后任北京《新社会报》编辑、国闻社北京支局主编及南京支局主编，1929年4月入社。陶镕青	1929年2月创刊①，日刊，十二页，发行量一万多份（声称）。接受中央党部及外交部的大量补助。该报拥有中央党部直属的中央通讯社，而且因为是中央机关报，具有中央及地方各种信息极为迅速而详细之便利，此点胜过当地的其他报纸。然而，由于是中央直系机关报，其处理的新闻报道和宣传方法，完全受中央党、政、军的主义、主张管控，过度带有机关报色彩。每日刊登的社论主要为赖琏执笔，涉及时事问题、对外问题及其他各般等方面，时常刊登支持政府见解、主张之社论。还有，该报好像倾向于积极登载排日报道、社论。对"满洲"问题、驻屯军②问题等太神经过敏，竭力详细转载有关奉天、天津或大连的上述通讯，似乎正在广泛刺激大众视听。海外新闻涉及各国，选择登载主要内容。关于日本报道，能相当迅速、准确地报道新闻。还有，该报每个星期日作为副刊发行画报。社址位于南京珍珠桥

---

① 严格地说，这是复刊。《中央日报》作为国民党中央机关报，1927年3月22日在汉口创刊。1928年2月1日迁到上海出版。1929年2月1日又迁到南京出版。
② 应该是指日军华北驻屯军。

(续表)

名　称	主义系统	持有人	编辑干部	备　考
新京日报	拥护国民党,好像与湖北省政府有密切关系	社长　石信嘉　安徽人,1927年北大法科毕业后,任南京报社主编。同社解散后,1929年10月继《新京晚报》之后创刊《新京日报》	总编　段梦晖　探访主任　陈林南	1929年12月创刊①,日刊,八页,发行量一万八千份(声称),资本金三万元,接受中央及湖北省政府二千元左右补助。该报前身为《京报》,又是原封不动接收了以石信嘉为主的记者,因此当时《京报》的人气几乎都集中在该报上。这样,该报最近的政治栏特别大放异彩,尤其是政治方面的新闻,刊登有其他报纸完全无法追随的独家报道。有关中央党政机关各种重要讨论事项,决议状况等总是领先于他报登载,正受到普遍欢迎。在前年度,其发行量还远不及《中央日报》,但逐渐凌驾于该报,现在在当地地位居第一。这当然主要应该归因于石信嘉等记者的出色才干,不过,据说该社探访主任陈林南精明能干,功劳也不小。该报连日登载的开头标明"采访报告"的政治方面独家报道,全部是依据陈的调查撰写。陈好像深入到中央政治会议委员等中央要人中去了。还有,作为报纸的外观,该报也不亚于《中央日报》。在接收外国新闻方面,也花了相当精力。对日态度比《中央日报》好,诸如时常刊登的社论也比较稳健。每个星期日作为副刊出版画报,含有许多艺术趣味,似乎像《中央日报》那样,不对政治加以讽刺。社址位于南京二郎庙
国民日报	与于右任有关系,标榜拥护国民党现势力	社主　王振梅	总编　掌牧民　早稻田大学毕业	1928年4月创刊,日刊,四页。可以说在二流报纸中相当畅销,每日达六七百份。发行量二千份。接受于右任补助。社址在大仓园荷花塘
建业日报	政治训练处长周佛海机关报	社长　田跃龙　政治训练处秘书	总编　陈奠南兼任副社长	1929年创刊,日刊,四页,发行量一千三百份,资本金九千元。中央军官学校学生有志者等为主要撰稿人,接受中央及军官学校补助。社址位于明瓦廊
新中华报	营利本位	社长　于纬文	编辑主任　同前	1927年②创刊,日刊,四页,发行量七百份。系纯粹营利本位的个人经营。社址位于钓鱼巷
大河新报	河南省政府机关报	创办者　张钫　河南省政府委员　社长　韩自步　社长张钫的亲戚	总编　韩自步	1929年创刊,日刊,四页,发行量五百份。接受河南省政府补助,报道该地政情及其他一般消息,同时向河南迅速通报中央各种问题。受到河南出身者和对此有兴趣的政界、学界欢迎
大江日报	反陈调元	社长　陈紫枫　国民党员,与党史编辑工作相关	主笔　陆昶青	1930年创刊,日刊,四页,发行量四百份。当地居住的安徽省籍人中,对陈调元不满者集资经营的报刊,每当有事,便指责陈调元。社址位于大中桥
新民报	营利本位	社长　陈铭德　中央大学毕业	主笔　张友南	1929年9月创刊,日刊,四页,发行量四百份。社址位于估衣廊
民生报	国民党元老派机关报,与蔡元培、李石曾、王宠惠等有密切关系	社长　成舍我　湖南人,1920年北大文学系毕业,为北京《益世报》代理主编,同时自己经营《世界日报》《世界晚报》,1927年来京经营本报	总编　左啸虹	1927年2月创刊③,日刊,小型,六页,发行量八千份(声称)。该报特点为报道简洁迅速,受到普遍欢迎。时而刊登《中央》《新京》两日报没有的独家消息。在当地的地位仅次于上述《中央》《新京》两报。资本金有一万元,从元老派及司法院接受补助。社址位于汉西门石桥街

---

① 一说1930年创刊。

② 一说1913年5月10日创刊,一说1912年创刊。

③ 1927年10月21日创刊。

(续表)

名　称	主义系统	持有人	编辑干部	备　考
南京晚报	王宠惠的机关报	社长　张友鹤	主笔　同前	1930年①5月创刊,日刊,小型,四页,发行量八百份。社址位于南京益仁巷
新南京报	与南京市政府有关系	上海各报驻京记者联合会 社长(名义上)　廖寿昌	总编　张雁宾	1930年设立,日刊,四页,小报,接受南京市政府补助。社址位于希望街
南京民报	市党部机关报	社长　赖琏	总编　同前	1930年创刊,日刊,小型,四页,发行量五百份。主要倾力于发表市党部工作和宣传党义,经费全部由党部支付。社址位于希望街
大同日报	独立经营	社长　左天桥	总编　同前	1930年创刊,日刊,小型,四页,发行量三百份
南京民治报	独立经营	社长　刘子任　早稻田大学毕业	总编　同前	1930年创刊,日刊,小型,四页,发行量四百份,接受湖南省政府补助。社址位于西钓鱼巷
青白报		社长　唐三　北平警官学校毕业	总编　同前	1929年初创刊,日刊,小型,四页,发行量五百份。该报系各军师驻京通讯所经营,特色在于尤为详细地报道各军的状况、战绩等。社址位于姚家巷
南京晨报		胡大刚　原《三民导报》经营者	同前	1931年2月创刊,日刊,发行量三百份
妇女晨报	妇女救济会机关报	妇女救济会		1931年创刊,日刊,发行量四百份。主张提倡女权、恢复主权
中报	前农矿部易培基的机关报			1931年创刊,日刊,小型,四页,发行量五百份,资本金五千元。据说,其实际经营者及记者几乎全部是原农矿部改组为实业部时免职的职员。社址位于评事街

(2) 杂志

名　称	主义系统	持有人	编辑干部	备　考
时事月刊	拥护中央政策	社长　陈立夫	总编　同前 编辑　以中央金陵大学教授中的有志人士为主,也包括党部方面的人	1929年创刊,大型月刊,发行量一万份,资本金五万元。据说接受中央党部若干补助。致力于鼓吹全国党治,似乎正关注宣传边疆的开发
光明之路	拥护国民党中央政策	光明之路社委员制	主笔　郑钧邻	1931年创刊,每月发行两次,发行量五百份,资本金一千元。从中央党部宣传部每月接受一些补助。宣传打击共产党
俄罗斯研究社	攻击共产主义	据说内部实际负责人是外交部情报司科长鲍静安	李瑛	1930年创刊,月刊,发行量一千份。为外交部非正式刊物,表面使用李瑛名字,由中央党部及外交部提供经费。推动攻击共产主义热潮,而且揭露批评苏联与第三国际方面的内幕与弊端
文艺月刊	文学研究	中央大学学生会	总编　王敬云	月刊,发行量五百份。置文学研究于第一位,无政治色彩
新声月刊	增进学生的政治知识	中央大学新声社		发行所设在中央大学内,每月发行一次,平均销售八百份

---

① 应为1929年5月16日创刊。

(续表)

名　称	主义系统	持有人	编辑干部	备　考
妇女共鸣	女子获得参政权	妇女救济会	总编　王兢英　妇女救济会干事	1929年创刊，每月发行两次，发行量五百份。接受各地妇女团体补助
民众教育月刊	鼓吹民众教育	江苏省政府教育厅	省政府相关者	1930年创刊，月刊，发行量五百份。发行所在半边街

此外，还有(1)《民鸣月刊》：以宣传三民主义为目的的小型杂志，每期有五百份购阅者。(2)《橄榄月刊》，为中国戏剧研究者经营的特殊刊物，1930年创刊。除了上述杂志以外，亦有(3)，即以国民政府公报为主，各院、部、会等的公报与报告册子等。

苏州

概况

与当地的情况相比，苏州的中文报纸数量一直较多，1929年末合计大小有十七种，其大半是发行量不过数百份的小报，因而财政上难以为继，停刊者不断出现，现在仅仅存在九种。除了地方时事及经济报道以外，这些报纸的内容全部转载自上海、南京等地的大报，因而报道难免迟缓，不全面。有识之士为此既看当地报纸，也阅读上海、南京两地的大报，其订阅数量有逐渐增加之倾向，使得地方报纸的经营好像变得更加困难。

中文报纸

名　称	主义系统	持有人	编辑干部	备　考
苏州日报	倡导自治	石雨声	方觉非	1912年1月创刊，日刊，四页，发行量六百二十份
吴县日报	同上	马飞黄	吴觉民	1916年1月创刊①，日刊，四页，发行量四千三百份。其社论稍微受到尊重
吴县市乡公报	同上	颜忍公	王伟公	1916年1月创刊，日刊，四页，发行量八百四十份
苏州明报	倡导自治	张叔良	仇昆厂	1924年3月创刊②，日刊，四页，发行量四千二百份。有排日色彩。1929年4月中旬触及沪宁铁路东区警备指挥部忌讳而被禁止发行一月，主编仇昆厂被拘留二周
中报	倡导文艺	梅晴初	洪笑鸿	1923年6月创刊③，日刊，四页，发行量一千六百份
大公报		宋兆元	吴树声	1928年5月创刊④，日刊，四页，发行量四百份
苏州商报		方益荪	邹伯荪	1929年12月创刊⑤，日刊，四页，发行量三百四十份
大吴语	倡导文艺	郭子良	孙少猿	1929年7月创刊，日刊，四页，发行量四百份
民言日报	鼓吹党义	薄公雷	姚啸梅	1930年7月创刊，日刊，四页，发行量六百份。党部机关报，持有人薄公雷为县党部组织部长。1930年末持有人、职员之间发生矛盾，全体职员总辞职后，加以改组而成的报纸

---

① 一说1916年10月创刊，名《吴语报》，1928年1月改本名。
② 一说1925年秋，张叔良接办《民报》后改本名。
③ 一说1921年创刊。
④ 一说1927年创刊。
⑤ 一说1919年12月创刊。

杭州

概况

近来浙江省的报纸事业发展显著,现在全省报社数量六十家,通讯社数量达二十四家,有日刊、半月刊、旬刊、周刊之别。这些报纸中以省党部为主,各市、县党部经营或成为其机关报的占总数的三分之一。其余的报社、通讯社都同样致力于宣传三民主义,发扬民族精神。杭州的报纸规模最大,发行量也较多,因此总是成为省内唤起舆论的中心。所以,在此应该专门说明杭州的报纸事业概况。

杭州报纸在1930年末有《浙江商报》《浙民日报》《杭州民国日报》《杭州国民新闻》及《之江日报》五种,与去年无异。这些全部为中文日刊报纸,另外有公布法令规定的《浙江省政府公报》。

上述报纸,《浙江商报》1921年、《浙民日报》1923年创刊,其他均为1927年国民革命后创办。这些报纸大多因创立时日浅,规模、资本又小,未能得到充分发展,发行量除了《杭州民国日报》有五千份以外,均在二千份以下,总计不过一万四千份。而且,这些报纸的销售量有一半在杭州,另一半在邻近县有购阅者。

除了上述杭州的各报之外,当地购阅的上海报纸为:《新闻报》四千份、《申报》二千份,还有《时报》《时事新报》等三千八百份,合计有一万份上下。杭州的购阅者,与购阅杭州的报纸相比,反而更多地购阅上海的报纸。

这样,虽说将上海报纸进入当地年年增加,归因于当地报业的发展还不充分是理所当然的,但还有一个因素是这些上海报纸远在海外也有通讯联系,其报道敏捷、内容亦充实,加上上海与杭州间交通工具发达,有在杭州当日就能看到上海报纸之便。

名　　称	主义系统	持有人	编辑干部	备　　考
浙江商报	商业开发,原杭州总商会机关报	社长　邱不易　浙江省温州人,原为警官	主笔　同前	1921年10月10日创刊,日刊,十页,发行量二千份。社址位于杭州市保佑坊
浙民日报	发扬民治精神,促进地方自治	社长　胡芷香　浙江省建德人,原省长公署咨议	主笔　沈环黄　浙江省杭县人,原杭州各报社记者	1923年12月10日创刊①,日刊,八页,发行量二千份,浙东同乡会经营。社址位于杭州市保佑桥
杭州民国日报	发扬三民主义,贯彻国民革命,浙江省党部机关报	社长　胡健中　浙江省杭县人,原为该社主笔和省党部秘书	主笔　同前	1927年3月12日创刊,日刊,十二页,发行量五千份。社址位于杭州市开元路
杭州国民新闻	发扬三民主义,提倡组织农工团体,黄埔同学会机关报	社长　郑炳庚　浙江省青田县人,黄埔军官学校第一期毕业生	主笔　胡国振　浙江省温州人,黄埔军官学校出身	1927年3月12日创刊,日刊,十二页,发行量一千九百份。该报创立之际蒋介石提供一千弗作为补助费,1928年起每月各出资一千弗。社址位于杭州市青年路
之江日报	开发国民知识	社长　徐伟　浙江省杭县人,浙江法政学校毕业	主笔　项士元　浙江省处州人,曾为该社主笔和社长,原浙江蚕业学校教员	1913年创刊,1926年一度停刊,1929年复刊②。日刊,八页,发行量三百份。社址位于杭州市迎紫路
浙江省政府公报	公布法令、规定	浙江省政府	属于秘书处	1927年5月11日创刊,日刊,发行量二千份。原名《浙江公报》,国民政府统治以来,改组、更名而成。发行所为浙江省政府公署内

芜湖及安庆

概况

1930年间,安庆及芜湖的中文报纸有安庆的《民岩报》《新皖铎》《商报》《民国日报》及芜湖的《皖江日报》《工商日报》《民国日报》七报,均为小规模,而且经营困难。作为地方报纸,受首都南京及上海新事物的刺激,报面总

---

① 一说1922年10月10日创刊。
② 1913年4月1日创刊。1917年后多次停、复刊,1926年3月14日再次停刊,1929年1月5日复刊。

的来说显示出活力,论旨则往往流于过激,缺乏稳健态度。就像《民国日报》那样以党部为背景,在制约、指导同行报纸的同时,将排外态度作为常态。

(一) 安庆

名 称	主义系统	持有人	编辑干部	备 考
民岩报	发扬民治、民权,维持风教,国民党系	社长 吴霭航 前清举人,与柏文蔚有关系	主笔 同前	1909年创刊①,日刊,八页,发行量约二千份。本报有长久历史,地盘亦颇坚固,对日感情并不好。社址位于安庆前门大街
新皖铎	营利本位	社长 张振铎 原柏文蔚秘书	主笔 同前	1922年2月创刊,日刊,八页,发行量一千份。无印刷机,迎合官方,对日感情一般。社址位于安庆四牌楼大街
商报	标榜改良、发展工商业	社长 苏绍泉	主笔 同前	1923年7月创刊②,日刊,六页,发行量约一千份。与安庆商会有关系,得到安庆商人的援助。对日感情稳健
民国日报	三民主义,省党部机关报	省党部	同前	1928年11月创刊,日刊,八页,发行量六千份。省内各级党部、军政机关及各公共团体等均有义务订阅。完全秉承中央党部的意志而致力宣传之。对日态度并不好,总是刊登排日报道

(二) 芜湖

名 称	主义系统	持有人	编辑干部	备 考
皖江日报	启发民智,不偏不党	社长 谭明卿	主笔 同前	1917年1月创刊③,日刊,八页,发行量约三千份。论旨总是稳健,不得已与排日运动等步调保持一致时,态度温和。谭社长个人对日持有好感
工商日报	开发工商业,发展自治及教育	社长 张九皋	主笔 同前	1909年11月创刊④,日刊,八页,发行量约二千五百份。1929年以来对日论调变得稳健
民国日报	国民党系	省党部 社长 段继典 县党部宣传部长	主笔 同前	1928年11月创刊,日刊,八页,发行量六千份。除宣传国民党、登载排日新闻以外,无任何特质,但最近报道经济消息

九江

名 称	主义系统	持有人	编辑干部	备 考
九江日报	原为国民党系,省政府机关报,近来脱离政治色彩,完全专注于自治方面	经理 吴楚藩 九江巡警教练所教务长	主笔 张寿东 三区小学校长兼县教育局长	1927年9月创刊,日刊,六页,发行量约五六百份。该报是由1927年9月关停的江声日报社改组而成,1928年6月因《江声日报》复刊,社员一分为二,独立了出去。资本金三千元,过去作为省政府的机关报,由政府方面支付补助金,近来完全断绝,九江各行政机关方面有时补助若干。社址位于九江西园通泰积谷仓内

---

① 一说1912年6月1日创刊。
② 一说1919年创刊,1923年4月备案。
③ 一说1910年12月2日创刊,一说1910年12月21日创刊。
④ 1915年10月20日创刊。

(续表)

名　称	主义系统	持有人	编辑干部	备　考
市民日报	市党部机关报	经理　黄石生　九江市党部委员兼宣传部长	主笔　唐棣华　九江市党部委员	1929年8月创刊,日刊,六页,发行量约四百份。党部机关报,自然由九江特别市党部、九江县党部和省党部方面每月提供若干的补助。社址位于九江市党部内
晚报	宣传三民主义	经理　黎成　毕业于汉口光华学校	主笔　徐介天	1930年4月创刊①,晚报,四页,发行量约三百份。资本金二千元,社址位于九江赵家花园

南昌

名　称	主义系统	持有人	编辑干部	备　考
江西晚报	营利本位	经理　杨绳武②　江西中学毕业后,曾任《南昌民铎报》《九江时报》和《章潮日报》的经理	主笔　杨治农	1927年9月创刊③,晚报,小型,四页,发行量约四百份。报道内容贫乏,社址位于南昌黄家巷
江西中山报		江西吏治训练所		1928年8月创刊,日刊,八页,发行量约六百份。大半用于登载与吏治相关的报道,另设有半页副刊,对训政进行说明。社址位于南昌南海行宫内
工商报	鼓吹商业	经理　李耀廷	主笔　夏甘霖	1920年1月创刊④,日刊,八页,发行量约三千份。以前带有国民党色彩,创刊后不久就因曹锟的贿选问题遭祸,被查封一年多。其后脱离了政党色彩,与省总商会联络,成为以鼓吹商业为目的的营利性报纸。报道材料在省内各报中最为丰富而准确。另外,基于对于省政府的迎合态度,有时添加副刊,用来宣传三民主义。资本金六千五百元,社址位于南昌百花洲
商业日报		社长　万醒尘　现南昌总商会会员	主笔　萧清臣	1927年9月创刊,日刊,四页,发行量一千份。是仅次于上述《工商报》的商业报纸。是资本金三千五百元的股份制组织。社址位于南昌百花洲
南昌民国日报	三民主义,省党部机关报	委员制组织		1926年11月创刊,日刊,八页,发行量三千份。报道内容比较丰富,但主要登载与党部相关的事项,另设有一页大小的文艺栏,致力于宣传大众化的三民主义。经费由省党部提供。社址位于南昌市毛家园
南昌新闻日报	省政府机关报	江西新闻记者联合会(委员制度)		1928年7月创刊⑤,日刊,八页,发行量二千份。报道内容丰富,但以省政府宣传报道填充版面,每月有来自省政府约三百元的补助。社址位于南昌百花洲

---

① 一说1929年创刊。
② 一说是"杨绳祖"。
③ 一说1926年9月创刊。
④ 一说1914年12月创刊。
⑤ 一说1928年4月1日创刊。

汉口

概况

一、中文报纸：目前汉口的中文报纸共有二十三种，但只有《中山日报》《武汉日报》《新民报》《新闻报》《商报》《中西报》《公论日报》七种大型报纸，其余均为小型报纸。

上述报纸中，《湖北中山日报》《武汉日报》两报报道迅速，内容也很充实，作为当地的一流报纸，据说是最具权威的，但是，正如以下各报纸"备考"栏所述，因为是当地省、市政府和党部的宣传机关，显然受到限制，更没有什么言论自由，并且它们的持有人，都是顺应时局变化经常发生更迭，因此没有一贯的主义。因当地的动向基本处于时局的影响之下，其他诸报也总深受官宪的干涉，几乎都是为其宣传服务。

但是，在此值得注意的是，改组派从1929年夏天开始积极活动，计划掌控武汉报界，特别致力于逐渐扶持其影响力，报纸的数量也相当多，但由于官方的取缔和经费的问题，上述计划目前也陷入了困境。

二、外文报纸：当地的外文报纸中，英文报纸有 *Central China Post* 和 *Hankow Herald* 两种，但极为萎靡不振。日文报纸有《汉口日日新闻》，发行量虽不多，但鉴于中国报纸的现状，中国方面也有人相当重视。

（一）中文报纸

名　称	主义系统	持有人	编辑干部	备　考
湖北中山日报	湖北省政府及湖北省党部宣传机关报	省政府、省党部、市党部 主席委员　吴醒亚 湖北省政府委员兼民政厅长 监理委员　吴醒亚　省政府代表。王献芳　省党部宣传部长、省党部代表 萧若虚　市党部宣传部长、市党部代表 经理主任　田丹佛	总编　王献芳　省党部宣传部长 副总编　萧若虚 编辑　曹荫稤、程稤候、罗月樵、毕成骏、管云齐、蔡行健、谢楚行、郭曙南 探访员　郭树南、毕渭成	1929年10月10日①创刊，日刊，十二页，附刊二页，发行量一万四千份。该报为《汉口中山日报》的后身，由李宗仁（广西派）创办，因1929年4月广西派败走一度停刊，蒋介石任命总司令部政治训练处主任方觉慧为社长、王芸圃为主编，于4月16日起改名为《武汉中山日报》发刊。因方本仁打算让湖北省政府接收该报，曾一度酿成纠纷，蒋介石将该报交给了方本仁，其后依靠何成濬等的帮助，同年9月14日起由省、市两党部和省政府共同经营，完全将其作为机关报。与《武汉日报》同属于武汉报界的第一流报纸。今年7月16日起被中央勒令停刊。社址位于汉口济生四马路
武汉日报	中国国民党党部宣传机关报	国民党中央党部宣传部 经理　王亚民	总编　萧若虚 编辑　王守镇、王乾白、李庶咸、萧从云、梅星光、古元祥、钟嘉桐、李专民 探访员　汤济民、刘天民、车中云	1929年6月创刊②，日刊二页，副刊一页，发行量九千份。是湖北《民国日报》的后身，1929年4月广西派败走后，即被中央党部宣传部接管，任命曾集熙为总经理，改称《武汉日报》，直属于中央党部，同年6月发行。是中国国民党中央党部在长江流域的专用宣传机关，与《中山日报》同为武汉报界的一流报纸。社址位于汉口歆生路忠信里第二号
新民报	国民党左派	社长　唐爱陆	总编　谢楚珩 编辑　黄启明、黄焕吾、宋泰进、黄德贵 探访员　黄菊圃	1926年9月③创刊，日刊六页，副刊一页，发行量五千份。该报创办当初是营利本位，唐爱陆曾任汉口特别市党部委员及商民协会委员，当时市党部每月提供三百元补助。广西派占领武汉，唐爱陆逃走，由总编李慎安（广西派统治武汉时期，曾任汉口特别市党部委员）经营该报。今年因李慎安去世，由谢楚珩经营该报。是仅次于《中山日报》和《武汉日报》而具有影响力的报纸。社址位于汉口后花楼街永兴里第三号

---

① 一说1929年5月创刊。
② 6月10日创刊。
③ 一说1926年9月15日创刊。

(续表)

名　称	主义系统	持有人	编辑干部	备　考
汉口新闻报	国家主义	社长　王云洲①	总编　凤竹荪 编辑　叶冷生、曾莘如 探访员　叶春霆	1915年1月创刊②，日刊，九页，发行量九千份。受到国民党机关报的压迫，又无言论的自由，处于沉默的状态。该报完全以经营为本位，与上海《新闻报》性质一样，但好歹幸免于政治性没收或收买，在经营上具有相当信誉。社址位于汉口特三区上海银行后鼎安里第五号
汉口商报	国民党右派	王春光③ 社长　邹碧痕	主笔　邹碧痕 编辑　陈钝庵、罗指南、朱根楼 探访员　刘香谷、罗月樵	1920年8月创刊④，日刊，十页，发行量四百八十份，目前停刊中。创刊当时名为《武汉商报》，从总商会处领取补助，是其宣传机关，目前改名为《汉口商报》，除了仰仗来自王春光主办的武汉印书馆的补助外，从独立第十四旅长彭启彪和独立第十六旅长邓英处各获得一百元津贴，但仍然经营困难，在当地是二流报纸。社址位于汉口中山马路慎源里第二六号
汉口中西报	虽为国家主义，目前已加入国民党	社长　王华轩	总编　王丽生　留美出身 编辑　罗芸樵、王钝安、朱钝根 探访员　王士达	1907年10月创刊⑤，日刊六页，副刊一页，发行量三千五百份。该报自创刊以来已有二十年，是汉口报纸中历史最老的，最初其影响力非常大，遍及全国，但目前受到党报的压迫，经营不景气，年年亏损。是二流报纸，最近舞弄排日的文笔尤甚。社址位于汉口中山马路水塔后面老联保里第四号
公论日报	营利本位	社长　王民仆	总编　胡砚农 编辑　叶松钧⑥、邓博文	1918年4月创刊⑦，日刊，六页，发行量七百份。经营困难，逐渐变得不景气，目前从岳维峻、范石生、李云龙等处每月获得三百元补助费。社址位于汉口后花楼正街方正里口
工商白话报	营利本位	邓博文	主笔　同前 编辑　萧亚农 探访员　邓云安	1917年创刊⑧，白话体的小型报纸(三页)，因工商界和下层劳动者购阅，据说发行量多达七千份。三流报纸，社址位于汉口小董家巷内
汉口新快报	虽为国民党系，但目前与改组派有关系	社长　万克哉	编辑　叶伊人 探访员　万林生	1928年6月创刊⑨，当时因经费困难，停刊了数月，1929年1月4日复刊，小型报纸(二页)，发行量三千份。下午四点发行标为翌日时间的报纸，社会报道比较迅敏。目前与改组派有关系，经费充足，而且持有人万克哉是武汉新闻记者联合会委员，还自办有鄂湘通讯社，因此与版面外观相比，更有信誉。社址位于汉口济生三马路福生里第三七号

---

① 应为"张云渊"。
② 应为1914年5月28日创刊。
③ 一说"王春轩"。
④ 一说1916年10月创刊。
⑤ 应为1906年5月创刊。
⑥ 1930年报告为"叶松云"。
⑦ 一说1919年2月6日创刊。
⑧ 一说1918年创刊。
⑨ 6月1日创刊。

(续表)

名称	主义系统	持有人	编辑干部	备考
镜报	与改组派有关系	罗月樵 社长 萧蚨晨	编辑 胡元俶	1928年6月创刊①，每三日发行一次。该报最初在广西派时期还比较能直率地登载报道，在持有人罗随着广西派的失败离开当地后，萧社长代为主宰，但1929年11月，武昌公安局以有反动言论为由将其关进监狱，在武汉新闻记者联合会的斡旋下释放。两页的小型报纸，发行量六百份，营业比较顺利。在汉口属三流报纸，社址位于汉口新保里第一六六号
砥报	原先与改组派有关系，在改组派没落后色彩还不明晰	曾集熙 社长 管雪斋		1929年12月创刊②，日刊，二页，发行量三百份。管社长原为直系，目前属于国民党左派，管现任市党部录事，兼中央人民俱乐部办事员。社址位于汉口大成里第二一号
光明报③	国民党左派	社长 蔡寄鸥		蔡虽为国民党老党员，但加入了改组派，因发行《光明》和《水晶宫》两种小报，臭骂国民党的普通官吏，被报界称为"衣冠禽兽"
民众日报	国民党右派	民众俱乐部 社长 陈希平	主编 同前 编辑 张廷修	1929年12月创刊④，小型报纸（二页），发行量四百份。是民众俱乐部的宣传机关，社址位于汉口中山马路民众俱乐部内
碰报⑤	改组派	社长 陶俊三	记者 靳玉珊、蔡寄鸥	1929年10月创刊⑥，小型，二页，每隔三日发行一次，发行量二百份。创刊当时因有过激言论，被市公安局查封，持有人陶被拘留了两三个月，在曾集熙和王怡群等人的斡旋下获释，继续发行。是三流报纸
汉口时事白话报⑦	国民党	社长 郭少仪	编辑 喻恒功	1929年11月创刊⑧，日刊，小型，二页，是三流报纸。社址位于济生一马路鸿钧里第九号
正报	国民党	汉口特别市公安局 社长 黄振兴	主编 田新安 编辑 张鹏、秦振	1929年12月创刊，日刊，三页，发行量三百份。由武汉黄埔军官系和黄公安局长合办，比普通的小型报纸略大，作为三流报纸外观齐备。社址位于汉口生成南里老一〇〇号
扬子江晚报	国民党左派	社长 刘天民		1929年6月创刊⑨。持有人刘天民与程潜关系密切，在程失势后，凭着和方本仁是同乡的关系，借助方的力量创办了扬子江通讯社和《扬子江晚报》。方每月提供五百元的津贴，此事被新闻记者联合会获悉，目前处于自发停刊状态

① 6月1日创刊。
② 一说1929年11月创刊。
③ 1930年3月创刊。
④ 应为1930年3月8日创刊。
⑤ 1930年报告为《磁报》。
⑥ 10月10日创刊。
⑦ 一说名为《武汉时事白话报》。
⑧ 一说11月1日创刊。
⑨ 一说1929年11月15日创刊。

(续表)

名　称	主义系统	持有人	编辑干部	备　考
汉口白话报	国家主义,安福系	社长　凤笑凤①		1930年3月创刊②,日刊,二页,发行量三百份。该报最初为广西派的报纸,广西派失势后,被湖北安福系首领郑万瞻盘下,近来安福系窘迫,没有经费,目前处于难以维系的状态。社址位于汉口后花楼街皮业公所巷第三号
社会白话日报	三民主义,国民党系	童仲赓	编辑　童秀真、童叔勉 探访员　童子烈	1927年10月创刊,日刊,小型,二页,发行量两千份。1927年童仲赓任《国民日报》编辑时创刊,虽为小型报纸,主旨正大,攻击左派,现今在社会上仍然有很大势力。社址位于汉口紫竹六合里

(2) 英文报纸

名　称	主义系统	持有人	编辑干部	备　考
The Central China Post〔楚报〕(英文)	英国系报纸	社长　H. J. Archibald　苏格兰人	主笔　A. M. G. Grant 记者　刘子纯 还有两人	1911年创刊③,日刊,八页,发行量约六百份,报道迅敏。社长Archibald在广西派治汉时期,从官方领取相当丰厚的报酬,有其御用报纸的感觉,但该派没落后,取而代之的官方提供微薄补助,因此出现反对它的态度。英国系,从党派色彩来看,对劳动党相当有好感,因原来是保守党系,对于近来英国政府的对中政策,常登载攻击性的社论。笔调大致稳健,但一向对中国国内问题毫无忌惮地发表评论。社址位于汉口第三特别区
Hankow Herald〔自由西报〕(英文)	国民党系	社长　邹允中　美国法学博士	主笔　同前 副主笔　林英伯 记者　姚子英	1923年创刊,日刊,十四页,发行量约六百份。内容、外观均完备,作为副业接受一般印刷业务,另还代理销售 China Press 等其他各种报纸杂志。原来是美国人 B. Schwartz 任社长兼主笔,经营该报,因经营不景气,结果在1930年夏将其盘给了邹。色彩上亲美,笔致比较稳健,但在转由中国人经营开始,迎合党部的意志,往往支持、宣传中文报纸的言论。社址位于汉口法租界

(3) 日文报纸

名　称	主义系统	持有人	编辑干部	备　考
汉口日日新闻(日文)	当地日侨的进步、发展	社长　宇都宫五郎	主笔　同前 记者　内田佐和吉、杉谷善藏、堤良治	1918年1月创刊,日刊,四页,发行量七百四十份。主要是翻译当地的中文报纸,让日本人知晓中国方面的消息,同时登载我国"联合"和"电通"的消息,报道比较正确迅敏。另一方面中国报纸因被官方管理,报道上多有修饰,难以相信,因此中国人中也有相当一部分人乐意购阅该报。社址位于日本租界中街一三三号

---

① 一说"凤兮风"。
② 一说1931年2月7日创刊。
③ 应为1904年创刊。

长沙

概况

长沙发行的报纸全都是中文报纸,还没有外文报纸发行。目前可列举《国民日报》《大公报》《中山日报》《市民日报》《全民日报》《通俗日报》及《湖南晚报》这七种。上述报纸中《国民日报》最具信誉,发行量达到约七千份,在军界、政界、教育界、普通商民和劳动者阶级各方面拥有读者,居报界首位。《大公报》《中山日报》和《市民日报》三报次之,但发行量好歹不过二千份左右。至于其他报纸,只受劳动者或烟花巷等特殊阶级的欢迎,没有什么影响力。

一直以来湖南省都处于军阀争斗频繁、战乱不断的状态,因此军方、官方在行政方面自然极端蛮横,尤其像是在报纸的管制上极其严苛,各报不仅每逢遇事总受其掣肘,而且由于大部分报纸,其部分资本金亦依靠军阀出资,因此在这种情况下,可以说目前当地发行的报纸几乎不是军阀的机关报,就是等同于其傀儡的存在。

最近,随着无线电信的发展,可以看到省外和海外方面新闻的报道速度逐渐迅速起来。但即使如此,各社并没有特意派遣常驻的特派员,均是以贫弱的资本经营,仅止于原封不动地转载当地通讯社提供的材料这种程度,因此从平常报纸上登载的内容看,呈现出一种奇观,即各报似乎使用的字句从头到尾都是完全一样的。如上所述,因为言论压迫极其严重,又缺少优秀的记者,无论哪种报纸均是连外观都不完善,在政治、军事等上面时时迎合官宪,虽然常常登载简单的评论,但不仅没有发表独自社论的,连各方面有识之士的投稿也几乎看不到。不过,当地与其他省份相比教育得到普及,文化程度比较高,因此文艺栏显示出相当的活力,在这方面还稍微值得一看。

中文报纸

名 称	主义系统	持有人	编辑干部	备 考
湖南国民日报	省政府及省党部机关报,国民党系	总理 凌璋 第四路军总指挥部秘书长	总编 罗心冰 记者 马惕冰、李发全	1928年3月5日创刊,日刊,十页,发行量约七千份。每月从省政府和省党部领取六千元补助。在当地的中国报纸中信誉最高,军、政、教育、商民、劳动者等各个阶级购阅,对日态度不佳。社址位于长沙皇殿坪三十八号
大公报	省政府机关报,不偏不党,拥护言论,是国粹学系	总理 龙兼公 前清秀才出身	总编 同前 记者 李抱一、易策勋	1916年2月创刊①,1927年3月因共产党被勒令停刊,1929年5月21日复刊,日刊,十页,发行量约三千份。每月从省政府领取一千六百元补助。报道稳健,各方面有读者,特别受商民阶级的欢迎,对日态度一般。社址位于长沙仓后街湘清里三十五号
湖南中山日报	省党部的机关报,带有国民党急进派的色彩	经理 曾省斋 现任市党部常务委员、明德中学校教师、湖南中山图书馆长	总编 陈介石 记者 袁惠瞻、何少枚	1929年5月21日创刊,日刊,十页,发行量二千三百份。每月从省政府获取一千六百元、从省党部获取二千四百元的补助。致力于发扬三民主义、提倡实行训政与建设,以及党化教育。该报在各级党部和学校方面拥有众多读者,对日态度不佳。社址位于长沙草潮门高升巷十六号
长沙市民日报	总商会及市团联合会的机关报,标榜代表舆论、监督政治、提倡国货	社长 左益斋	主笔 王聘华 记者 蒋寿世、赵奎武、康德	1930年10月1日创刊②,日刊,八页,发行量约一千六百份。每月从总商会处获得一千元、从市团联合会获得一千元的补助,受到商民阶级欢迎。对日态度不佳。社址位于长沙储备仓
全民日报	省政府建设厅的机关报,属国民党政学系	经理 文任武	总编 李君尧 记者 刘世善、钟毓湘	1927年③9月创刊,日刊,八页,发行量约七百份。每月从建设厅和省政府获取一千六百元补助,对日态度一般。社址位于长沙顺星桥

---

① 1915年9月1日创刊。
② 1930年8月创刊。
③ 1930年报告为"1928年"。

(续表)

名　称	主义系统	持有人	编辑干部	备　考
湖南通俗日报	无政治色彩,普及教育	省政府教育厅 社长　刘沅葆	总编　刘沅葆 记者　刘文法	1924年继承《教育日刊》,改名后发行,日刊,小型,四页,发行量约五百份。省政府教育厅经营,以对下层阶级普及教育为目的,该厅每月支付一千二百元。社址位于长沙理问街
湖南晚报	通俗报纸	经理　唐子彝	主笔　饶省三	1929年创刊,日刊,小型,四页,发行量约五百份。以社会报道以及烟花巷的消息为主,以滑稽性笔调为宗旨,因此在剧场、茶馆以及妓院等地购阅者居多。社址位于长沙草潮门

沙市

名　称	主义系统	持有人	编辑干部	备　考
长江商务报	营利本位	侯仲涛	同前	1922年7月创刊①,日刊,六页,发行量一千份左右。每月从公、私各机关获得约二百弗的补助
中山警报	评论时事,党部系	孙绳武	同前	1930年创刊,发行量约五百份。每月有来自公、私各机关的四十弗左右补助。在知识阶级中相当具有影响力
闯报	中立	舒正容	同前	1930年创刊,发行量三百份。每月有来自公、私各机关的三十弗左右补助。该报标榜是非分明主义,但最近迎合党部
荆报	鼓吹党义,纯党部系	杨群矗	同前	1930年创刊,日刊,发行量四百份。每月从公、私各机关获得二三十弗的补助。称得上是沙市市党部经营,纯党部系,排日倾向显著
江声报	评论时事,党部系	张国魂	同前	1930年创刊,日刊,发行量二百份。每月有来自公、私各机关的二十多弗补助。是沙市报纸中最具影响力的
铁报	中立	鞠百川	同前	1930年创刊,日刊,发行量约一千五百份。每月有来自公、私各机关的四十弗左右补助。该报与《闯报》一样也标榜中立,但最近开始迎合党部方面

宜昌

名　称	主义系统	持有人	编辑干部	备　考
宜昌公报	宜昌警备司令部机关报	社长　傅祖霖	主笔　穆子斌	1930年9月创刊,中文,日刊,小型,八页,发行量一百份。傅社长现任宜昌教育局长
鄂西中山日报	市党部的宣传机关报	社长　方致厚	主笔　汪膺闻	1930年8月创刊,中文,日刊,小型,八页,发行量一百份。社长和主笔均为市党部委员

---

① 一说1920年创刊。

重庆

概况

目前当地发行的报纸有中文报纸十种,其中《商务日报》在1913年,《新蜀报》在1919年创刊,其他报纸创办时日尚浅,内容普遍贫乏,并且除了刘湘系的《新蜀报》和《济川公报》以外,都极少登载评论,报道的撰写风格大体稳健,但在有关外国的问题上,常常一致歪曲事实,罗列宣传性言论。

另外,作为当地报纸的特色,关于同一事件的报道,各报仅标题不同,不用说其内容,连文章的观点都是一样。这是因为各报社获得的材料均先提交给报协(报社协会),再由该协会散发给各报社。

中文报纸

名 称	主义系统	持有人	编辑干部	备 考
商务日报	总商会的机关报,无党派关系	温少鹤	彭宅三	1913年创刊①,发行量三千八百份。主要登载经济消息,政治方面的主张稳健。总商会每年提供一万元,营业状态最佳
新蜀报	刘湘系	贺执钧	董荣芳	1919年创刊②,发行量二千九百份。是军方机关报,登载社论
新民报	民团机关报	潘孝仙	葛师孔	1927年创刊③,发行量二千份。社长潘孝仙是民团委员。该报是由过去的《重庆民报》改名而来,主要登载有关团防和与巴县相关的报道
巴蜀报	刘湘系	王治易	江宜九	1930年创刊④,发行量二千一百份。社长王治易是刘湘军第二师长、盐运使
济川公报	刘湘机关报	刘湘	郭凯乡	1923年创刊,发行量二千三百份。登载社论,关于学艺的报道也相当丰富。每周日发行附录
川康日报	刘文辉机关报	李雅单	司季良	1929年创刊⑤,发行量二千六百份。有关学艺的报道有特色
大声报	报社社团机关报	李伟章	朱礼之	1930年创刊⑥,发行量一千四百份
重庆晚报	不偏不党	赖子君	朱典常	1929年创刊⑦,发行量一千四百份。小型晚报,主要登载社会报道
西蜀晚报	不偏不党	黎纯一	黄汉乡	1930年创刊⑧,发行量二千份。小型晚报,以社会报道为主
崇实报	天主教传道机关报		李树声	法国天主教圣家书局发行,创办后已有二十六年的长期历史⑨

成都

概况

成都的报纸目前总计有二十一种,几乎都受到当地军阀的支持,处于勉强维持经营的状态。其中发行量在一千份以上的报纸仅十一种,其他均是只有二三百到七八百份的贫弱之报,因缺乏资金,时有休刊或停刊,变化

---

① 应为1914年4月25日创刊。
② 应为1921年2月1日创刊。
③ 一说1927年5月创刊,一说1927年9月1日创刊。
④ 1929年11月21日创刊。
⑤ 3月11日创刊。
⑥ 一说9月17日创刊,一说9月7日创刊。
⑦ 应为1928年10月20日创刊。
⑧ 一说1929年5月创刊,一说1930年5月11日创刊。
⑨ 一说1905年创刊,一说1904年创刊。

无常。1930年夏以来感觉到登载激进排日报道的情况普遍减少,登载的内容只是将军阀方面的无线电讯或者重庆等地的报纸作为材料进行转载。

中文报纸

名　称	主义系统	持有人	编辑干部	备　考
国民公报	不偏不党	社长　李澄波	主笔　李慕傅	1912年创刊①,日刊,十页,发行量二千份。在商、政、学界有信誉。报道、论调基本稳健,对日态度暧昧
四川民报	宣传三民主义,蒋介石派	社长　熊慕颜	主笔　同前	1925年创刊②,日刊,八页,发行量二千四百份,言论公正,报道迅速而且正确,在政、学界有信誉
新新新闻	马毓智机关报	社长　马宝芝(第二十八军第七师长)	主笔　同前	1928年创刊③,日刊,十页,发行量一千五百份,在军、政界有信誉,对日态度不坏
民视日报	杨森机关报	社长　丁少斋	主笔　同前	1928年创刊④,日刊,四页,发行量二千份,在学界有信誉和影响力,对日态度稍佳
成都四川日报	刘文辉机关报	社长　李时辅	主笔　同前	1922年创刊⑤,日刊,八页,对日态度不佳
国民日报	田颂尧机关报	社长　马瑶生	主笔　同前	1928年创刊⑥,日刊,八页,发行量一千三百份,对日态度不佳
成都快报	邓锡侯机关报	社长　杨治襄	主笔　同前	1925年创刊⑦,日刊,四页,发行量一千三百份,对日态度不坏
新四川日报	刘文辉机关报	社长　杨子寿	主笔　同前	1926年创刊⑧,日刊,八页,发行量一千二百份,对日态度不佳
新川报	刘文辉机关报	社长　熊集生	主笔　同前	1926年创刊⑨,日刊,八页,发行量一千份,对日态度不佳
日邮新闻	陈书农机关报	社长　杨颂平	主笔　同前	1929年创刊⑩,日刊,六页,发行量一千二百份。宣传社会主义,论旨过激,在军人、学生中有影响力,对日态度最为不佳
庸报	不偏不党	社长　李守白	主笔　同前	1929年创刊⑪,日刊,四页,发行量一千份,提倡拯救、匡正道德人心,对日态度暧昧
平报	田颂尧机关报	社长　胡寄聪	主笔　同前	1929年创刊,日刊,四页,发行量八百份,鼓吹三民主义,讴歌蒋介石
一报	不偏不党	社长　谢宝珊	主笔　同前	1930年创刊,日刊,四页,发行量七百份。宣传三民主义,评论略有过激,对日态度不良

除上述报纸以外,还有《大同晚报》《醒民日报》《蜀益新报》《华先日刊》《静观报》《成都晚报》《民智晚报》《四川新报》等日刊报纸,但因缺乏资金,发行量仅有二三百份,均大同小异,没有特色,而且不具有任何社会信誉。

---

① 1912年4月22日创刊。
② 一说1926年5月1日创刊。
③ 一说1929年9月1日创刊。
④ 一说1921年10月10日创刊。
⑤ 一说1924年3月16日创刊,一说1922年秋创刊。
⑥ 1928年4月10日创刊。
⑦ 1925年7月10日创刊。
⑧ 应为1925年10月31日创刊。
⑨ 1926年4月5日创刊。
⑩ 一说1929年7月26日创刊。
⑪ 1929年7月下旬创刊。

郑州

（一）中文报纸

名　　称	主义系统	持有人	编辑干部	备　　考
河南民报	省政府机关报	省政府	陈津岭 记者十二人	1927年8月创刊①，日刊，八页，另发行小型四页的副刊。原名《国民日报》，是冯玉祥的机关报，及至刘峙任主席后改名。并没有什么排日的态度。报道没有值得一阅的内容。发行量约四百份。
郑州日报	党部机关报	何民锋	侯介人 记者七人	1930年11月创刊②，日刊，四页，发行量约二百五十份。并没有什么排日的态度。报道没有值得一阅的内容。从党部领取补助

（二）中文杂志

名　　称	主义系统	持有人	编辑干部	备　　考
陇海铁路周刊	陇海铁路特别党部机关杂志	陇海铁路特别党部		周刊，二十到三十页，发行量约二千五百份。纯粹是陇海铁路特别党部的机关报，仅限在该党部人员中分发

华南、西南地区

广东

概况

（一）报业概观：自国民党实施所谓以党治国政策、国民政府诞生以来，党部及政府方面对反对派言论的压制极其严酷，导致公正的言论机关的发展受阻。1919年至1920年前后数量达到三十家以上的日报社逐年减少，尤其是1925年发生所谓对英经济断绝以来，数年间罢市、罢工频发，其影响也波及报社的经营，报社残存数量仅仅不足十家。其后随着事态缓和，逐渐有新设或复活的报社。1929年度总数达到十八家，其后又有三家（《大华晚报》《午报》《广州时事日报》）倒闭、七家（《广州日报》《广东新报》《大中报》《羽公报》《银昌报》《南报》《珠江日报》）新设，总数达到二十二家，言论机关有逐渐兴起之兆。

（二）有实力的报纸：如上所述，当地报纸数量与往年相比稍显逊色，但各报在改善编辑、充实内容等方面，与报纸的数量增加一样，到底是昔日不可比拟的。这些报纸中最有实力的是政府及党部的机关报《广州民国日报》，尤其是其电报栏、军政各项的报道十分完善充实。再看《广东新报》，该报创刊时日尚浅，其经济报道比较准确，在商民中有许多读者（曾受商民好评的《大中华报》因后来报社内部纷争不断，影响力有下降的迹象）。接着是《市政日报》，该报在发行量等方面尚不及《民国日报》，但其作为市政府机关报，在市民中受欢迎。最后看《公评报》及《越华报》，两报均为当地发行量最大的报纸（约一万份），以社会报道，尤其是烟花巷方面的报道为主，因此不太受上层社会尊重。

（三）报道的特点：如前文所述，党部乃至官方对反对派的言论压制极其严酷，因此各报纸虽各有其主义、主张，但观其报道，称其皆是党部乃至官方的御用报纸也不为过。但通观近年当地各报纸的报道，特别引起世人注意的是其言论都极其稳健，即当地是革命的策源地，排外思想的发祥地，这里的报纸当然不断刊登有关撤销、废除不平等条约，取消内河航行权，回收教育权及其他各项利权等恢复国权的报道，但其论调不如以往那样过激，并且特别致力于提倡国货、振兴贸易以及促进各项建设事业，作为言论机关，正在得到健全的发展。

（四）报业方面的机关：广东的报纸相关团体如下所示：

---

① 一说1927年7月1日创刊。
② 另有一份《郑州日报》1916年创刊。

(1) 广东全省新闻记者联合会

1929 年成立,由执行委员十二名、候补执行委员九名、监察委员六名、候补监察委员五名组成。

(2) 广州市记者联合会

1926 年成立,由执行委员十五名、候补执行委员七名、监察委员七名、候补监察委员三名组成。

(3) 报界公会

报社资本家一方的机关,前清时代称粤省报界公会,进入民国时代后改称广东报界公会。各社记者在此会交换新闻,官方也在此处检查报纸。1926 年 9 月记者联合会成立后其影响力不如从前。

(4) 广东全省印务工会

1925 年 5 月在共产党的领导下,由报社及各印刷工厂的排字工组织而成,1927 年① 12 月被当局解散。

(5) 派报工会

1921 年送报人员等在共产党领导下组织而成,与印务工会一同被当局解散。

(一) 中文报纸

名 称	主义系统	持有人	编辑干部	备 考
广州民国日报	纯粹的国民党及政府机关报	社长 黄麟书 省党部执行委员	主笔 傅镜冰 记者 陈元勋、孙醉青、张白山、谢汝诚、潘顾西、陈铁庵、叶梓铭、陈友琴、李星州、罗雨农、曾天籁、刘槎先	1923 年创刊②,日报,十六页,发行量八千份。孙文没收陈炯明创办的《群报》后改名而成,曾由陈孚木、甘乃光及陈树人等国民党左派要人担任社长。没有固定的资本金,每月经费由党部支出两千元,省政府支出一万四千元,合计一万六千元。报道迅速、丰富,印刷鲜明,是当地名副其实的第一流报纸。今年 5 月前社长黄季陆辞任,现社长接任
大中华报	全省商联会机关报	梁育才、游金铭均为商联会委员 总经理 范长峰 曾发行《广东商报》	主笔 甘六持 粤汉铁路公司秘书兼《国民新闻》记者 记者 邓警亚 革命纪念会秘书。李九思、李叔平、罗容甫、李亭长、邝赞泉、李子仲	1929 年 1 月创刊③,日报,八页,发行量四千份。1928 年当地总商会举行的全省商联会做出决议,创办此报为该会的机关报,主要刊登商业消息,代表商人呼吁种种要求。在商民中有相当多的读者,但据说最近社内纷争不断
公评报	无党派关系	社长 钟超群	主笔 李霞飞 记者 温良、钟祺、胡蝶魂、潘烈、吕君瑞、邓太璞、邓继禹	1924 年创刊④,日报,十二页,发行量一万份。好载烟花巷方面的报道,读者也以这方面的居多。1930 年刊登有关梧州学校的报道,触怒当局,被勒令停刊两周。前任社长钟兰荪为本报创办者,是本市的名士。资本金六千元
七十二行商报	中立	社长 罗啸璈 原广东省民政厅总务科长,前清秀才,当地报界之元老	主笔 任匏庵 记者 张白山、邝赞泉、陈海波、苏啸存⑤、罗子政、邹南丰、李凤廷、罗子端	1906 年 7 月创刊⑥,日报,十页,发行量五千份。粤汉铁路商办热潮时,由商人黄诏平发起,作为商、民一方的机关报创刊,现为资本金八万元的合资组织。无特别政治色彩,稳健的报道与其有特色的经济栏相辅相成,在实业界方面有相当多的读者,在香港、澳门及海外也有销路。经营上满足现状,故而无法满足近来当地人喜好新奇的需求

---

① 1930 年报告为"1928 年"。
② 1923 年 6 月创刊。
③ 1929 年 3 月 2 日创刊。
④ 1924 年 10 月 30 日创刊。
⑤ 1930 年报告为"苏少存"。
⑥ 应为 1906 年 9 月 15 日创刊。

(续表)

名称	主义系统	持有人	编辑干部	备考
广州共和报	市商会机关报	社长　宋季辑 茶商、广州市商会理事	主笔　潘抱真 记者　黄乐贤、宋仲怡、梁展鹏、刘晓东、宋锡秋、欧博明	1920年2月创刊①，日报，八页，发行量六千份。名义上为合资企业（资本金一万五千元），事实为宋个人所有，近年接受市商会的补助，成为其机关报。以社会报道为特色，在中层以下读者居多
现象报	原国民党系	社长　陈柱廷 兼任《越华报》主笔	主笔　同前 记者　陈奭卿、李启芬、何少儒、李白如、谢维润	1921年7月创刊②，八页，发行量三千份。最初作为国民党系报纸由廖球记创办，1927年一度被张发奎没收，张失势后转移到当地总工会手中，其后李济琛也成为出资者之一，李失势后由现社长经营。现在自称无党派色彩，但历来动辄发表过激言辞，排日色彩亦浓厚。资本金九千元
越华报	无党派关系	社长　陈述公	主笔　陈柱廷 记者　许修五、陈式锐、毕鸿图、李健儿、潘吉云	1927年创刊③，日报，八页，发行量一万份。原国华社社长王泽民通过华侨集资创办，现在与《公评报》关系密切。言论比较公正，率先开办卫生问答栏等，读者为中层以下。资本金五千元
国华报	商会联合会之机关报，标榜中立	社长　刘荫荪 商会联合会干部	主笔　容春勉 记者　张子宜、余梦魂、胡天民、潘照、许可因、颜济航	由1913年创刊的《国报》于1918年改名而来④，日报，八页，发行量三千份。由王泽民、康有为、梁启超等出资，作为进步党之机关报，发表反对国民党言论，但近来逐渐接近国民党。1928年社长王泽民死后，刘荫荪以两万元接手本报，自此成为商联会之机关报
新国华报	国民党系	李抗希　律师，葡萄牙籍	主笔　卢博郎 记者　李大醒、罗容普、区希若、罗达夫、张麟升	1920年创刊⑤，发行十二页的早报，以及八页的当地唯一的晚报，发行量八千份。1927年排字工人罢工以来以一万元盘给大罗天新剧团，但1928年又被李抗希买回，继续经营。虽无特别党派色彩，但似乎对国民党有好意。号称资本金一万两千元
新民报	国民党系，陈铭枢之机关报	社长　任大任 曾任建设厅编辑部长	主笔　刘鲁际、梁展鹏 记者　蔡声武、潘抱真、陆文英、冯澄甫、刘燕庭	1929年11月创立，日报，八页，发行量六千份。陈铭枢出资，每月接受省政府一千五百元补助金，充当政府的宣传机关。号称资本金一万元。今年5月8日被第八路军总指挥部以不利于本派为由而勒令停刊
国民新闻	国民党系，公安局机关报	社长　梁玉璋 香港《华字日报》经理	主笔　麦秀岐 记者　唐朴园、甘六持、罗容普、区希若、李子重、李元伯、霍春名	1925年8月创刊，日报，八页，发行量一千份。标榜反共产主义，由胡汉民一派经营，胡等离广后成为政府的御用报纸。曾一度显示出与《民国日报》比肩的气势，但1927年因共产党事件停刊，1929年元旦再次发刊，但销量不佳。最终由梁玉璋及广东记者们出资，租借建筑、器具等，自1930年元旦起继续经营，但已无昔日之观。至于发行量，与以往的五千份相比，减少到仅一千份。现成为公安局机关报，每月接受三百元补助。号称资本金一万五千元

---

① 1912年7月创刊。
② 最初创刊于1914年，办办停停，1927年复刊。
③ 1926年7月27日创刊。
④ 1915年创刊。
⑤ 1921年3月创刊。

(续表)

名　称	主义系统	持有人	编辑干部	备　考
司法日报	官报	司法厅		1921年创刊,日报,八页,发行量一千份。由高等审判厅、高等检察厅及地方审判厅、地方检察厅等四厅每周轮流负责编辑,刊登上述法庭的民事、刑事案件以及不动产及其他公告。资本金五千元
广州市政日报①	广州市政厅机关报	主任　黄欣　市政厅科员	主笔　李燮坤 记者　卢寸、黄志鹄、陈贯一、李昂、黄艺博	1927年创刊,日报,十二页,发行量五千份。原名《市政报》,后改名为《广州日日新闻》,再改为前记名称。市政厅的公告全部刊登在本报上。1930年黄欣担任主任后,因改革版面而受社会欢迎,发行量也激增,报道大致准确且迅速。资本金四千元
广东新报	无党派关系	代表人　范惠华、萧冠秀	主笔　刘常声 记者　李亭长、萧子雅、刘少泉、黄乐贤、潘日东、李孟浙	1930年9月20日创刊,日报,八页,发行量两千五百份。1930年5月有自称范其务堂兄者,从潮州、汕头及广东商人处集资,创办《广东商报》,但发行一个月后即倒闭,范进入《大中华报》,其他的旧《广东商报》同人等创办本报。虽发行时日尚浅,但社会上评价极好。号称资本金一万五千元,据传每月接受财政厅范其务三百元的补助
岭海报	无党派关系	社长　邓叔裕	主笔　卢鹃愁 记者　陈景萍②、黄升涣、潘吉祥	1928年由《天游报》改组而成③,日报,八页,发行量八百份。《天游报》多刊登烟花巷方面的报道,被党部以败坏风俗为由勒令停刊,改组后续刊。未加入公会,其存在不为一般民众所知。资本金三千元
羽公报	无党派关系	社长　邓羽公	主笔　同前 记者　区慵斋、潘啸庵、潘子宜、李孟浙、欧博明	1930年创刊④,日报,八页,发行量六千份。因社会报道尤其是通晓社会内幕消息而受到好评。资本金三千元,据称正接受《公评报》的补助
大中报	无党派关系	社长　崔啸平 时事通讯社社长	主笔　欧阳百川、陈武扬 记者　陈汝超、陈海波、欧阳修、崔焕然、梁拔臣、李秀杰	1929年1月由南华报务公司创立⑤,但因刊登军事机密,发行后即被勒令停刊。1930年11月终于续刊,日报,八页,发行量七千份。股东及立场等皆与香港的《华侨日报》相同,销量良好
广州日报	国民党市党部机关报	社长　区声白	主笔　同前 记者　卢灼然、胡伯孝、苏仲义	1930年创刊⑥,日报,发行量一千份。接受广州市党部每月四千元的补助,没有印刷机,委托印刷店印刷
银昌报⑦	无党派关系	社长　卫其峰	主笔　卫炳 记者　潘吉云、钟小钟、李星洲	1930年改组创立,发行量五百份。主要刊登电影、戏剧方面的报道、评论,微不足道的报纸,未加入报界公会等

---

① 1930年报告为《市政日报》。
② 1930年报告为"陈寄萍"。
③ 应为1929年2月创刊。
④ 1930年2月1日创刊。
⑤ 一说2月4日创刊。
⑥ 一说1930年5月20日创刊。
⑦ 疑是1929年创刊的《银晶日报》。

(续表)

名称	主义系统	持有人	编辑干部	备考
珠江日报	省政府机关报	主任 刘鲁际 现《新民报》主笔	主笔 同前 记者 梁展鹏 与刘同为《新民报》主笔	1931年1月创刊①,发行量一千五百份。因《新民报》业绩不佳,陈铭枢授意此报主笔刘鲁际创立本报。与《新民报》同为省政府之机关报,接受省政府每月五百元的补助。为削减经费不设置社长,创立时间尚短,其存在不被一般民众所知
南报	反蒋机关报	社长 唐济安	主编 谢明章	1931年5月6日创刊,日报,四页,随着反蒋运动的抬头而创刊

(二)英文报纸

名称	主义系统	持有人	编辑干部	备考
Canton Gazette [广州日报](英文)	市政府机关报	社长 李才 北大毕业后赴美留学,曾任北京《英文日报》记者	主笔 李国康 记者 卢煊梨、黄廉	1918年创刊②,日报,四页,发行量五百份。由时任广东政府外交部长的伍廷芳作为对外宣传机关而创立,让路透社通讯员黄宪昭经营。1924年黄被逐出广东,陈友仁继承,此后每逢政变停刊多次。虽为当地唯一的英文报纸,但经营状况十分低迷。1929年7月以来由李国康筹集资金艰难维持发行
The Canton Daily Sun[广东新报](英文)	英国系统	社长 Kentwell 自称英国人,中文名甘德云,杂志 China Truth 的主笔	总编 同前 记者 许耀庭	1931年3月创刊,发行量八千份。社长Kentwell从英国人那里集资创立,据传接受当地英国总领事馆每月若干补助

(三)日文报纸

名称	主义系统	持有人	编辑干部	备考
广东日报(日文)	无色彩	社长 平井真澄	主笔 同前	1923年6月创刊,日报,四页,四切③,小型,发行量两百份。省港罢工以来停刊,但1928年复活,广东唯一的日文报纸

福州

(一)中文报纸

名称	主义系统	持有人	编辑干部	备考
闽报		善邻协会 社长 中曾根武多	主编 同前 记者 陈子烈、林白、林阿仁	1897年12月创刊④,日报,八页(周日及节日的翌日休刊),发行量三千七百份。拥有福州唯一的铜版照相工厂,在当地报界崭露头角。社址位于福州南台泛船浦

---

① 1月12日创刊。
② 应为1924年8月1日创刊。
③ 日文表示纸张尺寸的专用名词,约为382×542毫米。下同。
④ 通常说1898年1月创刊,1924年报告持与本报同一说法,待考。

(续表)

名　称	主义系统	持有人	编辑干部	备　考
福建民国日报	省党部机关报	甘沄　福建省党部指导委员兼宣传部长	主编　高拜石	1926年11月创刊①,1928年间休刊六个月,于同年11月30日复刊,日报,十页,周一六页,发行量一千七百份。向各机关免费发放,排日色彩浓厚。社址位于福州城内贡院里
警钟		社长　马醒鸣	同前	1929年5月创刊,周报,发行量约两百七十份。社址位于福州城内陆普营
求是日报	商界机关报	陈公珪	主编　梁道卿 记者　陈庆才	1913年创刊,日报,八页(周一休刊),发行量一千五百份。当地历史最悠久的报纸,商人购阅为主,相当有信誉。社址位于福州南台大庙山
南声日报	新青年派机关报	社长　林梅生		1927年1月创刊,海军系报纸。1929年6月林梅生与新青年派一起从旧独立厅林寿昌一派的青年中分离出来,该报为新青年派之机关报。日报,八页,发行量四百份。社址位于福州城内鼓楼前
华报		社长　方声潘	主编　郑重	1930年10月创刊②,每三日发行一次,半折,四页,发行量约四百份。评论社会的善恶,社址位于福州城内南街
民声报	学生派机关报	社长　王恒永	主编　同前 记者　陈鸿衍	1929年12月创刊,隔日发行③,四页,发行量三百份。社址位于城内中军后
公然日报		社长　陈晦巷	主编　郑芝贵 记者　杨挺植	1931年7月10日创刊,日报,四页,发行量约两百七十份。社址位于福州市南公园十二桥边
三民报	青年派机关报	林逢时　努力小学校长	主编　林莩蘆④	1929年11月创刊,每三日发行一次,发行量两百份。社址位于城内府里努力小学校
青白评论	青年派机关报	陈翼云	主编　同前	1929年5月创刊,每三日发行一次,发行量两百份。社址位于城内石井巷
民众评论	新青年派机关报	黄振远	主编　同前	1929年12月创刊,每三日发行一次,发行量两百份。社址位于城内尔威路
正心日报	宣传三民主义,提倡普通教育	社长　苏葛民 副社长　张耕人	主编 何一风	1930年1月7日创刊,日报,八页(周一休刊),发行量五百份。标榜为教育界之言论机关报,因经营困难今年3月停刊。社址位于福州城内贡院埕
正报		社长　林又新	主编　同前	1922年12月⑤创刊,日报,四页,营利本位的报纸,屡屡休刊,实际上是不定期刊物,发行量两百五十份。社址位于城内鳌峰坊
新州报	宣传三民主义	陈鸿荪	游松涛、阮振生	1930年2月创刊,旬报,发行量约三百份。社址位于城内八角楼
商事新闻		陈怀乡	记者　张时藩	1930年11月创刊,日报,发行量约六百份。社址位于城内西门街

---

① 一说为1927年2月创刊。
② 1930年11月创刊。
③ 一说为周刊。
④ 1930年报告为"林佛蘆",疑为"林拂尘",即林逢时。
⑤ 1930年报告为"11月"。

(续表)

名　称	主义系统	持有人	编辑干部	备　考
聪报		林一士		1930年10月创刊,日报,发行量两百份。社址位于福州南台田礄
小百姓报		黄振远		1930年2月创刊,周报,发行量两百份。社址位于城内布司衙
国民钟报		黄石刚		1927年2月创刊,周报,发行量两百份。社址位于城内后街
新闽侯		郑子恒		1928年6月创刊,周报,发行量两百份。社址位于城内布司衙
民治日报		陈伯萱		1926年5月创刊,不定期发行,发行量两百份。社址位于城内东街
时代报		郑铎民		1930年5月创刊,周报,发行量两百份。社址位于城内西门街
福建女报		徐震		1928年3月创刊,周报,发行量一百三十份。社址位于城内布司衙
福州报		郑世华		1929年2月创刊,周报,发行量两百份。社址位于城内西门街
闽北呼声		社长　应惠明	主编　吕毅夫 记者　官倬遐	1930年9月创刊,不定期发行,发行量两百份。标榜打倒卢兴邦。社址位于城内北院后
工商日报		社长　洪少元	主编　陈士俊 记者　翁叔献	1930年11月创刊,周报,发行量约三百份。以经济报道为主。社址位于城内布司衙
福建晨报	厦门大学系	社长　刘世仁	主编　夏禹畴 记者　林英	1931年2月13日创刊,日报,四页(周一休刊),发行量约五百份。与教育界有关联。社址位于城内井楼门经院巷
人权日报		社长　黄振远 副社长　郑应时	编辑主任　同前	1931年4月7日创刊,日报,四页,发行量约四百份。社址位于福州城内北后街
铁报		社长　袭佛言	陈芬	1931年4月7日创刊,周报,发行量约两百八十份。社址位于福州城内九荣园
闽海日报		社长　张祗修	主编　张子白	1931年4月11日创刊,日报,四页,发行量约三百份。本报为1928年8月创刊的《南洋先驱日报》改名而成。社址位于福州城内青都观
闽锋周刊	宣传党义,省党部宣传部机关杂志	甘沄　福建省党务指导委员兼宣传部长	同前	1931年2月23日创刊,周报,小册子,发行量约五百份。以评论时事问题为主。社址位于福州城内贡院里
闽潮日报		社长　王希农	主编　赵飞	周报,1931年2月3日创刊,发行量约两百份。社址位于福州市城内杨桥头
民意日报		社长　林逢时	陈奋侯、陈伯萱	日报,1931年3月7日创刊,发行量约四百份。社址位于福州城内虎节河
拒毒报		社长　郑碧梧	主编　同前 记者　林竹心	不定期发行,半折,四页,1931年4月创刊,发行量约两百份。本报由《福建去毒周报》(1930年1月创刊)改组、改名而成,接受省政府禁烟委员会每月二十元的补助。社址位于福州市城内文儒坊

(续表)

名　称	主义系统	持有人	编辑干部	备　考
劳工报		社长　姜维贤	主编　李瑞	周报，1931年5月5日创刊，发行量约两百五十份。社址位于福州市南台马路
东方日报		社长　江鼎伊	主编　宋诚斋	日报，六页，1931年5月6日创刊，发行量约七百份。社址位于福州市南门兜
福建觉报		社长　陈士冰	黄邃园、朱仰议、龚心沛、陈冷秋	每三日发行一次，1931年5月10日创刊，发行量约三百份。社址位于福州市城内西门街
全闽日报		社长　徐吾行	主编　林平周	日报，四页，1931年5月12日创刊，发行量约二百五十份。社址位于福州市城内秀治里
新福建日报	财政厅长何公敢之机关报	社长　陈建东 财政厅金融科科长	主编　陈寄萍 记者　叶树人	日报，六页，1931年5月15日创刊，发行量约四百份。接受财政厅每月一千元的补助。社址位于福州市城内南营
福州日报		社长　高拜石	主编　陈些蠡	日报，1931年6月4日创刊①，发行量约三百份。本报由《福州晚报》(1929年11月创刊)改名而成，接受省政府每月八十元的补助。社址位于福州市水部门外
公论新报		社长　郑应勋	主编　同前	1923年3月创刊，日报，四页，但经常休刊，仅在有读者时发刊，发行量两百份。社址位于城内节钺里
政治日报		社长　陈奋侯	主编　同前	1916年②1月创刊，日报，四页，但经常休刊，根据读者情况不时发刊，发行量两百份。社址位于城内打铁巷
南洋先驱日报	南洋华侨机关报	张祗修	主编　张子白	1928年8月创刊，日报，四页(周一休刊)，发行量约两百份。据说接受第四十九师师长张贞的援助，社址位于福州市秀治里
中华公道日报	宣传基督教及三民主义	李汝统　基督教牧师	主编　同前	1920年2月创刊，日报，四页(周一休刊)，事实上是不定期发行，发行量约两百五十份。社址位于福州城内东大街
新福州	国民党左派系	林福培	主笔　潘秋人	1929年8月创刊，日报，四页，发行量约五百份。1930年6月从周报改为日报。社址位于福州山兜尾

（二）日文报纸

名　称	主义系统	持有人	编辑干部	备　考
福州时报（日文）		社长　中曾根武多	主编　同前	1918年4月创刊，原本一周发行两次，1930年12月1日起改为日报，两页，发行量两百五十份。社址位于《闽报》馆内

厦门
概况
当地人口，厦门及公共租界鼓浪屿合计十五至二十万，普通百姓知识水平低下，对报纸的利用仍不充分，因此经营报纸困难重重，大多报纸作为政治机关报或其他各党派的机关报，接受经费的补助。这样，其内容自然普

---
① 一说1930年创刊。
② 一说1917年9月创刊。

遍贫乏低级。现在,在当地发刊的中文报纸有《全闽》《江声》《思明》《民钟》《商报》及《晨报》各报。其中除《全闽新日报》及《民钟日报》之外,其他各报创立时日尚浅,发行量也非常少,经营亦明显困难。作为报道倾向,只有《民钟》讽刺国民党的专横,其他报纸都欲迎合现代思潮,国民党的色彩浓厚。

以上各报纸大多是八页,没有刊登外国电讯的,即使是中国电讯,也完全是上海电讯,数量也不多。处于从日本各报纸以及上海、广东方面的报纸中转载国内外的报道填满版面的状态。

中文报纸

名　称	主义系统	持有人	编辑干部	备　考
全闽新日报	介绍日本文明,指导、启发中国民族,融合中日民族	持有人　善邻协会	主持人　田中均 1929年7月上任	1907年8月①由台湾籍文人江保生创刊,早晚两版,日报,发行量一千六百份。名誉社长林景仁于1930年4月辞任,由主持人田中均掌管事务。本报从日本电报通信社上海支局、香港通讯员、台湾等处接收电讯,受到普遍欢迎、重视。1930年8月因有关战争的电讯有误,被县党部以造谣为由禁止向各地邮送报纸,但读者却有所增加,目前在市内的销售数量是当地报纸中的第一位。在台湾总督府的应允下,台湾善邻协会每年提供两万余圆补助
民国日报	国民党机关报	经理　黄笃初	总编　欧阳阙	日报,发行量八百份,但免费发放居多。本报原为福建闽南民军之机关报《厦声日报》,1928年②夏被厦门市党部以有共产主义论调为由而没收,同年7月改名为《民国日报》。一直因内部缺乏统一领导,另一方面又有财政困难,至今数月已停刊三次。但作为国民党机关报,在官方相当有影响力。在省党部及官方的允许下,每月从屠宰税中支出八百元作为补助。致力于鼓吹三民主义,呼吁打倒帝国主义、撤销不平等条约,时常刊登辛辣的排日报道
江声日报	国民党机关报	名誉社长　许卓然　去年5月被暗杀 经理　叶廷秀	主笔　陈一民 记者　黄胸万	1928年创刊③,日报,发行量三千份。曾在闽南各地设有通讯员,经营状态也良好,但数年前因得罪张毅而失去在漳州、泉州方面的影响力,发行量也锐减。1928年随着国民党的前辈许卓然入社,成为现第四十九师长张贞的机关报,受其保护,再度向各地增派通讯员,现在在关于内地的报道上崭露头角,发行量明显增加。没有固定的补助金,每月由张贞填补不足金额数百元,基本处于自营状态。排外色彩强烈,似乎敌视居住在当地的台湾籍民众
民钟日报	标榜不偏不党,社会主义色彩浓厚	李硕果	潘运枢	1918年创刊④,发行量一千三百份。办事处及印刷厂在公共租界内,很少受中国官方制约,往往毫不忌惮地发表评论。因接受南洋华侨的资金,在南洋方面销量很大。李硕果及潘运枢均是当地有名的无政府主义者,其论调时常有宣传共产主义之嫌,但报道比较公正、丰富,有信誉。是排日报纸。1930年9月因受战况电讯一事牵连,被县党部禁止发行,由此引发与《民国日报》的争论,最终于9月7日停刊

---

① 8月21日创刊。
② 原为《厦声日报》,1920年创刊。一说1919年改为本名。
③ 一说1918年创刊。
④ 一说1916年10月1日创刊。

(续表)

名　称	主义系统	持有人	编辑干部	备　考
思明日报	启发民智,振兴产业	林廷栋	黄寿源	1920年9月创刊①,日报,发行量约一千份。重视文学,其文学栏受到青年的欢迎。此外,本报通过记者黄德奕接受当地资本家黄奕住的资金融通,令人有总商会机关报之感,但1930年3月总商会发行纯粹的机关报《商学日报》,因此与总商会有些疏远起来。不得已增加董事,处于随时需要募捐的状态,经营困难。另外,有关官方的报道比其他报纸正确、迅速,诸如官方的布告、公告大致使用本报
厦门商报	一般商人之机关报	傅贵中	同前	1921年10月创刊②,日报,晚报,发行量七百份。台湾文人江保生创刊,1927年陷入经营困难,一度休刊,由现经理傅贵中复活。与《思明日报》一同标榜拥护商民,与党部持相反立场。有关漳、泉两州官、民,军行动的报道似乎相当受欢迎,依靠在这些地方的销售,经营状况正逐渐好转。接受林寿国、陈国辉等的补助。反日报道居多
商学日报	总商会机关报,实业报纸	总经理　林启成现任益同人公会主席委员,领导劳动团体,指导排日运动	总编　林希谦早稻田大学出身,在福州及厦门任大学教授	1930年3月11日创刊,日报,发行量一千两百份。由总商会长洪晓春一派有实力的商人出资一万元创刊,其后由于没有固定的经费支出而陷入经营困难。排日性报道居多

汕头
中文报纸

名　称	主义系统	持有人	编辑干部	备　考
真言日报	原本与孔教会一派有关系,目前无关系	洪春修　曾经营《汕头晚报》③及韩江通讯社,现任市立第四小学校长	总编　同前记者　顾文华、曾逸民、彭一生、钟梦龄、钟国光、黄勋、林习经、王健、王之楚	1924年9月创刊④,日报(周一休刊),八页,发行量八百份。因前社长顾百陶任徐景唐麾下第十八师政训部主任,由洪暂时代理社长。其后徐景唐失败,顾也需要回避公开活动,因此洪成为实质上的社长。但社会上对洪的无信义行为抱有反感,这也阻碍了本报的发展。社址位于汕头升平路
岭东民国日报	党部机关报	社长　曾介木　省党部宣传部长黄季陆之师弟	总编　吴梓芳　市党部委员记者　钟英、陈曾翼	1926年1月20日创刊,日报(周一休刊),十二页,发行一千两百份。1930年6月总编曾介木接替前社长倪超凡任社长。曾总是就中日问题舞弄毒笔,将日本视作帝国主义。社址位于汕头中山马路
潮梅新报	广东总商会⑤汕头支会之机关报,蒋介石系	代理社长　陈特向　曾为澄海县学生联合会会长、澄海县党部执行委员,现任市党部委员及工支会首领	总编　同前记者　许泪痕、刘逊卿、林虞阶	1927年4月创刊的《潮梅日报》于同年10月改为现名⑥,日报(周一休刊),十二页,发行量一千两百份。本报由前潮梅警备司令何辑五创办,印刷机等由广东总工会管理。陈社长是排日运动的先锋分子,但目前正领导排法运动。社址位于汕头外马路

---

① 一说7月21日创刊。
② 10月10日创刊。
③ 1930年报告为《岭东晚报》。
④ 一说1923年创刊。
⑤ 1930年报告为"总工会"。
⑥ 一说1928年创刊。

(续表)

名 称	主义系统	持有人	编辑干部	备 考
民声日报	营利本位	谢伊唐　与汕头总商会中的潮安派接近	总编　杨世泽 记者　黄剑津、陈亦修、郭立基	1920年创刊,日报(周一休刊),八页,发行量一千七百份。依靠南洋华侨出资创办,因此对商界甚有好意。1922年因受汕头风灾相关报道的影响而长时间停刊,1924年2月复刊。作为稳健的报纸,在潮安、庵埠等附近地区有影响力。社址位于汕头永安街二十七号
天声报	营利本位	詹天眼　东山中学出身,兼任存心善堂经理、生鱼公会顾问等,乐于涉及诉讼事件,1930年春因电灯附加税问题被市长逮捕,判刑六个月	总主笔　同前 记者　张天籁、李菊隐	1923年8月创刊,日报(周一休刊),六页,发行量八百份。原本为晚报,1930年下半年起改为日报。着重于演艺、娱乐方面,曾一度有乐于评论时人的倾向,但自社长被拘禁一事发生以来似有改善。社址位于汕头同平路
汕报	拥护商人的利益及言论	张怀真　前清举人,旧同盟会员,曾任《大风报》编辑、《民报》编辑,现任梅县同乡会会长	总编　同前 记者　黄业初、钱热储、黄云章、罗相泉、罗叶	1928年10月20日创刊①,日报(周一休刊),发行量三千份。1929年2月入不敷出,前社长周颐退社,同时内部改为董事制度,推选梅县出身的大商店、银庄老板为董事,重整财政。采取比较新颖的营业方针,还发行周日特刊等,比其他报纸更为进步,目前发行量为当地第一。社址位于汕头万安二横街四号
新岭东日报	广东机器工会汕头支会之机关报	张凌云　回澜中学出身,曾任福建民政厅视察员,现任沙田局长	总编　柯幼芳 记者　朱存威、黄乐三、张如、刘飞、张培初、陈少琴、罗俊英	1931年1月创刊,日报(周一休刊),八页,发行量一千五百份。1930年秋因轮渡工会加入广东机器工会汕头支会的问题,与广东总工会汕头支会之间发生纠纷,后者的领导人陈述经、陈特均为解散机器工会支会而在省党部中活动,同时,以其机关报《潮梅新报》作宣传。有鉴于此,机器工会支会方面也感到需要机关报,于是每月支出两百弗的补助,创刊本报

云南

概况

现在云南发行的报纸多达十三家,但其中除《民国日报》及《新商报》之外均为小报,省政府、总指挥部或官方等每月提供三四百元的补助,勉强维持经营。

名 称	主义系统	持有人	编辑干部	备 考
民国日报	三民主义	省党部	段雄飞	1930年4月创刊②,发行量九百份
新商报	三民主义	总商会	王汉声	1930年7月创刊,发行量一千一百份
社会新报	现政府系	龙子敏	同前	1922年2月创刊③,发行量五百份
均报	现政府系	段奇僧	同前	1919年9月创刊④,发行量三百份

---

① 一说1929年10月10日创刊。
② 一说1930年5月创刊。
③ 一说1923年9月11日创刊。
④ 一说1920年5月24日创刊。

(续表)

名　　称	主义系统	持有人	编辑干部	备　　考
复旦报	排外系	杨玉川	同前	1922年3月创刊,发行量两百份
民生日报		李光西	同前	1929年12月创刊,发行量两百份
西南日报		沈圣安	同前	1926年11月创刊①,发行量两百份
义声报		李巨裁	同前	1916年12月创刊,发行量两百份
大无畏报	三民主义	李仁甫	同前	1928年3月创刊②,发行量两百份
云南新报		邓少清	同前	1927年11月创刊,发行量两百份
民政厅日刊		民政厅	张子明	1930年10月创刊,发行量两百份
市政日刊		市政府		1930年1月创刊,目前处于停刊中

附

香港

概况

一、中文报纸:香港现有中文报纸十八种,总体看来大致可以分为三类,即:(一)专注于商业发展,在党派、系统上没有特别的色彩。最近广东时局转变后,与曾经在陈铭枢时期报道广东方面的(拥蒋)消息一样,原封不动地报道现在广东方面的(反蒋)消息,另一方面,有关南京方面的消息也一如既往地报道。当地的一流报纸《循环日报》《华字日报》《工商日报》及《华侨日报》等均属于此类。(二)是诸如《南华日报》《大光报》等拥有特殊背景的报纸。(三)是其他的可称为通俗报纸之流者。不过,最近有陈铭枢系的《东方日报》及《群报》(据说与前中山县长黄居素有关)创刊,还有《南天日报》作为蒋介石的机关报发刊,与一直为汪兆铭机关报的《南华日报》,共同作为当地的政党性报纸而受到一部分人士的注意。各报版面的形式,都设有电报栏、香港栏、广东栏等三大栏,而经济、内政、国际、体育、学术、文艺、娱乐等各栏则根据各报的特质或能力不同,各有相应的状况。没有报纸每天发表社论,但各报都根据时机需要,对时事、经济、外交等问题发表评论。

从报道的内容看,特色是有关广东及中央政治、行政方面的报道很丰富,仅就中国时局问题而言,远超当地的各家英文报纸。而且除《南华日报》外,其他报纸的宗旨基本上都拥护南京政府进行和平统一,伸张国权,但没有御用报纸的气息,报道比较自由且稳健。不过,纵观报纸的其他各栏目,可以看到仍处于低级水平。至于对日态度,属于前述(一)的各报大多可称稳健,但属于(二)及(三)的,有些报纸每逢机会便故意刊登排日报道及评论。这些皆是二三流的报纸,其论旨浅薄贫乏。与中国内地同样,此类报道在当地能够迎合相当一部分读者。各报一律不刊登排英报道与对当地施政的评论,完全持敬而远之的态度。香港政厅方面对报纸的管理大致宽容,只要不是激进的社会思想或有扰乱公共安全之虞的排外文章,都尽可能保有自由,当然,对于政厅政策评论的管制相当严格。

二、英文报纸:英文报纸有七种,均以当地新闻为主,再配上英国本土的政治、经济、外交、社会等报道,至于国际关系方面的通讯、电讯则十分贫乏,终究不足以看清大势。此外,关于中国时局的报道如前文所述,甚至不如中文报纸。总之,当地英文报纸是为了满足分布在以香港为主的华南等部分地区的极少数读者的多样需求爱好,编辑在社会报道、妇女栏、体育栏等方面也相当努力。这些报纸中,*Morning Post* 及 *Daily Press* 历史悠久,在华南等地区有影响力。尤其是 *Daily Press* 为香港政厅之机关报,因此刊登政厅方面鲜为人知的报道。上述两家报纸均不断刊登关于日英关系的评论,其论调大致稳健、友好。

三、日文新闻:当地唯一的《香港日报》是准大型四页版,在广东、汕头、台湾等有少数读者,主要刊登来自日本的电讯以及关于侨居当地的日本人的消息。

---

① 一说1922年1月创刊。
② 一说1927年9月2日创刊。

(一) 中文报纸

名　　称	主义系统	持有人	编辑干部	备　　考
循环日报	发展商业	温荔坡	何雅选　广东南海人，五十二岁，香港报界之耆宿，暗中拥有影响力	1873年创刊①，早报，十六页，发行量八千份。基础牢固，是当地的一流报纸
华字日报	发展商业	梁玉璋	劳纬孟	1873年②创刊，早报，十六页，发行量六千份。与《循环日报》比肩
工商日报	发展商业	何东　当地实业界名士		1925年创刊③，早报，十四页，发行量四千份。最初作为政厅的机关报诞生，现属于何东个人经营。近来致力于完善报道、改良版面，几乎可与一流报纸为伍
华侨日报	发展商业	岑维休	胡惠民、陈武扬 胡虽为青年，但在当地报界有很大影响力	1925年④创刊，早报，十六页，发行量九千份。业绩十分良好，《南中报》《南强日报》《中华日报》与本社完全属于同一经营者。与《循环日报》同居当地首位
南华日报	改组派，汪精卫的机关报，呼吁反蒋、反粤	林柏生、陈克文 林为留美出身，陈为广东大学出身，任甘乃光的秘书长		1929年年初创刊⑤，早报，十六页，发行量五千份
大光报	宣传基督教	陈鸣山	郑耿汉	1912年创刊⑥，早报，十六页，发行量五千份
大同日报	无固定系统、色彩	郑希声　当地殷商之子，被称为新思想家	黄小植	1928年创刊，早报，十六页，发行量三千份
中华日报	与《华侨日报》属同一系统	胡惠民	莫晖祺	1929年创刊，日报，十二页，发行量三千份
南强日报	同上	胡惠民	莫冰子	1927年创刊，日报，十六页，发行量三千份
南中报	同上	吕福元	张知挺、莫冰子	1926年创刊，晚报，十二页，发行量七千份
香港时报	国家主义派		胡国怀、张天柱	1929年创立，晚报，八页，发行量两千份
超然报	无系统性色彩		林泽溥⑦、黄鹏	1930年创刊，早报，十二页，发行量两千五百份
工商晚报	《工商日报》之分身		黎工佽、梁溓武	1930年创刊，晚报，四页，发行量八千份。靠廉价热销
中和日报	天主教主义	陈乃棠	黄冷观	1931年2月创刊，早报，十六页

---

① 应为1874年创刊。
② 应为1872年创刊。
③ 1925年7月8日创刊。
④ 6月5日创刊。
⑤ 一说1930年创刊。
⑥ 应为1913年2月8日创刊。
⑦ 1930年报告为"林泽博"。

(续表)

名　称	主义系统	持有人	编辑干部	备　考
东方日报	标榜反粤,陈铭枢之机关报	陈雁声	主笔　陈雁声	1931年6月创刊,日报,十二页,发行量两千份。由陈铭枢及欧阳驹等人出资。据说与前中山县长黄居素也有关联
香港群报	陈铭枢系	冯扶汉	同前	1931年6月创刊,日报。据说与前中山县长黄居素有关联
天南日报	蒋介石系	罗伟疆　前广东省党部委员	同前	1931年6月创刊,日报,八页
早报	与《香港时报》属同一系统	胡翼华	同前	1931年7月创刊,日报,四页

(二) 英文报纸

名　称	主义系统	持有人	编辑干部	备　考
South China Morning Post[南华早报](英文)		J. Scott Harston	H. Ching	1906年创立①,早报,十八页,发行量三千份
Hongkong Daily Press[孖剌报](英文)	政厅机关报	D. J. Evans	同前	1857年创立②,早报,十六页,发行量三千份
Hongkong Telegraph[士蔑报](英文)		E. P. Franklin③	Alfred Hicks	1891年创刊④,晚报,十二页,发行量两千五百份
China Mail[德臣报](英文)	着重于地方问题	G. W. C. Burnett	同前	1904年创立⑤,晚报,十二页,发行量两千
Sunday Herald	同上	与 China Mail 属于同一系统 G. W. C. Burnett	同前	1924年创立,周日早报,发行量一千份
Hongkong Weekly Press		由 Daily Press 社经营 D. J. Evans	同前	1857年创立,周报,发行量两千份
Overland China Mail		由 China Mail 社经营 G. W. C. Burnett	同前	1845年创刊,周报,发行量约三千份

(三) 日文报纸

名　称	主义系统	持有人	编辑干部	备　考
香港日报(日文)		社长　井手元一	主笔　同前	1909年9月创刊,晚报,四页,发行量六百份

---

① 应为1903年11月7日创刊。
② 应为1857年10月1日创刊。
③ 1930年报告为"F. P. Eranklin"。
④ 应为1881年6月15日创刊。
⑤ 应为1845年2月20日创刊。

大连

（一）中文报纸

名　　称	主义系统	持有人	编辑干部	备　　考
满洲报		西片朝三	主持人　久留宗一 主笔　金念曾	1922年7月创刊①，早报，十页，发行量约六万份
泰东日报		阿部真言	主编　饭河道雄	1908年10月创刊②，早报六页，晚报四页，发行量约两万份
关东报		永田善三郎	主编　市川年房	1919年11月③创刊，早报，八页，发行量约三千份

（二）英文报纸

名　　称	主义系统	持有人	编辑干部	备　　考
Manchuria Daily News		社长　滨村善吉	主笔　同前	1920年8月④创刊，晚报，四页，发行量约一千份

（三）日文报纸

名　　称	主义系统	持有人	编辑干部	备　　考
满洲日报 （日文）	满铁机关报	社长　松山忠二郎	主编　佐藤四郎	1905年10月创刊⑤，早报八页，晚报四页，1927年11月1日由《辽东新报》⑥与《满洲日日新闻》⑦合并、改名而来，发行量约九万三千份
大连新闻 （日文）		社长　宝性确成	主笔　同前	1920年3月创刊⑧，早报，八页，发行量约五万七千份
满洲商业新报 （日文）⑨		社长　山口忠三	主编　横泽宏	1917年12月创刊⑩，日报，早报，四页，发行量约两千两百份

---

① 一说1921年1月创刊。
② 1928年报告为"1908年9月"，1929年报告为"1908年11月"。
③ 1930年报告为"1920年9月"。
④ 1924年报告为"1914年8月"，1930年报告为"1912年8月"。
⑤ 一说1907年11月创刊。
⑥ 1928年报告为《辽东新闻》，一说1905年10月创刊，一说1905年11月25日创刊。
⑦ 1907年11月创刊。
⑧ 一说1920年5月创刊。
⑨ 1930年报告为《满洲商业新闻》。有记载称，该报初名《大连经济日报》，1923年易名。
⑩ 1930年报告为"1917年3月"，一说1917年12月创刊。

(秘)1932年版

外国的报纸(上卷)

("满洲"及中国部分　附大连、香港)

外务省情报部

凡 例

1. 本调查录根据驻外各公馆的调查报告编纂而成。
2. 调查时间大致以 1931 年末为标准。不过，其后至付梓为止发现的变化，则尽量继续作了增删或订正。

1932 年 6 月

外国的报纸（上卷）
目　次

东北地区 …………………… 1132
　长春（新京）………………… 1132
　奉天 ………………………… 1133
　公主岭 ……………………… 1136
　四平街 ……………………… 1136
　铁岭 ………………………… 1136
　开原 ………………………… 1137
　掏鹿 ………………………… 1137
　本溪湖 ……………………… 1137
　抚顺 ………………………… 1137
　新民府 ……………………… 1138
　海龙 ………………………… 1138
　通化 ………………………… 1138
　辽阳 ………………………… 1138
　牛庄 ………………………… 1139
　安东 ………………………… 1139
　郑家屯 ……………………… 1140
　通辽 ………………………… 1140
　洮南 ………………………… 1141
　农安 ………………………… 1141
　吉林 ………………………… 1141
　哈尔滨 ……………………… 1142
　间岛 ………………………… 1148
　局子街 ……………………… 1149
　头道沟 ……………………… 1149
　百草沟 ……………………… 1149
　珲春 ………………………… 1149
　齐齐哈尔 …………………… 1149
　黑河 ………………………… 1150
　满洲里 ……………………… 1150

附 ……………………………… 1150
　大连 ………………………… 1150

北部 ………………………… 1151
　北平 ………………………… 1151
　天津 ………………………… 1158
　张家口 ……………………… 1163
　绥远 ………………………… 1163
　太原 ………………………… 1163
　济南 ………………………… 1164
　博山 ………………………… 1166
　青岛 ………………………… 1166
　芝罘 ………………………… 1168
　威海卫 ……………………… 1169
　郑州 ………………………… 1169

中部 ………………………… 1169
　上海 ………………………… 1169
　南京 ………………………… 1178
　苏州 ………………………… 1180
　杭州 ………………………… 1181
　芜湖 ………………………… 1182
　安庆 ………………………… 1183
　九江 ………………………… 1183
　南昌 ………………………… 1184
　汉口 ………………………… 1185
　长沙 ………………………… 1190
　沙市 ………………………… 1191
　宜昌 ………………………… 1192
　重庆 ………………………… 1192

成都	1193	福州	1201
		厦门	1203
南部	1195	云南	1205
广东	1195	**附**	1205
汕头	1200	香港	1205

东北地区

长春（新京）

人口：日本人3 300人（含朝鲜人2 000人），中国人121 000人，外国人540人。

概况

当地的报纸，中文报纸有《大东晚报》《益民时报》，日文报纸有《北满日报》《长春实业新闻》，共计四种，但均未摆脱地方报纸的范畴，且现在收支不抵。中文报纸以往多登载排日报道，但"满洲事变"①爆发以来，其笔锋转为亲日，有面目一新之感。

至于杂志，只有向会员分发的社团机关杂志，没有评论时事、社会问题等供一般购阅之物。

一、中文报纸及杂志

（1）报纸

名 称	主义系统	持有人	编辑干部	备 考
大同报	极力主张"满洲国"的建国宗旨及理想	社长 富彭年 曾任吉林省立第二师范学校教师	顾问 河西忠香 记者 刘锡庚、李心炎	1914年3月创刊②，日报，六页，发行量六百份。原名《大东报》，1931年12月15日改为《大东晚报》。曾标榜三民主义，鼓吹排日思想，但在事变后登载亲日报道。1931年12月，前社长霍占一退社，现社长就任，1932年6月改为现名，同时变为早报（不停刊每日发行）
益民时报	亲日	社长 朱子钦 曾任长春县议会议员	王菊影	1931年9月1日发刊第一号③，欲以排日报道鼓舞气势，但适逢事变爆发，一度停刊，其后复刊，直至今日。日报，小型，四页，发行量三百份，登载亲日报道

（2）杂志

名 称	主义系统	持有人	编辑干部	备 考
自强学校校友会杂志	学艺研究	自强中学校	校友会员	属于长春自强中学的机关杂志，月刊，发行量三百份
二师校友会会志	学艺研究	吉林省立第二师范学校	校友会员	属于吉林省立第二师范学校的机关杂志，月刊，发行量五百份
长春县立女子高等学校校友会杂志	学艺研究	长春县立女子高等学校	校友会员	属于长春县立女子高等学校的机关杂志，月刊，发行量两百五十份

二、日文报纸及杂志

（1）报纸

名 称	主义系统	持有人	编辑干部	备 考
北满日报④（日文）	不偏不倚，报道时事	社长 箱田琢磨 是当地实力人士，历任长春在留民会⑤会长、长春商业会议所议员、长春地方委员议长等职，现兼任《大阪朝日新闻》通讯员	主笔 前田行观 记者 木谷仁	1909年1月1日创刊，日报，四页，发行量一千五百份。由《长春日报》改名而来，社址位于长春附属地

---

① 即"九一八事变"，下同。
② 一说1915年7月创刊。
③ 一说1925年8月25日创刊。
④ 一说初名《长春日报》，1909年1月创刊，1917年易名《北满日报》。
⑤ 当地日侨组织。

名　称	主义系统	持有人	编辑干部	备　考
长春实业新闻（日文）	不偏不倚	社长　柏原孝久 1906 年作为关东都督府特聘人员来到长春，1920 年创刊本报，是当地的实力人物，兼任《大阪每日新闻》通讯员	主笔　十河荣忠　兼任日本电报通信社通讯员　编辑　河西忠香　记者　远藤正	1920 年 4 月 20 日①，社长柏原孝久与现《盛京时报》副社长染谷保藏合作创刊。日报，四页，发行量一千六百份，社址位于长春永乐町 4-1 号

(2) 杂志

名　称	主义系统	持有人	编辑干部	备　考
长春经济内报（日文）	长春兴信所机关杂志	清水末一	同前	1927 年 9 月 28 日创刊，周刊，发行量一百二十六份。登载一般经济界的趋势及统计，社址位于长春附属地
长春商工会议所调查汇报（日文）	振兴经济	长春商工会议所	会议所职员	1921 年 1 月创刊，月刊，发行量四百三十份。是商工会议所的机关杂志，登载经济消息及调查事项
学校通信（日文）	教育启发	濑川顺平　长春西广场小学校长	主笔　篠原良治	1930 年 8 月 1 日创刊，一年发行五次，发行量五百份。是长春西广场小学的机关杂志，社址位于长春附属地
健儿（日文）	长春健儿团机关杂志	竹下国雄	主笔　森清	1931 年 2 月 27 日创刊，月刊，发行量一百份，社址位于长春附属地御大典纪念馆

奉天

人口：日本人 33 500 人（含朝鲜人 5 500 人），中国人 390 600 人，外国人 1 600 人。

概况

"满洲事变"前，奉天的中文报纸以日本人经营的《盛京时报》为首，有中国人经营的《东三省公报》《东三省民报》等报，其数量达到了十三种。由于事变，这些中国人经营的报纸一度全部停刊，其后虽有《东三省公报》《东三省民报》《醒时报》《东亚日报》等报复刊，但大多变更了经营者，毫无生气，完全抛弃了以往排日的态度，言论均变得稳健。事变后日本人还新发刊了中文报纸《奉天公报》。此外，以《国民外交半月刊》为首，数量曾达到了二十五种的中文杂志，由于经营者逃亡等原因，现已无发行者。再者，在日文报纸、杂志方面，事变后大阪朝日、大阪每日两家报社在当地的支局分别发行号外，即刻报道事变相关消息。除此以外，与前一年相比，无值得特别记载的变化。

一、中文报纸及公报

(1) 报纸

名　称	主义系统	持有人	编辑干部	备　考
盛京时报	不偏不倚	社长　佐原笃介　庆应义塾出身　副社长　染谷保藏　东亚同文书院出身	主笔　菊池贞二　东亚同文书院出身　主编　大石智郎　东亚同文书院出身	1906 年 10 月创刊②，有限股份公司组织，在当地中文报纸中拥有最为悠久的历史，其信誉和地位是其他报纸无法企及的。日报，八页，"满洲事变"前发行量约两万五千份，事变后推测约一万八千份

---

① 一说 1920 年 12 月 25 日创刊。
② 一说 1906 年 9 月 1 日创刊，一说 1906 年 10 月 18 日创刊。

(续表)

名称	主义系统	持有人	编辑干部	备考
东三省公报		社长 王希哲 奉天人,北京大学出身	主编 王石隐、陈蕉影	1913年2月创刊①,由原《东三省日报》②改名而来。日报,八页,发行量原本约四千份,事变后减少至一千份左右
东三省民报		社长 张梦九	主编 魏诚哉	1922年10月创刊③,日报,八页。曾自称发行量约一万份,但事变后仅一千份左右,最近开始接受市政公署每月两千元的补助金
醒时报		社长 张兆麟	编辑 张幼岐	1909年2月创刊④,日报,四页。以回教教徒为中心,在下层民间拥有影响力。因此,事变后,《东三省公报》《民报》等报发行量均锐减,但对本报影响比较小,发行量约一千份左右
东北日报		社长 丁袖东	主笔 同前	1926年5月创刊,日报,四页,发行量五百份,每月接受日本军部的补助金
奉天公报		社长 若月太郎 预备役陆军步兵大尉	编辑 薄井巳亥 毕业于东京帝大法学部	1931年9月21日创刊,日报,发行量五百份。"满洲事变"后创刊,至今未见任何特色

(2) 公报

名称	主义系统	持有人	编辑干部	备考
奉天省政府公报		地方维持委员会		1931年11月20日发刊,目前不定期刊行,1932年1月以后移交奉天省政府,发行量约四百份
自治指导部公报		奉天地方自治指导部	自治指导部统务课编辑	1931年11月10日创刊,目前不定期刊行,发行量约四千份

二、日文报纸及杂志
(1) 报纸

名称	主义系统	持有人	编辑干部	备考
奉天新闻（日文）		社长 石田武亥	主笔 同前 主编 小笠原俊三	1914年8月⑤创刊,早报两页,晚报四页,发行量约一千七百份,报道准确、稳健。前社长佐藤善雄由于健康原因,暂时在日本本土疗养,其间委托石田武亥经营
奉天每日新闻（日文）		社长 松宫ゐと⑥	主笔 三井实雄	1907年7月创刊⑦,日报(早报、晚报),八页,发行量约五千七百份

---

① 1929年报告为"1912年2月";据《辽宁省志·报业志》记载:1905年12月奉天学务处创办《东三省公报》,主办人是谢荫昌;1912年2月创办的《东三省公报》由奉天省议会主办。
② 据《辽宁省志·报业志》载:1907年2月奉天商务会创办《东三省日报》,1911年8月停刊。
③ 1927年的报告为"1921年";一说1908年创刊,从前社长赵锄非的个人经历看,此报创办应晚于1908年。待查。
④ 一说1908年创刊。
⑤ 1924年报告为"1920年9月",1929年报告为"1917年9月",1931年报告为"1917年8月"。
⑥ 1931年报告为"松宫干雄"。
⑦ 1920年7月收购内外通信社,同月改名为《奉天每日新闻》。一说1918年改名。

(续表)

名　　称	主义系统	持有人	编辑干部	备　　考
奉天日日新闻（日文）	满铁机关报	社长　庵谷忱	主笔　田原丰	1908年12月创刊①，日报，四页，发行量约一千六百份。原为《辽东新报》的姐妹报，由于《辽东》《满日》两报于1927年11月②合并，进入《满洲日报》系统
大阪朝日新闻号外（日文）			武内文彬	1931年12月28日创刊，不定期，发行量约两万四千五百份
大阪每日新闻号外（日文）			三池亥佐夫	1932年1月13日创刊，不定期，发行量约两万份

(2) 杂志

名　　称	主义系统	持有人	编辑干部	备　　考
奉天商工新报（日报）		发行人　有川藤吉	编辑　宫木武郎	1922年3月31日创刊③，每月发行两次，发行量一千三百份。报道棉纱、棉布各地行情、特产品市价、进出口贸易品等商况
奉天商工月报（日文）	奉天商工会议所机关杂志	发行人　野添孝生	编辑　嘉多龙太郎	1917年7月创刊，月刊，发行量约一千份。登载贸易、金融、经济方面的报道，以资工商业者参考
奉天兴信所内报（日文）		发行人　佐佐木孝三郎	编辑　米本太津雄	1926年6月25日创刊④，每周发行两次，发行量三百二十六份。报道有关注册、诉讼方面的事项及奉天站进口货物调查，作为加盟会员的研究资料
昭和兴信所内报（日文）		发行人　赤塚真清	编辑　北原兼治	1928年4月27日创刊，周刊，发行量六百七十份。向会员报道一般经济资料、各注册、民事诉讼的相关事项
东亚兴信所周报⑤（日文）		尾崎济	汤畑正一	1922年5月31日创刊⑥，周刊，发行量九十七份。登载各种企业经营的相关事项及中华民国法令译文等内容
日华（日文）	日华亲善	末光源藏	小笠原俊三	1929年8月13日创刊，月刊，发行量五十份。特色为以日文、中文双语登载报道
满洲及日本（日文）	介绍东北地区情况	弥永茂太郎	薄井巳亥	1930年12月27日创刊⑦，月刊，发行量一千份。当初以《满洲》为名，后改称《亚细亚公论》《新满洲》，1925年10月改名为《满洲及日本》，直至今日
新满洲（日文）		社长　下川喜久三	编辑　田中重策	1926年10月以《家庭と趣味》为名，作为文艺、演艺同好者的会员组织而创刊，1928年7月改为《新满洲》直至今日。月刊，发行量约一千一百份

---

① 一说1909年6月创刊。
② 1929年报告为"1927年10月"。
③ 1929年报告为"1924年4月"。
④ 1929年报告为"1917年9月"。
⑤ 1931年报告为"东亚兴信公所"。
⑥ 1929年报告为"1921年12月"。
⑦ 1931年报告为"1918年7月"。

公主岭

人口:日本人 2 160 人(含朝鲜人 200 人),中国人 18 000 人。

日文报纸

名　称	主义系统	持有人	主笔及记者	备　考
公主岭商报(日文)		三村正二	同前	1920 年 4 月 6 日创刊,日报,发行量四十份。报道公主岭交易所的交易情况

四平街

人口:日本人 4 900 人(含朝鲜人 1 100 人),中国人 25 400 人。

日文报纸

名　称	主义系统	持有人	编辑干部	备　考
四洮新闻		樱井教辅	同前	1920 年 11 月①创刊,日报,小型,四页,发行量四百份。最初名为《四洮时事新闻》,1921 年 9 月改为现名。规模极其微弱,报道不过是转载其他报纸

铁岭

人口:日本人 5 600 人(含朝鲜人 2 700 人),中国人 49 400 人。

概况

铁岭一向未见中文报纸发行,日文报纸有《铁岭时报》《铁岭每日新闻》两种报纸,但后者由于 1932 年 3 月社长病逝,不得不停刊,眼下只剩《铁岭时报》一种报纸。一般中国人大多购阅《东三省公报》《盛京时报》《东三省民报》及《关东报》等中文报纸,日本人则购阅《满洲日报》《大连新闻》《奉天新闻》《奉天每日新闻》及日本本土的主要报纸等。

一、日文报纸

名　称	主义系统	持有人	编辑干部	备　考
铁岭时报(日文)	报道时事	社长　西尾信	主笔　本多正兼任《满洲日报》铁岭支局长	《铁岭新闻》因财政原因倒闭,迩来半年间毫无报道机关,不便至极,因此于 1911 年 2 月前后②,作为领事馆、居留民会③、满铁地方事务所等机构登载公告的机关报创设。起初以油印发行,1919 年 4 月起改为活版印刷,目前为四页,中版,日报,每天发行五百份。1927 年于开原设立支局

二、中文杂志

名　称	主义系统	持有人	编辑干部	备　考
新国民	青年会机关杂志	铁岭中华青年会	指导委员主席 胡靳凡　现铁岭县教育局局长　副主席　常顺如	1930 年 12 月 25 日创刊,周刊,发行量一千份。1931 年 9 月"满洲事变"以来停刊,1932 年 2 月 8 日复刊,一改以往排日杂志的面貌,登载认真的报道

---

① 1931 年报告为"1920 年 10 月 1 日"。
② 一说 1911 年 8 月创刊,一说 1910 年创刊。
③ 当地日侨团体

开原

人口：日本人4 400人（含朝鲜人2 300人），中国人16 700人。

概况

开原的报纸有《开原新报》《开原实业时报》①两种日文报纸，规模均极小。一般中国人购阅《东三省公报》《盛京时报》《东三省民报》及《关东报》等中文报纸，日本人则购阅《满洲日报》《大连新闻》《奉天每日新闻》及日本本土的主要报纸等。

日文报纸

名　称	主义系统	持有人	编辑干部	备　考
开原实业时报②（日文）	报道经济时事	篠田仙十郎	主笔　同前	1923年1月1日创刊，日报，两页，发行量一百五十份。1929年4月社址迁移至开原大街，勉强维持发行，从业人员只有主笔夫妻
开原新报（日文）	报道时事	社长　冈野勇	主笔　丰村纯	1919年2月11日创刊，日报，四页，发行量两百五十份。经营困难，1928年5月前后起不得不休刊，由现持有人收购再刊

掏鹿

人口：日本人270人（含朝鲜人240人），中国人30 500人。

当地未见报纸、杂志等发刊，只有各地报纸的代理销售店，主要购阅《盛京时报》《东三省民报》及《公报》等报。

本溪湖

人口：日本人3 500人（含朝鲜人100人），中国人17 700人。

日文报纸

名　称	主义系统	持有人	编辑干部	备　考
安奉每日新闻（日文）		伊藤唯熊	记者　后藤森三郎	1913年4月创刊，日报，四页，发行量约三百份

抚顺

人口：日本人16 200人（含朝鲜人2 000人），中国人20 000人。

日文报纸及杂志

名　称	主义系统	持有人	编辑干部	备　考
抚顺新报（日文）		窪田利平	主笔　月野一霁	1922年4月3日创刊③，日报，四页，发行量一千份。是时事报纸，言论稳健，带有地方色彩，最近正计划发刊中文报纸《抚顺民报》作为姐妹报
炭の光（日文）	抚顺炭矿机关报	抚顺炭矿庶务课	主笔　大野义雄	1928年7月14日创刊，日报，四页，发行量约三千两百份，煤矿部员工有购阅的义务
月刊抚顺（日文）		城岛德寿	主笔　同前	1928年7月14日创刊，发行量四千五百份，是登载政治、外交、军事以外时事的杂志

---

① ② 1931年报告为《开原实业新报》。
③ 1930年报告为"1921年4月"，一说1921年2月创刊。

新民府

人口:日本人 100 人,中国人 100 000 人。

新民府尚未有报纸、杂志等发行,仅有各中文报纸的代理销售店,仅在销售之余发布当地通讯。读者购阅《盛京时报》《满洲日报》《泰东日报》(以上日本籍)与《东三省公报》及《东三省民报》《醒时报》《东北日报》《北平晨报》《天津益世报》《大公报》《新天津报》等报。

1929 年 10 月,上述各通讯员等共同谋划组织了新民府新闻联合会,以期报道的准确性,同时排除加盟者以外的杂小报纸的代理销售,以《盛京时报》通讯员为会长。

海龙

人口:日本人 2 670 人(含朝鲜人 2 600 人),中国人 253 450 人

当地无报纸、杂志等发行,只是经代理销售店之手购阅各地报纸。事变前,其种类有十数种,但事变后减少至约三分之一。现在购阅的中文报纸有《盛京时报》《东三省公报》《满洲报》《申报》《益世报》,朝鲜文报纸有《每日申报》《东亚日报》等报,购阅量也极少。

通化

人口:日本人 12 900 人(含朝鲜人 12 840 人),中国人 252 900 人。

当地从 1931 年 6 月起,于县政府创刊《通化县政府公报》,每月发行两次,收录官厅公示事项,向县下各机关分发。除此以外,无报纸、杂志等刊行,只有《申报》《时报》《中央日报》《益世报》《庸报》《大公报》《华北日报》等其他地方的报纸邮送当地。

辽阳

人口:日本人 5 300 人(含朝鲜人 300 人),中国人 87 100 人。

概况

由于当地可以在短时间内收到从奉天、大连等都会邮递来的其他报纸,因此当地的报纸经营似乎没有发展的可能性。以往屡屡有人计划发刊小规模报纸,但均不长久,再长也不过一年不到就不得不停刊了。现在刊行的报纸只有日文报纸《辽鞍每日新闻》和中文报纸《辽阳公报》,均为小型报纸,尺寸为普通报纸半页,共四页。1930 年 10 月创刊的中文报纸《文化日报》购阅者少,陷入经营困难,1931 年 5 月停刊。1932 年 7 月,日文报纸《鞍山日日新闻》于鞍山发刊。

一、中文报纸

名　称	主义系统	持有人	编辑干部	备　考
辽阳公报	宣传"满洲国"的主义,辽阳县公署机关报	社长　虞恩荣	主笔　周笑吾	1931 年 11 月 26 日创刊,日报,小型,四页,发行量约一千份,资本金为奉大洋六万元

二、日文报纸

名　称	主义系统	持有人	编辑干部	备　考
辽鞍每日新闻(日文)	报道一般时事	社长　渡边德重	主笔　同前 记者　渡边源次郎	1908 年 12 月 24 日创刊①,1919 年 10 月 30 日改为现名②,日报,小型,四页,发行量一千一百份。社长渡边个人经营,资本金约三万圆
鞍山日日新闻(日文)	报道一般时事	股份制组织 社长　野尻弥一　《辽鞍每日新闻》支社长	主编　同前 记者　内野长作	1932 年 7 月 1 日创刊③,日报,四页,发行量八百份,是股份制组织,资本金三千圆,社址位于鞍山满铁附属地

---

① 一说 1908 年 3 月创刊。
② 曾名《辽阳每日新闻》《辽阳新报》。
③ 一说 1932 年 6 月 16 日创刊。

牛庄

人口：日本人3 800人（含朝鲜人800人），中国人107 000人。

概况

当地发行的日文报纸有《满洲新报》及《营口经济日报》①两报，但《经济日报》自1925年春以来停刊至今，现在正在发行的仅有《满洲新报》。该报于1907年12月创刊，因此拥有相当悠久的历史，但随着大连、奉天等地的发展，这些地方报纸的影响力积极侵入当地，读者也逐渐被蚕食。因此，伴随着经营困难，社运逐年不振。这样，其登载的内容除当地杂讯外，所谓通讯摘录占据了大部分，而且近年随着当地日本侨民的衰退，经营陷入愈发困难的状态。

中文报纸原本只有当地中国总商会的机关报《营商日报》，1932年1月周刊报纸《东北大报》发刊。前者于1907年10月创刊，其登载的内容以当地经济及各种杂讯为主，很少论及时事问题，看上去完全是总商会的广告报纸。上述日文、中文两报②均无政治关系，因此其影响力也不大。

一、中文报纸

名　称	主义系统	持有人	编辑干部	备　考
营商日报	总商会机关报	营口总商会	主笔　陈锡箴 营口县师范学校出身	1907年10月创刊③，日报（周一休刊），六页，发行量约六百份。创办当时经营困难，但1925年、1926年前后起趋向顺利。1926年声称为了整顿工厂、刷新内容而暂时休刊，1927年2月起复刊。社址位于营口西大街
东北大报	提倡教育，振兴实业	社长　刘子久　北京《文艺周刊》社长	张名夏、谢昆铭	1932年1月创刊，周刊，资本金现大洋一千元，社址位于营口旧市街永世街

二、日文报纸

名　称	主义系统	持有人	编辑干部	备　考
满洲新报（日文）	开发"满蒙"	社长　小川义和1925年8月继任前社长冈部次郎之职	主笔　同前 记者　小田寅夫	1907年创刊④，日报（周一休刊），四页，此外周日附《旅顺通信》两页，发行量一千一百六十份。参照"概况"。社址位于营口新市街南本街

安东

人口：日本人20 400人（含朝鲜人9 200人），中国人137 600人。

概况

现在安东发行的报纸有中文报纸《东边商工日报》《安东市报》（小型）及日文报纸《安东新报》《国境每日新闻》，总计四种，其中《国境每日新闻》由原来的《安东时事新报》于1931年5月1日起改名而来。均未脱离地方报纸的范畴，毫无特色，但以奉天及京城为中继接受"电通"及"帝通"各电讯的供给，报道相对敏捷。中文报纸《安东市报》对日论调向来极其稳健，与此相反，《东边商工日报》对日本频吐毒舌，但遭遇"奉天事变"⑤后，9月19日起两报均临时停刊。《安东市报》于10月13日起，《东边商工日报》于安东新报社记者向后新太郎任社长后，自10月19日分别复刊，尔后不再登载排日报道。

---

① 1931年报告为《满洲经济日报》。
② 应为"三报"。
③ 1919年报告为"1909年"，1922年报告为"1907年10月1日"；一说1908年创刊。
④ 1927年报告为"1908年2月"，一说1908年3月创刊。
⑤ 即九一八事变，下同。

一、中文报纸

名　称	主义系统	持有人	编辑干部	备　考
安东市报	宣传县市政	安东县公署	编辑　王大鲁 探访　王达山、张玺	1929 年 8 月创刊①，小型，日报，四页，发行量七百份。是县公署的机关报，不登载排日报道，1931 年 9 月 19 日由于"奉天事变"一度停刊，同年 10 月 13 日起复刊
东边商工日报	营利本位	安东总商会 社长　向后新太郎 总经理　刘雅民	主编　马东先 编辑　李永恩 探访　常我愚	1929 年 9 月创刊，日报，四页，发行量七百份。以经济报道为主，报道相对敏捷。原本排日，频吐毒舌。因"奉天事变"一度停刊，10 月 19 日起由现社长复刊，尔后完全不登载排日报道

二、日文报纸及杂志

（1）报纸

名　称	主义系统	持有人	编辑干部	备　考
安东新报（日文）		川俣笃	锦贯秀藏	1906 年 10 月创刊，日报，四页，发行量约一千四百份。是安东最早的报纸，报道一般时事
国境每日新闻（日文）		吉永成一	大槙义次	1928 年 1 月创刊，日报，四页，发行量一千四百份。报道一般时事，复刊后时日尚浅，但经营良好。1931 年 5 月由《安东时事新报》改为现名

（2）杂志

名　称	主义系统	持有人	编辑干部	备　考
安东经济时报（日文）		安东商工会议所		1924 年 3 月创刊，月刊，发行量约四百六十份
满洲特产安东通过日报（日文）		朝鲜人个人经营		1929 年 7 月创刊，月刊，发行量一百零七份
安东取引所日报（日文）		安东取引所		1930 年 5 月创刊，月刊，发行量三百二十六份
安东取引所月报（日文）		安东取引所		1930 年 5 月创刊，月刊，发行量一百十二份

郑家屯

人口：日本人 800 人（含朝鲜人 580 人），中国人不明。

当地无报纸、杂志等发刊，只驻有《盛京时报》《东三省公报》《东三省民报》《泰东日报》《满洲报》《东北日报》《大公报》及《关东报》等报的通讯员，仅仅是在代理销售之余撰写通讯。

通辽

驻有《盛京时报》《东三省公报》《东三省民报》《泰东日报》《满洲报》《东北日报》等报的通讯员，仅仅在代理销售之余撰写通讯。

---

① 一说 1929 年 9 月 1 日创刊。

洮南

人口：日本人570人（含朝鲜人520人），中国人不明。

驻有《盛京时报》《东三省公报》《东三省民报》《泰东日报》《满洲报》等报的通讯员，仅仅在代理销售之余撰写通讯。

农安

当地唯一的周刊报纸《农安县政公报》于1930年9月创刊，但因资金缺乏，1931年10月停刊，因此没有报纸、杂志等刊行，只有一些人从事通讯兼代理销售《盛京时报》《满洲报》《大北新报》《泰东日报》《中央日报》《吉长日报》等其他地方的报纸。

吉林

人口：日本人3 500人（含朝鲜人2 530人），中国人812 100人。

概况

1931年末当地的报纸等定期刊行物为中文报纸两种（日本人经营的《东省日报》、中国人经营的《吉林日报》）、日文报纸两种（日本人经营的《松江新闻》《吉林时报》）及吉林省政府的官报《吉林省长官公署公报》等各官厅发行的六种公报。新政府成立后，前省政府机关报《吉长日报》停刊，上述报纸中的《吉林日报》取而代之，作为纯粹的新政府机关报，12月10日起发行，目前其发行量为一千两百份。而日本人经营的《东省日报》处于与此对立的位置，从1927年以来接受满铁的补助，锐意致力于扩张，"满洲事变"后则显示出进一步进展的趋势，但发行量仍处于不足一千份的状态。

此外，中国官厅的公报除《长官公署公报》外，其他均在"满洲事变"爆发后停刊。

一、中文报纸及公报

（1）报纸

名　称	主义系统	持有人	编辑干部	备　考
东省日报	日中亲善	社长　三桥政明 东京外语学校出身,现任吉林省长官公署政治顾问、《大连新闻》及长春《北满日报》吉林支局长	主笔　刘云峰　毕业于北平协和医学校	1922年7月创刊,日报,六页,发行量约八百份。对于时事发表公正的解说,致力于支持我方对"满"政策,接受满铁补助。社址位于吉林省城商埠地
吉林日报	省政府机关报	负责人　荣孟枚 省政府教育厅长 王惕　省政府民政厅长	营业部长　胡绵书 民众教育馆长 编辑部长　于詹 民政厅秘书	1931年12月10日创刊,日报,八页,发行量一千两百份。据说接受吉林省长官公署吉大洋六千元的设立费用及每月两千元的经费。社址位于吉林省城二道码头

（二）公报

名　称	主义系统	持有人	编辑干部	备　考
吉林省长官公署公报	省政府官报	省政府秘书处	周敬熙　吉林省长官公署秘书处第一科长	1916年创刊,日报,菊版①,约十一页,发行量一千份。与新政组织同时,本报从原先的《吉林省政府公报》改为现名
民政月刊	民政厅机关报	民政厅	吴峙　现民政厅第一科长	1930年6月创刊,月刊,菊版,约六十页,发行量两百五十份。"满洲事变"后停刊

---

① 日语表示纸张尺寸的专用名词,约152×218毫米。下同。

(续表)

名　称	主义系统	持有人	编辑干部	备　考
实业月刊	实业厅机关报	实业厅	成世杰　现实业厅第四科长	1923年2月创刊,月刊,菊版,约六十页,发行量两百份。"满洲事变"后停刊
建设月刊	建设厅机关报	建设厅	李连义　现建设厅第四科长	1930年9月1日创刊,月刊,菊版,约六十页,发行量一百五十份。"满洲事变"后停刊
教育公报	教育厅机关报	教育厅	聂树清	1919年创刊,周刊,菊版,约四十页,发行量两百五十份。"满洲事变"后停刊
实业公报	永吉县实业局机关报	永吉县实业局	沈玉和　现永吉县实业局长	1930年6月29日创刊,周刊,四六版型①,折叠一张,发行量一百。登载有关时事及经济的评论或报道,因此有报纸的色彩

二、日文报纸

名　称	主义系统	持有人	编辑干部	备　考
松江新闻（日文）	报道时事	社长　三桥政明　兼任《东省日报》社长	野口重宽、八原勇、野崎政雄、松本与四郎	1923年9月创刊②,日报,四页,发行量七百份。与《东省日报》属于同一系统,在长春设有支局,社址与《东省日报》相同
吉林时报（日文）	报道时事	社长　儿玉多一　毕业于明治法律学校	阿久津隆正	1911年2月创刊③,周刊,四折,小型,四页,发行量三百份,社址位于吉林省城商埠地大马路

哈尔滨

人口:日本人5 200人(含朝鲜人1 400人),中国人262 900人,外国人64 600人。

概况

一、报纸:现在哈尔滨的报纸有中文报纸十一种、俄文报纸六种、英文报纸两种、日文报纸一种,合计二十种。

(1) 当地的中文报纸原先主要有《国际协报》《晨光报》《哈尔滨公报》《东三省商报》《东华日报》《大北新报》《滨江时报》等。其中《国际协报》《晨光报》最为急进排日,特别是"满洲事变"爆发以来,一有任何机会就要以激烈的论调宣扬排日。其后日军进入齐齐哈尔,此方面情况也突然一变,各报的排日论调等也收其锋芒。12月中旬当地中国当局认定上述两报纸扰乱当地和平,使得日中之间产生不必要的疏离,断然下令查封两社。其他报纸也有对日态度不理想的,但日军进入齐齐哈尔后,态度均改变了,各报的排日论调终于绝迹。上述《国际协报》则于1932年3月9日"满洲国"成立的同时复刊。

(2) 俄文报纸原本有 Заря、Рупор、Русское слово、Гун-Бао 四种,均为白系报纸。此外,在1931年度,有日本人经营的 Харбинское время 报创刊,共产党系报纸有 Герольд Харбина 和及 Восток。前者于1931年3月由中国官方下令查封。另外,Гун-Бао 的编辑方针没有一贯性,主编的更迭频繁,每每或是拥护劳农④方面,或是反日,不固定,后来作为中国公民党⑤系报纸显示排日色彩,"满洲事变"后,排日倾向更甚,1931年12月由中国官方责令停刊。Харбинское время 于1931年8月依据日本总领事馆的许可发刊,发行量与日俱增,年末突破了一万份,

---

① 日语表示新闻纸尺寸的专用名词,约为127×188毫米,下同。
② 一说1923年8月27日创刊。
③ 一说1911年11月创刊,一说1912年创刊。
④ 指苏联,下同。
⑤ 疑为"中国国民党"之误。

远远凌驾于其他报纸之上。

上述白系俄文报纸对日态度均不坏,在反共态度方面如出一辙,Харбинское время 也因为其俄国记者全部为白系,反劳农色彩浓厚,引起苏联籍人的注意。

(3)英文报纸现存美国系统的 Harbin Daily News 及英国系统的 Harbin Observer 两报。Harbin Herald 于 1931 年中废刊,该报为劳农系,因为中国方面的压迫和资金困难而停刊。

Daily News 的报道稳健,对日态度良好,但 Harbin Observer 被中国方面收买,社长福利特与苏联方面接近,对日态度不良。

二、杂志:现在当地的杂志有中文七种、俄文四种、日文两种,共十三种。中文杂志均为中国官方或中东铁路的机关杂志,俄文杂志中,Вестник Маньчжурии 是中东铁路经济局的机关杂志,是"满蒙"同类杂志中的权威,随时发表认真踏实的研究调查。

一、中文报纸及杂志

(1)报纸

名 称	主义系统	持有人	编辑干部	备 考
国际协报	张景惠机关报	社长 张复生	主编 同前	1919 年 1 月 10 日创刊①,日报,十二页,发行量约三千份至五千份。最初于长春发行,其后接受南洋烟草的叶元宰的援助而转移至当地。1921 年张复生任社长,接受奉天及当地各机关的补助,成为极端的排日报纸。1931 年末被中国官方下令查封,同时由张景惠接管成为机关报,1932 年 3 月 9 日复刊
哈尔滨公报	特别区行政长官公署机关报	关鸿翼 现行政长官公署咨议、地亩管理局秘书	主编 杨墨轩 记者 张林肯、崔铁肩	1926 年 12 月创刊,日报,十二页,发行量约两千五百份。本报最初由关氏从特别区各机关筹措资金两万元,作为长官公署机关报而创刊。1927 年末起变为关氏个人经营,但至今仍接受官方相当数额的补助。与俄文报纸 Гун-Бао 为姐妹关系,论旨比较稳健,对日态度说不上不好
东三省商报	开发文化,协调经济	社长 叶元宰 总经理 张子诠	主笔 同前 主编 吴子尚 记者 刘绍季	1922 年 12 月创刊②,日报,八页,发行量约一千份。叶社长从《国际协报》退社后,从南洋兄弟烟草公司获得资金一万元创刊本报。1930 年由于资金缺乏而陷入经营困难,张子诠接办,1931 年因经营困难一度停刊。叶社长很早就是国民党员,是极端的排日分子,但 1924 年国民党改组以来不再与之有关,近来有亲日的倾向,"满洲事变"以来特别有这样的感觉
滨江时报	启发社会	总经理 范聘卿 社长 范介卿	文庸庵、范新甫	1920 年 4 月创刊③,日报,十二页,附录《消闲画报》一张,发行量约六百份。资本金一万元,由范氏兄弟共同经营。原中东铁路机关报《远东报》倒闭后继承其地盘创刊,不登载评论

---

① 1925 年报告为"1918 年 8 月",一说该报 1918 年 7 月 1 日在吉林省长春市创刊,1919 年 10 月迁到哈尔滨。
② 1929 年报告为"1921 年 12 月"。
③ 1925 年报告为"1921 年",一说 1921 年 3 月创刊。

(续表)

名　称	主义系统	持有人	编辑干部	备　考
东华日报	不偏不倚	薛大可　早稻田大学出身	主编　同前 副主编　薛仲平 记者　傅述中	1929年11月14日创刊,日报,十二页,发行量约五百份。本报属于薛个人经营,对日态度比较公正。1930年10月被南京政府责令停刊,12月解禁复刊。是俄文报纸Восток的姐妹报,最近陷入经营困难
东北日报	社会启发	张林普	王觉民、郭元之	1931年8月创刊,日报,八页,发刊不久就陷入经营困难,一度停刊,同年11月1日复刊
国民公报	社会启发	刘浚源	主编　万赞化 画报主任　王子祥	1931年8月15日创刊,日报,六页(其中画报两页),发行量约五百份
大北新报①		社长　山本久治	主编　同前 记者　侯小飞、张君悌、刘丹心	1922年10月创刊,日报,四页,发行量五千份。是奉天《盛京时报》的"北满"版
哈尔滨新报	标榜超然主义	金斗山	主编　于成达	1931年8月创刊,日报,六页,发行量五百份,资本金五千元
滨江午报②	启发社会	总经理　赵郁卿	主编　同前 记者　林鸣鹤、王子祥	1920年5月1日创刊,日报,四页(其中画报两页),发行量三千五百份。本报由油业公司提供一万元创刊,因陷入经营困难,由赵接管,个人经营
新新日报	启发社会	刘宝源	主编　王味根 记者　杨心田	1931年11月20日创刊,日报,四页,发行量两百份。本报是前《晨报》的化身

(2) 公报及杂志

名　称	主义系统	持有人	编辑干部	备　考
东省特别区行政周刊	东省特别区行政长官公署机关杂志	同前公署	同公署总务科	1929年8月创刊,周刊,发行量约一千份
市政月刊	东省特别区市政管理局机关杂志	同前管理局	发行部主任　谷峪山	1926年2月创刊,月刊,发行量约一千两百份
警察周刊	东省特别区警察管理处机关杂志	同前管理处	王丕承	1924年1月创刊,月刊,发行量约一千份左右
教育行政周报	东省特别区教育厅机关杂志	同前教育厅	同前	1929年7月创刊,月刊,发行量一千份
路警汇刊	东省特别区路警处机关杂志	同前路警处	王丕承	1926年1月创刊,半月刊,发行量一千份
教育月刊	东省特别区教育会机关杂志	同前教育会	会员投稿	1927年创刊,月刊,发行量八百份
中东经济月刊	中东铁路机关杂志	中东铁路经济调查局	主任　雷殷	1925年3月创刊,月刊,发行量约两千五百份。原名为《东省铁路经济月刊》,1929年3月改为现名,另刊行副刊《中东半月刊》

① 1925年报告为《大北日报》。
② 1928年报告为《午报》。

二、俄文报纸及杂志
(1) 报纸

名　称	主义系统	持有人	编辑干部	备　考
Харбинское время	严正中立，宣传国策	社长　大泽隼　原满铁社员	主编　同前 主编助手　谢洛夫 记者　米哈伊洛夫、阿波罗诺夫、拉扎维夫斯基、特鲁克夫、里亚贞柴夫、伊瓦施辛、吉贝鲁格、伊万诺夫	本报为1931年社长大泽从满铁辞职后，遗憾于以往俄文报纸遭到中国官方的极端压迫，无法公正报道，7月获得日本总领事馆批准，准备创办，其间适逢"满洲事变"爆发，9月26日以号外的形式创刊，随后选定11月3日"明治节"发刊第一号。日报，十页至十四页，发行量约一万份，资本金五百圆。创刊以来揭露、攻击旧中国军阀的不法行为，另一方面规定低比率的广告费。为了让其他已经发行的报纸无法企及等目的进行了极大努力，因此购阅人数与日俱增，年末时的发行量达到了一万份，在当地俄文报纸界引起了一大波澜。发行范围以哈尔滨为主，约五千份，中东铁路沿线三千七百份，日本本土约一千四百份
Заря	反劳农主义	社长　艾姆·艾斯·莱姆毕齐个人经营。大战期间作为 Русское слово 的从军记者博得名声，过去在上海发行 Шанхайская заря 及晚报 Заря，于天津发行 Наша заря，还在哈尔滨为白系报纸 Рупор 及杂志 Рубеж 提供约一半的资本，此外亦获得了同为白系的 Русское слово 报八成的股份。擅长经营	主编　克·艾斯·希普科夫 副主编　艾努·佩·科布茨奥夫 记者　萨特夫斯基、卢杰夫斯基、阿斯塔霍夫泽兰、多米特立维夫	1920年4月15日创刊，日报，八页至十二页，发行量五千份。本报最初由莱姆毕齐、米哈伊洛夫（现 Харбинское время 记者）及希普科夫共同出资创刊，1925年希普科夫及米哈伊洛夫将其权利全部转让予莱姆毕齐，变为其个人经营。直至 Харбинское время 报发刊为止，在当地言论界拥有特别重要的影响力，一年的纯利润达到了一万圆，但后来蒙受相当大的打击。购阅范围是哈尔滨、中东铁路沿线，还向俄国人集中的巴黎及其他欧美各地发送相当数量的报纸。在各阶级中拥有读者，一向接近中国官方及中东铁路要人等，对日感情良好
Русское слово	帝政主义	股份制组织，莱姆毕齐所持的股份占到了八成 社长　亚·伊·克罗波夫　医师兼律师，原为萨马拉市实力人士，1917年俄国革命时任职于鄂木斯克政府国立出版部，其后来到哈尔滨，参与了本报的前身 Русский голос 报的创刊。另一方面担任白系俄国人联合事务委员会会长，为团结东北地区的知识阶层而活动	主编　同前 记者　格拉西莫诺·伍兹内森斯基	1920年6月创刊，日报，六页至八页，发行量一千五百份。本报的起源是，霍尔瓦特将军的旧友、原国会议员武维·瓦斯特罗琴在中东铁路机关报 Харбинский вестник 被查封后，与从西伯利亚撤退的高尔察克政府的野战印刷局共同接管该报财产，发行了 Русский голос 报，当初取得了较好业绩，成为白系思想界的最大权威。不过，由于中东铁路赤化，来自该铁路的补助断绝，该报遭遇财政危机。1926年斯巴斯基取代瓦斯特罗琴成为主笔兼代表，改为现名。依靠西欧白系各团体的援助，一度再现兴盛，但又一次陷入财政困难，转于克罗波夫之手。克罗波夫于1929年1月将所有权的六成转给 Заря 报的持有人莱姆毕齐，最近则将剩下的权利全部盘给莱姆毕齐，使得报纸面目一新，直至今日。带有露骨的反劳农色彩，对日感情极其良好，但对于我方对劳农的亲善政策加以讥讽

(续表)

名　称	主义系统	持有人	编辑干部	备　考
Гун-Бао	中立	关鸿翼　《哈尔滨公报》社长	主编　梅利克·瓦卢堂扬茨 记者　塔乌利琴、希霍弗策夫、古力钮夫、欧兰尼科夫、罗德法艾斯斯基、博布拉夫斯基	1926年12月创刊，日报，六页乃至十页，发行量五千份。1924年来中国方面有发行俄文机关报的计划，曾经在中东铁路的梅利克·瓦卢堂扬茨知晓后，提议关鸿翼在苏联方面秘密援助下实现此事，1926年12月时，在当时的特别区行政长官张焕相补助下创刊本报。起初以广告费的形式接受中东铁路莫大的补助，社业大为发展，但其后与苏联方面的合作暴露出来，长官公署罢免了关鸿翼和梅利克，让权世恩、萨特夫斯基、卢杰夫斯基负责经营。但上述改组令劳农方面反感，中东铁路取消了补助。报社因此聘请该报原主笔贝斯取代萨特夫斯基，但这又不能获得中国方面的谅解，事态陷入困境。其后现任行政长官张景惠及教育厅长张国忱再次尝试改组本报，以原社长关鸿翼为社长，著名的文艺家孚赛奥罗德·伊万诺夫为主编。中国方面机关报之名在上述改组前一年已经取消，但1929年发生苏中纷争时，该报一味拥护中国方面的行为，发挥了御用报纸的作用，另一方面似乎与莱姆毕齐各报纸一同构成了反苏共同战线。最近受到中国当局对劳农政策软化的牵制，为了筹措资金而标榜中立，再次起用在劳农方面说得上话的梅利克·瓦卢堂扬茨任主编，继续发行。1931年12月，由于排日倾向，行政长官张景惠令于镜涛强制接管，迄来处于停刊状态，等待时局平稳后会再刊
Рупор	民主主义，白系	社长　耶·艾斯·卡夫曼　曾于海兰泡及海参崴任报纸记者	主笔　同前 记者　佩邓科、沃夫切科夫、内斯梅洛夫、艾弗伊莫夫、沙普洛夫、萨特夫斯基	1921年9月创刊，晚报，四页至八页，发行量四千份。是当地唯一的晚报，在各阶级中拥有读者，特别在妇女间受到欢迎。登载露骨的反劳农言论，对日感情不坏。"满洲事变"以来，由于Харбинское время报的出现及其他情况，发行量锐减，但由于是唯一的晚报，所受打击没有其他报纸那么大。本社资本的约一半为莱姆毕齐出资
Восток	亲俄排日	社长　薛大可　现为《东华日报》社长	主编　都布罗姆伊斯洛夫 记者　克鲁巴利奇、贝利亚夫斯基	1930年6月24日创刊，晚报，发行量八百份。Рупор及Заря的辞职人员为了对抗上述两报而创刊的报纸，中文报纸《东华日报》是本报的姐妹报。1930年10月被国民政府下令停刊，但同年12月23日复刊。最近陷入经营困难，奄奄一息

(2) 杂志

名　称	主义系统	持有人	编辑干部	备　考
Рубеж	以兴趣为本位的文艺杂志，白系	耶·艾斯·卡夫曼、希普科夫、莱姆毕齐的联合合作组织 社长　卡夫曼	主编　罗柯托夫	1927年11月创刊，周刊，发行量三千份。本杂志最初由当地俄国残疾人联合会创设。内容除了俄国作家的小说外，还有欧美（时而有我国）发行的文艺、科学、电影杂志等的译载及同一来源照片的转载等，购阅范围以哈尔滨、中东铁路沿线为主，向远东各地分发
Еврейская жизнь	犹太人文艺科学杂志	哈尔滨锡安团经营	主编　卡夫曼	1920年以Сибирь-Палестина为名发行，1929年改为现名。发行量七百份

名　称	主义系统	持有人	编辑干部	备　考
Вестник Маньчжурии	中东铁路机关报	中东铁路经济局	主笔　佐恩	1920年创刊,月刊,发行量约五百份。最初名为 Маньчжурский Вестник,1925年改为现名。主要登载中东铁路经济专家与当地学者的研究调查、中东铁路在东北北部的活动、有关东北北部一般自然状况的权威论文,对于主要论文附有英译文。此外,为了宣传劳农国内的经济情况而夸张地转载。本杂志还发行 Экономический бюллетень 作为附录,登载有益的资料,介绍中东铁路的状况及东北北部的一般情况
Экономический вестник	日俄协会系统	哈尔滨日本商品陈列馆	记者　馆员分担	1927年9月1日创刊,月刊,发行量三百份。目的在于向俄国人及会俄语的中国人介绍日本及东北地区北部的经济情况

三、英文报纸

名　称	主义系统	持有人	编辑干部	备　考
Harbin Daily News[哈尔滨日报](英文)	不偏不倚,美国系统	亨利·维希　1915年曾于列宁格勒经营当地唯一的英文报纸 Russian Daily News	同前	1919年创刊[1],日报(周日休刊),四页,发行量六百份。没有评论栏,一般报道也缓慢,对日感情良好,资本金五千圆。1931年6月1日起发行小型四页至六页的俄文版
Harbin Observer[哈尔滨观察家](英文)	英国系统	毕·维奇·福利特个人经营	同前	1925年创刊[2],但屡屡停刊,其后苏联方面提供一些补助得以复刊,直至今日。日报(周日休刊),菊版,四页,发行量约三百份。不登载评论,报道量少且缓慢,对日感情一般。资本金一千五百圆

四、日文报纸及杂志

(1) 报纸

名　称	主义系统	持有人	编辑干部	备　考
哈尔滨日日新闻(日文)	不偏不倚	社长　大泽隼　俄文报纸 Харбинское время 的社长	主笔　大森清腾　记者　田中总一郎、和气清[3]、北崎学、畑中正春	1921年创刊[4],日报,四页,发行量约一千份。是满铁系统的有限股份公司,资本金二十万圆

(2) 杂志

名　称	主义系统	持有人	编辑干部	备　考
露亚时报(日文)	介绍远东的经济情况	哈尔滨商品陈列馆	宝珠山弥高	1919年创刊,发行量六百份。在东北地区、朝鲜及日本本土有读者
哈尔滨商品陈列馆パンフレット(日文)	报道远东的政治、经济	哈尔滨商品陈列馆	宝珠山弥高	1923年创刊,每月发行两次,发行量三百份

---

[1] 1927年报告为"1918年"。
[2] 据《黑龙江省志·报业志》记载,英国人哈同·弗利特1924年创办《哈尔滨先驱报》,1925年更名为《哈尔滨观察家》。
[3] 1931年报告为"和气传"。
[4] 1929年报告为"1922年1月",一说1922年11月创刊。

间岛

人口：日本人54 500人（含朝鲜人53 200人），中国人8 600人。

概况

当地的报纸中，中文报纸有《民声报》，朝鲜文报纸有《民声报》（中文报纸《民声报》的姐妹报）、《间岛日报》，日文报纸有《间岛新报》等报。其购阅范围限于龙井村、局子街、头道沟、百草沟、珲春及延边一带的小城市，发行量以《间岛日报》的一千两百五十份为首，合计不超过两千八百份，因此若无官厅及其他机构的补助，则经营困难。不仅如此，由于民众对报纸的认识幼稚，所以作为言论机关的影响力亦微弱。编辑、形式等自不必说，内容也十分贫乏，未能摆脱乡间报纸的范畴。因此，大阪、京城等都市的不少大、中型报纸进入该地，其中主要的报纸，日文有《大阪朝日新闻》（约六百份）、《大阪每日新闻》（约一百五十份）、《京城日报》（约五百份）、《北鲜日报》（约一百份）、京城《朝鲜新闻》（约六十份）、大连《满洲日报》（约五十份）等报，朝鲜文有京城《东亚日报》（约五百份）、《朝鲜日报》（约两百五十份），中文有南京《中央日报》（约一百份）、天津《大公报》（约六十份）等报。

一、中文报纸

名　称	主义系统	持有人	编辑干部	备　考
民声报	中国方面的准机关报	经理　方泳芝	代理主笔　张抱一 编辑　牛月峰	1928年3月创刊①，日报，大型，四页，发行量三百份。本报为前和龙县教育局长关俊彦（排日运动巨头）及延边一带中国方面的有力人士十余名倡导，募集捐款一万圆创刊。虽有可以视为中国方面官民的准机关报之处，但官公署自不必说，也没有各种民间团体的定期性补助，似乎时而收到带有某些名义的捐款，只是原本其数额就不大，总是苦于经营困难。由于时时登载排日报道，1931年12月受到日本方面的抗议，以翌年即1932年的元旦号为最终号停刊

二、朝鲜文报纸

名　称	主义系统	持有人	编辑干部	备　考
民声报	中国方面的机关报	社长　方泳芝	编辑　金锡焕、韩东郊	1928年3月创刊②，日报，大型，四页，发行量四百份。本报为上述《民声报》的朝鲜文版，以1932年元旦号为最终号停刊。参照前项
间岛日报	介绍当地情况	社长　鲜于日（朝鲜人）	主笔　康元铎 主编　金亨复	1924年12月从日文报纸《间岛新报》中分离独立出来。日报，四页，发行量一千四百五十份。1928年1月改为大型，四页，接受日本官方的补助

三、日文报纸

名　称	主义系统	持有人	编辑干部	备　考
间岛新报（日文）	介绍当地情况	社长　饭塚政之	记者　武智贤及其他两名	1921年7月创刊，日报，发行量八百份。起初接受日本官方的补助，发行日文、朝鲜文两版，1924年12月补助废止，因此将朝鲜文版分出。1926年度起再次获得补助，1928年1月起从四六版改版为准大版③

---

① 1930年报告为"1928年2月"，一说1928年2月12日创刊。
② 一说1928年2月创刊。
③ "大版"为日语表示新闻纸尺寸的专用名词，约为285×400毫米。

局子街

人口：日本人5 300人（含朝鲜人2 900人），中国人16 600人。

局子街未见报纸、杂志等发刊，仅驻有《间岛日报》《民声报》《间岛新报》《盛京时报》等报的通讯员，代理销售这些报纸。

头道沟

人口：日本人3 260人（含朝鲜人3 100人），中国人2 200人。

当地无报纸、杂志等发刊，仅驻有《民声报》《间岛新报》《间岛日报》《东亚日报》《京城日报》《大阪朝日新闻》等报的支局长（自称支局，但只是设置了通讯员）或通讯员。

百草沟

人口：日本人2 200人（含朝鲜人2 100人），中国人3 900人。

设有《间岛日报》《间岛新报》《民声报》等报的支局，但均只有极少数读者。虽然自称支社或者支局，仅仅设置了通讯员而已。

珲春

人口：日本人3 300人（含朝鲜人2 100人），中国人10 300人。

当地无报纸、杂志等发刊，驻有《大阪每日新闻》《大阪朝日新闻》《北鲜日报》《北鲜日日新闻》《间岛新报》及《民声报》等报的通讯员，只是在代理销售之余撰写通讯。

齐齐哈尔

人口：日本人750人（含朝鲜人450人），中国人62 800人，外国人150人。

概况

与其他省份相比，黑龙江省文化水平落后，民智低下，报纸需求少，因此经营困难。至于当地，只有一两种中文报纸，作为中国官方的御用报纸，接受中国官厅的补助勉强维持发行，但发行量少，所以几乎没有诉诸舆论的那种力量。知识阶层主要购阅哈尔滨、上海及天津方面的报纸。1931年11月由于"满洲事变"，当地报纸全部停刊，现在只见到《黑龙江民报》复刊。此外，从目前的状况来看，该省民智低下，报业的发展暂时还无法期待。

一、中文报纸及公报

名　　称	主义系统	持有人	编辑干部	备　　考
黑龙江省政府公报	省政府官报	黑龙江省政府	省政府秘书处	1914年3月创刊①，日报，菊判，十四五页，发行量约两千份。起初名为《黑龙江公报》，1929年1月改为现名。读者主要为官方人员。1931年11月17日以来处于停刊中
黑龙江司法公报	高等法院官报	黑龙江高等法院	黑龙江高等法院公报处	1930年4月创刊，月刊，菊版，约一百七十页，发行量约一百。登载法令、公文、法令条文的解释、判决录及其他司法文献等，读者主要为官方人员。以1931年8月号为最终号，其后处于停刊中
黑龙江民报	日中亲善，黑龙江省公署机关报	社长　桂五郎　原满铁社员	编辑　同前	1929年1月18日创刊，日报，四页，发行量三千五百份。接受省政府的补助，取得了相当好的业绩。由于"满洲事变"1931年11月停刊，由此接受满铁的补助，日本人桂五郎任社长，12月17日起复刊。1932年4月25日起成为黑龙江省公署机关报，接受该公署每月江大洋两千五百元的补助

---

① 一说1913年5月创刊。

二、日文报纸

名　称	主义系统	持有人	编辑干部	备　考
齐齐哈尔日报（日文）		社长　渡边要		预定于 1932 年 4 月创刊
龙江日报（龙江）	开发富源	社长　桂五郎	同前	1932 年 4 月 25 日创刊，晚报，两页，发行量七百份，于黑龙江民报社发行

黑河
中文报纸

名　称	主义系统	持有人	主笔及记者	备　考
黑河日报	调查、介绍黑龙江沿岸的林、矿业，并引导开发	孙为格（号绍舜）印刷所鼎新书局主人	于喜亭　黑河商务会执事	1920 年 9 月 10 日创刊，日报，四页，发行量约两百份。1930 年 2 月末起停刊，翌年 1 月 29 日复刊，3 月 19 日起再次停刊，其后曾复刊，但目前处于停刊中

满洲里

人口：日本人 170 人（含朝鲜人 50 人），中国人 4 300 人，外国人 4 300 人。

满洲里无报纸、杂志等发行，仅驻有《大阪每日新闻》《大阪朝日新闻》《满洲日报》《哈尔滨日日新闻》《华北日报》等报的通讯员，在撰写通讯的同时从事代理销售。

附
大连

人口：日本人 104 000 人（含朝鲜人 1 200 人），中国人 281 800 人，外国人 600 人。

一、中文报纸

名　称	主义系统	持有人	编辑干部	备　考
满洲报		社长　西片朝三	主持人　久留宗一 主编　金念曾 营业部长　橘秀一	1922 年 7 月创刊①，早报，十页，发行量约六万份。个人经营，资本金十五万圆
泰东日报		社长　阿部真言	主编　陈达民 营业部长　中村德三郎	1908 年 10 月创刊②，早报，八页，发行量约两万份。华商的合作组织，资本金七千圆
关东报		社长　永田善三郎	副社长　市川年房 主编　王子衡	1919 年 11 月创刊③，早报，八页，发行量约三千份。个人经营，资本金一万圆

二、英文报纸

名　称	主义系统	持有人	编辑干部	备　考
Manchuria Daily News		社长　滨村善吉	主编　柳泽柳太郎 营业部长　千叶良一郎	1907 年创刊④，日报，四页至六页，个人经营，资本金两万五千圆

---

① 一说 1921 年 1 月创刊。
② 1929 年报告为"1908 年 11 月"，一说 1908 年 11 月创刊。
③ 1930 年报告为"1920 年 9 月"。
④ 1924 年报告为"1914 年 8 月"，1930 年报告为"1912 年 8 月"，1931 年报告为"1920 年 8 月"。

三、日文报纸

名　称	主义系统	持有人	编辑干部	备　考
满洲日报（日文）①	满铁机关报	股份制　社长　松山忠二郎	主编　桥本喜代治 营业部长　佐贺秀雄	由1905年10月创刊的《辽东新报》②与1907年10月创刊的《满洲日日新闻》③于1927年11月1日合并，改名而来，早报八页，晚报四页，发行量约九万份，资本金七十五万圆
大连新闻（日文）	不偏不倚	股份制　社长　宝性确成	主笔　同前 主编　原一六 营业部长　前川良三	1920年5月5日④创刊，早报八页、晚报四页，发行量约六万份，资本金十四万圆
满洲商业新报⑤（日文）		社长　山口忠三	主编　横泽宏	1917年12月创刊⑥，日报，四页，发行量约两千两百份，个人经营，资本金五万圆

北　部

北平

人口：日本人1 360人（其中朝鲜人400人），中国人1 435 390人，外国人1 660人。

概况

北平的报纸创始于1902年，到现在为止仅有三十多年的历史。其间随着政权的推移，兴亡变迁极大。1915年报纸全盛时期，市内大小报纸合计达一百二十二种之多，但在袁世凯死后，一大半报纸都随之销声匿迹。1929年，阎锡山机关报激增九种，冯玉祥机关报激增三种，但在冯、阎失势后，大部分报纸都停刊了。现存的报纸仅有三十余种，即中文报纸三十种（包括大报十五种，小报十三种，晚报两种），英文报纸一种，法文报纸一种，日文报纸两种，总计三十四种。

一、中文报纸

名　称	主义系统	持有人	编辑干部	备　考
北平晨报	张学良机关报	社长　陈博生（号渊泉）毕业于日本早稻田大学，留学欧美。曾任《晨钟报》主笔、《晨报》社长、《民言报》与《东三省民报》等的主笔。研究会系人物	主笔　林仲易 记者　孙几伊、詹辱生	1930年12月16日创刊，日刊，大型，十二页，发行量七千六百份，此外每周还发行周刊画报。张学良每月补助三千五百元。在热河、哈尔滨设有分社。报道除了一般政局方面的内容之外，还有来自南京、太原等地的特电，亦关注文艺、教育方面，因此在知识阶层和学生中拥有众多读者。该报可以说是原梁启超等的旧《晨报》的后身，此前旧《晨报》在政变之际，将其财产转让给了晋系，此后晋系的李庆芳作为新《晨报》发刊。但最近随着晋系的没落，该报又回归了依托奉系的陈博生等人手中。曾是阎锡山派《民言报》的记者们仍然团结在《北平晨报》内。1932年1月19日，该报由于刊载了排日报道而遭到日本方面的抗议，于1月23日停刊。社址在宣武门外大街

---

① 1931年报告记载该报1905年10月创刊，一说1907年11月创刊。
② 一说1905年10月创刊，一说1905年11月25日创刊。
③ 一说1907年11月创刊。
④ 1931年报告为"1920年3月"。
⑤ 1930年报告为《满洲商业新闻》。有记载称该报初名《大连经济日报》，1923年改名。
⑥ 1930年报告为"1917年3月"，有记载称该报1917年12月创刊。

(续表)

名称	主义系统	持有人	编辑干部	备考
益世报	最初作为天主教的机关报创刊,但目前为独立经营的形式。现在的倾向,可以称之为南京派	社长 杜竹轩(号低泉) 创办以来一直任社长,山东人	主笔 王小隐 编辑 邓伯如、赵仙洲、冯亮如	1915年创刊①,日刊,大型,八页,发行量一千五百份。创刊之初由杜竹轩出资一万元,是天津《益世报》的支社。与原英国人基督教会有关,因此现在仍设有基督教栏,似乎多少带有一些英国色彩。外国方面的广告多于其他报纸,读者多为全国天主教会相关人士及商业界、旧式社会人士,好载排日报道。最近数年来亏损巨大,总有停刊之虞。曾于1927年被张作霖勒令停刊。社址在和平门外南新华街
全民报	准奉系	社长 韩绍周(号宗孟) 曾在张荫梧部任参谋长 主任 张见庵 现河北省教育厅长	主笔 张佩轩 编辑 恒叔达、侯克笃、林烟峰	1928年6月创刊②,日刊,大型,八页,发行量二千四百八十份。创刊之初由市长张荫梧主持,1930年随着晋系的没落,重要人物全部被替换。现由教育厅长张见庵接手继续经营,经费每月由教育厅出资二千元,晋系商震暗中提供二千元。目前在言论方面虽然没有露骨地表现出反对南京政府的态度,但似乎在暗地里拥护着晋系。河北省政府每月出资五百元,山西徐永昌出资一千元。读者以河北省各县及北平市各官厅人士最多。社址在宣武门外大街
世界日报	李石曾机关报	社长 成平(号舍我) 毕业于上海圣约翰大学,南京司法部秘书,北平大学秘书。曾留学日本、美国、德国,创刊以来一直担任社长,兼任《世界晚报》社长 社长代理 吴范寰 毕业于北平大学,任该大学秘书	主笔 张慎之 编辑 王桂宇、张啸空、萨空了	1923年创刊③,日刊,大型,十二页,还发行周刊画报,发行量六千八百份。最初由李石曾党人创刊,后由成平独立经营。由于共产党人李大钊曾任主笔,因此传承了共产党的色彩。雇用女性记者,开创了北平报界之先例。读者以知识阶层和学生居多。以各省的特电为特色,在南京、上海、天津、汉口设有分馆。社址在宣武门外石驸马大街
京报	准冯玉祥系	社长 邵汤修慧 已故社长邵振青的遗孀,毕业于浙江女子师范学校,曾任新闻编译社记者	编辑 黄濬(号秋岳) 在官界多年,著名诗人,曾是上海《申报》主持人 主笔 潘邵昂 上海《时事新报》主笔潘公弼之弟	1918年10月由已故社长邵振青创刊,日刊,大型,八页乃至十页,发行量二千份。安福派时期曾一时被迫停刊,1924年复刊,作为冯玉祥系而成为宣传共产党的报纸。1926年,邵振青被张作霖枪杀后再次被迫停刊。1928年6月,邵夫人重新刊行该报直至今日。该报自创刊以来,先后为王士珍、直系、徐世昌系、冯玉祥系、晋系、何成濬系,其派系随着时局的变迁而改变。但目前似乎与任何一个派系都没有太深的关系,读者主要为知识阶层。据说每月由汪兆铭出资一千元,宋子文出资一千元,商震出资五百元。社址在宣武门外魏染胡同

---

① 1928年报告为"1916年",一说1916年2月创刊。
② 一说1928年8月10日创刊。
③ 应为1925年2月10日创刊。

(续表)

名　称	主义系统	持有人	编辑干部	备　考
华北日报	中央党部机关报	委员制度 委员长、编辑方面的报社代表　李石曾 经营方面的社代表　尹思齐(号述贤) 毕业于北京大学，曾任中央党部委员	主笔　沈尹默 毕业于北平艺术学院，中央党部秘书代理李石曾　实际上是编辑方面的报社代表。现任北平大学校长，曾任河北省教育厅长 记者　李石曾、杜阜民 主任　张继	1928年创刊①，日刊，大型，十二页，发行量三千五百份，每周日加印党报。1929年自发停刊，1930年春被晋系占据，改名为《新民报》，同年9月晋系失败，至10月由中央党部复活。作为半官报，各官衙及党部相关人士都需要购阅。大肆刊载排日性报道。每月从党部得到经费五千元。社址在东城王府井大街
北京日报	主义不一定	社长　陆少游	编辑　林醉酾、吴剑秋	1907年7月创刊②，日刊，大型，四页，发行量一千份。北平最早的由中国人经营的报纸，在前清和袁世凯时期得到了官方的优待，但由于未顺应时代潮流而逐渐衰微。社长朱淇在1928年3月将该报的经营和编辑委任给彭报晖，但并无效果，于是又将其收回经营至今。1931年10月10日，该报被转卖给陆少游，陈兴亚每月提供三百元。社址在梅北寺街顺德会馆夹道
卍字日日新闻	世界红卍字会机关报	世界红卍字会 名誉社长　江朝宗、熊希龄	总编辑　姚伯符	1923年创刊，日刊，大型，八页，发行量一千六百份。以江朝宗、钱能训等人为中心，以宣传道教、佛教、红卍字会事业为主。在各慈善团体、道会、庙宇、僧人等中间拥有众多读者，普通人很少阅读。社址在西单牌楼舍饭寺胡同世界红卍字会内
民国日报	与中央党部有关(又据称与张继、李石曾等仍有关系)，国民政府的机关报	社长　黄伯耀　毕业于日本法政大学，曾任上海《新闻报》记者，前参议院议员，蒋介石驻北平的代表，精通英文，曾经营华侨通讯社	编辑　陆梅村、陈觉庵、翁麟声	1928年8月创刊③，日刊，大型，八页，发行量一千二百份。作为西山派的机关报而创刊，1929年被晋系的市长张荫梧查封，黄伯耀则被警备司令部拘留。随着晋系的失败，该报于1930年12月复刊，黄伯耀也恢复自由。中央政府每月会提供一千圆，但往往拖延，因此经营困难。读者以党部、教育界人士居多。社址在彰义门大街
北平导报	韩复榘机关报	社长　林鼐士(号■士)　毕业于北京大学，曾任山东牟平县长，从事报业多年，兼任主编	主笔　廖楚舟 编辑　武自强、张醉丐、张绍堂	1929年4月创刊④，日刊，大型，八页，发行量二千八百份。最初由石友三、宋哲元以五千元创刊，但由于没有人提供日常费用，经营十个月后停刊。1931年1月复刊，由韩复榘每月补助二千元。在山东济南有支社，且以山东的报道最有特色。在各地官厅和北平商界中读者众多。1931年11月9日"天津事件"⑤发生之际，被以发布谣言为由一度查封，但不久就获得解除。社址在和平门外梁家园

---

① 1931年报告为"1929年"。
② 1930年报告为"1911年"；一说《北京报》于1904年8月创刊，1905年8月更名为《北京日报》。
③ 1928年报告为"1928年6月9日"，1929年报告为"1928年6月10日"，1931年报告为"6月"(译者)；民国时期，以《民国日报》命名的报纸有多份。据史料记载：北京有一份《民国日报》创刊于1925年3月5日。
④ 1931年报告为"1928年"。
⑤ 指日军1931年11月在天津制造的一连串挑衅事件。

(续表)

名称	主义系统	持有人	编辑干部	备考
北平报		社长 任岐山 已故社长任昆山之弟,《北平白话报》经营者任璞生之兄	编辑 徐伯勋、王学安	1921年3月创刊,日刊,大型,四页,发行量五百五十份。最初由曹锟之弟曹锐出资二千元创刊。1924年曹锟、吴佩孚失败后停刊,社长任昆山病逝。1926年5月复刊,直至今日。由于现任社长任岐山是北洋大药房的经理,因此该报在各药房中读者众多。社址在和平门外大安澜营
日知报		社长 王薰午(号勋五) 兼营统一通讯社,曾是国民党左派人士	主笔 同前	1916年秋创刊①,日刊,大型,四页,发行量一百份左右。原为袁世凯的机关报,后变为段祺瑞的机关报。当时发展良好,但现在完全低迷不振,甚至连其存在都被忽略,经营困难,近来已有停刊之势,在派系色彩方面也不成问题。社址在宣武门外土地庙下斜街
商业日报	北平总商会机关报	社长 尹晓隐(号小隐) 中国大学肄业,曾任财政部佥事	编辑 张汇川	1911年创刊②,日刊,大型,四页,发行量六百份。最初由商会创立,每天发行一份小报,社长王雪椎。1919年停刊,三个月后李幼亭继续刊行。1924年再次停刊,一个月后由李子寒复刊,以大型一页发行。1926年再度停刊,四个月后由尹晓隐复刊直至今日。目前依靠总商会每月提供的二百元,以及该行业商会出的一百元来维持经营。专门为总商会进行舆论宣传,与党派无关。读者主要为北平商界人士,普通读者极少。社址在宣武门外校场口
铁道时报		社长 李海涛 毕业于北京宛平中学,曾为交通部办事员	主笔 同前	1914年创刊③,日刊,大型,四页,发行量三十份,每月从平绥铁路局得到二十元,从平汉、北宁各铁路局各得到十元的补助。刊载铁路发车表和广告,只不过是形式上发行一些,有名无实。社址在和平门外南新华街
北平商报		社长 宋竞业(号抱一) 北平大学肄业,兼营商学电闻社		1918年创刊,日刊,大型,四页,发行量三百份。最初是总商会的机关报,每月获得五百元的补助,但1923年补助停止,从而陷入经营困境。同年4月停刊,直至1925年由宋抱一复刊。总商会每月补助一百元。报纸除了向各地的商会邮寄之外,北平的读者购阅不过一百份而已。社址在宣武门外北半截胡同
实报	主义不一定	社长 管翼贤 毕业于北京大学和日本法政大学,曾任神州通讯社记者和《天津泰晤士报》主编,兼任时闻通讯社社长	主笔 苏雨田 毕业于中国大学,曾任《天津泰晤士报》记者 记者 徐剑胆、马家声、钟万民	1928年8月创刊④,日刊,小型,四页,发行量二万四千份。创刊之初是晋系商震的机关报,1930年后由管翼贤独立经营,顺应时势,从各种势大力强者那里获得若干补助,近来发展非常快。作为政治报纸而言,虽是小型报纸,但发行量达到了北平第一。报道涉及政治、社会各方面,受到了各阶级的欢迎。社内设有时闻通讯社,社址在宣武门外大街

---

① 一说1913年9月创刊。从袁世凯去世时间看,此报应早于1916年秋创刊。
② 1931年报告为"1916年6月",一说1912年1月创刊。
③ 一说1916年5月创刊。
④ 1931年报告为"10月",一说1928年10月创刊。

(续表)

名　称	主义系统	持有人	编辑干部	备　考
群强报	营利本位	社长　陆哀(号慎斋)　前山西巡抚陆钟琦之子,毕业于北京中国大学,曾任湖北汉阳县长	主笔　戴正一　北平满洲旗人,掌握本报全权,是实际上的经营者,在戏剧界有影响力 记者　王丹忱、杨曼青、唐公恕	1913年创刊①,日刊,小型,八页,发行量一万六千五百份。出资者为陆哀,资本金三千元。纯粹为面向普通民众的社会报纸,将重心特别放在了戏剧相关的报道上。梨园公会每月补助二百元,在戏剧爱好者和中流阶层读者居多。虽然只不过是小型社会报纸,但其发行量却凌驾于北平各报纸之上。社址在正阳门外樱桃斜街
实事白话报	营利本位	社长　戴兰生(号梦兰)　曾任《晨报》记者,《群强报》主笔戴正一之子 经理　刘维屏	主笔　杨菊舫　曾任《顺天时报》社会部通讯员 记者　邬仲华、李仲悌、黄辽隐	1920年5月创刊②,日刊,小型,四页,发行量一万八千三百份。由前步兵军统领李长泰创刊,是模仿《群强报》的社会报纸,在下层社会受到欢迎。目前出资者为戴兰生,资本金四千元。电车公司每月补助二百元,英美烟草公司每月补助一百元。社址在宣武门外魏染胡同
平报		社长　陆秋岩　商业界人士,曾经营当铺和浴堂	主笔　陈重光　毕业于平民大学 记者　吴剑秋、李铁丐、董荫狐	1921年1月创刊③,日刊,小型,四页,发行量六千五百份。出资者为李少年,三千元。社址在和平门外西南园
小小日报		社长　宋信生(号心灯)　毕业于民国大学④,曾经营《大西北报》 经理　宋致泉　北京大学学生	编辑　王霄羽、陆体乾、刘亚贤	1924年8月创刊⑤,日刊,小型,四页,发行量一万二千份。出资者宋信生,七千元,是社会报纸。最近与各大学有联系,关注学生运动方面的报道,因此该方面的读者增加,有"体育报"之名。社址在宣武门外棉花头条胡同
北平晚报	与银行界、总商会接近	社长　季乃时　毕业于北京大学,南京《中央日报》特派员,曾创办、经营《五点晚报》	叶子贤、赵效沂、李天然、萨空了	1920年12月创刊⑥,晚报,小型,四页,发行量四千五百份。北平的晚报鼻祖,原名《北京晚报》⑦。张志谭出资一千五百元,任命刘煌为社长,曾经得到过陆宗舆、曹汝霖等人的援助。后来,随着刘煌成为原财政长张竞仁的女婿,该报开始与银行界接近,后又与总商会接近。1930年末,刘煌表面上辞去了社长的职位,让其亲戚季乃时负责报社。金融界方面的报道较为准确,以特电为特色。青岛市长胡若愚每月提供二百元,北平市长周大文提供二百元,北平万国储蓄会提供一百元的补助。社址在和平门内⑧绒线胡同

---

① 1931年报告为"1912年",一说1912年6月创刊。
② 1931年报告为"1918年",一说1918年8月创刊。
③ 一说1921年10月创刊。
④ 1931年报告为"郁文大学"。
⑤ 1931年报告为"1925年8月",一说1925年1月创刊。
⑥ 1931年报告为"1921年"。
⑦ 1931年报告为1917年创刊,一说1919年2月创刊。
⑧ 1931年报告为"和平门外"。

(续表)

名　称	主义系统	持有人	编辑干部	备　考
世界晚报	李石曾机关报	社长　成平	万梅子、张恨水、王有珍	1923年创刊,晚报,小型,四页,发行量六千份。该报与前述《世界日报》属于同一经营者,但先于《世界日报》①一年多发刊。最初由龚德柏经营,言论激烈,1926年被张作霖勒令停刊。后来,当时的众议院议长吴景濂出资三千元,让其秘书成平创办此报,直至今日。以各地的特电为特色,社址在宣武门外石驸马大街(参照前述《世界日报》栏)
实权日报		社长　德仲华(原名溥继)　律师,前清公爵 经理　载洵　前清贵族	主笔　洪维荃 曾在警察界多年 赵仲清、耿郁溪、溥叔方	1930年1月创刊②,日刊,小型,四页,发行量二千五百份。面向大众的通信报纸,读者旗人居多。社址在阜成门内学院胡同
时言报	与戏剧界有关	社长　常振春	张修孔、佟冷仙、李国华、周少泉	1930年10月创刊③,日刊,小型,四页,发行量五千五百份。由艺人杨小楼(一千元)、刘砚芳出资,内容以戏剧界消息为主,亦以戏剧界的广告费为大宗经费。1931年2月,该报陷入无法经营的境地,前社长高尚志将其盘给现任社长。社址在宣武门外铁老鹳庙
北平白话报		社长　任璞生 《北平报》社长任岐山之弟,军界出身,曾任吴佩孚部下杨清臣的副官 经理　伍崇高	吴菊痴、徐凌霄、郝锦川、徐剑胆	1918年创刊④,日刊,小型,四页,发行量四千五百份。原先由任璞生之兄任昆山等数人创办,任昆山死后由任璞生继续经营。在下层社会和小学生中读者居多。据说,发行该报的主要目的是为自家卖药做宣传广告。社内设有中国通讯社、中华广告部、中和堂售药处。社址在和平门外大安澜营
北平新报	带有冯玉祥西北军的色彩	社长　汪道余 曾就读于华北大学,为冯玉祥经营《民报》《华报》等	陈慎言、魏国华	1916年10月创刊⑤,日刊,小型,四页,发行量四千八百份。最初朱彦含任社长,位于宣武门外棉花头条。但创刊后三个月就陷入了经营困境,因此转给汪道余,搬至现在的地址,每月由宋哲元补助三百元。邮寄往各地者居多。社址在西单牌楼北大街
快报		社长　王少逸(号若水)　曾任武汉铁厂技师、财政部印刷局工务长、税捐局局长 经理　刘多木	杨治平、王绍庭、鄂笙、王逸尘	1931年1月⑥创刊,日刊,小型,四页,发行量三千份。由数家大商店出资创刊,每月由商会和银行公会各补助一百元,提倡商业发展。1931年8月开始由王少逸独立经营。读者多为商业界人士,普通市民较少。社址在和平门外虎坊桥东

---

① 《世界日报》于1925年创刊。
② 1931年报告为"5月",一说该报1931年创刊。
③ 另有一份《时言报》1919年3月在北京创刊。
④ 1931年报告为"1919年"。
⑤ 从西北军出现推断创刊时间存疑。有一份《北平新报》1931年4月创刊于北京。
⑥ 1931年报告为"1930年10月"。

(续表)

名　称	主义系统	持有人	编辑干部	备　考
东方新报		社长　刘与六　前清秀才,曾在军界任职	刘树铭、文市隐、吴礼堂	1931年3月创刊①,日刊,小型,四页,发行量一千二百份。最初计划是作为汤玉麟的宣传机关,每月的经费由金鼎臣、刘宪章等补助,而且热河的鸦片销售理应是以本报为后盾的。但发行后,以上计划全部破产,变成刘与六独立经营,近来由于资金不足,据传要停刊。社址在宣武门外南柳巷
新北平报	提倡自治	社长　林质生(号天水)　毕业于三旗学校,曾经营《中华报》,担任《晨报》编辑。现任大同通讯社社长,新闻界知名人士　经理　卓宏谋　作为银行家而为人所知	章弃材、汪子琦、张恨水、穆辰公	1931年10月10日创刊②,日刊,小型,四页,发行量五千份,每月由北平市自治委员会补助四百元,北平市商会补助二百元。在官厅及普通人中读者居多。社址在宣武门外达智桥
消闲日报		社长　智慧(号野僧)　僧侣,原拥有大量寺庙产业,现已售出大部分,投向自治团体,设立自治小学,同时发行该报	谢天启、李翰臣、王印丞	1931年10月15日创刊,日刊,小型,四页,发行量二千五百份。原来的《消闲日报》由于触犯当局的忌讳而被勒令停刊,此为另外发行的同名报纸,对原《消闲日报》的外观作了改动,内容以梨园界和社会报道为主。社址在阡儿路七圣庵庙内

二、英文报纸

名　称	主义系统	持有人	编辑干部	备　考
Le Journal de Pékin (英文版)		(参照法文报纸 Journal de Pékin 一栏)		下一栏的法文报纸 Journal de Pékin 在1932年1月英文报纸 Leader 停刊之际,从1月1日起增设本报,并逐渐扩展。现在每天发行六页副刊
The Yenching Gazette (英文平西报)				本报原为燕京大学学生报纸,1932年2月起成为小型日刊报纸,并在3月2日改为大型,四页
Leader (1932年1月停刊)	南京政府外交部及中央宣传部机关报	刁作谦(前驻古巴中国公使)　该报经营主体为Peking Leader Corporation,其前社长 Grover Clark 将本社的经营转给刁作谦。据说刁相当排日	总编　李炳寿　前外交部人员　1930年4月,晋系接管该报以来 Lenox Simpson 任主笔,此人不仅担任天津海关税务司,同时还是 North China Standard 的记者。孙瑞芹也曾担任过主任兼主编	1917年创刊③的 Peking Leader④ 的后身,日刊,发行量一千五百份。1930年3月,Standard 停刊以来,成为了北平唯一的英文报纸。同年8月,随着《英文新民报》的创刊,形成了两者并立的局面。但此报随着晋系的倒台而同时关停,因此,该报不仅没有受任何影响,在 Standard 停刊后,发行量还得到增加。读者以中国的知识阶层和外国人中的宗教相关人士为主。除日刊之外,还发行 The Week in China。从南京政府得到相当高额的补助。1932年1月22日,由于在报面上刊登了对日本皇室不敬的报道而遭到日本方面的抗议,于1月28日后停刊

---

① 一说1931年6月16日创刊。
② 一说1930年10月创刊。
③ 一说1920年创刊。
④ 即《北京导报》。

(续表)

名称	主义系统	持有人	编辑干部	备考
The Peiping Chronicle [北平时事日报] (英文)		主理人 沈衔书	主编 W. Sheldon Ridge 编辑 A. Cecil Taylor	1932年6月7日创刊,使用从旧 Leader 报社原封不动接手的建筑和印刷机等进行经营,但与 Leader 没有任何关系

三、法文报纸

名称	主义系统	持有人	编辑干部	备考
Le Journal de Pékin		M. Albert Nachbaur "哈瓦斯"通讯员,出生于阿尔萨斯-洛林的法国人,带有一些社会主义倾向。英语水平不高,曾是巴黎蒙马特区的小曲作者。在华约十六年,在国民党中似乎也有不少知己	主笔 同前	1911年创刊,日刊,八页,发行量三百份。由于居住在北平的法国人极少,懂得法语的人也稀少,因此发行量少,经营困难。其发行仍得以维持,是因为1928年以来该报被任命为国际联盟劳动事务局驻北平代表,可以想象通过该方面能够得到一些补助。该报似乎过去从法国公使馆处得到一些补助,但目前没有得到任何援助。1932年1月,以英文报纸 Leader 停刊为时机,该报开始每天发行六页英文副刊

四、日文报纸

名称	主义系统	持有人	编辑干部	备考
北京新闻（日文）		社长 森川照太	主笔 坂本音吉 兼任《时事新报》及《满洲日报》的通讯员	燕尘社的报纸,1923年8月作为《京津日日新闻》的北京版而发刊。1928年9月下旬,《京津日日新闻》社长森川照太被任命为燕尘社理事,该报从 North China Standard 社内移转至现在的社址。以往满铁每月补助三百圆,但后来渐渐减少,目前每月有一百元的补助。发行量四百五十份。社址在五老胡同燕尘社
新支那		社长 安藤万吉	主笔 金泽クミ（前主笔遗孀）,只是名义上的主笔,实际上由丰冈捨松、村上知行两人掌握实务	1913年9月创刊,发行量四百五十份。北平日文报纸中最老的报纸。最近二三年来,由于安藤社长不热心于经营,并且随着《北京新闻》的发刊,有能力的记者逐渐流失,从而陷入了经营困境。但近来经过努力,发行量又有了相当的增加,似乎能够渡过经营困难的难关。社址在大甜水井

天津

人口:日本人6 000人(其中朝鲜人600人),中国人1 343 200人,外国人6 100人。

概况

目前天津的报纸,有中文报纸二十一种、英文报纸三种、俄文报纸两种、德文报纸一种和日文报纸两种。中文报纸中,《大公报》《益世报》《庸报》《天津商报》《民报》《启明报》《天津民国日报》《华北新闻》《时报》《汉文天津日报晚刊》十种为大型报纸,其他都属于小型报纸。鉴于中日关系的现状,日文报纸在中国人和外国人中都得到重视。

定期调查报告　　（秘）1932年版　　外国的报纸（上卷）（"满洲"及中国部分　附大连、香港）

一、中文报纸及杂志

(1) 报纸

名　称	主义系统	持有人	编辑干部	备　考
大公报	稳健的新思想主义,被视为中国有识阶级和青年思想的代表,似乎与冯玉祥方面联系密切	胡霖(政之)　原上海《共和报》主笔,中国报界元老,主持总社位于上海的国闻通讯社资本金五万元,吴鼎昌也是其出资者	张炽章(季鸾)　原上海《民报》主笔,有人认为其抱有一定的左倾思想	1902年创刊,日刊,十六页,发行量五万五千份。曾作为安福系的机关报而活跃,与其政派一同经历了盛衰的变迁。1920年变更过组织,1925年末再度停刊。1926年9月,现任社长将其复刊,报面焕然一新。1928年购入轮转机后,愈见进步,与《益世报》《庸报》一同成为了北方地区有影响力的中文报纸。社长和主笔都是留日出身,因此对日态度较为公正。社址在法租界三十号路
益世报	传统性亲美排日,针对排日问题,总是刊载强烈的煽动性报道。没有固定主义,总是迎合当政者	刘俊卿　前电报局长	刘豁轩　毕业于南开大学	1916年1月创刊①,日刊,十六页,发行量三万二千份。由天主教关系者出资的股份制组织,据称资金有三十万元,拥有一台轮转机。曾受到美国方面的支持,与北平《益世报》属于同一系统,但不存在财政上的关系。直系掌握当地政权时是该派的机关报。报道丰富,目前在民众团体方面有影响力。社址在意租界大马路
庸报	标榜不偏不倚,但曾是吴佩孚派的机关报,似乎与南方派也有联系	董显光　留美出身。原就职于上海 Millard Review,大肆撰写排日报道。但目前往往发表以中日经济协作和社会政策为主义的报道	张琴南　毕业于北京大学	1926年创刊②,日刊,十八页,发行量一万五千份。资本金四万元,拥有轮转机,编辑方法采用美国式。1931年与上海《申报》建立协作关系,政局方面的通讯敏捷,报道丰富,声价高涨。社址在法租界二十一号路
天津商报	在银行界有关系,被视为南方人的机关报,似乎与市政府和市党部方面也有关	王镂冰	鲁炎庆　毕业于南京大学	1927年创刊,日刊,十四页。资本金一万元。近来有乐于刊载排日性报道的倾向。社址在法租界二十四号路
民报	标榜不偏不倚,被视为民意的代表,亲日	鲁嗣香　毕业于法政学校	沈信民	1929年6月创刊③,日刊,八页,发行量五千份,资本金据称有一万元。社址在日租界须磨街
启明报	主义、主张不定,被视为旧直系	苏明甫	同前	1920年创刊,日刊,六页,发行量五百份,资本金五百元,社址在南市广兴大街
天津民国日报	市党部机关报	鲁荡平　毕业于广东大学	王一凡	1929年12月改组而发行,日刊,十二页,发行量五千份。天津市党部每月提供经费五千元。社址在特别三区三经路
华北新闻	有排日、排外倾向,是劳动问题等新思想风潮的先驱,带有冯玉祥派色彩	周拂尘　经营华北通讯社和广告社	徐培源	1921年创刊,日刊,八页,发行量五千份,资本金一万二千元。由于反对李景林时期的政府而被逐出中国街,转移至法租界。另外还发行小型晚报《华北晚报》。社址在法租界四号路

---

① 一说天津《益世报》1915年10月创刊。
② 1929年报告为"1926年6月",一说1926年8月创刊。
③ 1930年报告为"1929年2月"。

(续表)

名　　称	主义系统	持有人	编辑干部	备　　考
时报	无主义系统	刘霁岚	李吟梅	1924年创刊①,日刊,四页,发行量一千份,资本金一千元。另外还发行《评报》,其外观、页数等与《时报》相同,发行量二千份。社址在意租界大马路
新天津报	过去为直系机关报,由于社长是回教徒,所以也被视为回教徒的机关报	刘中儒	薛月楼	1924年9月创刊,日刊,小型,十六页,发行量三千份,资本金二千元。虽是小报,但政治和时事方面的报道丰富,趣旨有别于其他普通小报。社址在法租界二十四号路
白话{晨报、午报、晚报、新报}	通俗三流报纸,排日	白幼卿　副社长　刘静臣	董秋圃	《白话晨报》于1912年创刊②,日刊,小型,四页,发行量一万份。《白话午报》于1914年创刊③,日刊,小型,六页,发行量一万份。《白话晚报》于1916年创刊④,日刊,小型,四页,发行量一万份。《白话新报》于1928年创刊,日刊,小型,四页,发行量五千份。上述报纸的读者都以少年学徒、劳动者等下层阶级居多,内容上则以娱乐性和社会市井报道为主。资本金一万二千元,社址在南市广兴大街
国强报	没有一定主义	杨少林	张诚民	1918年创刊,日刊,小型,四页,发行量五百份,资本金四百元,社址在南市平安大街
晶报	没有一定主义	陈眉翁	同前	1929年4月创刊,日刊,小型,四页,发行量六百份,资本金五百元,社址在河北昆纬路
天风报	以文艺为主,不带有政治色彩	沙游天	何香石　毕业于日本法政大学	1930年2月创刊,日刊,小型,四页,发行量八千份,资本金六千元,社址在法租界华中路
东方日报	市党部机关报	刘不同　市党部委员	张荫渔	1930年4月创刊,日刊,小型,四页,发行量六千份,资本金五千元,社址在意租界东马路
中南报	没有一定主义	张幼丹	姜老兵	1930年12月创刊,日刊,小型,四页,发行量二千份,资本金一千元,社址在意租界南马路
民治报	没有一定主义	田忠林	胡至霞	1931年12月创刊,资本金四百元,发行量一千份,社址在意租界小马路
指南报	没有一定主义	赵兴	王铭贤	1931年7月创刊,资本金五百元,发行量一千五百份,社址在河北三马路
钢报	反日会机关报	施永厚	于锦章	1931年10月创刊,资本金一千五百元,发行量一千份,社址在河北昆纬路
汉文天津日报晚刊	日文报纸《天津日报》的中文晚报	社长　真藤弃生	同前	1929年12月创刊,日刊,四页,日文报纸《天津日报》的中文晚报,发行量二千份。购阅者主要是中国人。1932年5月10日,由于登载纪念"五九"的排日标语而被勒令停止发行五天。社址在日租界福岛街

① 1931年报告为"1923年"。
② 1929年报告为"1914年",一说1912年11月18日创刊。
③ 1924年报告为"1916年9月",1929年报告为"1916年"。
④ 1929年报告为"1912"年,1931年报告为"1911年"。

名 称	主义系统	持有人	编辑干部	备 考
津报	营利本位	樋口义麿		1932年5月5日创刊,日刊,四页,发行量一千份。得到了日本驻屯军①的援助,实际上作为军部的机关报而发行。鉴于时局而受到重视。目前在日租界花园街东和印刷所印刷

(2) 公报及杂志

名 称	主义系统	持有人	编辑干部	备 考
国闻周报	政治杂志	胡霖 《大公报》社长	同前	1924年在上海创刊,及至1926年胡霖经营《大公报》,在天津大公报馆印刷发行。周刊,六十余页,发行量四千份。天津唯一的中文杂志,编辑政治评论、社会问题、其他评论和文艺创作等,在全国性知识阶层中拥有读者。社址与《大公报》相同
市政周刊	天津特别市政府机关杂志	市政府	陈宝泉 市政府参事	1928年1月创刊,周刊,发行量二千份。经费由市政府提供,社址在天津市政府内
河北省政府公报	省政府机关杂志	省政府秘书处	省政府秘书处	1928年5月创刊,日刊,具有杂志的外观,发行量六百份,经费由省政府提供,社址在河北省政府内
抗日周刊	反日会机关杂志	罗老道	陈永寿	1931年10月创刊,周刊,发行量五百份,资本金一千元,社址在法租界四号路

二、英文报纸及杂志

名 称	主义系统	持有人	编辑干部	备 考
Peking & Tientsin Times [京津日报]② (英文)	英国系	Tientsin Press Co., Ltd.(天津印字馆)	W.V.③ Pennell 记者 G. A. Morris	1894年作为周刊创刊,1904年改为日刊④,早报,十八页,发行量一千五百份。天津印字馆除了发行报纸之外还经营普通印刷业。该报是北方地区最有影响力的外文报纸,与上海的 *North China Daily News* 齐名。其社论被视为代表北方地区英国人的主张,最近对日态度良好。前主笔 Woodhead 是北方地区言论界的元老,但1931年8月被聘至上海的 *Evening Post*。社址在英租界中街一百八十一号
China Illustrated Review [中华星期画报] (英文)	同上	同上	同上	周刊,每周六发行。是《京津日报》的插画周刊,新闻纸对开型,二十八页,发行量八百份。以时事、政治、经济报道为主,另有照相版附录。社址在天津印字馆
North China Daily Mail [华北日报] (英文)	英国系	T. G. Fisher(英国人)	J. H. Eldridge	1914年创刊⑤,晚报,八页,发行量五百份。面向家庭的报道居多,对日态度极为良好。社址在法租界中街十九号

① 指日本根据《辛丑条约》在山海关至北京铁路沿线的驻军,司令部设于天津。
② 亦即《京津泰晤士报》。
③ 1928年报告为"U"。
④ 一说1902年改为日刊。
⑤ 一说1915年1月创刊。

(续表)

名称	主义系统	持有人	编辑干部	备考
North China Sunday Times［华北星期日泰晤士报］（英文）	同上	同上	同上	1918年创刊，《华北日报》的周刊，每周日发行，六页，发行量三百份，社址与《华北日报》相同
North China Star［华北明星报］（英文）	美国系	North China Star Co., Inc	社长兼主编　C. J. Fox 主笔　A. B. Hayman 记者　A. M. Gaptill	1918年创刊，日刊，十二页，发行量三千五百份。编辑风格发挥了美国报纸的特色，带有煽动性倾向。曾有很多排日报道，但最近对日态度良好。由于定价低廉，在英、美人以外的外国人和中国人中拥有众多读者。社址在法租界八号路
Tientsinner［天津老儿］（英文）	当地英国侨民的趣味文艺杂志			1925年创刊的周刊杂志，菊版，二十四页，发行量三百份，社址在英租界中街

三、俄文报纸

名称	主义系统	持有人	编辑干部	备考
Наша заря	白系报纸	M. S. Lemvich.（犹太人）	I. L. Miller（犹太人）	1928年4月创刊，日刊，六页，发行量一千份。受到白系俄国民族协会的操纵，致力于攻击赤俄。社址在英租界一号路
Азия	反赤俄系	小山行道	小山行道 另有五名白系俄国人	1932年4月10日创刊，日刊，小型，四页，发行量约三百份。免费发放给侨居北方地区的白系俄国人。反赤俄派，在白系俄国人中受到好评

四、德文报纸

名称	主义系统	持有人	编辑干部	备考
Deutsch Chinesische Nachrichten	德国系	Bartels	Krey	1930年10月创刊，日刊，十二页，发行量七百五十份，社址在特别区①无锡路十九号北洋印刷所

五、日文报纸及杂志

名称	主义系统	持有人	编辑干部	备考
天津日报（日文）		真藤弃生、金田一良三、武田守信的合名公司	主笔　真藤弃生	1910年1月创刊，早报四页，晚报四页，发行量八百份。天津最早的日文报纸，由《北清时报》《北支那每日新闻》合并改名而来。高调宣扬国家主义、国粹主义，属于《大阪每日新闻》系，是总领事馆和民团登载公告的指定报纸。社址在日租界福岛街
京津日日新闻（日文）		黑川重幸	同前	1918年创刊，早报和晚报各四页，发行量一千六百份。经营上和《天津日报》处于竞争地位，与其保守性质相反，有激进色彩。总领事馆和民团登载公告的指定报纸，与《天津日报》作为天津的日文报纸而并称。社址在日租界旭街
天津经济新报（日文）	经济杂志	小宫山繁	同前	1920年创刊，小型周刊，外观为杂志型，发行量二百五十份，社址在日租界明石街

① 1931年报告为"特别一区"。

张家口

人口：日本人 27 人（其中朝鲜人 9 人），中国人 84 300 人，外国人 100 人。

中文报纸

名　称	主义系统	持有人	编辑干部	备　考
察哈尔新民日报	省政府机关报	社长　荆得文	主笔　夏笑我	1930 年 11 月 1 日创刊，日刊，发行量一千五百份，每月接受省政府三百元补助。社址位于张家口上堡榆树院
察哈尔民国日报	党部机关报	社长　马亮	于沚生　李伟民	1930 年 11 月创刊，日刊，发行量一千三百份。每月接受党部三百元补助，多少有排日倾向。社址位于张家口
宣化新报		社长　王惠堂	主笔　赵化均	1930 年 7 月创刊，日刊，发行量七百份。社址位于宣化县城内

绥远

中文报纸

名　称	主义系统	持有人	编辑干部	备　考
绥远日报	省政府机关报	社长　张师曾	主笔　徐的洁	1930 年 8 月 26 日创刊，日刊，发行量一千二百份。每月接受省政府三百元补助。社址位于绥远城内
绥远民国日报	党部机关报	社长　刘尚清	主笔　张充文	1930 年 1 月创刊，日刊，发行量一千份。每月接受党部三百元补助。社址位于归化县文庙街
绥远社会日报		社长　陈国桢	主笔　马伟功	1930 年 8 月创刊，日刊，发行量八百份。社址位于归化城大东门图书馆，独立经营

太原（1930 年 12 月末）

中文报纸

名　称	主义系统	持有人	编辑干部	备　考
晋阳日报		私人合办		1906 年创刊，日刊，六页，发行量一千五百份。本报创立以来有二十几年历史，为山西报社之鼻祖
山西日报		董事会		1919 年创刊①，日刊，发行量约二千份。系山西督办公署创立，至 1928 年为止为政府机关报，因此基础比较巩固。读者中海外团体或个人不少
并州新报		私人合办		1927 年创刊②，日刊，发行量约一千五百份。印刷、形式均无可观之处

---

① 一说 1918 年 6 月创刊。
② 另有一份《并州日报》1917 年 8 月创刊于太原。

(续表)

名　　称	主义系统	持有人	编辑干部	备　　考
山西民国日报	省党部机关报	省党部宣传部		1930年创刊①，日刊，发行量二千五百份。创刊后数月由于阎锡山打压，以至于不得不一时停刊。该报在经济上接受省党部宣传部支持，又从中央社直接获得消息，因而在形式、内容等上有欲压倒其他报社之势。知识阶层购阅者最多
山西政报	省政府机关报	省政府		1928年创刊，隔日发行。专门刊登政治报道、法令、官厅通告等，向省内各公共机关发放，不向普通人销售

济南

人口：日本人1 900人（其中朝鲜人30人），中国人402 700人，外国人300人。

一、中文报纸及公报

（1）报纸

名　　称	主义系统	持有人	编辑干部	备　　考
平民日报	进步党	王贡忱	王伯洲	1925年4月创刊②，日刊，发行量一千五百份。"奉天事件"③发生以来，报业公会干事和办事处，排斥《济南日报》等，该报因此发行量骤然增加，有登载排日报道之倾向
山东民国日报	中央与省党部宣传部机关报	张鸿渐	马武天	1928年8月创刊④，日刊，发行量三千份。中央党部每月有一千七百元补助。前主笔王育民1931年12月下旬遭受学生排斥而行踪不明
晨光报⑤	营利本位	任筱青	孙叔哲	1928年7月创刊⑥，日刊，发行量二千份。为营利本位的报纸，有登载排日报道之倾向
新社会日报	宣扬三民主义	何冰如　原《济南日报》记者	孙叔哲	1930年8月创刊⑦，日刊，发行量四百份。与省党部委员有关系。1931年8月因经营困难停刊
通俗日报	保守党	罗亚民	孙叔哲	1930年7月创刊，日刊，发行量一千份。与省政府有关系
济南晚报	孙桐萱机关报	郭仲泉	孙叔哲	1929年5月创刊⑧，日刊，发行量二千份。目前孙桐萱每月提供二百元补贴，刘珍每月提供六七十元作通讯费。据说夏季购阅者较多，与冬季之差为五百份

---

① 1930年报告为"1929年6月"，一说1928年创刊。
② 1930年报告为"1922年"。
③ 应该是指九一八事变。
④ 1930年报告为"1920年6月"。
⑤ 1931年报告为《晨光日报》。
⑥ 1930年报告为"1928年10月"。
⑦ 一说1931年创刊。
⑧ 一说1930年创刊。

(续表)

名　称	主义系统	持有人	编辑干部	备　考
济南日报		社长　平冈小太郎 理事　立石登	平井潋水	1916年8月创刊,日刊,发行量六百五十份。过去发行量相当多,但"满洲事变"①以来,受到报业公会排斥,以至于其数量减半。日本籍
山东商业报	商会宣传机关报	张干乡	高云乡	1931年10月创刊,日刊,发行量一千五百份。每月接受商会二百元补贴。时而发行反日报道号外
历下新闻	历城县党部机关报	吴叶山	高云乡	1931年2月创刊,日刊,发行量二千份
东鲁日报	营利本位	毕雪珍	李凌云	1931年12月创刊②,日刊,发行量六百份。社长、主笔原为《济南日报》记者,而现今与该社无任何关系。刊登相当多的排日报道。资本金为银一千元
诚报	营利本位	朱喜堂	段子涵	1931年6月创刊,日刊,发行量一千二百份
新民日报	营利本位,但与省政府有关系	王笑凡	段子涵	1931年8月创刊,日刊,发行量八百份。前社长李大成被委任为烟酒局科长,但好像依然与该社有关系

（2）公报

名　称	主义系统	持有人	编辑干部	备　考
山东省政府公报		省政府秘书处	张绍棠	1928年9月创刊,月刊,发行量五百份
民政公报		民政厅	李树春	1929年5月创刊,月刊,发行量四百份
财政公报		财政厅	王向荣	1921年7月创刊,月刊,发行量三百五十份
济南市政月刊		市政府	闻承烈	1929年10月创刊,月刊,发行量三百份。济南市政府1931年1月被废止,同年3月恢复
教育月报		教育厅	何思源	1928年9月创刊,月刊,发行量五百份
建设月报		建设厅	张鸿烈	1929年10月创刊,月刊,发行量三百份
公安月刊		公安局秘书科		1930年1月创刊,月刊,发行量二百份。1931年11月因经费关系停刊
民众半周刊		民众教育馆		1928年6月创刊,周刊,发行量四千份。1931年8月因经费关系停刊

二、日文报纸

名　称	主义系统	持有人	编辑干部	备　考
山东新报（日文）		社长　小川雄三	主编　小川清矣	1926年10月创刊③,日刊,发行量四百份。该报由过去的《山东新闻》与《胶济时事新报》合并而成。另外在青岛发行晚刊,发行量八百份

---

① 指九一八事变。
② 一说1932年创刊。另有一份《东鲁日报》1916年创刊。
③ 一说1917年创刊。

博山

人口:日本人 200 人,中国人 43 400 人。

中文报纸

名　　称	主义系统	持有人	编辑干部	备　　考
博山周报	县党部机关报	县党部	李振海、石显曾(两人均为党部委员)	1931 年 8 月创刊①,周刊,四页,发行量三百份。为博山县党部机关报,排日色彩浓厚

青岛

人口:日本人 12 000 人(其中朝鲜人 500 人),中国人 161 200 人,外国人 700 人。

概述

现在青岛发行的报纸及杂志,中文报纸有十三种,日文报纸有两种,英文报纸为一种,日文杂志为六种。中文报纸中,《大青岛报》《青岛时报》《青岛民报》《正报》《中华商报》《青岛平民报》《青岛公报》《新青岛报》《胶济日报》九报为大型报纸,其他是称作所谓小报的小型报纸。虽然发行量有多有少,但都不出七百份,外观、内容等亦不见特别出色之处,唯《青岛民国日报》因为是党部机关报,在当地作为最主要的报纸拥有比较多的购阅者。不过,由于总是以党部为背景大肆进行排日宣传,平时日本人对其怨恨实属不浅,正好在 1932 年 1 月刊登对我皇室不敬的报道,终于招来日本人愤慨,其报社遭破坏,无法发行,此后一直停刊,目前阶段想早日复刊似乎无望。

日文报纸《青岛日报》在当地作为代表性日文报纸得到各方面公认,《山东新报》远不及之。但最近因记者不得其人,内容变得甚为贫乏,有逐渐被《山东新报》蚕食地盘之倾向。

一、中文报纸

名　　称	主义系统	持有人	编辑干部	备　　考
大青岛报		社长　小谷节夫	主笔　久慈宽一	1915 年 6 月创刊②,日刊,发行量约五百份。"满洲事变"③以来,发行量约减半,陷入经营困难。日本籍
青岛时报	国民党系	社长　尹朴斋	主笔　同前	1924 年 8 月创刊④,日刊,发行量约六百份。中国籍
青岛工商报	振兴工商	社长　鄭洗元	主笔　同前	1925 年 5 月创刊,日刊,发行量约五百份。中国籍
青岛民报	国民党机关报	社长　王景西	主笔　同前	1926 年 5 月创刊,日刊,发行量约六百份。总是登载排日报道。中国籍
正报	被视为美国系统	社长　史鹏远	主笔　同前	1927 年 2 月创刊⑤,日刊,发行量约四百份。中国籍
中华商报⑥		社长　马起栋	主笔　同前	1927 年 10 月创刊⑦,日刊,发行量约五百份。中国籍
青岛平民报	国民党系	社长　张乐古	主笔　同前	1927 年 10 月创刊,日刊,发行量约七百份。恶毒的排日报纸,为此过去被勒令停刊过两次。中国籍

---

① 一说 1930 年创刊。
② 一说 1914 年创刊,一说 1915 年 1 月创刊。
③ 即九一八事变。
④ 一说 1924 年 9 月创刊。
⑤⑦ 一说 1926 年创刊。
⑥ 1931 年报告为《中华报》。

(续表)

名　称	主义系统	持有人	编辑干部	备　考
青岛民国日报	党部机关报			1929年6月创刊,日刊,发行量一千三百份。为代表性排日报纸,1931年3月以来因再次刊登不敬报道而引起当地日侨群情激昂。1932年1月12日遭一群日本人袭击而被迫停刊。目前阶段恢复无望
青岛公报		社长　邹学藩	主笔　同前	1930年11月创刊,日刊,发行量约五百份。中国籍
磊报		社长　张凡鸟	主笔　同前	1931年1月创刊①,日刊,发行量约三百份。中国籍
胶济日报		胶济铁路局公益科		1931年5月创刊②,日刊,发行量约三百份。刊登铁路局公报。中国籍
新青岛报	国民党系	社长　姚公凯	主笔　同前	1931年7月创刊③,日刊,发行量约三百份。总是刊登恶毒的排日报道。中国籍
青岛快报		社长　张道藩	主笔　同前	1931年7月创刊,日刊,发行量约六百份。中国籍
青岛日报		社长　冯善亭	主笔　同前	1931年11月创刊,日刊,发行量约六百份。中国籍

二、英文报纸

名　称	主义系统	持有人	编辑干部	备　考
Tsingtao Times [青岛时报](英文)		代表者(英国人) G. F. Stockwell	编辑主任 J. Gray	1922年6月创刊,日刊,发行量约七百五十份(暑期约一千五百份)。英国籍

三、日文报纸及杂志

名　称	主义系统	持有人	编辑干部	备　考
青岛新报(日文)		社长　小谷节夫	主笔　难波纹市	1915年1月创刊④,日刊(早、晚发行两次),发行量约三千份。日本籍
山东新报青岛附录(日文)		支社长　长谷川清	编辑主任　吉冈鹿造	1926年10月创刊,晚刊,发行量约二千份。日本籍
青岛兴信所报(日文)		社长　上之荣藏	主笔　同前	1919年3月创刊,油印不定期刊。刊登资质、财产、经营状况等调查事项。日本籍
青岛实业兴信所报(日文)		社长　小川岩男	主笔　同前	1921年7月创刊,油印不定期刊。刊登资质、财产、经营状况等调查事项。日本籍
山东兴信所报(日文)		社长　吉村荣三		1921年10月创刊,油印日刊。发行量约一百五十份。日本籍
青岛公报(日文)		社长　三好真文	主笔　同前	1923年4月创刊,旬刊,发行量约一百份。刊登日中官公署公示事项及法令等,油印。日本籍
山东评论(日文)		社长　马场让	主笔　同前	1929年6月创刊,月刊,发行量约四百份。日本籍
日华(日文)		前田七郎	主笔　山田春三	1929年11月创刊,月刊,发行量约一百份。日本籍

---

① ②　一说1931年7月创刊。
③　一说1931年8月14日创刊。
④　1924年报告为"1915年1月15日",一说1914年创刊。

芝罘

人口：日本人200人，外国人600人，中国人125 500人。

概述

芝罘的报纸杂志为中文报纸四种、英文报纸一种、中文杂志一种。因当地所处地理位置，购阅区域狭小，发行量均未超过一千份，报道、通讯贫乏，仍属于乡下报纸之列。1931年7月中文日刊报纸《东海日报》创刊，该报作为刘珍年军部的机关报，经费由军部支出，还在南京、北平、天津、济南方面设特派通讯员，通讯新捷，报道丰富，压倒当地报界，发行量计有三千份，其他各报因此气息奄奄，发出悲鸣。英文报纸 Chefoo News 1931年夏更新印刷机，增配记者，好像在当地成功地获取了通过上海与天津间大北海底电缆传送的路透社电传图片，最近报道、通讯迅速且丰富，改善明显。

一、中文报纸及杂志

名 称	主义系统	持有人	编辑干部	备 考
东海日报	发扬三民主义，标榜改良社会、提倡道德、促进文化。刘珍年军部机关报	社长 刘素儒 北平法华大学毕业，刘珍年参议，历任东海渔航局长等	主笔 贾子俊	1931年7月创刊，日刊，大型，八页，发行量三千份。纯粹为刘珍年的机关报，经费刘珍年军部支出，在南京、北平、天津、济南等设特派员，报道新而丰富，在当地报界崭露头角。由于该报发行，既有各报气息奄奄。社址位于芝罘二道街
钟声报	标榜启发民智，属于老国民党系	社长 丁训初 前清秀才，老国民党员	主笔 颜竹轩 县立师范讲习所出身	1923年创刊①，日刊，大型，八页，发行量八百份。报道稳健，排外色彩淡薄。社址位于芝罘广仁堂街
爱国报	以重视公益为主义	社长 储宗同 北京朝阳大学出身，兼律师	主笔 仲绍文 属于旧学派，言论稳健	1919年创刊，日刊，大型，八页，发行量六百份。报道比较稳健。社址位于芝罘同乐街
芝罘日报		社长 王宗儒 1914年以来任日本领事馆文书，国民党部成立以来，因其压迫，1930年辞任。此后，除了经营报纸之外，兼大商家顾问，思想上逐渐倾向于流氓报纸	主笔 王倬云 山东省立师范出身	1907年②日本人创立，为当地最早的报纸。1923年盘给现社长至今日。日刊，大型，八页，发行量五百份。近来内容走向恶辣，受世人指弹。社址位于芝罘大马路
明星报	与《钟声报》相同	同前	主笔 胡锡文 旧学者	《钟声报》的晚刊，小型，四页，发行量八百份。下层社会购阅。社址位于芝罘广仁堂街
晨星（Morning Star）（中文杂志）	宣传基督教	社长 袁润甫 为当地基督教中国方面长老、奇山教会干事及中国基督教青年会干事	主笔 同前	1911年创刊，两个月发行一次，每册五十至七十页，发行量一千五百份。原为英国人经营，现在为中国籍

二、英文报纸

名 称	主义系统	持有人	编辑干部	备 考
Chefoo Daily News［烟台日报］（英文）		社长 D. F. R. McMullan 英国人，英商仁德洋行代表，兼路透社通讯员	主笔 同前	1917年创刊，日刊，半折，十二页，发行量四百份。该报为山东省内最早的英文报纸，但销售区域狭小，仅侨居于芝罘附近的外国人购阅。刊登路透社通讯，"大北电信"负责在当地中转从上海发往天津的电讯，因此有从"大北电信"获得电文之便利，报道崭新。为前任McMullan先生留下的公益事业之一，最近对日态度良好。社址位于芝罘大马路

---

① 1929年报告为"1913年"，一说1912年12月创刊。
② 1924年报告为"1907年"，1929年报告为"1908年"，一说1907年创刊。

威海卫

人口：日本人20人，外国人50人，中国人9 800人。

中文报纸

名　　称	主义系统	持有人	编辑干部	备　　考
黄海潮报	党部机关报	社长　米义山　经营土木承包业，兼党部委员，倾向于反日	主笔　赵少全　济南师范学校出身	1930年9月创刊，日刊，大型六页，发行量三百份。为党部机关报，依照党部意志而行动，致力于排日宣传。有无线电收音机，报道比较新。社址位于威海卫潍县路
威海日报	官公署方面的机关报	社长　许振江	主笔　同前	1929年创刊，日刊，半折，八页，发行量三百份。反日色彩比《黄海潮报》淡薄一些，影响力不及《黄海潮报》。社址位于威海卫纪念路

郑州（1930年12月末）

中文报纸及杂志

（1）报纸

名　　称	主义系统	持有人	编辑干部	备　　考
河南民报	省政府机关报	省政府	陈津岭　记者十二名	1927年8月创刊①，日刊，八页。另外发行小型四页副刊。原称《国民日报》，为冯玉祥机关报，刘峙任主席后改名。无特别排日态度，报道内容不值得阅读，发行量约四百份
郑州日报	党部机关报	郭民铎	侯介人　记者七名	1930年11月创刊②，日刊，四页，发行量约二百五十份。无特别的排日态度，报道内容不值得阅读，接受党部补助

（2）杂志

名　　称	主义系统	持有人	编辑干部	备　　考
陇海铁路周刊	陇海铁路特别党部机关杂志	陇海铁路特别党部		周刊，二十至三十页，发行量约二千五百份。为陇海铁路特别党部纯粹机关报，仅限于向同党部成员发放

中　部

上海

人口：日本人25 500人（其中朝鲜人800人、台湾人500人），中国人3 171 200人，外国人35 600人。

概述

一、中文报纸：现在上海发行的大型中文报纸除了《新闻报》《申报》《时事新报》及《时报》之外，最近还创刊了《晨报》《中华日报》《民报》《江南正报》及晚刊《大晚报》等。作为国民党机关报有长久历史的《民国日报》在这次"上海事变"③前夕，由于刊登对我皇室不敬的报道，接着又登载侮辱我陆战队的内容，经我方抗议，公共租界当局查封该社，1月下旬终于停刊。5月2日起创刊的《民报》是民国日报社残余分子盘下该报的印刷机器等而创刊的，可谓基本继承了《民国日报》的衣钵。

---

① 一说1927年7月1日创刊。
② 有一份《郑州日报》1916年创刊。
③ 即日本发动的1932年一·二八淞沪战事。下同。

当地中文报纸中《申报》及《新闻报》历史最久，内容丰富，不仅为上海报界之翘楚，而且为中国代表性报纸，发行量达十万份左右，海外也拥有许多购阅者。《时事新报》为进步性的，报道精彩，其评论逻辑大致清晰，与《时报》同属中国优秀报纸之列。《大晚报》《晨报》《中华日报》及《民报》等均为最近创刊的报纸，其存续性并非无可疑之处。

1931年度值得一提的变化，是日中时局，尤其是"上海事变"后普通民众欢迎快报，各报均发行号外及晚报，以利于街头叫卖。其间大小晚报簇生，而事件告一段落后，除了《时报》及《时事新报》晚刊之外，其他基本被淘汰。在报纸经营方面，也受抵制日货的影响，同前年一样各种印刷材料价格飙涨，加上因"上海事变"广告费及购阅费收入急剧减少，据说亏损相当大。

此外，当地发行的小报，即所谓"蚊报"达三十种，而其中主要的仅限于《晶报》《福尔摩斯》《社会日报》《金刚钻》等二三种，其他仅处于维持发行的程度。因为普通中文报纸偏重于政治问题，有枯燥无味之嫌，这些小报弥补了此缺点，以梨园界、烟花巷消息为主，针对政局及社会各态，使用讽刺或滑稽的笔调，还插入精美的照相版，使报面轻快，以此深受各阶级，尤其是下层阶级欢迎，其影响力是不容小觑的。

当地创刊的中文报纸经淘汰仅存几种，比较发达。与此情况相反，杂志界现在仍然是小杂志众多，且杂乱无章，尚无名实俱备之刊物，作为现在中国出版界中心的当地颇有寂寥之感。在上海，现在每月有四五种杂志新刊，其中大多不出二三个月就停刊，能继续发行者似乎凤毛麟角。现在杂志数量应有五十种以上，而基础比较巩固、具备杂志外观的只有《东方杂志》《新生命》《新月》《社会月刊》等数种。

二、外文报纸：1931年末的外文报纸，英文报纸晨刊有 North China Daily News、China Press、Shanghai Times 三种，晚刊有 Shanghai Evening Post（1930年8月收购合并晚刊 Shanghai Mercury 改名）。此外，有法文报纸一种、俄文报纸数种。除了英文报以外，其他报纸由于读者范围有限，都没有影响力。上述报纸中，North China Daily News 可夸耀为东方第一的英文报，内容、外观均充实，尤其是其社论在 Impartial, Not Neutral 这一编辑标语下发表稳健保守性评论，作为代表在华英国官民舆论的媒体，内外均加以关注。仅次于该报而有影响的报刊是 Shanghai Times、China Press。China Press 1930年11月被中国人收购，该报在中国方面拥有众多读者。"满洲事变"以来唯一的晚刊报纸 Evening Post，由于热衷于刊登反日评论，明显赢得中国读者市场，尤其是"上海事变"后发行量据说超过一万份，现在也称有七八千份。

三、日文报纸：当地的日文报纸为《上海日报》《上海日日新闻》及《上海每日新闻》三报，就近年来影响力的消长而论，一度萎靡不振的《上海日日新闻》最近通过投票及其他扩张手段，大力挽回影响，在发行量及广告刊登率上甚至倾向于超越一向处于领先地位的《上海每日新闻》。《上海日报》1928年、1929年左右起发行量渐减，一时下降到《上海每日新闻》的半数左右，靠新社长波多博的努力，正在逐渐恢复声望，据说该报拥有相当多的中国读者。目前阶段，上述三报均苦心经营，以达到收支平衡，以日侨为对象的竞争已经走到尽头，似乎无法期待今后的进一步发展。

一、中文报纸及杂志

（1）报纸

名　称	主义系统	持有人	编辑干部	备　考
申报	标榜中立派，而带有进步党色彩，最近对国民党有善意。以往有接近直系及安福派的历史。同已故张謇一派的江苏实业派现今尚有关系。在法国领事馆注册，但最近好像也在上海特别市政府及市党部注册	社长兼总理　史量才（家修）江苏省松江人，已故张謇的手下。杭州蚕业学校毕业，无值得一提的学历，但经营报纸手腕出色，所谓才士气质之人物。除了任该社总理之外，此人还是五洲大药房、中南银行等大股东，在实业界也具有势力 副总理　张竹平　圣约翰大学出身，兼《时事新报》社长	总主笔　陈彬龢　前总主笔陈景韩离职后接任，留日出身。曾创办"日本研究社"。时值日中关系紧张之际，被史量才起用。以"彬"之号执笔社论 副主笔　戈公振　1928年以报社费用被派往欧美，结束欧美漫游，1929年10月回国，与以往一样当副主笔。上海人，在报界闻名，著有《中国报学史》	1872年创刊，日刊，二十页，此外有时增刊附六页。发行量声称十六万份（实际上估计九万份）。作为中国最老的报纸，基础巩固，信誉笃厚。1912年现社长史量才代替原社长席子佩经营时，一度在德国领事馆注册，1916年以冈田有民之名义在日本领事馆注册。其后因排日风潮，受到周围压力，取消我方的注册，在法国领事馆注册。一向对我方有善意，虽在排日风潮甚为激烈之际，也保持冷静态度，论调亦公正稳健。在官场、实业界及其他有识上层社会中购阅者较多。无论是报道内容还是外观，都未必逊色于日本主要报纸。如同我国《大阪每日新闻》与《大阪朝日新闻》那样，该报与《新闻报》为代表性报纸，相互持续激烈竞争，但在通讯网完备和报道准确这一点上比《新闻报》更有信誉，在进行经营新尝试方面，未显示出领先一步的倾向

(续表)

名　称	主义系统	持有人	编辑干部	备　考
新闻报	以不偏不党的实业报纸主义而经营，但随着国民政府基础巩固，该报的主张与以前相比变化显著。或许认识到在国民政府对言论的极端压制下采取中立态度，在经营上反而是不可能的，必须采取所谓顺应时势的策略，尊奉三民主义，拥护政府政策。该报原先依据美国法律在美国注册，1928年末大股东美国人Fergusson将其所持股份完全转让给中国人而隐退，由此在1929年1月的股东大会上取消在美国注册，以资本金一百二十万元正式在国民政府实业部注册	社长兼总理　汪伯奇　原社长汪汉溪之子，安徽人，上海圣约翰大学出身。继承亡父事业坐上总理之位。正在孜孜致力于维持遗业。此人另外还经营慎益钱庄，称有资产百万元。1929年1月原社长Fergusson将其所有股份二千股转让而隐退以来，兼任社长兼总理 副总理　汪仲韦　汪伯奇之胞弟，与兄伯奇持有的本报股份差不多相同，掌管经营部，专门负责经营	总主笔　李伯虞　陕西人，留日出身，曾为《时报》及《神州日报》记者，为人严谨 副主笔　严独鹤 副主笔　蒋剑候	1893年创刊，日刊，二十页至二十八页，发行量声称十六万份（实际上估计十二万份），在上海中文报纸中位居首位。股份制，美国系统报纸，据说现在持股比例是美国人四成、中国人六成。中国方面的股份，现总理汪伯奇持有其大半，事实上掌握该社的实权。其他股东中实业界有力人士较多。本报的特色是报道丰富迅速，经营上总是吸纳新意，经济栏也值得一看。曾为排日急先锋，因报道、评论不严谨，其身为大报的价值遭到怀疑，但国民革命军占领上海以来，其地位被国民党机关报所夺，对有关对外问题的评论加以回避，出现欲作为纯实业报纸而立的倾向，对我方的态度似乎也变得稳健。国民革命军进军长江时，该报被视为资本家机关报，一时受到打压。此后，该报的论调及编辑风格显著变得大众化，采用顺应时代的主义，对国民党采取不即不离的态度。在普通实业界读者不少，基础最为巩固。据说因"上海事变"等收入下降，收支勉强相抵。社址位于汉口路十九号
时报	标榜中立，不认可特别的主义、主张，社会报道比政治报道更丰富。有关这次"满洲事变"及"上海事变"，刊登极端荒唐的报道，以助街头叫卖	社主兼总理　黄伯惠　江苏人，游历英美，英语娴熟。在上海拥有地产，据称财产百万，将经营报纸作为一种兴趣爱好	总主笔　蔡行素　无学历，在该报工作十余年，深得现社长信任，取代前主笔金剑花，1929年任主笔，也担任编辑 副主笔　吴灵园	1904年创刊，日刊，八页，发行量估计两万份。康有为出资，最初由狄楚青（康有为之门人）经营。1907年以宗方小太郎之名义在日本总领事馆注册，1919年排日运动激烈之际，仿效《申报》在法国总领事馆注册。现社主黄伯惠1925年正月从狄楚青那里以八万弗盘下，据说经营相当困难。对日态度虽说不上特别不好，但受风潮左右，时而发表排日性评论，还在运动高涨的同时，大量刊登这种报道。发行量声称与《时事新报》不相上下。社址位于福州路九十九号
时事新报	以往作为研究系唯一的机关报而闻名，1927年4月被《申报》经营者收购，当时蒋介石也有出资。据闻在1930年间按月偿还了。同年11月讥讽王正廷北京之行，受到蒋介石指责，该报展开辩论，予以反驳。好论时局问题，论旨大多逻辑清晰，好载排日报道及评论。在法国领事馆注册	社长　张竹平　《申报》副总经理，兼本社社长，是在报纸经营上有新知的经营者 副总经理　熊少豪　为北平《汉文泰晤士报》总经理，受张竹平之邀任本报副总经理，专门负责营业方面的工作	经理兼主笔　潘公弼　江苏省嘉定县人，留日出身，多年来任本报主笔，1927年1月接替张竹平任经理，掌管本社一切社务 副主笔　汪英宾　原《申报》副经理，据说美国波士顿大学新闻科出身	1908年创刊，日刊，十六页，发行量约二万份（"上海事变"以来亦发行晚报）。当初由《舆论报》和《时事报》合并时，称为《舆论时报》，后来改为现名。革命后归共和党员及进步党员陈敬第和孟森经营。1914年被德国人收购，在德国领事馆注册。1916年转给前社长黄群（进步党党员）经营，与德国断绝关系，以日本人波多博之名义在日本领事馆注册，同年秋成为梁启超一派的机关报。在发生排日风潮之际，取消我方的注册，又在法国领事馆注册。1923年以来担任经理的林炎天一度接受吴佩孚援助，努力发展社务，但随着吴倒台，经营陷入困难。1927年4月被《申报》副经理张竹平收购以后，巩固基础，挽回颓势。最近在各报中表现出最为活跃的编辑方式，总是致力于鼓吹新思想，读者层大致为知识阶层。据说1929年以来因连续亏损，经营陷入困难。社址位于山东路一六二号

(续表)

名　称	主义系统	持有人	编辑干部	备　考
大晚报	与英文China Press及《时事新报》为同一系统,处于张竹平支配下。为街头报纸,临时拼凑性内容多	张竹平　总经理 曾虚白　广东人,留法出身,据说长期在报界当记者 经理　陈耀如	编辑　汪惕然、金图南	1932年2月12日创刊,晚刊,四页。为张竹平、熊少豪及上海广告联合社郑耀南等出资,而张竹平握有实权。社址在四川路三六号
晨报		社长　潘公展　上海圣约翰大学出身,历任市党部执行委员、市政府社会局长、国民会议上海代表等。市长张群退任后辞去官职,为本报创刊奔波	何西亚、金雄白	1932年4月7日创刊,晨刊,四页。据传出资者为王晓籁、王延松、何应钦。发行量五千份左右。社址位于上海山东路二八〇号
中华日报	据传广东系南洋华侨出资,亦说为汪精卫派	社长　林亦元　广东人,留美出身,据说在南洋做过记者	林亦元	1932年4月10日创刊①,日刊,四页,社址位于山东路三二〇号
民报		总经理　钱沧硕　曾为《时事新报》记者		1930年7月2日创刊②,日刊,四页。"上海事变"前夕,作为国民党机关报而有长期历史的《民国日报》在我抗议下被公共租界当局查封停刊,据说是由其残党分子创办。外观等与以往的《民国日报》毫无二致,但尚未表明其旗帜。社址位于山东路二〇一号
江南正报	日本方面的宣传机关	山田纯三郎	编辑主任　小口五郎	1932年4月10日创刊,日刊,四页。为在我陆海军方面补助之报刊。社址位于乍浦路一一八号
晶报	启发大众,与《新闻报》有特殊关系	社长　余洵　留日出身,相当理解日本,为人亦干练	主笔　刘天倪	本报原作为《神州日报》副刊发行,1926年末《神州日报》停刊后单独继续发行。一周发行两次,小型(报纸半页大),四页。销路好,发行量达两万份以上,小报中的佼佼者。社址在福州路望平街
福尔摩斯		吴微雨	吴农花	1929年6月创刊③,小型,每三日发行,发行量声称八千份。社址位于天津路慈安里
金刚钻		施济群	韦兰史	1928年11月创刊④,小型,发行量一万份左右。社址位于天津路慈安里
大报		步林屋	徐叔园	1929年5月创刊⑤,小型,发行量三千份。社址位于云南路育仁里
罗宾汉		朱瘦竹		1928年11月创刊⑥,小型,发行量三千份。社址在甘肃路七二号

---

① 一说4月17日创刊,一说4月11日创刊。
② 应为1932年5月4日创刊。
③ 应为1926年7月3日创刊。
④ 应为1923年10月18日创刊。
⑤ 一说1924年11月27日创刊。
⑥ 应为1926年12月8日创刊。

名　称	主义系统	持有人	编辑干部	备　考
社会日报①		胡雄飞	陈听潮	与社会报道相比，重点在于长篇读物，据说每月固定读者超过一万，小型
上海日报②		于兰荪		小型，发行量一万份左右，社址位于北海路一五七号

（2）杂志

名　称	主义系统	持有人	编辑干部	备　考
东方杂志（因"上海事变"闸北工厂全毁而停刊）	国际时事及思想评论	商务印书馆	编辑　钱智修	1903年创刊③，每月发行两次，菊版④，约一百二十页，发行量声称四万份。为上海历史最老的杂志，是商务印书馆发行的十大杂志中的最佳刊物。编辑登载有关国际问题、社会问题的报道及创作等，不过有关国内政治问题的内容少。在全国得到广泛阅读。社址位于河南路
新生命	接近国民政府，特别是与蒋介石有联系	新生命月刊社	编辑主任　周佛海	1930年1月创刊⑤，月刊。刊登有关法律及政治、经济方面的报道。是上海的主要杂志之一，在全国有读者。杂志往往有中央党部要人执笔。作为杂志的外观亦完备，发行量声称二万份，社址位于霞飞路霞飞坊一九号
生活周刊	随笔，虽然提倡三民主义，但往往反对政府政策	生活周刊社	编辑　邹韬奋	1917年10月创刊⑥，周刊，约二十页的小册子，发行量达七万份，目前称雄上海刊物界。社址位于华龙路口
合作月刊	提倡合作	中国合作学社	哲荪	1929年创刊，月刊，二十页的小册子。社址位于博物院路三一号
新月	反国民党系杂志	新月书店	编辑　罗隆基	1929年9月创刊⑦，原为纯文艺杂志，但逐渐开始刊登政论。销路颇为增加，每月固定读者从七百一路变成七千，发行量声称从一千增至一万五千份。胡适、梁实秋、潘光旦等提供原稿，被视为反动杂志。社址位于四马路
中华教育界	纯教育杂志	中华书局	编辑　孙承光	1913年创刊⑧，菊版，一百三十页，与商务印书馆的《教育杂志》同为教育月刊中的主要刊物。社址位于棋盘街
现代学生	青年杂志	大东书局	孟寿春	1930年10月创刊，创刊时日尚浅，正借助广告之力发展。据说在上海以外的地方每月固定读者有一万人以上。社址位于四马路

① 1929年11月1日创刊。
② 一说1930年5月16日创刊，一说1930年5月21日创刊。
③ 应为1904年3月11日创刊。
④ 日语表示纸张尺寸的专用名词，约152×218毫米。下同。
⑤ 一说1928年11月创刊。
⑥ 一说1925年10月11日创刊。
⑦ 一说1928年3月10日创刊。
⑧ 一说1912年1月25日创刊。

(续表)

名　　称	主义系统	持有人	编辑干部	备　　考
科学杂志	学术杂志	大东书局	编辑　方乘	带有学术性，在学生中有众多购阅者，据认为具有相当的长期发展性。社址位于福州路
商业月报	实业界机关刊物	上海市商会		发行量三千份，社址位于北苏州路天后宫内
学术	学术研究	学术杂志社	胡稷咸	1927年创刊，由中华书局创刊。社址位于河南路棋盘街
教育杂志		上海教育杂志社	编辑　周豫同	1908年创刊①，月刊，菊版，一百三十页，由商务印书馆出版。作为教育杂志有长久历史
商业杂志		商业杂志社		1927年创刊②，月刊，八十页。社址位于四川路九江路角
银行周报	金融界机关刊物	上海银行公会	编辑　戴霭虚	1926年创刊③，发行量五千份。社址位于香港路四号

二、外文报纸及杂志

（1）报纸

名　　称	主义系统	持有人	编辑干部	备　　考
North China Daily News［字林西报］（英文）	拥护英国政策及英国人的利益，英国籍	董事兼社长　H. E. Morris 董事　Gordon Morris 秘书兼常务董事　R. W. Davis	主笔　O. Haward④ 前主笔　Green 1930年3月辞任回国，作为后任入社。曾任印度 Times 通讯员而发挥才能 副主笔　R. Peyton Griffin	1854年创刊⑤，东方最老的报纸。晨刊，十六至十八页，发行量约六千份。为英国总领事馆及驻华英国高等法院的公布机关，工部局公报（参照其他栏目）也插入本报发送。1929年11月起发行插有照相版的周日版，大型半页大，十页内外，发行量五千份。另发行周刊 North China Herald（《字林星期周刊》），发行量三千份。国民政府1929年5月3日以该报及周刊 Herald 进行反动宣传为由，发布过禁止邮寄、购阅之训令。不知是否由于此原因，该报近来态度有相当改变。社址位于外滩一七号
Shanghai Times［泰晤士报］（英文）	拥护英国政策，英国籍。就"满洲事变"和"上海事变"，刊登理解我方的评论及报道	社长　A. E. Nottingham	主笔　Alfred Morley　原香港 Telegraph 总经理，1931年10月入社，前主笔　Sayer 1931年9月离职，任公共租界工部局情报处主任	1889年创刊⑥，晨刊，十六页，发行量四千份。归现任社长经营以来，对报面进行改善，年年增加销量。现在在英文报纸中可以说仅次于 North China Daily News，占第二位。从1921年末起创刊的周日号（Shanghai Sunday Times）附有照相版四页，报面达四十页以上，发行量达六千份。对日本有好感。社址位于爱多亚路三一号⑦

---

① 应为1909年2月15日创刊。
② 一说1917年4月10日创刊，一说1926年1月创刊。
③ 应为1917年5月29日创刊。
④ 1931年报告为"Howard"。
⑤ 应为1864年7月1日创刊。
⑥ 应为1901年创刊。
⑦ 1930年报告为"三十二号"。

定期调查报告　　（秘）1932 年版　　外国的报纸（上卷）（"满洲"及中国部分　附大连、香港）

(续表)

名　称	主义系统	持有人	编辑干部	备　考
China Press［大陆报］（英文）	美国籍。"满洲事变"和"上海事变"以来频繁刊登反日评论及报道	持有人　顾维钧大股东之一。在董事中有张学良的顾问英国人 W. H. Donald	主笔　董显光（Hollington K. Tong）营业部长　张竹平（日本记者池田安藏"上海事变"以来退社）	1910 年创刊①，晨刊，十六至十八页，周日版四十页（附有四页照相版），发行量约四千份。曾由法国保护民犹太人 Arthur Sopher、Theodore Sopher 兄弟掌控，1930 年 11 月转让给顾维钧夫人为主出资的 China Publishing Company。传说与奉天方面有联系，但张学良好像未出资。在外文报纸中拥有最多中国读者。还有，与以前一样，本报在美国特拉华州作为美国报纸注册。社址在四川路三六号
Shanghai Evening Post & Mercury［大美晚报］（英文）	美国系统，就日中冲突问题对我进行不利的评论	American News Paper Co.，C. V.② Starr	主笔　T. O. Thackrey③副主编　H. Z.④ W. Woodhead（1930 年 10 月入社）社论委员　R. Gould	晚刊，八页，发行量约三千五百份。该报为 1922 年 11 月合并 China Press 的晚刊 Evening Star 及 Shanghai Gazette 两晚报后改名而成，此后作为国民党机关报，经陈友仁之手常发表孙文方面的主张。因经营困难，1925 年转至奉系之手，其后再转于给 Y. D. Shen。1928 年 5 月转至现持有人经营。1930 年 8 月收购合并 Shanghai Mercury，改成现名。目前经营尚处于困难之中，据说每月亏损几千弗。社址位于北京路四五号
Journal de Shanghai［上海日报］（法文）	法国系统报纸	G. S. Moresthe	主笔　Jean Fontenoy 记者　R. Lanrens	1927 年 12 月创刊，日刊，发行量约五百份。因惋惜过去发行了三十年的 L' Echo de China 停刊，由 Havas 通讯社等创刊。据传有法国领事馆方面做后援。社址位于公馆马路二一一二三号
Шанхайская заря［上海柴拉早报］（俄文）	社会民主党系	M. Lembich	主笔　L. 阿诺利朵夫　据说原为俄国立宪民主党党员	1925 年 11 月创刊⑤，日刊，发行量约一千份。该报为哈尔滨 Заря 的姐妹报，持有人 M. Lembich 兼任两社长，而经济上各自独立。创立当初受到华俄道胜银行的支持，及至苏联政府的势力进入中东铁路，在其支持下致力于宣传苏联国情，发现四周状况不利后，不久便标榜中立，以经济报纸自任。有亲美倾向，靠犹太人支持。社址位于霞飞路五五一号
Слово（俄文）	帝政派	N. T. 莱维廷	主笔　P. 扎伊柴夫	1928 年 12 月创刊，日刊，发行量一千六百份。受到原俄国驻上海总领事、现上海难民委员会长古罗赛及同会有力人士的支持。受普通俄人欢迎，现在购阅者凌驾 Шанхайская заря 之上。社址位于霞飞路六六九号

① 1911 年 8 月 24 日试刊，8 月 29 日正式出版。
② 1931 年报告为"T"。
③ 1931 年报告为"Thuckary"。
④ 1931 年报告为"G"。
⑤ 一说 1925 年 10 月 25 日创刊。

(续表)

名　称	主义系统	持有人	编辑干部	备　考
Вечернее время（俄文）	社会民主党系	Lembich	司沃林	1931年收购Время社成为晚刊报纸，改名为Вечернее время。发行量约八百份。社址位于亚尔培路一一七号
Голос（俄文）	社会革命党系	Голос社	A. M. 马里诺夫斯基	1931年8月创刊，社址位于环龙路一一八号公寓一七号。为西伯利亚自治团系统农民党上海支部的机关报，该团体总部在捷克斯洛伐克布拉格市。发行量三百份

（2）杂志

名　称	主义系统	持有人	编辑干部	备　考
China Weekly Review［密勒氏评论报］（英文）	美国系统，向中国学生献媚，被称为排日杂志	发行人兼编辑 J. B. Powell	主笔　同前	1917年5月创刊，周刊，发行量约三千份。以远东，尤其是中国政治、经济、社会问题为主。最初称为Millard Review，后改称Weekly Review of the Far East，1923年改为现名。报道内容多从其他报刊、杂志上转载，除了在中国人中有相当多读者之外，据说向美国免费发放约二千份。传说中国政府提供补助。社址位于爱文义路三八号
China Digest［中国评报］（英文）	对日本有好感	Carrold Lunt（兼Hearst's International News Service其他通讯员）	同前	周刊，1931年创刊，发行量一千五百份。根据中国实际情况，毫无顾忌发表对华意见。社址位于外滩二四号正金大楼内
Far Eastern Review［远东时报］（英文）	刊登东亚财政、工业、矿业报道，主要拥护美国利益	发行人　George B. Rea	主笔　同前 副主笔　C. Laval（为前China Press主笔，亲日派）	月刊，发行量二千份。为东方英文杂志之巨擘，也刊登政论。以往对我方舞弄种种毒笔，但和平会议后其态度一变，不如说是对日本有善意，以至于严正批评美国对东方及日本的政策，总是致力于介绍我方在朝鲜、台湾、"满洲"之政绩。社址位于仁记路十六号
China Critic［中国评论周报］（英文）	被视为中国政府乃至党部的半机关刊物	刘大钧	主笔　同前	周刊，登载有关法权及关税问题的评论及报道。社址位于北京路五〇号
Chinese Nation［民族］（英文）	有国民党部半机关刊物之称	持有人　韦玉	Keng, Dr Lim Boon	周刊，发行量约二千份。据说从国民政府那里接受月额一千元补助。社址位于九江路一号
Chinese Economic Journal［经济月刊］（英文）	介绍国民政府实业部通商情况	国民政府实业部		为国民政府实业部工商访问局月报（Bureau of Industrial and Commercial Information），社址位于汉口路海关大楼内实业部工商访问局
Chinese Economic Bulletin［工商经济周刊］（英文）	同上	同上		周刊，社址与《经济月刊》相同
Capital and Trade［商务周报］（英文）	不刊登政治评论，英国人持有	David H. Arakie	同前	1925年创刊，周刊，发行量三百份。社址位于仁记路二五号

(续表)

名　称	主义系统	持有人	编辑干部	备　考
Finance and Commerce［金融商业报］（英文）	政治评论少，英国人经营	Reuters Ltd.	K. Begdon	1920年创刊，周刊，社址位于爱文义路四号
China Journal of Science and Art［中国科学美术杂志］（英文）	有关中国美术研究、考古学及狩猎之杂志，英国人持有		主笔　Arthur de Sowerby、John C. Ferguson	1924年创刊，月刊。无政治性内容，编辑及投稿人以相当知名的人士居多，发行量五百份。社址位于博物院路八号
United Service Review（英文）	为陆军、海军军事杂志，亲日	H. Cooper（曾为上海Times记者）		1932年4月创刊，社址位于P.O.BOX二〇八六号
China Newspaper Clipping Service［观海月刊］（英文）	为中国报纸内容的翻译，排日			社址位于宁波路四号
People Tribune［中国论坛］（英文）	基于三民主义，鼓吹排日			月刊杂志，社址位于四川路七二号
China Forum	左倾			周刊，小型报纸。社址位于圆明园路二三号
British Chamber of Commerce Journal（英文）	英国系统	全中国英国人商业会议所		月刊，既是上海英国人商业会议所的机关刊物，亦为Associated Chamber of Commerce in China and Hongkong机关刊物。除了工商业报道以外，还巧妙摘录有关中国的新条约、重要公文书等，适合作为记录保存。发行量一千份
Chinese Recorder（英文）	美国长老教会派机关刊物，美国人持有		Rev. F. Rawlinson	月刊，发行量一千五百份。社址位于圆明园路二三号
Israels Messenger［犹太月报］（英文）	为上海犹太复国主义协会机关刊物，拥护远东犹太人及犹太教利益	上海犹太复国主义协会	N. E. B. Ezra	1904年创刊，月刊，发行量四百份。1910年2月停刊，但1918年复刊。感谢我方在巴勒斯坦问题上的态度，不刊登政治评论
Independent Weekly［英华独立周报］（英文）		韦荣生	同前	1930年7月创刊，周刊。社址位于江湾路北徜东李家渡一八号
Brücke［衡桥］（德文）	德国系统周刊	Schriftleiter	同前	1926年创刊，号称东方唯一的德国周刊杂志。社址位于环龙路二四八号
Голос（俄文）	社会革命，营利	S. P.① 马里诺夫斯基（反赤远东农协上海代表）	同前	1930年9月创刊，发行量三百份。社址位于霞飞路七五号

---

① 1931年报告为"N.P."。

三、日文报纸及杂志

(1) 报纸

名　称	主义系统	持有人	编辑干部	备　考
上海日报（日文）	拥护日本人利益	社长 波多博 从原社长井手三郎手中盘下，1929年11月15日起任社长	主编　赤星为光	1903年创刊，日刊，十页。为上海最老的日文报纸，相当有信誉。1899年创刊的《上海周报》为本报之前身。社址位于白保罗路三号
上海日日新闻（日文）	同上	社主兼社长　宫地贯道	同前	1914年创刊，日刊，十页，社址位于乍浦路一二一号
上海每日新闻（日文）	介绍上海及中国一般经济、政治情况	社长　深町作次郎	主持人　同前	1918年11月创刊，日刊，八页。1924年11月由《上海经济日报》改名而来。1929年4月山田社长隐退，前社长深町作次郎再度任社长。社址位于吴淞路汤恩路角七七号

(2) 杂志

名　称	主义系统	持有人	编辑干部	备　考
上海周报（日文）	拥护日本人，介绍中国情况	社长　三村铁之助	同前	1913年创刊，周刊，发行量约一千份。创刊当初佐原笃介为社长，后来西本任社长。小型报纸，同时发行外文报纸、中文报纸的日刊翻译通讯。该杂志原名《上海》，西本省三主办。此人去世后为该杂志的编辑三村继承一切，1929年5月起改名为《上海周报》而发行。社址位于海宁路
上海时论（日文）	论述中国时事问题	社长　堀清	同前	月刊，1926年停刊的《上海と日本人》之后身，同年创刊。内容比较充实。社址位于海宁路一四号
经济月报（日文）	研究中国通商贸易	上海日本商工会议所		1927年1月创刊，月刊，发行量七百份。主要向会员发放，还寄赠官方及相关团体
满铁支那月报（日文）	调查、研究中国社会经济	南满洲铁路株式会社上海事务所		1929年11月创刊，月刊，发行量六百份。主要发放给我国及在华满铁相关机关等

南京

人口：日本人100人，外国人330人，中国人643 300人。

概况

现在南京的报纸、杂志全部为中国人经营，仍未有一种日本人或欧美人经营的外文报纸刊行，因此当地大多数中国人完全购阅当地发行的以《中央日报》为主的各种报纸。它们不是党政机关的御用报纸，就是标榜拥护国民党而勉强继续发行的小报纸，根本无法满足有识阶级读者，因此不少人购阅上海发行的《申报》《新闻报》《时报》《时事新报》及《上海日日新闻》《上海每日新闻》《上海日报》和 North China Daily News、China Press 等报纸。

当然，《中央日报》为中央宣传部（现在的宣传委员会）直营，刊登专属于中央党部的中央广播无线电台接收的全国各地电讯，以及中央宣传部经营的中央通讯社的通讯，此外，还比较详细地报道中央执行委员会常务委员会议及中央政治会议等的决议事项和纪念周的报告演说等。因此，南京当地自不待言，北方地区及长江上游各地也有购阅。

在1931年度，《建业日报》《大河新报》《大江日报》《大同报》《南京民治报》《南京晨报》《妇女晨报》《申报》等基础微弱的小报被淘汰，新发行的除了《首都晚报》《钟山日报》之外，受"满洲事变"爆发刺激，一些留日出身的强硬官员及党员主张抗日救国，创办了《救国晚报》。除了《中央日报》《新京日报》《民生报》以外，其他报纸内容、外观均贫弱,还未脱离乡间报纸之域,大体上勉强维持现状。特别是《中央日报》,1931年7月印刷工厂遭洪水浸泡,印刷能力一度下降,加上同年12月中旬,其办事处及印刷工厂遭到从上海、北平、济南各地来京请愿对日宣战的学生等放火破坏,威信大失。在1931年度下半期,紧接"万宝山事件"及"朝鲜事件"等,爆发了"满洲事变",各报均极度显示出对我国的反感,将日本人指称为"倭奴",将我军称为"兽军",还有中国记者声明同日本记者绝交。各通讯社则拒绝发送领事馆及日本记者以往购阅的通讯。

一、中文报纸及杂志

(1) 报纸

名　称	主义系统	持有人	编辑干部	备　考
中央日报	国民党机关报	中央党部	总编　赖琏 编辑　金诚夫　江苏常州人,1924年北大法科毕业,先后任北京《新社会报》编辑、国闻社北京支局主编及南京支局主编,1929年4月入社。王公弢	1929年2月创刊①,日刊,十二页,发行量声称一万多份,实际上据说约七千份左右。本报为中央宣传部直营,与该部直营的中央通讯社一起拥护、宣传国民党的主义、政策。因为有中央党部作背景,在收集中央及地方信息上有特别便利之处,报道之迅速远超过其他报纸,对于不利于党部及政府的报道则一概不刊登,因而有不报道事态真相之遗憾。排日色彩浓厚,总是攻击说侵略中国是日本的传统政策。1931年12月中旬,因"满洲事变"从上海、北平等各地声称来京请愿的学生,袭击了编辑室及印刷工厂,使其威信丧失,同时破坏了既有的印刷能力。报方将十二页报面减少至八页,还中止发行星期日画报。社址位于南京城内珍珠桥
新京日报	拥护国民党,陈果夫系	社长　石信嘉	段梦晖、陈哲之	1929年12月创刊②,日刊,八页,发行量六千份,《京报》之后身。报道迅速,内容丰富,仅次于《中央日报》,但铅字磨损,外观不理想。往往刊登有关经济统计及政治外交的独家报道。"满洲事变"后反日态度逐渐浓厚。社址位于南京二郎庙
民生报	国民党元老派机关报,与蔡元培等有特殊关系	社长　张文华	成舍我　湖南人,1920年北大文学系毕业,任北京《益世报》代理主编,同时经营《世界日报》《世界晚报》,1927年来京进入本报	1927年2月创刊③,日刊,小型,六页,发行量八千份。该报特点为报道简洁迅速,有政治上的独家消息。社址位于南京贡院西街
新中华报	拥护国民党,于右任系	社长　于振寰	于纬文	1929年11月创刊④,日刊,四页,发行量三千份。社址位于钓鱼巷
青白报		社长　申家骏	张叔丞	1929年3月创刊,日刊,小型,四页,发行量七百份
国民日报	拥护国民党,西山派系	社长　掌牧民	同前	1928年4月创刊,日刊,四页。发行量约四千份。社址位于南京荷花塘
南京晚报	拥护国民党,蒋介石系	社长　张友鹤	张伯坪	1929年5月创刊⑤,为南京最初的晚报,小型,四页,发行量约二千份。社址位于南京润德里

---

① 严格地说,这是复刊。《中央日报》作为国民党中央机关报,1927年3月22日在汉口创刊。1928年2月1日迁到上海出版。1929年2月1日又迁到南京出版。
② 一说1930年创刊。
③ 应为1927年10月21日创刊。
④ 一说1913年5月10日创刊,一说1912年创刊。
⑤ 1929年5月16日创刊。

(续表)

名　称	主义系统	持有人	编辑干部	备　考
新民报	拥护国民党,蒋介石系	社长　陈铭德(世界语学者)	刘正华、张友鸾	1929年9月创刊,日刊,四页,发行量约二千份。社址位于南京二郎庙
新南京报	拥护国民党,蒋介石系	社长　俞树立	沈仲华	1930年6月创刊,日刊,小型,四页,发行量约一千份。社址位于南京希望街
民立报		社长　包道平	刘毅然	1930年11月创刊,社址位于南京洪武路
京闻报	拥护国民党,汪精卫系	社长　袁国珍	袁子英	1930年11月创刊,社址位于南京建康路
首都晚报		社长　陈道因	邓振民	1931年5月创刊,社址位于南京建康路
救国晚报	抗日救国	社长　龚德柏	陶镕青	1931年9月伴随"满洲事变"爆发,由留日出身者组织的抗日救国会,作为机关报于同年12月创刊,小型,四页,晚刊。当时内政部参事龚德柏亲自撰写强硬的排日评论,看上去相当行销。1932年1月龚德柏被罢免内政部参事,不久停刊
钟山日报		社长　叶坚	王慕阳	1931年1月创刊
民治报		社长　刘鸢如	伍慧农	1929年12月创刊

(2) 杂志

名　称	主义系统	持有人	编辑干部	备　考
时事月刊	拥护国民党	社长　陈立夫	总编　陈立夫 编辑　中央大学及金陵大学教授有志者和党部相关者	1929年创刊,月刊,发行量号称一万份。据说正接受中央党部补助。社址位于南京鼓楼
苏俄评论	反共产主义宣传	据说内部实际负责人是外交部情报司科长鲍静安	李瑛	1930年2月创刊,月刊,发行量一千份。为外交部非正式刊物,表面使用李瑛名字,接受中央党部及外交部补助。社址位于南京丹凤街石婆婆巷十八号
日本评论	日本研究,戴天仇系	日本研究会	留日出身者	原为留日中国学生在东京刊行的杂志《日本》,1931年"满洲事变"后,转移至南京,改称《日本评论》,三日刊。社址位于南京将军巷四号日本研究会
文艺月刊	文学研究	中国文艺社	总编　王敬云	月刊,发行量五百份。社址位于南京高楼门圣招路富厚里七号
妇女共鸣	扩大女权	妇女共鸣社	总编　王兢英	1929年创刊,月刊,发行量约五百份。社址位于南京成贤街六八号
光明之路	拥护国民党	光明之路社(委员制)	主笔　郑钧邻	1931年创刊,每月发行两次,发行量约五百份。从中央党部接受补助金

苏州

人口:日本人130人,外国人110人,中国人244 700人。

概况

与当地的情况相比,苏州的中文报纸数量一直较多,1929年末合计大小有十七种,其大半是发行量不过数百份的小报,因而财政上难以为继,停刊者不断出现,现在仅仅存在十种。这些报纸的内容,主要是以苏州为中心的地方新闻,而有关一般时事及经济消息则全部转载自上海、南京等地的大报,因而报道难免迟缓、不全面。1930年7月创刊的县党部机关报《民言日报》起先是党部人员与报社人员之间倾轧不断,总算继续经营下来,却又因销路不理想,加上党部财政困难,以至于1932年不得已停刊。

中文报纸

名 称	主义系统	持有人	编辑干部	备 考
苏州日报	倡导自治	石雨声	方觉非	1912年1月创刊,日刊,四页,发行量七百份
吴县日报	同上	马锦文	胡觉民	1916年1月创刊①,日刊,四页,发行量四千七百份。其社论稍微受到尊重。原持有人马飞黄1931年3月去世后,其子马锦文名义上继承之,而一切事务由胡觉民主持
吴县市乡公报	同上	颜忍公	王伟公	1916年1月创刊,日刊,四页,发行量八百份
苏州明报	同上	张叔良	仇昆厂	1924年3月创刊②,日刊,四页,发行量四千八百份。在苏州报纸中比较出色,但有排日色彩。1929年4月中旬触及沪宁铁路东区警备指挥部忌讳而被禁止发行一个月,主编仇昆厂被拘留二周
苏州中报	同上	梅晴初	洪笑鸿	1923年2月③创刊,日刊,四页,发行量一千三百份
大公报	同上	宋兆元	史文懋	1928年5月创刊④,日刊,四页,发行量一千份。1931年9月误报上海吴淞炮台失陷等,被军方禁止发行,主笔史文懋被拘留。在苏州报业联合会斡旋下主笔获释,报纸10月中旬复刊
苏州商报		方益荪	陈阳影	1929年12月创刊⑤,日刊,四页,发行量四百份
大吴语	倡导文艺	郭子良	孙少猿	1929年7月创刊,日刊,四页,发行量六百份
大光明	社会改良	姚啸秋	颜益生	1929年8月创刊⑥,三日发行一次,四页,发行量七百份
吴县晶报	同上	吴季雍	刘落雁	1931年10月创刊,日刊,四页,发行量四百份

杭州

人口:日本人14人(其中台湾人3人),中国人512 300人,外国人110人。

---

① 一说1916年10月创刊,名《吴语报》,1928年1月改本名。
② 一说1925年秋张叔良接办《民报》后改本名。
③ 1931年报告为"6月",一说1921年创刊。
④ 一说1927年创刊。
⑤ 一说1919年12月创刊。
⑥ 一说1928年创刊。

概况

杭州的报纸有《浙江商报》《浙民日报》《杭州民国日报》《杭州国民新闻》《之江日报》及《浙江民报》六报,这些全部为中文日刊报纸,另外有公布法令规定的机关报《浙江省政府公报》。

这些报纸大多因创立时日浅,规模、资本又小,只不过是一地方报纸。发行量除了《杭州民国日报》六千份以外,均在二千份以下,总计不过约一万三千份左右,其中半数在杭州,另一半为附近各县购阅。

除了上述杭州的各报之外,当地购阅的上海报纸是,《新闻报》三千份,《申报》三千份,《时报》二千八百份,《时事新报》二千五百份,合计超过一万一千份,在杭州购阅上海报纸的人远多于地方报纸购阅者。

这样,虽说将上海报纸大量进入当地归因于当地报业的发展还不充分是理所当然的,但还因这些上海报纸远在海外有通讯联系,其报道敏捷,内容亦充实。

中文报纸

名　　称	主义系统	持有人	编辑干部	备　　考
浙江商报	开发商业,原杭州总商会机关报	社长　邱不易　原为警官	吴咸　字百感,北京大学出身	1921年10月10日创刊,日刊,十二页,发行量一千九百份。社址位于杭州市保佑坊
浙民日报	发扬民治精神,促进地方自治	社长　胡芷香　原省长公署咨议	杨虹邨　浙江省立第二中学毕业	1923年12月10日创刊①,日刊,八页,发行量一千五百份。系浙东同乡会经营,在浙东方面有影响力。社址位于杭州市保佑桥
杭州民国日报	发扬三民主义,贯彻国民革命,浙江省党部机关报	社长　胡健中　原为该社主笔和省党部秘书,现省党部执行委员	主笔　徐世衡　现杭州市中学教员	1927年3月12日创刊,日刊,十页,发行量六千份。社址位于杭州市开元路
杭州国民新闻	发扬三民主义,提倡组织农工团体,黄埔同学会机关报	社长　郑炳庚　黄埔军官学校第一期毕业	主笔　胡国振　黄埔军官学校出身	1927年3月12日创刊,日刊,十页,发行量二千份。该报创办之际蒋介石提供一千弗作为补助费,1928年起每月出资一千弗。社址位于杭州市青年路
之江日报	开发国民知识	社长　王苏香　原国民革命军军医、杭州市报社长	主笔　项士元　曾任社主笔和社长,原浙江蚕业学校教员	1913年创刊,1926年一度停刊,1929年复刊②。日刊,十页,发行量八百份。社址位于杭州市杭县路
浙江民报	扩大民权	社长　茅仲复　黄埔军官学校出身,现为浙江保安处科员	主笔　蒋元熙　上海复旦大学出身	1916年8月创刊③,1926年一度停刊,而1931年6月复刊。日刊,八页,发行量八百份。社址位于杭州市水漾桥
浙江省政府公报	公布法令、规定	浙江省政府	秘书处	1927年5月11日创刊,日刊,发行量二千份。社址位于省政府内

芜湖

人口:日本人25人,外国人75人,中国人167 600人。

---

① 一说1922年10月10日创刊。
② 1913年4月1日创刊。1917年后多次停刊、复刊,1926年3月14日再次停刊,1929年1月5日复刊。
③ 应为1913年4月15日创刊。

中文报纸（1930年12月末）

名　　称	主义系统	持有人	编辑干部	备　　考
皖江日报	启发民智，不偏不党	社长　谭明卿　秀才出身	主笔　同前	1917年1月创刊①，日刊，八页，发行量约三千份。不得已与排日运动等步调保持一致时，态度温和。谭社长个人对日持有好感
工商日报	开发工商业，发展自治及教育	社长　张九皋	主笔　同前	1909年11月创刊②，日刊，八页，发行量约二千五百份。1929年以来对日论调变得稳健
民国日报	国民党系	省党部 社长　段继典　县党部宣传部长	主笔　同前	1928年11月创刊，日刊，八页，发行量约六百份。除宣传国民党、登载排日新闻以外，无任何特色，但最近报道经济消息

安庆

中文报纸（1930年12月末）

名　　称	主义系统	持有人	编辑干部	备　　考
民岩报	发扬民治、民权，维持风教，国民党系	社长　吴霭航　前清举人，与柏文蔚有关系	主笔　同前	1909年创刊③，日刊，八页，发行量约二千份。本报有长久历史，地盘亦坚固，对日感情并非良好。社址位于安庆前门大街
新皖铎	营利本位	社长　张振铎　原柏文蔚秘书	主笔　同前	1922年2月创刊，日刊，八页，发行量约一千份。无印刷机，迎合官方，对日感情一般。社址位于安庆四牌楼大街
商报	标榜改良、发展工商业	社长　苏绍泉	主笔　同前	1923年7月创刊④，日刊，八页，发行量约一千份。与安庆商会有关系，得到安庆商人的援助。对日情感稳健
民国日报	省党部机关报	省党部	同前	1928年11月创刊，日刊，八页，发行量六千份。省内各级党部、军政机关及各公共团体等均有义务购阅。完全秉承中央党部的意旨而致力宣传之。对日态度并非良好，总是刊登排日报道

九江

人口：日本人54人（其中朝鲜人10人），中国人72 900，外国人80人。

中文报纸

名　　称	主义系统	持有人	编辑干部	备　　考
九江日报	原为国民党系，曾为政府机关报，近来专注于自治方面	经理　张炳安	主笔　张寿东	1927年9月创刊，日刊，八页，发行量约五六百份。该报是由1927年9月被查封的《江声日报》改组而成，1928年6月因《江声日报》复刊，社员一分为二，独立了出去。资本金三千元，过去作为省政府的机关报，领取提供的补助金，近来已停止。社址位于九江庚亮北路二十八号

---

① 一说1910年12月2日创刊，一说1910年12月21日创刊。
② 应为1915年10月20日创刊。
③ 一说1912年6月1日创刊。
④ 一说1919年创刊，1923年4月备案。

(续表)

名 称	主义系统	持有人	编辑干部	备 考
九江民国日报	县政府机关报	社长 吴崇惠①	主笔 胡慰	1931年9月创刊,日刊,四页,发行量约四百份,是县政府的机关报,领取少许补助。社址位于九江大中路五九五号
浔阳晚报	宣传三民主义	经理 曾宪光	主笔 徐介天	1930年5月创刊,晚报,小型,四页,发行量约三百份。内容、报道贫乏,资本金约二千元。社址位于九江环湖路六号
九江新闻日报	提倡商务	经理兼主笔 陈生白	编辑 吴铁魂	1931年1月创刊②,日刊,小型,四页,由二三名商人合资开设,经营极其不景气,内容非常贫乏。社址位于九江大中路五八号

南昌
中文报纸

名 称	主义系统	持有人	编辑干部	备 考
江西民国日报	省党部机关报,致力于宣传三民主义	委员制度		1926年11月创刊,1931年9月由原《南昌民国日报》改名。日刊,八页,发行量约三千份。报道内容比较丰富,但多与党部相关,致力于宣传大众化的三民主义。经费由省党部提供。社址位于南昌市毛家园二十六号
工商报	鼓吹工商业	经理 李耀廷	主笔 甘棠夏	1920年1月创刊③,日刊,八页,发行量约三千份。以前带有国民党色彩,创刊后不久就因曹锟的贿选问题遭灾,被查封一年多。其后脱离政党色彩,与省总商会联络,成为以鼓吹商业为目的而把营利放在首位的报纸。报道丰富,内容比较精确。资本金六千五百元,社址位于南昌百花洲
南昌新闻日报	省政府机关报	南昌新闻日报馆维持委员会(委员制度) 总经理 张博施	总编辑委员 余莲孙	1928年7月创刊④,日刊,八页,发行量约二千份。报道内容丰富,但以省政府的宣传报道来填充版面,省政府每月提供一些补助。社址位于南昌中山路东十一号
江西建设日报	省政府机关报	经理 万士高	主笔 姚朗如	1931年3月创刊,日刊,八页,发行量约八百份。报道比较稳健,内容也很丰富。社址位于南昌中山路一八二号
南昌商报⑤	无政治色彩	经理 万醒尘 总商会委员	主笔 萧清臣	1927年9月创刊,日刊,八页,由原《商业日报》改名⑥,发行量约一千份,股份制,资本金约三千五百元,社址位于南昌中山马路一一〇号

---

① 一说"吴崇德"。
② 一说1930年创刊。
③ 一说1914年12月创刊。
④ 一说1928年4月1日创刊。
⑤ 此前二年报告为《商业日报》。
⑥ 一说1929年9月改本名。

汉口

人口：日本人1 550人（其中朝鲜人70人），中国人756 200人，外国人1 700人

概况

一、中文报纸：目前汉口的中文报纸共计二十五种，《武汉日报》《新民报》《汉口中西报》《汉口新闻报》《公论日报》《正义报》《楚天日报》《亚细亚日报》《汉口导报》《震旦民报》《大同日报》十一家为大型报纸，其他均为小型报纸。

武汉地区的报纸事业达到全盛是去年春季，当时的形势是广东与南京对立，广东方面以反中央为目标，锐意致力于报纸宣传，秘密派遣众多人员，组织小型报社，因此据说大小报社合计共有四十余家，个人经营的通讯社多达七十余家。对于报社的随意设立，行营主任何成濬担心反动派的宣传抬头，制定"办法"加以管制，即强行要求各报社、通讯社注册登记，同时向各社征收三千元的保证金，严格检查报纸，若进行反动宣传，社长及社员将会遭到查办，另外还会视情况命令停业。因此，小型报社和通讯社几乎全部倒闭。之后官宪对于报纸的管制日益严重，因而言论自由没有任何保障，这就是现状。

另外，此次粤系势力进入中央活动以来，当地报界似乎开始逐渐出现一些带有改组派色彩的报纸。

二、外文报纸：当地的外文报纸中，英文报纸有 The Central China Post 和 Hankow Herald 两种，日文报纸有《汉口日日新闻》和《中支那》两种。鉴于中国报纸的现状，这些报纸在中国人及外国人中相当受到重视。

中文报纸

名　称	主义系统	持有人	编辑干部	备　考
武汉日报	三民主义，国民党机关报	国民党中央党部宣传部 经理　李翼中	总编辑　萧若虚 编辑　林元龙、凌幼明、萧从云、孙涤生、王守镇、周均戬、钟嘉桐、刘静哉、罗云樵、李宪民、唐性天 探访员　李普珊、殷治武、车仲云 事务员　邹碧痕、王亚民、王启基	1929年6月创刊①，日刊，十二页，发行量一万四千份。去年在胡汉民反对宪法之际，其社论登载了激烈攻击蒋介石的语句，因此武汉当局根据中央的命令，全力对该报加以管制，使其一改以往的论调，成为蒋介石派的机关报。是中国国民党中央党部在长江流域的宣传机关，武汉报界一流的报纸。社址位于汉口歆生路忠信里
新民报	国民党左派，但目前是改组派	社长　唐爱陆	总编辑　谢楚珩 编辑　谢倩茂、黄启明、黄焕吾、黄德贵 探访员　黄菊圃	1926年9月创刊②，日刊，十页，发行量五千四百份。原由唐爱陆个人经营，1931年春，唐当选为汉口特别市党部执行委员，还兼任汉口特别市商民协会仲裁委员，市党部自此每月提供三百元的补助金。随着广西派光复武汉，唐逃走，总编辑李慎安代理社长，广西派失败后，方觉慧主张没收该报社，但在李慎安去世后，因主笔谢楚珩的活动得以免遭没收。1930年改组派也曾想收购该社，及至汪精卫、陈公博等掌握中央政权，该报也有扩大经营机构的倾向。是影响力仅次于《武汉日报》的重要报纸，社址位于汉口后花楼街永兴里第三号
汉口中西报	曾为国家主义，目前加入国民党	社长　王华轩	总编辑　王丽生 编辑　王纯安、喻可功、朱钝根 探访员　王士达	1907年10月创刊③，日刊，十页，发行量四千八百份。该报是汉口历史最为悠久的报纸，创刊最初是王华轩、王励生等个人的合资组织，相当具有影响力，但最终受到国民党党报的压迫，经费陷入困难，因而营业不景气。据说因王社长和徐源泉是同乡，从徐处收到补助。报道材料少，是二流报纸。社址位于汉口市中山路水塔后老联保里街面

---

① 6月10日创刊。

② 一说9月15日创刊。

③ 1906年5月创刊。

(续表)

名　　称	主义系统	持有人	编辑干部	备　　考
汉口新闻报	曾为国家主义，目前加入国民党	社长　张云渊	总编辑　凤竹荪 编辑　叶冷生、曾莘如 探访员　车仲云	1915年1月创刊①，日刊，广告栏八页，普通报道栏八页，发行量九千份。该报完全营利本位，与上海《新闻报》性质相同。据说王社长和凤总编辑与武汉的浙江帮、江苏帮等商人交情深厚，因此每月靠广告费维持收支平衡。干部虽了解日本的情况，但报道仍有浓厚的排日色彩。社址位于汉口市特三区鼎安里第五号
公论日报	是国民党，但接近安福系	社长　王民仆	总编辑　胡砚农 编辑　叶松钧②、张啸云 探访员　汤济民	1918年4月创刊③，日刊，主刊八页，附录二页，发行量三千六百份。该报最初由王民仆个人经营，后被安福省议员收买④，成为其宣传机关报。1927年因反对国民党，结果经费来源中断，经营极其困难，但据说从去年起每月从李鸣钟、范石生处各领取二百元的补助。在当地属于二流报纸，社址位于汉口市后花楼正街方正里口
正义报		社长　马宙伯 总经理　赵典之	总编辑　马宙伯 编辑　郭肇璜、饶校文、曹荫稼 探访员　孙亚二	1918年创刊⑤，1926年冬唐生智将其没收，改名为《武汉民报》，其后又改称《汉口中山日报》《湖北中山日报》，曾一度成为湖北省、市两党部的机关报，但在1931年10月，因赵典之、贺衡夫等人的运作，将《正义报》恢复，反日色彩颇为浓厚。社址位于汉口市交通路
楚天日报	国民党改组派	社长　周希文 副社长　周介天 总经理　徐骞 协理　吴质彬	主笔　聂克刚 编辑　沙家鼎、周浩然、方国希、王大杰、李乾三 探访员　喻乃智、孙亚二	1931年11月10日创刊⑥，日刊，八页，发行量三千六百份。此次汪精卫和前任湖北省政府主席张智本等人在南京政府的合作中取得成功，获得了党政两权，以此为契机，出于以报纸宣传的力量达到民主政治的目的，创办了本报。该报称得上是改组派在长江上游的一大机关报。社址位于汉口市民生路方正里第二十八号
亚细亚日报		社长　萧蚨晨	总编辑　同前 编辑　胡元俊、陶涤亚	1931年7月20日创刊，日刊，四页，发行量四百份。据说社长萧蚨晨虽是著名小说家，但不好结交军政各界要人，因此运营困难。接近广西派，但实际上并未获取援助。以前经营过每三日发行的《镜报》，但遭到市社会局取缔，曾一度停刊，后改称《亚细亚日报》发行。新编第十师师长谢彬每月提供二三百元的补助。社址位于汉口市泰宁街第十三号
汉口导报	社会主义，国民党左派	社长　何颖扶	总编辑　姚悟千 编辑　徐苍霖、钱春山、徐鲁眉 探访员　陈恭一	1931年6月1日创刊⑦，日刊，四页，发行量五百份。旧西北军张印相、郭云龙、梁冠英等人作为该军的宣传机关创办了该报，在当地是三流报纸。社址位于汉口市通和里第六号

---

① 1914年5月28日创刊。
② 1930年报告为"叶松云"。
③ 一说1919年2月6日创刊。
④ 原文为"買収"，有"收买""收购"之意。此处具体背景不详，暂且翻译成"收买"。
⑤ 4月创刊。
⑥ 一说1931年10月创刊。
⑦ 1930年11月创刊。

(续表)

名称	主义系统	持有人	编辑干部	备考
震旦民报	社会主义,国民党左派	社长 蔡寄鸥	总编辑 蔡寄鸥 编辑 萧则鸣、李妙尘、程犀照	1931年6月1日创刊,日刊,六页,发行量五百份。社长蔡寄鸥从原改组派领取巨额补助,发行《光明》和《水晶宫》三日刊小报,在被汉口市社会局勒令停刊后发行了该报,据说仍旧有来自改组派的一些补助
正报	三民主义,国民党右派,汉口市公安局宣传机关报	名誉社长 汪世鎏	社长兼总编辑 沈亮 总经理兼编辑 田新安 编辑 陶伯衡、万际云	1930年1月10日创刊①,日刊,小型,四页,副刊二页,发行量三千份。当初黄振兴任汉口市公安局长时,警察界的黄埔军官生们为了发展他们的势力,巩固地位而创办了本报。黄死后汪世鎏就任公安局长,据说黄埔系军官生仍然要求局长承认负担报社的费用,结果由公安局每月提供数百元的补助。社址位于汉口市老联保里街面第三十八号
大同日报	二民主义,国民党右派,省党部的宣传机关报	社长 左铎	总编辑 王献芳 编辑 艾毓英、鲍幼申、唐毅、贺岳僧、孙涤生、王一鸥 探访员 陈承仁	1931年10月2日创刊②,日刊,八页,发行量三千份。社长左铎曾经办过湖北省党部的宣传机关报《湖北中山日报》(参阅《正义报》一栏),因该报改为《正义报》,湖北省党部整理委员等发行了本报。社址位于汉口市民生路坤元里第三号
汉口白话报	国家主义,安福系	社长 凤笑风③	总编辑 同前 编辑 金仲文、邵清风	1928年12月④创刊,日刊,小型,六页,发行量三百份。该报最初为广西派的报纸,广西派失势后,被湖北安福系首领郑万瞻收购,处于经费匮乏,不得不减少页面的状态。社址位于汉口市后花楼街牛皮公司下巷第六号
武汉时事白话报	三民主义,国民党改组派	社长 郭少仪	编辑 万成龙、喻恒功、王一发	1929年12月创刊⑤,日刊,小型,六页,发行量三千份。据说社长郭少仪与党部方面关系密切。在当地是三流报纸,社址位于汉口市中山路左安里第三号
工商白话报	营利本位	社长 邓博文	编辑 胡人俊、潘小凡、蔡二我 探访员 邓雪安	1917年9月创刊⑥,日刊,小型,六页,发行量六千份。该报在工商界和劳动者阶级中购阅者居多。1931年8月末因登载反动报道被勒令停刊,但12月复刊。是三流报纸,社址位于汉口市小董家巷
工商日报		社长 萧亚侬	编辑 王兰	1931年1月5日创刊,日刊,小型,四页,副刊二页,发行量一千份。社长萧亚侬原为《工商白话报》的总编辑,因与该报社长邓博文意见不合,最终辞职,经营本报。是三流报纸,社址位于汉口市熊家巷第一五〇号

---

① 一说1930年9月创刊。
② 一说1920年9月18日出刊,发行人艾毓英。
③ 一说"凤兮风"。
④ 1931年报告为"1930年3月"。一说1931年2月7日创刊。
⑤ 一说1929年11月1日创刊。
⑥ 一说1918年创刊。

(续表)

名　　称	主义系统	持有人	编辑干部	备　　考
汉口鄂报	国家主义,原为直系,目前接近国民党广西派	社长　李锦公	编辑　喻血轮	1921年创刊①,1926年被唐生智查封,1931年8月复活,日刊,小型,四页,发行量一千份。社长李锦公是国立武昌商科大学出身,曾去日本留学,与前湖北省议会议长屈佩兰是师徒关系,经此人介绍担任湖北督军萧耀南的秘书时创刊了该报。1926年因革命军光复武汉,该报作为直系军阀的机关报被唐生智勒令停刊,社长李锦公逃亡,去年归来。据说第三十四师长张万信、武昌公安局长苏世安、四川的杨森等人提供补助。社址位于汉口市模范区丹凤街成里第四十七号
新汉报	三民主义,国民党湖南系	社长　陈殿川	编辑　管雪斋	1931年5月4日创刊,日刊,小型,四页,社长陈殿川是第四路军总指挥部驻汉办事处的职员,该报由其个人经营。据说是湖南军事、政治在武汉的宣传机关报,由何键提供补助。社址位于汉口市模范区福忠里第二十三号
华中日报		社长　杨英武	编辑　胡仪	1931年8月8日创刊②,日刊,小型,四页,发行量七百份。社长杨英武是原湖北中山日报社(参照《正义报》一栏)的办事员,因其报作为《正义报》复刊,他发行了《华中日报》。是三流报纸,社址位于汉口市府南二路五丰里一〇三号
和平	社会主义,国民党左派	社长　陶俊三	编辑　陶涤亚、朱利根	1930年12月1日创刊③,三日刊,小型,四页,发行量三百份。社长陶俊三是工人出身,1927年共产党盘踞武汉之际,在党部的政治部工会任职,随着广西派进入湖北而辞职,还担任过《湖北中山日报》(参照《正义报》一栏)的编辑,辞职后创刊了本报。去年每月从第二十六师长郭汝栋处领取百元补助,一度改为日刊,因去年冬天该补助金中断,陷入经营困难,目前又改为三日刊。是三流报纸,社址位于汉口市中山路佑安里第三号
新妇女	扩张女权,国民党改组派	社长　郭少仪	编辑　春贲、黄馨	1929年8月18日创刊,周刊,小型,四页,发行量五百份。社长郭少仪是《武汉时事白话报》的社长。该报以扩张女权为主旨,创刊当时是三日刊,去年改为日刊,持续了六七个月,但因经费困难变为三日刊,最近因抵制日货,纸价高涨,又变更为周刊。社址位于汉口市中山路佑安里第二号
新妇女周报	发扬妇女道德以及主张妇女的参政权,国民党改组派	社长　郭少仪	编辑　石榴园、王兰、萧亚南	1931年8月创刊,周刊,小型,四页。社长郭少仪为宣传女权扩张,最初以三日刊创刊,专门登载社会报道,去年春季改为日刊,8月增刊《新妇女周报》,专门登载短篇小说。《新妇女》《新妇女周报》均为汉口唯一的妇女报纸,前者登载社会报道,后者登载小说著作。社址位于汉口市中山路佑安里第二号

---

① 一说1920年创刊。
② 一说1931年2月28日创刊。
③ 一说1930年9月创刊。

(续表)

名　称	主义系统	持有人	编辑干部	备　考
大汉	社会主义,国民党左派	社长　欧阳桴海	编辑　郭寄生、祝存九、张汉	1931年1月10日创刊,日刊,小型,四页,发行量八百份。唐生智等人在武汉之际,没收汉口新市场,组织了民众俱乐部。1930年冬,当时的汉口市长刘文岛欲将该民众乐部恢复成新市场,该俱乐部职员朱白青、郭寄生等创刊了该报,作为反对恢复新市场的宣传机关报。是三流报纸,社址位于汉口市特三区保华街第三十九号
华洋日报	三民主义,虽为国民党却接近广西派	社长　周泽厚①	编辑　郑幼臣	1931年2月12日创刊②,日刊,小型,四页,发行量六百份。社长周泽厚是广西派时期《武汉民国日报》的编辑,为生存而独立经营该报。是三流报纸,社址位于汉口市模范区云绣第六号
新快报	民主政治,改组派	社长　万克哉	编辑　易云泥、万林生	1928年10月创刊③,日刊,小型,四页,发行量三千份。该报原为晚报,去年8月改为日刊。社长万克哉在报界信誉不太好。以前从改组派领取过宣传补助,自去年起停止,经营似乎极其困难。据说幸而四川将领邓锡侯、田颂尧等为了将该报作为其宣传机关,提供一些补助,因此得以勉强维持。是三流报纸

二、英文报纸

名　称	主义系统	持有人	编辑干部	备　考
The Central China Post［楚报］（英文）	英国系	社长　H. J. Archibald(苏格兰人)	主笔　A. M. G. Grant 记者　刘子纯,另有两人	1911年创刊④,日刊,八页,发行量约六百份。报道迅敏,内容和形式充实。社长Archibald在广西派治汉时期,从官方领取相当丰厚的报酬,有其御用报纸之感。该派没落后,取而代之的官方补助微薄。英国系,从党派色彩来看,对劳动党相当有好感,但原先属于保守党系,近来就英国政府的对华政策,往往登载攻击性社论。言论大致稳健,对日本解读正确,对于"满洲事变"及其他日中之间的问题,总是登载善意评论。社址位于汉口市第三特别区
Hankow Herald［自由西报］（英文）	国民党系	社长　邹允中 美国法学博士	主笔　同前 副主笔　林英伯 记者　姚子英	1923年创刊,日刊,十四页,发行量约六百份。内容、形式均相当充实,作为副业承接一般印刷业务,还代理销售China Press等其他各种报纸杂志。原来是美国人B. Schwarty⑤任社长兼主笔经营该报,因经营不景气,结果在1930年夏将其盘让了邹。亲美,言论比较稳健,但转由中国人经营以来,迎合党部的意思,往往支持、宣传中文报纸的言论。社址位于汉口法租界

---

① 一说周泽源。
② 一说2月7日创刊。
③ 一说1928年6月1日创刊。
④ 应为1904年创刊。
⑤ 1931年报告为"B. Schwartz"。

三、日文报纸

名　　称	主义系统	持有人	编辑干部	备　　考
汉口日日新闻（日文）		社长　宇都宫五郎	主笔　同前 记者　内田佐和吉、杉谷善藏、堤良治	1918年1月创刊，日刊，四页，发行量六百五十份。主要是翻译当地的中文报纸，让日本人知晓中国方面的消息，同时登载我国"联合"和"电通"的消息。报道比较正确迅敏，加上中国报纸受官方管制，报道上多有修饰，难以相信，因此在中国人中也有相当多的人乐意购阅该报。社址位于日本租界中街一三三号
中支那（日文）		社长　一色忠慈郎	主笔　同前	1928年10月创刊，周刊，小型，四页，发行量约三百份。由吉福四郎氏创刊，1929年4月起现任社长接手经营。内容以调查中国的财政、内政等为主，一色社长侨居中国三十多年之久，以"中国通"著称。社址位于日本租界平和街三号

长沙

人口：日本人60人，外国人150人，中国人345 700人。

概况

长沙发行的报纸均为中文报纸，还未见外文报纸的发行。中文报纸有《国民日报》《大公报》《中山日报》《市民日报》《全民日报》《通俗日报》及《湖南晚报》七种。其中《国民日报》最具信誉，在军界、政界、教育界、普通商民乃至劳动阶级各个领域都拥有读者，一天的发行量据说有约九千份，居该界首位。《大公报》《中山日报》《市民日报》和《全民日报》四报次之，但发行量也不过二千份左右。除上述之外，还有一些小型娱乐报纸，只在劳动者中或烟花巷等特殊阶层中拥有读者，没有多大的影响力。

长期以来湖南省军阀斗争频繁，战乱不断，因此军方、官方自然在行政上极端蛮横，尤其是在对报纸的管制上，表面上高唱言论自由，实际上极其严苛，各报社事事受其掣肘，若没有军阀的支援，又根本无法生存。于是，各报社积极与军阀保持联络，主动希望成为其机关报，每月得到若干补助金，充当他们的走狗，显现出似乎要寄生于为其宣传的丑态。报纸应该立场公正，报道正确，代表严正的舆论，却因此完全丧失应有的功能，作为报纸失去了阅读价值，普通省民对于报纸的信赖程度极低。

而且以这种现状，在报界难以找到杰出的记者，也无法期待腐败的报界清明，预测当地报界除了维持目前幼稚的发展方向外别无前途。

如上所述，因军方、官方的压迫，经费困难，以及缺乏优秀的记者，报纸的外观极不完善，各报均几乎不登载社论，偶尔登载也没有脱离迎合军方、官方宣传文的范畴，如此看不到半点代表舆论的见识和勇气，而且民间也没有有识之士想要利用报纸发表个人看法。再看报纸登载的日常报道，均充满各地新闻，内容显得十分空洞。而且这些新闻材料均由该地通讯社提供，还未曾听闻各报社有在各地派遣特派员的。新闻的出处相同，以至于在各社的报道上呈现出遣词用句完全一致的奇观。当然在其编辑上，也因为极度缺少人手，错误的报道、错字、误排等多得不胜枚举。

只是最近随着无线电讯的发展，海外和省外的新闻电讯逐渐迅速起来，偶尔也不是没有值得参考的内容，略微显示出进步的迹象。另外，当地自古教育普及，与其他省份相比文化程度比较高，因此文艺栏每天都呈现出相当的活力，这几点加起来足够称得上有特色。

中文报纸

名　　称	主义系统	持有人	编辑干部	备　　考
湖南国民日报	省政府及省党部机关报，国民党系	经理　凌璋　现任第四路军总指挥部秘书长	主笔　罗心冰 记者　宋曼君、李发全	1928年3月5日创刊，日刊，八页，发行量约九千份。每月从省政府和省党部领取六千元补助。在当地的中国报纸中信誉最高，军、政、教育、商民、劳动者等各个阶级均有购阅。对日态度不佳。社址位于长沙皇殿坪三八号

名　称	主义系统	持有人	编辑干部	备　考
大公报	不偏不党,拥护言论,代表民意	经理　龙兼公　前清秀才出身	主笔　同前 记者　李抱一、易策勋	1916年2月创刊①,日刊,八页,发行量约四千份。1927年3月2日因共产党被勒令停刊,1929年5月21日复刊。经营状态良好,每月有公积金的利息收入四百元,以及兼营的印刷业收益约五百元。在各方面有读者,特别受商民阶级的欢迎。对日态度不太友好。社址位于长沙仓后街湘清里三五号
湖南中山日报	省党部的机关报,国民党急进派的色彩浓厚	经理　曾省斋　现任市党部常务委员,兼任湖南人民反日会委员、明德中学校教谕等	主笔　陈介石 记者　袁惠瞻、何少枚	1929年5月21日创刊,日刊,八页,发行量约二千份。每月从省政府领取一千六百元、从省党部领取二千四百元补助。致力于发扬三民主义、实行训政与建设、提倡党化教育。对日态度极其不佳。在各级党部和学校方面拥有众多读者。社址位于长沙草潮门高升巷一八号
长沙市民日报	总商会及市团联合会的机关报	社长　左益斋	主笔　王聘华 记者　蒋寿世、赵奎武、康德	1930年10月1日创刊②,日刊,八页,发行量约一千六百份。以代表舆论、监督政治、提倡国货为主要准则,对日态度不佳。社址位于长沙储备仓
全民日报	省政府建设厅的机关报,属国民党政学系	经理　文任武	主笔　李君尧 记者　刘世善、钟毓湘	1927年9月1日创刊,日刊,八页,发行量约八百份。每月从省政府领取一千六百元补助。提倡振兴工商业及促进建设事业,对日态度不佳。社址位于长沙顺星桥一四号
湖南通俗日报	无政治色彩	省政府教育厅馆长　刘沅葆	主笔　同前 记者　刘文法	1924年继承《教育日刊》,改为现名,日刊,菊版,四页,发行量约五百份。教育厅经营,每月支出一千二百元。以向下层民众和劳动者阶级普及一般教育为目的,规模小,读者少。社址位于长沙理问街
湖南晚报	通俗报纸	经理　唐耀章	主笔　饶省三	1929年创刊,日刊,菊版,四页,发行量约五百份。以传播社会新闻以及烟花巷的消息为着眼点,带有滑稽笔调,多在戏院、茶馆以及妓院等地销售。社址位于长沙草潮门

沙市

人口:日本人3人,外国人9人,中国人130 000人。

---

① 1915年9月1日创刊。
② 1930年8月创刊。

中文报纸

名　称	主义系统	持有人	编辑干部	备　考
长江商务报	营利本位	侯仲涛	同前	1921年7月创刊[1]，日刊，发行量一千份左右。有来自公私各机关每月约百弗的补助，在沙市报纸中报道最公正
中山警报	评论时事，党部系统	孙绳武	同前	1930年4月创刊，日刊，发行量五百份左右。每月有来自公私各机关五十弗左右的补助，近来排日色彩变得浓厚
荆报	鼓吹党义，纯党部系统	贾绍谊	同前	1930年8月创刊，日刊，发行量四百份。每月有来自公私各机关一百弗左右的补助。县党部经营，排日倾向最为显著
荆沙国民公报	鼓吹党义，党部系统	李树靖	同前	1931年6月创刊，日刊，发行量约五百份。该报虽属于党部系统，但有来自郭汝栋司令的后援，每月有来自公私各机关的二百弗左右补助。在知识阶层中最具影响力，排日倾向亦浓厚

宜昌

人口：日本人36人（其中朝鲜人14人），中国人110 000人，外国人70人。

中文报纸

名　称	主义系统	持有人	编辑干部	备　考
鄂西中山日报	县党部机关报	江长阔　党部委员，反日会干部	段公爽	1930年8月创刊，日刊，四页，发行量一千份，资本金二千元
宜昌公报	县政府机关报	穆子斌	沈次刚	1930年9月创刊，日刊，六页，发行量一千份，资本金二千四百元
宜昌星光晚报	军部机关报	蒙树模	刘竹湘　原反日会干部，现任"剿匪"第一路军驻宜主任	1931年创刊，晚报，小型，四页，发行量八百份，资本金一千元

重庆

概况（1930年12月末）

当地发行的报纸中有中文报纸十种，其中《商务日报》在1913年创刊，《新蜀报》在1919年创刊，其他报纸创办时日尚浅，内容普遍贫乏，并且除了刘湘系的《新蜀报》和《济川公报》以外，都极少登载评论，报道的撰写风格大体稳健，但在有关外国的问题上，常常一致歪曲事实，罗列宣传性言论。

另外，作为当地报纸的特色，关于同一事件的报道，各报仅标题不同，不用说其内容，连文章的观点都是一样。这是因为各报社获得的材料均先提交给报协（报社协会），再由该协会散发给各报社。

---

[1]　一说1920年创刊。

定期调查报告　　（秘）1932年版　　外国的报纸（上卷）（"满洲"及中国部分　附大连、香港）

一、中文报纸

名　　称	主义系统	持有人	编辑干部	备　　考
商务日报	总商会的机关报	温少鹤	彭宅三	1913年创刊①，发行量三千八百份。主要登载经济消息，政治方面的主张稳健。总商会每年提供一万元，营业状态最佳
新蜀报	刘湘系	贺执钧	董荣芳	1919年创刊②，发行量二千九百份。是军方机关报，登载社论
新民报	民团机关报	潘孝仙　民团委员	葛师孔	1927年创刊③，发行量二千份。该报是由过去的《重庆民报》改名而来，主要登载团防方面和与巴县相关的报道
巴蜀报	刘湘系	王治易　刘湘军第二师长，盐运使	江宜九	1930年创刊④，发行量二千一百份。是军方的机关报
济川公报	刘湘机关报	刘湘	郭凯乡	1923年创刊，发行量二千三百份。登载社论，同时关于学艺的报道相当丰富。每周日发行副刊
川康日报	刘文辉机关报	李雅单	司季良	1929年创刊⑤，发行量二千六百份。有关学艺的报道有特色
大声报	报社社团机关报	李伟章	朱礼之	1930年创刊⑥，发行量一千四百份
重庆晚报	不偏不党	赖子君	朱典常	1929年创刊⑦，发行量一千四百份。小型报纸，晚报，主要登载社会报道
西蜀晚报	不偏不党	黎纯一	黄汉乡	1930年创刊⑧，发行量二千份。小型报纸，晚报，以社会报道为主
崇实报	天主教传道机关报		李树声	法国天主教圣家书局发行，创办后已有二十七年长久历史⑨

成都

人口：中国人约350 000人

概况（1930年12月末）

成都的报纸目前总计有二十一种，几乎都受到当地军阀的支持，处于勉强维持经营的状态。其中发行量在一千份以上的报纸仅十一种，其他均是只有二三百到七八百份的贫弱之报，因缺乏资金，时有休刊或停刊，变化无常。1930年夏以来感觉到登载激进排日报道的情况普遍减少，登载的内容只是将军阀方面的无线电讯或者重庆等地的报纸作为材料进行转载。

---

① 应为1914年4月25日创刊。
② 应为1921年2月1日创刊。
③ 一说1927年5月创刊，一说1927年9月1日创刊。
④ 应为1929年11月21日创刊。
⑤ 3月11日创刊。
⑥ 一说9月17日创刊，一说9月7日创刊。
⑦ 应为1928年10月20日创刊。
⑧ 一说1929年5月创刊，一说1930年5月11日创刊。
⑨ 一说1905年创刊，一说1904年创刊。

中文报纸

名　　称	主义系统	持有人	编辑干部	备　考
国民公报	不偏不党	社长　李澄波	主笔　李慕傅	1912年创刊①，日刊，十页，发行量二千份。在商、政、学界有信誉。报道、论调基本稳健，对日态度暧昧
四川民报	宣传三民主义，蒋介石派	社长　熊慕颜	主笔　同前	1925年创刊②，日刊，八页，发行量二千四百份，言论公正，报道迅速而且正确，在政、学界有信誉
新新新闻	马毓智机关报	社长　马宝芝（第二十八军第七师长）	主笔　同前	1928年创刊③，日刊，十页，发行量一千五百份，在军、政界有信誉，对日态度不坏
民视日报	杨森机关报	社长　丁少斋	主笔　同前	1928年创刊④，日刊，四页，发行量二千份，在学界有信誉，对日态度稍佳
成都四川日报	刘文辉机关报	社长　李时辅	主笔　同前	1922年创刊⑤，日刊，八页，对日态度不佳
国民日报	田颂尧机关报	社长　马瑶生	主笔　同前	1928年创刊⑥，日刊，八页，发行量一千三百份，对日态度不佳
成都快报	邓锡侯机关报	社长　杨治襄	主笔　同前	1925年创刊⑦，日刊，四页，发行量一千三百份，对日态度不坏
新四川日报	刘文辉机关报	社长　杨子寿	主笔　同前	1926年创刊⑧，日刊，八页，发行量一千二百份，对日态度不佳
新川报	刘文辉机关报	社长　熊集生	主笔　同前	1926年创刊⑨，日刊，八页，发行量一千份，对日态度不佳
日邮新闻	陈书农机关报	社长　杨颂平	主笔　同前	1929年创刊⑩，日刊，六页，发行量一千二百份。宣传社会主义，论旨过激，在军人、学生中有影响力，对日态度最为不佳
庸报	不偏不党	社长　李守白	主笔　同前	1929年创刊⑪，日刊，四页，发行量一千份，提倡拯救，匡正道德人心，对日态度暧昧
平报	田颂尧机关报	社长　胡寄聪	主笔　同前	1929年创刊，日刊，四页，发行量八百份，鼓吹三民主义，讴歌蒋介石
一报	不偏不党	社长　谢宝珊	主笔　同前	1930年创刊，日刊，四页，发行量七百份。宣传三民主义，评论略有过激，对日态度不良

---

① 1912年4月22日创刊。
② 一说1926年5月1日创刊。
③ 一说1929年9月1日创刊。
④ 一说1921年10月10日创刊。
⑤ 一说1924年3月16日创刊，一说1922年秋创刊。
⑥ 1928年4月10日创刊。
⑦ 1925年7月10日创刊。
⑧ 1925年10月31日创刊。
⑨ 1926年4月5日创刊。
⑩ 一说1929年7月26日创刊。
⑪ 1929年7月下旬创刊。

除上述报纸以外,还有《大同晚报》《醒民日报》《蜀益新报》《华先日刊》《静观报》《成都晚报》《民智晚报》《四川新报》等日刊报纸,但因缺乏资金,发行量仅有二三百份,均大同小异,没有特色,而且不具有任何社会信誉。

南 部

广东

人口:日本人 400 人(其中朝鲜人 40 人,台湾人 60 人),中国人 868 100 人,外国人 1 150 人。

概况

至 1931 年 4、5 月为止大致与前一年度无大差别,非常平稳,但 5 月 27 日当地成立国民党中央执监委员非常会议,翌日即 28 日国民政府树立讨蒋剿共的旗帜,言论舆论界顿时呈现出活力,各报纸每天都以所谓打倒独裁、均权共治等报道、评论、通电等布满版面,并且其间有十家报社新设(《天民报》《华声报》《民力报》《民声报》《新闻报》《愚公报》《华风报》《广东晨报》《民生报》《英文新报》),有七家停刊(《大中华报》《新民报》《羽公报》《广东新报》《岭海报》《银晶报》《广东日报》)。现在发行的有中文报纸二十三种,英文报纸三种,共计二十六种。《广东日报》是当地唯一的日文报纸,但 1932 年 3 月因社长回国而于 29 日停刊。

纵观各报纸的对日态度,1930 年末至 1931 年 2 月前后,因中国当局在当时进行的"满蒙"铁道谈判中颇具胆魄,情势有利,因此有迹象显示各报刊登有关"满蒙问题"的夸大性反日报道,甚至照抄同一材料重复刊登,一味助长民众的反日情绪。在南京发生胡汉民拘禁事件前后,上述风潮逐渐缓和,尤其是前述非常会议及国民政府成立后,当局标榜所谓大亚细亚主义,提倡中日亲善,作为实现的准备工作,对反日报道的刊登尤为关注,似乎其至连"万宝山问题""朝鲜事件"等,都一律禁止刊登过激报道,而报社也察觉到此间消息,《公评报》等大报首先接近我方,随后就连以往在反日报道上挥舞毒笔的《广东英文新报》,其经营者 Kentwell 因与陈友仁接触,也突然转变态度,开始刊登迎合我方的报道。然而其后爆发所谓九一八事件,随后宁粤和谈成功,和平统一的时机成熟,各报纸的对日态度又恢复强硬,尤其是连市政府机关报《市民日报》也刊登排日报道,其他各报纸无不言辞毒辣地攻击日本。

《公评报》《国华报》及《越华报》长久以来在发行量上均居当地言论界的第一位,因其主要登载社会新闻,尤其是烟花巷方面的内容,而不太受上层社会的尊重,尤其像《国华报》,经营状况逐年恶化。《民国日报》《市民日报》虽然在发行量上不如前几家报纸,但作为政府及党部的机关报,在电报栏及军、政、党各方面报道都有特色,普遍受好评,在报界拥有不可小觑的影响力。

一、中文报纸

名 称	主义系统	持有人	编辑干部	备 考
七十二行商报	中立	社长 罗啸璈 前清秀才,曾任广东省民政厅总务科长,当地报界之元老	主笔 任匏庵 记者 张白山、罗子政、陈海波、苏啸存、邹南丰、李凤廷、罗子端	1906 年 7 月创刊①,日报,十页,发行量两千份。粤汉铁路商办热潮时,由商人黄诏平发起,作为商、民一方的机关报创刊,现为资本金八万元的合资组织。无特别政治色彩,稳健的报道与其有特色的经济栏相辅相成,在实业界方面有许多读者,在香港、澳门及海外也有销路。但因经营方式因循陈腐,发行量逐年减少,去年为五千份,今年减约一千余份,剩下一半
广州民国日报	纯粹的国民党及政府机关报	社长 程辟金 党务工作员训练所副所长	主笔 傅镜冰 记者 陈元勋、孙醉青、张白山、谢汝诚、潘顾西、陈铁庵、叶梓铭、陈友琴、李星州、罗雨农、刘槎先、曾天籁	1923 年创刊,日报,十六页,发行量七千份。孙文没收陈炯明所创办的《群报》后改名而成,陈孚木、甘乃光及陈树人等所谓国民党左派要人担任过社长。没有固定的资本金,经费每月由党部支出两千元(另说两千七百元),省政府支出一万四千元。报道迅速,内容丰富,印刷鲜明,是当地名副其实的第一流报纸。特别受军、政、学各界欢迎。发行量从去年八千份减少到七千余份,1932 年 2 月原社长黄麟书辞任,现社长接任

---

① 应为 1906 年 9 月 15 日创刊。

(续表)

名　称	主义系统	持有人	编辑干部	备　考
广州共和报	广州市市商会机关报	社长　宋季辑　茶商，广州市市商会理事	主笔　潘抱真 记者　黄乐贤、宋仲怡、梁展鹏、宋锡秋、欧博明	1912年2月创刊①，日报，八页，发行量五千份。名义上为合资组织（资本金银一万五千元），事实为宋个人所有。近年接受市商会的补助，成为其机关报。以社会报道为特色，在中层以下有许多读者，在广州市近郊各村落销路良好
公评报	无党派关系	社长　钟超群	主笔　李霞飞 记者　钟祺、邓太璞、邓继禹、胡蝶魂、温良、潘烈、吕君瑞	1924年创刊，日报，十二页，发行量一万份。好登烟花巷方面的报道，也以小品、文艺等为特色。去年刊登有关梧州学事方面的报道，触犯当局忌惮，被勒令停刊两周。1931年3、4月时开始接近我方，尤其是5月国民政府成立，提倡大亚细亚主义，其右倾倾向愈发浓厚。九一八事件时其他各报均刊登排日报道，唯独本报报道日本军占领奉天的起因是中国军攻击日本军，遭到了同业者的猛烈攻击。资本金银六千元，长久以来为当地发行量最大，现社长的父亲钟兰棨为本报创办者，是当地的名士
现象报	无党派色彩	社长　陈柱廷　兼任本报及《越华报》主笔	主笔　同前 记者　陈奭卿、何少儒、李启芬、李日如②、谢维润	1921年7月创刊③，日报，八页，发行量七千份。最初廖球记作为国民党系报纸而创设，后来于1927年被张发奎没收。不久，随着张下台而转到广东总工会手中，其后李济琛也一度成为本报出资者之一，李不久后也失势离粤，由现社长接手。现在自称无党派色彩，与同行《公评报》关系不佳，动辄发表过激言论，排日色彩浓厚。资本金银九千元
越华报	无党派关系	社长　陈述公	主笔　陈柱廷 《现象报》社长及主笔。 记者　许修五、陈式锐、毕鸿图、李健儿潘吉云	1927年创刊④，日报，八页，发行量一万份。国华报社长王泽民筹集华侨的资金创设，现在亦与《公评报》关系密切。言论比较公正，在同业者中率先创设卫生问答栏等，读者以中层以下居多。1931年9月2日因火灾暂时停刊，资本金银五千元
国华报	无党派关系	社长　刘荫荪　曾任广州市商会联合会董事	主笔　容春勉 记者　张子宜、余梦魂、潘照、许可因	由1913年创刊的《国报》于1918年改组、改名而来⑤，日报，八页，发行量一万份。王泽民、康有为、王宠惠等出资创设，资本金银三万元。作为进步党之机关报，曾发表反对国民党的言论，但近来逐渐接近国民党。1928年社长王泽民死后，刘荫荪以两万元盘下本报，此后成为广州市商会联合会之机关报。但1931年随着市商会成立，商会联合会解散，目前无党派关系，每月持续亏损，艰难维持经营

① 应为1912年7月创刊。
② 1931年报告为"李白如"。
③ 最初创刊于1914年，办办停停，1927年复刊。
④ 应为1926年7月27日创刊。
⑤ 1915年创刊。

定期调查报告　　　（秘）1932年版　　　外国的报纸（上卷）（"满洲"及中国部分　附大连、香港）

(续表)

名　　　称	主义系统	持有人	编辑干部	备　　　考
新国华报	国民党系	社长　李抗希　葡萄牙籍、律师	主笔　张白山 记者　罗达夫、张麟升	1920年创刊①，发行十二页的早报、八页的当地唯一的晚报，发行量五千份。1927年排字工人罢工以来以一万元盘给大罗天新剧团，但1928年又被李抗希再次盘回，继续经营，资本金银一万两千元。虽无特别党派色彩，但对国民党有好感。发行量从去年的八千份减少到五千份，据传经营不如意
国民新闻	无党派关系	社长　罗容普	主笔　麦秀岐 记者　唐朴园、区希若、李子重、李元伯、霍春铭②	1925年8月创刊，日报，八页，发行量一千份。标榜反共产主义，由胡汉民一派经营过，胡等离广后成为政府的御用报纸。曾一度显示出与《民国日报》比肩的盛况，但1927年因共产党事件停刊，1929年元旦再次复刊，经营状况不如往昔，最终由梁玉璋（本报前社长、香港《华字日报》经理）及广东记者们出资，将建筑、器具等都原样盘下，自1930年元旦起继续经营，进入1931年后由罗容普继承之，但经营状况依然不见起色。曾充当公安局的机关报，每月接受当时的局长欧阳驹三百元补助，欧离广后与公安局断绝关系。据称资本金银一万五千元
司法日报	官报	主任　由广东高等与地方法院、广东高等与地方检察厅四家机关每周轮流执掌本报事务	记者　由前述四家机关每周交替派员主办	1921年创刊，日报，八页，发行量一千份。刊登前述各机关的民事、刑事案件以及不动产及其他公告。据称资本金银五千元
广州市民日报	广州市政府机关报	社长　黄欣　早稻田大学出身，市政府财政专员	主笔　张夏初、李燮坤、卢寸、吴永康 记者　黄志鹄、陈贯一、李昂、黄艺博	1927年创刊③，日报，十二页，发行量五千份。最初名为《市政报》，接着改称《广州日日新闻》，再后改名《广州市政日报》，1932年3月改为现名。市政府的公告全部刊登在本报上，而且1930年黄欣担任主任后，依靠改革版面获得社会欢迎，此后逐年发展。报道大致准确、迅速，特别是军、政各项报道、电报栏等，与《民国日报》齐名，还设有广播栏。据称资本金银四千元。前主笔谢永年在1928年3月市长程天固辞职时一同辞职，新任市长刘纪文任命黄欣为社长
愚公报④	无党派关系	社长　邓羽公	主笔　邓羽公 记者　区慵斋、潘啸庵、潘子宜、李孟浙、欧博明	1931年10月20日创刊⑤，日报，八页，发行量六千份。曾因刊登亵内容的《羽公报》被广州市党部勒令停刊后，被改为此名复刊，依然聚焦社会报道，尤其是通晓社会内幕消息，受到下层社会的好评。资本金银三千元，据传一直接受《公评报》的补助

① 应为1921年3月创刊。
② 1931年报告为"霍春名"。
③ 应为1932年2月20日创刊。
④ 另有陈超风、邓愚者于1931年12月23日创刊的《愚公报》（见《广东省志·新闻志》）。
⑤ 应为1930年2月1日创刊。

(续表)

名　称	主义系统	持有人	编辑干部	备　考
大中报	无党派关系	社长　崔啸平　时事通讯社社长	主笔　欧阳百川、陈武扬 记者　陈海波、陈汝超、欧阳修、崔焕然、梁拔臣、李秀杰	1929年1月由南华报务公司创立①，因刊登军事机密，在发刊的同时被勒令停刊。1930年11月终于复刊，日报，八页，发行量五千份。股东及报纸的立场皆与香港《华侨日报》相同，销售大致良好
广州日报	广州市党部机关报	社长　区声白	主笔　同前 记者　卢灼然、胡伯孝、苏仲义	1930年创刊，日报，十二页，发行量一千份。作为国民党广州市党部机关报每月接受该党部四千元的补助。印刷极为鲜明，报道也相当丰富，受到普遍欢迎。因创刊时日尚浅，尚不及《民国日报》
天民报	无党派关系	社长　孔仲南	主笔　朱子范 记者　张白川	1931年7月15日创刊，日报，八页，发行量三千份。1929年孔仲南趁《天游报》改名为《岭海报》后经营状况不佳，将其盘下，任前岭海报社长郑叔裕为主笔而发刊，其后不久更换主笔。除了烟花巷方面的报道居多以外，在内容上无特色，而且创刊时日尚浅，还未获得普遍认可。据称资本金银三千元
华声报	无党派关系	社长　潘孔然	主笔　招安甫 记者　李傭斋	1931年9月18日创刊，日报，大型，四页，发行量一千份，李思辕创办。李曾历任海南岛琼山县县长、《国民新闻》总编等，现任财政厅第四科长。据传每月接受财政厅的若干补助
民声报	无党派关系	社长　谢汝诚	主笔　黄剑虹 主要记者　刘自强	1931年11月创刊②，日报，发行量一千份。据传接受公安局长香翰屏每月五百元的补助，位于民声通讯社内
民力报	中立	社长　刘绍谦　北京大学出身	主笔　刘绍谦	1931年1月创刊，日报，《公评报》记者刘绍谦出资约一万元创办，以政治评论为主，标榜绝对中立，发行量等不详
新闻报	第一集团军（陈济棠）机关报	社长　李家英　曾任广东省党部执行委员兼第八路军总指挥部参议	主笔　李家英 主要记者　任护华、刘燕廷	1931年7月12日创刊，日报，八页，发行量约五千份。曾作为陈铭枢的机关报每月接受省政府一千五百元的补助。《新民报》在陈铭枢离粤后陷入经营困难，陈济棠接手后成为第一集团军机关报，记者中以学界人士居多，其中中山大学兼职者最多
广东晨报	中山、岭南两所大学及执信学校之机关报	由前述三校轮流担任主任	主笔　同前 现主笔　高廷梓　中山大学法科政治学系主任兼教授、图书馆主任 主要记者　梁举余、莫伯子、其他前述三校之教职员等	1932年1月22日发刊，日报，八页，发行量三千份。中山、岭南两所大学及执信学校等三校的教职员、学生等联合集资创办。由于没有经营报纸的经验，外加报道、评论等基本上都太过高端，未获普遍欢迎。据称资本金有银八万元，但据说实际上只有三万元左右

① 一说2月4日创刊。
② 1932年创刊。

(续表)

名　称	主义系统	持有人	编辑干部	备　考
广州平民日报	标榜平民主义	社长　吴万权	记者　张伯山、胡蝶魂、欧博明、招安甫	1932年1月25日创刊,日报,八页,据称创刊当日发行量三千份。依靠嘉南银行行长一千元、香翰屏及其他公安局职员一千元、市政府职员五百元、其余两千五百元,合计五千元创办。发刊时日尚短,详细情况不明
华风报	无值得特别记录之色彩		朱子范、孔仲南、茹东海、招安甫、欧博明、区慵斋、黄言情	1932年3月28日创刊①,日报,十页。当地失业报纸记者筹集资本金三千元,借用旧《天游报》社址创刊。是报道内容没有特色的小报
民生报	排日	李子诵　原《大中华报》记者	同前	1932年5月5日创刊,日报,八页。本报是原《大中华报》记者李子诵为宣传反日而创刊,每月接受省党部若干补助

二、英文报纸及杂志

(1) 报纸

名　称	主义系统	持有人	编辑干部	备　考
The Canton Gazette[广州日报](英文)	市政府机关报	社长　李才　北京大学毕业后赴美留学,曾任北京《英文日报》记者	主笔　李国康　记者　张昌言、区炽南、卢煊梨、黄廉	1918年创刊②,日报,八页,发行量约五百份。当时任广东政府外交部长的伍廷芳作为对外宣传机关创刊,以路透社通讯员黄宪昭负责经营。1924年黄被逐出广东,陈友仁继承,此后每逢政变数度停刊。据传现在每月接受市政府五百元的补助
The Canton Daily Sun[广东新报](英文)	国民政府系统	社长　Kentwell(甘德云)	主笔　Kentwell　记者　梁汝光、李任诚	1931年2月创刊,日报,八页,发行量五六百份。Kentwell最初从友人、外国人中筹集资金创立,据传每月接受当地德国总领事馆若干补助。自从广东国民政府成立以来,Kentwell与陈友仁接近,因此亦自然地对我方抱有相当的善意

(2) 杂志

名　称	主义系统	持有人	编辑干部	备　考
The Expounder		吴福焜　现路透社通讯员,曾任 The Canton Daily Sun 的主编		1932年5月1日创刊,周刊,十四页。报道比较公正,报道经济消息及海外通讯

三、日文报纸

名　称	主义系统	持有人	编辑干部	备　考
广东新闻(日文)	无色彩	社长　平井真澄	主笔　平井真澄	1923年6月创刊,后因省港大罢工而停刊,1928年起复刊。日报,四切③,四页,发行量两百份。当地唯一的日文报纸,但1932年3月社长因时局原因回国而于2月29日停刊

---

① 3月8日创刊。
② 1924年8月1日创刊。
③ 日文表示纸张尺寸的专用名词,约为382×542毫米。

汕头

人口：日本人460人（其中台湾人320人），中国人181 100人，外国人170人。

中文报纸

名　称	主义系统	持有人	编辑干部	备　考
星华日报	标榜言论自由	胡文虎 社长　林青山	王浩然、黄健、钱一凡、谢野	1931年7月15日创刊，日报（周一休刊），八页，发行量约四千六百份。10月，因创刊后立即揭发党政机关的内幕，触怒军方及党部，被勒令停刊一个月，11月2日复刊。报道迅速，版面充实，在当地报纸中出类拔萃。持有人胡文虎为南洋华侨出身的富商，最初经营虎豹印务公司，却因偶然刊登自家的制药广告而受到官方的违法处分，便以拥护华侨的发展、言论为目的关闭印务公司，创办本报。社址位于汕头市万安街门牌四十四号
汕报	拥护客家商人的发展及言论	社长　张怀真　前清举人，旧同盟会员，曾任《大风报》编辑、《民报》主编，现任梅县同乡会会长	黄云章、温造时、曾迷阳、卢本山、谢雪影	1928年10月20日创刊①，日报（周一休刊），八页，发行量约两千份。本报由客家商人出资创刊，1929年2月因入不敷出，前社长周颐离开报社，内部改为董事制。推选梅县出身的大商店、银庄老板为董事，重整财政，采取比较新颖的营业方针，因此一度取得非常好的成绩。1931年间因解雇主要记者，陷入低迷。有显著的排外尤其排日倾向。社址位于汕头市万安街第四号
新岭东日报	广东机器工会汕头支会之机关报	社长　张凌云　回澜中学毕业，曾与《新青年》《江潮日报》有关联，担任过福建民政厅视察员、汕头沙田局长。1931年当选市党部执行委员，但被反对派排挤，离开广东。"满洲事变"发生后率领学生及工会，组织抗日。经常作为学生运动的中坚分子活动	总编辑　柯幼芳 记者　朱存威、翁瑛、张曙如、张邦光、刘鸭飞、李铁魂	1931年1月创刊，日报（周一休刊），八页，发行量一千五百份。1930年秋因轮渡工会加入广东机器工会汕头支会的问题，与广东总工会汕头支会之间发生纠纷，后者的领导人陈述经、陈特向等为解散机器工会支会而在省党部中活动，同时，利用其机关报《潮梅新报》宣传。有鉴于此，机器工会支会方面也感到机关报的必要性，于是每月支出两百弗的补助，创刊了本报。目前，社长在广州，报社工作由记者负责，但被学生及新思想界的青年学者占据着，如今与《汕报》《星华日报》组成同盟，经常刊登拥护学生的报道。社址位于升平路七十四号
民声日报	营利本位	社长　谢伊唐　接近汕头商会中的潮安派	谢修雄、杨世泽、陈亦修、郭立基	1920年创刊，日报（周一休刊），八页，发行量一千六百份。营利本位，依靠南洋华侨出资创办，对商会抱有好意，报道公正、稳健。1922年因汕头风、水灾的相关报道而长时间停刊，1924年2月复刊，在潮安、庵埠等附近都市有影响力。社址位于汕头永安街二十七号
天声报	营利本位	社长　詹天眼　东山中学毕业，兼任汇兑公所顾问、存心善堂总理、生鱼公会顾问等	唐人、唐冷风、李菊隐、范玉儒、张天籁	1923年8月8日创刊，日报（周一休刊），八页，发行量九百份。原本为晚报，1930年下半年起改为日报。詹社长喜好诉讼事件，1930年春因电灯附加税问题被市长逮捕，曾被判在广东服刑六个月。因兼职繁多，无暇顾及报社工作，报社经营状况一直不佳。社址位于汕头市同平路

---

① 一说1929年10月10日创刊。

(续表)

名　称	主义系统	持有人	编辑干部	备　考
真言日报	原本与孔教会有关系,目前无关系	社长　洪春修　汕头公学毕业,经营过《汕头晚报》及韩江通讯社,曾任第四小学校长	方昌材、彭绪、余贤、钟梦龄、钟国光、黄迪勋、曾逸民、林习经、王之楚	1924年9月创刊①,日报(周一休刊),八页,发行量八百份。因前社长顾百陶任徐景唐麾下第十八师政训部主任,由洪暂时代理社长,其后徐失败,顾也需要回避公开活动,因此洪成为实质上的社长。但社会上对洪的劣行抱有反感,这也阻碍了本报的发展,现在洪因"满洲事变"成为排日运动的领导者之一。社址位于新马路
岭东民国日报	党部机关报	社长　吴梓芳　惠来中学、广东武装人员养成所毕业,汕头市党部执行委员	钟英、郑如麐、黄致祥、王纶	1926年1月20日创刊,日报,十二页,发行量八百份。随着当地政治变化屡屡转为实权者经营。社址位于汕头市中山路轻便车头
汕头新报		社长　方文灿　现市党部常任委员,因被学生联合会揭发不正当行为,1931年末前往广东后未归	林伯庆、孔圣裔、林虞阶	1931年12月创刊②,日报(周一休刊),八页,发行量约八百份。本报由党政机关及商人等合办,为在此次发生的反日救国运动中压倒学生一方的影响力而创刊,每月接受市政府三百元、商会两百元、师部一百元、党部三十元的补助。社址位于汕头市永平路六号

福州

人口:日本人1 450人(其中台湾人1 150人),中国人337 300人,外国人520人。

概况

当地发行的中文报纸曾一度超过五十种,大部分都是所谓"随大流主义"的"泡沫报纸",其中为了金钱而以对他人进行人身攻击为能事的恶劣报纸也不在少数,但此类报纸逐渐被淘汰而减少。现在官方或个人的机关报,以及接受官方补助而地位比较稳定的报纸有二十余种。

中文报纸

名　称	主义系统	持有人	编辑干部	备　考
闽报		善邻协会 社长　中曾根武多	主编　同前 记者　林仁伟(台湾籍)	1898年12月创刊③,日报,八页(周日及节日翌日休刊),发行量约一千份。拥有福州唯一的铜版照片工厂,在当地报界历史最久,有信誉。发行量一度接近五千份,但"满洲事变"后受反日运动的影响而锐减。社址位于南台泛船浦
求是日报	商会机关报	陈公珪	梁道卿	1913年创刊,日报,八页,发行量一千五百份。福州中国人经营的报纸中历史最久,商人购阅者居多,相当有信誉。社址位于南台大庙山
福建民国日报	省党部机关报	甘汸　福建省党部指导委员兼宣传部长	高拜石	1926年11月创刊④,1928年休刊六个月,于同年11月30日复刊。日报,十页(周一六页),发行量一千七百份。向各机关免费发放,排日色彩浓厚,社址位于城内贡院里

---

① 一说1923年创刊。
② 一说1929年创刊。
③ 通常说1898年1月创刊,1924年、1931年报告说1897年12月创刊,待考。
④ 一说为1927年2月创刊。

(续表)

名　　称	主义系统	持有人	编辑干部	备　　考
民众评论	新青年派机关报	黄振远	林平周	1929年12月创刊,每三日发行一次,发行量两百份。社址位于城内秀治里
华报		方声潘	郑重	1930年10月创刊①,每三日发行一次,半折,四页,发行量约四百份。评论社会的善恶,社址位于城内南街
闽锋周刊	省党部宣传部机关报	甘沄　省党务指导委员兼宣传部长	同前	1931年2月创刊,周刊小册子,发行量约五百份。以对时事问题的评论为主,排日色彩浓厚。社址位于福州城内贡院里
拒毒报		郑碧梧	林竹心	1931年4月创刊,不定期发行,半折,四页,发行量两百份。本报由《福建去毒周报》(1930年1月创刊)改组、改名而成,每月接受省政府禁烟委员会若干补助。社址位于城内文儒坊
东方日报	省党部系	江鼎伊	宋诚斋	1931年5月创刊,日报,八页,发行量约七百份。"满洲事变"发生以来积极挥舞排日毒笔,1932年1月刊登侮辱、挑衅日本军舰的报道,随后又刊登"不敬报道",受到日本方面的抗议,1月22日省政府因此勒令其停刊。社址位于南门兜
新福建日报	财政厅长何公敢之机关报	陈建东　财政厅金融科科长	陈寄萍	1931年5月创刊,日报,八页,发行量约四百份。财政厅每月提供一千元补助。社址位于城内南营
福州日报		高拜石	陈些蠢	1931年6月创刊②,日报,八页,发行量约三百份。本报由《福州晚报》(1929年11月创刊)改名而成,省政府每月提供八十元补助。社址位于水部门外
朝报	教育宣传	黄展云　曾任福建省政府委员及省党务指导委员	刘世仁	1931年8月创刊③,日报,四页,发行量约三百份,社址位于城内东街
南方日报	福建省防军第一混成旅长陈国辉机关报	张子白	同前	1931年9月创刊,日报,六页,发行量约五百份,社址位于城内法海寺
综合月刊		张永荣	同前	1931年9月创刊,月报,约五十页,小册子,发行量约一百份,社址位于城内宫巷
福建民众周刊		张永荣	同前	1931年10月创刊,周报,约二十页,发行量约三百份,鼓吹排日,社址位于西湖公园内
新潮日报	福建省防军第三独立支队长林靖之机关报	吴长明　原海军陆战队第二旅参谋	同前	1931年11月创刊,日报,四页,发行量一千两百五十份。1932年1月因刊登"不敬报道",遭日本方面抗议,省政府因此禁止发行,逮捕拘留吴长明。社址位于南台仓前山

① 应为1930年11月创刊。
②③ 一说1930年创刊。

(续表)

名　　称	主义系统	持有人	编辑干部	备　　考
今报		林鹏南　民政厅秘书	陈天尺	1931年11月创刊,日报,半折,十二页,发行量四百份。接受民政厅的若干补助,社址位于城内鼓楼前
天日评论		郑谋今	同前	1931年11月创刊,周报,四页,发行量约三百份。社址位于城内西门外
综合日报		沈觐康　公安局第一署署长	同前	1931年12月创刊,日报,四页,发行量约三百份。接受教育厅的补助,社址位于城内宫巷
国民新报	第四十九师长张贞之机关报	吴遁民	钟子嘉、陈伯里	1931年12月创刊,日报,四页,发行量约一百份。社址位于南门兜
南中时报	福建省防军第二混成旅之机关报	吴长明　前新潮日报社长	陈伯楷	1932年2月创刊,日报,四页,发行量两百七十份。据传每月接受省防军第二旅民军及新加坡华侨合计一千一百元的补助。因前述《新潮日报》被勒令停止发行,本报继承了偶因经费不足而停刊的《南中日报》(1932年1月1日创刊①)改名而成。社址位于南门兜春霖里
现代日报		宋诚斋　前《东方日报》主编	郑炳炎	1932年2月18日创刊②,日报,八页,发行量约五百份。1932年1月《东方日报》(1931年5月创刊)因刊登"不敬报道"而被勒令停刊,本报由该报改组而成。社址位于南门兜
期待文艺周报		张鸿仪	同前	1932年4月1日创刊,周报,四页,发行量约两百份。社址位于城内闽侯县前
福建晚报	省党部系	甘沄　福建省党务指导委员兼宣传部长	江鼎伊　闽侯县党部宣传部长,前东方日报社长	1932年4月16日创刊,日报,四页,发行量约四百份。社址位于城内贡院里

二、日文报纸

名　　称	主义系统	持有人	编辑干部	备　　考
福州时报（日文）		社长　中曾根武多	同前	1918年4月创刊,日报,两页,发行量约两百五十份。社址位于《闽报》馆内

厦门

人口:日本人8 350人(其中朝鲜人26人,台湾人7 950人),中国人212 450人,外国人950人(包括鼓浪屿)。

概况

厦门市原本有六七种日报,对于人口仅十余万的城市而言不仅数量过多,而且其中拥有坚定信念的优秀经营者及记者极少,基础均极为薄弱。因此各报纸通常都对其后援者唯命是从,每逢政变又随着南北政权的消长而首鼠两端,容易顺从当地政权的态度,没有能够理直气壮指导舆论的权威。然而如前所记,从人口比例而言报纸的数量过多,发行量也就难以期待增加,一般都在一千份左右,无法达到两千份。"满洲事变"的发生给报业带来重大冲击,抵制日货使得用纸一度短缺,价格暴涨,甚至危及各报纸的继续发行。不过,由于临时购阅者激增,

---

① 一说《南中日报》1931年1月创刊。
② 一说4月创刊。

各报渡过了难关,而且《江声日报》等的发行量还激增到连印刷都来不及的盛况。当然,这种倾向不可能永远持续,但让原本与报纸无缘的各阶级中国人对报纸产生了好感,这对当地报界而言可以说是开创了新纪元。

中文报纸

名　　称	主义系统	持有人	编辑干部	备　　考
全闽新日报	介绍日本文明,融合中日民族	善邻协会	田中均	1907年8月①由台湾籍文人江保生创刊,日报(早、晚两版),发行量超过两千份,是当地的大报,"满洲事件"发生后受到抵制,减少到约一千份。在台湾总督府的允许下,每年接受台湾善邻协会一万五千余圆的补助
民国日报	国民党机关报	经理　黄笃初	马仁波	本报原名《厦声日报》,闽南民军的机关报,1927年②夏被党部以有共产主义论调为由而没收,改称《民国日报》后发刊。日报,发行量约一千份,但免费发放居多。因为是国民党机关报,在官方相当有影响力。在省党部及官方的允许下,经费每月从厦门屠宰税中支出八百元作为补助。电报栏多为中央广播局的广播新闻。1932年1月26日因刊登"不敬报道"而被强制停刊,3月末,主笔欧阳阙及下属被免职,党部干事马仁波任主笔,《福建民国日报》事务主任任事务主任,替换全部职员,4月1日复刊
江声日报	国民党系,与公安局关系比较密切,但与政府无直接关系	经理　叶廷秀	记者　黄胸万	1918年③创刊,日报,发行量一万份。1928年随着国民党的前辈许卓然入社,与第四十九师长张贞结合,其影响力逐渐被认同。1930年许卓然死亡,其前途一度受到怀疑,但依靠叶廷秀、陈一民、黄胸万等的活动,使得报面活跃起来。"满洲事变"以后其报道迅速,比较正确,发行量在12月末从三千份增加到近一万份。张贞不时补助经费不足的部分,是当地唯一在经济上独立的报纸。中国报纸中仅本报从上海接收通讯,此外还与《思明报》一同接收广播新闻。论调激烈,排外色彩曾浓厚,但最近变得较稳健。前主笔陈一民在报上发表关于1932年3月3日上海十九路军败退的评论,触怒当局,最终被迫引退
思明报④	似乎与公安局、县当局有某种谅解	林廷栋	黄寿源	1920年9月创刊⑤,日报,发行量约八百份。本报通过记者黄寿源接受当地资本家黄奕住的资金融通,一度有总商会机关报之感,但总商会于1930年3月发行纯粹的自家机关报《商学日报》,结果与总商会有些疏远。此外,虽称县党部每月补助两百元,但并非如此,不得已增加董事,处于随时募捐却依然经营困难的状态。与《江声日报》一同接收广播新闻,充实电报栏
厦门商报	拥护商民	傅贵中	同前	1921年10月创刊,日报,发行量七百份。本报为台湾文人江保生创刊,但1927年陷入经营困难,一度停刊,由现经营者傅贵中等复刊。在内地有许多读者,驻泉州省防军旅长陈国辉等不时提供捐款,但没有固定的资金来源,艰难维持经营。反日报道居多,好像还与自称台湾人武力派的一部分人有联络,有时被反总督政治派利用
商学日报	总商会及学界机关报	林应祥	陈师石	1930年3月创刊,日报,发行量一千两百份。由总商会实力派洪晓春一派及教育界的实力派出资一万元创办,其后由于没有固定的经费开支而陷入经营困难,排日报道居多

---

① 8月21日创刊。
②③ 1931年报告为"1928年"。
④ 1931年报告为《思明日报》。
⑤ 一说7月21日创刊。

云南

人口：日本人9人（其中朝鲜人8人），中国人145 100人，外国人120人。

概况

云南地区原为偏远山地，如今仍被多个"蛮族"占据，文明未开之处甚多，文化、民智的程度普遍都很低，因此报纸发展缓慢，至今仍未有外文报纸发刊，仅有小规模的中文报纸在城内发行。然而上述中文报纸均因财力匮乏，没有一家能自主印刷发刊，各报社都一样，委托云南印刷局印刷，此为实际状况。各报每月接受云南省政府及官方乃至党部等的一些补助，勉强维持经营，向外省派遣特派员的报纸也当然不存在。因此，除两三家省政府机关报的无线电报栏以外，其他的内容多是从外地报纸的报道转载而来，或是从外国报纸的报道译载，因此报道缓慢，加之记者的教育程度低，这些报纸至今都未脱离极其幼稚、低级的程度。

中文报纸

名 称	主义系统	持有人	编辑干部	备 考
民国日报	党部机关报	省党部	段雄飞	1930年4月创刊①，发行量九百份，排日系统
新商报	商务总商会机关报	总商会	王汉声	1930年7月创刊，发行量一千份，报道稳健
社会新报	国民党，省政府系统	龙子敏	同前	1922年2月创刊②，发行量五百份
均报	国民党，省政府系统	段奇僧	同前	1919年9月创刊③，发行量三百份
复旦报	国民党系统	杨玉川	同前	1922年3月创刊，发行量两百份，排日系统
民生日报	省政府系统	李光西	同前	1929年12月创刊，发行量两百份
西南日报	国民党系统	沈圣安	同前	1926年11月创刊④，发行量三百份
义声报	国民党系统	李巨裁	同前	1916年12月创刊，发行量两百份
大无畏报	国民党系统	李仁甫	同前	1928年3月创刊⑤，发行量两百份，排日系统
云南新报	省政府系统	邓少清	同前	1927年11月创刊，发行量两百份
市政日刊	省政府系统	市政府		1930年1月创刊，发行量一百份
民政厅日刊	省政府系统	民政厅	张子明	1930年12月⑥创刊，发行量一百份

除以上日刊中文报纸之外，另有《云南省政府公报》，以及建设厅、农矿厅、教育厅、东陆大学等的月刊物，与党组织相关的军声社发行的排日定期刊物等。

附

香港

人口：日本人1 900人（其中朝鲜人20人，台湾人50人），中国人821 400人，外国人14 800人。

概况

目前当地发行的报纸，有中文报纸十九种、英文报纸八种、日本报纸一种，合计二十八种。

其中特别值得记载的是中文报纸的活跃，当地刚好毗邻在中国政局中扮演复杂角色的广东，而且远离本国官方的压迫，占有能够面对面展开论战的地利，加之英国官方的管理也极为宽松，只要不是宣传过激思想、扰乱

---

① 一说1930年5月创刊。
② 一说1923年9月11日创刊。
③ 一说1920年5月24日创刊。
④ 一说1922年1月创刊。
⑤ 一说1927年9月2日创刊。
⑥ 1931年报告为"10月"。

公共安全或激烈抨击当局的施政即可。因此,这里成了敌我双方开展言论战的坚固舞台,《南华日报》(汪兆铭派)、《天南日报》(蒋介石派)、《东方日报》(陈铭枢系统)、《新中日报》(陈济棠系统)、《中兴报》(胡汉民系统)及《东亚日报》(萧佛成)等各机关报错综复杂,甲论乙驳的宣传战使得此间无一宁日。其中《循环日报》《华字日报》《华侨日报》及《工商日报》等专注于标榜商业发展的一流报纸,以报道的稳健、丰富为编辑方针,拥有众多读者。以宣传基督教为目的的《中和日报》《大光日报》两家报纸亦拥有不可被超越的影响力。各报纸的版面都设电报栏,香港、广东栏,文艺、娱乐栏等,政治、外交、社会、经济问题等则根据各报纸自身的特点有所侧重。"满洲事变"爆发后,中文报纸均用一半以上的版面刊登国际及中日局势方面的电讯,以及中国内政问题,而且每逢机会就刊登排日报道、评论。不过,自"满洲事变"尤其是当地中国人暴动事件发生以来,政厅当局的管理取缔变得极其严格,随时召集编辑、负责人加以警告与提示,同时,毫不留情地删除煽动性的评论或极端的排日报道。

英文报纸报道欧美发生的事件时不加取舍,均以大半版面登载当地新闻,而且努力依靠运动、技艺等各种娱乐栏来迎合各方面读者的口味,至于有关中国时局的消息则有远不及中文报纸之感。其平时刊登的时事社论或通讯都从当地风俗习惯出发,有尽可能避免对中国方面进行不利评论之嫌。其中尤以 *South China Morning Post* 的亲中态度最为露骨,因此对我国的有关报道、评论都颇为令人不快。此报主笔 Wylic 总是公开表明其亲中立场,尤其在"满洲"、上海两事变①中极力支持中国一方,现在销量已经增加到当地懂英语的中国人都无人不读本报的程度。亲中态度的露骨程度仅次于 *South China Morning Post* 的是 *Hongkong Telegraph*。这两家报纸都着眼于当地人口及大部分广告主都是中国人,而故意采取这种态度,在此方面都取得了相当的成功。*Hongkong Daily Press* 原本作为政厅机关报,普遍受到信任,但现在二者毫无关系,只是因为该报刊登英国本土的消息最多,在政厅有许多热心读者。还有,该报主笔 Barrett 在当地记者中最有教养,因为在政厅实权派中有很多相识,据说这些人的意见往往会以一些方式出现在此报中。此报在"满洲事变"中理解我国的立场,"上海事变"发生时突然转变论调,批评我国的态度,此后其评论、报道都对我国不友好。此外,*China Mail* 的主笔德比及 *Sunday Star* 的主笔奥西亚均被视为亲日派,都被其报持有人或营业及编辑主任毫不留情地辞退,当地英文报纸如今全是亲中派,亲日派全军覆没。

日文报纸《香港日报》以刊登地方性报道及当地日侨的相关事项为主,此外,转载内地电讯中的时局新闻等,但报道的选择、处理及编辑等都有不得要领之嫌,但鉴于此报的经济状况等,可以说是迫不得已的。

一、中文报纸

名　称	主义系统	持有人	编辑干部	备　考
循环日报	发展产业	温荔坡	何雅选、温星拱	1873年创刊②,早报二十页,晚报四页,发行量早报一万份,晚报两万份。无党派色彩,评论大致公正,资本金五万元
华字日报	发展商业	陈止润、梁玉璋	劳纬孟、关楚朴、潘孔言	1874年创刊③,早报,十六页,发行量六千份。与《循环日报》同为当地一流报纸,资本金十二万元
工商日报	发展商业	何东、茹旭明	黎工侬、胡秩伍	1925年创刊,早报十六页,晚报四页,发行量早报四千份,晚报一万两千份。广东排英时④,与政府关系密切的商人在政厅授意下,以资本金十万元创办本报,后陷入经营困难,由何东接手,成为当地有实力的报纸。1931年10月30日违反检察官命令刊登被删除的报道,被勒令停刊两个月,是排日的急先锋

---

① 应指九一八事变和一·二八事变。
② 1874年创刊。
③ 1972年创刊。
④ 指1925年6月起的省港大罢工。

(续表)

名　称	主义系统	持有人	编辑干部	备　考
华侨日报	发展商业	岑维休	胡惠民、张知挺、莫冰子	1924年创刊①,早报,十六页,发行量九千份。由南华报业公司经营,资本金十万元,兼营通讯机关华联社,与广东政府的一部分人气脉相通,经营业绩颇为良好
中华日报	与《华侨日报》属同一系统	胡惠民	莫冰子	1929年创刊,早报,十二页,发行量一千份。资本金五万元,与《华侨日报》为同一公司经营
南强日报	同上	胡惠民	陈武扬、李秋萍	1927年创刊,早报,十六页,发行量一千份。与《华侨日报》为同一系统
南中报	同上	吕福元	易赞芬	1926年创刊,晚报,八页,发行量三千份。资本金五万元,与《华侨日报》有关联
大光日报	宣传基督教	王国璇、陈鸣山	郑耿汉	1912年创刊②,早报,十六页,发行量四千份,资本金十万元
南华日报	改组派机关报		陈克文	1930年创刊,早报,十六页,发行量 千五百份。汪精卫改组派之御用报纸,最近尤为高调反粤,评论、报道稍有偏袒一方之嫌
大同日报	无固定色彩	陈行	黄小植	1928年创刊,早报,十六页,发行量一千份。据闻原本接受第一集团军军长余汉谋的补助,但目前处于经营困难的状态
时报	国家主义	关楚朴	黎工伙	1929年创刊,晚报,八页,发行量两千份。与原旧广西派通气,但根据其编辑干部的为人推测,现在可称是带有一些无政府主义的色彩
超然报	无系统性色彩	陈宝池、曾彦晖	关楚朴、林泽博③	1930年创刊,早报,十二页,发行量一万四千份,资本金一万元。被视为《华字日报》的旁系,因其无系统色彩,所以被广泛订阅
天南日报	蒋介石系	罗伟疆	黄少华、黄佩勋	1931年6月创刊,日报,八页,发行量两千两百份。据传接受南京市党部的补助
东方日报	第十九路军机关报	陈雁声	叶输章、黎大任	1931年6月创刊,日报,十二页,发行量三千份。受陈铭枢十九路军的支持,标榜反粤。1932年1月25日因登"不敬报道"而遭到日本方面的抗议,被政府勒令停止发行四周
中和日报	天主教机关报		李益乡、周淡伯	1931年2月创刊,早报,十六页,晚报四页,发行量早报两千份,晚报一万两千份
平民报	无系统	汪浩然	叶天和	1932年3月创刊,早报,四页,发行量七千份
新中日报	陈济棠机关报		林灿予	1932年4月创刊,早报,十六页,发行量三千份。胡惠民一派负责经营,无机关报之感
东亚日报	萧佛成机关报	唐广仁	李子平	1932年5月创刊,日报,四页,发刊时日尚短,报道内容颇为贫乏

---

① 应为1925年6月5日创刊。
② 应为1913年2月8日创刊。
③ 1931年报告为"林泽溥"。

(续表)

名　称	主义系统	持有人	编辑干部	备　考
中兴报	胡汉民机关报	冯康侯	莫辉琦	1932年5月创刊,日报,八页,发行量两千份。由旧《远东日报》(古应芬机关报)同人经营,发刊时日尚浅,因为是以胡汉民为背景创办的,一遇到事情总是不忘以党治国之言,最近《上海停战协定》签订,便以攻击屈辱外交作为招牌,收揽民心,似乎在倾力制造反宁气氛

二、英文报纸

名　称	主义系统	持有人	编辑干部	备　考
South China Morning Post[南华早报](英文)		J. Scott Harston、B. Wylic	H. Ching、C. M. Macdonald	1906年创刊①,早报,十八页,发行量五千份
Hongkong Daily Press[孖剌报](英文)		R. J. Barrett	同前	1857年创刊②,早报,十六页,发行量三千份
Hongkong Telegraph[士蔑报](英文)		F. P. Franklin③	Alfred Hicks	1891年创刊④,晚报,十二页,发行量三千份
China Mail[德臣报](英文)		D. C. Wilson	同前	1904年创刊⑤,晚报,十二页,发行量两千份
Sunday Herald		D. C. Wilson	Alfred Hicks	1924年创刊,附设于China Mail,发行量一千份
Sunday Star		A. N. Macfadyer	同前	1931年11月1日创刊,发行量两千份
Overland China Mail		与China Mail属于同一系统		1845年创刊,周报,发行量两千份
Hongkong Weekly Press		与Daily Press属于同一系统		1857年创办,周报,发行量两千份

三、日文报纸

名　称	主义系统	持有人	编辑干部	备　考
香港日报(日文)	无主义、系统	井手元一	同前	1909年9月创刊,晚报,四页,发行量五百份

---

① 应为1903年11月7日创刊。
② 1857年10月1日创刊。
③ 1931年报告为"E.P.Franklin"。
④ 应为1881年6月15日创刊。
⑤ 应为1845年2月20日创刊。

(秘)1933年版

外国的报纸(上卷)

("满洲国"及中华民国部分　附大连、香港)

外务省情报部

凡 例

1. 本调查录根据驻外各公馆的调查报告编纂而成。
2. 调查时间大致以1932年末为标准。不过,其后至付梓为止发现的变化,则尽量继续作了增删或订正。
3. 各地名后面的人口是1932年末的统计数据。

1933年10月

外国的报纸（上卷）
目　次

"满洲国" ………… 1214	锦州 ………… 1232
新京 ………… 1214	赤峰 ………… 1232
奉天 ………… 1215	**附录** ………… 1232
公主岭 ………… 1217	大连 ………… 1232
四平街 ………… 1218	
铁岭 ………… 1218	**中华民国** ………… 1233
开原 ………… 1218	**北部** ………… 1233
掏鹿 ………… 1219	北平 ………… 1233
本溪湖 ………… 1219	天津 ………… 1239
抚顺 ………… 1219	张家口 ………… 1244
新民府 ………… 1220	绥远 ………… 1244
海龙 ………… 1220	太原 ………… 1244
通化 ………… 1220	济南 ………… 1245
辽阳 ………… 1220	博山 ………… 1247
营口 ………… 1221	青岛 ………… 1247
安东 ………… 1221	芝罘 ………… 1249
郑家屯 ………… 1222	威海卫 ………… 1250
通辽 ………… 1222	
洮南 ………… 1222	**中部** ………… 1250
农安 ………… 1223	上海 ………… 1250
吉林 ………… 1223	南京 ………… 1260
哈尔滨 ………… 1223	苏州 ………… 1264
间岛 ………… 1229	杭州 ………… 1265
局子街 ………… 1230	芜湖 ………… 1265
头道沟 ………… 1230	安庆 ………… 1266
百草沟 ………… 1230	蚌埠 ………… 1267
珲春 ………… 1230	九江 ………… 1267
齐齐哈尔 ………… 1230	南昌 ………… 1267
黑河 ………… 1231	汉口 ………… 1268
满洲里 ………… 1232	郑州 ………… 1271

长沙	1272	广东	1277
沙市	1274	汕头	1281
宜昌	1274	福州	1283
重庆	1275	厦门	1285
成都	1275	云南	1287
		附	1288
南部	1277	香港	1288

"满洲国"

新京

人口：日本人 20 031 人（含朝鲜人 3 410 人），"满洲"人 148 470 人，外国人 504 人。

概况

当地报界总体不振，中文报界尤甚。中文报纸《大东报》曾为张学良机关报，鼓吹排日侮日，因"满洲事变"①爆发而停刊，后加入日本人顾问，改名《大东晚报》，如今名为《大同报》。《益民时报》也于事变发生的同时停刊，至1932年6月终于恢复，但9月收支不抵，最终陷于经营困难，迩来持续停刊中。

日文报纸有《新京日报》《新京日日新闻》《大满蒙》《满洲商工日报》四种，但均未摆脱地方报纸的范畴，无出色之处，互相鼎立，徒劳地互相竞争，各社业绩均不理想。

中文杂志及其他定期刊行物中，除《满洲国政府公报》《民政部旬刊》及《司法公报》外，毫无值得特别提及之处。至于日文杂志，也未见出色刊物发行，仅有原先的《新京商工会议所调查汇报》及新京兴信公所的《新京经济内报》等两种。

一、中文报纸及杂志

（1）报纸

名　称	主义系统	持有人	编辑干部	备　考
大同报	协和会机关报	社长　富彭年　原《大东报》主笔，1931年12月前《大东报》社长霍占一退职后继任社长，直至今日	顾问　河西忠香兼任《新京日日新闻》主编　刘锡庚、李心炎	1915年5月9日②创立，起初名为《大东日报》，1928年8月13日改名《大东报》③，此后成为张学良的机关报，鼓吹排日。1931年9月"满洲事变"后，罢免社长霍占一，聘《新京日日新闻》的河西忠香任顾问，改名《大东晚报》；更于1932年6月7日改为现名。主要担当"满洲国"协和会的宣传机关报，日报，八页，发行量一千五百份，社址位于新京商埠地东六马路
益民时报	启发民智	社长　朱子钦	王菊影	1931年6月④创刊，积极登载排日报道。1931年9月"满洲事变"以后停刊，1932年6月再刊，但由于经费不足，9月以来处于停刊状态。社址位于新京城内南大街

（2）杂志

名　称	主义系统	持有人	编辑干部	备　考
满洲国政府公报	官报	国务院	总务厅	1932年4月1日发刊
民政部旬刊	官报	民政部	总务司文书科	1932年7月10日发刊
司法公报	官报	司法部	总务司	1932年7月15日发刊

---

① 即九一八事变，下同。
② 1932年报告为"1914年3月"，一说1915年7月创刊。
③ 曾名《大东新报》。
④ 1932年报告为"1931年9月1日"。

二、日文报纸及杂志

(1) 报纸

名 称	主义系统	持有人	编辑干部	备 考
新京日报（日文）	报道时事	社长 箱田琢磨是当地实力人士，曾历任民会长①、地方委员、议长	箱田宗雄 社长之子	1909年1月创刊，日报，四页，发行量两千五百份。起初名为《长春日报》，其后改称《北满日报》，更于1932年9月18日改为现名。社址位于新京中央通
新京日日新闻（日文）	报道时事	社长 染谷保藏《盛京时报》社长	松本勇	1920年4月20日创刊②，日报，四页，发行量三千份。原名《长春实业新闻》，1932年12月9日改为现名。社址位于新京永乐町
大满蒙（日文）	报道时事	社长 大石常松	斋藤清	1932年9月18日于奉天创刊③，同年末迁移至新京，1933年1月1日起于新京发刊，早报、晚报发行两次，发行量五千份，社址位于新京日本桥通八五号
满洲商工日报（日文）		社长 古谷一 曾任《大阪每日新闻》记者	井上博	1930年8月5日创刊，当初名为《长春商况日报》；1932年7月25日改称《长春商业日报》；更于1933年9月改为现名。日报，四页，发行量一千份。社址位于新京城内西七马路九号

(2) 杂志

名 称	主义系统	持有人	编辑干部	备 考
新京商工会议所调查汇报（日文）		新京商工会议所	大垣鹤藏 商工会议所书记长	1921年1月31日创刊，月刊，登载经济情况及统计资料，发行量五百份
新京经济内报（日文）		清水末一	同前	1927年9月28日创刊，周刊，发行量两百份。登载经济资料、商业注册及其他兴信所业务事项

奉天

人口：日本人39 486人（含朝鲜人6 954人），"满洲"人351 857人，外国人1 496人。

概况

通观"满洲事变"后约一年间奉天报界之大势，日文报纸有《大满报》新创刊（1933年1月将总社迁移至新京），各报纸一律调整了其内容、外观，以此发挥地方报纸的真正价值，此点最值得重视。至于中文报纸，新刊有《奉天日报》。在自治指导部废止的同时，由该部编辑的《自治指导部公报》停刊，《奉天市政公报》取代其发刊。总的来说，虽未出现事变前的盛况，但各报均适应新形势，致力于"王道主义"的普及。随着地方治安的恢复，购阅者有逐渐增加的倾向，《盛京时报》自不必说，《民报》及《东三省公报》影响力虽也不及旧政权时代，但其发行量可称得上逐渐接近事变前的程度。

---

① 当地日侨组织。
② 一说1920年12月15日创刊。
③ 一说1932年9月19日创刊。

一、中文报纸及公报

（1）报纸

名　　称	主义系统	持有人	编辑干部	备　考
盛京时报	广泛报道内外消息，以此致力于引导大众	社长　染谷保藏	主笔　菊池贞二 主编　大石智郎	1906年10月创刊①，日报，八页，有限股份公司组织，在当地中文报纸中拥有最为悠久的历史，其信誉和地位是其他报纸无法企及的。由于"满洲事变"，购阅者一度急剧减少，但正逐渐增加恢复旧态。现在发行量为两万一千份
民报		社长　王冷佛	龚之浩	1922年10月创刊②，日报，八页。原名《东三省民报》，据称发行量一万份，但事变后急剧减少，仅一千份左右。1932年9月1日改称《民报》，现在的发行量约五千份
东三省公报		社长　王希哲	主编　王石隐	1913年2月创刊③，由原《东三省日报》④改名而来。日报，八页，自称发行量一万两千份，但实际数量与《民报》相同
醒时报		社长　张兆麟	编辑　张宪英	1909年2月创刊⑤，日报，四页，发行量约两千份。以回教徒为中心，在下层民间有影响力
东北日报		社长　丁袖东	主笔　张雪庵	1926年5月创刊，日报，四页，发行量约三千份
奉天公报		社长　若月太郎	编辑　佐藤有一	1931年9月21日创刊，日报，八页，发行量三千份
奉天日报	宣传"新国家"	社长　耿世贤	主笔　王国光	1932年4月1日创刊，日报，四页，发行量一千份
世界红卍字新报	宣传教义	李天真	王奉丰	1930年10月1日创刊⑥，发行量一千份

（2）公报

名　　称	主义系统	持有人	编辑干部	备　考
奉天省公署公报	奉天省公署公报			1931年11月20日创刊，当初由地方维持委员会发刊，1932年1月以后移交奉天省政府管理，同年4月1日以后改为现名，现在发行量约五百份
奉天市政公报	奉天市的机关杂志			1932年6月创刊，月刊，登载法规、命令等市政相关内容，发行量约三千份

① 一说1906年9月1日创刊，一说1906年10月18日创刊。
② 1927年报告为"1921年"；一说1908年创刊，从前社长赵锄非的个人经历看，此报创办应晚于1908年。待查。
③ 1929年报告为"1912年2月"；据《辽宁省志·报业志》记载：1905年12月奉天学务处创办《东三省公报》，主办人是谢荫昌；1912年2月创办的《东三省公报》由奉天省议会主办。
④ 据《辽宁省志·报业志》记载：1907年2月奉天商务会创办《东三省日报》，该报1911年8月停刊。
⑤ 一说1908年创刊。
⑥ 一说1929年12月创刊。

二、日文报纸及杂志

(1) 报纸

名　称	主义系统	持有人	编辑干部	备　考
奉天满洲日报（日文）	开发"满蒙"	社长　庵谷忱	主笔　田原丰	1908年12月创刊①的《奉天日日新闻》自1932年3月1日起改为现名，与大连《满洲日报》为姐妹关系，日报，六页，发行量约六千五百份
奉天新闻（日文）		社长　石田武亥	主笔　同前 主编　小笠原俊三	1914年8月创刊②，日报，早报、晚报共八页，发行量八千四百份
奉天每日新闻（日文）	王道主义	社长　松宫こと③	尾本捨次郎	1907年7月创刊④，日报，早报、晚报共十二页，发行量八千五百份
满洲国官报通信（日文）		根津胜造	编辑　合田喜春	1932年6月3日创刊，翻译"满洲国"诸官厅公布的官报，一周发行两次，发行量两百份

(2) 杂志

名　称	主义系统	持有人	编辑干部	备　考
日满公论（日文）	发展"满洲国"	社长　宫川隆		1929年8月以《日华》为名创刊，1932年11月30日改为现名，月刊，发行量少
奉天商工月报（日文）	奉天商工会议所机关杂志	发行人　野添孝生	编辑　嘉多龙太郎	1917年7月创刊，月刊，发行量约一千份。登载贸易、金融、经济方面的报道，以资工商业者参考
大同文化（日文）	开发"满蒙"人的知识，日、"满"融合	佐藤四郎		1922年3月29日创刊，每月发行两次，发行量两千两百份。是社团法人"满蒙文化协会"的一项事业
满洲及日本（日文）	日、"满"融合	社长　中岛勇一		1930年12月27日创刊⑤，月刊，发行量九百五十份。当初以《满洲》为名，后改称《亚细亚公论》《新满洲》等，再于1925年10月改为现名，直至今日
新满洲（日文）		社长　下川喜久三	编辑　小林一三	1926年10月以《家庭と趣味》为名，作为文艺、演艺同好者的会员组织而创刊，1928年7月改为现名，直至今日。每月发行两次，发行量约一千份

公主岭

人口：日本人3 278人（含朝鲜人1 141人），"满洲"人6 917人。

日文报纸

名　称	主义系统	持有人	主笔及记者	备　考
公主岭商报（日文）		三村正二	北上广治	1920年4月6日创刊，日报，发行量四十三份。报道公主岭交易所的交易状况等

---

① 一说1909年6月创刊。
② 1924年报告为"1920年9月"，1929年报告为"1917年9月"，1931年报告为"1917年8月"。
③ 1932年报告为"松宫ゐと"，1931年报告为"松宫干雄"。
④ 1920年7月收购内外通信社，同月改名为《奉天每日新闻》；一说1918年改名。
⑤ 1931年报告为"1918年7月"。

四平街

人口：日本人5 531人（含朝鲜人1 268人），"满洲"人10 351人，外国人4人。

日文报纸

名　　称	主义系统	持有人	编辑干部	备　　考
四洮新闻（日文）		社长　樱井教辅曾任《大阪每日新闻》《大陆日日新闻》记者	同前	1920年10月1日①创刊，最初名为《四洮时事新闻》，翌年1921年9月改为现名，发行量四百份

铁岭

人口：日本人5 420人（含朝鲜人2 226人），"满洲"人40 365人，外国人9人。

概况

铁岭只有日文报纸《铁岭时报》、中文报纸《铁岭半月报》。前者因为是日文报纸，在附属地一带有销路，但仍未摆脱乡间报纸的范畴，日本人之间购阅《满洲日报》《大连新闻》《奉天每日新闻》及日本本土的主要报纸；后者不过是铁岭县公署的公告机关报，因此一般"满洲"人之间多购阅《东三省公报》《盛京时报》《满洲报》等中文报纸。

一、日文报纸

名　　称	主义系统	持有人	编辑干部	备　　考
铁岭时报（日文）	报道时事	社长　西尾信	主笔　本多正兼任《满洲日报》铁岭支局长	1909年2月前后，《铁岭新闻》因财政原因倒闭，迩来半年间毫无报道机关，甚多不便，因此作为领事馆、居留民会②、满铁地方事务所等机构的公告报道机关报创办③。最初为油印，1919年4月起改为活版印刷，目前为四页中版的日报，发行量五百份

二、中文月报

名　　称	主义系统	持有人	编辑干部	备　　考
铁岭半月刊	铁岭县公署的公示机关	冯国权	同前	1928年4月1日创刊，主要用于报道县公署的命令、指示事项，同时谋划振兴教育，免费分发两百五十份

开原

人口：日本人5 590人（含朝鲜人3 442)人，"满洲"人15 888人，外国人12人。

概况

开原的报纸有《开原新报》《开原实业时报》《商业通信》三种日文报纸，规模均极小，微弱不振。当地日侨爱看东北地区及日本的主要报纸，"满洲"人多购阅《东三省公报》《盛京时报》《满洲报》等报纸。

---

① 1931年报告为"1920年10月1日"，1932年报告为"1920年11月"。
② 当地日侨团体。
③ 一说1911年8月创刊，一说1910年创刊。

定期调查报告　　　（秘）1933年版　　　外国的报纸(上卷)("满洲国"及中华民国部分　附大连、香港)

日文报纸

名　称	主义系统	持有人	编辑干部	备　考
开原实业时报①（日文）	报道经济及时事	篠田仙十郎	同前	1923年1月1日创刊,日报,两页,发行量一百二十份
商业通信（日文）	报道商事	西條德重	同前	1924年11月创刊,发行量六十份,总社在京城,属于日本《商业通信》直营。除主笔外,职员有日本人一名,"满洲"人五名,致力于快速报道各地经济商况
开原新报（日文）	报道时事	社长　冈野勇	编辑　丰村纯 主笔　北太郎	1919年2月11日创刊,当初为中版四页,最近陷入经营困难,减为两页。发行量两百五十份。1933年2月20日于新京设立支社

掏鹿

人口：日本人323人（含朝鲜人250人）,"满洲"人31 000人,外国人3人。

当地未见报纸、杂志等发刊,只有各地报纸的代理销售店,主要购阅《盛京时报》《东三省公报》《民报》等报。

本溪湖

人口：日本人2 800人（含朝鲜人246人）,"满洲"人约17 700人。

日文报纸

名　称	主义系统	持有人	编辑干部	备　考
安奉每日新闻（日文）		伊藤唯熊	大黑谷百三	1913年4月创刊,日报,四页,发行量约两千五百份

抚顺

人口：日本人16 924人（含朝鲜人2 580人）,"满洲"人19 887人,外国人31人。

一、日文报纸及杂志

名　称	主义系统	持有人	编辑干部	备　考
抚顺新报（日文）		窪田利平	月野一雯	1922年4月3日创刊②,日报,四页,发行量两千三百份。时事报纸,带有地方色彩
炭の光（日文）	抚顺煤矿机关报	抚顺煤矿庶务课	主笔　大野义雄	1928年7月14日创刊,日报,四页,发行量三千四百份,煤矿部员工有义务购阅
月刊抚顺（日文）		城岛德寿	主笔　同前	1928年7月14日创刊,发行量三千八百份

二、中文报纸

名　称	主义系统	持有人	编辑干部	备　考
抚顺民报		窪田利平	胡云峰	1932年2月11日创刊,日报,发行量一千两百份,日文报纸《抚顺新报》的姐妹报

---

① 1931年报告为"开原实业新报"。
② 1930年报告为"1921年4月",一说1921年2月创刊。

新民府

人口：日本人175人（含朝鲜人30人），"满洲"人60 000人，外国人3人。

当地尚未有报纸、杂志等发行，只有日文报纸《奉天每日新闻》《奉天新闻》《满洲日报》《大满蒙》等，以及中文报纸《盛京时报》《民报》《醒时报》《东三省公报》《满洲报》《奉天公报》等各社的支社或通讯员派驻，就当地情况发布通讯。除这些报纸外，还主要购阅《泰东日报》《奉天日报》等报。

海龙

人口：日本人2 556人（含朝鲜人2 397人），"满洲"人252 285人，外国人1人。

当地无报纸、杂志等发行，以往几乎未见到言论机关等，最近有奉天、大连等各地报社设立分社、支社，或派驻通讯员，为将来的发展而活动。主要购阅日文报纸《满洲日报》《奉天每日新闻》，中文报纸《盛京时报》《满洲报》《民报》《东三省公报》《泰东日报》等报。

通化

当地从1931年6月起，县政府创刊《通化县政府公报》，每月发行两次，收录官厅公示事项，向县下各机关分发。除此以外，无报纸、杂志等刊行，只有邮递而来的《申报》《时报》《中央日报》《益世报》《庸报》《大公报》《华北日报》等其他地方的报纸。

辽阳

人口：日本人3 544人（含朝鲜人456人），"满洲"人86 995人，外国人7人。

概况

当地一般民众的文化程度低，购阅报纸者极少，并且可以在短时间内收到从奉天、大连等都会邮递来的其他报纸，因此当地的报纸经营似乎没有发展的可能性。以往屡屡有人计划发刊小规模的报纸，但均不长久，再长也不过一年不到就不得不停刊了。现在刊行中的报纸只有中文报纸《辽阳公报》、日文报纸《辽鞍每日新闻》《鞍山日日新闻》（社址位于鞍山），均为大小为普通报纸半页的四页小型报纸。

一、中文报纸

名　称	主义系统	持有人	编辑干部	备　考
辽阳公报	辽阳县公署机关报	陈同德	张晓汉	1931年11月26日创刊，日报，小型，八页①，发行量一千两百份，资本金一千圆。1932年7月，该社的相关人员滥用社名，犯下非法行为，因此依据县长命令停止发行。其后县当局委托有经营报纸经验的日文报纸《辽鞍每日新闻》社长渡边德重，改组全部干部，同年11月1日起再刊，迩来面目一新，业绩稍有值得一看之处

二、日文报纸

名　称	主义系统	持有人	编辑干部	备　考
辽鞍每日新闻（日文）	报道时事	社长　渡边德重	主笔　同前 记者　渡边源次郎、竹内多贺一	1908年12月24日创刊②，1919年10月30日改为现名③，日报，小型，八页④，发行量约一千份。社长渡边个人经营，资本金约一万圆

---

① ④ "概况"一栏为"四页"。

② 一说1908年3月创刊。

③ 曾名《辽阳每日新闻》《辽阳新报》。

(续表)

名　　称	主义系统	持有人	编辑干部	备　考
鞍山日日新闻（日文）	报道时事	股份制 社长　野尻弥一	主编　同前 记者　内野长作	1932年7月1日创刊①，日报，小型，八页②，发行量约八百五十份，股份制，资本金三千圆，社址位于鞍山满铁附属地

营口

人口：日本人4 734人(含朝鲜人1 372人)，"满洲"人110 000人，外国人79人。

概况

当地发行的日文报纸有《满洲新报》及《营口经济日报》两报，但《营口经济日报》自1925年春以来停刊至今，现在正在发行的仅《满洲新报》。该报1907年12月创刊，拥有相当悠久的历史，但随着大连、奉天等地的发展，这些地方报纸的影响力积极进入当地，读者也逐渐被蚕食。因此，伴随着经营困难，社运逐年不振，其登载的报道除当地杂讯外，所谓通讯摘录占据了大部分。

中文报纸只有当地中国总商会的机关报《营商日报》。该报创刊以来已有三十年历史，其登载的内容主要为地方经济及各种杂讯，很少论及时事问题，看上去完全是总商会会员的广告报纸。上述日文、中文两报均无政治关系，因此影响力也不大。

一、中文报纸

名　　称	主义系统	持有人	编辑干部	备　考
营商日报	总商会机关报	营口总商会	主笔　陈锡箴	1907年10月创刊③，日报(周一休刊)，六页，发行量约一千两百份。创立当初经营困难，但1925年、1926年前后起趋向顺利。1926年声称为了整顿工厂、刷新内容而暂时休刊，1927年2月再刊。社址位于营口西大街

二、日文报纸

名　　称	主义系统	持有人	编辑干部	备　考
满洲新报（日文）	开发"满蒙"	社长　小川义和	主笔　同前 记者　觉明久一	1907年创刊④，日报(周一休刊)，四页，此外周日附《旅顺通信》两页，发行量两千份。参照"概况"。社址位于营口新市街南本街

安东

人口：日本人23 050人(含朝鲜人11 413人)，"满洲"人135 517人。

概况

现在安东发行的报纸共四种，有日文报纸《安东新报》《国境每日新闻》及中文报纸《东边商工日报》《安东市报》(小型)。日文报纸均未脱离地方报纸的范畴，毫无特色，但以奉天及京城为中继接受"电通"及"帝通"各电讯的供给，报道相对敏捷。中文报纸《安东市报》是过去安东市政筹备处时期为市政宣传发刊的报纸，不过是依旧继续发刊。《东边商工日报》在"满洲事变"后，由日本人向后新太郎任社长，锐意谋求改善，在"满洲国"人中博得信誉，社运正趋向隆盛。

---

① 一说1932年6月16日创刊。
② "概况"一栏为"四页"。
③ 1919年报告为"1909年"，1922年报告为"1907年10月1日"，一说1908年创刊。
④ 1927年报告为"1908年2月"，一说1908年3月创刊。

一、中文报纸

名　称	主义系统	持有人	编辑干部	备　考
安东市报		安东县公署	主任　蒋陶仙 编辑　王大鲁 探访　王达山	1929年8月①于市政筹备处时期创刊，日报，小型，四页，发行量一千一百份。县公署的机关报，事变当时曾一度停刊
东边商工日报	营利本位	刘雅民 社长　向后新太郎	主编　马东先	1929年9月创刊，日报，四页，发行量约一千六百份。至事变前为止大肆吐露排日毒舌，现社长接任后改善，社运正趋向隆盛，以报道经济、市况为目的

二、日文报纸

名　称	主义系统	持有人	编辑干部	备　考
安东新报 （日文）		川俣笃	绵贯秀藏	1906年10月创刊，日报，四页，发行量约一千六百份。是安东最早的报纸，报道一般时事
国境每日新闻 （日文）		吉永成一	大槙义次	1928年1月创刊，日报，四页，发行量约一千五百份。当初名为《安东时事新报》，1931年5月改为现名。报道一般时事

除上述报纸以外，日文刊物还有《安东经济时报》（月刊）、《满洲特产安东通过日报》②（日刊）、《安东取引所月报》（月刊）、《满蒙时报》（月刊）等。

郑家屯

人口：日本人800人（含朝鲜人350人），"满洲"人110 000人。

当地无报纸、杂志等发刊，只是驻有《满洲报》《盛京时报》《东三省公报》《泰东日报》《民报》等报的通讯员，仅仅在代理销售之余撰写通讯。

通辽

人口：日本人600人（含朝鲜人470人），"满洲"人150 000人（整个通辽县）。

在当地，1932年1月日本人森胁要平发刊中文报纸《蒙边时报》，但经营不如意，仅数月便不得不停刊。目前只是驻有《奉天公报》《盛京时报》《满洲报》《大同日报》《泰东日报》等报的通讯员，在代理销售之余从事通讯。

洮南

人口：日本人1 000人（含朝鲜人800人），"满洲"人142 000人。

中文报纸

名　称	主义系统	持有人	编辑干部	备　考
大同日报		社长　苇泽台甫 经理　翟功甫	主笔　于景周	1932年12月创刊③，对开型，四页，自称日报，但时常停刊，主要是《满洲通信》的译报，自称发行量三千份，资本金两万元

除上述报纸以外，还有《盛京时报》《东三省公报》《泰东日报》《民报》等报的通讯员兼销售员派驻。

---

① 一说1929年9月1日创刊。
② 1932年报告为《满洲特产安东通商日报》。
③ 一说1932年8月16日创刊。

农安

当地唯一的周刊报纸《农安县政公报》于1930年9月创刊,由于资本缺乏,1931年10月停刊,因此没有报纸、杂志等刊行,只有从事通讯兼代理销售《盛京时报》《满洲报》《大北新报》《泰东日报》等其他地方报纸的人员。

吉林

人口:日本人5 297人(含朝鲜人3 671人),"满洲"人114 787人,外国人90人。

一、中文报纸

名称	主义系统	持有人	编辑干部	备考
吉林日报	吉林省公署机关报	赵隆福 额穆县县长	于詹 梅文昭 警备司令部秘书	1931年12月10日创刊,日报,八页,发行量一千份。由《吉长日报》改组而来,据说接受吉林省公署的补助。亲日,致力于正确引导舆论。社址位于吉林省城二道码头
东省日报	日"满"亲善	三桥政明 吉林省公署高等顾问	刘云峰	1922年9月20日①创刊,日报,六页,发行量八百份。吉林唯一由日本人经营的中文报纸,多少接受满铁补助。社址位于吉林省城商埠地

二、日文报纸

名称	主义系统	持有人	编辑干部	备考
松江新闻（日文）	无党派关系	三桥政明	同前	1923年9月创刊②,日报,四页,发行量两千份。与《东省日报》属于同一经营者,是吉林唯一的日文报纸,社址位于吉林省城商埠地

除上述报纸外还有吉林省公署发行的日刊《公署公报》(中文)。

哈尔滨

人口:日本人12 862人(含朝鲜人7 093人),"满洲"人223 609人,外国人53 430人。

概况

一、报纸

目前哈尔滨的报纸有中文报纸七种、俄文报纸六种、英文报纸两种、日文报纸两种,合计十七种报纸。

(1)中文报纸

伴随着1932年2月"皇军"进入哈尔滨城、3月"满洲国"成立等该地方局面的转变,中文报界也发生了异常的变动,即一向没有坚实的基础,或者与现政府方面等没有联络的各种小规模报纸,于同年上半期相继遭淘汰,现存的有《国际协报》《哈尔滨公报》《滨江时报》《滨江午报》《大北新报》《商报》,以及1932年秋新创刊的《哈尔滨五日画报》七种报纸。与1931年末相比,结果减少了五种,增加了一种。

现存的报纸中,《哈尔滨公报》《大北新报》的发行量最近逐渐增加,各报的报道内容几乎均限于"满洲国"通讯与当地官方公布之事,极少登载社论等内容,因此版面看上去毫无生机。

---

① 1932年报告为"1922年7月",一说1922年7月18日创刊。
② 一说1923年8月27日创刊。

(2) 俄文报纸

俄文报纸除 Харбинское время 外还有六种,其中 Заря 报历史最为悠久,在当地新闻界拥有特别重要的影响力,及至后来 Харбинское время 出现,其影响力似乎遭到几分蚕食,但目前在当地白系俄国人及其他人之间仍拥有根深蒂固的影响力,发行量也凌驾于其他报纸之上。

Рупор 及 Русское слово 两报与 Заря 由同一人经营,与此相同,也主要在白系俄国人中有读者,这些报纸在带有反苏联亲日、"满"的色彩这一点上,基本上都没有分别。Гун-Бао 报过去屡次更迭经营者及编辑干部,因此时而亲苏联,时而带有浓厚的拥护中国国民党的色彩,其态度不固定,"满洲事变"后一度停刊。1932 年春复刊以来,其报道论调变得亲日、"满"。Харбинское время 自 1931 年创刊以后,由于其他俄文报纸一向受到中国官方严格的审查压迫,无法发表公正的报道、言论,该报发表相对而言公正、毫无忌惮的言论、报道,因此其影响力逐渐增大,发行量一度凌驾于其他报纸之上,但现在稍逊色于 Заря 报。此外,Новости Востока 及 Герольд Харбина 两报均为苏联系统的报纸,带有反日、"满"色彩,引起各方面的关注。

(注)其后 1933 年 5 月,Герольд Харбина 的经营者英国人伦诺克斯·辛普森因反"满"色彩浓厚而被"满洲国"官方驱逐出境,同时被官方查封。此外,1933 年 1 月以来,加拿大籍俄国人阿托金斯发行俄文报纸 Наша газета,因为其态度相对反日、"满",当地日本方面及"满洲国"方面严正警告了英国总领事及经营者,所以该报于 1933 年 5 月以来服从"满洲国"官方的审查。

(3) 英文报纸

现存的英文报纸有英国人福利特经营的 Harbin Observer,以及同样由英国人伦诺克斯·辛普森经营的俄文、英文报纸 Harbin Herald(俄文报纸为上文提到的 Герольд Харбина)两报,对日态度均不友好。

(注)其后 Harbin Herald 被查封,情况参照(2)的(注)。

二、杂志

当地发行的杂志有中文三种、俄文五种、日文一种,共九种。中文杂志均为当地政府或"北满"铁路的机关杂志。俄文杂志 Вестник Маньчжурии 与中文杂志《中东经济月刊》一样,为"北满"铁路的机关杂志,是"满蒙"经济相关杂志中的权威。

一、中文报纸及杂志

(1) 报纸

名 称	主义系统	持有人	编辑干部	备 考
国际协报	东省特别区长官张景惠机关报	社长 张复生 曾任《盛京时报》《泰东日报》《大东日报》等报的记者	主笔 同前 编辑主任 王研石 记者 申仲铭、盖茹蔡	1919 年 7 月 1 日[①]创刊,日报,八页,发行量一千余份。当初于新京发行,后来接受南洋烟草叶元宰的援助而转移至当地。1921 年张就任社长后,接受奉天及当地各机关的补助,发表极端的排日言论,社运隆盛,1929 年前后发行量达到了四千份。"满洲事变"后一度被查封,此后于 1932 年 3 月成为张景惠的机关报复刊,直至今日
哈尔滨公报	东省特别区长官公署机关报	关鸿翼 东省特别区法学院出身,任哈尔滨市会议员等职	主笔 吴如瑗 记者 张德济	1926 年 12 月创刊,日报,十页,发行量三千七百五十份。本报最初由关氏从特别区各机关筹措资金两万元,作为长官公署机关报而创刊。1927 年末起转为关氏个人经营,但依然接受官方相当数额的补助。是俄文报纸 Гун-Бао 的姐妹报

---

① 1925 年报告为"1918 年 8 月",1932 年报告为"1919 年 1 月 10 日";一说该报 1918 年 7 月 1 日在吉林省长春市创刊,1919 年 10 月迁到哈尔滨。

(续表)

名　称	主义系统	持有人	编辑干部	备　考
滨江时报	王道主义	范聘卿　北洋武备学堂出身,任哈尔滨报界公会长	文庸庵、田春光	1920年4月创刊①,日报,八页,发行量两千五百份,资本金一万元。与弟弟范介卿共同经营。原中东铁路机关报《远东报》关停后继承其地盘创刊
滨江午报②		赵郁卿　曾任职于《北平公言报》	主笔　赵韶峰 记者　朱宣甫、刘天牟	1921年6月创刊③,日报,四页,发行量一千五百份。本报最初由油业公司凭借一万元创刊,但陷入经营困难,因此让渡于赵
大北新报④		社长　山本久治	侯小飞、张感忱、乔再天、郭若愚	1922年10月创刊,日报,八页,发行量一千九百份。作为奉天《盛京时报》的"北满"版(四页)发行,1933年6月1日起独立,归山本经营,同时版面也扩张至八页
商报		社长　王宿辰　前《滨江辰报》编辑	冯承荣	1921年12月创刊,日报(晚报),四页,发行量一千份。本报原名为《东三省商报》⑤,由叶元宰脱离《国际协报》后从南洋烟草公司获得资金一万元创刊,1930年陷入经营困难,变为与张子诠共同经营,"满洲事变"后归于现社长之手,名字也改为只有《商报》二字。唯一的中文晚报,将来有发行早报的计划
哈尔滨五日画报	启发社会	王岐山　曾任《哈尔滨公报》记者	金彭城	1932年9月创刊,发行量两千份,每隔五日发行一次的小型四页画报,以启发中下层民众为目的

(2) 杂志

名　称	主义系统	持有人	编辑干部	备　考
东省特别区政务周刊⑥	东省特别区长官公署机关杂志	同前公署	总务科	1929年8月创刊,周刊,发行量约一千份
市政月刊	哈尔滨特别市市政局机关杂志	哈尔滨市政局		1926年2月创刊,月刊,发行量约一千份
中东经济月刊	中东铁路机关杂志	中东铁路经济调查局	月刊编辑部	1925年3月创刊,月刊,发行量两千五百份。原名为《东省铁路经济月刊》,1929年3月改为现名,另发行副刊半月刊,是研究东北地区北部经济情况等的绝好资料

---

① 1925年报告为"1921年",一说1921年3月创刊。
② 1928年报告为《午报》。
③ 1932年报告为"1920年5月1日"。
④ 1925年报告为《大北日报》。
⑤ 1932年报告为"1922年12月"创刊。
⑥ 1932年报告为《东省特别区行政周刊》。

二、俄文报纸及杂志
(1) 报纸

名 称	主义系统	持有人	编辑干部	备 考
Харбинское время	严正中立,宣传国策	社长　大泽隼	主编　同前 编辑主任 名义上　田中总一郎 事实上　贝·佩·谢洛夫(早报)、尤·艾弗·吉贝鲁格(晚报) 记者　尼奇夫欧罗夫、米哈伊洛夫(以上为评论)、伽卢琴、拉扎维夫斯基、特鲁克夫、利亚森茨维夫、沃洛奇琴、乌斯托姆斯基	本报为1931年春社长大泽从满铁辞职后,遗憾于以往俄文报纸遭中国官方的极端压迫,无法公正报道,同年7月10日获得日本总领事馆允许,准备创办期间适逢"满洲事变"爆发,9月26日以号外的形式创刊,随后选定11月3日"明治节"发行早报第一号,后于翌年1932年4月开始发行晚报,直至今日。早报八页至十四页,晚报四页至八页,资本金六千圆。创立当时相当有销路,发行量一度凌驾于其他俄文报纸之上,达到约一万四千份,但其后逐渐减少,现在早报约四千份,晚报约九百份。本报的购阅者主要为右翼白系俄国人及意欲关注日本动向的苏联人等
Заря	右翼中立	已故莱姆毕齐遗孀、耶·艾斯·卡夫曼、克·艾斯·希普科夫共有	主编　克·艾斯·希普科夫 副主编　艾努·佩·科布茨奥夫 记者　萨特夫斯基、卢杰夫斯基(评论)、阿斯塔霍夫、维森洛夫斯基泽兰、康纳贝鲁格、科瓦连科、阿波罗诺夫、科布茨奥夫	1920年4月创刊,日报,八页至十二页,发行量约一万份,资本金约三万圆。创刊当时的管理者为已故莱姆毕齐、现主编希普科夫及米哈伊洛夫三名,1925年改为莱姆毕齐单独经营。此人在天津和上海创刊了姐妹报,同时出资 Рупор、Русское слово 两报及杂志 Рубеж,擅长经营,因此本报在当地言论界形成一大影响力。其后 Харбинское время 出现,一度侵蚀其影响力,但现在仍然在当地白系俄国人等中间拥有根深蒂固的影响力。购阅者主要为当地及中东铁路沿线的白系俄国人及苏联富裕阶级,还向俄国人集中的巴黎及其他欧美各地发送相当数量的报纸,对日感情良好。1932年11月莱姆毕齐死后,本报在其全权债权人美国系信济银行(Thriftcor Bank)的监督下,移交莱姆毕齐遗孀、卡夫曼及希普科夫之手。据说最近在苏联出现了莱姆毕齐的继承人,所以内部产生了纷争
Русское слово	帝政主义	已故莱姆毕齐遗孀、耶·艾斯·卡夫曼、克·艾斯·希普科夫共有	主编　司沃林 主任　多米特立维夫 记者　格拉西莫诺、维勒季埃夫、维森洛夫斯基	1920年以 Русский голос 为名发刊,其后在1926年改为现名。日报,早报,六页至八页,发行量约一千五百份。本报的起源是,霍尔瓦特将军的旧友、原国会议员武维·瓦斯特罗琴在中东铁路机关报 Харбинский вестник 被查封后,与从西伯利亚撤退的高尔察克政府的野战印刷局共同接管该报财产,发行了 Русский голос 报,当初取得了较好业绩,成为白系思想界的最大权威。不过,由于苏联方面进入中东铁路,来自该铁路的补助断绝,该报遭遇财政危机。1926年斯巴斯基取代瓦斯特罗琴任主笔兼代表,改为现名。依靠西欧白系俄国人各团体的援助,一度再现兴盛,但又一次陷入财政困难,转于克罗波夫之手后,又由莱姆毕齐盘下。1932年莱姆毕齐去世后,归其遗孀、卡夫曼、希普科夫三者所有。从创刊以来至今日为止,论调为极端的帝政复兴主义,反苏联,对日感情良好。资本金约两千圆,在 Заря 社印刷所印刷

(续表)

名　称	主义系统	持有人	编辑干部	备　考
Гун-Бао	中立	关鸿翼　此外还经营中文报纸《哈尔滨公报》	主编　格洛瓦乔夫 记者　沙维茨奇(评论)、罗谢诺夫、拉扎维夫斯基、马特科夫斯基、克兹洛哈	1926年12月创刊,日报,六页至十页,发行量约一千五百份。1924年以来中国方面有发行俄文机关报的计划,曾经在中东铁路工作的梅利克·瓦卢堂扬茨知晓后,提议关鸿翼在苏联方面秘密援助下实现此事,1926年12月时,在当时的特别区行政长官张焕相补助下创刊本报。起初以广告费的形式接受中东铁路莫大的补助,社业大为发展,但其后与苏联方面的合作暴露出来,长官公署罢免了关鸿翼和梅利克,让权世恩、萨特夫斯基、卢杰夫斯基负责经营。但上述改组令苏联方面反感,中东铁路取消了补助。报社因此聘请该报原主笔贝斯取代萨特夫斯基,但这又不能获得中国方面的谅解,事态陷入困境。其后现在的行政长官张景惠再次改组本报,以原社长关鸿翼为社长,著名的文艺家孚赛奥罗德·伊万诺夫为主编。中国方面机关报之名在上述改组前一年已经取消,但1929年发生苏中纷争时,该报一味拥护中国方面的行为,发挥了御用报纸的作用,另一方面似乎与莱姆毕齐系各报纸一同构成了反苏共同战线。后来受到中国当局对苏联政策软化的牵制,为了筹措资金而标榜中立,再次起用在苏联方面说得上话的梅利克·瓦卢堂扬茨任主编,继续发行。"满洲事变"爆发后,该报经营变得极其困难,另一方面,因当时难以判断事变的结果,依然不抛弃排日倾向,行政长官张景惠在1931年12月1日令于镜涛强制接管,该报因此停刊。其后,1932年3月再次发刊,关鸿翼作为发行人依旧留任。亦因为其原本是满洲旗人,对"满洲国"显示忠诚的态度,其报道、论调亦有亲"满"亲日的倾向
Рупор	民主主义	耶·艾斯·卡夫曼、莱姆毕齐遗孀、克·艾斯·希普科夫共有 卡夫曼为犹太人,曾在海兰泡及海参崴当报纸记者,俄国革命后来到哈尔滨经营本社,作为社会事业家,普遍有人望	主编　卡夫曼 编辑主任　亚·阿·洛奇(别名迪奇) 记者　萨特夫斯基、卢杰夫斯基(评论)、沃夫切科夫、艾弗伊莫夫、涅斯梅洛夫、摩西尤克夫	1921年9月创刊,晚报,四页至八页,发行量约四千份。本报的创立者是从 Заря 报独立出来组织排字工会的阿鲁伊莫夫和阿鲁诺里多夫,其后由于财政困难将上述报纸的经营转让给格泽里,后又转给格泽里的朋友米鲁莱卢与卡夫曼。转于上述两人之手后,依旧财政困难,因此米鲁莱卢最终将其持有的股份转让于莱姆毕齐。莱姆毕齐去世后,由其遗孀、卡夫曼、希普科夫共同经营。资本金一万五千元。报道面向大众,发行面向妇女和儿童的副刊,因此在各阶级中拥有读者。Харбинское время 晚报发行时,一度受到打击,但现在依旧相当有影响力。论调反苏亲日"满"
Новости Востока	亲苏反日	艾鲁·耶·克鲁巴库奇　曾于 Рупор 社工作,有办报经验,但是个不道德之人,没有主义、节操	主编　同前 记者　斯科维鲁斯基(评论)、内琪金、布伊金、曼可夫斯基	1932年创立,日报,六页至八页,发行量约三千三百份,资本金两千五百圆。本报处于苏联总领事馆的指导之下,接受其援助,读者主要为苏联人。总是致力于介绍苏联国内情况,亲苏,说不上对日、"满"感情良好

(2) 杂志

名　称	主义系统	持有人	编辑干部	备　考
Рубеж	兴趣本位,白系俄国人的文艺杂志	耶·艾斯·卡夫曼、希普科夫、莱姆毕齐的遗孀共同经营	主编　罗柯托夫(卡夫曼的义弟)记者　内斯梅洛夫、迪奇、艾弗雷娃(女)、雷兹尼克娃(女)	1928年创刊①,周刊。与当地俄国人作家协会有密切关系,但没有政治色彩。内容除了俄国作家的小说外,还有欧美发行的文艺、科学、电影杂志等的译载及照片的转载等。其轻松的文章以及插画博得了好评,在各阶级中均拥有读者。每次的发行量约两千三百份,资本金一千五百圆
Вестник Маньчжурии	中东铁路机关经济杂志	中东铁路经济局	经济调查局职员	1923年创刊②,最初名为 Маньчжурский Вестник,是周报,后来变为月刊,同时以副刊形式发行周报,现在上述周报变为每月两次。满载经济专家与当地学者有关中东铁路在东北北部活动的研究调查,以及关于其他一般经济状况与一般自然状况的权威性调查论文,对于主要论文附有英译文。除上述内容外,还介绍苏联国内的经济情况。此外也在副刊中登载有益的资料,介绍中东铁路的状况及东北地区北部的一般情况。每年接受中东铁路大量补助,发行量一千份,主要由个人商社、公共机构等购阅
Ласточка		莱姆毕齐遗孀、卡夫曼共有	编辑　艾弗雷娃(女)记者　迪奇、雷兹尼克娃(女)	1929年创刊,每两周发行一次,发行量约七百份,资本金约一千五百圆,最初由布伊洛娃创刊,其后将权利转给莱姆毕齐及卡夫曼,是面向儿童的通俗杂志
Торговый Харбин		萨特夫斯基	阿奇莫夫	1931年创刊,周刊,四页,发行量约三百份,创刊者为诺斯克夫及阿奇莫夫,其后转让于现持有者,以商业通讯为内容
Экономический вестник		哈尔滨日本商品陈列馆	馆员分担	1927年9月创刊,月刊,发行量约三百份。以向俄国人及会俄语的外国人介绍日本及东北地区北部的经济情况为目的

三、英文报纸

名　称	主义系统	持有人	编辑干部	备　考
Harbin Observer[哈尔滨观察家](英文)	英国系统	毕·维奇·福利特的个人经营	同前	1925年创刊③,但屡屡停刊,其后多少接受苏联方面的补助得以复刊直至今日。日报(周日休刊),对开版,四页,发行量约三百份。并不登载评论,报道的内容仅为记录当地每天发生的事情,报道量少,且容易过时。经营者福利特本来就是排日、"满"分子,在发行本报之余还发行俄文、英文两种文字的赤系机关电讯 Angasta,另外还担任 Peking & Tientsin Times(天津)、North China Daily News(上海)、美国系统的 United Press 通讯社的通讯员,均撰写排日、"满"通讯,但在本报上不特别登载排日、"满"报道。还有,随着辛普森被"满洲国"方面驱逐出境,似乎正在逐渐改变以往对日、"满"的态度

---

① 1932年报告为"1927年11月"。
② 1932年报告为"1920年"。
③ 据《黑龙江省志·报业志》记载:英国人哈同·弗利特1924年创办《哈尔滨先驱报》,1925年更名为《哈尔滨观察家》。

四、日文报纸及杂志

(1) 报纸

名　称	主义系统	持有人	编辑干部	备　考
哈尔滨日日新闻（日文）	不偏不倚	社长　大泽隼　俄文报纸 Харбинское время 的社长	主干　大森清腾 记者　南部春雄、高桥辉正、山野边正善、近藤浩、福山清	1921年创刊①，日报，六页，发行量约一千五百份。满铁系统的有限股份制公司，资本金二十万圆
哈尔滨新闻（日文）	不偏不倚	社长　大河原厚仁	主笔　同前 记者　柳利男、田中三郎、野口弘德	1932年3月创刊②，日报，四页，发行量一千两百份。本报原先名为《哈尔滨通信》，1932年3月改为报纸。上述《通信》于1922年1月创刊，同年后半年起，以与四页普通报纸一样的形式发行

(2) 杂志

名　称	主义系统	持有人	编辑干部	备　考
露满蒙时报（日文）	介绍俄国、"满蒙"地区的财政、经济情况	哈尔滨商品陈列馆	宝珠山弥高	1919年创刊，月刊，发行量五百份。本报创刊以来名为《露亚时报》，1933年1月改为现名。此外，商品陈列馆每月约发行一次关于"满蒙"经济情况等内容的小册子

间岛

人口：日本人45 060人（含朝鲜人43 762人），"满洲"人7 879人，外国人25人。

概况

当地的报纸有中文报纸《延边晨报》、朝鲜文报纸《间岛日报》及日文报纸《间岛新报》三种。其中，《延边晨报》的创刊背景是，曾经登载排日报道、徒劳地在此方面诱发日中双方感情疏隔的《民声报》，遭遇财政困难，于1932年初停刊，当地失去唯一的中文报纸。由于时局因素，民心陡然动摇，出于安定及指导的目的，在日、"满"官方的援助下，创办了《延边晨报》。上述三报在其形式、内容上均未摆脱乡间报纸的范畴，经营也很困难，因此得到官厅及其他机构的补助而发行，这样一来各地大、中报纸的侵入不少。

一、中文报纸

名　称	主义系统	持有人	编辑干部	备　考
延边晨报	介绍日、"满"政治、经济情况	方泳芝　原《民声报》经理 临时社长　张君实　龙井村商埠局长	编辑主任　关东郁　毕业于上海东亚同文书院中华学生部	1932年8月21日创刊③，日报，大型，四页，发行量六百份。依靠我方的援助原封不动地租借原《民声报》④拥有的铅字、房屋及其他设施进行发行，目前日、"满"的补助均中断，感到经营困难

---

① 1929年报告为"1922年1月"，一说1922年11月创刊。
② 一说1932年2月29日创刊。
③ 一说1932年8月20日创刊。
④ 1930年报告载：《民声报》于"1928年2月"创刊，1932年报告为"1928年3月"；一说1928年2月12日创刊。

二、朝鲜文报纸

名　　称	主义系统	持有人	编辑干部	备　　考
间岛日报	介绍当地情况	社长　鲜于日	主笔　康元铎 主编　金亨复	1924年12月从日文报纸《间岛新报》中分离独立而来。日报，四页，发行量一千五百份。1928年1月改为大型，四页，接受日本官方的补助

三、日文报纸

名　　称	主义系统	持有人	编辑干部	备　　考
间岛新报（日文）	介绍当地情况	社长　饭塚政之	记者　武智贤及其他两名	1922年7月创刊①，日报，发行量一千两百份。起初接受日本官方的补助，发行日文、朝鲜文两版，1924年12月补助废止，因此将朝鲜文版分出。1926年以后再次获得补助，1928年1月由四六版改为准大版②

局子街

人口：日本人7 638人（含朝鲜人6 857人），"满洲"人14 644人，外国人21人。

当地没有报社及杂志社。只是驻有《间岛新报》《间岛日报》《延边晨报》《朝鲜新闻》《吉林日报》《东亚日报》《朝鲜日报》《北鲜日日新闻》《北鲜日报》等报的通讯员，在代理销售之余撰写通讯。

头道沟

人口：日本人6 727人（含朝鲜人6 540人），"满洲"人2 320人，外国人1人。

当地未设报社及杂志社等社，只是驻有《间岛新报》《间岛日报》《京城日报》与大阪朝日新闻社等的通讯员。

百草沟

人口：日本人7 573人（含朝鲜人7 417人），"满洲"人3 854人，外国人4人。

当地设置有《间岛新报》《间岛日报》《延边晨报》等报的支部，但均只有极少数的读者，虽然自称支社，不过是设了通讯员，对其不给予任何固定的补贴或费用，因此对于通讯没有热情。

珲春

人口：日本人5 122人（含朝鲜人4 804人），"满洲"人9 572人，外国人2人。

当地无报纸、杂志等发刊，只是驻有《大阪每日新闻》《大阪朝日新闻》《北鲜日报》《北鲜日日新闻》《间岛新报》《京城日报》《朝鲜新闻》《东亚日报》《间岛日报》《延边晨报》《盛京时报》等报的通讯员，在代理销售之余撰写通讯。

齐齐哈尔

人口：日本人2 124人（含朝鲜人580人），"满洲"人62 756人，外国人303人。

概况

与其他省份相比，黑龙江省文化落后、民智低下，报纸的需求少，因此以往只有一两种中文报纸，作为中国官方的御用报纸，接受官方的补助勉强维持发行，但发行量少，所以几乎没有诉诸舆论的那种力量，知识阶层主要购阅哈尔滨、上海及天津方面的各报纸。1931年秋在"满洲事变"爆发的同时，受到前政权支持的各报纸均停刊，而且此后上海、天津方面的各报纸被禁止出售。这样，当地特务机关为了将黑龙江省的民心诱导至日"满"互

---

① 1932年报告为"1921年7月"，一说1921年7月创刊。
② 日语表示新闻纸尺寸的专用名词，"四六版"约为270×410毫米，"大版"约为285×400毫米。

助的气氛上来,感到需要发行中文报纸,1931年末让一日本人恢复停刊中的《黑龙江民报》,1932年4月以之为黑龙江省公署的机关报,该公署又于同年8月将停刊中的《黑龙江省政府公报》改名为《黑龙江省公署公报》复刊。因此现在当地的三种中文报纸中,有两报是行政及司法官厅的公报,普通报纸仅有一种,总体而言中文报纸的影响力极其微弱。

关于日文报纸,以往当地日侨极少,因此完全没有日文报纸。事变后日本人人数急剧增加,1932年末突破1 500名,因而感到有必要发行日文报纸,1932年4月及9月相继有《龙江日报》及《齐齐哈尔日报》的发行。虽说如此,主要以当地日侨为目标的日文报纸就目前而言没有发展希望,有两报合并或一报自然关停的趋势。

一、中文报纸及公报

名　称	主义系统	持有人	编辑干部	备　考
黑龙江民报	日"满"亲善,黑龙江省公署机关报	桂五郎　原满铁社员　社长事务经办　岩崎小鹿	岩崎小鹿　现"满洲国"通信社齐齐哈尔支社社长	1929年1月18日由前黑龙江省政府主席万福麟之子万国宾创刊。1931年11月由于"满洲事变"停刊,由此接受满铁的补助,由日本人桂五郎复刊,1932年4月25日起成为黑龙江省公署机关报,接受该公署每月两千五百元大洋的补助,目前取得相当好的业绩。日报,四页,发行量三千五百份
黑龙江省公署公报	黑龙江省公署官报	黑龙江省公署	黑龙江省公署总务厅总务科	1914年3月创刊①,旬刊(三次),六七十页,发行量六百份。最初名为《黑龙江公报》,1929年1月改名为《省政府公报》。1931年11月以来由于时局影响而停刊,1932年8月改称《黑龙江省公署公报》复刊。以往为菊版②,十四五页,改称现名后变为10日、20日及月末发行的旬报。购阅者主要为官方人员
黑龙江司法公报	高等法院官报	黑龙江高等法院	高等法院公报处	1930年4月创刊,月刊,菊版,一百七十页左右,发行量约一百份。登载法令、公文、法令条文的解释、判决录及其他司法文献等,读者主要为官方人员。以1931年8月号为最终号,其后处于停刊中

二、日文报纸

名　称	主义系统	持有人	编辑干部	备　考
龙江日报（日文）	黑龙江省公署机关报	桂五郎　社长事务经办　岩崎小鹿	岩崎小鹿	1932年4月25日创刊,日报,四页,发行量七百份,与《黑龙江民报》属于同一经营者,于民报社内发行,接受省公署每月五百元大洋的补助
齐齐哈尔日报（日文）	开发产业、文化	社长　渡边要	同前	1932年9月18日创刊,日报,四页,发行量四百份,经营困难

黑河

人口:日本人6人,"满洲"人8 500人,外国人不明。

中文报纸

名　称	主义系统	持有人	主笔及记者	备　考
黑河日报		孙为格　印刷业鼎新书局主人	于喜亭　黑河商务会执事	1920年9月10日创刊,日报,四页,发行量约两百份。自1930年2月末至1931年1月28日停刊,1月29日复刊,但3月19日起再次停刊,其后曾复刊,但目前处于停休刊中

---

① 一说1913年5月创刊。
② 日语表示纸张尺寸的专用名词,约152×218毫米。下同。

满洲里

人口:日本人 338 人(含朝鲜人 92 人),"满洲"人 3 834 人,外国人 3 562 人。

当地无报纸、杂志等刊行,只是驻有《大阪每日新闻》《大阪朝日新闻》《满洲日报》《哈尔滨日日新闻》《华北日报》等报的通讯员,在撰写通讯的同时从事代理销售。

锦州
日文报纸

名　　称	主义系统	持有人	主笔及记者	备　　考
锦州新报（日文）	没有固定的主义、系统	井下万次郎	高桥淳	1932 年 2 月 19 日创刊,日报,四切①,四页,发行量五百份,内容仅登载当地报道,还预定发行中文副刊,目前正在准备中

除上述报纸之外,还有《大阪每日新闻》《大阪朝日新闻》《奉天每日新闻》《满洲日报》《奉天新闻》《大连新闻》《大满蒙》及中文报纸《奉天公报》等各报所设的支局。

赤峰

当地一向没有报社及其他言论机关,最近伴随着市街的发展,1933 年 8 月以后《泰东日报》《满洲报》《奉天公报》三报分别设置了销售支局。

附录
大连

人口:日本人 110 577 人(含朝鲜人 1 473 人),"满洲"人 287 711 人,外国人 700 人。

一、中文报纸

名　　称	主义系统	持有人	编辑干部	备　　考
满洲报		社长　西片朝三	主干　久留宗一 主编　金念曾 营业部长　橘秀一	1922 年 7 月创刊②,早报,十页,发行量约六万份。个人经营,资本金十五万圆。社址位于大连市山形町一四二号
泰东日报		社长　阿部真言	主笔兼主编　陈达民 营业部长　中村德三郎	1908 年 10 月创刊③,早报,八页,发行量约两万份。华商的合作组织,资本金七千圆。社址位于大连市奥町八五号
关东报		社长　永田善三郎 副社长　市川年房	主编　王子衡 营业部长　刘召乡	1919 年 11 月创刊④,早报,八页,发行量约三千份。个人经营,资本金一万圆。社址位于大连市久寿街三六号

二、英文报纸

名　　称	主义系统	持有人	编辑干部	备　　考
Manchuria Daily News		社长　滨村善吉	主笔　同前 主编　柳泽柳太郎 营业部长　千叶良一郎	1907 年创刊⑤,日报,四页至六页,发行量两千份。个人经营,资本金两万五千圆。社址位于大连市淡路町七号

---

① 日语表示纸张尺寸的词语,382×542 毫米。
② 一说 1921 年 1 月创刊。
③ 1929 年报告为"1908 年 11 月",一说 1908 年 11 月创刊。
④ 1930 年报告为"1920 年 9 月"。
⑤ 1924 年报告为"1914 年 8 月",1930 年报告为"1912 年 8 月",1931 年报告为"1920 年 8 月"。

三、日文报纸

名　称	主义系统	持有人	编辑干部	备　考
满洲日报① （日文）	满铁机关报	股份制 社长　松山忠二郎	主笔　竹内克巳 营业局长　太原要	由1905年10月创刊的《辽东新报》②与1907年10月创刊的《满洲日日新闻》③于1927年11月1日合并、改名而来。早报八页、晚报四页，发行量约九万份，资本金七十五万圆。社址位于大连市东公园町三一号
大连新闻（日文）	不偏不倚	有限股份公司 社长　宝性确成	主笔　同前 主编　原一六 营业局长　前川良三	1920年5月5日创刊④，早报八页、晚报四页，发行量约六万份，资本金十四万圆，社址位于大连市飞弹町
满洲商业新报⑤ （日文）		社长　山口忠三	主编　横泽宏	1917年12月创刊⑥，日报，四页，发行量约两千两百份，个人经营，资本金五万圆，社址位于大连市吉野町三二号

中　华　民　国

北　　部

北平

人口：日本人1 568人（其中台湾人、朝鲜人574人），中国人1 475 841人，外国人1 642人。

概况

北平的报纸始于1902年，到现在为止仅有三十多年的历史。其间随着政权的推移，兴亡变迁极大。在1915年报纸的全盛时期，市内大小报纸合计达一百三十二种⑦之多，但在袁世凯死后，一大半报纸都随之销声匿迹。1929年，阎锡山机关报激增九种，冯玉祥机关报激增三种，但在冯、阎失势后，大部分报纸都停刊了。现存的仅有三十余种，即中文报纸三十一种（包括大报十六种，小报十三种，晚报两种），英文报纸两种，法文报纸一种，日文报纸两种，总计三十六种。

一、中文报纸

名　称	主义系统	持有人	编辑干部	备　考
北平晨报	原张学良机关报	社长　陈博生（号渊泉）毕业于日本早稻田大学，留学欧美。曾任《晨钟报》主笔、《晨报》社长、《民言报》与《东三省民报》等的主笔。研究会系人物	主笔　陈博生 主编　林仲易	1930年12月16日创刊，日刊，十二页，发行量九千五百份。旧为《东三省民报》，由危道丰、陈博生二人发起创设。张学良下台之前每月补助该报三千元，刊载北平绥靖公署情报部的各地电报，并将其从本社提供给各报社刊载。1932年1月，该报由于刊载"不敬报道"而一度被勒令停刊。社址在宣武门外大街

---

① 1931年报告记载该报1905年10月创刊，一说1907年11月创刊。
② 1928年报告为《辽东新闻》，创刊时间一说1905年10月，一说1905年11月25日。
③ 一说该报1907年11月创刊。
④ 1931年报告为"1920年3月"。
⑤ 初名《大连经济日报》，1923年易名。
⑥ 1930年报告为"1917年3月"，一说1917年12月创刊。
⑦ 1932年报告为"一百二十二种"。

(续表)

名　称	主义系统	持有人	编辑干部	备　考
益世报		社长　张翰如 副社长　杨绍卿、李襄东	主编　景太昭 记者　张公恕、杨义农	1915年创刊①，日刊，八页，发行量不定，最多时达到一万六千份，最少时仅二千五百份左右。创刊之初由前社长杜竹轩出资一万元，由于杜竹轩最近去世，张翰如任社长。天津《益世报》的支社，与原英国人基督教会有关，因此现在还设有基督教栏。外国方面的广告多于其他报纸，读者多为全国天主教会相关人士。据说还私下得到阎锡山的补助，但近来各方面的补助极少，经营困难。社址在和平门外南新华街
全民报	晋系宣传机关报的色彩浓厚	社长　韩绍周（号宗孟）　张荫梧部下	主笔　林敬亭 编辑　侯克笃、徐维考	1928年6月创刊②，日刊，八页，发行量六千四百份。该报起初由晋系张荫梧创刊，梁汝舟及本报创办时为平津卫戍司令的商震等也曾为创刊出资，纯粹的晋系机关报。1930年晋系没落后依然受到张荫梧领导。社址在宣武门外大街
民国日报	中央政府机关报	社长　黄伯耀　日本法政大学出身，曾任上海《新闻报》记者、前参议院议员、蒋介石的驻平代表。精通英文，曾经营华侨通讯社 社务代理　陆梅村	主编　汪柏杨、刘竹声	1928年8月创刊③，日刊，八页，发行量一千四百份。1929年被晋系市长张荫梧查封，黄伯耀遭警备司令拘禁。随着晋系的失败，于1930年12月复刊，黄伯耀也恢复自由。当初中央政府每月补助三千元，现已减少至一千八百元。社址在广安门内大街
华北日报	国民党的宣传机关报	社长　沈尹默	主笔　同前 主编　安怀音 记者　林志超、杜阜民、沈亚渺、周少佐、雷剑虹、唐燕候	1928年创刊④，日刊，十二页，发行量七千份。由革命军创刊，1930年春晋系接手，改名为《新民日报》⑤。同年9月，晋系失败，党部将该报复活，专门为国民党宣传，大肆刊载排日报道。创办之初每月获得中央党部五千元补助，后来减至三千元，北平市党部及各工会也为其提供补助。社址在王府井大街
世界日报	共产主义色彩浓厚	社长　成舍我 代理社长　吴钱荪	主编　吴范寰 记者　张箒宇、王桂宇、张恨水、张慎之、左笑鸿、冯公冶、蒋朴庵	1923年创刊⑥，日刊，十二页，发行量八千份，另外还发行周刊画报。最初由李石曾党人创刊，后转为成舍我独立经营。由于共产党员李大钊曾任主笔，因此传承了共产党的色彩。聘用女性记者，开创了北平报界之先例。读者以知识阶层和学生居多。在南京、上海、天津、汉口等地设有分馆，以各省的特电为特色。陈友仁、宋庆龄、孙科、汪精卫、华侨、共产党等每月提供相当多的补助。社址在宣武门外石驸马大街

① 1928年报告为"1916年"，一说1916年2月创刊。
② 一说1928年8月10日创刊。
③ 1928年报告为"6月9日"，1929年报告为"6月10日"。民国时期以《民国日报》命名的报纸有多份。据史料记载：北京有一份《民国日报》创刊于1925年3月5日。
④ 1931年报告为"1929年"。
⑤ 1932年报告为《新民报》。
⑥ 1929年报告为"1925年4月8日"，1931年报告为"1925年"；一说为1925年2月。

定期调查报告　　（秘）1933年版　　外国的报纸（上卷）（"满洲国"及中华民国部分　附大连、香港）

(续表)

名　称	主义系统	持有人	编辑干部	备　考
京报	左派色彩	社长　汤修慧　已故邵振青的夫人 代理社长　潘邵昂	编辑　黄秋岳　在官界多年，亦作为诗人而知名。曾任上海新闻编译社记者，现进入政界，几乎不在北平 代理主笔　徐凌霄 主编　潘邵昂	1918年10月创刊，日刊，八页乃至十页，发行量三千六百份。由已故的邵振青创设，是纯粹的冯玉祥机关报，但专门宣传共产主义。因此，1926年张作霖以赤化宣传的罪名枪杀邵，该报停刊。1928年6月邵夫人将该报再刊，接受阎锡山、冯玉祥、汪兆铭等人的补助而宣传"扩大会议"，阎、冯失败后，得到蒋介石、宋子文、于右任等的补助，依然是左派倾向主义。社址在宣武门外魏染胡同
北京日报	宋哲元的宣传机关报	社长　陆少游	主笔　同前 主编　林醉酶	1907年7月创刊①，日刊，四页，发行量四百五十份。北平最早的报纸，发刊以来已有28年的历史，由朱淇创设。1925年许兴凯曾接手，但一年之后又被朱淇收回。朱淇死后曾暂时停刊，陆少游盘下继续刊，每月获得宋哲元三百元补助。社址在宣武门外顺德馆夹道
卍字新闻报	世界红卍字会机关报	世界红卍字会	总编辑　万亚伯	1923年创刊，日刊，八页，发行量一千六百份。以江朝宗、钱能训等人为中心，主要宣传道教、佛教、红卍字会事业。在各慈善团体、道会、庙宇、僧人等中间拥有众多读者，普通人购阅者少。社址在西单牌楼舍饭寺胡同世界红卍字会内
北平导报	韩复榘机关报	社长　林蔚士　毕业于北京大学，曾任山东牟平县长	主笔　廖楚舟 编辑　武自强、张醉丐、张绍堂	1929年4月创刊②，日刊，八页，发行量二千八百份。最初依靠石友三、宋哲元以五千元创刊，因日常费用无人提供，十个月后停刊。1931年1月复刊，韩复榘每月补助二千元。在山东济南有支社，且以山东的报道最有特色。在各地官厅和北平商界中读者众多。1931年11月9日"天津事件"③发生之际，因发布谣言被一度查封，但不久即获解除。社址在和平门外梁家园
北平报		社长　任岐山　已故社长任昆山之弟，《北平白话报》经营者任璞生之兄	编辑　徐伯勋、王学安	1921年3月创刊，日刊，四页，发行量五百五十份。最初由曹锟之弟曹锐出资二千元创刊。1924年曹锟、吴佩孚失败时停刊，同时，社长任昆山病逝。1926年5月复刊，直至今日。现任社长任岐山是北洋大药房的经理人，因此该报在各药房中读者众多。社址在和平门外大安澜营
日知报		社长　陈筠	主笔　徐一士	1916年秋创刊④，日刊，四页。原为袁世凯的机关报，后变为段祺瑞机关报。当时经营良好，但现在完全不振，甚至连其存在都得不到认可，经营困难。社址在宣武门外土地庙下斜街

---

① 1930年报告为"1911年"；一说《北京报》于1904年8月创刊，1905年8月更名为《北京日报》。
② 1931年报告为"1928年"。
③ 指日军1931年11月在天津制造的一连串挑衅事件。
④ 一说1913年9月创刊。从袁世凯的去世时间看，此报应早于1916年秋创刊。

(续表)

名　称	主义系统	持有人	编辑干部	备　考
商业日报	北平总商会机关报	社长　尹晓隐（号小隐）　曾任财政部佥事	编辑　张汇川	1911年创刊①，日刊，四页，发行量六百份。最初依靠商会创立，每天发行一份小报，后再度停刊。1925年转移至尹晓隐手中，发展成大型报纸，直至今日。目前每月总商会提供二百元，该行业商会提供一百元，以此维持经营。主要为总商会进行言论宣传，与党派无关。专为北平商界阅读，普通读者极少。社址在宣武门外校场口
铁道时报		社长　李海涛　曾任交通部办事员	主笔　李耕古	1914年创刊②，日刊，四页，每月接受平绥铁路局二十元，平汉、北宁铁路局各十元的补助。刊载铁路发车表和广告，发行量少得可怜。社址在和平门外南新华街
北平商报		社长　宋竞业（号抱一）　兼办商学电闻社		1918年创刊，日刊，四页，发行量三百份。最初是总商会的机关报，每月得到五百元补助，但1923年补助停止，经营陷入困境。同年4月停刊，1925年由宋竞业复刊。总商会每月补助一百元。社址在宣武门外北半截胡同
中和报		雷寿荣、殷同、李择一共同经营		1933年10月4日创刊，日刊，八页。该报由战区接收委员雷寿荣等共同经营，表面上与政务整理委员会没有任何关系，但似乎每月从该会得到二千元左右的资金。社址在西单安福胡同七十六号
实报		社长　管翼贤　毕业于北京大学和日本法政大学，曾任神州通讯社记者和《天津泰晤士报》主编，兼任时闻通讯社社长	主笔　苏雨田　曾任《天津泰晤士报》记者 记者　徐剑胆、马家声、钟万民	1928年8月创刊③，日刊，小型，四页，发行量二万四千份。创刊当初是晋系商震的机关报，1930年后由管翼贤独立经营，顺应时势，从各个有影响力的方面获得若干补助，近来发展显著。作为政治报纸而言虽是小型报纸，但发行量却居北平第一，报道横跨政治、社会各方面，受到了各阶级的欢迎。社内还设有时闻通讯社，社址在宣武门外大街
群强报	营利本位	社长　陆哀（号慎斋）　前山西巡抚陆钟琦之子，毕业于北平中国大学，曾任湖北汉阳县长	主笔　戴正一　北平满洲旗人，掌握全权，是事实上的经营者，在剧界有影响力 记者　王丹忱、杨曼青、唐公恕	1913年创刊④，日刊，小型，八页，发行量一万六千五百份。出资者为陆哀，资本金三千元。纯粹为面向普通民众的社会报纸，将重心放在了戏剧相关的报道上。由梨园公会每月补助二百元，在戏剧爱好者和中流阶层中读者居多。虽然只不过是小型社会报纸，但其发行量却凌驾于北平各报纸之上。社址在正阳门外樱桃斜街
实事白话报	营利本位	社长　戴兰生（号梦兰）　曾任《晨报》记者，《群强报》主笔戴正一之子 经理　刘维屏	主笔　杨菊舫　曾任《顺天时报》社会部通讯员 记者　邬仲华、李仲悌、黄辽隐	1920年5月创刊⑤，日刊，小型，四页，发行量一万八千三百份。前步兵军统领李长泰创刊，是模仿《群强报》的社会报纸，在下层社会受到欢迎。目前出资者为戴兰生，资本金四千元。电车公司每月补助二百元，英美烟草公司每月补助一百元。社址在宣武门外魏染胡同

① 1931年报告为"1916年6月"，一说1912年1月创刊。
② 一说1916年5月创刊。
③ 1931年报告为"1928年10月"，一说1928年10月创刊。
④ 1931年报告为"1912年"，一说1912年6月创刊。
⑤ 1931年报告为"1918年"，一说1918年8月创刊。

定期调查报告　　（秘）1933年版　　外国的报纸（上卷）（"满洲国"及中华民国部分　附大连、香港）

(续表)

名　　称	主义系统	持有人	编辑干部	备　　考
平报		社长　陆秋岩　商业界人士，曾经营当铺和浴堂	主笔　陈重光　毕业于平民大学 记者　吴剑秋、李铁丐、董荫狐	1921年1月创刊①，日刊，小型，四页，发行量六千五百份。出资者为李少年，三千元。社址在和平门外西南园
小小日报		社长　宋信生（号心灯）　毕业于民国大学，曾经营《大西北报》 经理　宋致泉　北京大学学生	编辑　王霄羽、陆体乾、刘亚贤	1924年8月创刊②，日刊，小型，四页，发行量一万二千份。出资者宋信生，七千元，是社会报纸。最近与各大学有联系，关注学生体育方面的报道，因此该方面的读者有所增加，有"体育报"之名。社址在宣武门外棉花头条胡同
北平晚报	与银行界、总商会接近	社长　季乃时　毕业于北京大学，南京《中央日报》特派员，曾创办、经营《五点晚报》	叶子贤、赵效沂、李天然、萨空了	1920年12月创刊③，晚报，小型，四页，发行量四千五百份。北平的晚报鼻祖，原名《北京晚报》④。张志谭出资一千五百元，任命刘煌为社长，曾经得到过陆宗舆、曹汝霖等的援助。后来，随着刘煌成为原财政次长张竞仁的女婿，该报开始与银行界接近，又又与总商会接近。1930年末，刘煌表面上辞去了社长的职位，让其亲戚季乃时负责经营。金融界方面的报道较为可信，以特电为特色。每月获得青岛市长胡若愚二百元、北平市长周大文二百元、北平万国储蓄会一百元的补助。社址在和平门内绒线胡同
世界晚报	李石曾机关报	社长　成平（号舍我）	万梅子、张恨水、王有珍	1923年创刊，晚报，小型，四页，发行量六千份。该报与前述《世界日报》属于同一经营者，但先于《世界日报》⑤一年多发刊。最初由龚德柏经营，言论激越，1926年张作霖命令停刊，后由当时的众议院议长吴景濂出资三千元，让其秘书成平设立该报直至今日，以各地的特电为特色。社址在宣武门外石驸马大街（参照前述《世界日报》栏）
实权日报		社长　德仲华（原名溥继）　律师，前清公爵 经理　载洵　前清贵族	洪维荃　曾在警察界多年 赵仲清、耿郁溪、溥叔方	1930年1月创刊⑥，日刊，小型，四页，发行量二千五百份。是面向大众的通俗报纸，读者多为旗人。社址在阜成门内学院胡同
时言报	与戏剧界有关	社长　常振春	张修孔、佟冷仙、李国华、周少泉	1930年10月创刊⑦，日刊，小型，四页，发行量五千五百份。由艺人杨小楼（一千元）、刘砚芳出资，内容以戏剧消息为主，经费以戏剧界的广告费为大宗。1931年2月，该报无法继续经营，前社长高尚志将其盘给现任社长。社址宣武门外铁老鹳庙

---

① 一说1921年10月创刊。
② 1931年报告为"1925年8月"，一说1925年1月创刊。
③ 1931年报告为"1921年"。
④ 1931年报告记载该报创刊于1917年，一说1919年2月创刊。
⑤ 《世界日报》创刊于1925年。
⑥ 1931年报告为"1930年5月"，一说1931年创刊。
⑦ 有一份《时言报》1919年3月在北京创刊。

(续表)

名　称	主义系统	持有人	编辑干部	备　考
北平白话报		社长　任璞生　《北平报》社长任岐山之弟，军界出身，曾任吴佩孚部下杨清臣的副官 经理　伍崇高	吴菊痴、徐凌霄、郝锦川、徐剑胆	1918年创刊①，日刊，小型，四页，发行量四千五百份。起初由任璞生之兄任昆山等数人创设，任昆山死后由任璞生继续经营。在下层社会和小学生中读者众多。可以说，发行该报的主要目的是为自家的卖药事业做宣传广告。社内设有中国通讯社、中华广告部、中和堂售药处。社址在和平门外大安澜营
北平新报	带有冯玉祥西北军的色彩	社长　汪道余　曾于华北大学学习，为冯玉祥经营过《民报》《华报》等	陈慎言、魏国华	1916年10月创刊②，日刊，小型，四页，发行量四千八百份。最初朱彦含任社长，社址位于宣武门外棉花头条。创刊后三个月就陷入了经营困境，盘给汪道余，迁至现在的地址。每月接受宋哲元补助三百元，多邮寄往各地。社址在西单牌楼北大街
快报		社长　王少逸（号若水）　曾任武汉铁厂技师、财政部印刷局工务长、税捐局局长 经理　刘多木	杨治平、王绍庭、鄂笙、王逸尘	1931年1月创刊③，日刊，小型，四页，发行量三千份。由数家大商店出资创刊，商会和银行公会各每月补助一百元，提倡商业发展。1931年8月转为王少逸独立经营。读者多为商业界人士，普通市民少。社址在和平门外虎坊桥东
东方新报		社长　刘兴六　前清秀才，曾在军界奉职	刘树铭、文市隐、吴礼堂	1931年3月创刊④，日刊，小型，四页，发行量一千二百份。最初计划作为汤玉麟的宣传机关发行，经费每月由金鼎臣、刘宪章补助，热河的鸦片销售理应是以本报为后盾的。但发行后，以上的计划全部破灭，改为刘兴六独立经营，近来由于资金不足，开始出现停刊的传言。社址在宣武门外南柳巷
新北平报	提倡自治	社长　林质生（号天水）　毕业于三旗学校，曾经营《中华报》，担任《晨报》编辑。现任大同通讯社社长，新闻界知名人士 经理　卓宏谋　作为银行家而为人所知	章弃材、汪子琦、张恨水、穆辰公	1931年10月10日创刊⑤，日刊，小型，四页，发行量五千份，每月接受北平市自治委员会补助四百元、北平市商会补助二百元。在官厅及普通人中拥有众多读者。社址在宣武门外达智桥
消闲日报		社长　智慧（号野僧）僧侣，原拥有众多寺庙产业，现已售出大部分，投向自治团体，设立自治小学，同时发行该报	谢天启、李翰臣、王印丞	1931年10月15日创刊，日刊，小型，四页，发行量二千五百份。原来的《消闲日报》由于触犯当局的忌讳而被勒令停刊，此为另外发行的同名报纸。对原《消闲日报》的外观做了改动，内容以梨园界和社会报道为主。社址在阡儿路七圣庵庙内

---

① 1931年报告为"1919年"。
② 从西北军出现推断创刊日期存疑。有一份《北平新报》1931年4月创刊于北京。
③ 1931年报告为"1930年10月"。
④ 一说1931年6月16日创刊。
⑤ 一说1930年10月创刊。

二、英文报纸

名　称	主义系统	持有人	编辑干部	备　考
The Peiping Chronicle [北平时事日报]（英文）	中央党部宣传机关报	社长　沈衔书	主笔　W. Sheldon Ridge（英国人）编辑主任　A. Cecil Taylor（英国人）、任玲孙	Leader 社停刊之后，本报盘下其建筑和印刷机等，1932 年 6 月在同一社址创办，表面上与旧 Leader 似乎不存在任何关系①。出资者即负责人沈衔书。直辖于南京中央党部宣传部，每月得到二千元的补助。发行量七百三十份，社址在崇文门内米市大街煤渣胡同
The Yenching Gazette [燕京公报]（北京燕京报）（英文）	燕京大学各科宣传机关报，带有共产主义色彩	社长　黄宪昭	主笔　黄宪昭 编辑　李汝祺、周学章	本报原为由燕京大学学生创立的《英文平西报》，1932 年 2 月变为小型报纸，同年 3 月改为现名，成为大型四页的晚报。创刊当初每月从燕京大学的庶务科获得四百元的补助，后增加到五百五十元。带有共产主义色彩，曾受到公安局的报道监管。发行量约四百份，社址在西直门外海甸燕京大学内

三、法文报纸

名　称	主义系统	持有人	编辑干部	备　考
Le Journal de Pékin	没有一定主义	Albert Nachbaur（法国人）	主笔　同前	1911 年创刊，日刊，八页，发行量三百份。本报当初由一些比利时人、法国人和俄国人经营，后被在欧洲大战中来到北平的法国人 Albert Nachbaur 盘下直至今日。最近 Nachbaur 去世，继任者尚未确定。1932 年 1 月，趁英文报纸 Leader 废刊之际，开始发行六页的英文版。同年 6 月，又随着 Chronicle 的发刊而停刊。社址在甘雨胡同

四、日文报纸

名　称	主义系统	持有人	编辑干部	备　考
北京新闻（日文）		社长　森川照太	主笔　儿玉幸	燕尘社的报纸，1923 年 8 月作为《京津日日新闻》的北京版发刊。1928 年 9 月，随着《京津日日新闻》社长森川照太被任命为燕尘社理事，该报从 North China Standard 社内迁至现社址。从满铁总社以广告费为名每年得到一千圆的补助。发行量二百二十份。社址在五老胡同燕尘社
新支那（日文）		社长　安藤万吉	主笔　中村彦九郎	1913 年 9 月创刊，日刊，发行量二百份。北平日文报纸中最老的报纸。最近二三年来，由于安藤社长不热心于经营，又有《北京新闻》发刊，加上有能力的记者流失，从而陷入经营困境。但近来经过努力，似乎又能克服经营困难。满铁本社每年补助一百八十元。社址在大甜水井

天津

人口：日本人 7 102 人（其中台湾人、朝鲜人 815 人），中国人 1 333 826 人，外国人 4 503 人。

---

① 1917 年创刊（一说为 1920 年创刊）的 Peking Leader（《北京导报》）的后身。

概说

目前正在天津发行的报纸,有中文报纸二十七种、英文报纸五种、俄文报纸两种、德文报纸一种和日文报纸两种。中文报纸中,《大公报》《益世报》《庸报》《天津商报》《民报》《启明报》《正闻报》《东北日报》《导报》《天津平报》《华北晚报》《大中时报》《汉文天津晚刊》《津报》十四种为大型报纸,其他都属于小型报纸。鉴于中日关系的现状,日文报纸在中国人和外国人中都得到相当重视。

一、中文报纸

名　　称	主义系统	持有人	编辑干部	备　　考
益世报	亲美排日	刘俊卿　前天津电报局长	刘豁轩　毕业于南开大学	1916年1月创刊①,日刊,十六页,发行量三万二千份。由天主教关系者出资的股份制组织,据称资本金有三十万元,拥有一台轮转机。曾经得到过美国方面的支持,与北平《益世报》属于同一系统,但不存在财政上的关系。直系掌握当地政权时是该派的机关报。报道丰富,目前在民众团体方面有影响力。社址在意租界大马路。作为副刊发行《益世晚报》,发行量六千份
大公报	稳健的新思想主义,似乎与冯玉祥方面关系密切	胡霖(政之)　留日出身,原上海《共和报》主笔,中国报界元老	张炽章(季鸾)原《上海报》②主笔	1902年创刊,日刊,十六页,发行量三万份。曾作为安福系的机关报活跃,与其政派一同经历了盛衰的变迁。1920年变更过组织,1925年末再度停刊。1926年9月,现任社长将其复活,报面焕然一新。1928年购入轮转机后愈见其进步,最近更是添置了德国最新式轮转机,与《益世报》《庸报》一同成为北方地区有影响力的报纸。社长和主笔都为留日出身,因而对日态度较为公正。资本金五万元,社址在法租界三十号路。作为副刊还发行《国闻周报》(周刊),发行量五千份,《四海半月刊》(每月发行两次),发行量三千份
庸报	标榜不偏不倚,但曾是吴佩孚派机关报,似乎与南方派有联系	董显光　留美出身,原上海 Millard Review 记者	张琴南　北京大学出身	1926年创刊③,日刊,十八页,发行量二万五千份。资本金四万元,拥有轮转机,编辑方法采用美国式。1931年与上海《申报》建立协作关系,政局通讯敏捷,报道丰富,声价高涨。社址在法租界二十六号路④
天津商报	在银行界有关系,被视为南方人的机关报,又被看作蒋介石的机关报,似乎与市政府和市党部方面有联系	王镂冰	鲁炎庆　南京大学出身	1927年创刊,日刊,十四页,发行量八千份,资本金一万元。有乐于刊载排日性报道的倾向。社址在法租界二十四号路
民报	标榜不偏不倚,亲日	鲁嗣香　法政学院出身	沈信民	1929年6月创刊⑤,日刊,八页,发行量五千份,据称资本金有一万元。社址在日租界须磨街

---

① 一说天津《益世报》1915年10月创刊。
② 1932年报告为"上海《民报》"。
③ 1929年报告记载为"1926年6月",一说1926年8月创刊。
④ 1932年报告为"二十一号路"。
⑤ 1930年报告为"1929年2月"。

定期调查报告　　（秘）1933年版　　外国的报纸（上卷）（"满洲国"及中华民国部分　附大连、香港）

(续表)

名　称	主义系统	持有人	编辑干部	备　考
大中时报		徐曜历	刘耀庵　北京大学出身	1930年创刊,发行量八百份,资本金五千元,没有固定的主义、系统,营利本位,社址在意大利租界大马路
正闻报	市党部机关报	齐子鹤　市党部委员	陈玉佩　市党部委员	1931年8月创刊①,发行量二千份,资本金二千元,社址在法租界三十三号路
东北日报	市政府及公安局的机关报	吕律　公安局秘书	范石生　原《华北晚报》记者	1932年10月创刊,发行量四千份,资本金三千元,社址在法租界二十四号路
导报	市党部机关报	陈一郎　市党部委员	戴听潮　平民通讯社社长	1932年9月创刊,发行量二千份,资本金二千元,社址在意大利租界西马路
新天津报	过去为直系机关报,社长是回教徒,所以也被视为回教徒的机关报	刘中儒	薛月楼	1924年9月创刊,日刊,小型,十六页,发行量三千份,资本金二千元。虽是小报,但政治和时事报道多,趣旨有别于其他普通小报。另外还发行副刊《新天津晓报》,发行量五千份,《新天津晚报》,发行量一万份。社址在意大利租界大马路
启明报	主义、主张不定,被视为旧直系	苏明甫	同前	1920年创刊,日刊,六页,发行量五百份,资本金五百元,社址在南市广兴大街
天津平报		刘霁岚	李吟梅	1923年创刊,发行量三千份,资本金一千元。副刊《时报》发行量一千份。社址在意大利租界大马路
白话晨报 白话午报 白话晚报	排日	白幼卿	董秋圃	《白话晨报》于1912年创刊②,日刊,小型,四页,发行量一万份。 《白话午报》于1914年创刊③,日刊,小型,六页,发行量二万份。 《白话晚报》于1916年创刊④,日刊,小型,四页,发行量一万份。 上述报纸的读者以少年学徒、劳动者等下层阶级居多,以娱乐性和社会市井报道为主。资本金一万二千元,社址在南市广兴大街
华北晚报		周拂尘	徐培源	1927年创刊,发行量八千份,资本金一万二千元,社址在法租界二十四号路
国强报	营利本位	杨少林	沈哀鹃	1918年创刊,日刊,小型,四页,发行量五百份,资本金五百元,社址在南市平安大街
天风报	以文艺为主,不带有政治色彩	沙游天	何香石　毕业于日本法政大学	1930年2月创刊,日刊,小型,四页,发行量三千份,资本金六千元,社址在法租界华中路
中南报	营利本位	张幼丹	陈志良	1930年12月创刊,日刊,小型,四页,发行量二千五百份,资本金一千元,社址在华街⑤南马路

---

① 一说1932年9月创刊。
② 1929年报告为"1914年",一说1912年11月18日创刊。
③ 1924年报告为"1916年9月",1929年报告为"1916年"。
④ 1929年报告为"1912年",1931年报告为"1911年"。
⑤ 1932年报告为"意租界"。

(续表)

名　　称	主义系统	持有人	编辑干部	备　　考
旭日报	营利本位	周琴舫	庐我素	1912年创刊,发行量五百份,资本金五百元,社址在南市广兴大街
天津直言报	营利本位	王梦青	朱建业	1932年6月创刊,发行量一千份,资本金一千元,社址在南市营业大街
天津晓报	营利本位	袁无为	杨冷华	1932年11月创刊,发行量一千份,资本金五百元,社址在南市广兴大街
治新日报	营利本位	田农	许剑秋	1931年12月创刊,发行量一千五百份,资本金三百元,社址在意大利租界大马路
天津晶报①	营利本位	陈眉翁	同前	1927年②创刊,三日刊,发行量六百份,资本金二百元,社址在河北昆纬路
民铎报	市社会局机关报	张永康　市社会局调查员	王梁	1932年9月创刊③,发行量一千份,资本金五百元,社址在天津市社会局内
中华新闻报	营利本位	管玉贤	张家彦	1932年2月创刊,发行量八百份,资本金四百元,社址在法租界仁和里
河北公报④	省政府机关报	瞿宣颖　省政府秘书长	黄起鸿　省政府秘书	1928年创刊,发行量二千份,经费由省政府支付,社址在河北狮子林省政府印刷所
汉文天津日报晚刊	日文报纸《天津日报》的中文晚报	真藤弃生	同前	1929年12月创刊,日刊,四页,日文报纸《天津日报》的中文晚报,发行量二千份。购阅者主要是中国人。1932年5月10日,由于登载"五九纪念"⑤的排日标语而被勒令停止发行五天。社址在日租界福岛街
津报	营利本位	樋口义麿		1932年5月创刊,日刊,四页,发行量一千份。得到了日本驻屯军⑥的援助,实际上作为军部的机关报而发行。鉴于时局而受重视。在日租界花园街东和印刷所印刷,社址在日租界明石街

二、英文报纸

名　　称	主义系统	持有人	编辑干部	备　　考
Peking & Tientsin Times［京津日报］⑦（英文）	英国系	Tientsin Press Co., Ltd.（天津印字馆）	W. V.⑧ Pennell	1894年作为周刊创刊,1904年改为日刊⑨,早报,十八页,发行量一千五百份。该报是北方地区最有影响力的外文报纸,与上海的 North China Daily News 齐名。其社论被视为代表北方地区英国人的主张,最近对日态度良好。前主笔 Woodhead 是北方地区言论界的元老,但1931年8月被聘至上海的 Evening Post。还有,天津印字馆除了发行报纸之外,还经营普通印刷业。社址在英租界中街一八一号

---

① 1932年报告为《晶报》。
② 1932年报告为"1929年"。
③ 一说1931年6月24日创刊。
④ 1931年报告为《河北省政府公报》。
⑤ 指"五九国耻纪念日"。
⑥ 指日本根据《辛丑条约》在山海关至北京铁路沿线的驻军,司令部设于天津。
⑦ 亦即《京津泰晤士报》。
⑧ 1928年报告为"U"。
⑨ 一说1902年改为日刊。

(续表)

名　　称	主义系统	持有人	编辑干部	备　考
China Illustrated Review[中华星期画报](英文)	同上	同上	同上	《京津日报》的插画周刊，每周六发行。新闻纸对开型，二十八页，发行量八百份。以时事、政治、经济报道为主，另有照相版附录。社址在天津印字馆
North China Daily Mail[华北日报](英文)	英国系	T. G. Fisher（英国人）	J. H. Eldridge	1914年创刊①，晚报，八页，发行量五百份。面向家庭的报道居多，对日态度极为良好。社址在法租界中街十九号
North China Sunday Times[华北星期日泰晤士报]	同上	同上	同上	1918年创刊，《华北日报》的周刊，每周日发行，六页，发行量三百份，社址在《华北日报》社内
North China Star[华北明星报](英文)	美国系	North China Star Co. Inc.	社长兼主编　C. J. Fox 主笔　A. B. Hayman	1918年创刊，日刊，十二页，发行量三千五百份。编辑风格显示出美国报纸的特色，带有煽动性倾向。曾有很多排日报道，但最近对日态度良好。由于定价低廉，在英、美人以外的外国人和中国人间也拥有众多读者。社址在法租界八号路

三、俄文报纸

名　　称	主义系统	持有人	编辑干部	备　考
Наша заря	白系报纸	M. S. Lemvich（犹太人）1932年11月29日在上海病逝	I. L. Miller（犹太人）	1928年4月创刊，日刊，六页，发行量一千份。似乎受到白系俄国民族协会的操纵，致力于攻击赤俄。社址在英租界一号路
Азия	反赤俄系	小山行道	小山行道	1932年4月创刊，日刊，小型，四页，发行量三百份。在北方地区的白系俄侨中免费发放。反赤俄系报纸，在白系俄国人中受到好评

四、德文报纸

名　　称	主义系统	持有人	编辑干部	备　考
Deutsch Chinesische Nachrichten	德国系	Bartels	Kray②	1930年10月创刊，日刊，十二页，发行量七百五十份，社址在特别区无锡路十九号北洋印刷所

五、日文报纸

名　　称	主义系统	持有人	编辑干部	备　考
天津日报（日文）	高调宣扬国家主义、国粹主义，属于《大阪每日新闻》系统	真藤弃生、金田一良三、武田守信的合名公司	真藤弃生	1910年创刊，早报四页，晚报四页，发行量一千份。天津最早的日文报纸，由《北清时报》《北支那每日新闻》合并改名而来。内容涉及北方地区的政治、经济、社会、宗教、文艺等各方面，以稳健平易的方式将报道迅速、准确地传递给读者，以资思想的进步与生活的提高。资本金七万元，总领事馆和民团③登载公告的指定报纸。社址在日租界福岛街

---

① 一说1915年1月创刊。
② 1932年报告为"Krey"。
③ 当地的日侨组织。

(续表)

名　称	主义系统	持有人	编辑干部	备　考
京津日日新闻（日文）	对华政策舆论的代表，伸张在华日侨的权益，增进国益	森川照太	黑川重幸	1918年创刊，早报与晚报各四页，发行量一千八百份，资本金五万元。经营上与《天津日报》处于竞争地位，与其保守性质相反，有激进色彩，与《天津日报》作为天津的日文报纸而并称。总领事馆和民团登载公告的指定报纸。社址在日租界旭街
天津经济（日文）	报道北方地区的经济状况	小宫山繁	同前	1920年创刊，小型，周刊，外观呈杂志状，发行量三百份，资本金三千元。社址在日租界明石街

张家口

人口：日本人26人（其中朝鲜人8人），中国人84 329人，外国人102人。

中文报纸

名　称	主义系统	持有人	编辑干部	备　考
察哈尔新民日报	省政府机关报	社长　荆得文	主笔　夏笑我	1930年11月1日创刊，日刊，发行量一千五百份。每月接受省政府三百元补助。社址位于张家口上堡榆树院
察哈尔民国日报	党部机关报	社长　马亮	于沚生、李伟民	1930年11月创刊，日刊，发行量一千五百份。每月接受党部三百元补助，多少有排日倾向。社址位于张家口
宣化新报		社长　王惠堂	主笔　赵化均	1930年7月创刊，日刊，发行量七百份。社址位于宣化县城内

绥远

中文报纸

名　称	主义系统	持有人	编辑干部	备　考
绥远日报	省政府机关报	社长　张师曾	主笔　徐的洁	1930年8月26日创刊，日刊，发行量一千二百份。每月接受省政府三百元补助。社址位于绥远城内
绥远民国日报	党部机关报	社长　刘尚清	主笔　张充文	1930年1月创刊，日刊，发行量一千份。每月接受党部三百元补助。社址位于归化县文庙街
绥远社会日报		社长　陈国桢	主笔　马伟功	1930年8月创刊，日刊，发行量八百份。社址位于归化城大东门图书馆，独立经营

太原（1930年12月末现在）

中文报纸

名　称	主义系统	持有人	编辑干部	备　考
晋阳日报		私人合办		1906年创刊，日刊，六页，发行量一千五百份。本报创立以来有二十几年历史，为山西报社之鼻祖

(续表)

名称	主义系统	持有人	编辑干部	备考
山西日报		董事会		1919年创刊①,日刊,发行量约二千份。系山西督办公署创立,至1928年为止为政府机关报,因此基础比较巩固。读者中海外团体或个人不少
并州新报		私人合办		1927年创刊②,日刊,发行量约一千五百份。印刷、形式均无可看之处
山西民国日报	省党部机关报	省党部宣传部		1930年创刊③,日刊,发行量二千五百份。创刊后数月由于阎锡山打压,以至于不得已一时停刊。该报在经济上接受省党部宣传部支持,又从中央社直接获得消息,因而在形式、内容等上有欲压倒其他报社之势。知识阶层购阅者最多
山西政报	省政府机关报	省政府		1928年创刊,为隔日发行。专门刊登政治报道、法令、官厅通告等,向省内各公共机关发放,不向普通人销售

济南

日本人1 664人(其中朝鲜人30人),中国人422 037人,外国人376人。

概况

济南的报纸在张宗昌任督办时期,一度有督办公署机关报等数种报纸,但受重视的仅为日本人经营的中文报纸《济南日报》与中国报纸《平民日报》两报。1929年春,陈调元当上山东省主席,将省政府从泰安迁往当地,在各类机关出现的同时,报纸数量增加了。及至1930年,由于中央和山西军再度在当地展开争夺战,报纸数量又一次减少。韩复榘任主席后,地方治安得到顺利维持,各报社的基础似乎得到逐渐加固。

目前中文报纸多达十二种,日文报纸有一种,公报则有七种。中文报纸中受到普遍重视的为省党部机关报《山东民国日报》、县党部机关报《历下新闻》、与省党部和省政府有密切关系的《山东日报》及被认为比较代表民众的《平民日报》四种。日本人经营的《济南日报》介于此中间,伴随着普通中国人对日情感的恶化而濒临种种经济上的苦境,不过在中日之间不断出现时局纠纷之现状中,仍受到部分中国人相当重视。此外,日文报纸仅有《山东新报》,但在青岛发行的《青岛新报》及晚刊《山东新报》在此地也有相当多的读者。

一、中文报纸及公报

(1) 报纸

名称	主义系统	持有人	编辑干部	备考
山东民国日报	省党部宣传部机关报	李文需	王小隐	1928年8月创刊④,日刊,发行量五千份。省党部每月补助二千八百元
历下新闻	历城县党部宣传机关报	吴叶山	魏少峰	1931年2月创刊,日刊,发行量一千二百份
平民日报	旧进步党机关报	王伯洲	同前	1925年4月创刊⑤,日刊,发行量八百份,为股份制

---

① 一说1918年6月创刊。
② 有一份《并州新报》于1917年8月创刊于太原。
③ 1930年报告为"1929年6月",一说1928年创刊。
④ 1930年报告为"1929年6月"。
⑤ 1930年报告为"1922年"。

(续表)

名称	主义系统	持有人	编辑干部	备考
东鲁日报	营利本位	毕雪珍	景耀仙	1931年6月创刊①,日刊,发行量五百份,为毕个人经营
山东日报	山东省党部部分人员的机关报,亦与省政府有关系	王育民	马元天	1932年6月创刊,日刊,发行量二千份。为合资组织,接受省党部二千元补助
晨光日报②	营利本位	任筱青	杨叔文	1928年6月创刊③,日刊,发行量七百份,为合资组织
通俗日报	提倡社会教育	罗亚民	罗腾霄	1930年5月创刊④,日刊,发行量一千四百份,为个人经营
济南晚报	孙桐萱的机关报	郭仲泉	黄铭九	1929年6月创刊⑤,日刊,发行量六百份
新山东报	美术学校学生的机关报	刘子午	杨星五	1932年11月创刊,日刊,发行量四百份,为合资组织
华北新报	营利本位	杨锡山	王凯山	1932年3月创刊,日刊,发行量八百份,为私人合资组织
诚报	营利本位	朱喜堂	段子涵	1931年5月创刊⑥,日刊,发行量一千二百份
济南日报		社长　平冈小太郎　理事　户塚易	罗腾霄	1916年8月创刊,日刊,发行量二百份。为济南唯一的由日本人持有的中文报纸。日本籍

(2) 公报

名称	主义系统	持有人	编辑干部	备考
山东省政府公报		省政府秘书处	张绍棠	1928年9月创刊,月刊,发行量五百份
民政公报		民政厅	李树椿⑦	1929年5月创刊,月刊,发行量四百份
财政公报		财政厅	王向荣	1929年7月创刊,月刊,发行量三百五十份
济南市政公报⑧		市政府	闻承烈	1929年10月创刊,月刊,发行量三百份
教育月报		教育厅	何思源	1928年9月创刊,月刊,发行量五百份
建设月报		建设厅	张鸿烈	1929年10月创刊,月刊,发行量三百份
公安月刊		公安局秘书处	王恺如	1930年1月创刊,月刊,发行量二百份

① 1932年报告为"12月",一说1932年创刊。另有一份《东鲁日报》于1916年创刊。
② 1932年报告为《晨光报》。
③ 1930年报告为"1928年10月",1932年报告为"7月"。
④ 1932年报告为"7月",一说1932年创刊。
⑤ 1932年报告为"5月",一说1930年创刊。
⑥ 1932年报告为"6月"。
⑦ 1932年报告为"李树春"。
⑧ 1932年报告为《济南市政月刊》。

二、日文报纸

名　称	主义系统	持有人	编辑干部	备　考
山东新报（日文）		社长　小川雄三	主编　小川清矣	1916年10月创刊①，日刊，发行量七百份。该报由过去的《山东新闻》与《胶济时事新报》合并而成。另外在青岛发行晚刊，发行量八百份。1932年5月上述报纸作为晚刊《山东新报》而独立

博山

人口：日本人189人，中国人49 366人。

中文报纸

名　称	主义系统	持有人	编辑干部	备　考
博山周报	县党部机关报	县党部	李振海、石显曾（两人均为党部委员）	1931年8月创刊②，周刊，四页，发行量三百份。为博山县党部机关报，排日色彩浓厚

青岛

人口：日本人11 707人（其中朝鲜人654人），中国人186 349人，外国人1 388人。

概况

当地中文报纸数量有十余种，与现在的人口相比，其数量绝不算少，但在其质量上，除了《青岛民报》《正报》《青岛时报》三报之外，其他报纸几乎都不值一提，仅仅处于勉强维持经营的程度。还有，作为以往中国方面代表性报纸而挥舞纵横之笔的党部机关报《青岛民国日报》（1932年1月因刊登对我皇室"不敬报道"，激起我日本人愤慨，总社遭到袭击，结果无法发行）停刊以来已经过一年，现在仍然没有复刊。英文 Tsingtao Times 仍属于乡下报纸之列，不过，几乎在当地全部外侨中拥有读者，因为是本地唯一的英文报纸，是当地难以无视的存在。日文报纸中，《青岛新报》以往引领《山东新报》，但晚刊《山东新报》1932年5月从济南《山东新报》独立以来，通过购入新活字、新设照相版、充实记者等，建立起新的阵容，试图实现一大飞跃，发行量日益增加，未来的发展受到瞩目。

一、中文报纸

名　称	主义系统	持有人	编辑干部	备　考
大青岛报		小谷节夫	须藤勇雄	1915年6月创刊③，日刊，发行量约五百份。由于路人皆知是日本系统的报纸，所以从时局看购阅者有渐减之倾向，令人感到在经营维持上困难不少
青岛时报	准党部系	尹朴斋	同前	1924年8月创刊④，日刊，发行量约六百份。与《青岛民报》《正报》同为主要报纸之一
青岛工商报	振兴工商	鄢洗元	同前	1925年5月创刊，日刊，发行量约三百份

---

① 一说1917年创刊。
② 一说1930年创刊。
③ 一说1914年创刊，一说1915年1月创刊。
④ 一说1924年9月创刊。

(续表)

名　称	主义系统	持有人	编辑干部	备　考
中华商报①		马起栋	同前	1927年10月创刊②,日刊,发行量约三百份
青岛民报	党部系	王景西	同前	1926年5月创刊,日刊,发行量约六百份。党部机关报《民国日报》停刊以来,党部似乎正在以本报代替其机关报
正报	被视为美国系统	史鹏远	同前	1927年2月创刊③,日刊,发行量约五百份。好像从美国领事馆接受一些补助
青岛公报		邹学藩	同前	1930年11月创刊,日刊,发行量约三百份
青岛平民报	党部系	张乐古	同前	1927年10月创刊,日刊,发行量约四百份。为极端的排日报纸,因此过去被下令停刊过两次
磊报		张凡鸟	同前	1931年1月创刊④,日刊,发行量约三百份
胶济日刊⑤		胶济铁路局公益科		1931年5月创刊⑥,日刊,发行量约三百份。刊登铁路局公报
青岛快报		张道藩	同前	1931年7月创刊,日刊,发行量约四百份
新青岛报	准党部系	姚公凯	同前	1931年7月创刊⑦,日刊,发行量约三百份。有时刊登排日报道
青岛日报		冯善亭	同前	1931年11月创刊⑧,日刊,发行量约四百份
青风报		卢秀峰	徐声甫	1932年6月创刊,得到商界方面的后援,发行量约三百份

二、英文报纸

名　称	主义系统	持有人	编辑干部	备　考
The Tsingtao Times[青岛时报](英文)		G. F. Stockwell	J. G. Ray⑨	1922年6月创刊,日刊,发行量约七百五十份(夏季因避暑客约达一千五百份)。由于为青岛唯一的英文报纸,正在外国人中间广为购阅

三、日文报纸及杂志

名　称	主义系统	持有人	编辑干部	备　考
青岛新报(日文)		小谷节夫	难波纹市	1915年1月创刊⑩,日刊(早、晚发行两次),发行量约三千份。配备轮转印刷机,为山东最大的日文报纸

---

① 1931年报告为《中华报》。
②③⑧ 一说1926年创刊。
④⑥ 一说1931年7月创刊。
⑤ 1932年报告为《胶济日报》。
⑦ 一说1931年8月14日创刊。
⑨ 1932年报告为"J.Gray"。
⑩ 1924年报告为"1915年1月15日",一说1914年创刊。

(续表)

名　称	主义系统	持有人	编辑干部	备　考
夕刊山东新报（日文）		长谷川清	吉冈鹿造	原作为济南《山东新报》的青岛附录发行，1932年5月独立，改为现名。以前发行量远不及《青岛新报》，而近来报面的外观也很完备，社运日盛，看上去几乎就要与《青岛新报》并驾齐驱。还有，最近预定改名为《山东每日新闻》。发行量约二千五百份
青岛兴信所报（日文）		上之荣藏	同前	1919年3月创刊，油印不定期刊。刊登资质、财产、经营状况等调查事项。发行量约二百份
青岛实业兴信所报（日文）		小川岩男	同前	1921年7月创刊，油印不定期刊。刊登资质、财产、经营状况等调查事项。发行量约二百份
山东兴信所报（日文）		西村秀雄	同前	1922年①10月创刊，油印日刊。发行量约一百五十份
山东通信（日文）		冈伊太郎	山田春三	1927年5月创刊，油印。最初购阅者少，勉强维持经营，而近来由于速报无线电收音机新闻，读者逐日增多。发行量呈现出接近五百份的盛况
青岛公报（日文）		三好真文	同前	1923年4月创刊，旬刊，油印。刊登日中官公署的公告及法令等。发行量约一百五十份
大同时报（日文）		马场让	同前	1929年6月创刊，月刊，发行量约三百份
日华（日文）		前田七郎	同前	1929年11月创刊，月刊杂志，目前停刊

芝罘

人口：日本人213人（其中朝鲜人9人），中国人126 285人，外国人254人。

概况

以往当地中文报纸有七种，英文报纸有一种。这些报纸销售区域均狭小，主要为当地中外人士购阅。作为人口十三余万（历年夏季增加至十五万多）的城市，令人感到报纸很多。由于刘珍年谋求扩张自己的机关报《东海日报》，打压其他报纸，严格检查，其他报纸在维持经营上感到困难，扩大销路自然无望，因无法迅速获取来自各处的通讯，内容贫乏而无特色，发行量没有超过一千份者。1932年9月随着所谓"胶东事件"发生，刘军根据中央的解决办法全部向浙江方面调防，韩主席掌握胶东十二县的行政实权，给当地政局带来一大变化。当地各报也因此随之消长，现在仅有中文报纸四种、英文报纸一种。

一、中文报纸

名　称	主义系统	持有人	编辑干部	备　考
芝罘日报	社会问题	社长　王宗儒	主笔　王倬云	1909年系日本人创立②，当地最早的报纸，1923年盘给现社长至今日。1932年9月"胶东事件"发生后因罗列刘罪状，刘军离鲁之际恐有后患于11月17日停刊，12月27日复刊。日刊，大型，八页，发行量五百份。社址位于芝罘大马路

---

① 1932年报告为"1921年"。
② 1924年报告为"1907年"，一说1907年创刊。

(续表)

名 称	主义系统	持有人	编辑干部	备 考
胶东卍报	社会问题	社长 曹承虔	主笔 杨圆诚	1919年创刊的《爱国报》陷入经营困难,于1932年7月破产,红卍字会与总商会因此一起收购该社机器,同年9月5日改名发行,即为本报。报道稳健,内容比较丰富。日刊,八页,发行量五百份。社址位于芝罘同乐街
钟声报	社会问题	社长 丁训初 前清秀才,老国民党员	主笔 同前	1923年创刊①,日刊,六页,发行量三百份。1932年4月遭遇火灾,其后致力于恢复,但忌讳刘珍年而暂不发行。随着刘军完全离鲁,11月23日复刊。社址位于芝罘清军府街
东海日报	刘珍年的机关报	主笔 贾子俊 北平法华大学毕业,历任刘珍年参议、东海渔航局长 社长 刘素儒		1931年7月创刊②,日刊,八页,发行量三千份。纯粹为刘珍年的机关报,经费系刘珍年军部支出,在南京、北平、天津、济南等地派驻特派员。报道丰富,在当地作为一流报纸,远远压倒其他报纸。因完全致力于宣传刘,刊登误导社会的报道,被公安局长张奎文于1932年10月4日下令封闭。其后,福山县党部指导委员林鸣九及总商会委员等三十几人发起收购本报,正计划复刊

二、英文报纸

名 称	主义系统	持有人	编辑干部	备 考
Chefoo Daily News [烟台日报](英文)		社长 D. F. R. McMullan 英国人,英商仁德洋行代表,兼路透社通讯员	主笔 同前	1917年创刊,该报为山东省内最早的英文报纸,但销售区域狭小,仅侨居于芝罘附近的外国人购阅。刊登路透社通讯,"大北电信"负责在当地中转从上海发往天津的电讯,因此有从"大北电信"获得电文之便利。日刊,半折,十二页,发行量四百份。社址位于芝罘大马路

威海卫
人口:日本人326人(其中朝鲜人23人),中国人11 198人,外国人50人。
中文报纸

名 称	主义系统	持有人	编辑干部	备 考
黄海潮报	党部机关报	社长 米义山	主笔 赵少全	1930年9月创刊③,日刊,大型,六页,发行量三百份。为党部机关报,依照党部意志而行动,致力于排日宣传。社址位于威海卫潍县路
威海日报	官公署方面机关报	社长 许振江	主笔 同前	1929年创刊④,日刊,半折,八页,发行量三百份。反日色彩比《黄海潮报》稍微淡薄一些。社址位于威海卫纪念路

中 部

上海
人口:日本人28 438人(其中台湾、朝鲜人1 714人),中国人3 183 965人,外国人38 251人。

---

① 1929年报告为"1913年",一说1912年12月创刊。
② 一说1930年7月创刊。
③ 一说1931年8月创刊。
④ 一说1930年1月创刊。

定期调查报告　　（秘）1933年版　　外国的报纸（上卷）（"满洲国"及中华民国部分　附大连、香港）

概述

一、中文报纸及杂志：上海发行的大型中文报纸有《新闻报》《申报》《时事新报》《时报》《晨报》《民报》《江南正报》《中华日报》《上海商报》及《上海公报》十种。此外，作为晚刊有《新闻夜报》（《新闻报》）、《大晚报》（《时事新报》）、《夜报》（《时报》）、《大美晚报》（Evening Post 的中文版）、《新夜报》等。《申报》不用晚刊之名，而是作为号外发行。

上述之中，《晨报》以下六报为1932年度创刊的报纸。《上海公报》（国家主义系统）过去以《申江日报》为名，在发行期间，1932年12月被禁止发行，1933年3月改此名复刊。这些报纸中《晨报》发展比较顺利，报道内容大体有条理，达到可与二流报纸《时事新报》《时报》比肩的程度，而《民国日报》之后身的《民报》失去往日的生气，其他报纸是否能持续发行下去值得怀疑。

《申报》及《新闻报》历史最久，内容充实，不啻为上海报界之翘楚，而且为中国代表性大报，发行量近十万份（因最近财界萧条，内地各地经济凋敝等，据说两报均失去购阅者约两万人），海外也拥有许多购阅者。《时事新报》为进步性报纸，评论、报道与其他报纸相比均有精彩之处。由于当地各报都处于官方或党部的极端言论统制政策之下，评论、报道均被严查，各报只是对现权力献媚讨好。

1932年度作为值得特别记载的变化是，因"上海事变"①，《新闻报》《申报》一时固定订阅者减半，诸如《时报》《时事新报》这些二流报纸则通过发行号外或晚刊凌驾于一流报纸。事变平息后，《申报》《新闻报》逐渐挽回销路，而日中时局尤其是"上海事变"后普通民众欢迎速报报纸，晚报销路良好。在此刺激下，《大晚报》《夜报》《新夜报》等涌现，《新闻报》及《申报》则以热河战事吃紧为机会开始发行晚刊，当地的中文报纸也终于普遍发行早、晚刊了。

在当地发行的小型报纸即所谓"蚊报"达三十几种，而其中主要的仅限于《晶报》《福尔摩斯》《社会日报》《时代日报》《上海报》等数种。因为普通中文报纸偏重于政治问题，而官方又对言论、文章严加管制，使得这些报纸有枯燥无味之嫌，小报为了弥补此缺点，以梨园界、烟花巷消息为主，往往揭露政界内幕及社会各态，还喜欢使用讽刺或滑稽的笔调，并且通过插图使报面轻快，以此深受各阶级，尤其是下层阶级的热烈欢迎，其影响力是不容小觑的。此外，由于这些小报社址大多在租界内，并无印刷工厂，若遭遇官方取缔，很容易将其社址随处迁移，所以中国官方在取缔管理上也很棘手。还有，以往这些小报普通为三日刊，而1932年10月起大部分改为日刊，其理由据说是固定订阅者的增加与街头叫卖数量得到固定，读者欢迎日刊。现在主要的小报，报道内容不像以往那样随便，还刊登大报捕捉不到的有趣材料，其影响力不可小觑，可以认为今后尚有发展前途。

当地创刊的中文报纸经淘汰仅存几种，比较发达。与此情况相反，杂志界现在仍然是小杂志众多，且杂乱无章，尚无名实俱备之刊物，作为现在中国出版界中心的当地颇有寂寥之感。在上海，现在每月有四五种杂志新刊，其中大多不出二三个月就停刊，能继续发行者似乎凤毛麟角。现在杂志数量应有五十种以上，而基础比较巩固、具备杂志外观的只有《东方杂志》《新生命》《新月》等数种。

二、外文报纸及杂志：1932年末的外文报纸，英文报纸晨刊有 North China Daily News、China Press、Shanghai Times 三种，晚刊有 Shanghai Evening Post（1930年8月收购合并晚刊 Shanghai Mercury 改名）。此外，有法文报纸一种，俄文报纸数种。除了英文报纸以外，其他报纸由于读者范围有限，无影响力。上述之中 North China Daily News 可夸耀为东方第一的英文报，内容、外观均充实，尤其是其社论在 Impartial, Not Neutral 这一编辑标语下发表稳健保守性评论。作为代表在华英国官民舆论的媒体，内外总是加以关注。该报通讯栏随时刊登发自东京、哈尔滨、北平、汉口、广东等各地的通讯，特别是内地的通讯，便于了解中国实情。Shanghai Times 属于亲日派，而 China Press 1930年11月被中国方面收购，在中国方面拥有大量读者，"满洲事变"以来一直刊登猛烈的排日评论、报道，习以为常。美国系统的 Evening Post 虽不及 China Press，但反日色彩浓厚。还有，该报的特聘人员 Woodhead 遵循是非分明主义，投稿 One Man's Comment for Today，桂中枢（杂志 China Critic 副主笔）也是特聘人员，向 As a Chinese sees it 的评论栏投稿。上述两者的评论均博得读者好评。

三、日文报纸及杂志：上海的日文报纸有《上海日报》《上海日日新闻》及《上海每日新闻》三报。从近年影响力的盛衰看，一度萎靡不振的《上海日日新闻》最近靠投票等扩张手段，挽回影响，在发行量及广告刊登率上甚至有超越以往处于领先地位的《上海每日新闻》之倾向。《上海日报》1928年、1929年左右起发行量渐减，一度下降到《上海每日新闻》的一半左右，靠新社长波多博的努力，正在逐渐恢复声望。此外，据说该报拥有相当多的中国读者。目前阶段，上述三报都经营困难，以当地日侨为对象的竞争已经走进死胡同，似乎无法期待今后的进一步发展。

---

① 指日本军队1932年1月28日发动的淞沪战事。

一、中文报纸及杂志
（1）报纸

名 称	主义系统	持有人	编辑干部	备 考
申报	标榜中立派，而最近有反国民政府色彩。以往有接近直系及安福系的历史。同已故张謇一派的江苏实业派现今尚有关系	社长兼总理 史量才（家修） 江苏省松江人，已故张謇的手下。杭州蚕业学校毕业，无值得一提的学历，但经营报纸手腕出色，所谓才士气质之人物。除了任该社总理之外，还是五洲大药房、中南银行等大股东，在实业界也具有势力 副总理 马荫良 前副经理张竹平与史量才不和，"上海事变"后辞职，马作为史量才外甥而入社	总主笔 张蕴和 接替前总主笔陈彬龢之职，长年任职于该社，深得社主史量才信任。以"默"为名执笔社论，因已年迈，实际上陈彬龢执掌实务 副主笔 陈彬龢 前任总主笔，去年夏天因蒋介石的笔祸事件一度辞职。深得史量才信任，最近再次返聘为副总主笔。在其擅长的日本及俄国关系社论上执笔，笔名为"彬"，因惧怕政府而使用匿名。在日本人中多有知己，是中国屈指可数的日本研究家。在当地主持日本研究社 月刊主任 凌寄 曾留学比利时，有硕士头衔，精通国际关系，号"翰"，撰写社论 副主笔兼经济部长 罗又玄 曾在早稻田、中央、帝大等大学学习，清华学校及北京大学毕业。以"穗"或"晦"之号执笔社论 副主笔 胡仲持 曾任北京大学教授，担任《申报月刊》编辑	1872年创刊，日刊，二十页，晚刊，号外二页（主要街头叫卖），此外，有时附增刊六页。发行量一两年前声称十六万份，因财界萧条和地方凋敝，购阅者显著减少，最近声称九万份，实际数量估计为七万份。作为中国最老的报纸，基础巩固，信誉笃厚。1912年现社长史量才代替原社长席子佩经营时，一度在德国领事馆注册，1916年以冈田有民之名义在日本领事馆注册。其后因排日风潮，受到周围压力，取消在我方的注册，在法国领事馆注册。以往在排日风潮甚为激烈之际，也保持冷静态度，论调亦公正稳健。在官场、实业界及其他有识上层社会中购阅者较多。无论是报道内容还是外观，都未必逊色于日本主要报纸。如同我国《大阪每日新闻》与《大阪朝日新闻》那样，该报与《新闻报》为代表性报纸，相互持续激烈竞争，在通讯网完备和报道准确这一点上比《新闻报》更有信誉，但在进行经营新尝试方面，未显示出领先一步的倾向。社址位于汉口路二十四号
新闻报	最初以不偏不党的实业报纸作为报社信条，但随着国民政府基础巩固，该报的主张与以前相比变化显著。或许认识到在国民政府对言论的极端压制下采取中立态度，在经营上反而是不可能的，必须采取所谓顺应时势的策略，尊奉三民主义，拥护政府政策。最近有一些反国民政府的倾向。该报原先依据美国法律在美国注册，1928年12月大股东美国人Fergusson将其所持股份二千股转让给中国人而隐退，由此在1929年1月的股东大会上取消在美国注册，以资本金一百二十万元正式在国民政府实业部注册。商业报道比《申报》出色	社长兼总理 汪伯奇 为原社长汪汉溪之子，安徽人，上海圣约翰大学出身。继承亡父事业坐上总理之位。正在孜孜致力于维持遗业。此人另外还经营慎益钱庄，称有资产百万元 副总理 汪仲韦 汪伯奇之胞弟，与兄伯奇持有的本报股份差不多相同，专门负责经营部，在经营上完全首当其冲	总主笔 李伯虞（浩然） 陕西人，留日出身，曾为《时报》及《神州日报》记者，十几年前进入该社，此后作为总主笔至今日，为人严谨 副主笔 严独鹤（上海人）兵工学校毕业，与世界书局有关系	1893年创刊，日刊，二十页至二十八页（晚刊四页，主要街头叫卖），发行量也有过据称十六万份之时，因与《申报》同样的原因，发行量减退，最近声称十一万份，实际数量估计八九万份，但依然位居上海中文报纸中的第一位。股份制，亲美系统的报纸。据说现在持股是美国人四成、中国人六成之比例。中国方面持股情况是，现总理汪伯奇持有其大半，事实上握有该社实权。其他股东中实业界有力人士居多。报道丰富、迅速，以及经营上总是吸纳新意，为本报特色，此外，经济栏也值得一看。曾为排日急先锋，因报道、评论不严谨，身为大报的价值遭到怀疑，但国民革命军占领上海以来，其地位被国民党机关报所夺，回避有关对外问题的评论，出现欲作为纯实业报纸而立的倾向，对我方的态度似乎也变得稳健。国民革命军进军长江时，该报被视为资本家机关报，一时受到打压。此后，该报变得大众化，对国民党采取不即不离的态度。在普通实业界读者不少，基础亦巩固。据说因"上海事变"等收入下降，收支勉强相抵。社址位于汉口路十九号

定期调查报告　　（秘）1933年版　　外国的报纸（上卷）（"满洲国"及中华民国部分　附大连、香港）

(续表)

名　称	主义系统	持有人	编辑干部	备　考
时报	标榜中立，不认可特别的主义、主张，社会报道比政治报道更丰富。	社主兼总理　黄伯惠　江苏人，游历英美，英语娴熟。在上海拥有地产，据称财产百万，据说将经营报纸作为一种兴趣爱好	总主笔　蔡行素　无学历，在该报工作十余年，深得现社长之信任，取代前主笔金剑花，去年起任主笔，也担任编辑 副主笔　邵翼之	1904年创刊，日刊，八页，发行量估计二万份。康有为出资，最初由狄楚青（康有为之门人）担任经营。1907年以宗方小太郎之名义在日本总领事馆注册，1919年排日运动之际，仿效《申报》在法国总领事馆注册。现社主黄伯惠1925年从狄楚青那里以八万弗盘下，据说经营相当困难。受排日风潮左右，大肆刊登反日荒唐报道，随着运动高潮的出现而大量登载此种新闻。社址位于福州路九九号
时事新报	起初作为研究系的机关报而闻名，1927年4月被《申报》经营者收购，当时蒋介石也有出资。据闻在1930年间按月偿还了。同年11月讥讽王正廷北京之行，受到蒋介石指责。该报展开辩论，以报一箭之仇。好论时局问题，论旨大多逻辑清晰，好载排日报道及评论，最近有反国民政府色彩。在法国领事馆注册，晚刊《大晚报》为街头报纸，现场拼凑性报道居多	总经理　张竹平　圣约翰大学出身，报纸经营知识丰富。"上海事变"后辞去《申报》副经理之职，以本报作为基础，专心致志于China Press及《大晚报》的经营 副经理　潘公弼　江苏省嘉定县人，日本法政大学出身。多年来任本报主笔，1927年1月就任经理，掌管本社一切社务。在常务董事中有中国银行总经理张公权，据说对本报具有相当支配权	总编辑　熊少豪　曾任《汉文泰晤士报》总经理，应张竹平之邀，当初任副经理 副主笔　朱应鹏　曾执教于中国公学，在学生中间知名，任上海市党部监察委员 晚刊编辑　汪惕然、金图南	1908年创刊，日刊，十六页，晚刊，四页（发行量约二万份），发行量声称五万份，实际数量约三万份左右。当初《舆论报》和《时事报》合并时，称《舆论时报》，后来改为现名。革命后归共和党党员及进步党员陈敬第和孟森经营。1914年被德国人收购，在德国领事馆注册。1916年转为前社长黄群（进步党党员）经营，与德国断绝关系，以日本人波多博之名义在日本领事馆注册，同年秋起成为梁启超一派的机关报。在发生排日风潮之际，取消在我方的注册，又在法国领事馆注册。1923年以来担任经理的林炎天一度接受吴佩孚援助，努力发展社务，但随着吴倒台，经营陷入困难。1927年4月被《申报》副经理张竹平收购以后，巩固基础，挽回颓势。最近在各报中表现出最为活跃的编辑方式，总是致力于鼓吹新思想，读者层大致为知识阶级。社址位于山东路一六二号
晨报	得到蒋介石派、上海市商会内强硬派分子王晓籁、王延松等后援，与市商会有密切联系。每期设"商会特刊"栏	经理　潘公展　上海圣约翰大学出身，市党部执行委员，现为市政府教育局长。潘被称为蒋介石法西斯派四天王之一，因此，作为其又一功能，被视为蓝衣社机关报	主笔　许性初　现上海市党部执行委员 编辑　胡铁生 副主笔　胡叔异　东南大学毕业	1932年4月7日创刊，晨刊，四页，还发行晚刊《新夜报》。出资者传说为王晓籁、王延松、何应钦。发行量八千份左右。社址位于上海山东路二八〇号
中华日报	据说为汪精卫派。在四川省战乱之际，刊登拥护汪派刘辉文一派的报道	经理　林亦元　为广东人，留美出身，据说曾在南洋做过记者	主笔　林亦元 记者　赵慕馆	1932年4月10日创刊①，日刊，四页，发行量二千份。社址位于河南路汉口路角

---

① 应为4月11日创刊。

(续表)

名　称	主义系统	持有人	编辑干部	备　考
民报	国民党机关报	兼主笔　钱沧硕　曾为《时事新报》记者	副主笔　李子宽	1932年5月2日①创刊,日刊,四页。"上海事变"前夕,作为国民党机关报而有长期历史的《民国日报》在我方抗议下被公共租界当局查封停刊,据说是由其残党分子创办。外观等与以往的《民国日报》毫无二致,但影响力远不及《国民日报》之时。据说现在不接受党部补助
江南正报		山田纯三郎	编辑主任　小口五郎	1932年4月10日创刊,日刊,四页。1933年5月以来停刊,但9月1日复刊。社址位于乍浦路一一八号
上海商报	特别详细报道司法方面新闻,商业报道丰富	孙鸣岐　当过上海市商会月刊杂志编辑	同前	1932年9月创刊②,还未被普遍认可
上海公报	据说为国家主义派系	徐逸鹤	同前	《申江日报》1932年12月被禁止发行,1933年3月1日将其改名再刊。日刊,四页,发行量约一千份。害怕当局镇压而没有印刷厂,社址也转移不定。不在公共租界内的街头叫卖。好像是以法租界为据点。现社址位于福建路协隆坊
大美晚报	美国系统英文报纸Evening Post的中文版		编辑主任　L. J. Yuen(袁伦仁)	1933年2月创刊③,菊倍版④,十六页,为Evening Post的姐妹报。内容与Post相同,中国记者从事翻译。社址位于爱文义路一七、二一号
晶报	启发大众,与《新闻报》有特殊关系,有拥蒋色彩	社长　余洵(大雄)　留日出身,相当理解日本,为人亦干练	主笔　刘天倪　副主笔　孙东吴	本报原作为《神州日报》副刊发行,1926年末《神州日报》停刊后单独继续发行。将以往三日刊变成日刊,小型(报纸半页大),四页。销路好,发行量达二万份以上,为小报中有影响的报纸。社址位于福州路望平街
福尔摩斯		吴微雨	吴农花	1929年6月创刊⑤,小型,日刊,发行量声称七八千份。社址位于天津路慈安里
金刚钻		施济群	郑逸梅	1928年11月创刊⑥,小型,日刊,发行量一万份左右。社址位于天津路慈安里
大报		步林屋	徐叔园	1929年5月创刊⑦,小型报纸,发行量三千份。社址位于云南路育仁里

---

① 应为1932年5月4日创刊。
② 9月16日创刊。
③ 1933年1月16日创刊。
④ 日文表示纸张尺寸的名词,约218×304毫米。
⑤ 应为1926年7月3日创刊。
⑥ 应为1923年10月18日创刊。
⑦ 一说1924年11月27日创刊。

(续表)

名　称	主义系统	持有人	编辑干部	备　考
罗宾汉		朱瘦竹	范大明	1928年11月创刊①，小型报纸，发行量四五千份。社址位于宁波路六五九号
社会日报	法西斯派系	胡雄飞	陈听潮、吴农花	小型，日刊，与社会报道相比，重点在于长篇读物，据说每月固定读者超过一万五千。社址位于宁波路广西路口
上海日报		于兰荪	王干一	日刊，小型，发行量七千份左右，社址位于亨利路
时代日报②	法西斯派系	来岚声	卢溢芳	日刊，小型报纸，发行量一万份以上。社址位于梅白克路
上海报		匡仲谋	王雪尘(冯梦、尘生)	日刊，小型报纸，发行量一万份内外。社址位于九江路又新里
东方日报③		徐善宏	谢豹	日刊，小型报纸，发行量八千份内外。社址位于广西路慈安里
小日报		黄光益	尤半狂	日刊，小型报纸，发行量五六千份。社址位于亨利路

(2) 杂志

名　称	主义系统	持有人	编辑干部	备　考
东方杂志	国际时事及思想评论	商务印书馆	编辑　李圣五	1903年创刊④，每月发行二次，菊版⑤，约一百二十页，发行量声称四万份。为上海历史最久的杂志，是商务印书馆发行的十大杂志中的最佳刊物。编辑登载有关国际问题、社会问题的报道及创作等，不过有关国内政治问题的内容少。在全国得到广泛阅读。社址位于河南路
新生命	接近国民政府，特别是与蒋介石有联系	新生命月刊社	编辑主任　周佛海	1930年1月创刊⑥，月刊，登载有关法律及政治、经济的报道。是上海的主要杂志之一，在全国有读者。杂志往往有中央党部要人执笔，作为杂志的外观亦完备。发行量据称二万份。社址位于霞飞路霞飞坊一九号
生活周刊	随笔，虽然提倡三民主义，但往往反对政府政策	生活周刊社	编辑　邹韬奋	1917年10月创刊⑦，周刊，约二十页小册子，发行量达一万份，目前称雄于上海刊物界。社址位于华龙路口
外交评论	主张强硬外交	外交评论社	编辑　周鲠生	1932年6月创刊，社址位于上海黎明书局
中华	据说与汪精卫派有关系	中华杂志社　陈露	编辑　胡伯洲	在广东及南洋方面有读者，社址位于新中华图书公司

---

① 应为1926年12月8日创刊。
② 1932年7月1日创刊。
③ 1932年5月27日创刊。
④ 应为1904年3月11日创刊。
⑤ 日语表示纸张尺寸的专用名词，约152×218毫米。下同。
⑥ 一说1928年11月创刊。
⑦ 应为1925年10月11日创刊。

(续表)

名　称	主义系统	持有人	编辑干部	备　考
民族①	陈公博等执笔	民族杂志社	编辑　严继光	社址位于福州路
新月	反国民党系杂志	新月书店 胡适、潘光旦	编辑　罗隆基	1929年9月创刊②，原为纯文艺杂志，但逐渐刊登政论。销路颇有增加，每月固定读者从七百一路变成七千，发行量达到过一万五千份，但近来似减少至三千左右。登载胡适、梁实秋、潘光旦等人的稿件，被视为反动杂志。社址位于四马路
中华教育界	纯教育杂志	中华书局	编辑　倪文宙	1913年创刊③，菊版，一百三十页，与商务印书馆的《教育杂志》同为教育月刊中的主要刊物。发行量七八千份。社址位于棋盘街
现代学生	青年杂志	大东书局	孟寿春	1930年10月创刊，创刊时日尚浅，正借助广告之力发展。据说在上海以外的地方每月固定读者有一万人以上。社址位于四马路
科学杂志	学术杂志	大东书局	编辑　方乘	带有学术性，在学生中有众多购阅者，据认为具有相当的长期发展性。社址位于福州路
商业月报	实业界机关刊物	上海市商会		发行量三千份，社址位于北苏州路天后宫内
学术	学术研究	学术杂志社	胡稷咸	1927年创刊，由中华书局发行。社址位于河南路棋盘街
教育杂志		上海教育杂志社	编辑　周豫同	1908年创刊④，月刊，菊版，一百三十页，由商务印书馆出版。作为教育杂志有长久历史
银行周报	金融界机关刊物	上海银行公会	编辑　李权时	1926年创刊⑤，发行量五千份。社址位于香港路四号

二、外文报纸及杂志

(1) 报纸

名　称	主义系统	持有人	编辑干部	备　考
North China Daily News［字林西报］(英文)	拥护英国政策及英国人的利益，英国籍	董事兼社长　H. E. Morris 董事　Gordon Morris、Harold Porter 新近作为董事而出现，原驻汉口英国总领事 秘书兼常务董事 R. W. Davis	主笔　E. Haward 前主笔 Green 1930年3月辞任回国，作为后任入社。曾任印度 Times 通讯员而发挥才能 副主笔　R. Peyton Griffin 记者　R. P. Finch、J. M. D. Hoste	1854年创刊⑥，东方历史最悠久的报纸。晨刊，十六至十八页，发行量近来稍有增加，有八千份。为英国总领事馆及驻华英国高等法院的公布机关，工部局公报也插入本报发送。1929年11月起发行插有照相版的周日版，大型，半页大，十页内外，发行量约六千份。另发行周刊 North China Herald（《字林星期周刊》），发行量三千份。国民政府1929年5月3日以该报及周刊 Herald 进行反动宣传为由，发布过禁止邮寄、购阅之训令。不知是否此原因，该报近来态度有相当改变。社址位于外滩一七号

---

① 1933年1月1日创刊。
② 应为1928年3月10日创刊。
③ 应为1912年1月25日创刊。
④ 应为1909年2月15日创刊。
⑤ 应为1917年5月29日创刊。
⑥ 应为1864年7月1日创刊。

定期调查报告　　（秘）1933年版　　外国的报纸（上卷）（"满洲国"及中华民国部分　附大连、香港）

(续表)

名　　称	主义系统	持有人	编辑干部	备　考
Shanghai Times [泰晤士报]（英文）	拥护英国政策，英国籍。就"满洲事变"和"上海事变"，刊登理解我方的评论及报道	社长　A.E.Nottingham	主笔　Alfred Morley（原香港 Telegraph 总经理，1931年10月入社）前主笔 Sayer 1931年9月离职，任公共租界工部局情报处主任　副主笔　R. I. Hope	1889年创刊①，晨刊，十六页，发行量四千份。归现任社长经营以来，对报面进行改善，年年增加销量。从1921年末起创刊的周日号 Shanghai Sunday Times 附有照相版四页，往往达四十页以上，发行量达六千份。对日本有好感。社址位于爱多亚路三一号②
China Press[大陆报]（英文）	美国籍。"满洲事变"和"上海事变"以来频繁刊登反日评论及报道，习以为常	社长　Major C. P. Holcomb（美国律师）顾维钧及张学良的顾问，英国人 W. H. Donald 辞去董事职位，现在只是股东　Hollington K. Tong、T. B. Chang、Dr. E. L. Marsh、Dr. Wm. T. Findlay、Wei-ping Yang	主笔　董显光 Hollington K. Tong 营业部长　张竹平 J. Durdin（日本记者池田安藏"上海事变"以来离职）	1910年创刊③，晨刊，十六至十八页，周日版四十页（附有四页照相版），发行量约三千份。曾由法国保护民犹太人 Arthur Sopher、Theodore Sopher 兄弟掌控，1930年11月盘给顾维钧夫人主要出资的 China Publishing Company。传说与奉天方面有联系。在外文报纸中拥有最多中国读者。还有，与以前一样，本报在美国特拉华州作为美国报纸注册。社址在四川路三六号
Shanghai Evening Post & Mercury [大美晚报]（英文）	美国系统，就日中冲突问题对我进行不利的评论	American News Paper Co., C. V. Starr（美国东亚水火保险公司代表）	主笔　T. O. Thackrey 副主编　H. G.④ W. Woodhead 1930年10月入社　社论委员　R. Gould 记者　A. L. Meyer、D. J. Evans	晚刊，八页，发行量约四千五百份。该报为1922年11月合并 China Press 的晚刊 Evening Star 及 Shanghai Gazette 两晚报后改名而成，此后作为国民党机关报，经陈友仁之手常发表孙文方面的主张。因经营困难，1925年转至奉之手，其后再转给 Y. D. Shen。1928年5月转至现持有人经营。1930年8月收购合并 Shanghai Mercury，改成现名⑤，1932年1月起发行中文晚刊。社址位于北京路四五号
Journal de Shanghai [上海日报]（法文）	法国系统报纸	G. S. Moresthe	主笔　G. S. Moresthe 代理主笔　R. Laurens⑥（Moresthe 请假回国期间代理）	1927年12月创刊，日刊，发行量约五百份。因惋惜过去发行了三十年的 L'Echo de China 停刊，由 Havas 通讯员⑦等创刊。据传法国领事馆方面提供后援。社址位于公馆马路二——二三号
Шанхайская заря [上海柴拉早报]（俄文）	白俄系统，最近受到中国政府打压，在市政府注册，明显刊登对中国有善意的评论、报道	Lembich 遗孀（社长 Lembich 1932年11月去世）	主笔　L.阿诺利朵夫 据说原为俄国立宪民主党党员	1925年11月创刊⑧，早、晚发行两次，发行量约一千五百份。该报为哈尔滨 Заря 的姐妹报，但经济上各自独立。创立当初受到华俄道胜银行的支持，及至苏联政府的势力进入中东铁路，在其支持下致力于宣传苏联国情，发现四周状况不利后，不久便标榜中立，以经济报纸自任。社址位于霞飞路七九五号

---

① 应为1901年创刊。
② 1930年报告为"三十二号"。
③ 应为1911年8月24日试刊，8月29日正式出版。
④ 1932年报告为"Z"。
⑤ 1929年4月16日以《大美晚报》名创刊。
⑥ 1932年报告为"R.Lanrens"。
⑦ 1932年报告为"通讯社"。
⑧ 一说1925年10月25日创刊。

1257

(续表)

名 称	主义系统	持有人	编辑干部	备 考
Копейка	中立	维·亚·琪利金	同前	1933年3月创刊,日刊,发行量约三百份。往往涉及人身攻击,遭到当地俄侨排斥
Слово(俄文)	右派	T. 阿尔德茨克夫	主笔　P. 扎伊柴夫 晚刊主笔　E. 佩特卢夫	1928年12月创刊,日刊,发行量二千份。受到上海难民委员会等其他同会派系有力人士的支持。社址位于亚尔培路二三八号

(2) 杂志

名 称	主义系统	持有人	编辑干部	备 考
China Weekly Review[密勒氏评论报](英文)	美国系统,向中国学生献媚,被称为排日杂志	发行人兼编辑 J. B. Powell	主笔　同前	1917年5月创刊,周刊,发行量约三千份。以研究远东尤其是中国的政治、经济、社会问题为主。最初称为 Millard Review,后改称 Weekly Review of the Far East,1923年改为现名。报道内容多从其他报刊、杂志上转载,除了在中国人中有相当多读者之外,据说向美国免费发放约二千份。传说中国政府提供补助。社址位于爱文义路三八号
China Digest[中国评报](英文)	对日本有好感	Carroll[①] Lunt(兼 Hearst's International News Service 等通讯员)	同前	1931年创刊,周刊,发行量一千五百份。根据中国实际情况,毫无顾忌地发表对华看法。社址位于外滩二四号正金大楼内
Far Eastern Review[远东时报](英文)	刊登东亚财政、工业、矿业报道,刊登对日本特别有善意的评论及报道	发行人　George B. Rea	主笔　同前 副主笔　C. Laval（前 China Press 主笔,亲日派）	月刊,发行量二千份。为东方英文杂志之巨擘,也刊登政论。以往对我方舞弄种种毒笔,但和平会议后其态度一变,不如说是对日本有善意,以至于严正批评美国对东方及日本的政策,总是致力于介绍我方在朝鲜、台湾、"满洲"之政绩。社址位于仁记路十六号
China Critic[中国评论周报](英文)	反对现中国政府评论较多	D. K. Lien（刘大钧）	主笔　同前	周刊,登载有关法权及关税问题的评论及报道。社址位于北京路五〇号
Chinese Nation[民族](英文)	有国民党部半机关刊物之称	持有人　韦玉	Dr Lim Boon-Keng（林文庆）	周刊,发行量约二千份。据说从国民政府接受月额一千元的补助。社址位于九江路一号
Chinese Economic Journal[经济月刊](英文)	介绍国民政府实业部通商情况	国民政府国际贸易局	何炳贤	国民政府工商部工商访问局月报（Bureau of Industrial and Commercial Information）。社址位于汉口路海关大楼内实业部国际贸易局
Chinese Economic Bulletin[中国经济周刊②](英文)	同上	同上		周刊,社址与《经济月刊》相同
Capital and Trade[商务周报](英文)	不刊登政治评论,英国人持有	David H. Arakie	同前	1925年创刊,周刊,发行量三百份,社址位于仁记路二五号

---

① 1933年为"Carrold"。
② 1932年报告为《工商经济周刊》。

(续表)

名　称	主义系统	持有人	编辑干部	备　考
Finance and Commerce[金融商业报](英文)	政治评论少,英国人经营	Reuters Ltd.	K. Begdon	1920年创刊,周刊,社址位于九江路六号
China Journal of Science and Art[中国科学美术杂志](英文)	有关中国美术研究、考古学及狩猎之杂志,英国人持有		主笔　Arthur de Sowerby、John C. Ferguson	1924年创刊,月刊。无政治性内容,编辑及投稿人多为相当知名的人士,发行量五百份。社址位于博物院路八号
Peoples Tribune(英文)	基于三民主义,鼓吹排日			月刊杂志,社址位于四川路七二号
China Forum[中国论坛](英文)	左倾性	美国人 Harold Tsaacs		周刊,小型报纸。中国官方曾禁止该报发行,遭美国总领事馆抗议。社址位于圆明园路二三号
British Chamber of Commerce Journal(英文)	英国系统	全中国英国人商业会议所		月刊,既是上海英国人商业会议所的机关刊物,亦为 Associated Chamber of Commerce in China and Hongkong 机关刊物。除了工商业报道以外,还巧妙摘录有关中国的新条约、重要公文书等,适合作为记录保存。发行量一千份
Chinese Recorder(英文)	美国长老教会派机关刊物,美国人持有		Rev. F. Rawlinson	月刊,发行量一千五百份。社址位于圆明园路二三号
Israels Messenger[犹太月报](英文)	上海犹太复国主义协会机关刊物,拥护远东犹太人及犹太教利益	上海犹太复国主义协会	N. E. B. Ezra	1904年创刊,月刊,发行量四百份。1910年2月停刊,但1918年复刊。感谢我方在巴勒斯坦问题上的态度,不刊登政治评论。社址位于爱文义路六九六号
China Republic[民国周刊](英文)	评论政治经济	Woong Yu Fong	Edward、Bing-shung Lee	1932年创刊,社址位于九江路一四号
China Health Pictorial[中国健康月报](英文)	倡导健康和修养	Merian Griffin	同前	1932年创刊,社址位于北河南路二〇号
Shanghai Despatch(英文)	刊登亲日报道		W. Bruce Lockhart	社址位于法租界毕勋路六四号
Shanghai Spectator(英文)	刊登政治及社会方面的消息。亲日		A. W. Beaumont	社址位于博物院路一五号
Re Revue National Chinoise(法文)	以外交评论为主,另外也刊登政治、社会报道。投稿者中中国人占大部分		主笔　Wai Chiao-chia、G. Em. Lemierer	月刊,社址位于法租界 Route Voyron 一〇八号
Brücke[衡桥](德文)	德国系统,周刊	Schriftleiter	同前	1926年创刊,据称是东方唯一的德国周刊杂志。社址位于环龙路二四八号
Голос(俄文)	社会革命,营利	S. P. 马里诺夫斯基(反赤远东农协上海代表)	同前	1930年9月创刊,发行量三百份。社址位于霞飞路七五号

三、日文报纸及杂志

(1) 报纸

名　称	主义系统	持有人	编辑干部	备　考
上海日报（日文）	拥护日本人利益	社长　波多博　从原社长井手三郎手中盘下，1929年11月15日起任社长	主编　赤星为光	1903年创刊，日刊，十页。为上海最老的日文报纸，相当有信誉。1899年创刊的《上海周报》为本报之前身。社址位于白保罗路三号
上海日日新闻（日文）	同上	社主兼社长　宫地贯道 社长代理　石川源治	同前	1914年创刊，日刊，十页，社址位于乍浦路一二一号
上海每日新闻（日文）	同上	社长　深町作次郎	主持人　同前	1918年11月创刊，日刊，八页。1924年11月由《上海经济日报》改名而来。1929年4月山田社长隐退，前社长深町作次郎再度任社长。社址位于吴淞路汤恩路角七七号

(2) 杂志

名　称	主义系统	持有人	编辑干部	备　考
上海周报（日文）	拥护日本人，介绍中国情况	社长　三村铁之助	同前	1913年创刊，周刊，发行量约一千份。创刊当初佐原笃介为社长，后来西本任社长。小型报纸，同时发行外文报纸、中文报纸的日刊翻译通讯。该杂志原名《上海》，西本省三主办。此人去世后该杂志的编辑三村继承一切，1929年5月起改名为《上海周报》而发行。社址位于海宁路
上海时论（日文）	论述中国时事问题	社长　堀清	同前	月刊，1926年停刊的《上海と日本人》之后身，同年创刊。内容比较充实。社址位于海宁路一四号
经济月报（日文）	研究中国通商贸易	上海日本商工会议所		1927年1月创刊，月刊，发行量七百份。主要向会员发放，还寄赠其他官府及相关团体
满铁支那月报（日文）	调查、研究中国社会经济	南满铁会社上海事务所		1929年11月创刊，月刊，发行量六百份。主要向我国及在华满铁相关机关等发放

南京

人口：日本人116人（其中台湾人25人），中国人659 617人，外国人401人。

概况

现在南京发行的报纸、杂志全部为中国人经营，没有外国人经营的外文报纸。中文报纸中，日刊、大型、八页者为《中央日报》《新京日报》《新中华报》《中国日报》等。《新民报》《南京晨报》《大风日报》《三民导报》等为四页，其他全部为半折小型报纸，而其中《民生报》《救国日报》二报比较有影响。此外还有三日报二十一种、五日报二种、周报二种等，据称其数量众多，但这些报纸大部分创刊时日尚浅，与当地风气相比，有影响的大报少，让人感到寂寞。

1932年度值得一提的是，《国民日报》《新南京报》《民立报》《救国晚报》《钟山日报》《民治报》等各自停刊，新刊有诸如《救国日报》《中国日报》之类内容比较充实的报刊。继"满洲事变"之后，发生"上海事变"等，舆论鼎沸，其间《远东时报》《东亚日报》《评论时报》《社会报》《石头》《正风报》《大风日报》《南京晨报》《中国民报》《光明》等所谓泡沫报纸如雨后春笋般簇生，标榜抗日救国，煽动民心，直至肆意发表排日言论。例如排日急先锋《救国日报》社长警告中国记者不得接近日本人，冒犯者被称为卖国奴，秘密向党部告发等，显露出对我国的极度反感。

还有,纵览杂志状况,有周刊十种、旬刊三种、半月刊五种、月刊十七种、季刊二种、不定期刊一种等,数量众多,但大多创刊时日浅,有权威性的刊物为极少数。

一、中文报纸及杂志

(1) 报纸

名 称	主义系统	持有人	编辑干部	备 考
中央日报	国民党机关报	中央党部	总编辑 赖琏 编辑 金诚夫 北大法科毕业,先后任北京《新社会报》编辑、国闻社北京支局主编及南京支局主编,1929年4月入社。 王公弢	1929年2月创刊①,日刊,十二页,发行量声称一万份,实际上据说约七千份左右。本报为中央宣传部直营,与该部直营的中央通讯社一起拥护、宣传国民党的主义、政策。因为有中央党部作背景,在收集中央及地方信息上有特别便利之处,报道之迅速远超过其他报纸,对于不利于党部及政府的报道则一概不刊登,因而有不报道事态真相之遗憾。排日色彩浓厚,总是攻击说侵略中国是日本的传统政策。自1932年9月起,发行名为《中央夜报》的晚报,半折二页,又从1932年10月起发行小册子《中央时事周报》(研究政治、经济、外交、社会、国际问题)。本报原为日刊十二页,因受到"满洲事变"发生后从上海、北平等来京请愿学生的袭击,印刷能力大减,报方将十二页报面减少至八页,还中止发行星期日画报。社址位于南京城内珍珠桥
新京日报	拥护国民党,陈果夫系	社长 石信嘉	段梦晖、陈哲之	1929年12月创刊②,日刊,八页,发行量六千份。为《京报》之后身。虽然印刷稍微粗劣,但内容比较丰富,报道也迅速。由于时有刊登有关经济统计及政治的独家报道,所以普遍受欢迎。继"满洲事变"而发生"上海事变"后,反日态度逐渐浓厚,社论也变得过激,而最近论调稍微倾向于稳健。社址位于南京城内二郎庙
民生报	国民党元老派机关报,与蔡元培等有特殊关系	社长 张文华	成舍我 湖南人,1920年北大文学系毕业,在北平经营《世界日报》《世界晚报》,1927年来京进入本报	1927年2月创刊③,日刊,半折,十二页,发行量八千份。报道比较迅速简洁,以刊登政治性独家报道为其特点。初为日刊,六页,而1932年7月增至八页,同年9月更增至十二页。社址位于南京汉西门石桥街
新民报	拥护国民党,蒋介石系	社长 陈铭德世界语学者	刘正华、张友鸾	1929年9月创刊,到最近为止为日刊,四页,1932年12月1日起改变编辑,增加为日刊六页。以特笔大书特书报道对日相关新闻,舞弄排日言辞。发行量二千份,社址位于南京二郎庙
新中华报	拥护国民党,于右任系	社长 于振寰	于纬文	1914年1月创刊④,日刊,八页。为大型报纸,但大半为广告栏,报道无可看内容。发行量约三千份,社址位于南京贡院西街
中国日报	拥护国民党,蓝衣社、黄埔同学会机关报	社长 康泽	张客公、徐烺亭	1932年1月创刊,日刊,八页,大型报纸。大半为广告及附录,而最近相当畅销。发行量约二千份,社址位于南京明瓦廊

---

① 1927年3月于武汉创刊,1928年2月迁到上海,1929年2月1日又迁到南京出版。
② 一说1930年创刊。
③ 应为1927年10月21日创刊。
④ 一说1913年5月10日创刊,一说1912年创刊。

(续表)

名 称	主义系统	持有人	编辑干部	备 考
三民导报	拥护国民党	社长 胡大刚	陈凤岐	1927年5月创刊,日刊,六页,约三页为广告栏和附录。社址位于南京中山路子午路
大风日报	拥护国民党,中央党部机关报	无社长,委员制代表 陈序东		1932年7月创刊,日刊,四页。依靠中央党部补助而经营。发行量约三千余份,社址位于南京三条巷
南京晨报		社长 张七	张梅陶	1932年8月创刊①,日刊,四页,发行量约一千五百份。社址位于南京朱雀巷
救国日报	抗日救国	社长 龚德柏 湖南人,擅长嘲骂式社论,是新闻记者中的排日急先锋		1932年8月创刊,日刊,小型,八页。1932年1月《救国晚报》停刊后,继承其后改名发行的报刊。最初为六页,最近增至八页。原内政部参事龚德柏为主持人,龚曾为《救国晚报》执笔过慷慨激昂的排日评论。报道比较精彩,有时刊登鞭挞政府的社论。现在龚由该社出版《征倭论》及其续编。发行量约五千份,社址位于南京一枝园
南京晚报		社长 张友鹤	张伯坪	1929年5月创刊,晚刊,半折,四页,发行量约五千份。社址位于南京朱雀路润德里
京闻报	文艺评论			1931年2月②创刊,三日刊,小型,四页。社址位于南京建康路
石头	文艺报			1932年7月创刊,日刊,小型,四页,发行量约一千份。社址位于南京平江府南街
正风报		社长兼编辑 白道章		1932年9月创刊,每周六发行,小型,四页,发行量约一千份。还有,本报不日将更名为《东方日报》,改变外观,作为日刊发行,正在准备当中。社址位于东牌楼
中国民报		社长 王树南	编辑 赵鸿福	1932年11月,日刊,小型,四页,发行量约二千份
东亚日报		社长 伍超	编辑 冯新宇	1932年8月创刊,日刊,小型,四页,发行量三千份。社址位于南京状元街
远东时报		社长 许超		1932年11月创刊,发行量三千份
评论时报		社长 傅况麟	编辑 陈炳南	1932年11月创刊,日刊,小型,四页,发行量二千份。社址位于南京石坝街
青白报		社长 唐三	编辑 周郁生	1929年3月创刊,日刊,小型,四页,发行量一千份

(2)杂志

名 称	主义系统	持有人	编辑干部	备 考
时事月刊	拥护国民党	社长 陈立夫 中央执行委员	总编辑 陈立夫 编辑 陈民耿 另有中央大学、金陵大学教授和党部相关者	1929年创刊,月刊,发行量当初称一万份,而最近听说突破二万份。据说一直接受中央党部补助。社址位于南京鼓楼

---

① 似有两个《南京晨报》。1932年报告称,胡大刚办的1931年2月创刊。本年度报告称,张七主办的1932年8月创刊。
② 1932年报告为"1930年11月"。

(续表)

名称	主义系统	持有人	编辑干部	备考
苏俄评论	反共产主义宣传		李瑛	1930年2月创刊,月刊,发行量一千份。为外交部非正式刊物,接受中央党部及外交部补助。社址位于南京丹凤街石婆婆巷十八号
日本评论	日本及对日问题研究,戴天仇系	名誉社长 戴天仇 社长 陈大济 常任理事 刘百闵		最初是留日中国学生在东京发行杂志《日本》,1931年迁至南京,改称《日本评论》。每月3、6、9日发行,1932年9月起改组为月刊。发行量三千份。社址位于南京将军巷四号日本研究会
橄榄月刊	文艺杂志	线路社	编辑干部 宋锦章	1930年10月创刊,月刊,发行量二千份。社址位于太平路
亚东杂志	东亚问题研究	社长 田湘藩		1932年10月创刊,月刊。该杂志是受"满洲事变"发生后远东形势刺激,为从军事、政治、外交、经济方面探讨、发表东亚问题而刊行的。社址位于羊皮巷
前路	拥护三民主义,探讨革命理论	前路社	胡子衡	1932年11月创刊,月刊。社址位丁金神父路
世界潮	介绍国际政治经济	社长 徐乃达		1932年10月创刊,月刊。社址位于国府路提拔书店
中国与苏俄	介绍苏联,中苏合作共助	苏俄杂志社		1933年1月创刊,月刊。社址位于南京中山路西流湾新二号。为1932年末以中国和苏联恢复邦交为契机发行的刊物,内容均为介绍苏联国情和立国计划
社会公论	拥护三民主义,研究革命理论和实际	社会公论社		1932年9月创刊,半月刊。社址位于成贤街
外交评论	介绍及评论外交和国际政治	社长 吴颂皋		1932年6月创刊,月刊。社址位于土街口寿康里。该杂志创刊以来时日尚浅,但执笔者网罗徐谟、唐有壬、彭学沛、刘师舜、谢冠生等外交界知名人士,所以销路非常好
线路	研究、介绍中国社会问题	社长 何乃黄	同前	1932年2月创刊,半月刊,发行量每期一千五百份。社址位于太平路
国风半月刊	提升人格,发扬国威	社长 柳诒徵	张其的、缪凤林、倪尚达	1932年9月创刊,半月刊,发行量二千份。社址位于城北双井巷
劳工月刊	劳动问题研究	劳工月刊社		1932年4月创刊,月刊。社址位于大石桥居安里
文艺月刊	文学研究	社长 唐某	总编辑 王敬云	1930年8月创刊,月刊,发行量五百份。社址位于南京高楼门圣招路富厚里七号
妇女共鸣	扩大女权,提倡妇女职业	社长 谈社英 经理 李峙山	总编辑 王兢英	1929年3月创刊,当时为半月刊,1932年1月起改为月刊。发行量从当初的五百份增至最近的三千份。社址位于南京成贤街六八号
时代公论	启蒙社会	社长 杨公达 立法委员、中央大学教授	编辑 同前	1932年4月创刊,周刊,发行量四千份。社址位于南京中央大学门前,每周日发行
政治评论	刷新政治,拥护三民主义	社长 郑亦同	编辑 陈瑞林	1932年5月创刊,周刊,发行量三千份。社址位于南京沈举人巷五台山村三号,每周三发行

苏州

人口：日本人 73 人，外国人 137 人，中国人 261 709 人。

概况

与当地的情况相比，苏州的中文报纸数量一直较多，1929 年末合计大小有十七种，其大半发行量很少，因而财政上难以为继，停刊者不断出现，1932 年末减少至十种，而且这些报纸的内容，都是主要以苏州为中心的地方新闻，有关一般时事及经济消息则几乎都转载自上海方面的大报，因而报道速度难免迟缓。最近诸如《苏州民报》《吴县日报》等为弥补上述缺陷，与通讯社特约，以期报道敏捷，有稍微改善迹象。随着 1932 年 1 月"上海事变"爆发，由于用纸进口中断，很多报纸不得不停刊，其中有通过发行号外或缩小报面勉强继续刊行的，但随着时局稳定，又普遍恢复常态。

中文报纸

名　称	主义系统	持有人	编辑干部	备　考
苏州明报	鼓吹自治	张叔良	仇昆厂	1924 年 3 月 1 日创刊①，日刊，六页，发行量四千八百份。在苏州报纸中是比较出色的，但排日色彩特别浓厚，最近致力于时局报道。1932 年 10 月以来报纸页数增加了二页。该报 1929 年 4 月因触及沪宁铁路东部警备指挥部忌讳而被禁止发行一个月，主编仇昆厂被拘留两周
吴县日报	鼓吹自治	马锦文	胡觉民	1916 年 1 月 14 日创刊②，日刊，六页，发行量四千九百份。社论稍微出色，最近用心于时局报道。1932 年 10 月以来报纸页数增加了二页。持有人马锦文年幼而不从事实务，一切事务由主笔胡觉民主持
苏州大公报	鼓吹自治	费栋材	高少帆	1928 年 5 月 29 日创刊③，日刊，四页，发行量五百份。1932 年 12 月前持有人宋兆元去世后盘给现持有人。1931 年 9 月因误报上海吴淞炮台失陷，被禁止发行一个月
苏州日报	鼓吹自治	石雨声	方觉非	1912 年 1 月 25 日创刊，日刊，四页，发行量四百份。1932 年 2 月因"上海事变"停刊，同年 6 月复刊
苏州中报	鼓吹自治	梅晴初	洪笑鸿	1923 年 6 月④12 日创刊，日刊，四页，发行量一千二百份。1932 年 2 月因"上海事变"而停刊，以号外代之，同年 5 月复刊
苏州商报	振兴商业	方赓	邬愤公	1929 年 12 月 12 日创刊⑤，日刊，四页，发行量四百份。1932 年 2 月因"上海事变"而停刊，同年 7 月复刊
吴县市乡公报	鼓吹自治	颜忍公	郭随庵	1916 年 1 月 15 日创刊，日刊，四页，发行量六百份。1932 年 2 月因"上海事变"而停刊，以号外代之，同年 5 月复刊
大吴语	鼓吹文艺	刘望实	袁少辕⑥	1929 年 7 月 16 日创刊，日刊，二页，发行量五百份。1932 年 2 月因"上海事变"而停刊，同年 5 月复刊
大光明	社会改良	姚啸秋	颜益生	1929 年 8 月创刊，日刊，二页，发行量一千份。1932 年 8 月将以往三日刊改为日刊
吴县民报	县党部机关报	李树棠	吕定九	1931 年 4 月 29 日创刊，日刊，四页，发行量四百份。为党部机关报，读者主要为政府方面

---

① 一说 1925 年秋，张叔良接办《民报》后改本名。

② 一说 1916 年 10 月创刊，名《吴语报》，1928 年 1 月改本名。

③ 一说 1927 年创刊。

④ 1932 年报告为"2 月"。

⑤ 一说 1919 年 12 月创刊。

⑥ 1932 年报告为"孙少猿"，应为"孙少猿"。

杭州

人口：日本人 10 人（其中台湾人、朝鲜人 9 人），中国人 523 301 人，外国人 133 人

概况

在杭州，1932 年 5 月有《杭县日报》创刊，同年 10 月有《杭州报》创刊，3 月则有《浙江民报》停刊。就是说，现在的中文报纸有《浙江商报》《浙民日报》《杭州民国日报》《杭州国民新闻》《之江日报》《浙江民报》及上述二报共七种。这些报纸大部分创立时日尚浅，规模、资本均小，仍属于地方报纸之列。发行量除了《杭州民国日报》约六千份以外，均在二千份以下，总计只不过约一万四千份，而且这些报纸半数在当地，另一半在省内各县销售。还有，有关日中冲突问题，各报均刊登反日或侮日报道，尤其是《民国日报》最为严重。再看一下上海报纸在当地的销售数量，《新闻报》四千份，《申报》二千八百份，《时报》二千份，《时事新报》一千八百份，合计达一万二千份，在杭州购阅上海报纸的人远多于购阅当地报纸者。

中文报纸

名　　称	主义系统	持有人	编辑干部	备　　考
浙江商报	开发商业，原杭州总商会机关报	社长　邱不易　原警官	吴咸　字百态①，北京大学出身	1921 年 10 月创刊，日刊，十页，发行量一千八百份。社址位于杭州市保佑坊
浙民日报	发扬民治精神，促进地方自治	社长　胡芷香　原省长公署咨议	杨虹邨　浙江省立第二中学毕业	1923 年 12 月 10 日创刊②，日刊，八页，发行量一千四百份。该报由浙东同乡会经营，在浙东方面有影响力。社址位于杭州市保佑桥
杭州民国日报	发扬三民主义，贯彻国民革命，浙江省党部机关报	社长　胡健中　现省党部执行委员	徐世衡　现杭州市中学教员	1927 年 3 月 12 日创刊，日刊，十页，发行量五千七百份，屡屡刊登排日评论及报道。社址位于杭州市开元路
杭州国民新闻	发扬三民主义，提倡农工团体组织，黄埔同学会机关报	社长　郑炳庚　黄埔军官学校第一期毕业	吴国振　黄埔军官学校出身	1927 年 3 月 12 日创刊，日刊，十页，发行量一千八百份。黄埔同学会的机关报，设立之际蒋介石提供一千弗作为补助费，1928 年以后每月出资一千弗。社址位于杭州市青年路
之江日报	开发国民知识	社长　项士元　原蚕业学校教员	同前	1913 年创刊，1926 年一度停刊，1929 年复刊③。日刊，八页，发行量八百份。社址位于杭州市杭县路
杭县日报	辅助县政，发展地方自治	社长　钟维石　现杭县公署科长	同前	1932 年 5 月 10 日创刊④，日刊，四页，发行量一千份。社址在杭州市惠兴路
杭州报	发展商业	社长　叶伯舟　曾任《之江日报》主笔	丁孙　原《浙民日报》编辑	1932 年 10 月 10 日创刊⑤，日刊，六页，发行量六百份。社址在杭州市后市街
浙江省政府公报	公布法令规章	浙江省政府	同前秘书处	1927 年 5 月 11 日创刊，日刊，发行量一千九百份。社址位于省政府内

芜湖

人口：日本人 33 人，外国人 70 人，中国人 167 000 人。

---

① 1932 年报告为"百感"。
② 应为 1922 年 10 月 10 日创刊。
③ 1913 年 4 月 1 日创刊。1917 年后多次停、复刊，1926 年 3 月 14 日再次停刊，1929 年 1 月 5 日复刊。
④ 一说 6 月 8 日创刊。
⑤ 一说 11 月 19 日创刊。

中文报纸及杂志

(1) 报纸

名　称	主义系统	持有人	编辑干部	备　考
工商日报	开发工商业,发展自治及教育	社长　张九皋	主笔　同前	1909年11月创刊①,日刊,八页,发行量约二千份。对日论调稳健
皖江日报	启发民智,不偏不党	社长　谭明卿	主笔　同前	1917年1月创刊②,日刊,八页,发行量约三千份。对日感情一般
中江报	宣扬社会风教	柏毓文	同前	1931年创刊③,日刊,八页,发行量约二千份。对日感情一般
芜湖导报	宣传三民主义,国民党系	县党部 社长　章建新	刘一清	1932年10月创刊,日刊,八页,发行量约二千份。接受省党部旨意,总是刊登排日报道

(2) 杂志

名　称	主义系统	持有人	编辑干部	备　考
民众周刊	宣传三民主义,国民党系	省立第二民众教育馆		1932年创刊,周刊,发行量三百份。对日感情不佳

安庆

中文报纸及杂志

(1) 报纸

名　称	主义系统	持有人	编辑干部	备　考
民岩报	发扬民治、民权,维持风教,国民党系	社长　吴霭航	主笔　同前	1909年创刊④,日刊,八页,发行量约二千份。对日感情不佳
皖报	宣传国民主义,国民党系	省党部	主笔　王雪桥	1928年12月创刊,日刊,八页,发行量约四千份。省内各级党部、军政机关及各公共团体等均义务购阅。完全接受中央党部旨意而致力于为其宣传。对日感情最差,总是刊登排日性报道。1932年10月由以往的《民国日报》改为现名

(2) 杂志

名　称	主义系统	持有人	编辑干部	备　考
皖光半月刊	宣传三民主义,国民党系	安徽省党部	王寄一	1932年创刊,月刊,发行量约一千份。对日感情最差
教育新刊	发扬教育、学术	曹觉生	同前	1932年10月创刊,月刊,发行量约六百份
安徽公报	公布法令,国民党系	省政府		1927年创刊,月刊,发行量约一千份

---

① 应为1915年10月20日创刊。
② 一说1910年12月2日创刊,一说1910年12月21日创刊。
③ 1909年11月28日曾出版《中江日报》,约一年停刊。不知与此报有何联系。
④ 1912年6月1日创刊。

蚌埠

名　称	主义系统	持有人	编辑干部	备　考
皖北日报(中文)	宣传三民主义,国民党系	社长　刘体仁	许又新	1931年创刊①,日刊,四页,发行量约一千份。对日感情不佳

九江

人口:日本人69人(其中朝鲜人10人),中国人80 604人,外国人81人。

中文报纸

名　称	主义系统	持有人	编辑干部	备　考
九江日报	国民党系,鼓吹自治	吴楚藩	张寿东	1927年,由九江警备司令部参谋长谭佑斋、九江县长张育东、烟酒局长吴楚藩等人发起,募集捐款创办,张育东就任总理。1930年张辞职之后,由吴楚藩主持该报。日刊,八页,发行量六百份。社址位于九江庾亮北路二十八号
九江民国日报	省党部机关报	范争波	胡慰、陈德松	1931年创刊②,日刊,四页,发行量约四百份。最初九江县党部经营,1932年6月1日改组,省党部委员范争波继承该报。社址位于丁官路慎德里三号
浔阳晚报	宣传三民主义	陈永南	同前	1930年创刊,日刊,小型,四页,发行量二百份。该报最初由李水发创办,1931年转归陈永南手中。社址位于九江环湖路六号
九江新闻日报	提倡商务	吴剑秋、陈深默	刘安远、刘钝	该报在1930年由张国芳、邹建成、张德咨三人共同出资创刊,日刊,小型,四页,发行量约二百份,社址位于九江大中路五八五号
商报	提倡商务	陈德松　原《九江民国日报》记者	钟木斋	1932年6月,由原《九江民国日报》记者陈德松创办,日刊,小型,四页,发行量约二百份。社址位于九江大中路四八九号

南昌

人口:日本人5人,外国人26人,中国人618 959人。

中文报纸

名　称	主义系统	持有人	编辑干部	备　考
江西民国日报	宣传三民主义,省党部机关报	委员制度 李中襄	杨不平、祝绿波	1926年11月创刊,1932年③9月改为现名。日刊,八页,发行量约三千份。社址位于南昌市毛家园二十六号
江西工商报	提倡商务	经理　黎圣伦	张楚翘、余国珍	1920年1月创刊④,日刊,八页,发行量约三千份。社址位于南昌中山路东十一号

---

① 一说1929年创刊。
② 一说1931年1月17日创刊。
③ 1932年的报告中为"1931年"。
④ 一说1914年12月创刊。

(续表)

名　称	主义系统	持有人	编辑干部	备　考
南昌新闻日报	省政府机关报	代表　陈之奇	万祥清、张开慎	1928年9月①创刊,日刊,八页,发行量约二千份。社址位于南昌中山路一八二号
江西建设日报	省政府机关报	代表　秦足予	吴光田	1931年3月创刊,日刊,八页,发行量约八百份,社址位于南昌中山路一八二号
南昌商报		经理　万醒尘	主笔　萧清臣	1928年9月创刊②,日刊,八页,发行量一千份,社址位于南昌中山马路百号

汉口

人口:日本人1 730人(其中朝鲜人110人),中国人845 036人,外国人1 914人。

概况

一、中文报纸　当地的中文报纸几乎全是国民党右派的御用报纸,受到党部的控制。有该党左派和改组派色彩的报纸仅有二三份,但即使是这些报纸,也因官宪严格的管制,和党部限制言论自由的政策,和其他报纸一样,无论是新闻报道,还是评论,均完全是一副为国民党现势力做宣传的御用报纸的样子。特别是到了1932年6月,蒋介石在当地设立了豫、鄂、皖三省剿匪总司令部,逐渐以自己直系的影响力,巩固了武汉的地盘,对报纸通讯的管制状态便愈发严峻,在同年秋天督促武汉警备司令部,严格执行对各报纸、通讯原稿的审查,若有玩弄对蒋介石政策不利笔调的,包括在支持、宣传上不卖力的,或是报道了有可能导致蒋的对内及对外立场不利内容的,会被立即处以停刊或查封的处分,同年10月,当地数十份报纸被同时给了了停刊处分,可谓一个恰当的例子。如此当地言论自由的道路全都被堵死,各报均为了自己的存续,悉数向当权者示好,为宣传其政策尽心竭力。

二、外文报纸　当地外文报纸中,英文报纸有 *The Central China Post* 和 *Hankow Herald* 两家,另日文报纸有《汉口日日新闻》。鉴于中国报纸前述的现状,英文报纸在外国人、中国人中都受到相当重视。

一、中文报纸

名　称	主义系统	持有人	编辑干部	备　考
武汉日报	三民主义,国民党机关报	经理　李翼中	总编辑　萧若虚 编辑　谢倩茂、周介天	1929年6月创刊③,日刊,十页,发行量一万份,社址位于汉口江汉路。是中国国民党中央党部在长江流域的宣传机关报,是武汉报界一流的报纸。在日中关系上总是登载论调激烈的社论,鼓动排日气势。每月接受中央党部八千元补助
新民报	三民主义、准国民党机关报	社长　唐爱陆	总编辑　谢楚珩 编辑　周均量	1926年9月创刊④,日刊,十二页,发行量六千五百份,社址位于汉口后花楼永兴里。最初由社长唐爱陆个人经营,其后随着武汉当地政权的推移,改组派的色彩逐渐浓厚,自参与为汪精卫、陈公博等的中央政权出谋划策后,该报在报界的地位突然提高,目前在当地受欢迎程度能与《武汉日报》匹敌,营业状况也良好。好载排日报道、社论,似有以煽动民心为能事的倾向。在关于讨伐"共匪"状况的报道上,总是比其他报纸迅速、详细。接受蒋介石月额千元的补助金

---

① 一说1928年4月1日创刊。
② 应为1927年9月创刊。
③ 6月10日创刊。
④ 9月15日创刊。

定期调查报告　　（秘）1933年版　　外国的报纸（上卷）（"满洲国"及中华民国部分　附大连、香港）

(续表)

名　　称	主义系统	持有人	编辑干部	备　　考
汉口中西报	最初有国家主义倾向，其后归属国民党	社长　王华轩 经理　喻耕屑	总编辑　王丽生 编辑　喻可功、朱屯根	1907年10月创刊①，日刊，八页，发行量三千五百份，社址位于汉口中山路。该报是汉口历史最为悠久的报纸，创刊最初是王华轩、王励生等人的合资组织，相当具有影响力，但其后因受到国民党党报的压迫等缘故，经营逐渐不振。曾一度接受第十军军长徐源泉补助，但目前该补助已停止，处于勉强维持经营的状态，因此报道材料也很少，属于二流报纸
汉口新闻报	营利本位	社长　张云渊	总编辑　凤竹荪 编辑　叶冷生	1915年1月创刊②，日刊，八页（另有广告栏八页），发行量四千份，社址位于汉口特三区鼎安里五号。该报完全以营业为目的，与当地工商界各方面都保持着联络，因其是通过推销营业广告，靠广告费进行营业的
公论日报	准国民党	经理　王民仆	总编辑　胡砚农 编辑　罗云樵	1918年4月创刊③，日刊，加上本报副刊计十页，发行量二千份，社址位于汉口市后花楼正街方正里口。该报在创刊当时由王民仆个人经营，其后被安福系收购，以前从李鸣钟、范石生等人处领取过补助，在当地属于二流报纸
正义报	曾为国家主义，但目前归属国民党	社长　马宙伯	总编辑　郭肇璜 编辑　万荫群	1918年创刊④，日刊，八页，发行量三千份，社址位于汉口市交通路。1926年冬唐生智将该报没收，改称《武汉民报》，其后又先后改名为《汉口中山日报》《湖北中山日报》，曾一度成为湖北省、市两党部的机关报。1931年10月，因赵典之、贺衡夫等人的活动，恢复《正义报》之名，直至目前。据说何成濬每月提供八百元的补助金，反日色彩似乎颇为浓厚
震旦民报	国民党左派	社长　蔡寄鸥	总编辑　蔡寄鸥 编辑　萧则鸣、王兰	1931年6月创刊，日刊，十页，发行量二千份，社址位于汉口民生路第一〇三号。社长蔡寄鸥与改组派联系密切，目前似乎也接受该派若干补助，另外，据说每月还获得湖北省政府五百元补助
大同日报	三民主义，国民党右派，省党部的宣传机关报	社长　艾毓英 副社长　杨锦昱	编辑主任　王一鸣 副主任　尹志伊	1931年10月创刊⑤，日刊，八页，发行量三千份，社址位于汉口民生路中市第五十八号。纯粹是湖北省党部的机关报，其社论及报道均挥弄反日文笔，遇事则发布对中国方面有利的报道，除此点不输其他报纸外，没有任何特色
新中华日报	汉口市党部机关报	社长　左铎	总编辑　王献芳 编辑　周红石	1932年创刊⑥，日刊，八页，发行量一千份，社址位于汉口模范区第八十二号。经费全部由市党部支付
导报⑦	国民党右派	社长　何颖扶⑧	总编辑　姚悟千 编辑　徐苍霖	1930年11月创刊，三日刊，四页，社址位于汉口江汉路。曾接受清理湖北特税处的补助，蒋介石禁停后，因不满蒋的措施，对其进行攻击，1932年10月下旬被处以两周的停刊处分

①　应为1906年5月创刊。
②　应为1914年5月28日创刊。
③　应为1919年2月6日创刊。
④　一说1918年4月创刊，一说1919年创刊。
⑤　一说1930年10月创刊。
⑥　6月创刊。
⑦　一名《汉口导报》。
⑧　一作"何扶颖"。

(续表)

名　称	主义系统	持有人	编辑干部	备　考
武汉时事白话报	三民主义,国民党改组派	社长　郭少仪	编辑　万成龙	1929年12月创刊①,日刊,小型,六页,发行量一千份,社址位于汉口中山马路左安里第三号。社长郭少仪与党部方面长期有联系,该报在当地小报中属于有影响的报纸
工商日报	营利本位	社长　萧亚依	总编辑　王兰	1931年1月创刊,日刊,小型,四页,发行量八百份,社址位于汉口方正里第二十八号
太阳灯		社长　答恕之	编辑　李方	1932年9月创刊②,日刊,小型,四页,发行量一千份
中西评论	三民主义	经理　吴中兴	编辑　李德寅	1932年9月创刊③,日刊,小型,二页,发行量四百份,社址位于汉口老大智门大智路第十六号
大汉	三民主义	社长　欧阳桴海	编辑　郭寄生	1931年1月创刊,日刊,小型,四页,发行量六百份,社址位于汉口特三区保华街第三十九号
雄风	国民党左派	社长　邓啸云	编辑　王均三	1932年11月创刊④,日刊,小型,四页,发行量五百份,社址位于汉口方正里第一号
社会生活	国民党左派	社长　彭绪沛	编辑　吴子净、江仁风	1932年1月创刊⑤,三日刊,小型,四页,发行量三百份,社址位于汉口生成南里第六十七号
呼声	国民党左派	社长　曹功我⑥	编辑　李潜安	1932年11月创刊⑦,日刊,小型,四页,发行量五百份,社址位于汉口中山路六桥坊第三号
新快报	民主政治,改组派	社长　万克哉 万社长就特税处停止补助金问题,抨击蒋介石的态度,同时为了唤起南京、上海方面的舆论,1932年10月25日准备离开当地出发时,被警备司令部逮捕监禁,其后获释,直至目前	总编辑　易云泥	1928年10月创刊⑧,日刊,小型,四页,发行量一千份,社址位于汉口模范区云绣里。该报以往接受改组派宣传补助,1931年停止。另外,至1932年秋季左右还获得清理湖北特税处小额补助,勉强维持经营。因蒋介石禁止特税处向报纸提供援助,此项补助也中断(当时因抨击蒋介石的措施,被勒令停刊两周),据闻目前经营状况极其困难
新妇女日报	扩张女权,改组派	社长　郭少仪	编辑　春赉	1929年8月创刊,日刊,小型,四页,发行量五百份,社址位于汉口民生路方正里第二号。社长郭少仪是武汉《时事白话报》社长。该报以宣传扩张女权为主要目的,创刊当时是三日刊,其后变为日刊,又恢复为三日刊,再改为周刊,目前是日刊。此外,该报是武汉唯一的妇女报纸,主要登载社会报道。郭少仪另还发行《妇女周报》,主要登载小说著作,受到武汉青年妇女的欢迎

---

① 一说1929年11月1日创刊。
② 应为1932年3月创刊。
③ 应为1933年5月15日创刊。
④⑤⑦ 一说1933年5月15日创刊。
⑥ 一说"曹攻我"。
⑧ 一说1928年6月1日创刊。

(续表)

名　称	主义系统	持有人	编辑干部	备　考
武汉艺术报	以研究、宣传艺术为主	社长　彭冰心 副社长　邓昌	编辑主任　邓先难 编辑　朱愧人、黄光磊	1932年9月创刊,周刊,小型,四页,发行量五百份,社址位于汉口老君三巷第十三号
工商白话报	营利本位	社长　邓博文	编辑　胡人俊、蔡二我	1917年9月创刊①,日刊,小型,六页,发行量五千份,社址位于汉口小董家巷。该报在工商界和劳动者中广被购阅。1932年10月中旬发表言论反对特税处停止补助金,曾被勒令停刊

二、英文报纸

名　称	主义系统	持有人	编辑干部	备　考
The Central China Post〔楚报〕(英文)	英国系	社长　H. J. Archibald（苏格兰人）	主笔　A. M. G. Grant 记者　刘子纯	1911年创刊②,日刊,大型,八页,发行量约七百份,社址位于汉口第三特区。报道比较迅速,内容和形式均完备。社长Archibald在广西派治汉时期,从官方领取相当丰厚的报酬,有其御用报纸之感。该派没落后,取而代之的官方补贴微薄。英国系统,从党派色彩来看,对劳动党相当有好感,但原先属于保守党系,正确解读日本的对华政策以及在中国的立场,在中日之间的诸多问题上,经常发表善意的评论及报道。另外,主笔Grant兼任Associated Press的通讯员
Hankow Herald〔自由西报〕(英文)	国民党系	社长　邹允中（美国法学博士）	主笔　邹允中 副主笔　林英伯	1923年创刊,日刊,大型,十二页,发行量约六百份,社址位于汉口法租界。内容、形式均相当完备。原来是美国人B. Schwarty作为社长兼主笔经营该报,但因营业不景气,结果在1930年夏季前后将其盘给邹允中。基本上亲美,笔调比较稳健,但在转由中国人经营后,便迎合党部,有支持、宣传中文报纸言论的倾向

三、日文报纸

名　称	主义系统	持有人	编辑干部	备　考
汉口日日新闻（日文）		社长　宇都宫五郎	主笔　宇都宫五郎 记者　内田佐和吉、堤良治	1918年1月创刊,日刊,四页,发行量六百份,社址位于日本租界中街一三三号。主要是翻译当地的中文报纸,让当地日侨晓中国方面的消息,同时登载我国"联合"和"电通"的消息

郑州(1930年12月末)
中文报纸及杂志
（1）报纸

名　称	主义系统	持有人	编辑干部	备　考
河南民报	省政府机关报	省政府	陈津岭 记者十二人	1927年8月创刊③,日刊,八页,另还发行小型四页的副刊。原名《国民日报》,是冯玉祥的机关报,刘峙任主席后改名。没有明显的排日态度,内容不值得一看。发行量约四百份

---

① 一说1918年出版。
② 应为1904年创刊。
③ 一说1927年7月1日创刊。

(续表)

名　称	主义系统	持有人	编辑干部	备　考
郑州日报	党部机关报	郭民铎	侯介人 记者七人	1930年11月创刊①,日刊,四页,发行量约二百五十份。没有明显的排日态度,内容不值得一看。从党部领取补助

(2) 杂志

名　称	主义系统	持有人	编辑干部	备　考
陇海铁路周刊	陇海铁路特别党部机关杂志	陇海铁路特别党部		周刊,二十至三十页,发行量约二千五百份。纯粹是陇海铁路特别党部的机关报,仅在该党部成员中分发

长沙

人口:日本人81人(其中台湾人2人),中国人372 585人,外国人137人。

概况

长沙发行的报纸均为中文报纸,还未见外文报纸的发行。中文报纸有《国民日报》《大公报》《中山日报》《全民日报》《市民日报》《通俗日报》《湘南晚报》②和《湘珂画报》八种。其中《国民日报》最具信誉,在军界、政界、教育界、普通商民乃至劳动阶级各个领域拥有读者,其发行量据说有约九千份,居该界首位。《大公报》《中山日报》《全民日报》和《市民日报》四报次之,但发行量也不过二千份左右。除上述之外,还有专供娱乐的周刊画报,以及以劳动者或烟花巷等特殊阶层的读者为目标的二三份小型报纸,发行量不过百份,没什么影响力。

长期以来湖南省军阀斗争频繁,战乱不断,不仅如此,最近数年又不断受到"共匪"的威胁,戎马倥偬之极,为加以肃清似乎毫无宁日。因此,军方、官方在行政上自然极端蛮横,尤其是像在对报纸的管制上,表面高唱言论自由,实际上极其严苛,各报社事事受其掣肘,若没有军阀的支援,又根本无法生存。于是,各报社积极与军阀保持联络,如果有对他们的行动提出异议或是略微示以反对态度的话,就会立即被勒令禁止发行,甚至遭到苛酷的私刑也是常事。事实上,1931年春,《市民日报》在报道当地中国旅馆的败坏风俗事件上,因顶撞了警备司令和公安局,不仅立刻被命令停止发行,而且主任记者蒋某也遭受了几日牢狱之灾。其后又因在报上挪揄军阀的猖狂,致使最近补助金的来源被切断,经营陷入极度的困难。这样,各报主动希望成为其机关报,每月得到若干补助金,充当他们的走狗,显现出似乎要寄生于为其宣传的丑态。报纸应该立场公正,报道正确,代表严正的舆论,却因此完全丧失应有的功能,作为报纸失去了阅读价值,普通省民对于报纸的信赖程度极低,而且以现状来看,在报界难以找到杰出的记者,也无法期待腐败的报界清明,预测当地报界除了维持目前幼稚的发展方向外别无前途。

如上所述,因军方、官方的压迫,经费困难,以及缺乏优秀的记者,报纸的外观极不完善,各报均几乎不登载社论,偶尔登载也没有脱离迎合军方、官方宣传文的范畴,如此看不到半点代表舆论的见识和勇气,而且民间也没有有识之士想要利用报纸发表个人看法。再看报纸登载的日常报道,则充满各地新闻与各地报纸的摘录、转载,内容显得十分空洞。而且这些新闻材料均由该地通讯社提供,还未曾听闻各报社有在各地派遣特派员的。新闻的出处相同,以至于在各社的报道上呈现出遣词用句完全一致的奇观。当然在其编辑上,也因为极度缺少人手,错误的报道、误排等多得不胜枚举。

只是最近随着无线电讯的发展,海外和省外的电讯逐渐迅速起来,偶尔也不是没有值得参考的内容,略微显示出进步的迹象。另外,当地自古教育普及,与其他省份相比文化程度比较高,因此文艺栏每天都呈现出相当

---

① 另有一份《郑州日报》1916年创刊。
② 原文如此,应为《湖南晚报》。

的活力,这几点加起来足够说得上略有特色。
中文报纸

名　称	主义系统	持有人	编辑干部	备　考
湖南国民日报	省政府及省党部机关报,纯国民党系	经理　凌璋　第四路总指挥部秘书长	主笔　罗心冰 记者　宋曼君、李发全、何和坞	1928年3月5日创刊,日刊,十页,发行量约九千份。省政府和省党部每月提供六千元补助。在当地的中国报纸中信誉最好,在军、政、教育、商民、劳动者等各个阶级有读者。社址位于长沙皇殿坪三八号
大公报	不偏不党,拥护言论,代表民意	经理　龙兼公　前清时期秀才出身	主笔　同前 记者　李抱一、易策勋	1916年2月创刊①,日刊,十页,发行量约四千份。1927年3月因被共产党厌恶而被勒令停刊,1929年5月21日再刊。经营状态良好,每月有公积金利息收入四百元,以及兼营的印刷业收益五百元。报道比较稳健,受到各方面,特别是商民阶级的欢迎,对日态度不太友好。社址位于长沙仓后街湘清里三五号
湖南中山日报	省党部的机关报,纯国民党系,急进派的色彩浓厚	经理　曾有斋　任市党部常务委员、湖南人民抗日会委员、明德中学校教谕	主笔　陈介石 记者　袁惠瞻、何少枚	1929年5月21日创刊,日刊,十页,发行量约二千三百份。每月从省党部领取二千四百元,从省政府领取一千六百元的补助。致力于发扬三民主义,实行训政及建设,以及提倡党化教育。在各级党部和学校方面拥有众多读者,对日态度不佳。社址位于长沙草潮门高升巷一六②号
全民日报	省政府建设厅机关报,国民党政学会系	经理　文任武　因目前就任县长一职,主笔由李君光代理	主笔　李君光 记者　刘世善、钟毓湘	1927年9月1日创刊,日刊,八页,发行量约八百份。每月从建设厅和省政府合计领取一千六百元补助,对日态度不佳。社址位于长沙顺星桥一四号
长沙市民日报	总商会及市团联合会机关报	社长　左益斋　长沙市商务总会长	主笔　王聘华 记者　蒋寿世、赵奎武、黎谷邺	1930年10月1日创刊③,日刊,八页,发行量约一千六百份。标榜代表舆论、监督政治、提倡国货,因有时攻击军阀而招致反感,受其压迫严重,目前经营困难,完全由商民阶层购阅,对日态度不佳。社址位于长沙储备仓
湖南通俗日报	省政府教育厅机关报	社长　朱肇干　省政府机要秘书	主笔　谢同甫 记者　王国桢	1924年继承原来的《教育日刊》,改名发行,日刊,小型,四页,发行量约五百份。教育厅经营,每月支付经费一千二百元。以对下层民众和劳动者普及通俗教育为目的,无政治色彩
湖南晚报	通俗报纸	经理　唐耀章 副经理　熊伯鹏	主笔　饶省三 记者　胡有松	1929年创刊,日刊,小型,四页,发行量约五百份。以社会报道以及烟花巷的消息为着眼点,以滑稽性笔调为主旨,故在剧院、茶馆以及妓院等地受到欢迎。社址位于长沙草潮门
湘珂画报	娱乐报纸	社长　凌莘如　第四路军总指挥部总务科员,《国民日报》经理凌璋的亲弟弟	总编辑　程冰厂 编辑　萧晋潘	1931年7月12日创刊,周刊,小型,四页,发行量约五百份。省政府每月提供四百元补助。专门转载上海方面的画报及杂志上的照片材料,在学生中有读者。1932年1月因登载对我国皇室不敬的报道,被勒令停刊一月。社址位于长沙织机巷湘益印刷局内

---

① 1915年9月1日创刊。
② 1932年的报告中为"一八"。
③ 1930年8月创刊。

沙市(1931年12月末)

人口:中国人约150 000人。

中文报纸

名　　称	主义系统	持有人	编辑干部	备　　考
长江商务报	营利本位	侯仲涛	同前	1921年7月创刊①,日刊,发行量一千份左右。有来自公私各机关每月约百弗的补助,在当地报纸中报道最公正
中山警报	评论时事,党部系统	孙绳武	同前	1930年4月创刊,日刊,发行量五百份左右。每月有来自公私各机关五十弗左右的补助,近来排日色彩变得浓厚
荆报	鼓吹党义,纯党部系统	贾绍谊	同前	1930年8月创刊,日刊,发行量四百份。每月有来自公私各机关一百弗左右的补助。县党部经营,排日倾向最为显著
荆沙国民公报	鼓吹党义,党部系统	李树靖	同前	1931年6月创刊,日刊,发行量约五百份。该报虽属于党部系统,但有来自郭汝栋司令的后援,每月有来自公私各机关的二百弗左右补助。在知识阶层中最具影响力,排日倾向亦浓厚

宜昌

人口:日本人51人(其中朝鲜人12人),中国人约110 000人,外国人74人。

概况

宜昌的中文报纸共有七家,基础均薄弱,发行量没有超过一千份的,又因为经营困难,罕有能持续一年以上的。目前没有军方、行政机关、党部等的机关报,国际、国内的消息以来自上海、南京等的电讯为主。其中虽有登载评论的,但未见有价值者。目前普通的排日报道占据最多版面。

中文报纸

名　　称	主义系统	持有人	编辑干部	备　　考
国民日报		王量佛	沈次刚	1933年1月创刊,日刊,四页,发行量约九百份
长江公报		袁仍琨	江石江	1932年3月创刊,日刊,四页,发行量约九百份
宜昌商工日报	总商会机关报	但绍芳	黄潮如	1933年1月创刊,日刊,四页,发行量约六百份
新光晚报		江石江	李骥翔	1933年1月创刊,晚报,小型,四页,发行量约六百份
宜昌庄报		刘达之	同前	1933年1月创刊,日刊,小型,二页,发行量约二百份
鄂西晨报		谭金甫	陈中强	1933年1月创刊,日刊,四页,发行量约三百份
益世报		张清夫	同前	1933年1月创刊,日刊,小型,二页,发行量约一百五十份

---

① 一说1920年创刊。

重庆

概况（1930年12月末）

当地发行的报纸中有中文报纸十种，其中《商务日报》在1913年创刊，《新蜀报》在1919年创刊，其他报纸创办时日尚浅，内容普遍贫乏，并且除了刘湘系的《新蜀报》和《济川公报》以外，都极少登载评论，报道的撰写风格大体稳健，但在有关外国的问题上，常常一致歪曲事实，罗列宣传性言论。

另外，作为当地报纸的特色，关于同一事件的报道，各报仅标题不同，不用说其内容，连文章的观点都是一样。这是因为各报社获得的材料均先提交给报协（报社协会），再由该协会散发给各报社。

中文报纸

名　称	主义系统	持有人	编辑干部	备　考
商务日报	总商会的机关报	温少鹤	彭宅禅	1913年创刊①，发行量三千八百份。主要登载经济消息，政治方面的主张稳健。总商会每年提供一万元，营业状态最佳
新蜀报	刘湘系	贺执钧	董荣芳	1919年创刊②，发行量二千九百份。是军方机关报，登载社论
新民报	民团机关报	潘孝仙　民团委员	葛师孔	1927年创刊③，发行量二千份。该报是由过去的《重庆民报》改名而来，主要登载团防方面和与巴县相关的报道
巴蜀报	刘湘系	王治易　刘湘军第二师长，盐运使	江宜九	1930年创刊④，发行量二千一百份。是军方的机关报
济川公报	刘湘机关报	刘湘	郭凯乡	1923年创刊，发行量二千三百份。登载社论，同时关于学艺的报道相当丰富。每周日发行副刊
川康日报	刘文辉机关报	李雅单	司季良	1929年创刊⑤，发行量二千六百份。有关学艺的报道有特色
大声报	报社社团机关报	李伟章	朱礼之	1930年创刊⑥，发行量一千四百份
重庆晚报	不偏不党	赖子君	朱典常	1929年创刊⑦，发行量一千四百份。小型报纸，晚报，主要登载社会报道
西蜀晚报	不偏不党	黎纯一	黄汉乡	1930年创刊⑧，发行量二千份。小型报纸，晚报，以社会报道为主
崇实报	天主教传道机关报		李树声	法国天主教圣家书局发行，创办后已有二十七年的长期历史⑨

成都（1930年12月末）

人口：中国人约304 500人。

---

① 应为1914年4月25日创刊。
② 应为1921年2月1日创刊。
③ 一说1927年5月创刊，一说1927年9月1日创刊。
④ 应为1929年11月21日创刊。
⑤ 3月11日创刊。
⑥ 一说9月17日创刊，一说9月7日创刊。
⑦ 应为1928年10月20日创刊。
⑧ 一说1929年5月创刊，一说1930年5月11日创刊。
⑨ 一说1905年创刊，一说1904年创刊。

概况

成都的报纸目前总计有二十一种,几乎都受到当地军阀的支持,处于勉强维持经营的状态。其中发行量在一千份以上的报纸仅十一种,其他均是只有二三百到七八百份的贫弱之报,因缺乏资金,时有休刊或停刊,变化无常。1930年夏以来感觉到登载激进排日报道的情况普遍减少,登载的内容只是将军阀方面的无线电讯或者重庆等地的报纸作为材料进行转载。

中文报纸

名　称	主义系统	持有人	编辑干部	备　考
国民公报	不偏不党	社长　李澄波	主笔　李慕傅	1912年创刊①,日刊,十页,发行量二千份。在商、政、学界有信誉。报道、论调基本稳健,对日态度暧昧
四川民报	宣传三民主义,蒋介石派	社长　熊慕颜	主笔　同前	1925年创刊②,日刊,八页,发行量二千四百份,言论公正,报道迅速而且正确,在政、学界有信誉
新新新闻	马毓智机关报	社长　马宝芝(第二十八军第七师长)	主笔　同前	1928年创刊③,日刊,十页,发行量一千五百份,在军、政界有信誉,对日态度不坏
民视日报	杨森机关报	社长　丁少斋	主笔　同前	1928年创刊④,日刊,四页,发行量二千份,在学界有信誉,对日态度稍佳
四川日报	刘文辉机关报	社长　李时辅	主笔　同前	1922年创刊⑤,日刊,八页,对日态度不佳
国民日报	田颂尧机关报	社长　马瑶生	主笔　同前	1928年创刊⑥,日刊,八页,发行量一千三百份,对日态度不佳
成都快报	邓锡侯机关报	社长　杨治襄	主笔　同前	1925年创刊⑦,日刊,四页,发行量一千三百份,对日态度不坏
新四川日报	刘文辉机关报	社长　杨子寿	主笔　同前	1926年创刊⑧,日刊,八页,发行量一千二百份,对日态度不佳
新川报	刘文辉机关报	社长　熊集生	主笔　同前	1926年创刊⑨,日刊,八页,发行量一千份,对日态度不佳
日邮新闻	陈书农机关报	社长　杨颂平	主笔　同前	1929年创刊⑩,日刊,六页,发行量一千二百份。宣传社会主义,论旨过激,在军人、学生中有影响力,对日态度最为不佳
庸报	不偏不党	社长　李守白	主笔　同前	1929年创刊⑪,日刊,四页,发行量一千份,提倡拯救、匡正道德人心,对日态度暧昧
平报	田颂尧机关报	社长　胡寄聪	主笔　同前	1929年创刊,日刊,四页,发行量八百份,鼓吹三民主义,讴歌蒋介石
一报	不偏不党	社长　谢宝珊	主笔　同前	1930年创刊,日刊,四页,发行量七百份。宣传三民主义,评论略有过激,对日态度不良

---

① 1912年4月22日创刊。
② 一说1926年5月1日创刊。
③ 一说1929年9月1日创刊。
④ 一说1921年10月10日创刊。
⑤ 一说1924年3月16日创刊,一说1922年秋创刊。
⑥ 1928年4月10日创刊。
⑦ 1925年7月10日创刊。
⑧ 1925年10月31日创刊。
⑨ 1926年4月5日创刊。
⑩ 一说1929年7月26日创刊。
⑪ 1929年7月下旬创刊。

除上述报纸以外,还有《大同晚报》《醒民日报》《蜀益新报》《华先日刊》《静观报》《成都晚报》《民智晚报》《四川新报》等日刊报纸,但因缺乏资金,发行量仅有二三百份,均大同小异,没有特色,而且不具有任何社会信誉。

南　部

广东

人口:日本人403人(其中台湾、朝鲜人102人),中国人1 042 637人,外国人1 276人。

概况

广东的报社1932年度以后新设的有九家(《持平日报》《广东晨报》《民生报》《世界日报》《时代日报》《大报》《中华日报》《民视日报》《公道报》),停刊的有六家(《国民新闻》《天民报》《华声报》《民声报》《民力报》《新闻报》),此外,创办后不久便解散的有五家(《平民日报》《华风报》《东方民族日报》《国风报》《三民日报》),现在发行的有中文报纸二十二种、英文报纸两种、日文报纸一种,共二十五种。

如上所述,当地报纸的数量比前一年度减少,最鼎盛的1919年、1920年前后有三十家,相较之下明显逊色许多。但各报在改善编辑、充实内容方面终究是往昔无法比拟的。这些报纸中最有实力的中文报纸是党部及政府的机关报《广州民国日报》及《广州市民日报》等,尤其是电报栏与党、政、军方面的报道十分完备、充实,在普通读者中很受欢迎。《越华报》《国华报》《公评报》等在发行量上均是当地第一流的,但在内容上稍逊于上述两家报纸,以社会报道为主,不太受上层社会尊重。

英文报纸 The Canton Gazette 及 The Canton Daily Sun 两家报纸发行量均不超过四五百份,影响力极其微弱,主要原因是侨居当地的外国人数量不多,香港有影响的英文报纸很容易购买。当地唯一的日文报纸《广东新闻》在"满洲事变"后因反日运动而停刊,1932年11月复刊。

一、中文报纸

名　　称	主义系统	持有人	编辑干部	备　　考
广州民国日报	国民党广东省党部机关报	社长　程辟金 广东省党部委员兼宣传部部长	主笔　傅镜冰、陈元勋、孙醉青 记者　张白山、潘顾西、刘槎先	1923年创刊,日报,十六页,发行量约七千份。孙文没收陈炯明所创办的《群报》后改名而成,陈孚木、甘乃光及陈树人等所谓国民党左派要人担任过本报社长。创刊时省政府出资一万六千元,其后每月省党部支出两千七百元,省政府支出若干作为经营费用。报道迅速,内容丰富,印刷鲜明,是当地名副其实的第一流报纸。特别受党、政、军、学各界欢迎。社址位于广州市光复中路七十九号
广州市民日报	广州市政府机关报	社长　刘纪文 现广州市长	主笔　黎藻鉴 记者　吴永康、李燮坤、卢寸、黄艺博	1927年创刊①,日报,十二页,发行量约五千份。最初名为《市政报》,后改称《广州日日新闻》及《广州市政日报》,1932年又改为现名。市政府的公告全部刊登在本报上。1930年黄欣担任本报主任后,通过改革版面获得了社会欢迎,此后逐年发展。报道大致准确、迅速,特别是军、政各项报道、电报栏等,与《民国日报》同样闻名,还设有广播栏。资本金银四千元,由市政府支出。社址位于广州市光复中路二十七号
广州日报	国民党广州市党部机关报	社长　陆幼刚 广州市党部委员兼宣传部部长	主笔　区声白 记者　卢灼然、苏仲仪②、陈贯一、李昂	1930年创刊③,日报,十二页,发行量约两千份。作为国民党广州市党部机关报,每月接受党部一千两百元补助。印刷极为鲜明,报道也相当丰富、准确,普遍受欢迎,逐年发展,例如发行量比去年的约一千份增长约数倍。社址位于广州市长寿东路

---

① 应为1932年2月20日创刊。
② 1932年报告为"苏仲义"。
③ 应为1926年11月26日创刊。

(续表)

名　称	主义系统	持有人	编辑干部	备　考
国华报	无党派关系	社长　刘荫荪曾任广州市商会联合会董事	主笔　容春勉、许澄天　记者　刘兆奇、梁惠文、王少秋、戴昭宇	由1913年创刊的《国报》于1918年改组、改名而来①，日报，八页，发行量据称一万至一万五六千份。王泽民、康有为、王宠惠等出资创设，资本银三万元。作为进步党之机关报，曾发表反对国民党的言论，但近来逐渐接近国民党。1928年王泽民死后，刘荫荪以两万元盘下本报，此后成为广州市商会联合会之机关报。但1931年随着市商会成立，商会联合会解散，目前无党派关系。据传一度陷入经营困难，最近又有所恢复，发行量与前一年度的一万份相比，似乎有相当程度的增加。社址位于广州市光复中路七十六号
越华报	无党派关系	社长　陈柱廷兼任《现象报》社长	主笔　陈柱廷、陈述公　记者　许可因、麦健儿、伍雅洲、张子宜	1927年创刊②，日报，八页，发行量一万五千至两万份。由已故原国华报社长王泽民筹集华侨的资金创设，现在与《公评报》关系密切。言论比较公正，在同业者中率先创设卫生问答栏等，读者以中层以下为主。据称资本金银五千元。社址位于广州市光复中路一百十四号
公评报	无党派关系	社长　钟超群	主笔　李霞飞　记者　吕君瑞、钟祺、邓继禹、戴载礼	1924年创刊③，日报，十二页，发行量约一万份。好登烟花巷方面的报道，也以小品、文艺等为特色。前几年刊登有关梧州学事方面的报道，触犯当局忌惮，被勒令停刊两周。1931年3—4月时开始接近我方，尤其是5月国民政府成立，标榜大亚细亚主义，上述倾向愈发浓厚，例如9月18日的事件④，其他各报均刊登排日报道，唯独本报报道说："日本军占领奉天的起因是中国军攻击日本军。"遭到了同业者的猛烈攻击。此后随着排日运动的深化，本报的前述亲日倾向也逐渐淡薄。资本金银六千元，发行量虽多，但只是二流报纸。现社长的父亲钟兰菜为本报创立者，是当地的名士。社址位于广州市光复中路四十七号
现象报	无党派色彩	社长　陈柱廷兼任《越华报》的社长及主笔	主笔　陈式锐　记者　李启芬、何少儒、李日如、谢维润	1921年7月创刊⑤，日报，八页，发行量约八千份。最初廖球记作为国民党系报纸而创设，后来于1927年被张发奎没收。不久，随着张下台而转至广东总工会手中，其后李济琛也一度成为本报出资者之一，李不久也失势离粤，由现社长接手。现在自称无党派色彩，与同行《公评报》关系不佳，动辄发表过激言论，排日色彩浓厚。资本金银九千元，社址位于广州市光复中路五十三号

---

① 应为1915年创刊。
② 应为1926年7月27日创刊。
③ 1924年10月30日创刊。
④ 指九一八事变。
⑤ 应为1914年创刊。

(续表)

名　称	主义系统	持有人	编辑干部	备　考
七十二行商报	无党派色彩	社长　罗啸璈	主笔　罗子政 记者　陈海秋①、罗子端、李凤廷	1906年7月创刊②，日报，十页，发行量约一千五百份。粤汉铁路商办热潮时，由商人黄诏平发起，作为商、民一方的机关报创刊，现为资本金八万元的合资组织。一向无特别政治色彩，稳健的报道与其具有特色的经济栏相辅相成，在商界方面有相当多的读者。但经营方式因循陈腐，不受当地喜好新奇的一般市民的欢迎，发行量有逐年减少的倾向。社址位于广州市光复中路七十四号
广东共和报	广州市市商会机关报	社长　宋季辑 茶商、市商会理事	主笔　潘抱真 记者　梁展鹏、黄乐贤、欧博明	1912年2月创刊③，日报，八页，发行量约五千份。名义上为合资组织（资本金银一万五千元），实际上为宋个人所有，近年接受市商会的补助，成为其机关报。以社会报道为特色，在中层以下有许多读者，在广州市近郊各村落销路良好。社址位于广州市光复中路三十六号
持平日报	胡汉民系	社长　李平	主笔　罗容甫 原国民新闻社长 记者　李立、冯佩如	1932年11月19日创刊，日报，八页，发行量约一千份。1925年8月胡汉民一派标榜反共产主义而创设的《国民新闻》经营状况逐年衰微，于是李平等集资继承本报，改名为《持平日报》而经营，据称为胡汉民系统的反蒋机关报。资本金银一万元（也有传言称三千元）。社址位于广州市光复中路六十三号
新国华报	无党派色彩	社长　李抗希 葡萄牙籍、律师	主笔　张白山 记者　罗达夫、张清泉	1920年创刊④，发行十二页的早报、八页的当地唯一的晚报，发行量约三千份。1927年排字工人罢工后以两万元盘给罗天剧团⑤，1928年又被李抗希再次盘回，继续经营，但经营状况逐年衰微，发行量也有逐渐减少的倾向。最初为国民党系，但近年无党派色彩。资本金银一万两千元，社址位于广州市光复中路一百五十一号
愚公报⑥	无党派关系	社长　邓羽公 （号一言）	主笔　邓羽公 记者　区慵斋、潘啸庵、潘子宜	1931年10月20日创刊，日报，八页，发行量六千份。曾因刊登猥亵内容的《羽公报》被广州市党部勒令停刊（1931年9月2日）后，被改为此名复刊。依然因登载社会报道，尤其是社会内幕消息而受到下层社会好评。据传接受《公评报》的补助。1933年2月因批判救国会的行为而被查封（参照《公道报》一栏）
大中报	无党派关系	社长　胡惠民	主笔　欧阳百川 记者　陈汝超、陈海波、梁拔臣	1929年1月创刊⑦，日报，八页，发行量两千份。南华服务公司创办，因刊登军事机密，在发刊的同时被勒令停刊，1930年11月终于复刊。股东及立场等皆与香港的《华侨日报》相同。近年经营状态显著不振，例如发行量与去年的约五千份相比锐减。社址位于广州市光复中路一百零三号

---

① 1932年报告为"陈海波"。
② 应为1906年9月15日创刊。
③ 应为1912年7月创刊。
④ 应为1921年3月创刊。
⑤ 1932年报告为"以一万元让渡给大罗天新剧团"。
⑥ 另有陈超凤、邓愚者于1931年12月23日创刊的《愚公报》（见《广东省志·新闻志》）。
⑦ 一说2月4日创刊。

(续表)

名　　称	主义系统	持有人	编辑干部	备　　考
司法日刊	法院机关报	主任　由广东高等与地方法院、广东高等与地方检察厅四家机关每周轮流执掌本报事务	记者　由前述四家机关每周轮流派员主办	1921年创刊①，日报，八页，发行量约一千份。主要刊登前述各机关的民事、刑事案件以及不动产及其他相关公告。据称资本金银五千元。社址位于广州市光复中路一百五十三号
广东晨报	中山、岭南两所大学及执信学校之机关报	主任　由前述三校轮流担任	主笔　高廷梓　中山大学法科政治学系教授，兼图书馆主任 记者　欧博明、张志辕	1932年1月22日创刊，日报，八页，发行量约一千份。由中山、岭南两所大学及执信学校等三校的教职员、学生等联合集资创刊。由于没有经营报纸的经验，外加报道、评论等基本上都太过高端，未获普遍欢迎。例如发行量从创刊当时的三千份锐减到一千份，现在经营状态不佳。资本金银三万元，社址位于广州市光复中路三十四号
民生报	反日派	社长　李思辕　财政厅科长	主笔　李子诵 记者　梁梓川、李九思、李叔平、冯溢川	1932年5月5日创刊，日报，八页，发行量约一千份。本报由原《大中华报》记者李子诵发起创刊，资本金银一万元。据传主要由财政厅职员出资，每月接受省党部若干补助。发刊辞中明言主旨为"站在民众的前线，以抗日作战为宗旨"，以及攻击"倭奴"和"媚敌求荣、丧权辱国"之徒。社址位于广州市长寿东路十六号
世界日报	余汉谋派	社长　朱子范	主笔　朱子范 记者　孔仲南、潘吉祥	1932年11月1日创刊，日报，八页，发行量约五百份。中层以下律师的宣传机关报，据称资本三千元。每月接受第一集团军第一军长余汉谋若干元补助。社址位于广州市长寿东路六号
时代日报		社长　黄锡源	主笔　何友琴 记者　茹东海、孔仲南、朱子范、黄言情、邓继禹、黄苍公	1933年2月15日创刊②，日报，四页，发行量一千份。由原《银晶日报》改组而成，以刊登小品、文艺等为特色。资本银五千元，没有印刷机，只有编辑及营业两局，据传工务局长袁梦鸿投资了五百元，是不受重视的小报。社址位于广州市长寿东路十号
大报		社长　张天威	主笔　张白山 司理　李抗希 记者　潘君实、黄昙庵、欧博明	1933年3月10日创刊，日报，十二页，发行量三千份。五年前曾经发行过，因内部问题而停刊，最近新国华报社长李抗希收买本报后改名经营。资本银七十元③，其中三分之二为李抗希出资，是无任何特点的小报。社址位于广州市光复中路
中华日报		社长　谢贤	主笔　邝因石、邝鲁久 记者　胡柱庭、王心帆、赵少昂、黄少强、孔仲南	1933年4月16日创刊，日报，八页，发行量约两千份。资本是《大报》《新国华报》合资，据称一万五千元。本报以广东戏剧工会为后援，大部分记者为演艺记者，没有政治背景。社址位于广州市光复中路一百五十一号
民视日报	鼓吹佛教	总理　赵士觐 董事　胡毅生	总经理　李本良 编辑兼发行人　林季初 记者　吕大吕、欧博明、沈忏生、梁蕊馨、区慵斋	1933年4月29日创刊④，日报，八页，发行量一千五百份。当地佛教研究者的机关报，据称资本银五千元。董事胡毅生为胡汉民之子，股东多为胡系，被视为胡系报纸。无印刷厂，社址位于广州市光复中路

---

① 应为1922年2月7日创刊。
② 应为1月15日创刊。
③ 原文如此，疑为"七千元"。
④ 一说4月27日创刊。

(续表)

名　称	主义系统	持有人	编辑干部	备　考
公道报		邓一言（本名邓羽公）	编辑　邓一言、区慵斋 记者　戴肃、陈少农、黄祐之、朱子范、罗文榕、李志成、陈受公	1933年5月15日创刊，日报，八页，发行量三千份。1933年2月《愚公报》因批评救国会的行为而被查封，本报由该报改组而成，资本三千元，无印刷工厂，是以社会报道为主的小报纸。社址位于广州市上九东路十四号

二、英文报纸

名　称	主义系统	持有人	编辑干部	备　考
The Canton Gazette［广州日报］（英文）	广州市政府机关报	社长　李才　北京大学毕业，美国留学出身，曾任北京《英文日报》记者	主笔　李国康 记者　张昌言、区炽南、卢煊梨、黄廉	1918年创刊①，日报，八页，发行量约五百份。当时任广东政府外交部长的伍廷芳作为对外宣传机关创办，以路透社通讯员黄宪昭负责经营。1924年黄被逐出广东，陈友仁继承，此后每逢政变数度停刊。据传现在每月接受市政府五百元的补助。社址位于广州市永汉北路
The Canton Daily Sun［广州新报］（英文）	陈友仁派	社长　Kentwell（甘德云）	主笔　梁汝光 记者　李任诚	1931年3月②创刊，日报，八页，发行量约四百份。Kentwell最初从友人、外国人中筹集资金创办，据传每月接受当地德国总领事馆若干补助。自从广东国民政府成立以来，Kentwell与陈友仁接近，因此一时对我方亦抱有相当的善意，但最近并不一定如此，而且经营状态极为不振。社址位于广州市十八甫南路一号

三、日文报纸

名　称	主义系统	持有人	编辑干部	备　考
广东新闻（日文）	无色彩	社长　平井真澄	记者　平井真澄	1923年6月创刊，后来因省港大罢工而停刊，1928年起复活。"满洲事变"后又发生反日运动，平井因此回国，本报停刊。1932年11月复刊，日报，油印，发行量约两百份。社址位于广州市沙面英租界

汕头

人口：日本人406人（其中台湾人310人），中国人186 356人，外国人130人。

中文报纸

名　称	主义系统	持有人	编辑干部	备　考
正报	国民党右派	社长　洪春修	总编辑　方昌材 副编辑　彭一生 记者　余贤、林家俊、林池平	1932年10月17日创刊，日报，八页，发行量一千四百份。继承《真言日报》而来，国民党右派创办，社长洪春修、总编方昌材均为市党部候补委员。参加西南委员会最近的反蒋运动，与蒋介石派的陈特向不和，目前其言论均倾向于西南委员会。社址位于汕头市新马路二十五号

---

① 应为1924年8月1日创刊。
② 1932年报告为"2月"。

(续表)

名　称	主义系统	持有人	编辑干部	备　考
市民日报	市政府机关报	社长　翟宗心　现汕头市长	责任编辑　李超凡　第三军兼市政府秘书 编辑　市政府及党部职员邓耀、孔圣斋、黄穆、罗湘泉、方昌材等	1932年12月5日创刊①,日报,四页至八页,发行量两千份。市政府、市党部、军方三家机关合资经营,专门用于发表官方的态度,也刊登其他的官方事项,所谓汕头的官报。社址位于市政府
新中国报	蒋介石派	社长　许馨荣	总编辑　许泪恨 编辑　刘鹏飞、郑晓风、林虞阶	1932年10月10日创刊,日报,八页,发行量约一千份。本报与原《潮梅日报》属于同一系统,外界传言其与蒋介石的蓝衣社有关联,目前蒋介石派的陈特向及陈述经在其中主持本报,经费充实。言论倾向于中央及国家主义。社址位于汕头市升平路
侨声报	国家主义	社长　蔡削天	编辑主任　同前 编辑　蔡文玄、蔡开和、许楚岫	1932年10月10日创刊,日报,八页,发行量一千五百份。继承《南潮日报》而来,属于国家主义青年团的嫡系言论机关,不关心国民党方面,最近屡屡刊登攻击救国会行动的报道,因此被市党部关注。社址位于汕头市新马路三十六号
星华日报	标榜言论自由	社长兼经营者　胡文虎　南洋华侨出身的富商 主任　胡曾炽	主笔　王浩然 编辑　黄健、钱一凡、谢野、黄业初	1931年7月15日创刊,日报,八页(周一休刊),发行量四千余份。在中国报纸中罕见地标榜言论自由主义,报道迅速,版面充实,在当地报纸中出类拔萃。社长胡文虎最初经营虎豹印务公司,却因偶然刊登自家的制药广告而受到官方的违法处分,便以拥护华侨的发展、言论为目的关停印务公司,创设本报。社址位于汕头市万安街四十四号
汕报	拥护客家商人的发展及言论	社长　张怀真	编辑　同前 记者　黄云章、温造时、曾迷阳、卢本仙②、谢雪影	1928年10月20日创刊③,日报,十二页至十六页(周一休刊),发行量约两千份。客家商人出资,以拥护客家商人的发展及言论为目的而创刊。"满洲事变"时站在排日宣传的最前线,捏造事实,煽动民心,还引发了"不敬事件"。社址位于汕头市万安街横街第四号
新岭东日报	广东机器工会汕头支会机关报	社长　张凌云	总编辑　柯幼芳 记者　朱存威	1930年④创刊,日报(周一休刊),八页,发行量一千五百份。1930年秋因轮渡工会加入广东机器工会汕头支会的问题,与广东总工会汕头支会之间发生纠纷,后者的领导人陈述经、陈特向等为解散机器工会支会而在省党部中活动,同时,利用其机关报《潮梅新报》宣传。有鉴于此,机器工会支会方面也感到机关报的必要性,于是每月支出两百弗的补助,创刊了本报。目前因经费不足总是受利益驱使,被各方利用,没有任何定见,言论一直摇摆不定。此外还出版《新岭东周期画报》。社址位于汕头市升平路七十四号

① 一说1933年创刊。
② 1932年报告为"卢本山"。
③ 一说1929年10月10日创刊。
④ 一说1931年1月创刊。

(续表)

名　称	主义系统	持有人	编辑干部	备　考
民声日报	营利本位	社长　谢伊唐 与汕头商会中的潮安派接近	记者　谢修雄、杨世泽、陈亦修、郭立基	1920年创刊,日报(周一休刊),八页,发行量约一千六百份。营利本位,依靠南洋华侨的资金创办,对商会甚有好意。报道公平、稳健。1922年受汕头风灾、水灾影响而一度停刊,1924年2月复刊。在潮安、庵埠等地有相当大的影响力。社址位于汕头市永安街二十七号
天声日报	营利本位	社长　詹天眼	唐人、唐冷风、李菊隐、范玉儒、张天籁	1923年8月8日创刊,日报(周一休刊),八页。营利本位的低级报纸,无特色。1931年因抵制日货导致原料大幅涨价,因而失去营利能力,停刊至今。社址位于汕头市永平路
真言日报	原本与孔教会有关系,目前无关系	社长　洪春修 曾经营《汕头晚报》及韩江通讯社,当过汕头第四小学校长	编辑　方昌材 记者　彭绪、余贤、钟梦龄、钟国光、黄迪勋、曾逸民、林习经、王之楚	1924年9月创刊①,日报(周一休刊),四页,发行量约五百份。社内的主要分子与佛教会或前孔教会多有关联,因此思想有些保守。"满洲事变"发生后洪社长成为排日运动的领导者之一。社址位于汕头市新马路育善街
岭东民国日报	党部机关报	社长　吴梓芳 市党部委员	记者　钟英、郑如尘、黄致祥、王纶	1926年1月20日创刊,日报,十二页,发行量八百份。一向随着当地政治变化而屡屡更换为实权派经营。社址位于汕头市中山马路轻便车头
汕头新报	党部系统	社长　方文灿	编辑　孔圣斋、许泪恨、林虞阶、林伯陵、谢右军	1931年12月15日创刊②,日报,四页,发行量八百份。本报由党部机关及商人等合办,每月接受市政府三百元、商会一百元、党部三十元的补助。为在这次发生的反日救国运动中压倒学生一方的影响力而创办。社址位于汕头市永平里六号

福州

人口:日本人1 513人(其中台湾人1 212人),中国人337 303人,外国人367人。

一、中文报纸及杂志

(1) 报纸

名　称	主义系统	持有人	编辑干部	备　考
闽报		台湾善邻协会 社长　松永荣	编辑主任　林仁伟(台湾籍)	1897年12月创刊③,日报,四页(周日及节日翌日休刊),发行量约四百份。在当地报界历史最久,有信誉。发行量一度接近五千份,但"上海事变"后受反日运动的影响而锐减,版面从八页减少到四页。社址位于南台泛船浦
求是日报	商界机关报,林寿昌派	梁道钧④		1913年创刊,日报,八页,发行量约一千八百份。当地中国人经营的报纸中历史最久,商人购阅者居多,相当有信誉。社址位于南台大庙山

---

① 一说1923年创刊。
② 一说1929年创刊。
③ 应为1898年1月创刊。
④ 前面年份有时作"梁道卿",待考。

(续表)

名　称	主义系统	持有人	编辑干部	备　考
福建民国日报	省党部机关报	钟喜焯　省政府代理秘书长	林平周	1926年11月创刊①，1928年停刊六个月，于同年11月30日复刊，日报，十二页（周一六页），发行量约两千三百份。向各机关免费发放，排日色彩浓厚。此外，自1932年4月起发行晚报《福建晚报》，但因经费不足于同年12月停刊。社址位于城内贡院里
华报		黄华		1930年10月创刊②，三日发行一次，半折，四页，发行量约两千两百份。评论社会的是非善恶。社址位于城内南街
新福建日报	前省政府委员何公敢机关报	陈持平		1931年5月创刊，日报，八页，发行量约四百份。报道比较公正、稳健。社址位于城内南营
福州日报		社长　高拜石	陈些蠢	1931年6月创刊③，日报，八页，发行量七百份。本报由1929年11月创刊的《福州晚报》改名而成。社址位于水部门外
朝报	福州青年派机关报	社长　黄展云　曾任福建省政府委员及党务指导委员	刘世仁	1931年8月创刊④，日报，四页，发行量约七百份，社址位于城内东街
南方日报	福建省防军第一混成旅系	社长　张子白	同前	1931年9月创刊，日报，六页，发行量约五百份。社址位于城内法海寺
新潮日报	公安局机关报	罗镇欧		1931年11月创刊，日报，八页，发行量约一千份。1932年1月因刊登"不敬报道"，遭日本方面抗议，省政府因此禁止发行，逮捕拘留原社长吴长明。同年9月由张子白复刊，11月起成为公安局机关报。社址位于南门兜
现代日报	兴化同乡会机关报	郑劈山		1932年4月创刊，日报，八页，发行量约五百份。1932年1月《东方日报》（1931年5月创刊）因刊登"不敬报道"而被勒令停刊，本报由该报改组而成。社址位于南门兜
民声报	学生派机关报	社长　王恒冰⑤	同前	1929年12月创刊，周报，发行量约四百份。社址位于城内杨桥头
闽侯日报	闽侯县党部机关报	曹挺光	张子白	1932年8月创刊，日报，四页，发行量约三百份。社址位于城内吉庇巷
政治日报		社长　陈奋侯		1916年1月创刊⑥，日报，四页（时常休刊），发行量约五百份。社址位于城内东街

---

① 一说为1927年2月创刊。
② 1930年11月创刊。
③④ 一说1930年创刊。
⑤ 一说为"王恒水"。
⑥ 1917年9月创刊。

(续表)

名　称	主义系统	持有人	编辑干部	备　考
国光日报	驻闽绥靖主任公署机关报	任特因	辛辰乞	1933年1月28日即"上海事变"一周年纪念日创刊,日报,八页(周日及纪念日翌日休刊),发行量约一千两百份。总是发表排日言论,每月接受绥靖公署、十九路军总指挥部等合计五千八百元补助。与省党部机关报《民国日报》对峙,并有逐渐逼近其势力范围之势。社址位于城内三牧坊
福建日报		甘沄　福建省党部指导委员兼宣传部长	陈少藩	1933年3月7日创刊,日报,八页,发行量约五百份。社址位于城内安泰路

(2) 杂志

名　称	主义系统	持有人	编辑干部	备　考
闽锋周刊	省党部宣传部机关报	甘沄	同前	1931年2月创刊,周刊,小册子,发行量约五百份。以对时事问题的评论为主,排日色彩浓厚。社址位于城内贡院里
大风旬刊	青年派机关杂志	萧一健	张亦白	1933年2月20日创刊,旬刊(每十日发行一次),四折,十二页,发行量约一百份。本杂志是由长期停刊的《青白评论》(1929年5月创刊)改组而成。社址位于城内南街
新民众周刊	福建省保卫团干部训练所机关杂志	丘国珍　干部训练所副所长	同前	1933年3月18日创刊,周刊,四折,二十几页,发行量约八百份。社址位于城内东湖
东湖旬刊	福建省保卫团干部训练所机关杂志	萧叔宣　干部训练所所长	丘国珍　干部训练所副所长　雷树楠、张葆恩(均为教官)	1933年8月1日创刊,旬刊(1日、11日、21日发行),四折,约二十几页,发行量约九百份。目的主要在于供干部训练所学员及学成者阅读。社址位于城内东湖
警政画刊	市公安局机关报	市公安局	同前	本报为前十九路军补充旅旅长丘兆琛就任市公安局长,为了启发警察的智慧,于1932年12月10日创刊。报纸一页大小,单面配以插画,石版印刷,每月发行三回,时常刊登排日标语

二、日文报纸

1918年4月创刊的《福州时报》(日报,两页,在闽报馆内发行)因经营困难,于1932年7月末停刊。

厦门

人口:日本人8 147人(其中台湾人7 989人、朝鲜人26人),中国人179 893人,外国人401人。

概况

1931年"满洲事变"发生后,当地各中文报纸或是发行号外,或是张贴墙报,开始活跃起来,发行量也顿时激增,度过了极为辉煌的几个月时间。但1932年1月末《民国日报》及《厦门商报》因刊登韩国独立宣言书这种"不敬报道",触犯官方禁忌,尤其是《民国日报》被强制停刊两个月,原本活跃的社员被全部罢免,用稳健分子或可说是无能分子替换,才得以复刊,此后毫无精彩之处,甚至令人怀疑其存在价值。此外,《江声日报》《思明报》因3月上旬关于"上海事变"的墙报问题引发暴动事件,导致人员死伤,最终发展到公安局长引咎辞职,因此受到当局的严重警告、监视。不仅如此,《江声日报》还因刊登痛骂蒋介石的评论,最终失去了在厦门无论作为评论记者还是编辑都是最优秀、老练的记者陈一民。另一方面,随着《上海停战协定》的签订,中日问题最终未足以刺激到中国人,不仅如此,当地各报中除了《民国日报》及日本人经营的《全闽新日报》以外,都共同接收南京中央广播局的普通无线电广播新闻及暗号广播,用以填满电讯栏,因此各报的电讯栏全都一样,很少能激起读者的兴趣。唯有《江声日报》及1932年10月创刊的《华侨日报》与上海的日报签订特约,接收少量新闻,勉强维持着作为重要报纸的名声。还有,自十九路军入闽后,在泉州、漳州设置师部,因此各报都争相向上述两地派遣通讯员,报道此军的消息。

中文报纸

名　　称	主义系统	持有人	编辑干部	备　　考
全闽新日报	介绍日本文明,融合中日民族,拥护当地日本、台湾人的立场	善邻协会	田中均	1907年8月由台湾籍文人江保生创刊,日报(早、晚两版),发行量超过两千份,曾是当地的大报。"满洲事变"发生后受到抵制,减少到约八百份。每年接受台湾总督府善邻协会一万五千余圆的补助
民国日报	国民党机关报	林君山	林君山	本报原名《厦声日报》,为闽南民军之机关报,1927年夏被党部以有共产主义论调为由而没收,改称《民国日报》后发刊。日报,发行量六百份,但以免费发放居多。因其为国民党机关报,在官方相当有影响力,每月接受省党部一千元左右的补助作为经费。电讯栏多为中央广播局的无线电广播新闻。1932年1月因刊登"不敬报道"而被强制停刊。极力煽动排日运动
江声日报	国民党系,与公安局关系比较密切,但与政府无直接关系	经理　叶廷秀	叶廷秀　前主笔、老练记者陈一民1932年3月因发表痛骂蒋介石的评论,触怒中央政府后引退,但似乎暗中仍保持关系	1918年创刊,日报,发行量约六千份。1928年随着国民党的前辈许卓然入社,与第四十九师长张贞结合,其影响力逐渐被认同。1930年许卓然死亡,其前途一度被怀疑,但依靠叶等人的活动,使得报面活跃起来。"满洲事变"以后其报道迅速,比较准确,发行量从三千份涨至近一万份,后来减少到六千份左右,但可得称得上是当地唯一在经济上独立的报纸。前主笔陈一民离职后,评论失去特色。与《华侨日报》一同接收上海日刊报纸提供的新闻。此外,市内版的报道也十分迅速,读者数量保持第一位。论调激烈,排外色彩浓厚
思明报	原来属于中国基督教派,又一度与实业家有联络,最近没有纯粹的系统,接受社员的投稿,似乎与公安局、县当局之间有谅解	林廷栋	黄寿源	1920年9月创刊①,日报,发行量约八百份。本报通过记者黄寿源接受当地资本家黄奕住的资金融通,一度有总商会机关报之感,但总商会于1932②年3月发行纯粹的自家机关报《商学日报》,因此与总商会有些疏远。据称有县党部每月两百元的补助,但并非如此。1933年3月因揭发十九路军补充旅某参谋及某营长的受贿事件,被两人起诉损害名誉,但本报负责人方面未能举出上述事件的确凿证据,都销声匿迹,最终公安局根据十九路军的命令于4月8日查封了本报
厦门商报	拥护商民	傅贵中	傅贵中	本报于1921年10月由台湾文人江保生创刊,但1927年陷入经营困难,停刊,由现经营者傅贵中复刊。晚报,发行量四百份。其报道夸大、有煽动性,因此知识阶层轻视本报。没有固定的资金来源,艰难维持经营。反日报道多,又与自称台湾武人派的一部分有联络,有时被反总督政治派利用

---

① 一说7月21日创刊。

② 1932年报告为"1930年"。

(续表)

名　称	主义系统	持有人	编辑干部	备　考
商学日报	总商会及学会之机关报	林应祥	陈师石	1930年3月创刊,日报,发行量八百份。由总商会实力派洪晓春一派及教育会实力派出资一万元创刊,其后由于没有固定的经费开支而陷入经营困难。排日报道居多
华侨日报	华侨公会之机关报	杨元通	李铁民	1932年10月10日创刊,日报,八页,与《江声日报》抗衡,创刊半年发行量超过两千份。编辑良好,报道精彩,受到好评。创刊时抗日会首领张圣才亲自担任编辑,现在由原《民钟报》(排日急先锋)编辑李铁民担任,是当地最具抗日领导性的报纸,并标榜此为其唯一特色。据称资本金十万元
厦门日报	反日	股份制 总经理　庄雪轩 经理　林山	总编辑　陈式锐 编辑　刘耕民	1933年7月7日创刊①,日报,发行量两千份。本报由原抗日会首领张圣才奔走而创刊,张私事繁多,不直接参与社务,仅担任顾问。其干部为学界实力人士,曾作为抗日运动的先锋进行活动,因此报道、编辑比较精彩,受到普遍欢迎,但反日倾向不可避免。资本金两万四千元
侨星晚报		股份制 经理　薛子嘉	杨君美	1933年7月创刊,晚报,发行量六百份(其中半数为赠阅)。无固定主义、背景,又缺乏资金,没有长久维持的希望,被同业者及知识阶层蔑视。资本金三千元

云南(1931年12月末)

人口:中国人约145 100人。

概况

云南地区原为偏远山地,如今仍被多个"蛮族"占据,文明未开之处甚多,文化、民智的程度普遍都很低,因此报纸发展缓慢,至今仍未有外文报纸发刊,仅有小规模的中文报纸在城内发行。然而上述中文报纸均因财力匮乏,没有一家能自主印刷发刊,各报社都一样,委托云南印刷局印刷,此为实际状况。各报每月接受云南省政府及官方乃至党部等的一些补助,勉强维持经营,向外省派遣特派员的报纸也当然不存在。因此,除两三家省政府机关报的无线电报栏以外,其他的内容多是从外地报纸的报道转载而来,或是从外国报纸的报道译载,因此报道缓慢,加之记者的教育程度低,这些报纸至今都未脱离极其幼稚、低级的领域。

中文报纸

名　称	主义系统	持有人	编辑干部	备　考
民国日报	党部机关报	省党部	段雄飞	1930年4月创刊②,发行量九百份,排日系统
新商报	商务总商会机关报	总商会	王汉声	1930年7月创刊,发行量一千份,报道稳健
社会新报	国民党,省政府系统	龙子敏	同前	1922年2月创刊③,发行量五百份
均报	国民党,省政府系统	段奇僧	同前	1919年9月创刊④,发行量三百份

---

① 一说1932年创刊。
② 一说1930年5月创刊。
③ 一说1923年9月11日创刊。
④ 一说1920年5月24日创刊。

(续表)

名　　称	主义系统	持有人	编辑干部	备　　考
复旦报	国民党系统	杨玉川	同前	1922年3月创刊,发行量两百份,排日系统
民生日报	省政府系统	李光西	同前	1929年12月创刊,发行量两百份
西南日报	国民党系统	沈圣安	同前	1926年11月创刊①,发行量三百份
义声报	国民党系统	李巨裁	同前	1916年12月创刊,发行量两百份
大无畏报	国民党系统	李仁甫	同前	1928年3月创刊②,发行量两百份,排日系统
云南新报	省政府系统	邓少清	同前	1927年11月创刊,发行量两百份
市政日刊	省政府系统	市政府		1930年1月创刊,发行量一百份
民政厅日刊	省政府系统	民政厅	张子明	1930年12月创刊,发行量一百份

除以上日刊中文报纸之外,另有《云南省政府公报》,以及建设厅、农矿厅、教育厅、东陆大学等的月刊物,与党部组织相关的军声社发行的排日定期刊物等。

附

香港

人口：日本人1 758人（其中台湾人、朝鲜人83人）,中国人833 385人,外国人15 094人。

概况

目前当地发行的报纸有中文报纸十八种、英文报纸八种、日文报纸一种,合计二十七种。

其中特别值得记载的是中文报纸的活跃,当地刚好毗邻在中国政局中扮演复杂角色的广东,而且可以逃离本国官方的压迫,占有能够面对面展开论战的地利,加之英国官方的管理也极为宽容,只要不是宣传过激思想、扰乱公共安全或抨击政厅的施政即可。因此,这里成了敌我双方展开言论战的坚固舞台,《南华日报》（汪兆铭派）、《天南日报》（蒋介石派）、《东方日报》（陈铭枢系统）、《新中日报》（陈济棠系统）、《中兴报》（胡汉民系统）及《东亚日报》（萧佛成）等各机关报错综复杂,甲论乙驳的宣传战使得此间无一宁日。其中《循环日报》《华字日报》《华侨日报》及《工商日报》等专注于标榜商业发展的一流报纸,以报道的稳健、丰富为编辑方针,拥有众多读者。以宣传基督教为目的的《中和日报》《大光日报》两家报纸亦拥有不可被超越的影响力。各报纸的版面都设电报栏、香港栏、广东栏、各地通讯、文艺栏、娱乐栏等,政治、外交、社会、经济问题等则根据各报纸自身的特点有所侧重。"满洲事变""上海事变"③爆发后,中文报纸均用一半以上的版面刊登国际及中日局势方面的电讯,以及中国内政问题,而且每逢机会就刊登排日报道、评论。不过,当地中国人暴动事件发生以来,政厅当局的管理取缔变得极其严格,随时对编辑人员发出警告提示,同时,毫不留情地删除煽动性的评论或极端的排日报道。此外,广东政府禁止西南反对派的《天南日报》《南华日报》《东方日报》等报进入境内。

英文报纸都将大半版面用于当地新闻,并且努力依靠体育、技艺等各种娱乐栏来迎合各方面读者的口味,至于有关中国时局的消息,似乎大多是直接译载中文报纸所登的报道。其平时所刊登的时事社论或通讯等,出于经营政策,则有尽可能地避免中国方面不利论调之嫌。其中尤以 South China Morning Post 的亲中态度最为露骨,因此对我国的有关报道、评论都颇为令人不快。此报主笔 Wylic 总是公开表明其亲中立场,尤其在"满洲"、上海两事变中极力支持中国一方,现在销量已经增加到当地懂英语的中国人都无人不读本报的程度。亲中态度的露骨程度仅次于 South China Morning Post 的是 Hongkong Telegraph。这两家报纸都着眼于当地人口及大部分广告主都是中国人,而故意采取这种态度,在此方面都取得了相当的成功。Hongkong Daily Press 原本作为政厅机关报,普遍受到信任,但现在毫无关系,只因该报刊登英国本土的消息最多,在政厅有许多热心读者。

---

① 一说1922年1月创刊。
② 一说1927年9月2日创刊。
③ 应指九一八事变和一·二八事变。

还有,该报主笔 Barrett 在当地记者中最有教养,因为在政厅实权派中有很多相识,据说这些人的意见往往会以一些方式出现在此报中。此报在"满洲事变"中理解我国的立场,"上海事变"发生时突然转变论调,批评我国的态度,此后其评论、报道都对我国不善。不过,以日本脱离国联前后为界,可以看到各报的反日态度均有一定程度的缓和。

日文报纸《香港日报》以刊登地方性报道及当地日侨的相关事项为主,此外,转载我国广播的无线电广播新闻等,但报道的选择、处理及编辑等都极其幼稚,但鉴于此报的经济状况等,可以说是迫不得已的。

一、中文报纸

名　　称	主义系统	持有人	编辑干部	备　　考
循环日报	发展产业	温荔坡	何雅选、温星拱	1873年创刊①,早报,二十页,晚报四页,发行量早报一万份,晚报两万份。资本金五万元
华字日报	发展商业	陈止润、梁玉璋	劳纬孟、关楚朴、潘孔言	1874年创刊②,早报,十六页,发行量六千份。与《循环日报》同为当地的一流报纸,资本金十五万元
工商日报	发展商业	何东、茹旭明	黎工佽、胡秩伍	1925年创刊,早报,十六页,晚报四页,发行量一万两千份。广东发生排英运动时③,与政府关系密切的商人在政厅授意下,以资本金十万元创办本报。后陷入经营困难,由何东接手,成为当地有实力的报纸。是排日的急先锋
天光报	《工商日报》系	同上	同上	1932年创刊,早报,四页,发行量两千份
华侨日报	发展商业	岑维休	胡惠民、张知挺、莫冰子	1924年创刊④,早报,十六页,发行量九千份。由南华报业公司经营,资本金十万元,兼营通讯机关华联社
中华日报	《华侨日报》系	胡惠民	莫冰子	1929年创刊,早报,十二页,发行量一千份。资本金五万元
南强日报	同上	同上	陈武扬、李秋萍	1927年创刊,早报,十六页,发行量一千份
南中日报⑤	同上	吕福元	易赞芬	1926年创刊,晚报,八页,发行量三千份。资本金五万元
大光日报	宣传基督教	王国璇、陈鸣山	郑耿汉	1912年创刊,早报,十六页,发行量四千份。资本金十万元
南华日报	汪兆铭派	改组派	陈克文	1930年创刊,早报,十六页,发行量一千五百份。最近尤为高调反对西南
时报	国家主义	关楚朴	黎工佽	1929年创刊,晚报,八页,发行量两千份。与原旧广西派气脉相通,但现在根据其编辑干部的为人推测,可谓带有一些无政府主义的色彩
超然报	无系统性色彩	陈宝池、曾彦晖	关楚朴、林泽博	1930年创刊,早报,十二页,发行量一万五千份,资本金一万元。被视为《华字日报》之旁系,因其无任何系统色彩,所以得到广泛购阅
天南日报	蒋介石系	罗伟强	黄少华、黄佩勋	1931年创刊,早报,八页,发行量两千份。据传接受南京市党部的补助

---

① 应为1874年创刊。
② 应为1872年创刊。
③ 指1925年6月起的省港大罢工。
④ 1925年6月5日创刊。
⑤ 1932年报告为《南中报》。

(续表)

名 称	主义系统	持有人	编辑干部	备 考
东方日报	陈铭枢系	陈雁声	黄输章①、黎大任	1931年创刊,早报,十二页,发行量三千份。受十九路军的支持,标榜反对西南。1932年1月25日因刊登"不敬报道"而遭到日本方面的抗议,被勒令停止发行四周
平民报	无系统	汪浩然	叶天和	1932年3月创刊,早报,四页,发行量七千份
新中日报	陈济棠系	胡惠民	林灿予	1932年4月创刊,早报,十六页,发行量三千份
东亚日报	萧佛成系	唐广仁	李子平	1932年5月创刊,早报,四页,内容极为贫乏
中兴报	胡汉民系	冯康侯	莫辉琦	1932年5月创刊,最初为早报,八页,现在扩大到十四页,发行量两千份。由旧《远东日报》(古应芬机关报)同人经营,高调宣扬以党治国,攻击屈辱外交,标榜彻底反日,倾力反对中央

二、英文报纸

名 称	主义系统	持有人	编辑干部	备 考
South China Morning Post[南华早报](英文)		J. Scott Harston、R. G. Shewan	H. Chiny②	1906年创刊③,早报,十八页,发行量五千份
Hongkong Telegraph[士蔑报](英文)		F. P. Franklin	Alfred Hicks	1891年创刊④,晚报,十二页,发行量三千份
China Mail[德臣报](英文)		D. C. Wilson	R. O. F. King	1904年创刊⑤,晚报,十二页,发行量两千四百份
Sunday Herald		D. C. Wilson	R. O. F. King	1924年创刊,附于 China Mail 中,发行量七千份
Overland China Mail		与 China Mail 相同		1845年创刊,周报,发行量两千份
Hongkong Weekly Press		与 Daily Press 相同		1857年创办,周报,发行量两千份
The Critic		Shameen Press Ltd.	R. O. Sea	1932年春创刊,周报,论调亲日
Hongkong Daily Press[孖剌报](英文)		R. J. Barrett	同前	1857年创刊⑥,早报,十六页,发行量两千七百份

三、日文报纸

名 称	主义系统	持有人	编辑干部	备 考
香港日报(日文)	无主义、系统	井手元一	同前	1909年9月创刊,晚报,四页,发行量五百份

---

① 1932年报告为"叶输章"。
② 1932年报告为"H. Ching"。
③ 应为1903年11月7日创刊。
④ 应为1881年6月15日创刊。
⑤ 应为1845年2月20日创刊。
⑥ 1857年10月1日创刊。